DER GROSSE POLYGLOTT

MOSKAU/LENINGRAD

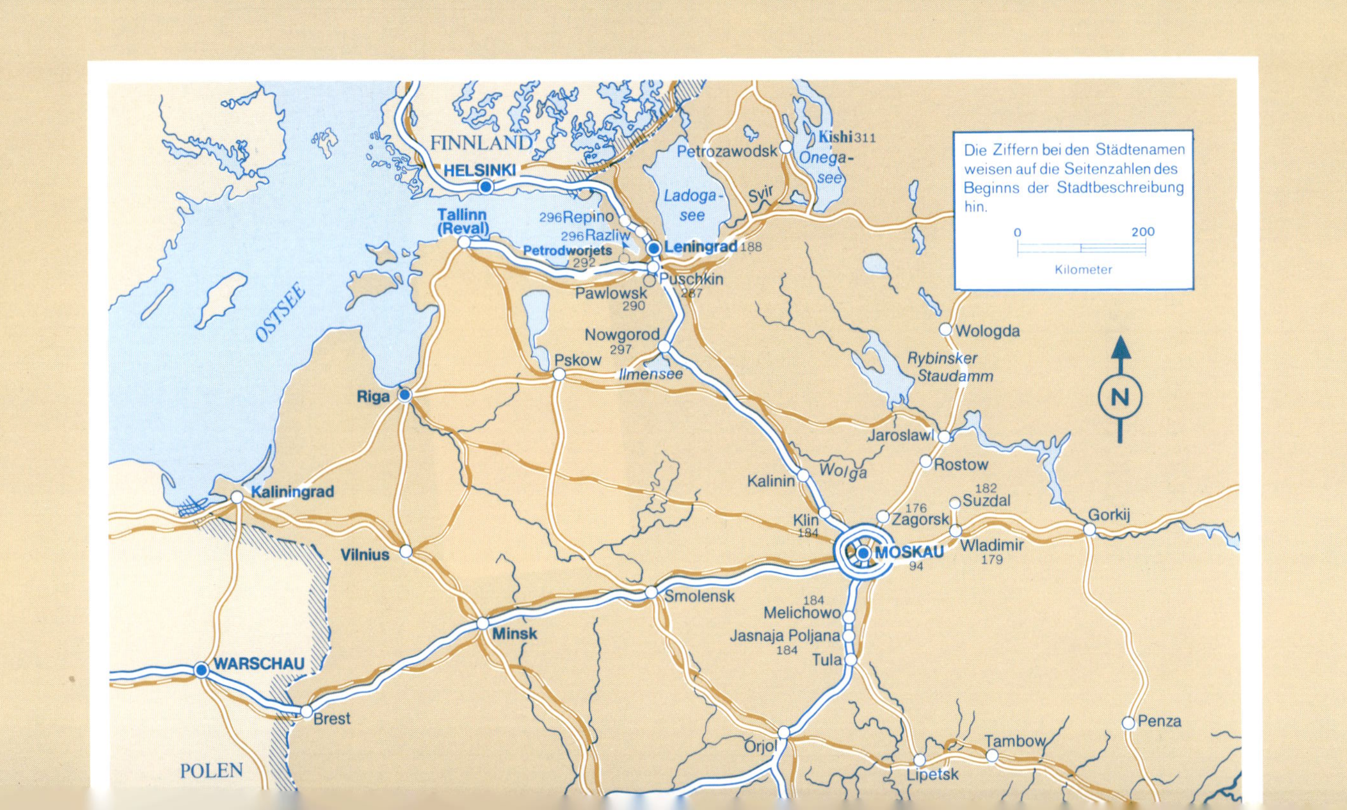

Die Ziffern bei den Städtenamen weisen auf die Seitenzahlen des Beginns der Stadtbeschreibung hin.
0
200
Kilometer
N
FINNLAND
HELSINKI
Kishi 311
Petrozawodsk
Onega-see
Ladoga-see
Svir
Tallinn (Reval)
296 Repino
296 Razliw
Petrodworjets 292
Leningrad 188
Puschkin 287
Pawlowsk 290
OSTSEE
Nowgorod 297
Pskow
Ilmensee
Wologda
Rybinsker Staudamm
Riga
Jaroslawl
Rostow
Wolga
Kalinin
Kaliningrad
182 Suzdal
176 Zagorsk
Klin 184
Gorkij
MOSKAU 94
Wladimir 179
Vilnius
Smolensk
184 Melichowo
Jasnaja Poljana 184
Minsk
Tula
WARSCHAU
Brest
Penza
Tambow
Orjol
Lipetsk
POLEN

ČSSR
Lwow
Shitomir
312
Kiew
Charkow
Don
UNGARN
Winnitsa
Poltawa
Tschernowtsy
Dnjepr
Wolgograd
Donjets
Kischinjow
RUMÄNIEN
Odessa
341
Rostow a. Don
Asowsches
Meer
Krim
Kertsch
BUKAREST
Simferopol
Sewastopol
Jalta 352
Alupka 358
Liwadija
357
Noworossijsk
364
Armawir
Tuapse
361 Sotschi
365 Adler
366 Pitsunda
367 Suchumi
Gagra
Groznyj
Kaukasus
SCHWARZES MEER
Nach Jerewan
GRIE-
CHEN-
LAND
İSTANBUL
Marmara-
meer
TÜRKEI
Batumi
Tbilisi

Polyglott-Reiseführer geben Ihnen klar und übersichtlich alle Informationen, die Sie für Ihre Urlaubsreise brauchen.

Die mehr als 25jährige Erfahrung des Verlags dokumentiert sich in der übersichtlichen Gliederung des Bandes: Praktische Hinweise, Land und Leute, Geschichte, Kultur, Städtebeschreibungen. Der ausgefeilte Routenaufbau, bzw., die Besichtigungswege bei Städten erschließen einerseits Unbekanntes, andererseits ist mit Hilfe des umfangreichen Registers der rasche Zugriff zu jeder Sehenswürdigkeit möglich, und das Wissen über bereits Bekanntes kann vertieft werden.

Zahlreiche Tips und Hintergrundinformationen, eine speziell auf die Bedürfnisse des Benutzers ausgerichtete thematische Kartographie, viele Illustrationen und Farbabbildungen tragen bei zur optimalen Information über das Reisegebiet. Ein 3-Sterne-Bewertungssystem der Sehenswürdigkeiten erleichtert die Planung Ihrer Besichtigungstouren. Alles zusammengenommen ergibt das unverwechselbare, praktische, millionenfach bewährte Polyglott-System.

Die eingespielte Polyglott-Redaktion reagiert schnell auf Veränderungen im touristischen Markt; mehr als 70 freie Mitarbeiter weltweit sorgen für gleichbleibende Qualität und ständige Aktualität.

DER GROSSE POLYGLOTT

MOSKAU LENINGRAD

mit Kiew, Odessa, der Krim und den Badeorten am Schwarzen Meer

Mit 38 Abbildungen und 18 Karten in Farbe und Schwarzweiß

POLYGLOTT-VERLAG MÜNCHEN

9. Auflage · 1988/89

Druck: Druckhaus Langenscheidt, Berlin
Printed in Germany / 1/2 + 11/12 W. / 3–10 Bn. IV. Zl.
ISBN 3-493-60 062-3

VORWORT

Die Union der Sozialistischen Sowjetrepubliken (UdSSR) ist ein politischer Gigant, das erste Land, das Erfahrungen mit dem Sozialismus sammelt, und der größte Staat der Erde. Eine Reise in die Sowjetunion bedeutet für den Besucher aus dem Ausland die Loslösung von alltäglichen Erfahrungen, das Kennenlernen einer völlig anderen Welt. Diese andere Welt ist ein Modell für den einen, für den anderen ein Rätsel. Die Sowjetunion verdient es indes vor allem, mit „neuen" Augen gesehen, mit vorurteilsfreiem und aufnahmebereitem Geist erfahren zu werden.

Die in diesem Reiseführer vorgelegten Abrisse der Landes- und Volkskunde, Geschichte und Kunstgeschichte und Beschreibungen touristischer Sehenswürdigkeitens sollen dem Benutzer helfen, sich in den beschriebenen Städten und Gebieten der Sowjetunion zurechtzufinden und das Land in seinen spezifischen Gegebenheiten zu verstehen. Die Darstellungen mußten aus Platzgründen auf den europäischen Teil der Sowjetunion beschränkt bleiben. Es sind die Hauptstädte Rußlands und der Ukraine einschließlich ihrer Umgebung sowie die häufig besuchten Badeorte am Schwarzen Meer beschrieben. Der vorliegende Reiseführer bietet besonders Beschreibungen der Städte, von denen Moskau ein Spiegelbild der gesamten russischen Geschichte darstellt, während Leningrad von einem einzigen Zaren, Peter dem Großen, und von den Ereignissen der Oktoberrevolution des Jahres 1917 geprägt worden ist. Wenn auch Leningrad einst die Hauptstadt des Landes war und Moskau es heute ist, so bleibt doch Kiew die Metropole der Ukraine, und Odessa ist nach wie vor das Tor zu Südrußland. Aber man sollte sich dessen bewußt sein, daß diese Städte trotz ihrer Verschiedenartigkeit und Vielfalt nicht die gesamte Sowjetunion repräsentieren.

Die „Allgemeinen Praktischen Hinweise" geben touristische Informationen, die man vor und während der Reise braucht. In weiteren Kapiteln wird der Benutzer mit dem Land, seiner Geschichte und seinen Menschen vertraut gemacht. Der eigentliche Reiseführer beginnt mit den Beschreibungen der oben genannten Städte und Gebiete. Unterkunftsmöglichkeiten sowie nützliche Hinweise und Adressen für die im Hauptteil behandelten Orte findet man in den „Speziellen Praktischen Hinweisen" zusammengefaßt. Beim Nachschlagen leistet das Register gute Dienste.

DIE POLYGLOTT-REDAKTION

Herausgeber:	Die Polyglott-Redaktion in Zusammenarbeit mit Les Guides Bleus
Übersetzer:	Gertraud Gruß und Ingeborg Selck
Textbearbeitung:	Ilse Müller-von Werder
Karten und Pläne:	Les Guides Bleus, Franz Huber, Gert Oberländer und Arnulf Milch
Illustrationen:	Ib Withen, Margit Rein und Vera Solymosi Thurzó
Umschlag:	Toni Blank
Fotos:	Bavaria (S. 204), Hampe (S. 104 oben, 104 unten), Herchenhan (S. 201), Intourist Frankfurt (S. 336), Schropp (S. 333), Witt (S. 65 oben, 65 unten, 68, 101).
Wir danken:	Der Intourist-Vertretung in Frankfurt am Main, dem Reisebüro Lindex in München und Herrn Dr. Leonid Bloch in Moskau für die uns bereitwillig gewährte Unterstützung.
Zuschriften:	Ergänzende Anregungen, für die wir jederzeit dankbar sind, bitten wir zu richten an: Polyglott-Verlag, Redaktion, Postfach 40 11 20, 8000 München 40.
	Alle Angaben (ohne Gewähr) vom Stand März 1988.

Wertung der Sehenswürdigkeiten

*** kennzeichnen Sehenswürdigkeiten ersten Ranges. Sie wurden nach einem strengen Maßstab im Vergleich mit gleichzubewertenden Sehenswürdigkeiten Europas ausgewählt. Sie aufzusuchen, ist eine Reise wert.

** kennzeichnen bedeutende Landschaften, Orte, Gebäude oder Kunstwerke. Diese Klassifizierung ist am beschriebenen Gebiet orientiert. **-Sehenswürdigkeiten lohnen gegebenenfalls einen Umweg.

* kennzeichnet sehenswerte Objekte. Diese sind durchaus beachtlich, denn auch die in diesem Buche beschriebenen Orte, Landschaften, Gebäude und Kunstwerke, die nicht mit Sternen gekennzeichnet sind, stellen bereits eine relativ strenge Auswahl dar.

Zeichenerklärung

⛺ Campingplätze	🚂 Eisenbahnverbindungen
✈ Flugverbindungen	🚌 Autobusverbindungen
🚢 Schiffsverbindungen	🚡 Bergbahn

Die im Teil „Moskau" hinter Sehenswürdigkeiten in eckigen Klammern stehenden Ziffern weisen auf den Kreml-Plan auf Seite 106 hin.

INHALTSVERZEICHNIS

DAS RUSSISCHE ALPHABET

Druckschrift	аА	бБ	вВ	гГ	дД	еЕ	ёЁ	жЖ	зЗ
Schreibschrift	*аА*	*бБ*	*вВ*	*гГ*	*дД*	*еЕ*	*ёЁ*	*жЖ*	*зЗ*
Umschrift	a	b	w	g	d	je	jo	sh	z

Druckschrift	иИ	йЙ	кК	лЛ	мМ	нН	оО	пП
Schreibschrift	*иИ*	*й-*	*кК*	*лЛ*	*мМ*	*нН*	*оО*	*пП*
Umschrift	i	j	k	l	m	n	o	p

Druckschrift	рР	сС	тТ	уУ	фФ	хХ	цЦ	чЧ	шШ
Schreibschrift	*рР*	*сС*	*тТ*	*уУ*	*фФ*	*хХ*	*цЦ*	*чЧ*	*шШ*
Umschrift	r	s	t	u	f	ch	ts	tsch	sch

Druckschrift	щЩ	ъЪ	ыЫ	ьЬ	эЭ	юЮ	яЯ
Schreibschrift	*щЩ*	*ъ-*	*ы-*	*ь-*	*эЭ*	*юЮ*	*яЯ*
Umschrift	schtsch	—	y	Erweichungszeichen —	e	ju	ja

ALLGEMEINE PRAKTISCHE HINWEISE

Es folgt hier zunächst ein alphabetisches Stichwortverzeichnis. Erfordert ein Stichwort nur eine kurze Erläuterung, so wird sie in diesem Verzeichnis gegeben; sonst wird auf die Seite (und gegebenenfalls auf das übergeordnete Stichwort) hingewiesen, auf der bzw. unter dem der Begriff behandelt wird.

Adressieren von Postsendungen siehe unter „Post und Telefon", Seite 19.

Aeroflot-Büros siehe unter „Anreise", Seite 21, „Reisen in der Sowjetunion", Seite 25.

Anreise siehe Seite 20.

Autobus siehe Seite 31.

Autotourismus siehe Seite 16 und unter „Anreise", Seite 22, sowie unter „Reisen in der Sowjetunion", Seite 25.

Berjozka-Läden siehe unter „Einkäufe und Mitbringsel", Seite 43.

Cafés siehe unter „Unterkunft und Verpflegung", Seite 36.

Cafeterias siehe unter „Unterkunft und Verpflegung", Seite 36.

Camping siehe Seite 35.

Devisenvorschriften siehe Seite 18.

Einkäufe siehe Seite 42.

Einreisebestimmungen siehe Seite 15.

Einzelreisen siehe unter „Unterkunft und Verpflegung, Seite 32.

Eisenbahn siehe unter „Anreise", Seite 21, und „Reisen in der Sowjetunion", Seite 25.

Entfernungsangaben siehe unter „Anreise", Seite 20ff.

Essenszeiten siehe unter „Essenszeiten und Tischsitten", Seite 36.

Fahrpreise siehe unter „Anreise", Seite 20ff., und „Reisen in die Sowjetunion", Seite 23ff.

Feiertage sind in der Sowjetunion der 1. Januar (Neujahr), der 8. März (Internationaler Frauentag), der 1. und 2. Mai (Tag der Internationalen Solidarität der Werktätigen), der 9. Mai (Siegestag), der 7. Oktober (Tag der Konstitution) und der 7. und 8. November (Tag der Oktoberrevolution).

Flugdauer siehe unter „Anreise", Seite 21, und „Reisen in der Sowjetunion", Seite 24.

Flugpreise siehe unter „Anreise", Seite 21, und „Reisen in der Sowjetunion, Seite 24.

Flugzeug siehe unter „Anreise", Seite 20, und „Reisen in der Sowjetunion", Seite 23.

Fotografieren und Filmen ist in der Sowjetunion grundsätzlich erlaubt. Streng verboten sind Aufnahmen von Grenzgebieten, Militär-, Industrie- und Verkehrsanlagen sowie Rundfunkstationen. Auch aus dem Flugzeug dürfen keine Aufnahmen gemacht werden. (Nähere Auskünfte erteilen die Intourist-Dienstleistungsbüros und Intourist-Fremdenführer.) In Galerien, Museen und Ausstellungen ist das Fotografieren mit wenigen Ausnahmen ohne Aufschlag gestattet.

Freizeitgestaltung siehe unter „Freizeit und Sport", Seite 38.

Geld. Die sowjetische Währungseinheit, der Rubel (Rbl), ist in 100 Kopeken (Kop) unterteilt. 1 Rbl entspricht zur Zeit 2,87 DM. Im Umlauf sind Metallmünzen im Wert von 1, 2, 3, 5, 10, 15, 20, 50 Kop und 1 Rbl sowie Geldscheine zu 1, 3, 5, 10, 25, 50 und 100 Rbl.

Geschäftszeiten siehe unter „Einkäufe und Mitbringsel", S. 42.

Grenzübergänge siehe unter „Anreise", Seite 22.

Gruppenreisen siehe unter „Unterkunft und Verpflegung", Seite 32.

Hotels siehe unter „Unterkunft und Verpflegung", Seite 32, sowie unter „Unterkunft" in den „Speziellen Praktischen Hinweisen", Seite 369ff.

Impfen siehe unter „Medizinische Versorgung", Seite 19.

Informationen siehe Seite 13 und unter „Wichtige Adressen" in den „Speziellen Praktischen Hinweisen", Seite 369ff.

Inland-Bahnverbindungen siehe unter „Reisen in der Sowjetunion", Seite 25.

Inland-Flugverbindungen siehe unter „Reisen in der Sowjetunion", Seite 24.

Intourist-Büros siehe unter „Informationen vor und während der Reise", Seite 14.

Intourist-Dienstleistungen siehe unter „Informationen vor und während der Reise", Seite 13f.

Intourist-Straßen siehe Seite 26.

Jagd siehe Seite 41.

Kino siehe Seite 40.

Konsularvertretungen siehe Seite 18.

Konzerte siehe unter „Theater und Kunstfestspiele", Seite 38f.

Krankenhauskosten siehe unter „Medizinische Versorgung", Seite 19.

Küche siehe unter „Speisen und Getränke", Seite 37.

Kunstfestspiele siehe unter „Theater und Kunstfestspiele", Seite 38f.

Lebende Tiere siehe Seite 18.

Leitungswasser. Das sehr chlorhaltige Moskauer Leitungswasser sollte man nicht trinken (Gefahr u. a. von Brechdurchfall). In den meisten anderen Städten kann das Wasser ohne Bedenken getrunken werden (besser vorher nachfragen).

Mahlzeiten siehe unter „Speisen und Getränke", Seite 37.

Medikamente siehe unter „Reisekleidung", Seite 15, und „Medizinische Versorgung", Seite 19.

Medizinische Versorgung siehe Seite 19.

Mietwagen siehe Seite 29f.

Motels siehe unter „Unterkunft und Verpflegung", Seite 32ff.

Museen siehe Seite 40.

Netzspannung. In Moskau und den meisten anderen Städten der Sowjetunion 220 Volt Wechselspannung. Schukostecker passen nicht in die Steckdosen. (Adapter mitnehmen).

Pkw-Reisen ohne Intourist-Buchung siehe unter „Autotourismus", Seite 16.

Postgebühren siehe unter „Post und Telefon", Seite 19.

Registrierung siehe unter „Einreisebestimmungen", Seite 16.

Reisekleidung siehe Seite 15.

Reisen in der Sowjetunion siehe Seite 23 ff.

Reisezeit siehe Seite 15.

Restaurants siehe unter „Unterkunft und Verpflegung", Seite 35, und unter „Spezielle Praktische Hinweise", Seite 369 ff.

Saisonzeiten siehe unter „Unterkunft und Verpflegung", Seite 32.

Schiff siehe unter „Anreise", Seite 22, und „Reisen in der Sowjetunion", Seite 25.

Speisen und Getränke siehe Seite 37.

Sport siehe Seite 40.

Stadtverkehr siehe Seite 30.

Straßenbahn siehe Seite 31.

Straßenbenutzungsgebühr siehe unter „Autotourismus", Seite 17.

Taxi siehe Seite 31.

Telefonieren siehe unter „Post und Telefon", Seite 19.

Theater siehe unter „Theater und Kunstfestspiele", Seite 38.

Tischsitten siehe unter „Essenszeiten und Tischsitten", Seite 36.

Transitverkehr siehe Seite 22.

Treibstoffgutscheine siehe unter „Autotourismus", Seite 17.

Treibstoffpreise siehe unter „Autotourismus", Seite 17.

Trinkgelder siehe Seite 36.

Trolleybus siehe Seite 31.

U-Bahn siehe Seite 30.

Unterkunft siehe Seite 32 und unter „Spezielle Praktische Hinweise", Seite 369 ff.

Verkehrsbestimmungen s. S. 29.

Verpflegung siehe Seite 32 ff. und unter „Speisen und Getränke", Seite 37, sowie unter „Spezielle Praktische Hinweise", Seite 369 ff. („Restaurants" und „Cafés").

Visum und Paß siehe unter „Einreisebestimmungen", S. 15.

Zeitrechnung siehe Seite 20.

Zeitverschiebung siehe Seite 20.

Informationen vor und während der Reise

1929 wurde das staatliche Reisebüro Intourist gegründet. Es betreut den gesamten Ausländer-Reiseverkehr. Intourist ist gegenwärtig in 150 Städten der UdSSR, darunter Moskau, Leningrad, Kiew, Odessa sowie die Hauptstädte der baltischen Sowjetrepubliken und der Sowjetrepubliken von Transkaukasien und Zentralasien, vertreten. Das Reisebüro verfügt über mehr als 100 eigene Hotels, Motels und Campingplätze. In den großen Ausländer-Hotels gibt es außerdem meist ein Dienstleistungsbüro von Intourist. Die Dienste dieses Büros kommen ganz besonders dem Einzelreisenden zugute, der sich, zumal dann, wenn er der russischen Sprache nicht mächtig ist und die kyrillische Schrift nicht lesen kann, ohne die Hilfe der Intouristangestellten kaum im Land zurechtfinden würde.

Das Intourist-Dienstleistungsbüro seines Hotels steht dem ausländischen Hotelgast für die Beantwortung aller bei ihm im

Zusammenhang mit seinem Aufenthalt in der Sowjetunion auftauchenden Fragen zur Verfügung. Die alle mehrsprachig ausgebildeten Mitarbeiter des Büros sind ihm bei der Lösung der verschiedensten Probleme behilflich. Hier kann der Reisende unter anderem in Deutsch, Englisch und Französisch auch spezielle Wünsche äußern. Das Büro besorgt Fahrkarten, Eintrittskarten für Konzerte, Theateraufführungen und Sportveranstaltungen, organisiert Stadtführungen und Ausflüge, stellt Fremdenführer, übernimmt Dolmetscherdienste zwischen dem Reisenden und dem Hotelpersonal und kümmert sich im Fall von Erkrankungen um die medizinische Versorgung.

Die Dienstleistungen von Intourist umfassen auch die Betreuung von Pkw-Reisenden (Motels, Campingplätze, Benzingutscheine), Bergsteigern und Skisportlern, Transitreisenden, Jägern, Kongreß-, Ausstellungs- und Festivalbesuchern, die Beschaffung von Leihwagen und Autobussen sowie die Organisierung von Rundfahrten mit Flugzeug, Bahn und Schiff.

Das Angebot von Intourist umfaßt gegenwärtig in über 150 Städten insgesamt mehr als hundert Reiserouten. Die Bestimmungen sind genormt im Hinblick auf die Dauer der Führung, die Beförderung (mit dreisitzigen Pkw oder dreißigplätzigen Autobussen) und die Erklärungen bei den Sehenswürdigkeiten. Der Preis einer dreistündigen Stadtrundfahrt beträgt in Moskau zum Beispiel pro Wagen 24 Rubel bei Fahrt mit einem Intourist-Pkw (mit sprachkundigem Führer), drei Rubel, wenn man einen Intourist-Bus benutzt. Ein Ausflug von Moskau nach Jasnaja Poljana mit einem Intourist-Pkw kostet 99,50 Rubel pro Wagen.

Büros in der UdSSR.

Die *Intourist-Zentrale* befindet sich in *Moskau*, Karl-Marx-Prospekt 16, Tel. 2 03 69 62 und 2 21 13 66, Telex 2 03 91 38 (Informationszentrale für Autotouristen: Gorkistraße 3, Hotel Intourist). Weitere für diesen Reiseführer wichtige Intouristbüros sind in: *Leningrad*, Isaaksplatz 11, Tel. 3 12 60 20 und 3 15 51 29; *Kiew*, Leninstraße 26, Tel. 24 15 15; *Odessa*, Rosa-Luxemburg-Straße 14, Tel.22 52 69 und 25 44 48.

Büros im Ausland

Im Ausland findet man Intourist-Büros u. a. in: *Berlin 15* (= Berlin-Wilmersdorf), Kurfürstendamm 63, Tel. 88 00 77, Telex 18 53 92; *Frankfurt am Main 1*, Stephanstraße 1, Tel. 28 57 76, Telex 41 42 32; *Berlin (Ost)*, Unter den Linden 61, Tel. 2 29 19 48; *A-1010 Wien*, Schwedenplatz 3–4, Tel. 63 95 47; *CH-8001 Zürich*, Usteristraße 9/Löwenplatz, Tel. 2 11 33 55.

Infolge der ständig zunehmenden Touristenreisen in die Sowjetunion haben heute auch die großen deutschen, österreichischen und Schweizer Reisebüros, **besonders die Intourist-Vertragspartner alle einschlägigen** Unterlagen über die Sowjetunion als Reiseland zur Verfügung. Sie können ihre Kunden daher jederzeit darüber informieren, sie beraten und ihnen bei der Erledigung der mit einer Reise in die Sowjetunion verbundenen Formalitäten behilflich sein.

Reisezeit

Als günstigste Reisezeit gelten allgemein die Monate Mai bis Oktober. Im Schwarzmeergebiet ist während dieser Zeit Badesaison mit fast immer sonnigem Wetter. In Moskau finden alljährlich vom 5. bis 13. Mai Kulturfestspiele unter der Bezeichnung „Moskauer Sterne" statt. Das Leningrader Gegenstück dazu sind die jedes Jahr vom 21. bis 29. Juni veranstalteten „Weißen Nächte". Auch hier kann man hervorragende Interpreten in Opern-, Konzert- und Ballettdarbietungen erleben.

Aber auch im Herbst und im Winter – mit Ausnahme des Monats November, den man wegen der häufigen Regengüsse als Reisemonat lieber aussparen sollte – hat ein Besuch der vier in diesem Band abgehandelten Reisegebiete durchaus seinen Reiz. Das Festival „Russischer Winter", das jedes Jahr vom 25. Dezember bis zum 5. Januar in Moskau geboten wird, präsentiert nicht nur die besten Künstler der Moskauer Bühnen, sondern läßt den Besucher auch die typische und unvergeßliche Atmosphäre der winterlichen Metropole erleben, wobei natürlich „Väterchen Frost", der russische Weihnachtsmann, nicht fehlen darf.

Reisekleidung

Im Sommer (Juni bis August) sollte man normale Sommerkleidung, im Frühjahr und Herbst Übergangskleidung und einen Regenschutz mitnehmen.

Bei einem Besuch Moskaus, Leningrads und Kiews im Winter benötigt man unbedingt einen sehr warmen Mantel, warme Unterwäsche, Wollsachen, feste, warme Schuhe (am besten warm gefütterte Stiefel) und eine Kopfbedeckung mit Ohrenschutz. Pelzwaren, wie etwa Persianermützen und Handschuhe, kann man preiswert im Land kaufen.

Im Schwarzmeergebiet sind die Wintertemperaturen wesentlich milder als in den obengenannten Gebieten. Dort herrschen selbst in den Monaten Dezember bis Februar Durchschnittstemperaturen von 7 bis 10 Grad Celsius, so daß bei Winterreisen dorthin Übergangskleidung ausreichend ist.

Gewohnte Medikamente, optische und akustische Hilfen (Brillen, Hörgeräte), Toiletten- und Kosmetikartikel sowie Filmmaterial sollte jeder in ausreichendem Maß mit sich führen (s. dazu auch unter „Medizinische Versorgung", S. 19).

Einreisebestimmungen

Visum und Paß

Für eine Reise in die UdSSR ist ein Visum erforderlich.

Wenngleich es möglich ist, das Visum auf persönlichen Antrag in der Konsular- und Visa-Abteilung der Botschaft der UdSSR in Bonn 2 (Bad Godesberg), Waldstraße 42, zu erhalten, ist es doch einfacher und daher ratsamer, sich dieses Dokument durch eines der als Intourist-Vertragspartner geführten Reisebüros besorgen zu lassen. Komplette Listen der Reisebüros, die Intourist-Vertragspartner sind, werden auf Wunsch von Intourist zugesandt.

Das Visum wird von der obengenannten Konsularabteilung zehn bis vierzehn Tage nach Beantragung durch das gewählte deutsche (österreichische, Schweizer) Reisebüro ausgestellt.

Für die Visumerteilung (Bearbeitungsgebühr 10 DM) sind dem mit der Beantragung beauftragten Reisebüro der gültige Reisepaß, das ausgefüllte Visumantragsformular und drei Paßbilder (keine Automatenbilder) vorzulegen. Außerdem sind dort vor Antritt der Reise (und Erhalt des Visums) Intourist Hotelgutscheine zu buchen und im voraus zu bezahlen.

Im Visum sind Tag und Ort der Ein- und Ausreise und die Reiseroute angegeben. Es gilt nur für die Dauer des Aufenthalts in der UdSSR und für die Städte, die der Antragsteller auf dem Fragebogen angegeben hat.

Eine Verlängerung des Visums beziehungsweise dessen Ausdehnung auf Orte, die nicht im Antrag angegeben sind, ist nur im Einvernehmen mit einem Intourist-Büro möglich. Dieses wird seine Zustimmung nur dann geben, wenn Intourist auch unter den veränderten Gegebenheiten seinen Service gewährleisten kann.

Bei seiner Ankunft im Hotel muß der Reisende unverzüglich Paß und Visum zur Registrierung abgeben. Sie werden ihm gewöhnlich innerhalb von 48 Stunden zurückgegeben. Bei Überschreitung dieser Frist sollte er sie zurückverlangen. Außerdem muß der Hotelgast ein Anmeldeformular ausfüllen beziehungsweise von dem Angestellten an der Hotelrezeption ausfüllen lassen.

Autotourismus

Die Autotour eines ausländischen Besuchers der Sowjetunion muß hinsichtlich Dauer, Route, Besichtigungsprogramm, Übernachtungsorten, Verpflegungseinnahme, Tanken (Benzingutscheine!) vor Reiseantritt genau durch Intourist oder durch ein anderes Reisebüro, das Intourist-Vertragspartner ist, festgelegt und dort im voraus bezahlt werden. Die Fahrt darf nur über Orte erfolgen, die auf der Intourist-Autokarte geführt sind.

Die Gesamtbetreuung (auch die Ausgabe von Hotel-, Verpflegungs-, Camping- und Benzinbons u.a.m.) erfolgt entsprechend dem vereinbarten Programm. Ein Abweichen von den für Touristen freigegebenen Autostraßen ist nicht zulässig, da außerhalb dieser Routen Tanken und Reparaturen nicht gewährleistet werden können.

Für die zweifellos geringe Anzahl von Pkw-Reisenden, die bei Verwandten oder Bekannten wohnen und ohne Intourist-Buchung reisen wollen, werden die Visa meist nur mit Schwierigkeiten ausgestellt. Diese Personengruppe muß darauf achten, daß die Pkw-Einreise im Visum ausdrücklich vermerkt ist. Ohne diesen Vermerk kann es an der

Grenze zu großen Unannehmlichkeiten kommen.

Carnets de Passages oder Triptiks werden für private Kraftfahrzeuge nicht verlangt. Wird nur der nationale Führerschein mitgeführt, so ist beim Intourist-Servicebüro an der Grenze ein Einlegeblatt mit den wichtigsten Führerscheindaten in russischer Sprache (gegen Gebühr) zu verlangen.

Bei einem Aufenthalt in der Sowjetunion bis zu einem Monat genügt die nationale Zulassung, sonst ist die internationale erforderlich. Am Fahrzeug muß das Nationalitätszeichen (D, A, CH) angebracht sein.

In der Sowjetunion besteht kein Haftpflichtversicherungszwang. Die Internationale Grüne Versicherungskarte ist dort nicht gültig.

Ausländer können ihre Fahrzeuge entweder bei der Einreise oder schon vom Heimatland aus bei der russischen staatlichen Versicherungsgesellschaft „Ingosstrach“, Moskau M 35, Pjatnitskaja Ulitsa 12 (Tel. 231 16 77), für die Dauer des Aufenthalts versichern lassen.

Tanken ist in der Regel nur mit Treibstoffgutscheinen möglich, die man bei Intourist (auch an der Grenze) gegen DM kaufen kann. Nicht verbrauchte Gutscheine können bei der Ausreise an der Grenze zurückgegeben werden.

Zur Zeit kosten Gutscheine für Normalbenzin (90–93 Oktan) 4 Rubel, für Superbenzin (97 Oktan) 4,70 Rubel je 10 Liter. – Beim Tanken sollte man unbedingt auf die Oktanzahl achten. Es gibt in der Sowjetunion noch Benzin mit 72 und mit 76 Oktan, das aber auf gar keinen Fall genommen werden sollte.

Nimmt man Treibstoff in Reservekanistern mit, so muß dieser verzollt werden.

Zoll

Bei der Ein- und Ausreise sind Gegenstände des persönlichen Bedarfs zollfrei.

Zollfrei können u.a. ohne eine besondere Genehmigung in die UdSSR eingeführt werden: Eine Reiseschreibmaschine, ein Fotoapparat, eine Schmalfilmkamera, je ein Satz Zubehör für Fotoapparate und Schmalfilmkameras, zehn Filme sowie Campinggerät (mit genauer Aufstellung!), wenn über Intourist ein Campingaufenthalt gebucht worden ist. An der Grenze erhält man eine Zolldeklaration, die sorgfältig auszufüllen ist, um die reibungslose Wiederausfuhr der zu deklarierenden mitgeführten Gegenstände (u. a. Waffen, Antiquitäten, Druckerzeugnisse und Valuten) zu gewährleisten.

Außerdem dürfen als Geschenke Gegenstände im Gesamtwert bis zu 30 Rubeln zollfrei eingeführt werden.

Die Einfuhr von Jagdwaffen und Munition ist nur erlaubt, wenn über Intourist eine Jagdreise gebucht worden ist. Der Nachweis darüber ist an der Grenze vorzulegen. Die Waffen werden vom Grenzzoll registriert und müssen wieder ausgeführt werden.

Nicht eingeführt werden dürfen unter anderem pornographische Erzeugnisse sowie Druckerzeugnisse, Manuskripte, Klischees, Negative, Filme, Fotoaufnahmen, Schallplatten, Zeichnungen und Abbildungen, die für die UdSSR in politischer, wirtschaftlicher oder moralischer Hinsicht schädlich sein könnten.

Bei der Ausfuhr von Gegenständen, die in Geschäften in der Sowjetunion gekauft worden sind, müssen an der Grenze die entsprechenden Rechnungen vorgelegt werden.

Alle bei der Einfuhr registrierten Gegenstände dürfen zollfrei ausgeführt werden. Beim Einkauf von Schmuck oder Gebrauchsgegenständen aus Edelmetall sollte man sich vorher bei Intourist erkundigen, wieviel zollfrei ausgeführt werden darf. Die (zollpflichtige) Ausfuhr von Antiquitäten und Kunstgegenständen (Ikonen, Gobelins u.a.) muß vom Ministerium für Kultur der UdSSR genehmigt werden.

Devisenvorschriften

Fremdwährungen und andere ausländische Reisezahlungsmittel dürfen unbeschränkt eingeführt, müssen aber deklariert werden. Bei der Ausreise darf man die Auslandszahlungsmittel in der Höhe der deklarierten Beträge wieder ausführen.

Die Ein- und Ausfuhr sowjetischer Zahlungsmittel ist verboten. Geldumtausch ist nur bei den autorisierten Wechselstellen der Staatsbank ober bei Intourist gegen Quittung erlaubt. Eurocheques werden nur von **Banken eingelöst.**

Nicht verbrauchte Rubelbeträge können bei der Ausreise an der Grenze gegen Vorlage der Umtauschquittung in Auslandsvaluta zurückgewechselt werden (hohe Rücktauschgebühren).

Lebende Tiere

Für Hunde, Katzen und alle anderen Tiere ist ein amtstierärztliches Gesundheitszeugnis des Herkunftslandes erforderlich, das nicht älter als zehn Tage sein darf. Erscheint ein Tier krank, so kommt es in Quarantäne. Tiere sind in den Hotels nicht erwünscht.

Konsularvertretungen

Bundesrepublik Deutschland: Moskau (Botschaft), Bolschaja Gruzinskaja Ulitsa 17 (Tel. 2 52 55 21); Leningrad (Generalkonsulat), Ulitsa Petra Lawrowa 39 (Tel. 2 73 57 31 und 2 73 59 37).

Österreich: Moskau, Starokonjuschennyj Pereulok 1 (Tel. 2 01 73 07 und 2 01 79 40); Austrian Airlines, Moskau, Krasnopresenskaja Nabereshnaja 12, Sowintsentr, Zimmer 1805 (Tel. 2 53 16 70).

Schweiz: Moskau, Stopani Pereulok 2–5 (Tel. 9 25 53 22); „Swissair“ Krasnopresenskaja Nabereshnaja 12, Sowintsentr, Zimmer 2005 (Tel. 2 53 89 88).

Konsularvertretungen der UdSSR in der Bundesrepublik Deutschland gibt es in 5300 Bonn 2 (Bad Godesberg), Waldstraße 42 (Botschaft mit Konsular- und Visa-Abteilung; Tel. der Konsular-Abteilung: 02 28/31 20 89); 1000 Berlin 33, Reichensteiner Weg 34–36 (Tel. 0 30/8 32 70 04); 2000 Hamburg 76, Am Feenteich 20 (Tel. 040/2 29 53 01).

Post und Telefon

Für gewöhnliche Briefe bis zu 20 Gramm ins europäische Ausland zahlt man 30 Kopeken, für Luftpostbriefe 50 Kopeken. Gewöhnliche Postkarten kosten 20 Kopeken, mit Luftpost geschickte 35 Kopeken. Für ein Telegramm in die Bundesrepublik hat man 30 Kopeken pro Wort zu zahlen. Telegramme können in der Poststelle des Hotels aufgegeben werden.

Bei allen Sendungen, die die Post der UdSSR zu befördern hat, setzt man an die erste Stelle den Namen des Staates, in den die Sendung geht (bei Sendungen innerhalb des Landes den Namen der betreffenden Sowjetrepublik). An die zweite Stelle kommt der Bestimmungsort, dann folgt die Straße und erst an letzter Stelle der Name des Empfängers der Sendung.

Postsendungen an Reisende, die sich in Moskau oder Leningrad aufhalten, sind wie folgt zu adressieren: Moskau K 600 – Postlagernd – Gorkistraße 3 (= Postamt des Hotels „Intourist“); Leningrad C 400 — Postlagernd — Newski-Prospekt 6.

Die Postämter sind je nach Jahreszeit von 8 (oder 9) Uhr bis 19 (oder 20) Uhr geöffnet; einfache Dienstleistungen können zwischen 8 und 22 Uhr am Postschalter des Hotels erledigt werden.

Ortsgespräche können vom Hoteltelefon aus gebührenfrei geführt werden. Vom Telefonautomaten aus kosten sie 2 Kopeken (eine 2- oder zwei 1-Kopekenmünzen einwerfen). Man muß die Nummer bei Langton wählen; kurze Signale sind das Besetztzeichen.

Ein Dreiminuten-Ferngespräch von Moskau mit einem Fernsprechteilnehmer in der Bundesrepublik Deutschland kostet etwa 9 Rubel. Die Fernvermittlungsstelle für Auslandsgespräche ist in Moskau unter der Nummer 8–194 oder 295 10 20 zu erreichen. Es sei jedoch darauf hingewiesen, daß dort nur russisch gesprochen wird.

Medizinische Versorgung

Wenn man aus einem europäischen Land in die Sowjetunion einreist, ist kein Impfzeugnis erforderlich.

Bei Erkrankung und Unfall auf der Reise stehen dem ausländischen Touristen bei ambulanter Behandlung alle medizinischen Einrichtungen und ärztliche Versorgung (Polikliniken) kostenlos zur Verfügung.

Ist ein Krankenhausaufenthalt nötig, so muß dafür die Genehmigung der Gesundheitsbehörde eingeholt werden. Die Bezahlung desselben (20 Rubel pro Tag) kann durch den nicht konsumierten Hotelaufenthalt kompensiert werden. Bei Überschreitung der dafür bezahlten Summe, das heißt bei längerem Krankenhausaufenthalt, muß man die Differenz in bar bezahlen; dazu kommen die Kosten für ärztliche Behandlung und Medikamente.

Es soll an dieser Stelle noch einmal (s. auch unter „Reisekleidung“, S. 15) darauf hingewiesen werden, daß der Reisende Medikamente, die ihm im Heimatland verschrieben worden sind und die er aufgrund einer ärztlichen Anordnung auch während seines Aufenthaltes in der Sowjetunion zu nehmen hat, unbedingt in ausreichendem Maße mit sich führen sollte.

Allgemein übliche Medikamente wie Aspirin u. a. und solche Medikamente, die in harmlosen Fällen gegeben werden, erhält man in der Hotelapotheke.

Zeitrechnung und Zeitverschiebung

Infolge der Übernahme des westlichen Gregorianischen Kalenders nach dem Ersten Weltkrieg (1923) gibt es in der Sowjetunion heute bei den historischen Ereignissen ein Datum *alten Stils* und ein Datum *neuen Stils*. So fand zum Beispiel die Oktoberrevolution nach der alten Zeitrechnung am 25. Oktober, nach der neuen jedoch erst am 7. November statt. Aus diesem Grund werden die Jahresfeiern auch an diesem Tag begangen, eine Tatsache, die auf Ausländer immer wieder irritierend wirkt.

Zwischen unserer Mitteleuropäischen Zeit (MEZ) und der Moskauer Zeit (MZ) beträgt die Zeitverschiebung zwei Stunden. Wenn es in Deutschland zwölf Uhr ist, ist es also in Moskau bereits 14 Uhr. Auch die UdSSR hat Sommerzeit.

Alle in diesem Reiseführer beschriebenen Orte – ausgenommen die im Kaukasus befindlichen – liegen in der gleichen Zeitzone wie Moskau. Der Kaukasus hingegen liegt noch eine Stunde vor Moskau, also drei Stunden vor unserer Zeit.

In der Sowjetunion gilt für das gesamte Verkehrsnetz (Bahn, Flug) die Moskauer Zeit, die gegenüber der jeweiligen Lokalzeit zuweilen stark differiert. Man darf sich somit nicht wundern, wenn zum Beispiel in der Transsibirischen Eisenbahn das Abendessen für 14 Uhr angekündigt wird. Die Bahnhofs- und Flughafenuhren zeigen einheitlich in der gesamten UdSSR die Moskauer Zeit. Auch die Fahr- und Flugpläne geben überall die Moskauer Zeit an.

Reisewege und Fahrpreise

ANREISE

Mit dem Flugzeug

Die Einreise westeuropäischer Touristen per Flugzeug erfolgt im allgemeinen in Moskau-Scheremetjewo 2. Dieser größte, vorwiegend dem internationalen Verkehr vorbehaltene Flugplatz Moskaus liegt 32 Kilometer nordwestlich des Stadtzentrums; es verkehren Zubringerbusse dorthin.

Flughafen von *Leningrad:* Pulkowo, 17 Kilometer südwestlich des Stadtzentrums (Zubringerbusse).

Kiew hat zwei Flughäfen: Borispol, 28 Kilometer östlich des

Stadtzentrums, und Julianyj (an der südlichen Stadtperipherie).

Die Strecke Frankfurt–Moskau wird in der Regel zwei- bis dreimal täglich (Flugdauer gut 3 Std.), die Strecke Hamburg–Leningrad einmal wöchentlich (Flugdauer ca. 2 Std. 15 Min.) nonstop beflogen. – Die Strecke Wien – Moskau wird nonstop ein- bis zweimal täglich von Aeroflot und einmal täglich von Austrian Airlines (Flugdauer ca. 2¾ Std.), die Strecke Zürich–Moskau zweimal wöchentlich von Aeroflot und einmal wöchentlich von Swissair beflogen.

Einmal wöchentlich besteht je eine direkte Flugverbindung Hamburg–Leningrad, Düsseldorf–Leningrad, Düsseldorf–Kiew und Zürich–Kiew, zweimal wöchentlich Wien–Kiew.

Einige Richtpreise für die Economy Class:
Frankfurt–Moskau 1023 DM; München–Moskau 1023 DM; Wien–Moskau 7690 öS; Zürich–Moskau 980 sfr; Frankfurt–Leningrad 1005 DM.

Auf Rückflüge gibt es keine Ermäßigung.

In *Frankfurt am Main* gibt es zwei *Aeroflot-Vertretungen*, eine im Flughafen (Tel. 6 90 52 25) und ein Stadtbüro Wilhelm-Leuschner-Straße 41 (Tel. 23 07 71–73). Stadtbüro von *Aeroflot* in München, Ludwigstraße 6, 8000 München 22 (Tel. 28 82 61).

Mit des Eisenbahn

Mit der Eisenbahn reist man aus Westeuropa gewöhnlich bei Brest in die Sowjetunion ein.

Es verkehren ausschließlich Schlafwagen der Sowjetischen Eisenbahnen.

Durchgehende Schlafwagenverbindungen:

Paris – Köln – Hannover – Berlin – Moskau;

Köln – Hannover – Berlin – Leningrad (nur im Sommer);

Hamburg – Hannover – Berlin – Moskau;

Hoek van Holland – Münster – Hannover – Berlin – Moskau;

Bern – Basel – Karlsruhe – Frankfurt – Berlin – Moskau;

Ostende – Brüssel – Köln – Hannover – Berlin – Moskau;

Berlin/Ostbahnhof – Warschau – Moskau;

Wien –Warschau – Moskau;

Wien – Kiew – Moskau.

Die Entfernung Berlin – Moskau beträgt 1886 Kilometer, die Fahrtdauer etwa 30 Stunden.

Die Fahrt kostet hin und zurück (bei Abfertigung in Berlin West, Bahnhof Zoologischer Garten oder Reisebüros) für die erste Klasse 524,80 DM, für die zweite Klasse 310 DM.

Die Fahrkarten gelten einfach zwei Monate, hin und zurück vier Monate.

Die Schlafwagenpreise bewegen sich in drei Preisstufen zwischen 58 und 204 DM pro Fahrt. Hin- und Rückfahrt kostet das Doppelte.

Fahrkarten werden nur in Verbindung mit Bettkarten ausgegeben. Für Reisegruppen von mindestens zehn Erwachsenen gibt es Fahrpreisermäßigungen, die sich jedoch nur auf den reinen Fahrpreis, nicht auf den Schlafwagenzuschlag, erstrekken.

Die Paß- und Gepäckkontrollen werden an den Grenzen im Zug vorgenommen. Dabei wird das Handgepäck im Abteil, das größere Reisegepäck in Abwesenheit des Reisenden im Gepäckwagen kontrolliert.

Das Reisegepäck wird durchgehend bis zum russischen Zielbahnhof abgefertigt. 35 Kilogramm sind Freigepäck, das als Handgepäck mit in den Schlafwagen genommen werden darf.

Von Wien-Südbahnhof kann man entweder über Brest oder (billiger) über Tschop nach Moskau fahren. Die Entfernung über Warschau–Brest beträgt 2002 km (Fahrtdauer 36 Std.). Die Fahrt kostet einschließlich Schlafwagenzuschlag hin und zurück für die erste Klasse (Single-Schlafabteil) 6100 öS, für die zweite Klasse (Dreibett-Abteil) 2604 öS.

Mit dem Schiff

Die sowjetischen Donauschiffe „Wolga", „Dnjepr" und „Osetija" verbinden *Wien* mit *Jalta* (über Izmail, von dort Bahnverbindung nach Moskau).

Mit dem Auto

Für Reisende, die mit dem eigenen Auto aus Westeuropa in die Sowjetunion einreisen wollen, sind folgende Grenzübergänge zugelassen:

aus *Polen:* Terespol–Brest; von Brest führt die kürzeste Zufahrt (1054 km) über Minsk und Smolensk nach Moskau. Medyka-Shaginja;

aus *Rumänien:* Siret–Porubnoje und Albita–Leushenyj;

aus der *Tschechoslowakei:* Cierna nad Tisou–Ushgorod;

aus *Ungarn:* Zahony–Tschop;

aus *Finnland:* Vaalimaa–Torfjanowka und Nujjamaa–Brusnitschnoje.

Die Grenzübergänge sind in den Sommermonaten von 7 bis 21 Uhr (MEZ) geöffnet.

Transitverkehr

Der Transitverkehr durch die Sowjetunion ist ständig im Zunehmen begriffen. So führen zum Beispiel Direktflüge über Moskau nach Kabul, Karatschi, Delhi, Colombo, Rangun, Djakarta, Ulan Bator, Pjöngjang, Peking und Tokio.

Bahnverbindung über die Sowjetunion besteht nach Helsinki, Teheran, Ulan Bator, Peking, Hanoi und zur Hafenstadt Nachodka an der Küste des Japanischen Meeres, von wo sowjetische Motorschiffe nach Jokohama in Japan verkehren (Fahrzeit ca. 52 Stunden).

REISEN IN DER SOWJETUNION

Mit dem Flugzeug

Innerhalb der Sowjetunion verbindet ein stark frequentiertes Flugnetz die wichtigsten Städte miteinander. Die sowjetische staatliche Fluggesellschaft, die den gesamten Inlandflugverkehr bewältigt, ist *Aeroflot*.

Es gibt bei den Flügen im Landesinneren nur eine Einheitsklasse. Die Flugpreise sind, verglichen mit denen, die der Mitteleuropäer für strecken-

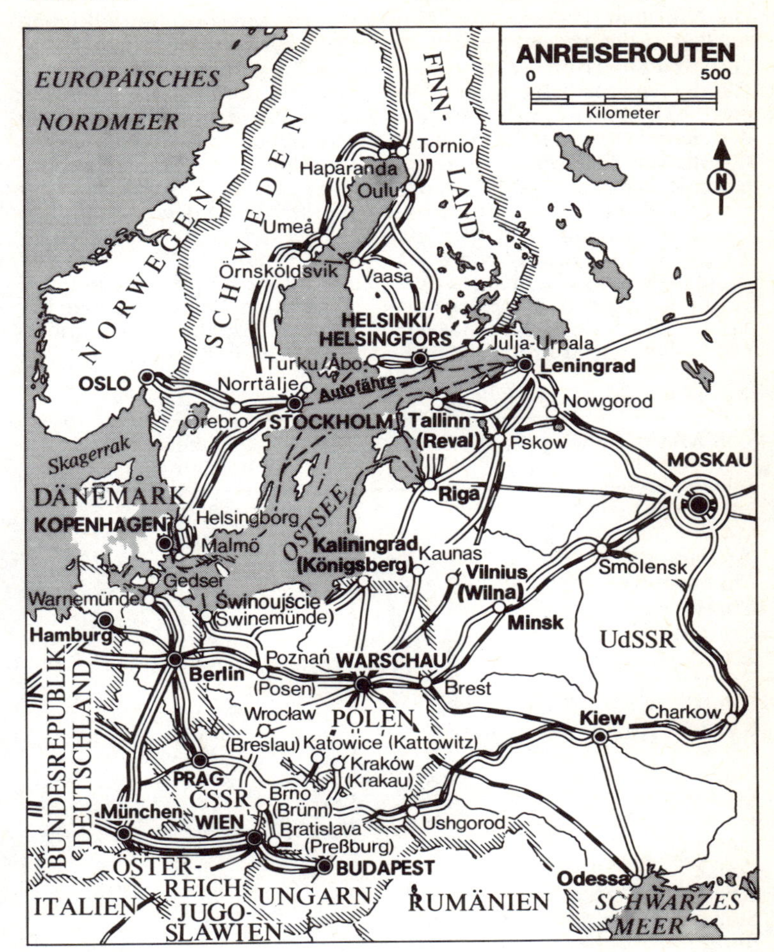

mäßig gleichlange Flüge innerhalb seines Landes zu zahlen hat, ausgesprochen niedrig.

Aufgrund der immensen Flächenausdehnung des Territoriums der UdSSR und der großen Entfernungen, die hier vom Reisenden häufig zurückzulegen sind, um zu seinem Reiseziel zu gelangen, ist das Flugzeug das Hauptverkehrsmittel für jedermann. Bordservice wird nur auf Langstrecken geboten. Die Flüge müssen mehrere Tage im voraus gebucht werden.

Für *Binnenflüge ab Moskau* stehen die folgenden Flughäfen

zur Verfügung: Flughafen *Domodjedowo*, 45 Kilometer südlich des Stadtzentrums (Zubringer 1,20 Rbl); Flughafen *Scheremetjewo*, 32 Kilometer nordwestlich des Stadtzentrums, Inlandhalle (Zubringer 80 Kopeken); Flughafen *Wnukowo* (selten), 30 Kilometer südwestlich des Stadtzentrums (Zubringer 75 Kopeken). Es gibt in der UdSSR von allen Flughäfen eine Zubringer-Busverbindung zur nächstgelegenen Stadt. Die Fahrpreise bewegen sich zwischen 40 und 75 Kopeken. In Moskau besteht auch zwischen den einzelnen Flughäfen Busverbindung.

Reisende, die in Städten, in denen sie keinen Aufenthalt gebucht haben, umsteigen müssen, haben folgende Transfergebühren zu zahlen: Moskau: Flughafen Scheremetjewo – Bahnhof 62 DM Flughafen Scheremetjewo – Flughafen Wnukowo 108 DM, Flughafen Scheremetjewo – Flughafen Domodjedowo 131 DM und Flughafen Domodjedowo – Flughafen Wnukowo 108

Flugverbindungen ab Moskau:

Von Moskau nach	tägl.	Std.	Rubel (Richtpreise)
Alma Ata	1–2×	4½	62
Baku	2–3×	3	40
Buchara	1×	4	60
Chabarowsk	2×	8	122
Charkow	3×	1½	18
Donjetsk	2×	1½	22
Jerewan	4×	2½	40
Frunze	1×	4½	60
Irkutsk	4×	7	83
Kazan	3×	1½	19
Kiew	7×	1½	20
Leningrad	12×	1	18
Minsk	4×	1½	18
Nowosibirsk	1×	4	56
Odessa	5×	2	27
Omsk	3×	3	46
Rostow a. Don	7×	2	24
Samarkand	1×	4	56
Simferopol/Jalta	10×	2	28
Sotschi/Adler (während der Hochsaison bis)	15×	2½	31
Taschkent	6×	4	56
Tbilisi	3×	2½	37
Vilnius	4×	1½	20
Wolgograd	4×	2	22

Hin- und Rückflug kosten das Doppelte des einfachen Fluges; es gibt keine Rückflugermäßigungen.

DM. In allen anderen Städten der UdSSR kostet der Transfer 35 DM.

Direktverbindungen von *Leningrad* bestehen außer nach Moskau unter anderem nach Charkow, Donjetsk, Jerewan, Kiew, Minsk, Odessa, Rostow a. Don, Sotschi, Tbilisi, Vilnius und Wolgograd.

In *Moskau* befindet sich das Aeroflot-Hauptbüro Leningrad-Prospekt (Leningradskij Prospekt) 29; in *Leningrad* findet man Aeroflot auf dem Newski-Prospekt (Newskij Prospekt) 7–9, in *Kiew* gibt es Aeroflot-Büros in der Karl-Marx-Straße (Ulitsa Karla Marksa) 4.

Mit der Eisenbahn

Die Eisenbahn, die zum Teil elektrifiziert, zum Teil mit Diesellokomotiven modernisiert ist, spielt auch heute noch im Inlandreiseverkehr eine wichtige Rolle. Die normalen Züge sind gut, die Expreßzüge sogar ausgezeichnet ausgestattet. Die Eisenbahnnetzlänge in der UdSSR beträgt insgesamt über 150 000 Kilometer. Das Bahnnetz ist besonders im asiatischen Teil des Landes noch sehr weitmaschig, aber auch im europäischen Teil nicht allzu dicht.

Da Bahnreisen in der Sowjetunion kaum weniger stark gefragt sind als Flugreisen und infolgedessen auch die Züge stark frequentiert sind, sollte man Fahrkartenkauf und Platzbuchung mindestens zwei Tage vor Antritt der gewünschten Fahrt über Intourist vornehmen.

Wichtige Inlandverbindungen der Eisenbahn sind in der Tabelle auf S. 26 zu finden.

Mit der *Transsibirischen Eisenbahn* hat man darüber hinaus in Ulan-Ude Anschluß nach der Mongolischen Volksrepublik und der Volksrepublik China. Von Nachodka aus gibt es Schiffsverbindungen nach Japan (Jokohama).

Mit dem Schiff

Auf der Ostsee, dem Schwarzen Meer, dem Kaspischen Meer, dem Dnjepr (Kiew–Cherson) und der Wolga (Kazan–Uljanowsk – Togliatti – Wolgograd – Rostow am Don) gibt es während der Sommermonate einen Passagierdienst.

Mit dem Auto

Ausländische Auto-Touristen dürfen in der Sowjetunion nur bestimmte Hauptstraßen, das heißt die offiziell freigegebenen „Intourist-Straßen“ befahren.

An diesen Touristenstraßen gibt es in bestimmten Abständen Hotels, Motels, Restaurants, Campingplätze, Tankstellen und Kfz-Werkstätten.

Das Straßennetz ist kilometriert und die Verkehrsdichte im Vergleich mit der in westeuropäischen Ländern gering.

Zur Zeit bietet Intourist die folgenden 15 Autoreiserouten an:

1. Brest – Minsk – Smolensk – Moskau (1046 km)
2. Brest – Kowel – Lutsk – Rowno (237 km)
3. Torfjanowka bzw. Brusnitschnoje – Wyborg – Leningrad – Nowgorod – Kalinin – Moskau (931 km)
4. Tschop – Ushgorod (bzw. Schaginja – Mostiska) – Lwow – Kiew – Orjol – Moskau (1679 km)
5. Moskau – Jaroslawl (248 km)
6. Moskau – Wladimir – Suzdal (198 km)

 Plan S. 27

Eisenbahn-Inlandverbindungen (Fahrpreise in Rubeln für die einfache Fahrt; Schnellzug einschl. Schlafwagenzuschlag):

Von Moskau nach	Fahrzeit Std. (ca.)	2-Bett-Abt.	4-Bett-Abt.
Sotschi	34–35	50,50	24,50
Baku	42	58,50	27,50
Charkow	11	29,50	15,50
Irkutsk	89	98,50	47,50
Kiew	12	32,50	16,50
Leningrad	8	26,50	13,50
Minsk	10	29,50	15,50
Odessa	24	42,50	22,50
Wolgograd	20	37,50	17,50
Von Leningrad nach			
Kiew	23	41,50	20,50
Murmansk	27	41,50	21,50
Von Odessa nach			
Lwow (nur Personenzüge)	13	29,50	16,50

7. Leningrad – Tallin (360 km)

8. Moskau – Orjol – Kursk – Charkow – Zaporoshje – Simferopol – Jalta (1435 km)

9. Leushenyj – Kischinjow – Odessa (278 km)

11. Odessa – Kiew – Tschernigow (615 km)

12. Kiew – Poltawa – Charkow (480 km)

13. Porubnoje – Tschernowtsy – Chmelnitskij– Winnitsa – Charkow (587 km)

14. Kischinjow – Tschernowtsy (336 km)

15. Tbilisi – Jerewan (262 km)

Eine Möglichkeit zum Befahren anderer Straßen gibt es für den ausländischen Kraftfahrer nur dann, wenn er bei einem der Intourist-Büros Ausflüge bucht. Diese werden dann in Begleitung eines Intourist-Fremdenführers durchgeführt.

Die Anzahl der Übernachtungen, die für die einzelenen Städte in der UdSSR gebucht werden kann, ist begrenzt. In touristischen Zentren, wie Moskau, Leningrad, Kiew und Odessa zum Beispiel sind jeweils 15, in einer touristisch kaum weniger interessanten Stadt wie Nowgorod nur fünf Übernachtungen möglich.

Die *Straßen* in der UdSSR sind relativ schmal und besonders in Industrieballungszentren stark von Lastwagen befahren. Die Hauptstraßen sind allgemein in gutem Zustand. Eine Ausnahme bilden einzelne Abschnitte im Kaukasus-Gebiet. Hier treten vor allem im Frühjahr häufig schwere Beschädigungen durch Schnee und Regen auf. Im Winter entstehen nicht selten Behin-

derungen durch Schneeverwehungen.

Die *Tankstellen* liegen in der Sowjetunion oft weit auseinander. Man sollte deshalb immer einen gefüllten Reservekanister mit sich führen. Außerdem sind die Tankstellen außer auf Treibstoffabgabe auf keinerlei Service eingerichtet. Auch tanken muß man selbst, der Tankwart kassiert lediglich. Wenn man zum Beispiel den Reifendruck prüfen oder sein Auto abschmieren lassen will, muß man es zu diesem Zweck in die nächste Werkstatt fahren. Es ist deshalb ratsam, einen Reifendruckmesser und eine Luftpumpe mit auf die Reise zu nehmen.

Obwohl die *Ersatzteilbeschaffung* für die westeuropäischen Autotypen in der Sowjetunion meist große Schwierigkeiten bereitet, ist es dem ausländischen Auto-Touristen weder gegen Zollentrichtung noch zollfrei gegen eine Wiederausfuhrverpflichtung erlaubt, vorsorglich Werkzeug und Ersatzteile aus seinem Heimatland dorthin mitzunehmen. Er darf lediglich das vom Werk mitgelieferte Bordwerkzeug und einen Ersatzreifen mit sich führen. Im Schadensfall können die notwendigen Ersatzteile zollfrei eingeführt werden. Voraussetzung dafür ist jedoch, daß dem zuständigen Grenzzollamt eine Bestätigung von Intourist beigebracht wird, daß die Ersatzteile für die Behebung des Schadens unbedingt gebraucht werden. Die sowjetischen Kraftfahrer sind übrigens in der Regel sehr hilfsbereit. Es findet sich fast immer jemand, der den defekten Wagen eines Ausländers zur nächsten Werkstatt abschleppt.

Einen *organisierten Straßenhilfsdienst* gibt es in der Sowjetunion nicht. Außerdem finden sich auch Werkstätten nur in relativ großen Abständen. Es wird daher empfohlen, bei allen Autopannen, die man nicht selbst beheben kann, falls sich kein „Abschlepper“ findet, das nächste Intourist-Büro anzurufen, das dann Hilfe vermitteln wird. Entsprechende Telefonnummern liegen in den Hotels aus.

Bei *Unfällen* ist unbedingt auf das Eintreffen der Miliz zu warten. Diese kontrolliert ständig das gesamte Straßennetz. Auch wenn der Wagen aus technischen Gründen oder wegen Krankheit des Fahrers festliegt, übernimmt die Miliz die Benachrichtigung von Intourist, wenn der Fahrer dazu nicht in der Lage ist.

Bei *Totalschaden* des Wagens wird ein polizeiliches Unfallprotokoll benötigt. Inwieweit man für die Fahrzeugtrümmer Zoll zahlen muß, entscheidet die sowjetische Zollbehörde.

Die einheitliche *Telefon-Notruf-Nummer* in der UdSSR für medizinische Hilfe ist 03, die der Polizei (Miliz) 02 und die der Feuerwehr 01. Diese drei Notruf-Nummern kann man gebührenfrei von allen Fernsprechzellen in größeren Städten anwählen.

Der sowjetische *Automobilklub*, eine Korrespondenzorganisation des ADAC, ist die *Federatsija Automobilnogo Sporta SSSR* in Moskau, D-362, Tuschino (Tel.

4 91 86 61). Hier werden zwar Auskünfte erteilt, in entscheiden-Fragen werden die Auskunftsuchenden jedoch an Intourist verwiesen.

Verkehrsbestimmungen

Die Verkehrsbestimmungen in der Sowjetunion unterscheiden sich bis auf einige Besonderheiten kaum von den in der Bundesrepublik geltenden. Auch dort herrscht Rechtsverkehr.

Innerhalb geschlossener Ortschaften beträgt die Höchstgeschwindigkeit auf den linken Spuren der Haupverkehrsstraßen 80, sonst 60, außerhalb 90 (Fernverkehrsstraßen 110) km/h (Radarkontrollen).

Im Bereich von Kreuzungen und Eisenbahnübergängen besteht Überholverbot, in Ortschaften Hupverbot.

Bei gleichrangigen Straßen richtet sich die Vorfahrt nach der Wertigkeit der Fahrzeuge. Straßenbahnen und Autobusse haben stets Vorfahrt vor anderen Fahrzeugen, Kraftfahrzeuge haben Vorfahrt vor Fuhrwerken und Fahrrädern. Nur bei gleichwertigen Fahrzeugen gilt also das Gebot Rechts vor Links.

Im Kreisverkehr hat der von rechts Kommende Vorfahrt.

Auf den durch Querlinien gekennzeichneten Fahrbahnübergängen hat der Fußgänger Vortritt.

Vor Ampeln muß an der Stoplinie gehalten werden. Nach links abbiegen oder wenden darf man nur dann, wenn zwei Lichter einer Ampel grün zeigen.

Sehr ernst zu nehmen ist auch die Bestimmung, daß in allen Fahrzeugen, die mit Sicherheitsgurten ausgerüstet sind, für Fahrer und Beifahrer Anschnallpflicht besteht. Ein Verstoß gegen diese Vorschrift ist strafbar.

Ganz besonders scharf geht man in der Sowjetunion gegen Alkoholsünder am Steuer vor. Kraftfahrern ist jeglicher Alkoholgenuß vor oder während der Fahrt strengstens verboten. Man sollte sich also auf gar keinen Fall nach einem feucht-fröhlichen Abend bei Wodka und anderen „Wässerchen" oder auch nur nach dem Genuß eines Glases Bier noch ans Steuer setzen. Dem Kraftfahrer, dessen Nichtbeachtung dieses absoluten Alkoholverbots offenkundig wird, drohen harte Strafen.

Als Fußgänger sollte man in den großen Städten so oft wie möglich die Fußgängerunterführungen („Perechody") benutzen. Sie ermöglichen ein unbehindertes und gefahrloses Überqueren der weiten Plätze und zum Teil auch breiter Alleen. Fußgängerübergänge sind durch Nägel und eine weiße Schrift markiert.

Es wird ferner allen Autotouristen, die die Sowjetunion befahren, geraten, besonders außerhalb größerer Ortschaften Nachtfahrten möglichst zu vermeiden, da nachts unbeleuchtete Fahrzeuge verschiedenster Art sowie auf der Fahrbahn befindliche oder sie überquerende Nutztiere (Rinder, Schweine, Hühner u.a.) eine nicht zu unterschätzende Gefahrenquelle bilden.

Bei Dunkelheit ist in beleuchteten Ortschaften mit Standlicht (nicht Abblendlicht!) zu fahren.

Mietwagen

In Moskau, Leningrad und anderen größeren Städten der Sowjetunion kann man über Intourist Kraftwagen ohne Fahrer mieten. Voraussetzung ist der Besitz des internationalen Führerscheins. Ebenso sind in größeren Städten auch Mietwagen mit Fahrer erhältlich. Im Mietpreis inbegriffen sind jeweils eine Wagen- und Haftpflichtversicherung. Die beiden meistvermieteten Fabrikate sind Shiguli, Tschaika und Wolga.

Ein Mietwagen ohne Fahrer (nur „Shiguli") kostet bis zu zehn Tagen 30 Rubel, für elf bis 20 Tage 27 Rubel, für 21 bis 30 Tage 24 Rubel täglich plus 10 Kopeken pro Fahrtkilometer. Benzin und Autowäsche sind extra zu zahlen.

Mietwagen mit Fahrer kosten für bis zu acht Stunden täglich je nach Fahrzeugtyp 137 bis 217 Rubel (Richtpreise!), pro Mehrstunde 16 bis 25 Rubel. Übersteigt die tägliche Fahrtstrecke 240 km, so sind pro km zwischen 20 und 35 Kopeken Zuschlag zu zahlen. Die Bezahlung des Fahrers, Treib- und Schmierstoffe, technische Betreuung des Wagens und Autowäschen sind in diesen Preisen enthalten.

Stadtverkehr

U-Bahn (Metro)

Schnellstes Verkehrsmittel im Stadtverkehr von Moskau, Leningrad, Kiew und anderen großen Städten der Sowjetunion sind ihre Untergrundbahnen. Sie verbinden die Stadtzentren mit den Randbezirken. Vor allem die Moskauer und die Leningrader Metro sind nicht nur technisch perfekt gestaltete Verkehrsmittel, sondern sie sind auch vom künstlerischen Standpunkt aus betrachtet echte Sehenswürdigkeiten. Die erst 1955 auf einer etwa 15 Kilometer langen Strecke in Betrieb genommene Leningrader Metro, die seither ständig ausgebaut wird, steht der schon seit 1935 im Bau befindlichen „großen Schwester" in Moskau an Prachtentfaltung kaum nach. Sie hat zur Zeit 45 Stationen, während die ebenfalls noch ständig erweiterte Moskauer Metro mit 136 Stationen und über 200 Kilometern Doppelspur aufwarten kann. In den unterirdischen Palästen gleichenden Metrostationen, die von den besten Architekten des Landes gestaltet und von bedeutenden Künstlern ausgestattet und geschmückt worden sind, hat man mit Marmor, Bronze, Glas, Nickel, Chromstahl, Stuck, Mosaiken und Skulpturen nicht gespart.

Die etwas bescheidener gestaltete Kiewer Metro (1960 in Betrieb genommen) hat jetzt 35 Stationen, eine über 60 Kilometer lange Doppelspur, und verbindet das Stadtzentrum mit dem linken Dnjepr-Ufer sowie den nördlichen und südlichen Stadtteilen.

In Moskau sind die sehenswertesten Metro-Stationen die Stationen Prospekt Marksa, Ploschtschad Rewoljutsii, Ploschtschad Swerdlowa, Majakowskaja, Komsomolskaja, Kropotkinskaja, Kiewskaja und Arbatskaja, in Leningrad sind es die Stationen Ploschtschad Wosstanija und Awtowo.

Die Untergrundbahnen sind in allen drei Städten von 5.30 Uhr früh bis 1 Uhr nachts in Betrieb.

Die Züge verkehren in Moskau während der Stoßzeiten in Abständen von 1½ Minuten, in Leningrad in Abständen von 2 bis 2½ Minuten.

Der Einheitsfahrpreis für die Metro beträgt unabhängig von der Länge der Fahrt fünf Kopeken. Die Fünf-Kopeken-Münze (Wechselautomaten gibt es in den Metro-Eingangshallen) wird an der Sperre in einen Schlitz des Zugangsautomaten eingeworfen. Man kann danach, von einem elektronischen Auge beobachtet, passieren. Wenn man die Münze einmal einzuwerfen vergißt, dann löst das elektronische Auge eine Sperre aus, die einen daran erinnert, daß man noch zu zahlen hat. Wegweiser und Metropläne mit aufleuchtenden Streckenplänen ermöglichen dem Fahrgast eine schnelle Orientierung, allerdings immer vorausgesetzt, daß er, was für den größten Teil der ausländischen Touristen immer ein Problem sein wird, die kyrillische Schrift lesen kann.

Straßenbahn, Trolleybus, Autobus

Straßenbahnen gibt es in Moskau nur an der Stadtperipherie. Sie verkehren in Moskau, Leningrad und Kiew in der Regel von 5.30 Uhr früh bis 1 Uhr nachts. Der Fahrpreis beträgt 5 Kopeken.

In jeder der drei obengenannten Städte gibt es zahlreiche Trolleybus- und Autobuslinien. Diese beiden Verkehrsmittel, die nicht weniger frequentiert werden als die Straßenbahnen, sind von 6 Uhr früh bis 1 Uhr nachts in Betrieb. Eine Fahrt mit dem Trolleybus kostet unabhängig von der Streckenlänge 5, eine Fahrt mit dem Autobus ebenfalls 5 Kopeken in einer Fahrtrichtung. Fahrten in Vororten sind etwas teurer.

Zu beachten ist, daß man auf den drei Verkehrsmitteln auch in der UdSSR zur Selbstbedienung übergegangen ist. Es gibt dort in Straßenbahnen, Trolleybussen und Autobussen in der Regel – wie in vielen Großstädten der Bundesrepublik – keine Schaffner mehr. Auch beim Fahrer kann man keine Fahrkarten kaufen. Man muß also darauf achten, daß man immer genügend Kleingeld bei sich hat. Wechselautomaten gibt es in den Wagen nicht.

Das abgezählte Fahrgeld wird in einen am Einstieg angebrachten Kasten geworfen, und man reißt sich seinen Fahrschein von einer ebenfalls dort hängenden Fahrscheinrolle ab.

Taxi

Es gibt zwei Arten dieses Verkehrsmittels: das normale Taxi für den Individualverkehr, wie wir es kennen, und das Gemeinschaftstaxi, russisch „Marschrut“-Taxi genannt, weil es stets dieselbe Route befährt.

Ein Platz in einem Linientaxi kostet, unabhängig von der Länge der Fahrtstrecke, 15 Kopeken. Dieses Verkehrsmittel wird nur von 9 bis 21 Uhr eingesetzt.

Normale Taxis (rund um die Uhr) kann man entweder durch das Intourist-Dienstleistungsbüro seines Hotels bestellen lassen oder selbst telefonisch bei den Taxizentralen anfordern. Die Taxirufnummern sind: in Moskau 9 27 00 00, 2 27 00 40 und 4 30 01 10; in Leningrad 2 10 00 22; in Kiew 082. Man kann auch durch Handzeichen einen Wagen anhalten.

Die Taxis sind durch schachbrettmusterartige Streifen auf beiden Seiten gekennzeichnet.

Ein grünes Licht in der linken oberen Ecke der Windschutzscheibe bedeutet, daß der Wagen frei ist. Als Grundgebühr zahlt man 20 Kopeken und ebensoviel für den laufenden Fahrtkilometer. Jede Wartestunde kostet 2 Rubel. Das Taxi-Fahren ist also in der Sowjetunion relativ billig. Die Taxis sind mit Taxametern ausgestattet, die den jeweiligen Fahrpreis anzeigen.

Unterkunft und Verpflegung

Hotels und Motels

Eine freie Hotelwahl ist nicht möglich. Alle Reisenden werden von Intourist entsprechend der von ihnen gebuchten Hotelkategorie eingewiesen. Die Hotelgutscheine, die Unterkunft, Verpflegung und Betreuung umfassen, oder die Campinggutscheine müssen bei dem Reisebüro, bei dem die Reise gebucht wird und das das Visum besorgt, vor Reiseantritt vom Touristen in der Währung seines Landes bezahlt werden. Sie enthalten den Namen des Reisenden, die Reiseroute, die Betreuungskategorie, den Preis, den Ankunfts- und Ausreisetermin und den Grenzübergang. Für Kinder bis zu zwölf Jahren Gratisunterbringung (meist in Zusatzbetten).

Im Fall eines Rücktritts von der Reise werden, je nachdem, wie viele Tage vor dem gebuchten Reisetermin dieser erfolgt zwischen 45 DM und 75 Prozent des Reisepreises Stornogebühren erhoben. Bei (auch unverschuldeter) verspäteter Ankunft hat der Tourist einen Tag der Betreuung plus 25 Prozent der übrigen versäumten Betreuung zu zahlen (Abrechnungszeit in allen Hotels: 12 Uhr mittags).

Für die Metropolen Moskau und Leningrad bleiben die Hotel- und Motelpreise das ganze Jahr über unverändert.

Saisonzeiten für die Kur- und Badeorte am Schwarzen Meer und an der Kaukasischen Riviera: Saison 1. Juni bis einschl. 30. September. Außer Saison 1. Oktober bis 31. Mai.

Saisonzeiten für alle anderen Städte:

Saison: 1. April bis einschl. 30. September. Außer Saison: 1. Oktober bis einschl. 31. März. Die Reise in die Sowjetunion kann entweder als Einzelreise oder als Gruppenreise gebucht werden.

Die Gruppen- oder Gesellschaftsreisen haben vor allem den Vorteil, billiger zu sein als die Einzelreisen. Außerdem gestaltet sich der Programmablauf reibungsloser. Die zahlreichen publizierten Programme bieten sicher zu jedem Termin eine Route und Leistungen nach dem Geschmack des Touristen, der sich zu einer Gesellschaftsreise in die Sowjetunion entschlossen hat. Andererseits erfordert jedoch diese Art zu reisen von dem dazu Entschlossenen ein gutes Maß an Anpassung und Einfügung in das vorgesehene Programm und in die Service-Kategorie, wobei letztere auch Touristenklasse sein kann (einfache Hotelzimmer ohne Bad).

Für Einzelreisende ist in den Monaten April bis Oktober die Touristenklasse nur beschränkt verfügbar.

Die Unterbringungspreise sind in Moskau und Leningrad höher als in anderen Städten.

In insgesamt zwölf Moskauer und Leningrader Hotels und in einigen Hotels anderer Städte gibt es Luxusappartements (3–4 Zimmer), in den beiden Metropolen und einer ganzen Reihe weiterer Städte Zimmer der Luxuskategorie. Die Unterbringungspreise für diese beiden Kategorien liegen jedoch so hoch, daß die Nachfrage danach gering sein dürfte.

Hotel-Richtpreise für Einzelreisende in Moskau und Leningrad
(in DM pro Tag und Person)

Betreuungsklasse	für 1 Person	für 2 Personen
Luxusappartement	330–620	165–264
Luxusklasse	155–466	78–233
Erster Klasse	124–296	72–140

Hotelrichtpreise für Einzelreisende in den übrigen Städten
(in DM pro Tag und Person)

Betreuungsklasse	Außer Saison		Saison	
	1 Pers.	2 Pers.	1 Pers.	2 Pers.
Luxusappartement	130–239	65–120	170–310	85–155
Luxusklasse	96–168	48– 84	124–217	62–109
Erster Klasse	68–118	38– 65	87–147	48– 84

Entlang der Touristenstraßen wurden für die Autotouristen eine Reihe von Motels errichtet.

Es gibt sie in den folgenden Städten: Charkow, Kalinin, Kiew, Kischinjow, Krasnodar, Kursk, Leningrad, Minsk, Moskau, Ordshonikidze, Orjol, Pjatigorsk, Poltawa, Smolensk, Tbilisi, Zchaltubo und am Sewan-See (bei Jerewan).

Motel-Richtpreise in Moskau und Leningrad
(in DM pro Tag und Person)

Betreuungsklasse	Einzelzimmer	Doppelzimmer
Erster Klasse	124	72

Motel-Richtpreise in den übrigen Städten
(in DM pro Tag und Person)

Betreuungsklasse	Außer Saison		Saison	
	EZ	DZ	EZ	DZ
Erster Klasse	68	38	87	48

Am bequemsten ist es, die von Intourist angebotene Möglichkeit zu nutzen, die Reise in die Sowjetunion mit „komplettem Service" zu buchen. Diese Buchungen sind sowohl für Einzelreisen als auch für Gruppenreisen möglich und werden je nach der gebuchten Hotelkategorie und dem für die Reise gewählten Verkehrsmittel (Flugzeug, Bahn, Schiff, Pkw) in verschiedener Form realisiert (Auskünfte: Intourist und Reisebüros).

Buchungen des kompletten Service werden von Intourist bei Einzelreisen innerhalb von zehn Tagen (außerhalb der Saison binnen sieben Tagen), bei Gruppenreisen innerhalb von 30 Tagen (außerhalb der Saison binnen 14 Tagen) bestätigt. Für Kuraufenthalte in den Kurbädern am Schwarzen Meer, die ebenfalls auch für Ausländer aus Westeuropa möglich sind, erhält man die Bestätigung des kompletten Service gewöhnlich etwa 30 Tage nach der Buchung.

Einige wissenswerte Hinweise

Die Ausländerhotels haben in der Regel Speise-, Frühstücks- und Tagungsräume, ein oder mehrere Restaurants, ein Intourist-Dienstleistungsbüro mit mehrsprachigem Personal (Intourist-Angestellte), eine Wechselstube, ein Postbüro, einen Zeitungskiosk, einen Wäschereidienst, eine Werkstatt für Reparaturen verschiedener Art, einen Friseurladen, eine Parfümerie, eine Apotheke und einen Berjozka-Laden (s unter „Einkäufe und Mitbringsel", S. 45), wo man u.a. Souvernirs, Bücher und Schallplatten kaufen kann.

Jedes Hotelstockwerk wird von einer „Deshurnaja", einer Diensthabenden, betreut und verwaltet.

Der Hotelgast erhält nach Ankunft in seinem Hotel in der Rezeption einen Zettel mit der Nummer des ihm zugeteilten Zimmers; diesen hat er bei Inbesitznahme des Raumes der Deshurnaja der betreffenden Etage zu übergeben und bekommt dafür von ihr den Zimmerschlüssel ausgehändigt. (In der Sowjetunion entspricht übrigens der erste Stock unserem Parterre, der zweite unserem ersten Stock usw.)

Bei jedem Verlassen der Etage muß der Gast den Schlüssel bei seiner Diensthabenden abgeben und ihn nach Rückkunft von ihr wieder erbitten. Sie steht den Hotelgästen ihrer Etage bei den verschiedensten Fragen und Problemen mit Rat und Tat zur Seite und ist in der Regel auch in Erster Hilfe und Brandbekämpfung ausgebildet.

Camping

Für Autotouristen gibt es in der Sowjetunion Campingplätze in den folgenden Orten: Dagomys, Jalta, Kalinin, Kiew, Kursk, Leningrad, Lwow, Minsk, Moskau (2 Plätze), Nowgorod, Odessa, Pjatigorsk, Rostow am Don, Smolensk, Sotschi, Suchumi, Tallin, Tschernowtsy, Wesjoloje (bei Adler), Winnitsa und Zaporoshje.

Alle diese Campingplätze sind vom 1. Juni bis zum 30. September geöffnet. Da Campingaufenthalte in der Sowjetunion sehr gefragt sind, empfiehlt es sich, frühzeitig zu buchen.

Campingreisen können mit eigenem Zelt oder mit Leihzelt gebucht werden. Auch sie müssen schon im voraus genau festgelegt und bei Intourist oder einem der als Intourist-Vertragspartner anerkannten westeuropäischen Reisebüros bezahlt werden. Man erhält danach einen Camping-Paß, der die Buchung und die volle Vorauszahlung bestätigt und außerdem die Reservierung der Camping-Parzelle auf dem von ihm gewählten Platz gewährleistet.

Bringt der Tourist sein eigenes Zelt oder seinen Wohnwagen mit, so hat er zur Zeit pro Tag, Person und Zelt- oder Wohnwagenplatz sowie Pkw-Parkplatz 14 DM zu zahlen. Camping im Leihzelt kostet pro Person, Tag, Pkw-Parkplatz und Leihzelt (Bett mit Bettbezug in einem Zwei- oder Vierbettzelt oder in einem Drei- oder Vierbett-Bungalow) 16 DM. In Moskau, Kiew, Minsk und Odessa kann man auch Zweibett-Bungalows mieten. Sie kosten pro Person und Nacht 22 DM.

In den Preisen inbegriffen sind Stromverbrauch, Benutzung der Kochstelle, des Koch- und Eßgeschirrs, der sanitären Einrichtungen.

Extra zu zahlen ist ein Führung mit einem sprachkundigen Intourist-Fremdenführer in jedem Übernachtungsort der gebuchten Reiseroute.

Restaurants und Cafés

Zu den meisten Ausländerhotels gehören ein oder mehrere Restaurants. Darüber hinaus gibt es auf jeder Etage ein Büfett, das sind kleine Säle, in denen der Hotelgast sich ab 7 Uhr früh schnell das „kleine Frühstück“, bestehend aus einfachen Sandwiches und gewöhnlichen Getränken, servieren lassen kann.

Bestimmte Hotels und Restaurants sind für ihre nationalen Spezialitäten bekannt. So zum Beispiel ist in Moskau die Küche des Hotel-Restaurants „Ukrajna“ ukrainisch, die der Hotel-Restaurants „Natsional“, „Moskwa“, „Metropol“ sowie der Restaurants „Slawjanskij Bazar“ und „Ural“ russisch, die des Hotel-Restaurants „Peking“ chinesisch, und die Küche der Hotel-Restaurants „Berlin“, „Belgrad“ und „Budapest“ bietet mitteleuropäische Kost.

Es gibt in den Großstädten der Sowjetunion zahlreiche Restaurants, die nicht zu Hotels gehören und in denen man à la carte essen kann. Aber selbst dort ist die Auswahl an Gerichten begrenzt. Die Preise sind relativ niedrig. Für ein Frühstück zahlt man etwa 2 bis 3 Rubel (in den Etagenbuffets der Hotels etwa 50% weniger), für ein Mittagessen 4 bis 9 Rubel und für ein Abendessen mit Wein etwa 15 Rubel.

Fast alle Restaurants, sogar die in den Hotels, schließen schon um 23 Uhr. Sie sind in der Regel (besonders zu bestimmten Tageszeiten) stark frequentiert, so daß man zumindest mit längeren Wartezeiten zu rechnen hat.

Auch die Cafés sind in den großen Städten ziemlich zahlreich. Es werden dort meistens Tee und Kaffee, im Sommer vor allem Bier, Eis und Kuchen serviert. Zwischen 13 und 15 sowie zwischen 19 und 22 Uhr sind die Cafés oftmals überfüllt.

In den großen Museen gibt es *Cafeterias*, in denen man u. a. Sandwiches, Kuchen und anderes Feingebäck sowie gewöhnliche Getränke zu sich nehmen kann.

Trinkgelder

In der Sowjetunion hat man das Trinkgeld offiziell abgeschafft. Die Kellner und Kellnerinnen in den Restaurants, die Taxifahrer und das andere Dienstleistungspersonal sind Staatsbedienstete mit festem Monatsgehalt und dürfen offiziell kein Trinkgeld nehmen. Wenn man es ihnen jedoch diskret gibt, so nehmen sie es meist gern an.

Man sollte fünf bis zehn Prozent des Rechnungsbetrages geben. Für Gepäckträger sind 50 Kopeken pro Gepäckstück angemessen. Auch die Stubenmädchen in den Hotels und natürlich die Deshurnaja der betreffenden Etage freuen sich meist über ein Trinkgeld. Nicht zuletzt sollte man nicht vergessen, sich bei den Garderobenfrauen auf diese Weise mit etwa 15 bis 20 Kopeken für geleistete Dienste zu bedanken, zumal in der Sowjetunion die Garderobenaufbewahrung in Restaurants, Kinos, Theatern, Bibliotheken, Museen und anderen öffentlichen Gebäuden kostenlos ist.

Mehr Freude als mit Geld kann man dem Dienstleistungspersonal jedoch meistens mit kleinen Geschenken machen, vor allem mit solchen Dingen, die in der Sowjetunion rar, für den Durchschnittsbürger zu teuer oder von unzureichender Qualität sind (Zigaretten, Kosmetika, bestimmte Textilien wie zum Beispiel Damenfeinstrumpfhosen u. a.).

Essenszeiten und Tischsitten

Das Frühstück wird von den Russen in der Regel zwischen 8 und 11 Uhr, das Mittagessen zwischen 13 und 15 Uhr und das Abendessen zwischen 20 und 23 Uhr eingenommen. Man läßt sich beim Essen viel Zeit und erwartet das auch vom ausländischen Gast.

Schnaps, Likör und Wein bestellt man entweder flaschenweise (Sekt immer) oder (bei kleineren Mengen) nach Gewicht (z. B. „50 Gramm Wodka“ statt „zwei Glas Wodka“, „300 Gramm Wein“ statt „drei Glas Wein“).

Wodka trinken Russen stets kombiniert mit Mineralwasser das heißt auf einen Schluck Wodka folgt ein Schluck Mineralwasser. Man darf also, wenn man Russen zu einem Wodka einlädt, nicht vergessen, auch Mineralwasser zu bestellen. Zu Sekt ißt man in der Sowjetunion gewöhnlich Obst, meist Äpfel und Weintrauben.

Man beginnt bei jedem servierten Gang erst dann zu essen, wenn alle am Tisch Sitzenden bedient sind, ganz gleich wie lange das dauert und ob das Gericht dabei inzwischen kalt wird.

Speisen und Getränke

Die Russen lieben kräftige, reichliche Mahlzeiten, die auf einigen allgemein gereichten Gerichten basieren.

Zum *Frühstück* gibt es Brot, Butter, Marmelade, Milchkaffee, Tee mit Zitrone oder Kakao, Sauerrahm, Joghurt, weichgekochte Eier oder Omeletts, heiße Würstchen oder Tefteli (Fleischklößchen).

Die *Hauptmahlzeit* besteht aus drei oder vier Gängen:
Als *Vorspeise* gibt es Eierspeisen, Fleisch- oder Wurstaufschnitt, Aspik (mit Fleisch, Pilzen oder Fisch), Gurken-, Krabben- und Fischsalate, Sülze und roten oder schwarzen Kaviar.
Dann folgen *Suppen* verschiedener Art. Beliebt sind Schtschi (Kohlsuppe), Borschtsch (Kohl-Rüben-Fleischsuppe mit saurer Sahne), Botwinja (kalte Kwas-Suppe mit geräuchertem Fisch, Rettich, Gurken), Rassolnik (Nierensuppe mit sauren Gurken) und Fleischklößchensuppe. Im Sommer ißt man auch gern Okroschka (gekochtes Fleisch, Jagdwurst, hartgekochte Eier, frische Gurken, saure Sahne und Kwas, eiskalt serviert).

Als *Hauptgericht* serviert man: Rinder- und Schweinebraten, Huhn, Ente, Wild, Pilzspeisen, Fisch (Lachs, Stör, Zander, Sterlett u.a.) mit Kartoffeln, Rüben, Gurken, Gemüsen, Salaten u.a.

Zum *Nachtisch* gibt es Kuchen, Kekse, Speiseeis, Blintschiki (Pfannkuchen) aus Gries oder Buchweizen mit süßer Soße, Quark oder Äpfeln, Kompotte oder Kisjel (Speise aus Fruchtsaft, frischen Beeren oder getrocknetem Obst, mit Kartoffelmehl oder Maizena abgezogen, dazu kalte Milch oder Sahne).

Die russische Küche wird durch Spezialitäten anderer Völker der Sowjetunion bereichert: Aus der Ukraine kommen Kiewer Hühnerkoteletts und Galuschki (Mehlspeise mit Fleisch- oder Quarkfüllung). Georgischen Schaschlik, armenisch-türkische Dolma-Speisen (Hackfleisch in Tomaten, Gurken, Paprika usw.), Tschebureki (Fleischpasteten) von der Krim oder Pelmeni (mit Fleisch gefüllte gekochte Klößchen) aus Sibirien kann man auch in Moskau und Leningrad bekommen.

An Getränken führen die großen Restaurants: Tee, Mineralwasser, Fruchtsäfte, Bier, Wodka, georgische Trockenweine, ukrainische Dessertweine, armenischen und georgischen Kognak, Krimsekt u.a. Auf den Straßen wird im Sommer Kwas, eine Art Limonade aus getrocknetem Schwarzbrot mit Hefe und Rosinen, verkauft.

Weltbekannt ist der russische Wodka. Es gibt davon verschiedene Sorten, u. a. ,,Stolitschna-

ja", „Petrowskaja", „Moskowskaja", „Russkaja", „Sibirskaja", „Zolotoje Koltso", und „Pschenitschnaja".
Hervorragend sind auch die fünf Champagnersorten: Sowjetischer Champagner trocken, halbtrocken, halbsüß, süß und Zimljansker Schaumwein halbsüß.

Freizeit und Sport

Jeder ausländische Besucher der Sowjetunion wird alsbald überrascht sein von der natürlichen Neigung der Bewohner dieses Landes, sich in ihrer Freizeit auf die verschiedenste Weise zu zerstreuen. Sie sind sehr gesellige Menschen, die jede Gelegenheit wahrnehmen, Feste zu feiern. Oft dienen die Restaurants als Rahmen für das Feiern von Geburtstagen und Beförderungen oder ganz einfach für ein Treffen von Freunden.

Die Russen tanzen gern und viel. In fast jedem größeren Hotel spielt abends eine Kapelle Unterhaltungs- und Tanzmusik. Zwischen den Instrumentalstükken treten Solisten auf, die russische und ausländische Lieder und Schlager singen. In einigen (allerdings wenigen) Hotels gibt es auch bis in den Morgen hinein geöffnete Bars. Nachtlokale im westlichen Sinn sind in der Sowjetunion jedoch unbekannt.

Theater und Kunstfestspiele

Die Russen sind bekanntlich große Liebhaber des Ballett-Theaters. Sie bevorzugen das klassische Ballett, das bei ihnen eine lange Tradition hat und internationale Maßstäbe setzte. Die Namen der großen russischen Ballerinen Ulanowa, Maksimowa und Plisjetskaja kennt die ganze Welt. Die klassische russische Ballettgruppe par excellence, das Moskauer Bolschoj-Ballett, genießt seit jeher Weltruf und ist bisweilen auch in Westeuropa zu bewundern. Das moderne oder gar experimentelle Ballett sprachen bis vor einigen Jahren die Russen weniger an. Jetzt aber findet man auch sie im Repertoire.

In den Opernhäusern und Konzertsälen bringen besonders „Klassiker" wie Tschaikowski, Glinka, Gounod, Rossini, Beethoven und Verdi Abend für Abend ausverkaufte Vorstellungen und Konzerte.
Auch die russische Sprechbühne hat seit Stanislawski, Nemirowitsch Dantschenko und Jewgeni Wachtangow wahre Triumphe gefeiert, und das Sprechtheater findet weiterhin in der Sowjetunion großen Anklang. Man schätzt dort sowohl das russische Repertoire als auch die Klassiker des Auslands. Von den deutschen Klassikern des Dramas findet man besonders Schiller immer wieder auf den Spielplänen vertreten.
Das rege Interesse der Sowjetbürger für Theater- und Konzertdarbietungen dokumentiert sich auch in der großen Anzahl von Theatern und Konzertsälen im Land. So hat zum Beispiel Moskau mehr als 50 Bühnen und fünf große Konzertsäle. Eine Attraktion sind auch der Moskauer Staatszirkus und das berühmte Moskauer Puppentheater. Leningrad besitzt 18 Bühnen und acht große Konzert-

säle, Kiew fünf Theater und drei große Konzertsäle, in Odessa gibt es drei Theater (darunter ein Opernhaus) Außerdem gibt es in jeder dieser Städte kleinere Konzertsäle und Kulturhäuser (Doma Kultury), auf deren Bühnen die führenden Theatergruppen Gastspiele geben.

Die Vorstellungen und Konzerte beginnen in der Regel um 19 Uhr. Jedoch schon lange vor Kassenöffnung um 18 Uhr stehen die Menschen an den Kassenschaltern nach Eintrittskarten Schlange, wobei Ballett-, Opern- und Konzertkarten gewöhnlich noch begehrter sind als Karten für Aufführungen des Sprechtheaters.

Ausländische Touristen können sich den Zeitaufwand und die physische Anstrengung des Anstehens nach Theater- und Konzertkarten ersparen, indem sie ihre diesbezüglichen Wünsche beim Intourist-Dienstleistungsbüro ihres Hotels anmelden. Dieses wird dann die Karten reservieren lassen.

Nach dem Zweiten Weltkrieg sind in der UdSSR wie in vielen anderen Ländern Kunstfestspiele in Mode gekommen. Auch anläßlich historischer, politischer und künstlerischer Gedenktage und Gedächtnisfeiern finden häufig theatralische oder musikalische Veranstaltungen in großem Rahmen statt, zu denen das Publikum bisweilen von weither anreist.

So gibt es zum Beispiel die Musikfestspiele von *Krasnojarsk*, das alljährlich stattfindende und dem Andenken Lenins gewidmete Festival von *Uljanowsk* (ehemals Simbirsk, Geburtsstadt Lenins, der mit bürgerlichem Namen Uljanow hieß), die Glinka-Festspiele in *Smolensk* (Glinka wurde in Nowospasskoje bei Smolensk geboren), den „Bjelorussischen Herbst“ in *Minsk* und das „Krim-Morgenröte“-Festival in *Jalta*. Die herausragendsten Festspiele, die sich seit Jahren einen internationalen Ruf erworben haben, finden jedoch in *Moskau* und *Leningrad* statt. Es sind die drei (auf Seite 15 bereits genannten) Kunstfestspiele „Moskauer Sterne“ (5. bis 13. Mai), „Russischer Winter“ (ebenfalls in Moskau; 25. Dezember–5. Januar) und „Weiße Nächte“ (Leningrad; 22.–29. Juni).

Dazu kommen die Festspiele „Kiewer Frühling“ (20. bis 30. Mai), „Lieder und Chöre aus Lettland“ (*Riga:* 20.–22. Juli) und „Goldener Herbst“ in *Sotschi* (8.–20. September) u. a.

Zu den Programmen derartiger Festspiele gehören Opern- und Ballettabende, Instrumental- und Vokalkonzerte (u.a. auch Volkskunstveranstaltungen mit Auftritten der hervorragendsten Volkskunstensembles des Landes) sowie Zirkusdarbietungen.

Es ist ratsam, sich rechtzeitig nach eventuellen Änderungen der obengenannten Festspieltermine zu erkundigen beziehungsweise sich diese Termine bestätigen zu lassen.

Für die Moskauer, Leningrader und Kiewer Festspiele kann man über Intourist spezielle Festival-Arrangements buchen, die den Besuch diverser Festspielaufführungen umfassen, und bei denen man die Eintrittskarten zu ermäßigten Preisen erhält. Bei den Festspielen

„Russischer Winter“ schließt ein solches Festspiel-Arrangement auch die Teilnahme an einer der berühmten Moskauer Neujahrsfeiern ein.

Kino

Die Kinos in der UdSSR haben meist schon morgens um 9 Uhr ihre erste, abends um 21 Uhr ihre letzte Vorstellung. Kinokarten sind wie Theater- und Konzertkarten in der Regel sehr gefragt, und man hat kaum eine Chance, während einer laufenden Vorstellung noch zu einer Karte zu kommen. Man muß sie daher, wie die Karten für andere kulturelle Veranstaltungen, im voraus kaufen. Es gibt nur numerierte Plätze, und Einlaß ist nur in den Pausen. Gewöhnlich werden eine Zeitdokumentation (Wochenschau) und ein Spielfilm gezeigt. In den Kinos gibt es in der Regel keine Garderobe.

Museen

Insbesondere in den größeren Städten der UdSSR gibt es eine Fülle verschiedenartigster Museen und Gemäldegalerien, die ebenso wie die Theater, Konzertsäle, Kinos und anderen kulturellen Einrichtungen des Landes von Menschen aus allen Schichten eifrig besucht werden.

Es fällt dem ausländischen Museumsbesucher auf, daß die einheimischen Besucher sich die Exponate nicht nur passiv anschauen, sondern daß viele von ihnen auch Fragen zu dem Gesehenen stellen. Der Andrang bei den bedeutendsten Museen ist bisweilen so groß, daß man eine Stunde warten muß, bevor man eingelassen wird. Touristen haben jedoch, wenn sie entweder ihren Reisepaß oder die Karte von Intourist vorzeigen, stets Vortritt.

Der Eintritt ist für alle Museen, die Lenin und der Oktoberrevolution gewidmet sind, frei. Wichtig zu wissen ist, daß es außer in der Ermitage in Leningrad in den Museen keine Kataloge gibt, dafür aber werden zahlreiche einschlägige Monographien in russischer und englischer Sprache angeboten.

Da sich die Öffnungszeiten und -tage der Museen oft kurzfristig ändern, sind sie in diesem Reiseführer (auch aus Platzmangel) nur in wenigen Fällen angegeben. Man kann sie vor einem Museumsbesuch jeweils beim Dienstleistungsbüro seines Hotels erfragen.

In Museen, Theatern und Restaurants ist es obligatorisch, seinen Mantel in der Garderobe abzugeben. Die Aufbewahrung kostet nichts, man sollte jedoch ein kleines Trinkgeld für die Garderobenfrau nicht vergessen (s. auch S. 36).

Sport

Die Menschen in der Sowjetunion sind sehr sportbegeistert. Der Staat unterstützt diese Sportbegeisterung seiner Bürger nach Kräften, indem er u.a. erhebliche finanzielle Mittel zur Errichtung von Sportstätten aufwendet. Großes Gewicht wird auf den Schulsport gelegt, und schon von den ersten Schuljahren an werden besonders sportbegabte Kinder in dieser Begabung systematisch gefördert; die besten von ihnen werden über Jahre hinweg zu Leistungssportlern und schließlich zu Spitzensportlern aufgebaut, die dann dem Land die olympischen Medaillen bringen sollen (und bisher in großem Ausmaß auch immer wieder brachten).

Viele sportlich nicht aktive Bürger verbringen einen guten Teil ihrer Freizeit als Zuschauer bei sportlichen Wettkämpfen; andere treiben Ausgleichssport verschiedenster Art in einer der zahlreichen öffentlichen sportlichen Einrichtungen des Landes.

Moskau bietet mehr als 6000 Sportanlagen, darunter 75 Sportstadien, 52 Schwimmbäder, 410 Fußballplätze, 1400 Turn- und Sporthallen sowie Kindersportschulen und nicht zuletzt die berühmten Eiskunstlaufschulen, in denen schon für eislaufbegabte Fünfjährige kostenlos eine systematische Ausbildung beginnt.

Das Herz der Moskauer Sportanlagen ist der 187 Hektar große Sportpark von Lushniki, zu dem außer dem 100000 Zuschauer fassenden Lenin-Stadion noch eine Vielzahl anderer Sportstätten für die verschiedensten Sportarten sowie ein Sportmuseum, die Außenstelle des „Instituts für Körperkultur“, ein Kino, mehrere Cafés, ein Restaurant und das Hotel „Sport“ gehören.

Anläßlich der XXII. Olympischen Sommerspiele 1980, deren Hauptaustragungsort Moskau war, wurden hier noch verschiedene weitere Sportstätten errichtet. Darüber hinaus entstanden zahlreiche Unterbringungs- Verköstigungs- und Unterhaltungseinrichtungen für die aktiven und passiven Gäste der Stadt.

Leningrad besitzt 22 Sportstadien, 75 Sportplätze, von denen jeder für mehrere Sportarten eingerichtet ist, 84 Fußballplätze, eine Radrennbahn, vier Hallenbäder, zehn Bootshäuser, ein Winterstadion, 14 Skisprungschanzen und über 370 Turnhallen. Mittelpunkt des Leningrader Sportlebens ist das 1950 geschaffene 100000 Zuschauer fassende Kirow-Stadion auf der Krestowskij-(Kreuz-) Insel, das amphitheatralisch aus aufgeschüttetem Meeresboden errichtet ist und so auch eine besondere architektonische Sehenswürdigkeit darstellt. Es ist nach dem obengenannten Lenin-Stadion die zweitgrößte Anlage dieser Art in der Sowjetunion.

Auch Kiew, die dritte der in diesem Reiseführer beschriebenen großen Städte, bietet eine ganze Reihe von Sportanlagen für seine Einwohner, so das Dynamo-Stadion, das Zentralstadion, den Sportpalast sowie die Schwimmbäder, Badestrände und anderen Sporteinrichtungen auf der Truchanow-Insel.

Auskünfte über interessante Sportveranstaltungen der Stadt, in der er sich gerade aufhält, bekommt der ausländische Tourist beim Intourist-Dienstleistungsbüro seines Hotels.

Jagd

Die Sowjetunion ist ein sehr waldreiches Land. Die riesigen Wälder bestimmter Gebiete beherbergen eine Fülle jagdbarer Tiere. So ist es nicht verwunderlich, daß die Jagd ein beliebter Freizeit- und Urlaubssport ist.

Über Intourist können auch Touristen aus dem westeuropäischen Ausland Jagdreisen in verschiedene Reviere des Landes buchen. Es sind dies die folgenden Jagdgebiete:

Krasnyj Ljes bei Krasnodar (Hirsche und Rehe); *Krasnaja Poljana* im Kaukasus (Braunbären und Wildschweine); *Nord-Ossetisches Jagdrevier* (Auerochsen, Gemsen, Braunbären, Wildschweine und Rehe); *Krim-Jagdrevier* bei Jalta (Hirsche und Rehe); *Gawrilowskojer Jagdrevier* (Askanische Hirsche); *Kubiner Jagdrevier* in Aserbaidschan (Dagestanische Steinböcke); *Rostower Jagdreviere*, (Wildgänse, Wildenten, Elche, Wildschweine, Hirsche).

Der Flug von Moskau zum jeweils dem gebuchten Jagdrevier am nächsten gelegenen Flughafen, die Weiterbeförderung, Unterbringung im Jagdhaus, Beistellung von Jagdführern, Waffen u.a. werden für Einzelpersonen und Kleingruppen in der Regel zwischen September und Februar organisiert.

Einkäufe und Mitbringsel

Vor allem in Moskau, Leningrad und Kiew gibt es eine Fülle von Geschäften verschiedenster Art, in denen auch der Tourist aus Westeuropa Waren finden wird, die ihn zum Kauf reizen. Die Käufe sind mit einer Ausnahme in allen Geschäften gegen Rubel zu tätigen.

Empfehlenswerte Kaufobjekte sind insbesondere Schallplatten, Musikinstrumente, Bildbände, Rauchwaren, Kunsthandwerk sowie Edelsteine und Schmuck.

Das bekannteste und beliebteste Souvenir aus der Sowjetunion sind zweifellos die „Matrjoschkas", das ist eine bunt bemalte Holzpuppe, die eine oft große Anzahl immer kleiner werdender ineinandergeschachtelter Puppen und Püppchen enthält.

Aus dem Malerdorf Chochloma stammen rot, gold und schwarz bemalte Teller, Schüsseln, Löffel und Pokale, die hitzefest sind und daher auch als Gebrauchsgeschirr verwendet werden können. In Palech, das ebenfalls als Malerdorf bekannt ist, werden unter anderem schöne Schmuckschatullen hergestellt, die meist schwarz lackiert und mit Märchen- oder historischen Motiven bemalt sind. Auch die preiswerten Schmuckkästchen aus Fedoskino und Mstera sind als Mitbringsel zu empfehlen, ebenso der Bernsteinschmuck aus den Baltischen Sowjetrepubliken sowie die Silberfiligranarbeiten und Samoware aus Tula.

Weitere beliebte Geschenke, die man von einer Reise in die Sowjetunion mit nach Hause bringt, sind Elfenbein- und Holzschnitzereien, Malereien auf Holz und Papiermaché, Stickarbeiten (z.B. eine bestickte „Rubaschka": ein Russenhemd), Knüpf- und Lederarbeiten, Schallplatten mit russischer Volksmusik und klassischer Musik und aus dem großen Angebot an hervorragenden Rauchwaren besonders Pelzmützen („Schapkas"), Pelzstiefel und Muffe.

Auch eine Flasche Krimsekt sowie echter schwarzer oder roter Kaviar werden als Mitbringsel immer Freude bereiten.

Fast alle diese Dinge kauft der ausländische Tourist jedoch am günstigsten in den sogenannten „Berjozka"-Läden („Birken"-Läden). In der Ukraine heißen diese Läden „Kaschtan", in Georgien „Tsitsinatela". Diese gibt es auf den Flughäfen, in fast allen großen Ausländerhotels sowie in den einzelnen Stadtteilen von Moskau, Leningrad und Kiew verstreut. Es sind Devisenläden, die Zahlungen nur in frei konvertierbaren Auslandsvaluten annehmen, in denen man also nicht mit Rubeln zahlen kann.

Hier werden russische Qualitätswaren zu Preisen verkauft, die nicht selten weit unter denen liegen, für die die gleichen Waren, wenn sie dort überhaupt geführt werden, in den normalen Geschäften im Land zu haben sind.

Die Berjozka-Läden sind für Sowjetbürger nicht zugänglich.

Die Geschäfte haben in der Regel wie folgt geöffnet: Lebensmittelgeschäfte montags bis samstags von 8 bis 13 und von 14 bis 21 Uhr, sonntags bis 18 Uhr; andere Geschäfte montags bis samstags von 11 bis 14 und von 15 bis 21 Uhr, sonntags geschlossen; das Moskauer Warenhaus GUM und andere große Kaufhäuser haben montags bis samstags durchgehend von 8 bis 21 Uhr offen.

LANDES- UND VOLKSKUNDE

von Jean Bonamour, Professor für russische Literatur und Kultur an der Sorbonne, Paris

Die Gebiete, die in diesem Reiseführer vorgestellt werden, stellen nur einen kleinen Teil der Sowjetunion dar. Es geht hier vor allem um das europäische Rußland und um die Ukraine, während ein großer Teil des Staatsgebietes völkerkundlich und geographisch gesehen asiatisch ist.

Es geht um eine städtische Bevölkerung, obwohl die Landbevölkerung in der UdSSR zahlenmäßig noch sehr stark vertreten ist. Beschrieben werden die am dichtesten bevölkerten Gebiete, jene, die den historischen Mittelpunkt Rußlands darstellen, Regionen, in denen der politische Schwerpunkt eines der größten Länder der Welt liegt.

Bodengestalt und Landesnatur

Zwei bis dreimal so groß wie die anderen Giganten USA, Kanada, China und Brasilien, 90mal so groß wie die Bundesrepublik Deutschland, weist das Staatsgebiet der Sowjetunion von Westen nach Osten gezählt elf Zeitzonen auf. Das Territorium der UdSSR bedeckt beinahe die Hälfte der nördlichen Erdhalbkugel. In Rußland, Zentralasien und Sibirien herrscht – bedingt durch die geologische Struktur – die Landschaftsform der Ebene vor: Es ist die endlose russische Ebene, die in den Volksliedern und in der Literatur gepriesen wird. Eingezwängt zwischen das Nördliche Eismeer und Gebirgsketten, die es von den südlichen Meeren trennen, wird das Land vom kontinentalen Klima beherrscht und ist den Auswirkungen seiner geographischen Breite voll ausgesetzt. Fast das ganze Territorium der UdSSR ist dem Nordpol näher als dem Äquator; fast alle Küsten sind Wochen oder gar Monate hindurch vom Eis blockiert.

Das Klima

Die Klimakarte ist sehr einfach: Sehr strenge Winter, und zwar um so strenger, je weiter man nach Osten geht. Heiße Sommer, gegen Süden immer heißer. Die Temperaturunterschiede innerhalb eines Jahres sind ausgesprochen groß.

Sogar in der Ukraine, die zu den südlichen Ländern zählt, betragen die jährlichen Temperaturschwankungen 25°. Der Schneefall ist beachtlich. In Sibirien liegt meist sechs bis acht Monate lang Schnee, in Moskau etwa fünf Monate. Die Schneemengen erreichen den Höhepunkt an beiden Ufern des Jenisej.

Ein großer Teil des Bodens bleibt in Sibirien immer und tief gefroren (Permafrost). Die Oberflächenschmelze verursacht alljährlich Überschwemmungen.

Einige Klimadaten

		Jan.	Mai	Juli	Sept.
Moskau	I	0	27	29	25
	II	–29	1	7	0
	III	1	8	8	4
	IV	31	52	74	58
Odessa	I	8	26	32	27
	II	–15	6	13	8
	III	2	9	10	7
	IV	28	34	34	29

I = mittl. Maximumtemp. (°C); II = mittl. Minimumtemp. (°C); III = Sonnenscheindauer (Std. pro Tag); IV = mitttlerer Niederschlag (in mm).

Die Vegetation

Auch die Vegetationskarte ist relativ einfach: Ein breites zentral gelegenes Band, an dessen Nordgrenze Leningrad, an dessen Südgrenze Moskau liegt, und das auch die meisten Niederschläge aufweist, besteht aus riesigen waldbedeckten Flächen und schließt weite Teile Sibiriens bis nach Jakutsk ein. Nördlich dieses Bandes findet man die nördliche Tundra, im Süden Prärie oder Steppe, und noch weiter südlich in zunehmendem Maße Zonen, die wüstenähnlichen Charakter haben. Zwischen diesen Vegetationsstreifen existieren Übergangszonen, ähnlich wie von West nach Ost. So kennt das europäische Rußland mit einem milden Klima eine Art Mischwald und vielerlei Arten von Laubbäumen, während die Nadelhölzer die sibirische Taiga beherrschen.

Die klimatischen Bedingungen und die Beschaffenheit des Bodens, manchmal reich wie das berühmte ukrainische Tschernozjom – häufiger aber arm (sandig, trocken oder im Süden gebirgig), bewirken, daß die Erträge nicht im Einklang stehen mit der flächenmäßigen Größe der UdSSR. Die Kälte ist der ärgste Feind: Fast in ganz Sibirien übersteigt derzeit die Temperatur an maximal 150 Tagen im Jahr die Grenze, die für das Wachstum der Pflanzen notwendig ist (5°C). In der Hälfte der Sowjetunion ist nur Anbau in Treibhäusern möglich oder bestenfalls der Schlag zweitklassigen Holzes. Andernorts schaffen der Mangel an Wasser, die Verdunstung, die Erosion oder die Beschaffenheit der Oberfläche große Probleme. Sogar der Bereich des Tschernozjoms, der sich vom Schwarzen Meer bis zu den Bergen des Altai-Gebirges hinzieht, bleibt in seinen nördlichen Randgebieten nicht von der Kälte und im Süden nicht vor der Trockenheit bewahrt. Die riesigen Waldflächen bieten zwar außergewöhnliche Möglichkeiten, die Nutzung in den dünn besiedelten Gebieten ist jedoch schwierig.

Energiequellen und Bodenschätze

Sie sind bedeutend: Kohle vor allen Dingen. Es wurden jedoch in der letzten Zeit auch Öl- und Erdgaslager entdeckt. Erze sind reichlich vorhanden, darunter viel hochwertiges Eisen, Kupfer, Mangan, Blei, Gold, Diamanten, Nickel, usw. Eine Reihe von Vorkommen gelten als die bedeutendsten der Welt.

Für die nähere Zukunft scheint das wesentliche Problem weniger die mögliche Erschöpfung der Lagerstätten zu sein als die großen Entfernungen. Der größte Teil der Bodenschätze befindet sich in den dünn besiedelten Gebieten, nämlich im Osten der UdSSR. Wenn man bedenkt, daß sich diese Gebiete außerdem am ehesten für die Errichtung von Wasserkraftwerken, von Fisch verarbeitender Industrie und Holzindustrie eignen, dann wird man wohl verstehen, daß es notwendig, aber auch schwierig ist, Menschen und Energiequellen einander näherzubringen.

Die Menschen und ihre Umwelt

Oben wurden in groben Zügen die allgemeinen Bedingungen dargelegt. Sie bestimmen bis zu einem gewissen Maß das menschliche Verhalten und die soziale Entwicklung, ferner lassen sich aus diesen komplexen Beziehungen zwischen Mensch und Umwelt einige grundlegende Faktoren aufzeigen.

Die Vorliebe für Weiträumigkeit

Zunächst existiert da eine gewisse Veranlagung, mit dieser Weiträumigkeit zu leben. Die geringe Bevölkerungsdichte, die im Gegensatz zu Westeuropa und zu Asien noch heute sehr spürbar ist, hat sich auf mancherlei Art ausgewirkt, auch in psychologischer Hinsicht. Es wurde bis zum Überdruß gesprochen von der Vorliebe der Russen für den weiten Raum, für das Nomadentum, sogar für die völlige Wurzellosigkeit oder die Anarchie. Ohne Zweifel ist es sehr gewagt, solche über-

spitzten Schlüsse aus einer Analyse der Landschaft zu ziehen. Aber es ist wahr, daß der Russe – denn um ihn handelt es sich hier vor allem – in seiner Liebe zur Heimaterde eine Art der Freiheit findet, die mit dem unendlichen Raum eng verknüpft ist, der ihn umgibt.

Wenngleich die Liebe der Russen zur Heimaterde wohlbekannt ist – man denke an die schönsten Gedichte von Jesenin und an die zahlreichen jungen Schriftsteller, die das Land während der letzten Jahre beschrieben haben – so hat doch der Reiz der Weite schon zu allen Zeiten existiert. Er wirkte auf die umherziehenden Pilger, die das Rußland des Mittelalters und noch das des 19. Jahrhunderts in allen Richtungen durchwandert haben, aber auch auf die jungen Arbeiter der Gegenwart, die nach Kasachstan oder Sibirien aufbrechen. Natürlich bestellt der Bauer wie überall das Land mit Hingabe. Trotzdem fühlt sich die „russische Seele" immer etwas fremd in der Landschaft des Westens, auf kleinlich zugeteiltem Grund und Boden. Das hat Ursachen, die nicht in der Metaphysik zu suchen sind. Die weite Ferne ist schon immer die Zuflucht vor der Unterdrükkung gewesen: Der flüchtige Leibeigene, die verfolgten Altgläubigen, alle Opfer von Aufruhr seit dem Einfall der Tataren bis zur Zeit des „Doktor Shiwago", alle fanden Zuflucht im Wald, in dem unendlich weiten, praktisch leeren Raum, in dem die Gesellschaft und die Geschichte keine Rolle mehr zu spielen scheinen. Im Laufe der Jahrhunderte war dieses Phänomen von großer Bedeutung für das Land, denn es bewirkte ein spontanes und systemloses Siedeln, das der offiziellen Besiedelung oft vorausging.

Auch das tägliche Leben des Bauern leitet sich daraus ab: In diesem Land hat der immense Waldreichtum – Wald bedeckt noch heute zwei Drittel der UdSSR – stets eine wichtige Rolle gespielt. Zur Landwirtschaft gehören auch das Sammeln von Beeren und Pilzen, die Jagd und der Fischfang. Und die russische Bauernkultur war schon immer auf das Holz ausgerichtet, angefangen bei der selbstgezimmerten „Izba" der hölzernen Bauernhütte, bis zum Löffel. Noch heute wird der Russe aus der Stadt kaum einen Herbst vergehen lassen, ohne zum Pilzesammeln zu fahren. Trotz der Verstädterung ist der Wald (im übertragenen wie im wörtlichen Sinne) niemals weit weg.

Klima und Volkscharakter

Das Klima, ein weiterer Faktor, beeinflußt ohne Zweifel den Charakter des Volkes. Die Russen geben selbst zu, daß sie ihm ihre physische Ausdauer und – vielleicht – auch eine gewisse Neigung zum Alkohol verdanken. Jedenfalls verbreiten sie sich gerne darüber wie über eine nationale Spezialität, das Symbol ihrer Lebenskraft. Der furchtbare Winter mit seinen endlosen Nächten, der die Bauern zu monatelanger Untätigkeit zwingt, ist aber auch die fröhliche Jahreszeit der Schlittenpartien und des Skisports. Früher wartete man ungeduldig darauf, sich die erste Fahrspur zu bahnen, heute ist der Winter für viele Städter die Zeit ihres Lieblingssports. Die Nationalökonomen errechnen mit Bedauern die enormen Kosten, die die kalte Jahreszeit der Allgemeinheit verursacht, die Soldaten aber erinnern sich der rechtzeitig erfolgten „Taten" des „Generals Winter". Wie dem auch sei, man hat in Rußland den Winter gern. Ihm folgt der Frühling, kurz und berauschend wie der Duft der riesigen Fliedersträuße, die plötzlich in den Omnibussen auftauchen.

Im allgemeinen bestimmen in Rußland mehr als anderswo die stark unterschiedlichen Jahreszeiten den Lebensrhythmus, der die Menschen körperlich an die Heimaterde bindet.

Die „negativen Kräfte"

Die riesige Ausdehnung des Territoriums der Sowjetunion hat zwei Aspekte: Das Land verfügt einerseits über nahezu unendliche Reichtümer. Es besitzt immense Reserven an Eisenerz, Kupfer und Blei, sehr große Reserven an Kohle, Erdgas, Uran und Wasserkraft, einen teilweise sehr fruchtbaren Boden sowie einen beinahe unerschöpflichen Holzreichtum . . . Es ist nicht notwendig, alle Vorteile aufzuzählen, wie dies schon oft von seiten der politischen Führung der Sowjetunion geschehen ist, um u. a. ihren Optimismus zu rechtfertigen. Andererseits muß man aber auch einen Blick auf das werfen, was der Geograph W. H. Parker die „negativen Kräfte" genannt hat: Beschränkter Zugang zum Meer, riesige Entfernungen auf dem Landweg, viele unfruchtbare oder gebirgige Gebiete, andere, die das ganze Jahr hindurch gefroren sind, unsicheres Klima, schwierige Verkehrsverbindungen. Die Bevölkerungsgeographie spiegelt diese Situation wider: 46 Prozent der Bevölkerung leben in der Steppenzone, in der Ukraine und vor allem in Rußland (hier identisch mit dem europäischen Teil der RSFSR), das etwa 15 Prozent der gesamten Fläche ausmacht. Weite Gebiete sind unbewohnt.

Die Nutzung aller Energiequellen des Bodens erfordert die Mobilisierung gewaltiger Kräfte. Gewiß kann man das Bestehende hier wie anderswo verbessern, indem zum Beispiel man die Erträge in der Landwirtschaft durch bessere Düngung steigert. Aber die größten Fortschritte setzen eine Expansion voraus, eine Eroberung des weiten Raums, des jungfräulichen Bodens in Kasachstan, Sibirien oder anderswo. Der materielle Aufwand und der Aufwand an menschlicher Arbeitskraft ist gezwungenermaßen hoch. Vielleicht erklärt der Einfluß der Umwelt teilweise die Notwendigkeit einer starken und zentralen Macht. Eine Anekdote will wissen, daß der Zar selbst die erste Eisenbahnlinie Petersburg (Leningrad) – Moskau mit dem Lineal eingezeichnet hat, und lediglich wegen des Fingers, der das Lineal ungeschickt gehalten hat, entstand ein Umweg.

Die Entscheidung, die Hindernisse zu überwinden, muß unwiderruflich sein und von ganz oben kommen. Um die Wahrheit zu sagen, diese vielleicht verlockende Hypothese ist umstritten und die historischen Fakten scheinen schwerer zu wiegen als die geographischen Gegebenheiten. Aber es ist nicht zu leugnen, daß die Zeit des Sowjetregimes jene ist, in der die Macht stärker zentralisiert ist als je zuvor, die Planung am ehesten sichtbar wird und der Prozeß der Erschließung der weiten Räume und der Bodenschätze am schnellsten vorangeht.

Das Land, die Menschen und die Geschichte

Selbstverständlich können alle diese allgemeinen Gegebenheiten, gültig durch alle Jahrhunderte hindurch, nicht ausreichen, um die Sowjetunion zu erklären, die – wie alle Länder – vor allem ein Werk ihrer Bewohner ist. Wie haben diese Menschen ihre Umwelt geformt und ertragen, welche sind die Merkmale ihrer Geschichte, anhand derer man ihr Land besser verstehen kann? Es handelt sich hier nicht um einschneidende Ereignisse, sondern eher um das langsame und komplexe Zusammenwirken verschiedener Einflüsse, wovon jeder seine Spuren hinterlassen hat. Schmelztiegel dieser langen Geschichte ist der europäische Teil der UdSSR, d.h. Rußland (in der auf S. 48 erläuterten Bedeutung) und die Ukraine, der Teil also, dessen Metropolen – Moskau, Leningrad und Kiew – als Stätten von historischer Bedeutung in diesem Band ausführlich beschrieben werden.

Die Ursprünge – Slawen und Skandinavier

Am Anfang war der Wald. Er war zuerst von finnisch-ugrischen Volksstämmen bevölkert und wurde dann nach und nach von den Slawen in Besitz genommen. Sie verdrängten die andere Bevölkerung nach Norden und besiedelten um das 9. Jahrhundert herum die Zone des Mischwaldes und der bewaldeten Steppe. Dieses Bauernvolk lebte in Symbiose mit dem Wald, düngte die verbrauchte Erde durch Verbrennen der Bäume und betrieb extensiven Ackerbau. Für den armen „Mushik“ waren die Metalle rar und blieben es bis zur zweiten Hälfte des 18. Jahrhunderts. Aus Holz wurden alle Gebrauchsgegenstände gefertigt – die Möbel und der Straßenoberbau. Das Holz war das Brennmaterial für die Öfen und die Sauna, später für die Eisenindustrie im Ural (im 17. Jh.). Und dann – bis zur Zeit der Revolution und des Bürgerkriegs – war Holz auch Heizmaterial für die Lokomotiven.

In der russischen Provinz kannte man nur Städte aus Holz wie Saratow oder Astrachan mit ihren endlos erscheinenen Straßen, gesäumt von kleinen, niedrigen hinter Palisadenzäunen versteckten Häusern. Die natürlichen Bedingungen waren hart, und seit langer Zeit ist die Kollektivarbeit Voraussetzung für die Urbarmachung des Landes, für den Aufbau und für den Anbau: Auch das ist eine Konstante der russischen Geschichte, die man bis ins 19. Jahrhundert in der Dorfgemeinde der Bauern („Mir“) wiederfindet.

Der Waldreichtum und der Sklavenhandel zogen auch beutegierige Wikinger und die skandinavischen Kaufleute an, deren Nachkommenschaft sich ausbreitete und nach und nach einen Staat gründete, der den Namen Rußland erhielt. Schon tauchten geographische und strategische Notwendigkeiten auf, die sich im Verlauf der Geschichte durchsetzen sollten. Auch bei dem Aufschwung Moskaus spielte die bequeme Lage der Handelsstadt an der Kreuzung der Land- und Wasserwege eine bedeutende Rolle.

Von Fluß zu Fluß entstanden in der Nähe der Einmündungen von Nebenflüssen und der Anlegeplätze immer mehr Städte und befestigte Orte, darunter Kiew, Nowgorod, Smolensk und Pskow.

Eine Stadt wie Nowgorod, die europäischen Einflüssen gegenüber aufgeschlossen war, erfuhr wirtschaftlich, sozial und kulturell einen beachtlichen Aufschwung. Sie wurde von der mongolischen Invasion kaum betroffen, unterhielt Beziehungen zu Byzanz und wurde noch im 14. Jahrhundert zu einer kulturellen Hochburg, bevor ihr Moskau den Rang ablief.

So entstand Rußland zumindest teilweise aus wirtschaftlichen Gründen mit der territorialen Ausdehnung und der sozialen Ordnung, die jene erforderten. Wir sind also weit entfernt vom Bild eines in sich gekehrten Kontinents, wie es der Westen lange Zeit hindurch in seiner Unwissenheit dargestellt haben wollte. Im 16. Jahrhundert eroberte Iwan der Schreckliche die Stadt Astrachan, um sich einen Zugang zu Persien und dem Orient zu sichern. Die ganze Politik Peters des Großen zielte darauf ab, sich einen leichten Zugang nach Europa zu verschaffen. Es ist auch bekannt, wie sehr sich das zaristische Regime während des 19. Jahrhunderts für das Thema „Meerengen“ interessierte.

Byzanz – die Religion

Einer der bevorzugten Handelswege führte zum sagenhaften Reich Byzanz. Dieses Reich übte seinen Reiz aus auf die Stammesfürsten der Waräger, die ihren Sitz in Kiew, der Hauptstadt eines russischen Staates, hatten, der seit dem 10. Jahrhundert von der Newa bis an das Schwarze Meer reichte. Abwechselnd in der Rolle des Gegners von Byzanz oder als dessen Söldner schienen sie eine Zeit lang zu zögern zwischen dem ebenfalls sehr starken lateinischen Einfluß und dem griechischen. Die Taufe des Großfürsten Wladimir von Kiew (988) und bald danach seine Vermählung mit einer byzantinischen Prinzessin, waren politische Akte von größter Bedeutung, die das Schicksal Rußlands Jahrhunderte hindurch bestimmen sollten.

Der junge Kiewer Staat bestätigte sich im internationalen Leben und festigte sich im Inneren dadurch, daß er an der christlichen Kultur teil hatte, der auch seine wichtigsten Partner angehörten, nämlich die Bulgaren, Polen und Griechen. Der Kampf gegen das Heidentum – das bedeutete das unterentwickelte Land – dauerte lange, aber ihm gegenüber stellte das Christentum die städtische Kultur, die Fortschritte der Bildung und des Staates dar. Bulgarische Priester führten liturgische Bücher in der kyrillischen Übersetzung ein, wie sie bereits von den Südslawen benutzt wurden und für die Russen verständlich waren. Sie entzogen sich der byzantinischen Vorherrschaft und verbreiteten die slawischen Übersetzungen griechisch-christlicher Literatur; im Kontakt mit ihnen bildete sich ein einheimischer Klerus heran, und bald danach (1051) sollte ein russischer Mönch, Hilarion, den Sitz des Metropoliten von Kiew einnehmen.

Dieser zivilisierende Einfluß war entscheidend. Kiew, die „Mutter der russischen Städte" zeichnete sich nicht nur durch prunkvolle Kirchen und Klöster aus, die Stadt konnte auch Übersetzungsbüros und Anwaltskanzleien vorweisen. In Kiew wurde das Recht kodifiziert und religiöse Literatur herausgegeben. Zu bemerken ist jedoch, daß es nicht ausschließlich griechischer Einfluß war, der Eingang fand: In die Gesetze wurden auch germanische und römische Elemente aufgenommen.

Zudem hat man Handelsbeziehungen zur ganzen zivilisierten Welt dieser Zeit angeknüpft. Die Handelspartner waren in Indien, Persien, Kaukasien, Bulgarien, Ungarn und in Westeuropa. Umgekehrt überstrahlte Kiews Einfluß das ganze russische Land.

Die Kiewer Klöster waren die Wiege des russischen Geisteslebens. Hier wurden die ersten eigenständigen Werke verfaßt. Russische Städte wie Pskow, Nowgorod, Rostow, Wladimir und Susdal haben Kiew für ein reiches Erbe zu danken.

Byzanz – die Zivilisation

Byzanz hat der russischen Kultur sein Siegel aufgedrückt. Der Tourist ist vom ersten Augenblick an überwältigt vom Anblick der Kirchen mit den Zwiebeltürmen, die ein Symbol des alten Rußland bleiben. Dieser Stil, von dem die einschlägigen Kunstführer verschiedene Varianten zu unterscheiden lehren, steht im Gegensatz zur herkömmlichen bäuerlichen Bauweise, obwohl die Russen sehr bald wunderschöne Holzkirchen zu bauen wußten, deren technische Perfektion manchmal – wie in Kishi – den Witterungseinflüssen standgehalten hat. Die von Byzanz übernommene Stein- und Ziegelbauweise hat sich schnell verbreitet. Die Chronisten berichteten jedesmal mit Stolz von der Errichtung einer Kirche aus Stein, einem Zeichen von Reichtum in einem Land, das immer von der Feuersbrunst bedroht war. Für die Reisenden früherer Zeiten waren die zahlreichen, einer großen Stadt würdigen Kirchen inmitten der einfachen Holzhäuser jedesmal Anlaß zu großem Staunen. Aber dieses Nebeneinander der zwei Kulturen hat nichts Gekünsteltes an sich: Architektur und Malerei (Fresken und Ikonen), ja sogar bis zu einem gewissen Grad die Literatur, fanden eine bodenständige Ausdrucksform, obwohl die Quellen und oft auch die Künstler fremder Herkunft waren.

Diese Aussage gilt für das gesamte religiöse Leben, wo immer es zutage trat: Man denke an die Geisteshaltung des heiligen Sergius von Radonesh, die Bedeutung des Mönchtums, die große und verwirrende Rolle der religiösen Schwärmer, die leidenschaftliche Lebensgeschichte des Erzpriesters Awwakum, der auf dem Scheiterhaufen starb, die „Startsy" bei Dostojewski. Wenngleich die europäisierte Kultur des 19. Jahrhunderts die religiösen Strömungen in den Hintergrund rückte, schimmerten diese wieder durch in den Werken der großen Schriftsteller (Tolstoi, Dostojewski) und erneuerten den russischen Geist in seiner ursprünglichsten Form zu Ende des 19. und zu Beginn des 20. Jahrhunderts mit den Philosophen Wladimir Solowjow und Nikolaj Berdjajew. Jahrhunderte hindurch waren die Russen tief religiös und sich ihrer im Vergleich zum Westen „gelebten" Religiosität voll bewußt.

Die Religion und der Staat

Diese Religion war von Anfang an mit dem Staat verbunden. Eine Situation, aus der Risiken entstanden. Denn die Versuchung für den Staat war groß, in der Religion die Ideologie zu sehen, die seinen Vorstellungen entsprach. So diente der nach dem Fall von Konstantinopel (1453) entstandene Mythos von „Moskau, dem dritten Rom" den zaristischen Ambitionen ebenso, wie er den Nationalstolz hob, und so war denn auch einer der am häufigsten an die russische Orthodoxie gerichteten Vorwürfe der, sie sei der staatlichen Obrigkeit hörig. Die Verteidiger hielten dem die Frömmigkeit des Volkes entgegen und machten geltend, daß sich die Orthodoxie als Bewahrerin der Grundwerte des Christentums von der Kirche als verfaßter Institution unterscheide. Eine solche Debatte ist begreiflicherweise keine von jenen, die leicht zu einem Ende gebracht werden können. Sogar in der sehr unterschiedlichen Einschätzung der Lage der Religion in der UdSSR findet man Spuren davon: Ist die Religion im Begriff, schnell unterzugehen? Gibt es nicht andererseits eine beträchtliche Anzahl von Gläubigen am Rande der Kirche als Institution? Jede Staristik wäre unzureichend, um das Problem einzukreisen.

Moskowien: der russische Staat

Die russische Geschichte ist praktisch Jahrhunderte hindurch eine lange Reihe von Kriegen der Fürstentümer, die in einem Wirrwarr von Bündnissen durch kommerzielle oder dynastische Rivalität zu Gegnern wurden. Das allgemeine Interesse galt nacheinander: Kiew, Galizien und Wolhynien, Nowgorod, Suzdal. Vom Jahre 1223 an, vor allem in den Jahren 1237 bis 1240, brach eine wahre Sintflut über Rußland herein, nämlich die riesigen Heerscharen der Mongolen, die bereits über ein mächtiges Reich herrschten, das auch China und Turkestan mit einschloß. Kiew fiel (1240), Rußland wurde verwüstet und entvölkert, es wurde tributpflichtig, und seine Fürsten wurden Vasallen des Chans.

Diese schreckliche Invasion ist zum Trauma des russischen Bewußtseins geworden, das heute noch auf jede aus Asien drohende Gefahr empfindlich reagiert. Der Tribut war hoch, Aufruhr und Unterwerfung wechselten einander ab. Aber nach und nach wurde eine Art „mongolischer Friede" spürbar: Geschickt hatten die Eroberer Toleranz walten lassen, um ihr weites Reich zu erhalten. Die russischen Fürsten waren Vasallen, die selbst den Tribut einzogen und manchmal die Mongolen zu Hilfe riefen, um ihre Streitigkeiten zu schlichten. Das Volk, das seine Religion ungestört ausüben konnte, vermischte sich mit christianisierten Tataren und Mongolen. Moskau fiel als Erbteil an den jüngsten Bruder von Alexander Newski und wuchs allmählich. Seine Fürsten fügten hartnäckig ein Stück Land an das andere, und es gelang ihnen, einerseits geschickt mit der mongolischen Obrigkeit zu lavieren und andererseits von Zeit zu Zeit die nationale Einheit zu verwirklichen, um einen Frontalangriff zu wagen. So segnete der spätere heilige Sergius den Fürsten Dmitrij, der auszog um die Mongolen auf dem „Schnepfenfeld“ (1380) zu schlagen. Aber erst wesentlich später, zu Beginn des 16. Jahrhunderts, wurden die Eindringlinge endgültig besiegt.

Die russischen Historiker haben die Rückständigkeit ihres Landes oft mit der langen Besetzung durch die Mongolen erklärt. Diese Erklärung scheint teilweise richtig zu sein, obwohl sie nicht völlig überzeugt. Doch lassen wir gelten, daß „Moskowien“ und damit der russische Staat unter historisch besonders schwierigen Umständen entstanden ist, d.h. unter dauernd wechselnden Machtverhältnissen. Aber dieser Zeitabschnitt ist selbst nur eine Phase des langwierigen Eroberungsprozesses eines riesigen Gebietes: Von der Zeit der Fürsten, die das Land Stück für Stück wieder vereinigt hatten, bis zu Iwan dem Schrecklichen, dem Eroberer von Astrachan, oder Peter dem Großen, Sieger über die Schweden, gab es keine echte Unterbrechung.

Die Leibeigenschaft

Der Eroberungsprozeß erforderte eine sehr starke Konzentration politischer und militärischer Macht, die man durch die gesamte Geschichte verfolgen kann und die am deutlichsten und fatalsten in der Leibeigenschaft zum Ausdruck kam. Sie wurde noch gesteigert während der Herrschaft Katharinas II., der „Zarin-Philosophin“, die sich gut mit dem Adel stellen wollte. In diesem Sinne läßt sich eine Analogie finden (und man hat sie gefunden) zwischen der mongolischen Knechtschaft und der Leibeigenschaft, die Volk und Adel streng voneinander getrennt hat. Unter diesem Gesichtspunkt war das autokratische Regime, das Rußland im 19. Jahrhundert beherrscht hat, nicht ohne Doppelsinnigkeit: Das Oberhaupt des Adels, der Zar, verkörperte auch die Nation und die allgemeinen Interessen.

In der Vorstellung des Volkes erschien er oft – wenn auch illusorisch – als letzte Rettung vor der Ungerechtigkeit der Grundbesitzer. Von ihm erhoffte man sich die Befreiung, die 1861 Wirklichkeit wurde. Trotz vieler Revolten hat die Leibeigenschaft stark dazu beigetragen, eine gewisse Passivität aufrecht zu erhalten, die Einzelinitiative und das Gefühl für Verantwortung zu ersticken. Es war eine Verschwendung menschlicher Kräfte, die sich Rußland beim Eintritt in das moderne Zeitalter nicht mehr erlauben konnte.

Konfrontation mit Krisen

Diese Konzentration der Macht und das Gleichbleiben der politischen Struktur schufen, allem

Anschein zum Trotz, eine gewisse Verwundbarkeit des Staates. Er war kaum fähig zu einer Reform und folglich wenig geneigt, auch nur die leiseste Kritik hinzunehmen. So ging er das Risiko ein, sich ernsten Krisen auszusetzen. Diese Krisen waren ernst, weil sie alles bedrohten.

Der Schlag kommt gewöhnlich von außen, durch einen Krieg: Die Revolte der adeligen Dekabristen im Jahre 1825 war eine Folge der Napoleonischen Kriege, eine relativ harmlose Krise, denn sie ereignete sich nach einem siegreichen Krieg. Nach dem Krimkrieg war es die Herrschaft Nikolaus' I., die als solche in Frage gestellt wurde. Noch viel ernster war die Krise nach dem Russisch-Japanischen Krieg, und der Erste Weltkrieg war es, der dieser Form der Regierung ein Ende setzte.

So lebten der Staat und sein schwerfälliger Apparat, wenigstens im 19. Jahrhundert, in einer sehr unvollkommenen Symbiose mit dem eigentlichen Land, und es gelang beiden nur allzu selten, der Entwicklung der wirtschaftlichen und sozialen Beziehungen zu folgen. Die offizielle Ideologie des Zarismus schien, wenn sie zum Ausdruck gebracht wurde, durch ihren ehrgeizigen und alles umfassenden Charakter diese mangelnde Anpassungsfähigkeit entweder verschleiern oder in einem verklärenden Licht darstellen zu wollen.

Westliche Einflüsse

Die europäische Kultur

Die fremden Einflüsse, insbesondere aus dem Westen, reichen –wie zu sehen war – auf die Anfänge Rußlands zurück. In allen großen Städten hatten Handel und Wohlstand Fremde von überall her angezogen: Kaufleute, Architekten, Gießer, Drucker, Priester usw. Im 15. Jahrhundert wurde von Italienern, die Iwan III. eingeladen hatte, die Mauer des Kremls erbaut. Der junge Peter der Große fand seine ersten Anhänger im Ausländerviertel von Moskau. Unter seiner Herrschaft wurde die Europäisierung Rußlands auf allen Gebieten vorangetrieben, die seine unermüdliche Aktivität umfaßte: Kriegskunst, Schiffahrt, Bergbau, Naturwissenschaften, Recht und Sitte usw.

Die Literatur befaßte sich nicht mehr ausschließlich mit religiösen Themen, die russischen Botschafter sprachen alle europäischen Sprachen und pflegten Kontakt mit den französischen Philosophen. Der Unterricht, vor allem in der Ukraine, wurde von der Pädagogik der Jesuiten beeinflußt. Im 18. Jahrhundert triumphierte der französische Einfluß auf Kunst und Literatur: Katharina II. hielt es für richtig, die Freundschaft mit Voltaire und Diderot zu pflegen, sie gab auch bei Falconet eine Statue von Peter dem Großen in Auftrag. Die Adeligen waren Anhänger Voltaires und ließen von ihren Leibeigenen Opern aufführen.

Danach gab es eine übersteigerte Vorliebe für alles, was aus England kam. Und bald darauf begeisterte man sich an den Balladen der deutschen Romantiker, schwärmte man für die Philosophie von Schelling und

Hegel, bis man schließlich Marx entdeckte... Die Aufzählung könnte endlos fortgesetzt werden.

Die meisten jungen Adeligen, später auch die Bürger und Intellektuellen, sprachen mindestens eine Fremdsprache – meist Französisch oder Deutsch. Viele beherrschten die drei wichtigsten Sprachen Europas. Im 19. Jahrhundert – und noch ausgeprägter am Vorabend der Revolution – war es in Rußland, wo man die europäische Kultur als ein über den nationalen Besonderheiten stehendes Ganzes verstand und verwirklichte.

Auch heute gibt es großes Interesse für die europäische Kultur – gezwungenermaßen in veränderter Form. Der Unterricht auf breiter Ebene läßt kaum noch eine Steigerung der Mehrsprachigkeit zu, das Hauptgewicht liegt jetzt auf Wissenschaft und Technik. Aber die literarischen Übersetzungen sind zahlreich, und die Theater haben viele ausländische Stücke auf ihrem Programm. Zweifellos handelt es sich um filtriertes, selektiertes Kulturgut, von dem man sich eine pädagogische Wirkung auf die breite Masse erhofft. Der Tourist mag sich – wenn er neugierig ist – über manche Lücken wundern, andererseits wird er Bekanntes von deutschen oder französischen Autoren entdecken. Und er wird schnell herausfinden, daß die Russen viel lesen. Wenn er aufrichtig ist, könnte er melancholische Betrachtungen anstellen beim Vergleich der Auflagenhöhen von Übersetzungen literarischer Werke in Deutschland und in der Sowjetunion.

Die westliche Technik

Natürlich machte sich der westliche Einfluß nicht nur und auch nicht hauptsächlich in Kunst und Literatur bemerkbar. Er entsprach, wie zu sehen war, den Bedürfnissen in Handel, Technik und Wirtschaft. In Industrie, Wissenschaft, Handel, Verwaltung, Armee kamen die Ausländer und vor allem die Deutschen zum Zug. Man findet sie in allen möglichen Schichten der sozialen Hierarchie: einfache Handwerker, Erzieher, Köche, aber auch Industrielle und hohe Beamte. Viele wurden in Rußland heimisch. Ganz allgemein, der westliche Einfluß oder vielmehr die Annahme westlicher Techniken war für Rußland die Voraussetzung für den Fortschritt, sei es unter Peter dem Großen, sei es während des Aufschwungs des Kapitalismus nach der Abschaffung der Leibeigenschaft oder zur Zeit der Industrialisierung. Mit der zunehmenden Fortschrittlichkeit des Landes wurden die Führungskräfte und Spezialisten immer zahlreicher, und eine westliche Ideologie, der Marxismus, war es, der die Revolutionäre zum Kampf gegen das zaristische Regime geistig rüsten sollte.

Vom Zarenreich zur UdSSR

Spuren der Vergangenheit

Wenn diese Anmerkungen die Zeitfolge durcheinanderbringen, so deshalb, weil sie geschichtliche Konstanten aufzeigen, deren Spuren man – wann man vorsichtig zu Werke geht – verfolgen kann bis in die heutige Zeit.

Die Revolution von 1917 ist eines der bedeutendsten Ereignisse in der Geschichte, obwohl sie keinen völligen Neubeginn darstellt. In der sowjetischen Ära hat man mit Vorliebe die Spuren der Vergangenheit zurückverfolgt, z.B. eine bestimmte Form der Machtausübung, den strategischen Ehrgeiz, den Hang zum Messianismus usw.

Die Notwendigkeiten beim Aufbau des Sozialismus in einem einzigen Land haben diese Kontinuität unterstrichen, die in Zeiten der Bedrängnis wie dem Zweiten Weltkrieg noch deutlicher war, jedoch nur schwer objektiv zu beurteilen ist. Eine Kontinuität, die übrigens unterschiedlich interpretiert werden kann:

Das zaristische Rußland am Vorabend der Revolution war ein Land voller Widersprüche, archaisch und modern zugleich. Seine wirtschaftliche Expansion, sein kulturelles und wissenschaftliches Niveau, seine unermeßlich großen menschlichen Reserven waren für den jungen sowjetischen Staat von großem Nutzen und sei es nur, indem sie ihm die Generation seiner Begründer gaben.

Andererseits kann man feststellen, daß die Einstellung der Sowjetrussen zu ihrer Vergangenheit manchmal nicht völlig eindeutig ist. Natürlich ist die Geschichte, wenn sie nach den offiziellen marxistischen Richtlinien interpretiert wird, von durchaus positiver Wirkung, denn sie zeigt ja den siegreichen Weg der progressiven Elemente. Boshafte Leute bemerken jedoch hier und da seltsame Äußerungen bzw. eine bemerkenswerte Zurückhaltung: Man verbreitet sich zum Beispiel kaum noch über den zaristischen Kolonialismus und über die nationalen Widerstände, auf die dieser gestoßen ist. Man zieht es vielmehr vor, auf die Kampfesbruderschaft der Fortschrittlichen im kolonisierenden Land und in den kolonisierten Gebieten hinzuweisen. Denn – so werfen die sowjetischen Historiker ein –, liegt denn hier nicht das Wesentliche, und haben die von den Russen kolonisierten Völker nicht im Rückblick das große Glück gehabt, dank dieser historischen Bindungen an der Oktoberrevolution teilzuhaben, die sie vollkommen befreit hat?

Sorge um die Zukunft

Es gibt Wichtigeres: Eine Verbundenheit mit der Vergangenheit, die sich mit der dauernden Sorge um die Zukunft vereint.

Daß die Zukunft überall mit der Gegenwart verbunden ist, erscheint natürlich in einem Land, das den Kommunismus aufbaut und eine rasche Entwicklung vorzuweisen hat. Die marxistische Ideologie liefert die theoretische Basis für die geplante Herausforderung der Natur, die ihrerseits von den geographischen Anforderungen auferlegt wird: Die Errichtung neuer Städte, riesiger Stauwerke und Häfen, die Urbarmachung jungfräulichen Bodens, der Aufbau einer Schwerindustrie, alle diese riesigen Projekte konnten, besonders während der „heroischen Epoche“, nur durch die einzigartige Mobilisierung von

Kräften mit umfassender Zukunftsplanung durchgeführt werden.

Selbst, wenn die Planungen – in der UdSSR wie überall – sich auf immer mehr wissenschaftlich ausgerichtete Techniken stützen, so ist doch der anregende Utopismus der zwanziger Jahre nicht völlig verschwunden: Die Schüler, die an sogenannten Olympiaden teilnehmen – das sind staatliche Schülerwettbewerbe –, werden ermutigt, sich kühne wissenschaftliche Projekte interplanetarischer Reisen oder eine Veränderung des sibirischen Klimas auszudenken... Aber zur gleichen Zeit bleibt die Vergangenheit seltsam lebendig im Geist und im täglichen Leben.

In der Sowjetunion ist man stolz auf seine Museen, restaurierten Kirchen und Schlösser. Der Tourist wird bei der Besichtigung der historischen Städte den Wert dieser Bemühungen zu würdigen wissen. Er wird dabei sogar zu Übertreibungen neigen, da er nicht weiß, was alles während des Revolutionssturms und danach verschwunden ist... Aber was soll man halten von den Schülern in Uniform, von Wohnungseinrichtungen mit der Atmosphäre der Stücke von Tschechow, von der ablehnenden Einstellung gegenüber Neuerungen in der Bekleidung, von der Verehrung der literarischen Formen und des Lebensstils des 19. Jahrhunderts?

Zwei Komponenten der sowjetischen Kultur

Man muß klar unterscheiden, was gewollt ist und was geduldet wird: Wie überall, können sich die Frauen für Modezeitschriften, die jungen Leute und die Intellektuellen für Neuerungen im westlichen Leben interessieren. Man kann aber zumindest sagen, daß die Gesellschaft sie dazu kaum ermutigt.

Man kann sich vorstellen, daß die Überbleibsel aus dem 19. Jahrhundert dem westlichen Einfluß schnell zum Opfer fallen würden, wenn die Grenzen einmal geöffnet wären – ob zum Glück oder zum Unglück, ist eine Frage des Standpunktes.

Aber es gibt auch andere Gründe. Die furchtbaren Prüfungen, denen das Land ausgesetzt war, die der Schwerindustrie und der Armee eingeräumte Priorität haben aus der UdSSR seit langem das Gegenteil einer Konsumgesellschaft gemacht. Im Bereich der materiellen Güter wird die Suche nach etwas Neuem um jeden Preis streng verurteilt. [Gegenwärtig beginnt man allerdings im Zuge der praktischen Umsetzung der Gorbatschowschen „perestrojka"-Losung auch den Bereich der Konsumgüterindustrie verstärkt voranzutreiben, beginnt man auch dort neue Wege zu gehen. Anmerkung der Red.]

Es bleibt dem westlichen Touristen auch überlassen, seinen Blick anzupassen und seine eigene Gesellschaft gegenüberstellend zu beurteilen. Er sollte sich jedoch dabei vor übereilten Verallgemeinerungen hüten.

Wie dem auch sei, es handelt sich nicht einfach um eine gewollte oder ungewollte Rückständigkeit: Die gleichzeitige Existenz von Rechenkugeln und Atom-U-Booten wird unweigerlich verschwinden. Die geistige

Entwicklung, die in der Sowjetunion wie überall langsamer voranschreitet als die der Technik, schafft Spannungen, die je nach der Beschaffenheit der Gesellschaft spezifische Formen annehmen.

Man sollte sich also vor einer gewissen westlichen Ichbezogenheit hüten. Rußland – und um so mehr die UdSSR – war sich seines eigenen Weges immer bewußt. Viele Menschen, die unter den raschen Veränderungen gelitten haben, hegen den Wunsch – der durchaus nicht immer der Nostalgie entspringen muß –, im 19. Jahrhundert Rußlands eine Tradition und Lebensformen wiederzufinden, die eine gewisse Stabilität garantieren. Dieser Wunsch steht keineswegs im Gegensatz zu den Vorstellungen der Führer des Volkes, die kraft ihrer Ideologie damit beauftragt sind, die gesellschaftliche Entwicklung völlig unter Kontrolle zu haben, und denen es widerstreben würde, bekannte Anhaltspunkte aufzugeben. Jedenfalls ist diese eigentümliche Mischung aus Vergangenheit und Zukunft einer der Wesenszüge der sowjetischen Kultur. Es liegt beim Reisenden, alle Aspekte gegeneinander abzuwägen, sowohl innerhalb als auch außerhalb des offiziellen Rahmens. Er wird Widersprüchen begegnen. Vielleicht kommt einmal ein Tag, an dem die guten sowjetischen Schülerinnen, die als Siegerinnen aus „Universitätsolympiaden" hervorgegangen sind, eine Exkursion zum Mond machen, und zwar mit ihren roten Halstüchern und den kleinen Zöpfen.

Die UdSSR – eine neue Gesellschaft

Schon der Unterschied zwischen dem Frankreich von 1913 und dem von 1988 ist groß. Man stelle sich aber vor, wie stark diese 75 Jahre erst Rußland im Laufe einer Reihe von Umwälzungen riesigen Ausmaßes verwandelt haben: Zwei Kriege, eine Revolution, die Kollektivierung, Hungersnöte, Millionen Deportierter, das Zehnfache an Toten; aber auch eine beschleunigte Industrialisierung, die Urbanisierung, enorme wissenschaftliche, technische und kulturelle Fortschritte, eine ungeheure wirtschaftliche und militärische Macht, eine Politik im planetaren Maßstab.

Eine Beschreibung dieses „Universums" würde Enzyklopädien füllen. Begnügen wir uns hier mit kurzen Überblicken, die die Intourist-Reiseführer mit wissenschaftlichen Berichten und langen Statistiken vervollständigen.

Die Bevölkerung

„150 Millionen sprechen aus meinem Munde" schrieb Majakowski. Offizielle Stellen zeigen nüchterner an, daß „am 17. Januar 1979 die Bevölkerung der UdSSR 262 Millionen Personen erreicht hat" (heute 285 Mill.). Trotz des Krieges, der 20 Millionen Menschenleben gekostet hat, liegt der Bevölkerungszuwachs doch ziemlich hoch mit einer ungefähren Zuwachsrate von 1,5%. Die Tatsache, daß die Geburtenziffer auf dem Land höher ist als in den Städten, hindert – dank der Landflucht – die Stadtbevölkerung nicht daran, anzuwachsen. Die Landflucht indes gefährdet die Erhaltung der stetigen Zuwachsrate. Als eine Folge des Krieges sind in den höheren Altersstufen die Frauen in der Überzahl.

Die Bevölkerung der UdSSR setzt sich aus über 100 Völkern und Völkerschaften zusammen: Russen (51% der Bevölkerung im Jahre 1982), Ukrainer (15,7%), Weißrussen (3,6%), Usbeken (4,6%), Tataren (2,3%) usw. Ungefähr 50 nationale Gruppen umfassen mehr als 100000 Personen, andere zählen ein paar Tausend oder gar nur ein paar Hundert. Entsprechend der Bedeutung der Nationalität oder ihrer geographischen Lage unterscheidet man die fünfzehn Sozialistischen Sowjetrepubliken, die zwanzig Autonomen Republiken, die fast alle im Inneren der Sozialistischen Republik Rußland liegen (die auch Sibirien umfaßt), und verschiedene andere Territorien, die zahlenmäßig schwächeren Nationalitäten entsprechen.

Der Tourist wird sich natürlich für die Probleme interessieren, die sich aus der Vereinigung so verschiedener Volksgruppen ergeben. Diese Probleme lassen sich nicht ohne weiteres erkennen. Dagegen wird man dem Touristen bereitwillig spektakuläre Leistungen aufzählen: zum Beispiel die Unterrichtung von Völkern, die zum Teil noch vollkommene Analphabeten waren, die Pflege nationalen Kulturgutes und die Übersetzung fremdsprachiger Texte auf breiter Ebene. Dem Wort „sowjetisch“ wird dadurch eine neue Dimension zugeordnet, die dem Westen im allgemeinen unbekannt ist, und dem Touristen bieten sich deshalb pittoreske Eindrücke in den Hotelhallen, die plötzlich den Charakter von Karawansereien annehmen. Beim Lesen der Plakate wird man feststellen, daß die nationalen Kulturströmungen im Kunstleben Moskaus einen großen Platz einnehmen. In Moskau wird man auch die bunt zusammengewürfelten Volksmengen im Kaufhaus GUM oder vor dem Mausoleum bestaunen. Aber diese Feststellung ist banal, und alle Reisenden haben sie im Laufe der Jahrhunderte vor uns gemacht.

Wirtschaft

Man begegnet ihr überall, in offiziellen Ansprachen, am Radio, in der Presse. Man würde dies lästig finden, wenn es im Westen nicht schon genauso wäre. Nur die Art und Weise ist verschieden. Für einen westlichen Touristen ist es immer ein wenig überraschend, wenn die ersten Seiten der Zeitungen den Berichten über die Ernte gewidmet und mit Fotos von Traktoren in wogenden Getreidefeldern versehen sind. Im gleichen Maß, wie dem Laien in westlichen Zeitungen die Artikel über die Wirtschaft technisch und „unheimlich“ vorkommen, erscheinen die sowjetischen Artikel über das gleiche Thema ihm lyrisch und optimistisch, ohne daß dabei – man muß es zugeben – der technische Charakter vernachlässigt wird.

Wenn der Tourist Wirtschaftsfachmann ist und sich in der UdSSR weiterbilden will, so ist seine Sachkenntnis zu begrüßen, und er lasse seinen Scharfblick walten. Wenn er nur Amateur ist, sollte man ihm abraten von unsachgemäßem Gebrauch der Statistiken und übereilten Vergleichen. Einige Vergleiche von Preisen und Löhnen können (wenn auch nur ungefähre) Daten über den Lebensstandard liefern.

Letzten Endes ist es besser, selbst seine Beobachtungen zu machen und sich vorzunehmen, nach der Rückkehr in einem Fachbuch nachzuschlagen. Die UdSSR hat genügend außergewöhnliche Leistungen erbracht, anhand derer sich der Tourist eine Vorstellung von dem beschrittenem Weg machen kann und zu dem folgende Zahlen einige Anhaltspunkte geben:

	1940	1950	1970	1984	1987
Elektrizität (in Milliarden kWh)	48,6	91,2	741	1493	1610
Stahl (in Mio t)	18,3	27,3	116	154	161
Erdöl (in Mio t)	31,1	37,9	353	613	615
Erdgas (in Milliarden m³)	3,2	6,2	198	587	686
Kohle (Mio t)	166	261,1	624	712	751
Werkzeugmaschinen (in 1000)	58,4	70,6	202	209	234
Traktoren (in 1000)	31,6	116,7	459	590	239
Fernsehgeräte (in 1000)	0,3	11,9	6682	9000	9436
Kühlschränke (in 1000)	3,5	1,5	4140	5700	5948
Pkw (in 1000)	5,5	12,0	344,2	1340	1130

Dieser gewaltige Fortschritt geht natürlich nicht ohne Probleme vonstatten: Schwierigkeiten in der Planung, in der Anpassung der Produktion an die Nachfrage, Kampf gegen den Bürokratismus usw. Wenn dem Touristen der Sinn danach steht, kann er natürlich diese Themen anschneiden, die keineswegs tabu sind, und er wird in jedem Fall interessante Antworten erhalten. Aber er sollte sich vor endgültigen Schlußfolgerungen hüten, wenn er sein Wissen und seine Informationen einer nur vierzehntägigen Reise in die UdSSR verdankt.

Die Stadt

Die beschleunigte Urbanisation ist nicht nur in der UdSSR zu finden, die hier im Vergleich mit anderen entwickelten Ländern eher einen Rückstand aufzuweisen hat. Trotzdem ist sie recht beachtlich. In der Zeit von 1926 bis 1961 hat sich die Stadtbevölkerung vervierfacht. 1979 wohnten in den Städten 163,6 Millionen Personen, 68 Prozent der Gesamtbevölkerung. 26 Städte haben heute je über eine Million und 28 Städte je über eine halbe Million Einwohner.

Daher ist es vor allem die Stadt, die vom Regime geprägt wurde. Und hier findet man die Spuren seiner Geschichte: der bahnbrechende Geist der zwanziger Jahre mit den Bauten von Le Corbusier, der Prunk der Stalinära an den wuchtigen, verzierten Wolkenkratzern, die eine seltsame Ähnlichkeit mit den amerikanischen Wolkenkratzern der dreißiger Jahre aufweisen, anonyme Gebäude der neuen Viertel, moderne „Türme“. Ein Spaziergang durch Moskau lehrt viel über die letzten fünfzig Jahre, während das Zentrum von Leningrad glücklicherweise die Pracht der ehemaligen Hauptstadt bewahrt hat. Denn die Geschichte ist oft von zerstörender Wirkung: die rührenden aber feuergefährlichen Holzhäuser sind verschwunden und mit ihnen manche historischen Stadtviertel. Hier wie anderswo ist das Recht der Bulldozer stärker.

Die Stadt übt eine starke Anziehungskraft aus. Unterhaltung, Komfort, interessantere Arbeit, bessere Lebensmittelversorgung, alles hat dort seinen Reiz für den Nichtstädter. Deswegen sind Moskau und Leningrad begehrte Aufenthaltsorte, und man ist zu manchem Opfer bereit, um die Aufenthaltserlaubnis, die „Propiska", zu bekommen. Mit der Anhebung des Lebensstandards in der Provinz und auf dem Land wird dieser Konkurrenzkampf jetzt zwar langsam entschärft, aber dennoch bleibt die Tendenz zur beschleunigten Ausdehnung der Großstädte stark. Auch hier gilt der Satz, daß sich die Bevölkerung in privilegierten Bereichen konzentriert.

Der Reisende wird vom Städtebau überrascht sein, der von den Fesseln befreit ist, die bei uns die Geschichte anlegt ... oder der Bodenpreis. Von daher rührt der Eindruck des Gigantischen. Der Fußgänger, noch in der Überzahl, wird nicht gerade fürsorglich behandelt. Es bedarf schon der physischen Widerstandskraft der Russen, um Entfernungen zu trotzen, die man im Westen nur mit dem Auto zurücklegen würde. Dagegen zeigen die Fülle der Bäume, der Parks und der großen Innenhöfe, in denen sich die Kinder tummeln, sowie die Stille der von den großen Verkehrsstraßen abgelegenen Viertel, daß man es oft verstanden hat, die spektakulären Projekte mit einem in mancher Hinsicht angenehmen Leben in Übereinstimmung zu bringen. Aber dieses Gleichgewicht ist etwas labil: Die Innenstädte sind überfüllt, die Transport- bzw. Verkehrsprobleme groß, die neuen Viertel von geradezu perfekter Monotonie. Die Sowjetunion hat nicht das Monopol für solche Mängel. Ihr eigentümlich aber sind die Größe der Projekte, das Festhalten an Gesamtplänen und ein enormer Bauboom, der einer vor kurzem noch schrecklichen Wohnungsnot Abhilfe schaffen soll.

Das Alltagsleben des Städters

Woran denken all die Leute, die den Touristen begegnen? Welcher Art sind ihre Wünsche, Beschäftigungen und Freuden? Fragen, die teils einfach teils schwierig sind. Nichts ist so international wie das tägliche Leben und seine Sorgen. Es bleibt dem einzelnen überlassen, die Unterschiede zu beurteilen.

Eine erste Antwort kann mit dem Hinweis „Kollektivgesellschaft" gegeben werden. Wie überall – und oft häufiger als anderswo – ist der Einzelne in einem Netz sozialer Aktivitäten gefangen. Die Kollektiveinrichtungen sind in großer Zahl vorhanden und erfüllen viele Sowjetbürger mit Stolz: Stadien, Schwimmbäder, Kindergärten, Kinos, Theater und Bibliotheken wird man den Touristen nicht zu zeigen versäumen. Der Sport nimmt einen großen Platz ein:

Langlauf und Eislauf im Winter, Leichtathletik, Fußball, Schwimmen in der übrigen Zeit. Die Fußballspiele entfachen Leidenschaften, die Lateinamerikas würdig wären, obwohl sie weniger überschwenglich sind. Bemerkenswert, daß sich die Freizeitbeschäftigung oft in der Gemeinschaft abspielt. Die Jugendgruppen sind zahlreich, und die außerschulische Aktivität äußert sich auf vielfache Art. Viele Reisen werden über Berufsverbände abgewickelt, die auch Aufenthalte in ihren Erholungsheimen, auf dem Land oder am Schwarzen Meer anbieten.

Vergessen wir nicht das Wesentliche, nämlich die Arbeit, überall gepriesen als eines der ersten Gebote sozialistischer Moral. Das bedeutet nicht, daß man in der UdSSR immer in einem bis an die Grenzen der Erschöpfung führenden Rhythmus arbeitet – man braucht nur die Restaurants aufzusuchen, um sich davon zu überzeugen. Denn ein „infernalischer Arbeitsrhythmus" wäre letzten Endes nicht gerade die Zierde eines sozialistischen Landes. Andererseits können große Projekte und kritische Situationen Selbstlosigkeit und auch Enthusiasmus hervorrufen. Vor allen Dingen aber ist jeder überzeugt, daß das Studium der Weg zum sozialen Aufstieg ist. Daher wird auch auf breiter Ebene studiert. Nach statistischen Erhebungen aus dem Jahre 1967 erhielten schon damals mehr als 76 Millionen Personen, d.h. ein Drittel der Bevölkerung, eine schulische Ausbildung, angefangen bei den Grundschülern bis zu den Erwachsenen, die bereits im Berufsleben standen und an Abendkursen teilnahmen. Der Anreiz materieller Art allein würde die beeindruckenden Zahlen nicht erklären, denn es gibt viele Bewerber um relativ schlecht bezahlte Berufe, wie z. B. den Arztberuf. Heute haben etwa 170 Millionen der arbeitenden Sowjetbürger mittlere oder höhere Schulbildung oder Hochschulbildung.

Das Alltagsleben ist wegen der langen Anfahrtswege, der Schwierigkeiten in der Lebensmittelversorgung und des rauhen Klimas nicht leicht. Man muß das Berufsleben und das Familienleben miteinander in Einklang bringen. Auch die zahlreichen Kinderkrippen sind kein Allheilmittel, und man sieht oft bis tief in den Winter hinein die von der Vorsehung dazu bestimmten Großmütter eine fröhliche, pausbäckige Kinderschar auf den Plätzen beaufsichtigen. Die Großmütter unterhalten sich mit den Rentnern, anderen vertrauten Figuren aus dem sowjetischen Leben. Beide sind Vertreter einer Generation, die viel gelitten hat, die aber wegen ihrer Bedürfnislosigkeit und ihrer Friedfertigkeit imstande ist, ein einfaches Glück zu genießen. Im allgemeinen sind die alten Leute mit wenig zufrieden und werden von der Jugend für kleinmütig und zu bescheiden gehalten. Trotzdem sind die Konflikte zwischen den Generationen weniger scharf als bei uns. Die Jugendzeit dauert dort viel länger, der Status des Erwachsenen wird weniger angefochten, und die alten Leute sind besser in das soziale Leben integriert. Dieses Leben, dem aus der Sicht des durchreisenden Fremden die Würze zu fehlen scheint, hat dennoch seine kleinen und großen Freuden. Es wird alles getan, um die arbeitenden Menschen am kulturellen Leben teilhaben zu lassen. Die Theater, deren Vorstellungen schon sehr früh am Abend beginnen, sind immer voll besetzt und können die Nachfrage nicht befriedigen: eine alte russische Tradition, die auf die Zeit lange vor der Revolution zurückgeht. Die Zahl derer ist beachtlich, die im Sommer in eine Familiendatscha übersiedeln, wo es sich endlich in einem normalen Rhythmus leben läßt und man mit Passion Gurken einlegen kann.

Es gibt auch die großen Ferien: das Schwarze Meer für jene, die gerne in der Menge leben, das Land, die großen Fahrten nach dem Norden oder nach Sibirien für die Intellektuellen, die sich nach Freiheit und Abenteuern sehnen.

Aber die wahren Freuden des russischen Lebens sind jene, die sich aus dem Charakter des Volkes selbst ergeben, aus seiner Spontanität, aus seinem Sinn für Freundschaft und Gastfreundlichkeit, seiner bewundernswerten Gabe, materielle Schwierigkeiten zu vergessen und je nach Bedürfnis und Vermögen ein Leben des Herzens oder des Geistes zu leben.

Es gibt in Rußland nicht mehr Heilige, Gelehrte oder Philosophen als in anderen Ländern, aber man hat manchmal das Gefühl, daß dies das Land ist, in dem alles möglich bleibt, selbst das Raumgreifen von Wahrheiten alten oder neuen Ursprungs, deren Inhalt Pharisäer jeglicher Schattierung aus der Fassung bringt.

Ratschläge für den Reisenden

Zu den zahlreichen Ratschlägen, die schon auf den Reisenden warten, sollen hier noch einige hinzugefügt werden. Einige Vorsichtsmaßnahmen sind unerläßlich. Wie schon der Baedeker von 1902 über Rußland sagt, „man sollte keine Bücher mit sich führen, die politische, gesellschaftliche, geschichtliche oder ähnliche Themen behandeln“. Zwar kommt es selten vor, daß sich ein Zollbeamter für die mitgebrachte Privatlektüre des Reisenden interessiert, aber schließlich, so fährt der gut informierte Baedeker fort, „ist der oft oberflächliche Zoll manchmal auch unerbittlich“. Und man sollte daran denken, daß die Losung „Bewegungsfreiheit und Meinungsfreiheit“ – das kann man wohl sagen – in der UdSSR noch nicht von allen gern gehört wird.

Ebenso macht die russische Gastfreundschaft manchmal an den Grenzen des Gesetzes halt. Man erkundige sich bei den zuständigen Personen – z.B. bei seinem Reiseleiter – bevor man sich von der offiziellen Führungsroute entfernt. Manche Moskauer Freunde, die einen einladen, ein Wochenende in ihrer Datscha zu verbringen, wissen vielleicht nicht, daß ein Ausländer eine Genehmigung braucht, wenn er sich weiter als 40 km von der Stadt entfernen will. Es wäre besser, die Vorschriften zu beachten.

Nachdem dies alles gesagt ist und die Vorsichtsmaßnahmen befolgt sind, wäre nichts einfältiger und ungeschickter als sich vorzustellen, daß man von einer geheimnisvollen oder feindlichen Welt umgeben sei.

Im übrigen würden der freundliche Empfang und die Unbefangenheit der Bevölkerung, wenn überhaupt nötig, diese Vorurteile leicht beseitigen.

Hier noch eine Warnung: die Erfahrung zeigt, daß der westliche Reisende bei seiner Ankunft in der UdSSR plötzlich eine Vorliebe für die Politik entdeckt und häufig seine positiven oder negativen Vorurteile gegenüber dem Kommunismus darlegt. Dies ist meist ganz schlicht und einfach auf die Verfremdung durch die Ortsveränderung zurückzuführen: Der westliche Tourist liest die politischen Slogans auf den Spruchbändern mit der gleichen ernsten und gespannten Aufmerksamkeit mit der der sowjetische Reisende die Werbeplakate in unseren Straßen studiert... Aber diese Haltung tut der Aufnahmebereitschaft des Geistes zuweilen Abbruch, und beim Sowjetbürger entsteht dann der ärgerliche Eindruck, daß der Fremde die UdSSR besser kennen will als er selbst. Man kann auch leicht seinen Nationalstolz verletzen.

Seltsamerweise haben die Russen trotz ihrer zur Schau gestellten Selbstsicherheit, trotz ihrer ungeheuren und unbestreitbaren Erfolge eine gewisse Scheu vor dem Urteil des Ausländers – eine Quelle für manches Mißverständnis. Mit einem Wort man sollte vermeiden, zu doktrinär zu sein und sich vor Verallgemeinerungen hüten.

Der Besuch einer Opern- oder Ballett-Aufführung im berühmten Großen Theater (Bolschoj Teatr) ist für jeden Moskau-Reisenden ein Erlebnis.

Die Mariä-Verkündigungs-Kathedrale im Moskauer Kreml, im 15. Jahrhundert erbaut, war die Hofkirche der Großfürsten von Moskau.

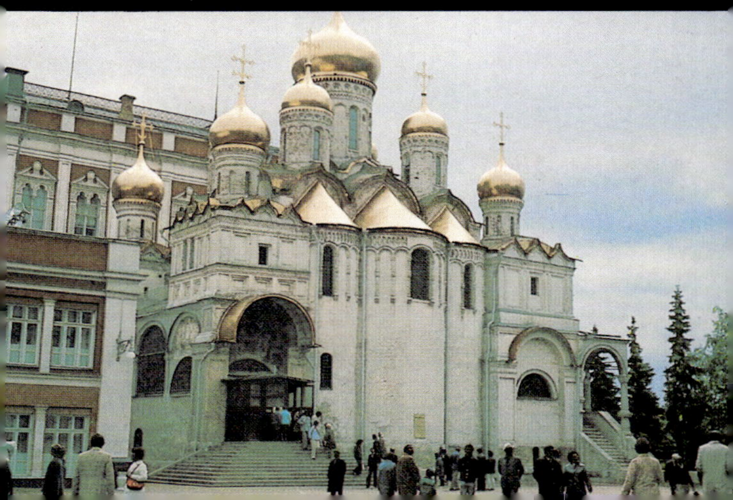

A
B
C
1
2
3
4
Gruzinskij Wal
Tischinskaja Pl.
Majakowski-Platz
SAD. KARETNAJA
Tschechowstraße
Ul. Krassina
BOLSCAJA SADOWAJA
GORKI-
Ul.
Ul. B. Grúzinskaja
Revolutions-museum
Puschkinplatz
Krasno-presnenskaja Pl.
Zoolog. Garten
SADOWAJA
KUDRINSKAJA
M. Bronnaja
Bul. Twerskoj
Ulitsa Stanislawskogo
Ulitsa Krasnaja Presnja
Planetarium
Tolstoi-Straße
Moskauer-Stadtsowjet (Rathaus)
Konjuschkowa Ul.
Tschechow-Museum
Pl. Wosstanija
HERZEN-
Peter-Tschaikowski-Konservatorium
STRASSE
Universitä
Ul. Worowskogo
Haus der Freundschaft
Nebengeb. der Univ.
Krasnopresnjenskaja
Gorki-Museum
Tarassa Schewtschenka Nab.
TSCHAJKOWSKOGO
KALININSKIJ
Ploschtschad Arbatskaja
PROSPEKT
Schtschusew-Museum
Lenin-Bibliothek
KUTUSOW-PROSPEKT
Smolenskaja Nab.
UL.
Ulitsa Arbatskaja
Bul. Gogolja
Ul. Frunze
Marx- und Engels-Museum
Pl. Smolenskaja
Ul. Dorogomilowskaja
Puschkin-Museum f. Bildende Künste
Ul. Wolchonka
Kropotkin-Platz
Puschkin-Museum
Kiewer Bahnhof
Rostowskaja
Pljuschtschicha
SMOLENSKIJ BUL.
Ul. Kropotkina
Tolstoi-Museum
Metrostrojewskaja
Nab.
Bereshkowskaja Nab.
Zubowskaja Ploschtschad
Akademie der Schönen Künste
Sawwinskaja Nab.
Ulitsa
ZUBOWSKIJ BULWAR
Ul.
Kropotkinskaja
Moskwa
Pirogowskaja
Krymskaja
Tolstoi-Haus
Ul. L. Tolstogo
Krymskij-Most
Sankt Joha der Krieger
Bolschaja
Frunzenskaja Nab.
KRYMSKIJ WAL
St. Nikolaus der Weber
Ul.
Gorki-Park
Zum Neuen Jungfrauen-Kloster

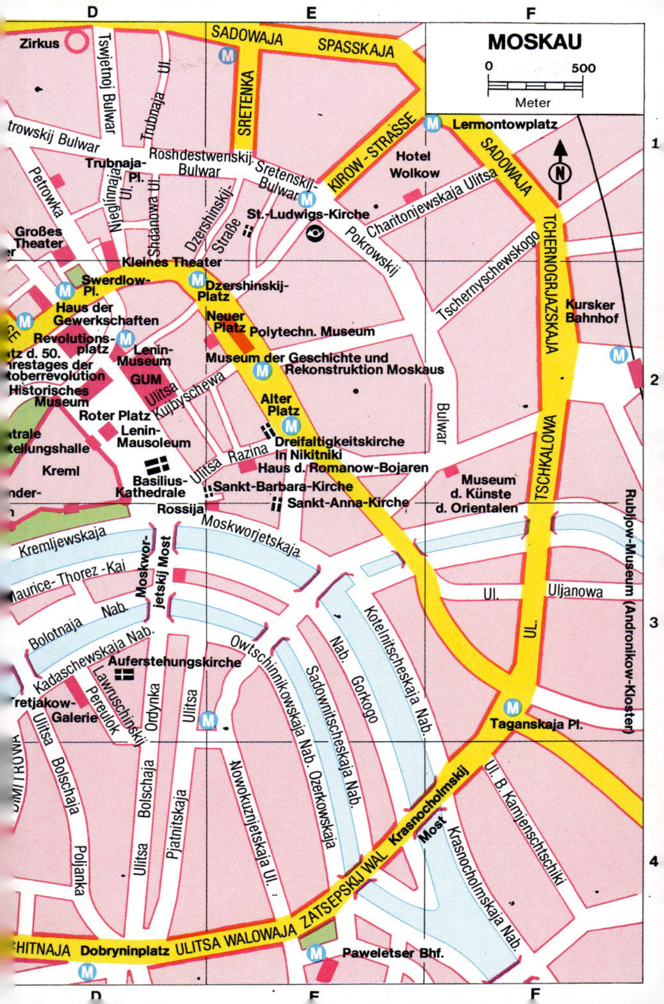
MOSKAU
0
500
Meter
D
E
F
1
2
3
4
Zirkus
Tswjetnoj Bulwar
Trubnaja Ul.
SADOWAJA
SPASSKAJA
SRETENKA
trowskij Bulwar
Roshdestwenskij Bulwar
Sretenskij-Bulwar
KIROW-STRASSE
Lermontowplatz
SADOWAJA
Hotel Wolkow
Charitonjewskaja Ulitsa
Trubnaja-Pl.
Neglinnaja Ul.
Shdanowa Ul.
Petrowka
Dzershinskij-Straße
St.-Ludwigs-Kirche
Pokrowskij
Großes Theater
Kleines Theater
Swerdlow-Pl.
Dzershinskij-Platz
Tschernyschewskogo
TSCHERNOGRJAZSKAJA
Kursker Bahnhof
Haus der Gewerkschaften
Neuer Platz
Polytechn. Museum
Revolutions-platz
Lenin-Museum
Museum der Geschichte und Rekonstruktion Moskaus
GUM
Ulitsa Kujbyschewa
Historisches Museum
Alter Platz
Bulwar
Roter Platz
Lenin-Mausoleum
Dreifaltigkeitskirche in Nikitniki
Ulitsa Razina
Haus d. Romanow-Bojaren
TSCHKALOWA
Kreml
Basilius-Kathedrale
Sankt-Barbara-Kirche
Sankt-Anna-Kirche
Museum d. Künste d. Orientalen
Rossija
Moskworjetskaja
Kremljewskaja
Moskworjetskij Most
Maurice-Thorez-Kai
Ul. Uljanowa
Bolotnaja Nab.
Kadaschewskaja Nab.
Auferstehungskirche
Owtschinnikowskaja Nab.
Sadownitscheskaja Nab.
Nab. Gorkogo
Kotelnitscheskaja Nab.
Rubljow-Museum (Andronikow-Kloster)
Tretjakow-Galerie
Lawruschinskij Pereulok
Ordynka
Ulitsa
Taganskaja Pl.
Ulitsa Bolschaja
Bolschaja Ulitsa
Pjatnitskaja
Nowokuznjetskaja Ul.
Ozerkowskaja
Krasnocholmskij Most
Krasnocholmskaja Nab.
Ul. B. Kamjenschtschiki
Poljanka
ZATSEPSKIJ WAL
Dobryninplatz
ULITSA WALOWAJA
Paweletser Bhf.
M

P

GESCHICHTE

Die Landnahme der als *Ostslawen* bezeichneten Stämme im waldreichen Gebiet der osteuropäischen Ebene erfolgt ab dem 7. Jahrhundert.

Um die Mitte des 9. Jahrhunderts dringen *schwedische Normannen* oder *Wikinger, Waräger,* über die Ostsee vor und ziehen als kriegerische Händler, meist entlang der Flüsse, nach Südosten. Auf ihrem Weg nach *Byzanz* gründen sie unter Führung der legendären *Rurik* (russ. *Rjurik*) feste Plätze: *Nowgorod* (862), *Kiew* (879); sie vermischen sich mit den Einheimischen zu den *Rus,* später *Russen;* um die beiden Zentren im Norden und Süden bilden sich die ersten russischen Fürstentümer.

980–1015 Großfürst *Wladimir d. Heilige* nimmt das *Christentum* an (988) und öffnet sein Land dem *byzantinischen Einfluß.*

1019–1054 *Jaroslaw der Weise,* Sohn des Wladimir, schmückt *Kiew* mit prächtigen Bauten; als Sitz des von *Konstantinopel* eingesetzten *Metropoliten* wird es zur bedeutendsten Stadt Rußlands. Mit der slawischen Kirchensprache und Liturgie wird der Ritus der Ostkirche übernommen.

Die entstehenden Chroniken werden die ersten Geschichtsaufzeichnungen Rußlands.

Durch Zwistigkeiten unter den Nachkommen *Ruriks* zerfällt nach *Wladimir Monomach* (1113 bis 1125) das *Kiewer Reich;* an seiner Peripherie entstehen neue Großfürstentümer.

1111–1174 *Andrej Bogoljubskij* schmückt *Wladimir,* die Hauptstadt seines Großfürstentums, prächtig aus; er regiert von der *Kljazma* aus nach Besiegung Kiews die russischen Lande. Sein Vater und Vorgänger in der Herrschaft über *Suzdal-Wladimir-Rostow,* Fürst *Jurij Dolgorukij,* befestigt 1156 den 1147 erstmals genannten Außenposten *Moskau.*

1223 *Dschingis Chan* schlägt in der Schlacht an der *Kalka* die russischen Fürsten vernichtend. Sein Enkel *Batu* unterwirft schließlich in den Jahren 1237 bis 1240 *Rjazan, Wladimir-Suzdal, Tschernigow* und (1240) *Kiew,* macht das gesamte Gebiet tributpflichtig und begründet das *Chanat der Goldenen Horde* an der unteren *Wolga.*

1240–1242 Der Großfürst von *Nowgorod, Alexander,* schlägt die *Schweden* und den *Deutschen Ritterorden* an *Newa* und *Peipussee;* dafür bekommt er den Beinamen *Newskij.* Da Nowgorod den *Mongolen* Tribut zahlt, wird es zwar nicht wie *Kiew* (1240) zerstört, gerät jedoch ebenfalls in deren Machtbereich.

Während sich Rußland den

Der prunkvolle Bau der Basilius-Kathedrale an der Südseite des Roten Platzes kündet vom Sieg Iwans des Schrecklichen über die Tataren.

Mongolen, die ihre Herrschaft durch tatarische Tributeintreiber ausüben, beugt, vereinigen sich Litauen und Polen 1386 im mächtigen *Jagiellonenreich*, das die Mongolen zurücktreibt, aber zugleich *Minsk*, *Witebsk*, *Smolensk*, *Wolhynien* und die *Ukraine* mit *Kiew* annektiert.

1328 *Iwan Kalita* wird durch den Großchan zum *Großfürsten von Moskau* ernannt und verlegt seine Residenz von *Wladimir* und den Sitz des Metropoliten von *Kiew* in diese Stadt. Damit beginnt die Sammlung russischen Landes um den Kristallisationskern *Moskau*.

1359–1389 Großfürst *Dmitrij Ioannowitsch* mit dem Beinamen *Donskoj* besiegt die Mongolen auf dem *Kulikowo Polje* am *Don*. Zwar erholt sich der Zwingherr rasch von dieser Niederlage, aber das Prestige der Moskauer Großfürsten bleibt bestehen.

Im 15. Jahrhundert werden der Druck des Großchans immer schwächer und der Einfluß und Landzuwachs der Moskowiter immer größer; nach *Kiew*, *Nowgorod* und *Wladimir* wird *Moskau* Träger der russischen Staatsidee.

1462–1505 *Iwan III.*, „Großfürst von Moskowien und ganz Rußland", heiratet *Sophia Palaiologa*, eine Nichte des letzten Kaisers von *Byzanz*, der 1453 Leben und Reich verloren hat. Iwan ergreift die historische Chance, sein christliches Reich als legitimen Nachfolger von Byzanz zu deklarieren und Moskau als „Drittes Rom" mit einem historischen Sendungsbewußtsein zu erfüllen.

1533–1584 *Iwan IV., der Schreckliche*, läßt sich 1547 zum Zaren krönen. Er unterwirft die *Bojaren* (Landadel) seinem absolutistischen Zentralismus und erobert die tatarisch-mongolischen Chanate von *Kazan* und *Astrachan*; die *Kosaken* beginnen nach *Sibirien* zu greifen.

1598 sterben die Rurikiden aus; *Boris Godunow* (1598–1605) besteigt den Thron, der ihm vom *Falschen Demetrius* streitig gemacht wird. Die Unterstützung der Kirche honoriert Godunow damit, daß er den *Erzbischof von Moskau* zum Patriarchen einer endgültig von Byzanz gelösten Ost-Kirche ernennt.

1605–1613 In der zarenlosen Zeit (sog. „Zeit der Wirren") kämpfen verschiedene Thronprätendenten um die Macht; Bauern und Bojaren streiten um ihre sozialen Rechte; die *Polen* dringen ins Land ein und besetzen *Moskau*. *Minin* und *Posharskij* befreien die Hauptstadt wieder, und ein Landtag (*Zemskij Sobor*) wählt 1613 *Michail Fjodorowitsch Romanow* zum neuen Herrscher.

Unter dem ersten Romanow-Herrscher und seinem Nachfolger,

1645–1676, *Aleksej Michajlowitsch*, erweitert sich der Machtbereich der Zaren um die *Ukraine*, die der aufständische Kosakenhetman *Bogdan Chmelnitskij* von Polen löst, um mit Rußland einen Bund einzugehen (1654). Im Osten erreichen die durch ganz *Sibirien* vorgedrungenen Kosaken am *Amur* den *Pazifik* (1649).

Im Innern bewegen die Reformen des Patriarchen *Nikon* (1658), denen erbitterter Widerstand von den Altgläubigen entgegengesetzt wird, die einfachen Menschen. Nach der Abspaltung (Raskol) von der Staatskirche bewahren die *Raskolniken* die orthodoxen, traditionellen Sitten und Gebräuche der Ostkirche.

Der Bauern- und Kosaken-Aufstand unter dem Volkshelden *Stepan* (*Stjenka*) *Razin*, der noch im Volkslied weiterlebt, wird blutig niedergeschlagen (1671).

1689–1725 *Peter I., der Große*, macht als erster russischer Zar Auslandsreisen: *Kurland*, *Preußen*, *Holland*, *England* und *Österreich* sind die Stationen des für den westlichen Fortschritt Schwärmenden. Er studiert eifrig die technischen Künste und Neuerungen Westeuropas, um nach der Rückkehr Rußland zu reformieren. Adel, Verwaltung, Armee, Flotte, Klerus, Wirtschaft, Land- und Stadtplanung werden von oben her umgestaltet.

1703 legt Peter den Grundstein zu seiner Stadt, *Petersburg*, dem nach Europa hin geöffneten Fenster Rußlands und dessen neuer Hauptstadt.

1710 Von den Schweden gewinnt Peter *Wiborg*, *Reval*, *Riga* und damit den Ostsee-Raum.

1721 nimmt Peter der Große den Kaisertitel an. Durch neue Rangtabellen entmachtet er den Adel, durch Abschaffung des Patriarchats und Einsetzung eines *Heiligen Synods* den Klerus. 1723 erobert er *Aserbaidschan* (*Azerbajdshan*) von Persien.

Die Nachfolgerinnen Peters, seine Gemahlin *Katharina I.* (1725–1727), seine Nichte *Anna Iwanowna* (1730–1740) und seine Tochter *Elisabeth Petrowna* (1741–1762), sind ebenso sinnenfreudig und vital wie Peter, ohne jedoch seine staatsmännischen Qualitäten zu besitzen. Aber Rußland ist als neuer und gewichtiger Faktor ins Konzert der europäischen Mächte eingetreten, und der Hof der Kaiserinnen steht *Versailles* und *Wien* nicht nach.

1762–1796 *Katharina II.*, die *Große*, setzt die innere Reformierung Rußlands im Sinne der absoluten europäischen Herrscher fort. Sie gewinnt bei den drei Teilungen *Polens* und in den beiden *Türkenkriegen Weißrußland*, *Wolhynien*, *Podolien*, *Litauen*, *Kurland* sowie die *Schwarzmeer*-Gebiete und die *Krim*. Den gefährlichen Aufstand unter Führung von *Pugatschow* kann die Zarin 1775 niederschlagen.

1801 Nach der Ermordung des Sohnes Katharinas II., *Pauls I.*, besteigt *Alexander I.* den Thron; zur Zeit der *Napoleonischen Kriege* kommen *Finnland* (1809), *Bessarabien* (1812), und nach dem *Wiener Kongreß* (1815) – auf dem Rußland in der *Heiligen Allianz* die Hauptrolle spielt – auch das neugegründete Königreich *Polen* an das russische Imperium. So wird dessen überlegene militärische Mitwirkung bei der Überwindung *Napoleons* honoriert.

1825 Der *Dekabristenaufstand* ist eine Folge des krassen Gegensatzes zwischen dem aufwendigen Leben der Aristokratie und ihren außenpolitischen Erfolgen einerseits und dem Elend der rückständigen bäuerlichen Massen andererseits, deren sich der niedere Adel annimmt. Die Erhebung der *Polen* (1830) wiederum ist die Reaktion einer der unterdrückten Völkerschaften auf die autokratische, nationalistische und orthodoxe Politik *Nikolaus' I.*

1853–1856 Im *Krimkrieg* wird die Vorherrschaft Rußlands auf dem *Balkan* und im *Schwarzmeergebiet* vorübergehend gebrochen.

2. Hälfte des 19. Jahrhunderts Trotz Niederlage im Krimkrieg weitet sich das Zarenreich aus: Das Territorium an *Amur* und *Ussuri* (1858–1860), das *Tscherkessengebiet* (1858–1864), das Emirat von *Buchara* (1868), die Chanate von *Chiwa* (1873) und *Kokand* (1876), die Insel *Sachalin* (1875) und das Chanat von *Merw* werden annektiert.

Die ständige Machterweiterung führt zu Kriegen mit der *Türkei* (1877–1878) und zu Spannungen mit *England* sowie schließlich mit der Fernostmacht Japan.

1861 schafft der „Zar-Befreier" *Alexander II.* die Leibeigenschaft ab; die mittellosen Bauern strömen in die Städte und verdingen sich als Industrie-Arbeiter. Das so entstehende *Proletariat* nimmt begierig die Lehren der intellektuellen revolutionären Zirkel auf. In *Petersburg* und der Provinz säen Dichter und Philosophen (*Dostojewskij, Gertsen, Belinskij, Tschernyschewskij* u. a.) die Saat des kommenden Umsturzes. Der *Marxismus* wird im Rußland der Entrechteten mit dem gleichen religiösen Eifer propagiert wie die Idee des *Panslawismus* innerhalb der Aristokratie.

1905 Der verlorene *Russisch-Japanische Krieg* und die Not der Arbeiter und Bauern führen zu Aufständen im ganzen Land; *Nikolaus II.* verspricht eine Konstitution, ein Parlament (*Duma*) und eine demokratische Regierung. Aber als die Macht des Zaren wiederhergestellt ist, sind alle Versprechungen vergessen.

1914–1917 In völliger Verkennung der inneren Situation führt *Nikolaus II.* sein Land in den Krieg gegen die Mittelmächte. Im dritten Kriegswinter sind die militärische und die wirtschaftliche Lage Rußlands so katastrophal, daß der Zar zugunsten einer *liberal-bürgerlichen* Regierung abdanken muß. Da diese den Krieg fortsetzen will, bringt die deutsche Heeresleitung *Lenin* aus seinem Schweizer Exil nach Schweden, von wo er über Finnland nach Petrograd zurückkehrt und sich an die Spitze des Volksaufstandes stellt. Unter der Parole: „Den Völkern der Friede, den Bauern das Land, den Arbeitern die Fabriken, den Sowjets die Macht!" wird in der *Großen Sozialistischen Oktoberrevolution* die Provisorische Regierung gestürzt und der Friedensschluß erzwungen.

1917–1924 Während die *Rote Armee* die Macht der Sowjets nach und nach über das ganze Gebiet des ehemaligen Zarenreiches ausbreitet, versucht *Lenin* die Wirtschaft nach den marxistischen Prinzipien umzuformen; die *NEP* (*Neue Ökonomische Politik*) ist jedoch ein Kompromiß bzw. eine Rückkehr zum Leistungsantrieb durch individuellen Profit.

1924–1938 Nach Lenins Tod wird *Josef* (*Iosif*) *Wissarionowitsch Dshugaschwili*, bekannt unter dem Namen *Stalin* (= der Stählerne) Generalsekretär der

Kommunistischen Partei. Er gewinnt nach dem Tod *Kirows* und der *Großen Säuberung* (*Tschistka*, 1936 bis 1938), in der er alle Rivalen liquidiert, die unumschränkte Macht. Er setzt diese rückhaltlos zur Kollektivierung der Landwirtschaft, Verstaatlichung und Industrialisierung der Wirtschaft und zum Aufbau der Rüstungsindustrie ein.

1939–1940 Durch einen Nichtangriffspakt mit *Hitler* gewinnt *Stalin* freie Hand in Osteuropa; er schließt *Estland*, *Lettland*, *Litauen*, *Ostpolen* und *Bessarabien* an.

1941–1945 Der *Große Vaterländische Krieg* endet mit einem totalen Sieg und einer weiteren Gebietszunahme der Sowjetunion, deren Einflußbereich nunmehr von der *Elbe* bis zum *Pazifik* reicht.

1953 Nach dem Tod *Stalins* beginnen eine Demokratisierung der Partei und des Landes, die Abwendung vom Personenkult und eine Liberalisierung der Justiz.

Nach Verlust der Freundschaft und wirtschaftlichen Partnerschaft der *Volksrepublik China* infolge ideologischer Zwistigkeiten (1960) werden mit Hilfe u. a. Japans und der Bundesrepublik Industrialisierung und Entwicklung *Sibiriens* in Angriff genommen.

1961 Der sowjetische Astronaut Jurij Gagarin umkreist am 12. 4. 1961 mit Wostok I als erster Raumpilot der Welt die Erde.

1971 Große wirtschaftliche, technische und politische Erfolge ließen die Sowjetunion zu einer Weltmacht ersten Ranges werden.

1972 Am 31.5. ratifiziert das Präsidium des Obersten Sowjets den am 12. 8. 1970 mit der Bundesrepublik Deutschland unterzeichneten Gewaltverzichtsvertrag als Teil der Ostverträge.

1977 Am 7. Oktober nimmt der Oberste Sowjet der UdSSR die neue sowjetische Verfassung an.

1980 Besuch Bundeskanzler Schmidts in Moskau. – Moskau ist Hauptaustragungsort der XXII. Olympischen Sommerspiele.

DIE MALEREI IN RUSSLAND

von Denise Bernard-Folliot

Nach der langen Nacht der ersten Jahrhunderte der christlichen Zeitrechnung – ohne Zweifel besonders endlos in der Einsamkeit der russischen Steppe – hielt Byzanz, das sich der höchsten Kultur der damaligen Zeit rühmen konnte, seinen Einzug in das „Kiewer Rußland".

Im Jahr 912 knüpfte der Warägerfürst Oleg Handelsbeziehungen zum Reiche Konstantins an. Kaum 80 Jahre später (988) ließ der Fürst Wladimir in einem Nebenfluß des Dnjepr an seinen Untertanen die Taufe vollziehen. Eine weitere Hürde war genommen, zum Handel kam die Ideologie. Und ein halbes Jahrhundert später (1037) wurde unter Jaroslaw dem Weisen in Kiew die Sophien-Kathedrale errichtet, die das Ebenbild der Hagia Sophia werden sollte.

Vom Jahr 988 an datiert also der byzantinische Beitrag zur russischen Kultur. Aber es gab kein Ineinanderaufgehen, denn das Rußland des beginnenden Mittelalters hatte dem fremden Einfluß genug Eigenständiges entgegenzusetzen. Die Sophien-Kathedrale von Kiew ist nicht die Hagia Sophia von Konstantinopel. Der typisch russische Charakter, der diesem ersten großen in Rußland errichteten Bauwerk sein Siegel aufgedrückt hat, äußert sich in der tiefen Menschlichkeit, die den auf den Fresken und Mosaikbildern dieses Werkes dargestellten Figuren eigen ist.

Zwar entsprach die Ikonographie der Fresken und Mosaikbilder der Sophien-Kathedrale in Kiew jener, die auch an den Ufern des Bosporus galt; derjenigen nämlich, die am Beginn der westlichen Kunst steht, und sei es zunächst nur dadurch, daß sie an die Stelle eines bartlosen und lockigen Christus einen hageren, bärtigen Christus mit langen Haaren setzte. Die Grenzen waren jedoch bereits gezogen, nicht nur durch die architektonische Konzeption, in der die symbolischen dreizehn Kuppeln mit vergoldeter Wölbung – dreizehn Kuppeln, die es in Konstantinopel nicht gibt – zum Merkmal der russischen religiösen Architektur werden sollten, sondern auch was den Schmuck im Inneren betraf.

Fresken und Mosaikbilder

Die byzantinische und später die russische Kunst wurden zum Träger der großen Glaubenswahrheiten unter der strengen Aufsicht des Klerus, der keine Abweichungen in der Interpretation duldete. In den Fresken und Mosaikbildern nahm jede Figur der dargestellten Szene ihren Platz ein, und zwar immer den gleichen, Jahrhunderte hindurch: im höchsten Punkt der Kuppel Christus Pantokrator, weiter unten die vier Evangelisten, in der Nische der Apsis die Muttergottes „Panaghia". Aber der traditionellen und aristokratischen Stilart von Byzanz hatten die Meister von Kiew eine Ausdruckskraft und eine Vergeistigung entgegenzusetzen, die ihre volle Blüte in der Ikonenmalerei entfalten sollte.

Die Ikonen

Im 19. Jahrhundert entdeckte man die Ikonen als Kunstwerke. Man nahm die Silber- und Edelsteinverzierungen ab und kam auf den Gedanken, die Ikonen von den vier oder fünf Farb- oder auch Schmutzschichten zu befreien, die sich im Lauf der Zeit angesammelt hatten. Aber es hieße das Wesen der Ikone verkennen, wenn man sie lediglich als Kunstwerk – so prächtig es auch sein mag – betrachten würde.

Die Ikone ist weder nur ein frommes Bild, noch ein reines Kunstwerk, sie ist weit mehr. Die ältesten Ikonen stammen aus dem 6. Jahrhundert, einer Zeit, in der die Kirche die bildliche Darstellung Gottes und der Heiligen billigte. Diese „Acheiropoieta" galten als Bildnisse, die nicht von Menschenhand gemalt, sondern auf wunderbare Weise entstanden sein sollten.

Später faßte man die Ikone als greifbaren Ausdruck der Ereignisse der Heilsgeschichte auf. Die Ikone war damit selbst ein sakraler Gegenstand geworden. Sie hatte deshalb innerhalb der Orthodoxie vor allem sakramentale Bedeutung – abgesehen davon, daß sie als Bild das Leben Christi, das Leben der Gottesmutter und das der Heiligen veranschaulichte. Es handelt sich hier keineswegs um einen Aberglauben, sondern vielmehr um eine Begriffsübertragung des Heiligen. Die Ikone war aus all diesen Gründen mehr als ein Bildnis schlechthin.

Ein Priesteramt

Ikonenmaler zu sein, bedeutete ein Priesteramt auszuüben wie der Geistliche es tut, der am Altar das Meßopfer feiert. Die Ikonenmaler waren Mönche, die der Konvent ihres Klosters für dieses Amt ausgewählt hatte. Dem individuellen Ausdruck dieser Künstler-Mönche waren enge Grenzen gesetzt. Dennoch lassen einen nur wenige Ikonen unbeeindruckt – so stark ist ihre Ausstrahlung. Es ist – wenn man es wagen darf, diesen Ausdruck zu gebrauchen – ein Wunder, daß diese Gesten, diese Körperhaltungen, diese von Werk zu Werk wiederkehrenden Personen sich selbst treu und dennoch immer wieder andere sind, daß diese zeitlose Darstellung, die den Gesetzen der Kirche unterworfen war, eine derart verzaubernde Wirkung haben kann.

Verschiedene Schulen

Eine Lücke von einigen Jahrhunderten trennt die protobyzantinischen Ikonen von denen des Mittelalters, und wenn man sie in Rußland wiederfindet, dann stellt man fest, daß die Ikonenkunst sich dort den Reichtum des Volkes an Feinfühligkeit und Frömmigkeit in einem so großen Maße zunutze gemacht hat, daß das russische Talent Jahrhunderte hindurch nur in Ikonen zum Ausdruck kommt. Daher ist es auch natürlich, wenn dieses Talent von Provinz zu Provinz, von Werkstatt zu Werkstatt, von einer Epoche zur anderen Unterschiede aufweist.

Schule von Kiew

Die ersten Ikonen tauchen in Kiew und im „Kiewer Rußland" auf (11. Jh.). Sie sind selbstverständlich im byzantinischen Stil gemalt und noch vom Symbolismus beherrscht. Aber durch ihren übersinnlichen Inhalt sind die Kiewer Ikonen schon losgelöst von Byzanz. Werke der Kiewer Schule sind heute sehr selten. Das bedeutet nicht, daß in den Werkstätten nicht fleißig gearbeitet worden wäre, es blieben vielmehr sehr wenige dieser Bilder bis auf unsere Tage erhalten. Nachdem dann die Tataren das Kiewer Rußland überrannt und verwüstet hatten, übernahmen die Werkstätten in Nowgorod, Pskow, Wladimir und Susdal die führende Rölle in der Malerei.

Nowgorod und Moskau

Die erstgenannte Schule zeichnet sich durch besondere Farbigkeit und ausdrucksstarke volkstümliche Naivität aus. Sie entfernt sich damit weit von Byzanz. Besonders stark kommt dies in den Werken aus Pskow zum Ausdruck. Diese Schulen waren vor allem im 13. und 14. Jahrhundert produktiv. Im 15. Jahrhundert erreichte die Ikonenmalerei einen Höhepunkt in Moskau, und zwar im Werk von zwei Künstlern, die so weit wie nur irgend möglich voneinander entfernt waren, und die in einem Zeitabstand von einem Vierteljahrhundert wirkten: Theophan der Grieche und Andrej Rubljow machten aus der Ikone ein Werk von einzigartiger Durchgeistigung und Schönheit. Die Werke beider sind indessen grundverschieden.

Die größten Ikonenmaler

Theophan der Grieche (russ.: Feofan Grek), der in der zweiten Hälfte des 14. Jahrhunderts nach Rußland kam (bevor er sich in Moskau niederließ, arbeitete er in Nowgorod), brachte den Hauch des Geistes der ersten christlichen Jahrhunderte mit. Obwohl er die geltenden Grundregeln der von der orthodoxen Hierarchie vorgeschriebenen Anleitungen beachtete, brachte er die altrussische Kunst Leidenschaft und Sinn für Dramatik ein und bereicherte die Technik durch Formsinn sowie Hell- und Dunkel-Effekte.

Andrej Rubljow

Die Kunst Rubljows ist eine Kunst der Harmonie, des Ausgewogenseins, der Spiritualität, die vor allem der Liebe entspringt. Es bedurfte auch all dieser intensiv gelebten Spiritualität, um einige Kühnheiten zu wagen, ohne die geheiligten Prinzipien in Frage zu stellen. Die Figuren verfügen in ihrer fließenden Form und der Linienführung ihrer Silhouetten über eine ätherische Anmut und besitzen gleichzeitig einen emotionellen Inhalt, der so intensiv ist, daß er nicht nur das zu symbolisieren scheint, was man als typisch russisch bezeichnen könnte, sondern daß er auch universalen Wert erlangt. Das Werk, das in nie gekannter Weise humanistische Züge beinhaltet, spiegelt das Streben der Menschen nach Reinheit und Schönheit wider: „Die liturgischen Hymnen waren das Echo der von den Engeln gesungenen Hymnen, so wie die Ikonen der Heiligen das Abbild ihrer überirdischen Existenz waren."

Fern vom Alltag

Trotz Darstellung der Kleidung und Bauwerke dieser Epoche ist die Ikonenmalerei viel weiter entfernt vom Alltag und von der ereignisvollen Geschichte als die Bilder der frühen Italiener und Flamen. Die russische Kunst erfuhr ihren Höhepunkt gerade in dem Augenblick, als sie sich abwandte von Pest, Kriegen, Unheil. Und das in einer Zeit, in der der Moskauer Staat sich bildete und derart entfaltete, daß daraus Rußland wurde. Während im westlichen Europa die religiöse Kunst vom Schönheitskult der Renaissance und vom Intellekt des beginnenden Barock mitgerissen wurde, begegnete man hier im Osten immer wieder den Gesichtern Christi, der Heiligen und der Gottesmutter, für alle Ewigkeit geprägt von versöhnendem Frieden, Mitgefühl und Geistigkeit.

Der Niedergang

Als sich gegen Ende des 16. Jahrhunderts der Einfluß italienischer Maler und Architekten in Rußland und besonders im Kreml einschlich, setzte langsam der Niedergang ein. Wenn man einmal vom Werk Simeon Uschakows absieht, der sich seine Ausdruckskraft und Gefühlsbetontheit erhalten hatte, so war die Ikonenmalerei im 17. und 18. Jahrhundert nur noch eine Malerei, eine Kunst, die ihren transzendentalen und sakralen Charakter verloren hatte.

Die profane Malerei

Die Kunst der Bildermalerei wurde also profan, aber diese Verweltlichung an sich war revolutionär, denn für die immer noch allmächtige Kirche kam das Verlassen ihres Bereiches einem Verrat gleich. In den Augen der Hierarchie war die Porträtkunst, die sich in Rußland ebenso wie im übrigen Europa großer Beliebtheit erfreute, eine Art Blasphemie. Aber es ist anzunehmen, daß sogar die Kirche diese Entwicklung für unaufhaltsam hielt, denn es gab weder Bann noch Verbot.

Mehr als zwei Jahrhunderte hindurch waren es also die Geschöpfe Gottes und nicht mehr Gott, die Muttergottes, Christus und die Heiligen, welchen die Künstler ihre Aufmerksamkeit widmeten. In den russischen Museen findet man nun unzählige Porträts der Zaren, der Zarinnen und ihrer Familienangehörigen, Bilder der Familien Kurakin, Lopukin, Naryschkin, Trubetskoj, Tolstoj, Stroganow, Demidow und vieler anderer, gemalt von bedeutenden Künstlern wie Iwan Nikitin (1690–1741), Antropow (1716 bis 1795) und Fjodor Rokotow (1736–1809).

In dieser Zeit interessierte die Landschaft kaum. Sie tauchte allenfalls als eine Art Rahmen oder, angedeutet, als Hintergrund auf. Die Vorliebe des westlichen Europas für die Antike und deren wiederentdeckte Ruinen war in Rußland nicht so verbreitet. In der Kunstgeschichte blieb kaum mehr als der Name von A. P. Lossenko (1737–1773) erhalten, der thematisch von Homer und der griechischen Tragödie beeinflußt war. Er hat auch Szenen aus der russischen Geschichte in Anlehnung an die Antike behandelt.

Das Porträt

Gegen Ende des 18. Jahrhunderts und Anfang des 19. Jahrhunderts zählte Dmitrij Lewitskij (1735–1822) zu jenen, die sich wirklich für ihr Modell interessierten und sich nicht damit begnügten, es möglichst vorteilhaft darzustellen, nur um ihm zu imponieren. Wasilij Andrejewitsch Tropinin war ausgesprochen aktiv, er malte auch eine große Anzahl Porträts. Seine Gemälde, auf denen überflüssige Schnörkel und Verzierungen fehlen, sind nicht ohne Charme.

Mit Orest Kiprenskij nahm die Porträtkunst andere Dimensionen an, und man spürt, insbesondere bei dem Porträt von Puschkin und bei den Selbstporträts, ein unterschwelliges Leben, eine psychologische Aufmerksamkeit und eine Schärfe des Blicks, die durch die rigorose Einschränkung der Mittel noch stärker wahrnehmbar werden. Puschkin bleibt unter uns für alle Zeit so, wie ihn Kiprenskij dargestellt hat.

In der ersten Hälfte des 19. Jahrhunderts war Alexander (Aleksandr) Andrejewitsch Iwanow (1806–1858) der Maler, durch den die Kunst vorangebracht worden ist, obwohl er kein Meisterwerk hinterlassen hat und sein Stil reichlich akademisch war. Iwanow hat für seinen Teil eine kleine Revolution entfacht. Sein Werk, das, fast ausschließlich vom Alten und vom Neuen Testament inspiriert, tief und aufrichtig religiös war, ist genau das Gegenteil der Ikonenmalerei. Iwanow hat keineswegs das Übersinnliche darzustellen versucht. Im Gegenteil, er hat Christus vermenschlicht, er hat aus ihm ein Wesen aus Fleisch und Blut gemacht. Er hat dem Gottessohn das Sakrale genommen. Sein berühmtes Gemälde „Christus offenbart sich dem Volk", ein Werk, an dem er von 1838 bis 1857 arbeitete, ist zugleich Ausdruck der Anklage und der Hoffnung. Anklage, weil vor Iwanow niemand gewagt hat, das Elend des Volkes so offen darzustellen. Hoffnung, weil jeder Mensch den Glauben an die verheißungsvolle Zukunft braucht, und dieser Christus mit seiner großen, vertrauenswürdigen Gestalt, seinem Blick, der versteht und verspricht, genau der Typ ist, der denen, die sich um ihn scharen, wieder Hoffnung zu geben vermag. Sicherlich ist das Bild kein Meistwerwerk, aber es bedeutete immerhin einen Bruch mit dem, was seit mehr als einem Jahrhundert gemacht worden war. Dagegen zeigen sich ohne Zweifel in den „Biblischen Skizzen" Iwanows der Ideenreichtum, die Empfindsamkeit und das Vorstellungsvermögen, die großen Künstlern eigen sind. Iwanow hat sich als Meister hervorgetan, obwohl er es für seine Zeitgenossen nicht gewesen zu sein scheint. Dennoch ist er es, der den Weg für die „Wanderausstellungskünstler" bereitet hat.

Die „Wanderausstellungskünstler"

Die „Peredwishniki" – so wurden sie genannt – haben zwar keine überragenden Meisterwerke hinterlassen, aber ihre Rolle war beachtlich. Auf vielen Gebieten haben sie Neuerungen eingeführt. Zunächst haben sie sich zu Gruppen zusammengeschlossen, allen voran die Künstler von St. Petersburg, denen wenig später jene von Moskau folgten: Sie gründeten die Gesellschaft der Wanderausstellungskünster. Dies war die erste bekannte Vereinigung von Künstlern überhaupt. Diese Künstler lehnten die Bilder antiker Ruinen und die höfischen Porträts ab, die der Akademie der Schönen Künste besonders am Herzen gelegen hatten. Unter dem Druck der deutschen Philosophen (und Tschernyschewskijs, der diese ins Russische übersetzte) wollten die Peredwishniki ihre Kunst auf die wirkliche Welt konzentrieren. Es war dies eine Welt, die nicht in den Salons von St. Petersburg oder in den Schlössern zu finden war, sondern eher in den Vorstädten, in der Provinz, in den ländlichen Bauernhütten – und diese Welt war tragisch und verzweifelt. Die Peredwishniki gingen also von Dorf zu Dorf, um das unermeßliche Elend des russischen Volkes zu malen. Sie zeigten ihre Werke nicht nur in Moskau und St. Petersburg, sondern auch in den Hauptorten der Gouvernements. Obwohl diese Bewegung sich gegen Ende des 19. Jahrhunderts beträchtlich verringerte, blieb sie dennoch bestehen und organisierte bis zum Vorabend der Revolution weiter Ausstellungen.

Die Fürsprecher des Volkes

Die Künstler betrachteten sich als Fürsprecher des unwissenden, ohnmächtigen und geknechteten Volkes, ihre Aufgabe war nicht künstlerischer, sondern politischer und sozialer Natur. An die Kunst dachten sie kaum, denn die Wirklichkeit, das war das unvorstellbare Elend der Menschen. Die Maler machten es sich zur Aufgabe, dies der Welt vor Augen zu führen und den Ausgebeuteten zu helfen, sich dessen bewußt zu werden, daß sie vereint zu einer Macht werden konnten.

Iwan Kramskoj, der Führer der Gruppe der Peredwishniki, sagte, daß „die Kunst, die sich nicht für das Volk interessiert, eine Amusement für Nichtsnutze“ sei und daß „die Kunst im Dienste des Volkes“ stehe und auch, daß „die Kunst didaktisch sein“ müsse. 80 Jahre später sollten die Theoretiker des Sozialistischen Realismus nichts anderes sagen. Die ersten unterscheidet von den zweiten, daß die Malerei der Peredwishniki ein bewußt heftiger Protest war.

Hinsichtlich der Form scheinen die fahrenden Künstler diesen Aspekt ihrer Mission vernachlässigt zu haben. Aber es genügt, durch die Säle der Tretjakow-Galerie oder des Russischen Museums zu gehen, um des Aufschreis des Leidens und des Zorns gewahr zu werden, der aus den Bildern Kamenjews, Maksimows, Surikows, Makowskijs, Sawitskijs und vor allem Kramskojs und Rjepins drang, deren ausgefeilte Kunst es erlaubte, ihre soziale Tendenz noch packender auszudrücken.

Die Durchschlagskraft dieser Bewegung läßt sich nicht leugnen, ebensowenig, daß sie eine Rolle spielte in der Bildung eines revolutionären Bewußtseins.

Aber man darf auch nicht vergessen, daß sie keine unmittelbare Zustimmung fand. Leo Tolstoi, der sein Leben lang für bessere Lebensbedingungen des russischen Volkes kämpfte, stand der sozialen Berufung dieser Künstler ablehnend gegenüber.

Verschiedene Gattungen

Die Peredwishniki haben sich verschiedenen Gattungen der Malerei zugewandt. Die Geschichte hat sowohl Rjepin, Surikow und Wereschtschagin als auch Schwarts inspiriert, aber ihre Geschichtsauffassung war verschieden. Für Rjepin war die Geschichte ein Stoff für Satiren und Anklagen, für Wereschtschagin ein Anlaß zur Verurteilung des Krieges, welcher Art er auch immer sein mochte. Schwarts und Surikow interessierten sich besonders für die Ereignisse als solche und deren Darstellung. Das physische und moralische Elend, die rückständigen und entwürdigenden Sitten (Ausnützung der Leibeigenen), die Findelkinder – all dies hat eine Reihe von Genreszenen angeregt. Die Religion ist – selbst für diese revolutionären Maler – das wesentliche (für viele von ihnen ein quälendes) Anliegen geblieben. Selbst bei durch und durch antireligiösen Werken spürt man eine Beklemmung und eine tiefliegende Religiosität. Während M.M. Nestjorow und Wasilij Wasnjetsow Devotionalien-Maler gewesen sind, hat Nikolaj Nikolajewitsch Gaj, der vor allen Mitgliedern der Peredwishniki derjenige war, der von der Leidensgeschichte Christi am meisten besessen war, seinem Werk „Golgotha", dem er einen großen Teil seiner Kräfte opferte und das er nie vollendete, eine überzeugende Ausdruckskraft verliehen.

Schließlich waren die Peredwishniki auch alle Porträtisten, und auf diesem Gebiet war Rjepin ein Meister.

Diese künstlerische Bewegung, die weder ihren Geist noch ihre Themen erneuerte, erschöpfte sich jedoch und verkümmerte praktisch, obwohl sie nie vollkommen verschwand. Die Reaktion sollte nur zu bald in Erscheinung treten, und zwar in der Form der „Kunst um der Kunst willen". Diese Gegenbewegung kam – so wie es bei der vorangegangenen Bewegung der Fall gewesen war – aus St. Petersburg.

Die Landschaftsmaler

Bevor wir auf die brillanteste Epoche eingehen, die es jemals in Rußland seit dem 15. Jahrhundert gegeben hat, muß noch einiges über die russischen Landschaftsmaler gesagt werden. In Westeuropa sind sie noch die großen Unverstandenen und der eindringliche Charme dieser Malerei ist dort noch unbekannt. Die Bilder geben einen Begriff von der Größe der Steppenlandschaft, von der tiefverwurzelten, unerschöpflichen Liebe zur Heimaterde, vom Erfassen des wechselnden Lichts, von der gegenseitigen Einwirkung von Himmel, schwarzer Erde und Wasser sowie von den zwar wirkungsvollen, aber nie bombastischen Effekten des Schnees.

Man muß diese oft einfarbigen Gemälde mit ihrer ganzen Skala von Beige-, Grau- und Weißtönen, die manchmal von einem lebhaften Farbton unterbrochen wird, gesehen haben, um die feine Sensibilität, das Erfassen des großen, weißen und leeren Himmels, der verschneiten Steppe, in der nur eine Pappel, eine „Izba“ (hölzerne Bauernhütte), eine vergoldete Kuppel den Horizont unterbricht, der von Birken gesäumten Sümpfe, der üppigen oder tristen Ebenen zu verstehen.

Es gab viele russische Landschaftsmaler: Sawrassow, Poljenow, Ajwazowskij, Schichkin (einer der besten), Kuindshi (eigenartig), Wasiljew, der mit 23 Jahren starb und bewundernswerte Werke hinterlassen hat. Aber der größte von allen ist Isaak (russ.: Isakij) Lewitan, der auch zu früh starb, um alles geben zu können, doch was er geschaffen hat, ist schön.

Der Herrensitz Abramtsewo

Der Herrensitz Abramtsewo, in der Nähe von Moskau, war ein Kulturzentrum im heutigen Sinne: Den Malern und Bildhauern, den Freunden des Hauses, standen Ateliers und Werkstätten zur Verfügung. Andere Künstler webten, stickten oder töpferten, und die private Bühne von Sawwa Mamontow bot Möglichkeit zu Theater-Experimenten. Hier organisierte Mamontow ein Zusammentreffen von Künstlern herkömmlichen und modernen Stils.

„Die Welt der Kunst“

Die Bewegung „Die Welt der Kunst“ („Mir Iskusstwa“), die russische Variante zum deutschen „Jugendstil“, zum englischen „Modern Style“ oder zur französischen „Art Nouveau“, stützte sich (1898–1904) auf die Zeitschrift gleichen Namens, die in St. Petersburg erschien. Die Bewegung versammelte um Alexander Benois (russ.: Aleksandr Benoa) die Elite der Intellektuellen, der Intelligentsija (es gibt einen Unterschied) und der Künstler. Charakteristisch für die „Welt der Kunst“ waren ihre engen Bindungen zum Theater und zur Literatur sowie ihre Vorliebe für die angewandte Kunst. Alexander Benois und Sergej Diaghilew (russ.: Djagilew) waren die herausragenden Persönlichkeiten dieser Bewegung, und allein der Name des Zweiten genügt, um zu verdeutlichen, was diese russische Malergeneration von der vorhergehenden unterscheidet. Dieses lückenlose Ineinandergreifen von Malerei und Theater stellt eine Besonderheit der russischen Form des Jugendstils dar. Es war eine so tiefgreifende Besonderheit, daß sie auf die moderne Kunst ungeheure Rückwirkungen hatte.

Mit Sergej Diaghilew hatte eine eigenartige, reiche, verwirrende und vielseitige Persönlichkeit ihren Auftritt (dies ist das richtige Wort) an der Rampe der künstlerischen Bühne. Mit seiner erstaunlichen Überzeugungskraft sammelte er echte Talente verschiedenster Art um sich. Und – natürlich nur zeitweise – unterstützt von Aristokraten, Industriellen, Amateurkunsthändlern begann er ein Universum aufzubauen, das sich aus allen Gebieten der Kunst zusammensetzen sollte. An der Wende vom 19. zum 20. Jahrhundert organisierte Diaghilew Ausstellungen, zu denen er namhafte Ausländer einlud.

Er gewann dafür auch die Finnen Axel Gallen-Kallela, Magnus Enckell, Edelfelt, Saarinen, Gesellius und Lindgren, weil er ihr Interesse für die angewandte Kunst kannte. Hvitträsk (1902–1904) in der Nähe von Helsinki ist tatsächlich ein Werk, das von Architekten, Malern, Bildhauern, Keramikern und Kunstschmieden gemeinsam geschaffen worden ist.

Bei diesen Ausstellungen erschienen immer öfter Michail Aleksandrowitsch Wrubel, der pathetische und geniale Wrubel, ein in der Stilrichtung entfernt verwandter und unbekannter Kollege von Ensor, Nolde und van Gogh. Er malte etwas verrückte Bilder in einem großen Wirbel von düsteren Farben. Er machte auch eigenartige Emailarbeiten und verzierte Balalaikas, die zu seiner Zeit mehr gefragt waren als seine Bilder.

Das Ende der „Welt der Kunst"

Die Bewegung – die Zeitschrift und die Ausstellungen – stellte ihre Tätigkeit 1904 mangels finanzieller Mittel ein. Eine Zeit lang versuchte Diaghilew sein Unternehmen in Sachen Kunst fortzuführen, aber dann verließ er Rußland. In Paris machte er sein Land bekannt mit einer Reihe von glänzenden Veranstaltungen mit aufwendigen russischen Ballettruppen, deren Höhepunkte die Uraufführungen von „Feuervogel (1910), „Petruschka" (1911) und „Sacre du Printemps" (1913) waren.

Das goldene Zeitalter

Wir kommen nun zu einer Epoche, die etwa von 1905, dem Jahr der ersten Revolution, bis 1924 (dem Todesjahr Lenins) reichte, einer Epoche, in der sich die Ereignisse überstürzten, in der Politik und Kunst teils gegensätzliche Meinungen vertraten, teils lückenlos ineinandergriffen. Es war eine Zeit, in der die schöpferischen Persönlichkeiten, die ahnten, daß alsbald eine Welt zu Ende gehen und eine neue erstehen würde, mit einer nie dagewesenen fieberhaften Hektik experimentierten, arbeiteten, erfanden und ersannen. Das Erstaunliche an den ersten zwanzig Jahren des 20. Jahrhunderts war neben der Hektik, die sich aller bemächtigt hatte, das Auftauchen einiger der größten Namen der Kunstgeschichte.

Die Zeit Kandinskys

In der Zeit des Aufstiegs und Niedergangs der „Welt der Kunst" veröffentlichte die zweisprachig (französisch und russisch) in Petrograd erscheinende Zeitschrift „Das Goldene Vlies" Gedichte, literarische und philosophische Essays und gleichzeitig Reproduktionen von Kunstwerken, die man in London, Paris und München sehen konnte. In diesen Jahren (seit 1896) lebte Wassili Kandinsky (russ. Wasilij Kandinskij) in München mit der ersten Generation der „Russen von München". Diese Stadt war vom Ende des 19. Jahrhunderts an bis 1933 einer der drei oder vier großen intellektuellen Mittelpunkte Europas. Man sieht heutzutage die „Russen von München" gern ohne Zusammenhang mit ihrem Heimatland. Dies scheint uns nicht angebracht, denn diese Künstler, denen die Kunst der heutigen

Zeit so viel verdankt, waren von Grund auf Russen. Zwar hat Kandinsky in Deutschland „Über das Geistige in der Kunst" geschrieben, hier formierte sich auch der „Blaue Reiter", dessen Mitbegründer er war. Hier schuf dieser Maler und Philosoph eine Kunst, die in ihrer Aussage zu einem guten Teil aus seinem philosophischen Denken resultierte. Aber Kandinsky pflegte weiterhin sehr enge Kontakte mit Rußland. Er arbeitete regelmäßig mit dem „Goldenen Vlies" zusammen und bot 1910 bis 1911 bei der Internationalen Kunstausstellung in Odessa außergewöhnliche Leistungen. Zu Münchener Ausstellungen lud er u.a. Dawid und Wladimir Burljuk, Maljewitsch, Natalija Gontscharowa und Michail Larjonow ein. Bis zum Jahre 1922, in dem er Rußland endgültig verließ und sich in Frankreich niederließ, war Kandinskys Rolle als Pionier auf dem Gebiet der abstrakten Kunst von größter Bedeutung.

Die „Rayonisten"

Es waren nur zwei: Michail Larjonow und Natalija Gontscharowa, sie spielten jedoch eine bedeutende Rolle. Sie nahmen an den ersten Ausstellungen des „Goldenen Vlieses" teil, später an jenen, die unter dem Patronat der Zeitschrift „Apollon" standen. Schon im Jahre 1905 stellte Natalijà Gontscharowa eine Reihe von Werken vor, die als primitiv bezeichnet wurden, und zwar primitiv in dem Sinn, daß sie eine Reaktion auf die symbolischen und artifiziellen Bilder von Benois, Bakst, Lanceray und Korowin (alle von der „Welt der Kunst") darstellten und die farbige Pracht der volkstümlichen Bildkunst wiederentdeckten. Man glaubte manchmal, im Werk Gontscharowas expressionistische Züge zu entdecken, aber es gab da zu viel fröhliche Vitalität, zumindest in den Werken dieser Epoche, zu viel Gesundes, wenn man diesen Ausdruck gebrauchen darf, um bei ihr von russischem Expressionismus sprechen zu können.

Es ist ganz natürlich, daß Natalija Gontscharowa sich dem Rayonismus ihres Kollegen Michail Larjonow angeschlossen hat, der auch ein „primitiver" Maler war. Das erste Bild dieser Stilrichtung von Larjonow entstand 1911 und sein Manifest erschien 1913. Wie Majakowskij meinte, war dies eine kubistische Interpretation des Impressionismus. Larjonow selbst sagte, daß es eine Synthese zwischen Kubismus, Futurismus und Orphismus wäre.

1911 gründeten sie den „Schellenbuben" – eine Bewegung, die der Avantgarde ähnelt – und traten dann ebenso wieder aus ihm aus wie 1912 aus dem „Eselsschwanz" (offensichtlich eine Anspielung auf den „Esel" von Roland Dorgelès). 1914 verließen die Gontscharowa und Larjonow Rußland – sie wußten noch nicht, daß sie niemals zurückkehren würden – und ließen sich in Paris nieder. Dort wurden sie Mitarbeiter von Diaghilew und nahmen beide intensiv und leidenschaftlich Anteil am einzigartigen Aufstieg der „Ballets russes".

Das Jahr 1913

Kazimir Maljewitsch hatte seit mehreren Jahren von sich reden gemacht: Er hatte schon ausgestellt im „Schellenbuben“, im „Eselsschwanz“ und im „Jugendbund“. Er hatte Bilder bei den Ausstellungen des „Goldenen Vlieses“ und hatte eine aktive Rolle gespielt bei den künstlerischen Ereignissen von Petrograd und Moskau. Im Jahre 1913 stellte Maljewitsch sein berühmtes „Schwarzes Quadrat auf weißem Grund“ vor. Dieser Mann aus Kiew ist den Problemen, die Kandinsky gestellt hatte, auf den Grund gegangen. Zusammen mit Wladimir Majakowski (Majakowskij) verfaßte er das „Manifest des Suprematismus“, das den uneingeschränkten Gebrauch der geometrischen Formen propagierte. Von 1914 an malte er nur noch einfache Farbkompositionen in kräftigen Tönen auf weißem Grund.

Maljewitsch verließ Rußland nicht. Er war Professor in Moskau, dann in Leningrad, wo er 1935 starb. Er verbrachte nur einige Monate in Weimar, um 1926 dort im Rahmen des „Bauhauses“ die Schrift „Die gegenstandslose Welt“ zu veröffentlichen. Unbestritten war er zusammen mit Kandinsky einer der Pioniere der abstrakten Kunst.

Das Universum Chagalls

Als der Erste Weltkrieg ausbrach, gefolgt von der großen Revolution, hat Chagall vielleicht seine beste Schaffenszeit gehabt. Er hat sich ein wenig am Rande des Wirbels in der Kunst gehalten. Aber er hat 1910 bis 1914 in Paris seine Erfahrungen gesammelt. Chagall, das ist all das Ungewöhnliche, Poetische und das Übernatürliche des hebräischen Universums, in dem er groß geworden ist, das ihn erfüllte. Das ist eine Welt in der Menschen und Gegenstände den Gesetzen der Schwerkraft entrinnen, in der jeder sich mit überzeugender Richtigkeit bewegt, unabhängig von dem, was ihn umgibt.

Seit Jahrhunderten hatte die russische Kunst über keine so bezaubernde und verzaubernde Kraft mehr verfügt. Bei Begründung der Sowjetmacht hat Lunatscharskij den Künstler Chagall zum Volkskommissar der Schönen Künste für den Regierungsbezirk Witebsk ernannt, wo der Maler eine Akademie für Malerei eröffnete, an die er Lisitskij, Pugnyj und Maljewitsch berief. 1922 trat Chagall zurück und ließ sich in Frankreich nieder, wo fünfzig Jahre französischen Lebens angehäuft mit Ehrungen den russischen Maler nicht verändert haben. Chagall, der 1887 geboren wurde, ist 1973 anläßlich der Ausstellung seiner in Rußland verbliebenen Werke zum ersten Mal wieder nach Rußland zurückgekehrt.

*

Wie man sieht, ist hier nicht die Rede von Lisitskij oder von Tatlin, von Pugnyj oder den Brüdern Burljuk, nicht von der nachimpressionistischen oder von der von Cézanne beeinflußten Gruppe, die von Ljentulow begründet wurde, auch nicht von Ciurlionis, diesem eigenartigen litauischen Maler, den Europa noch nicht entdeckt hat, nicht von Pawel Kuznjetsow, Kontschalowskij, Maschkow und vielen anderen. Aber sie alle haben ebenso sehr wie die „Rayonisten“, wie Larjonow und die Gontscharowa oder Kandinsky nach einem neuen Weg gesucht, die Welt zu verstehen und auf diese neue Art verständlich zu machen.

Nach 1917

Weder Krieg noch Revolution konnten dieses phantastische Aufflammen des Schaffens, das Wirken einzelner Gruppen – man könnte außer den bereits genannten mindestens noch zwanzig weitere aufzählen – aufhalten. Die ersten Jahre der Sowjetmacht zeitigten im Gegenteil eine bewegte Periode intensiven Eifers der künstlerischen Tätigkeit, die angefüllt war mit fruchtbaren Konflikten, die zur Trennung von bisherigen Gruppierungen und zu neuen Vereinigungen führten. Und das alles geschah vor dem Hintergrund von Kriegen und Bürgerkriegen, von ungeheuren materiellen Entbehrungen und nie zuvor gekannten politischen Spannungen.

Kandinsky, Chagall, Maljewitsch und Tatlin bekleideten öffentliche Ämter, und man hätte glauben können, daß das sowjetische Rußland auch auf dem Gebiet der Kunst wie auf so vielen anderen fortfahren würde, die Welt aufzurütteln und noch unbekannte Wege zu beschreiten. Geschichte und Politik haben anders entschieden. Die dreißiger Jahre sollten den Beginn und die Entwicklung des Sozialistischen Realismus bringen.

Es handelt sich hier um ein Problem, dessen Wichtigkeit man allzu leicht verkennt, nämlich um das der Beziehungen zwischen Marxismus und Kunst.

Marxismus und Ästhetik

Marx, Engels, Lenin, Trotzki und Lukács (ungarischer Literaturhistoriker; führender Vertreter der kommunist. Literaturwissensch.) haben nicht aufgehört darüber nachzudenken, und für die Menschen ihrer Weltanschauung gab es oft einen Zwiespalt zwischen der Logik ihres Denkens und ihrem jeweiligen persönlichem Geschmack. Aber daß Kunst und Literatur der Spiegel des gesellschaftlichen Lebens sein sollen, daß jedes Werk der Ausdruck seiner Zeit sein soll, und daß die Kultur alle Bürger angehen soll, das sind Forderungen, denen jeder, der sich für dieses Problem interessiert, zustimmen kann.

Der Sozialistische Realismus

Den Bemühungen zur Versöhnung zwischen Marxismus und Ästhetik – eine Versöhnung, die ihre Rechtfertigung in der leninistischen Denkweise fand – waren jedoch Fesseln angelegt. Ab 1932 war der Sozialistische Realismus anerkannt als einzig mögliche Form der russischen Kunst. Der Formalismus von Maljewitsch, Tatlin und Rodschenko wurde entschieden abgelehnt. Noch bevor sie den Namen erhielt, der ihr von Maxim Gorki 1934 verliehen wurde, gab die russische Kunst (von 1930 an) die formalen Errungenschaften der russischen und westlichen Avantgarde preis. Sie war nur noch darauf bedacht, den Beweis für den proletarischen Gehalt in nationaler Form zu erbringen. Nach dem Krieg sollte der offizielle Theoretiker Shdanow auf einem Gebiet, das im Prinzip allen Ausdrucksformen offenstand, allem die Türe verschließen, was als modern bezeichnet wurde und was direkt oder indirekt mit der bourgeoisen Ideologie in Verbindung gebracht werden konnte.

Der Sozialistische Realismus ist eine Kunstrichtung, die sich positiv, optimistisch und ohne jegliche Nuancierungen verstanden wissen will, eine Kunst, deren Helden der Kolchosbauer und die Kolchosbäuerin, der Gießer, der Grubenarbeiter, der Fabrikarbeiter usw. sind – immer im Einsatz, immer triumphierend, immer zufrieden, Menschen, die die Angst vor dem kapitalistischen System überwunden haben. Auf dem Gebiet der Malerei und der Bildhauerei sind die bekanntesten Vertreter Isaak (russ. Isakij) Brodskij, der lange Zeit die Geschicke der „Vereinigung der Künstler" lenkte, Dejneka, Gerasimow, Matwejew und Wera Muchina, deren Werk „Arbeiter und Kolchosbäuerin" – nachdem es den sowjetischen Pavillon bei der Pariser Weltausstellung 1937 geschmückt hatte – am Eingang zur Ausstellung der volkswirtschaftlichen Errungenschaften in Moskau aufgestellt wurde.

Nach dem Krieg

Nach 1944 haben der Krieg und die Partisanen andere Themen geliefert. Sie haben jedoch kaum zu einer Änderung der Situation beigetragen – trotz einiger zaghafter Versuche, sich vom alten Trott zu lösen. Die Maler sind der allmächtigen „Vereinigung der Künstler" unterstellt, deren wesentliche Aufgabe darin besteht, auf dem Gebiet des künstlerischen Schaffens die ideologische Linie der Partei zu verteidigen.

Isolierung

Infolge ihres Verzichts auf belebenden Austausch befindet sich die sowjetische Kunst in einer Isolierung. Das erklärt das leidenschaftliche Interesse einiger Künstler vor allem der jungen Generation, zu erfahren, was sich auf der anderen Seite der Grenze abspielt. Und so fand im Jahre 1957 das Internationale Jugendfestival, das im Kulturpark von Moskau veranstaltet wurde, beachtlichen Widerhall. Eine Reihe junger Künstler, die bis dahin unproblematische Schüler verschiedener sowjetischer Kunstschulen gewesen waren, sahen, was jenseits der Grenzen auf dem Gebiet der Kunst vor sich ging. Dies war ein Schock, eine Quelle von Konflikten und Schwierigkeiten. Einige Künstler, die nicht so malen konnten wie sie es wünschten, wurden Illustratoren, Graveure und Dekorateure – sie sind offiziell keine Maler mehr. Sie malen für sich und einen begrenzten Freundeskreis, und sie wissen, daß ihre Werke keine Chance haben, ausgestellt zu werden.

Die geheimen Strömungen

Es ist schwierig, einen Überblick zu geben über die verschiedenen bestehenden heimlichen Strömungen, von denen die breite Masse in Rußland nicht die geringste Ahnung hat. Sie lassen sich jedoch nicht verleugnen. Das wenige, was man in Westeuropa zu sehen bekommt, zeigt, daß die Angst, das Absurde (vor allem das Absurde) und die Verfolgung immer wieder die bevorzugten Themen sind. Aber es ist verständlich, daß es weniger anregend ist, die Bilder auf einem Speicher aufzubewahren als sie auszustellen und Entrüstung oder Enthusiasmus zu entfachen.

„Dwishenije“

Das ist der Name (deutsch: „Bewegung“) der bedeutendsten der kleinen Gruppen, die entstehen und wieder verschwinden. „Dwishenije“ existiert nicht offiziell. Im Jahre 1962 von Studenten mit Ljew Nusberg an der Spitze gegründet, vereinigt diese Gruppe die sowjetischen Künstler, die nicht als Maler sondern als Dekorateure offiziell anerkannt sind. Bis zum Jahre 1968 ist „Dwishenije“ häufig an die Öffentlichkeit getreten, hat Ausstellungen in Osteuropa veranstaltet und sogar an den Feierlichkeiten zum 50. Jahrestag der Oktoberrevolution teilgenommen. Obwohl sie nicht offiziell existiert, repräsentiert diese Gruppe einen der für die UdSSR charakteristischen Kreise der bildenden Künste; aber ihre Bestrebungen zeigen sich heute mehr auf dem Gebiet der Architektur und des Städtebaus.

Die Graphik

Es gibt in der UdSSR eine beachtliche Zahl von ausgezeichneten Graveuren, Zeichnern und Illustratoren. Es sind Künstler, die auf ihrem Gebiet über große Erfindungsgabe und Ideenreichtum verfügen und einen geradezu erstaunlichen Sinn für Poesie, Satirik oder Dramatik beweisen.

*

Vielleicht befindet sich Rußland auf dem Kunstsektor augenblicklich in einer Ruhephase. Man kann aber hoffen, daß eine andere Zeit kommt, in der die russische Kunst, die die mittelalterliche Finsternis mit ihrer glühenden Geistigkeit erhellt hat, die die Künstlerwelt durch einen noch nie dagewesenen künstlerischen Fortschritt aufgerüttelt hat, einen neuen, einzigartigen Beitrag für die Malerei liefert.

ARCHITEKTUR UND BILDHAUEREI

von Pierre Contal

Die Architektur bis zur Zeit Peters des Großen

Die altrussische Architektur resultiert aus dem Zusammenwirken zweier Strömungen:

– der byzantinischen Architektur, die zusammen mit dem Christentum und der Ikonenmalerei vom Ende des 10. Jahrhunderts an übernommen wurde,

– der einheimischen Architektur, ausgeführt in Holz aus den riesigen Waldgebieten.

Die byzantinische Architektur

Die aus Byzanz übernommenen Formen bleiben in etwa in den Bauwerken der ersten Jahrhunderte der Kiewer Epoche erhalten. Charakteristische Baudenkmäler dieser Zeit sind die St.-Sophien-Kathedralen in Kiew und Nowgorod. Diese Formen haben sich dann unter dem Einfluß des Klimas und der nationalen Traditionen, insbesondere der Holzbauweise, allmählich weiterentwickelt.

Die Holzbauweise

Im waldreichen Rußland leiten sich alle Bauformen, einschließlich der der Kirchen, mehr oder weniger direkt vom Blockhaus, einem rechteckigen Bau mit Seitenwänden aus Rundhölzern, ab. Hier sind die byzantinischen Formen beinahe unbekannt, die senkrechten Linien und die wegen des Klimas stark geneigten Dächer herrschen vor. Auch die Kirchen sind ursprünglich nur einfache Blockhäuser, versehen mit einer kleinen Kuppel und einem Glockenturm. In der weiteren Entwicklung nehmen die Gotteshäuser graziöse, schlank aufragende Formen an, geprägt durch Überlagerungen von Würfeln und Achtecken. Dächer in Form achteckiger Pyramiden sind häufig zu finden. Die „Botschka“ (= Tonne), die Decke in Form des weitergeführten, stark gekrümmten Rundbogens, der oben in einen Eselsrücken ausläuft, wird häufig verwandt. Die Trommeln sind meist blind, und aus den Kuppeln werden kleine, stark bauchige Zwiebeln, die mit Holzschindeln gedeckt sind – sie werden im Russischen „Lemechá“ genannt. Diese Zwiebeln sind auch noch auf den Trommeln zu finden. Die Treppen und äußeren Galerien, verziert mit kleinen geschnitzten oder durchbrochenen Säulen, führen zu den verschiedenen Etagen und schmücken die Außenwände.

Der traditionelle Kirchenbau

Bis zum 18. Jahrhundert ist die Architektur im wesentlichen religiöser Art. Stein – er ist selten in Rußland – ist im allgemeinen dem Bau bedeutender Kirchen und Klöster vorbehalten. Profanbauten sind meistens aus Holz. Deshalb sind auch nur wenige erhalten geblieben. Der herkömmliche Typ der russischen Kirche byzantinischen Ursprungs ist ein Kubus oder ein beinahe würfelförmiger Körper, der entweder von fünf pyramidenförmig angeordneten Kuppeln oder von einer in der Mitte befindlichen Kuppel überragt wird. Die Fassaden sind im allgemeinen in Fächer aufgeteilt, die durch Pfeiler betont und mit Bogenwerk verziert sind, ähnlich den lombardischen Ornamentfriesen der romanischen Kirchen des Abendlandes. Ist der Bogen der Wölbung, die jedes Fach nach oben hin begrenzt, außen sichtbar, so nennt man ihn „Zakomara". Die Trommel jeder Kuppel ist im allgemeinen mit Fenstern versehen.

Das abgeflachte Kugelgewölbe der byzantinischen Kuppel entwickelt sich in Rußland – einmal wegen des Klimas und zum anderen unter orientalischem Einfluß – langsam zu einer ausgebauchteren Form, zuerst helmartig, dann zu der so charakteristischen Zwiebel.

Die russischen Kirchen sind nach Osten ausgerichtet. Sie haben zumindest eine nach Osten gerichtete Apsis – oft drei, manchmal mehr Apsiden. Die Glocken werden entweder in einer von Bögen durchbrochenen Mauer aufgehängt oder in einem freistehenden Turm, der häufig von einer achteckigen Pyramide gekrönt ist.

Die „Trapeznaja", die Refektorismuskirche, ist charakteristisch für Klöster. Man findet diese Bauform auch ziemlich häufig bei den Pfarrkirchen der Städte. Es ist eine Kirche herkömmlichen Stils, die nach Westen hin durch einen rechteckigen Baukörper verlängert wird, der als Versammlungsraum oder einfach als Vorhalle diente. Dieser Gebäudeteil verbindet oftmals den eigentlichen Kirchenbau mit seinem Glokkenturm.

Die Vertikalbauweise

Vom 16. Jahrhundert an entfernt sich der Kirchenbau des moskowitischen Rußlands aus Stein oder Ziegeln unter dem Einfluß der Holzbauweise immer mehr vom byzantinischen Vorbild. Die senkrechten Linien beherrschen allmählich das Bild. Und man sieht, wie sich ein neuer Kirchentyp entwickelt: die Zeltdachkirche mit einem pyramidenförmigen Aufsatz, der meistens achteckig ist und oben mit einer kleinen zwiebelförmigen Kuppel abschließt. Fast alle sakralen Bauwerke weisen zu diesem Zeitpunkt ein charakteristisches Element auf, die „Kokoschniki" – benannt nach dem Kopfputz, mit dem sich die russischen Frauen zum Fest schmücken. Die Kokoschniki sind kleine, einer hinter den anderen gestellte Rundbögen (oder Bögen mit einem Eselsrücken). Die auf diese Weise entstandene Staffelung dient als Sockel für die Dächer in Form von Pyramiden oder Kuppelgewölben.

Zurück zur traditionellen Form

Der Patriarch Nikon, dessen kirchliche Reformen auf eine Anpassung der russischen Bräuche an das griechische Vorbild zielen, verlangt die Rückkehr zur herkömmlichen Bauweise mit fünf Kuppeln. Die achteckige Pyramide, im Russischen „Schatjor“ (= Zelt) genannt, wird nur noch für die Glockentürme geduldet.

Profane Bauweise

Außer an sakralen Bauten, wird die altrussische Architektur an Festungsmauern und -türmen sowie an sehr spärlich erhaltenen Profanbauten, wie Lagerhäusern, Bojarenhäusern usw. demonstriert. Die ältesten erhaltenen Beispiele stammen aus dem 16. und 17. Jahrhundert.

Gegen Ende des 15. und am Anfang des 16. Jahrhunderts wird der Einfluß der italienischen Renaissance im Kreml spürbar, insbesondere am Facetten-Palast und der Erzengel-Michael-Kathedrale, einer Kirche, deren Gesamtkonzept ausgesprochen konservativ ist, aber deren äußere Ausstattung mit ihren Wandpfeilern und ihrem Muschelzierrat deutlich italienischen Einfluß zeigt.

Ende des 17. Jahrhunderts wird sowohl bei Sakralbauten als auch bei Profanbauten eine neue Tendenz spürbar: In der Ausstattung treten Einflüsse des Barocks zutage. Diese neuen Elemente kommen aus West- und Mitteleuropa. Sie nehmen den Weg über Polen und die Ukraine, von der einige Teile (einschließlich Kiews) im Jahre 1654 dem moskowitischen Staat angegliedert worden sind.

In den letzten zwanzig Jahren des 17. Jahrhunderts sind in und um Moskau immer mehr Bauten eines Stils zu finden, der „Naryschkin“ genannt wird, nach dem Namen der Mäzenatenfamilie (die Mutter Peters des Großen war eine geborene Naryschkin), die diese neue Stilrichtung gefördert hat. Dieser Stil zeigt sich im wesentlichen in turmförmigen Kirchen, deren Stockwerke sich stufenweise nach oben hin verjüngen. Für ihn ist der Gebrauch von roten Ziegeln und weißen Steinen ebenso charakteristisch wie die plastische Ausführung von Balustraden, Tür- und Fenstereinfassungen sowie die kleinen Säulen, die Giebel und der Muschelzierrat.

Die Architektur des 18. und 19. Jahrhunderts

Barock

Mit der Herrschaft Peters des Großen und der Gründung von Petersburg im Jahr 1703 verbreitet sich in Rußland die aus Norddeutschland, Holland und Skandinavien kommende nordische Variante des Barockstils. Bald darauf folgt – noch üppiger und südländischer – das Spätbarock aus Italien und Mitteleuropa. Mitte des 18. Jahrhunderts (unter der Herrschaft von Elisabeth Petrowna) sind seine großen Vertreter die Architekten Rastrelli, der Schöpfer des „Russischen Barocks“, Tschewakinskij, Uchtomskij und Jewlaschew.

Der Klassizismus

Anschließend ist es der Klassizismus, der die Regierungszeit Katharinas II. charakterisiert. Er entspricht in etwa dem Stil Louis-seize und dem Directoire-Stil. Werke des Franzosen Vallin de la Motte, des Deutschen Felten, der Italiener Rinaldi und Quarenghi, des Schotten Cameron sowie der Russen Bashenow, Kazakow, Kokorinow und Starow kennzeichnen die Architektur und den Städebau dieser Epoche. Der Einfluß der Antike wird bestimmend, und man gelangt zum Empire, das unter Alexander I. (1801–1825) und zu Beginn der Regierungszeit von Nikolaus I. bis etwa 1840 tonangebend wird.

Der Städtebau im Empire-Stil

In St. Petersburg baut Zacharow das Admiralitätsgebäude wieder auf, Woronichin errichtet die Muttergottes-von-Kasan-Kathedrale, unter Rossi entstehen das Alexandra-Theater und das Michael-Palais, unter Thomas von Thomon die Börse, Ricard de Montferrand erbaut die St.-Isaaks-Kathedrale und errichtet die Alexander-Säule auf dem Schloßplatz. So erhalten die grandiosen Gebäudekomplexe der Hauptstadt ihre endgültige und vollendete Form. – In Moskau bauen Gilardi und Bowe neben vielem anderen im sehr nüchternen klassizistischen Stil eine große Zahl von staatlichen und privaten Gebäuden nach dem großen Brand von 1812 wieder auf.

Die Entwicklung der neuen Städte im Süden, wie Odessa, Cherson oder Sewastopol, und das Fortschreiten der Kolonisation des Urals und Sibiriens lassen dem ganzen Gebiet des Reichs die gleiche Städteplanung zugute kommen: breite, geradlinige Straßen und weite Plätze, die von Verwaltungsgebäuden mit majestätischen Säulen und Kirchen mit klassischem Portikus und halbkugelförmigen Kuppeln gesäumt sind.

Auf dem flachen Land entsprechen die Herrenhäuser mit dreieckigem Giebel, der von mindestens vier Säulen getragen wird, dem privaten herrschaftlichen Stadthaus und werden zum charakteristischen Element der Landschaft.

Eklektizismus und Pasticcio

Dann bringen romantische Strömungen und der kulturelle Nationalismus des 19. Jahrhunderts wieder Elemente in Mode, die der alten russischen Architektur entliehen sind, zum Beispiel im Werk von Thon, einem der bedeutendsten Architekten unter der Herrschaft Nikolaus' I. Thon erbaut u.a. den Großen Kreml-Palast und die imposante dem Salvator geweihte Kathedrale in Moskau, die allerdings in den dreißiger Jahren des 20. Jahrhunderts zerstört wird.

Wie in ganz Europa, erlebt die zweite Hälfte des 19. Jahrhunderts auch in Rußland den Triumph des Eklektizismus und des Pasticcio. Man beschränkt sich darauf, mit mehr oder weniger Glück die Stilarten vergangener Zeiten nachzuempfinden und zu kopieren, oder manchmal gar beides. Dies ist die Zeit des pseudo-moskowitischen Stils oder des Pseudo-Rokoko, auf die der pseudobyzantinische oder -Kiewer Stil folgen. Die Auferstehungskirche in Petersburg, das Historische Museum, die Geschäftshäuser am Roten Platz oder die Französische Botschaft in Moskau sind bemerkenswerte Beispiele dieser Entwicklung.

Die Architektur des 20. Jahrhunderts

Der moderne Stil

Eine zweifache Reaktion zeichnet sich zu Beginn des 20. Jahrhunderts ab, als neben der modernen Malerei auch die ersten Manifestationen moderner Kunst erscheinen. Einerseits breitet sich die „Kunst von 1900“ mit geschwungenen Linien und schmückenden Neuerungen in Rußland aus. Andererseits erinnert der Einfluß der „Welt der Kunst“ an die barocke und klassische Schönheit Petersburgs. Besonders das Empire inspiriert häufig die Städteplaner und Architekten privater Bauten, während die klaren Linien der mittelalterlichen Kirchen von Nowgorod oder Pskow als Modell für die sakrale Architektur dienen. Das Werk von Schtschusew faßt die verschiedenen Strömungen seiner Zeit zusammen.

Der Funktionalismus

Nach 1917 triumphieren der Modernismus und der Funktionalismus. Le Corbusier liefert die Entwürfe für den Verwaltungsbau in der Moskauer Mjasnitskaja (jetzt Kirow-Straße).

Die Stalin-Ära

von den dreißiger Jahren bis Anfang der fünfziger Jahre bevorzugt den wuchtigen und üppigen „Zuckerbäckerstil“. So wie die alten Wolkenkratzer in New York oder Chicago gotische Züge und Elemente aus der Renaissance aufweisen, prunken jene in Moskau mit Elementen, die dem moskowitischen 17. Jahrhundert entliehen sind, z. B. das Hotel „Leningradskaja“, oder sie sind, wie das Hotel „Ukraina“ und die Neue Universität, im Empire-Stil der Regierungszeit Alexanders I. erbaut. Einige Metro-Stationen, mit Marmor, Vergoldungen, Stuck, Mosaiken ausgestattet und von Lüstern und Leuchten erhellt, werden als prunkvolle unterirdische Palastgänge benutzt.

Architektur der Gegenwart

Seit den fünfziger Jahren hat man auf das übertriebene Dekor verzichtet. Der neue Kongreß-Palast im Kreml sowie mehrere olympische Sportstätten gehören zu den schönsten Bauwerken der letzten drei Jahrzehnte.

Sakrale Skulptur

Bis zum Ende des 17. Jahrhunderts ist die russische Kunst in der Hauptsache religiöser Natur. Die Bildhauerei hat keinerlei Bedeutung, denn die Vorschriften der orthodoxen Kirche verbieten die Vollplastik prinzipiell. Gestattet sind als Dekor für sakrale Bauten lediglich schwach herausgearbeitete Reliefs. Während des Mittelalters ziert ein feines Spitzenwerk aus behauenem Stein die Fassaden der Kirchen der Gegend von Wladimir und Suzdal. Diese Ornamente (stilisierte Pflanzen, Phantasiefiguren und symbolische Gestalten) deuten auf westliche Einflüsse der gleichzeitigen romanischen Kunst. Auch deutsche Einflüsse werden angenommen. Stilistische Übereinstimmungen im Dekor zeigen sich mit der armenischen und georgischen Kunst. Freiplastische Bildwerke sind sehr viel seltener. Man findet jedoch im Kreml einige Darstellungen von Heiligen und Symboltieren aus bemaltem Stein (16. u. 17. Jh.).

Bildhauerei und -schnitzerei

Schnitzerei

Die volkstümliche Schnitzerei schafft meist bunt bemalte Werke: Heiligenstatuen, Ikonostasen, Reliquienschreine und sorgfältig ausgearbeitete Kruzifixe.

Profane Bildhauerei

Unter dem Einfluß des Westens erlebt die russische Bildhauerei eine beachtliche Entwicklung. Sie spiegelt die großen europäischen Stile wider, z.B. den Barock durch Rastrelli (den Vater). Der große Porträtist Schubin repräsentiert das Rokoko und den Klassizismus zur Zeit Katharinas II. Gordejew, Prokofjew, Martos und Kozlowskij vertreten die Kunst des beginnenden 19. Jahrhunderts. Klodt, Pimjenow und Demut-Malinowskij führen die klassische akademische Tradition fort. Opekuschin und Mikeschin schaffen Denkmäler und Statuen von Herrschern und Schriftstellern. Fürst Trubetskoj und Antokolskij zählen an der Wende des 19. zum 20. Jahrhundert zu den bedeutendsten Porträtisten.– Während der sowjetischen Epoche werden modernistische Tendenzen schnell unterdrückt. Ebenso wie in der Malerei triumphiert auch hier der Sozialistische Realismus, u.a. mit Wera Muchina, der Künstlerin, die das berühmte Kolossalgemälde „Arbeiter und Kolchosbäuerin“ schafft, das für den sowjetischen Pavillon auf der Pariser Weltausstellung im Jahre 1937 bestimmt ist und anschließend nach Moskau gebracht wird, um den Eingang zur Ausstellung der Volkswirtschaftlichen Errungenschaften zu schmücken.

***MOSKAU

DIE STADT IN STICHWORTEN

Russischer Name: MOCKBA; über 8 Millionen Einwohner; Hauptstadt der Russischen Sozialistischen Föderativen Sowjetrepublik, Hauptstadt der Union der Sozialistischen Sowjetrepubliken (größtes Staatsgebiet der Welt: 279 Millionen Einwohner), Sitz des Obersten Sowjets, der militärischen und kirchlichen Verwaltung, Universitätsstadt.

Stadtpläne von Moskau: Plan der Innenstadt S. 66/67, Gesamtplan S. 102/103.

Die Stadt verbindet den Orient mit dem Okzident, ist Treffpunkt zweier Welten und steht durch Flüsse mit den Meeren im Süden und Norden in Verbindung. Moskau ist auch eine internationale Stadt, in der man allen Rassen begegnet, alle Sprachen hört.

Moskau ist eine politische Stadt, in der man mehr als anderswo die Gegenwart der Regierung ahnt. „Moskau" ist eine der wichtigsten Figuren des internationalen Schachspiels.

Als Stadt der Industrie und Wirtschaft ist Moskau von großer Bedeutung auf dem Gebiet der Elektronik, der Chemie, Metallurgie, Autoindustrie und der Mechanik.

Als Hauptstadt Osteuropas wächst Moskau von Tag zu Tag und treibt unaufhörlich – heute rationeller als zuvor – die Eroberung ihres Umlandes voran.

Heute beträgt der Durchmesser des Stadtgebietes etwa 40 km und die Fabriken wachsen in die jahrhundertealten Waldgebiete hinein. Da die Bevölkerungszahl Moskaus seit der Oktoberrevolution sprunghaft gestiegen ist, ist der Wohnraummangel in der Metropole ein großes Problem. Zwar werden in den Außenbezirken in rasantem Tempo immer neue Wohnblocks aus Fertigbauteilen erstellt, aber sie reichen noch immer nicht aus, um Lenins Forderung: „Eine eigene Wohnung für jede Familie" erfüllen zu können.

Infolgedessen ist der Zuzug in die Stadt jetzt begrenzt. Man braucht zu diesem Zweck eine sog. „propiskak", eine Aufenthaltsgenehmigung die als Strafmaßnahme auch wieder entzogen werden kann.

Geschichte

Die Dynastie der Ruriks. Nach dem Niedergang des Kiewer Rußlands (Kiewer Rus), überflutet von mongolischen Horden, verlagerte sich das politische Zentrum nach Norden zu einem von Fischern besiedelten Marktflecken, dessen Namen die Chronisten zum ersten Mal im Jahre 1147 nennen: Moskau, an den Ufern der Moskwa. Moskau gehörte zum Gebiet der Fürsten von Wladimir. Es gab dort Fürsten, die in direkter Linie vom Wikinger Rurik, vom Stamm der Waräger, abstammten.

Alexanders Newski. Von Jurij Dolgorukij kam Moskau gemäß der Erbfolge über seinen Sohn Andrej Bogoljubskij, dessen Bruder Wsjewolod und seinen Sohn Jaroslaw an dessen Sohn Alexander (Aleksandr) Jaroslawitsch (1220–1263). Nachdem er 1240 die Schweden an den Ufern der Newa geschlagen hatte, nahm er den Namen *Newski* (Newskij) an. Das ganze russische Mittelalter hindurch war er von allen Fürsten der am meisten besungene und geehrte. Er war nicht nur ein großer Stratege, sondern auch ein großer Politiker, der vereinte und Mäßigkeit übte in einer Zeit, in der Zurückhaltung keine Tugend war.

Alexanders Erben. Der Erbfolge gegemäß kam Moskau an den jüngeren Sohn Alexanders (1263). Etwas später wurde das Fürstentum Moskau geschaffen und 1301 wurden Serpuchow, Kolomna und Moshajsk eingegliedert. Die Fürsten – mehr oder weniger erfolgreich – lösten sich ab, jedoch das Fürstentum wuchs unaufhörlich. Iwan I. Kalita (ca. 1304–1340) zählte zu jenen, die erheblich zur Vergrößerung des Fürstentums beitrugen. Er verlegte 1328 den Sitz des Metropoliten von Wladimir nach Moskau und machte aus dieser Stadt für Jahrhunderte die politische und kirchliche Hauptstadt Rußlands.

Der Sieg auf dem Schnepfenfeld. Im Jahre 1380 trug Dmitrij Donskoj, der Urenkel von Alexander Newskij, auf dem Kulikowo Polje (Schnepfenfeld) einen großen Sieg davon: Zum ersten Mal wurden die Tataren aufgehalten, war der Ruf ihrer Unbesiegbarkeit widerlegt. Obwohl der mongolische Schraubstock nur gelockert worden war – denn die Tataren kamen noch oft –, ist diese Tatsache nicht zu leugnen. So war der Sieg auf dem Schnepfenfeld vor allem moralischer Natur, und es ist verständlich, daß es zum Thema mancher Heldenlieder geworden ist, daß es das Nationalgefühl wachsen ließ und den Geist des heiligen alten Rußlands, des Moskauer Rußlands schuf.

Weder Ost noch West. Obwohl sie sich verzweifelt gegen das mongolische Joch wehrten, zahlten die Fürsten – die inzwischen Zaren geworden waren – doch bis zum 15. Jahrhundert weiter ihren Tribut an die Chans. Aber auch für Europa, welches sie selbst für ketzerisch hielten, seit sie beim Konzil von Florenz (1438) ihre orthodoxe Autonomie erklärt hatten, blieben sie damals unzugänglich.

Das Dritte Rom. Im Jahre 1472 heiratete Iwan III. der Große (1440–1505) Sophia Palaiologa, wodurch sich ihm nach dem Fall Konstantinopels (1453), dessen Herrscher bis dahin der einzige orthodoxe Herrscher gewesen war, die Möglichkeit bot, aus Moskau die alleinige Erbin von Byzanz zu machen. Deshalb konnte ein Mönch an Wasilij III. (1505–1533), den Nachfolger Iwans schreiben: „Zwei Rom sind gefallen, ein drittes bleibt bestehen, unerschütterlich, und es wird kein weiteres mehr geben."

Glaube und Feudalsystem. Die Fürsten stützten sich auf das Lehensrecht, aber mehr noch auf den Glauben. Der Petscherskaja Lawra von Kiew entsprach die Troitsa Sergijewo Lawra von Zagorsk in der Nähe von Moskau. Die Zahl der Kathedralen nahm zu; ebenso die der heiligen Stätten und Wallfahrten, die Massen anzogen, welche oft nicht den Unterschied zwischen Rußland und der Orthodoxie sahen, während die Ikonenverehrung, die häufig die himmlischen Gestalten mit denen der Erde verwechselte, alle diese unterschiedlichen Völker vereinte.

Vorsichtige Öffnung nach Westen. Trotz der Tataren, der Litauer, der Ottomanen, trotz der Kriege zwizwischen den Fürsten, von denen einer mächtiger sein wollte als der andere, trotz endloser Steppen und Ströme vollzog sich dennoch das Werk der Vereinigung. Wasilij III., Nachfolger Iwans III. und Zar von 1505 bis 1533, öffnete die Tür zu Europa ein wenig: Italienische Architekten kamen, um die Kathedralen des Kremls zu erbauen, deutsche Kaufleute ließen sich im Stadtteil Kitajgorod nieder, und der Zar selbst heiratete eine litauische Prinzessin. Moskau sprengte seine Fesseln und hinterließ in der Erinnerung der Reisenden das Bild einer brodelnden Stadt.

Iwan der Schreckliche. Iwan IV., Sohn von Wasilij III. und Jelena Glinskaja, einer litauischen Prinzessin, war beim Tod seines Vaters erst drei Jahre alt. Die Regentschaft wurde Jelena übertragen, die mit Energie regierte. Nach ihrem geheimnisumwitterten Tod hatte Iwan IV. Mühe, die Bojaren zu unterwerfen. Jedoch stellte der junge Zar, der von 1547 bis 1584 regierte, die Ordnung wieder her und vollendete das Werk der Vereinigung, das 300 Jahre lang bestehen sollte. Es gelang dem Zaren, der, wie behauptet wird, ebenso gebildet, sensibel und Künstler war, wie er schrecklich war, die nationale Einheit des Staates zu festigen. Dieser Wandel hat viel Blut Kämpfe und Leiden gekostet. In diesem Rußland gab es nur Schismen, Feuersbrünste, Sektiererkriege, Epidemien; aber Iwan IV. der Schreckliche sicherte die Autorität des Souveräns mit unerbittlichem politischem Realismus, indem er den Widerstand der großen Grundbesitzer brach und einen modernen Staat entstehen ließ.

Moskau wuchs unaufhörlich: Zum Stadtteil Kitajgorod kamen besondere Viertel hinzu, und zwar die der Reitknechte, Gärtner, Goldschmiede, Schmiede (Kuznjetskij Most stammt aus dieser Zeit) und Falkner – letzteres bleibt im Park von Sokolniki erhalten.

Die Zeit der Wirren. Nach dem Tod Iwans IV. (1584) wurde ordnungsgemäß Fjodor, Sohn von Iwan und Anastasja Romanowa, der Nachfolger seines Vaters. Mit ihm erlosch im Jahre 1598 die Dynastie, da Dmitrij, der Sohn der letzten Frau Iwans, Marija Nagoj, im Jahre 1591 starb. Der größte Fehler Fjodors war seine Einfalt. So wurde die Regentschaft von Boris Godunow, dem Schwager des Zaren, übernommen, der die einen beseitigte und den anderen zu ihrem Glück verhalf. Nach dem Tod Fjodors ließ sich Boris zum Zaren wählen. Er regierte von 1598 bis 1605. Mittlerweile mischten sich die Polen unter Sigismund III. ein und ließen einen „falschen echten Zaren" auftauchen, den falschen Dmitrij. Die Verwirrung war komplett, das Werk Iwans IV. so gut wie zerstört, als der Schlächter Minin von Nishnij Nowgorod und der Fürst Posharskij an der Spitze einer Armee bewaffneter Bürger und Bauern die Ausländer und Betrüger vertrieben (1612). Als die letzten ausländischen Soldaten vertrieben waren, stürmte das Volk die Uspenskij-Kathedrale und dankte Gott.

Auftritt der Romanows. Da man einen Zaren brauchte, wurde im Jahre 1613 Michail Romanow gewählt, und er begründete so die Dynastie der Romanows. Sonderbarerweise wurde seine Regierungszeit (1613–1645) für Moskau eine relativ ruhige Zeit, die lediglich von Palastunruhen und Rivalitäten der Fürsten gekennzeichnet war. Trotz Not, Hunger und Unwissenheit wußte das Volk von Moskau sehr wohl, daß das, was sich hinter den Mauern des Kremls abspielte, es nichts anging. Diese Dinge, die man Politik oder Geschichte nennt, spielten sich in einer Welt ab, die nicht die seine war. Ohne Zweifel freute es sich – wenn es auch noch nicht sicher war –, daß eine Baumwollfabrik gebaut werden sollte (1655), daß Kamjennyj Most (Steinbrücke), eine gepflasterte Straße und die ersten Straßenlaternen (Ende des 17. Jh.) die Dinge wesentlich erleichterten.

Aber was sollte das einfache Volk von Moskau mit der ersten Zeitung anfangen, die 1703 gedruckt wurde, da es doch nicht lesen konnte, was mit dem ersten Theater, wenn ihm der Zugang dazu verwehrt war, was mit der Universität (1755), da es noch nicht wußte, daß gerade in dieser Universität die Ideen geboren werden würden, die sein Leben verändern sollten?

War es mehr betroffen von der Hinrichtung des Stepan Razin auf dem Roten Platz, der den ersten organisierten Widerstand (1671) leistete, als von der Hinrichtung des Pugatschow ein Jahrhundert später? Irgendwo in unerreichbaren Höhen gab es einen Zaren, der vorgab, der Vater seines Volkes zu sein.

Moskau ohne Zar. Peter der Große (er regierte von 1689 bis 1725) ließ sich an den Grenzen des Baltikums von 1703 an die Stadt erbauen, die er sich wünschte, und das Volk von Moskau fühlte sich noch mehr verlassen. Sicher kam der Zar manchmal hierher, aber das war nicht immer ein gutes Zeichen. Die Zarinnen ließen sich weiterhin in der Uspenskij-Kathedrale krönen. Sobald jedoch die Zeremonien vorüber waren, beeilten sie sich, wieder in die weiße Stadt mit den prunkvollen Palästen am Ufer der Newa zu kommen. Politisch war Moskau nun eine Stadt, die zu schlafen schien.

Schwelendes Feuer. Die Nachfolger von Peter dem Großen und Katharina der Großen wußten nicht – oder wollten nicht wissen –, daß Moskau nicht nur eine Stadt der Geschäfte, der Finanzen und der Händler war, und daß der Brand, der ein Jahrhundert später die Welt erschüttern sollte, bereits jetzt hier schwelte.

Nicht wenige Aristokraten entdeckten das Volk und die Intellektuellen, verließen St. Petersburg und kamen nach Moskau. Die Intelligenz wurde auch in Moskau revolutionär. Sie begann Rousseau zu diskutieren, danach Herzen, Hegel, Bakunin, und schließlich folgte Marx. Vom Jahre 1891 an vervielfachten sich die marxistischen Zirkel.

Mit Lenin und seinen Genossen wurden die revolutionären Ideen von der Theorie in die Praxis umgesetzt. Im Jahre 1896 wurden die Fabriken von Moskau unter dem Druck des Volkes gezwungen, den 1. Mai zum Feiertag der Arbeiter zu erheben. Angeregt durch „Iskra“ („Der Funke“), die Zeitung der revolutionären Emigranten, hatten die russischen Arbeiter begriffen, daß sich etwas Neues anbahnte. Die Streiks, die Hungermärsche, die Zusammenkünfte, die Verhaftungen, die Deportationen und Exekutionen mehrten sich. Sie gipfelten schließlich in der ersten bürgerlichen Revolution von 1905, deren Erfolge sich klarer in Moskau als in St. Petersburg abzeichneten. Die Reaktion von seiten des Zaren war schrecklich.

Der erste Weltkrieg mit seiner verheerenden Wirkung – schon der Krieg mit Japan hatte solche Wirkung gezeitigt – für Rußland und das Reich beschleunigte den revolutionären Prozeß, und am 16. November 1917, nach einer Woche erbitterter Kämpfe, blutiger als in Petrograd, übernahmen die Bolschewisten die Macht.

Zwischen zwei Kriegen. Am 12. März 1918, sobald der Friede von Brest-Litowsk unterzeichnet war, war Moskau wieder zur Hauptstadt Rußlands und der Kreml zum Sitz der Regierung geworden. 1922 wurde es zur Hauptstadt der UdSSR.

Mehr denn je zuvor in der Geschichte wurde Moskau zu einer riesigen Baustelle, insbesondere in bezug auf öffentliche Einrichtungen: Wasserversorgung, U-Bahn, Versorgung mit Elektrizität, Flußhäfen, Fabriken, Schulen und Universitäten. Von 1937 an wurde ein Stadtentwicklungsplan eingeführt, der auch – im Zuge beträchtlicher Ausdehnung des Stadtgebiets – Parkanlagen, Bepflanzungen und Baudenkmäler berücksichtigte.

Der Zweite Weltkrieg. Es blieb nicht mehr genügend Zeit, diesen Plan zu verwirklichen. Am 21. Juni 1941 brach die letzte der Katastrophen herein, die Rußland im Laufe seiner Geschichte erlebt hat: der Einmarsch deutscher Truppen bis in den Kaukasus, bis vor die Tore Moskaus. Aber sie überschritten diese Schwellen nicht. Sie blieben knapp 30 km vom Kreml entfernt stehen, sie betraten den Kreml nicht: Der Große Vaterländische Krieg, wie er offiziell genannt wird, hat das große Volk eins werden lassen in dem Willen auszuharren.

Ein neuer Anfang. Seit die Stadt über den Ring der inneren Hauptverkehrsstraßen hinausgewachsen ist, scheint es für ihre Ausdehnung keine Hindernisse mehr zu geben. Mit der etwas anachronistischen und zügellosen Vitalität, die für sie charakteristisch ist, baut sie immer und überall.

Besuch der Stadt – Besichtigungsprogramme

Eine Woche ist unbedingt notwendig, um die Stadt kennenzulernen, da es etwas schwierig ist, das Wichtigste in kürzerer Zeit zu sehen. Wir zählen hier auf, was man an einem, an zwei, drei oder vier Tagen besichtigen kann, um von Moskau wenigstens einen ersten Eindruck zu gewinnen.

Ein Tag in Moskau

Morgens Kreml (ohne Rüstkammer) und Roter Platz; Mittagessen in einem der Restaurants der Ausstellung der Volkswirtschaftlichen Errungenschaften der UdSSR, Besichtigung dieser Ausstellung; am restlichen Nachmittag Besuch der Tretjakow-Galerie, abends Großes Theater (Bolschoj Teatr).

Zwei Tage in Moskau

1. Tag: Kreml (mit Rüstkammer), Roter Platz, Historisches Museum und Tretjakow-Galerie.

2. Tag: Lenin-Museum, Lenin-Mausoleum, Ausstellung der Volkswirtschaftlichen Errungenschaften der UdSSR (gründliche Besichtigung), am späten Nachmittag Gang durch die Straßen Moskaus. Am Abend Besuch des Großen Theaters (Bolschoj Teatr).

Drei Tage in Moskau

Man ergänzt das Programm des 2-Tage-Aufenthalts durch eine Besichtigung zweier der schönsten russischen Museen: des Puschkin-Museums im Puschkin-Haus und des Museums im Neuen Jungfrauen-Kloster.

Vier Tage in Moskau

An das Programm der 3-Tage-Tour schließt man die Besichtigung des St.-Andronikow-Klosters (Rubljow-Museum), der beiden Tolstoi-Museen sowie des Revolutionsmuseums an.

Wenn dem Reisenden noch Zeit zur Verfügung steht, wird er noch die literarischen Museen besichtigen, ebenso das Architekturmuseum im Don-Kloster (alte Architektur) und das Schtschusew-Architekturmuseum (moderne Architektur). Er könnte auch zum St.-Sergius-Dreifaltigkeitskloster in Zagorsk, einer Hochburg der orthodoxen Kirche, fahren, oder nach Melichowo, um die Tschechow-Gedenkstätte zu besuchen, bzw. nach Abramtsewo, wenn er an der Literatur und der Kunst im allgemeinen interessiert ist.

Für Liebhaber

... des heiligen alten Rußlands: der Kreml, seine Kirchen, seine Paläste, seine unzähligen Ikonen; die Basilius-Kathedrale; das Neue Jungfrauen-Kloster und das Andronikow-Kloster (Rubljow-Museum), die Altgläubigen-Kirche, das Museum von Kolomenskoje, die Klöster von Zagorsk und Wladimir-Suzdal.

... der Architektur: außer den oben genannten Bauten, das Don-Kloster, das Schtschusew-Museum, das Haus der Romanow-Bojaren.

... der russischen Malerei des 12. Jahrhunderts bis zur Gegenwart: die Tretjakow-Galerie.

... der europäischen Malerei: das Puschkin-Museum für Bildende Künste.

... der Kunst des 18. Jahrhunderts: die Schlösser von Ostankino, von Kuskowo, von Archangelskoje, das Landgut von Tsaritsyno.

... der Geschichte Rußlands: das Historische Museum; das Kutusow-Blockhaus-Museum.

... der russischen Literatur: das Puschkin-, Tolstoi-, Tschechow-, Majakowski-, Gorki- und Dostojewski-Literaturmuseum, das Dorf Melichowo, das Landgut Tolstois Jasnaja Poljana und der Landsitz Abramtsewo.

... des Theaters: das Theatermuseum; das Ostrowski-Museum, das Marionettenmuseum.

... der Musik: das Große Theater (Bolschoj Teatr) und das Glinka-Museum.

Bei Interesse an

... der Geschichte der Revolution:

Lenin-Museum, Marx-und-Engels-Museum, Historisches Museum, Revolutionsmuseum, Kalinin-Museum. ... dem sowjetischen Rußland und seinen Errungenschaften: Ausstellung der Volkswirtschaftlichen Errungenschaften der UdSSR, Universität, Lenin-Stadion.

Weg 1: Stadtmitte: Der ***Kreml

Auf einer felsigen Anhöhe gelegen, zu deren Füßen die Moskwa fließt, bildet der Kreml [Plan s. S. 66/67, D2–3] den Mittelpunkt Moskaus und – bildlich gesprochen – das Zentrum Rußlands und der Sowjetunion. Die verschiedenen Bauten des Kremls – in verschiedenen Epochen entstanden und keine architektonische Einheit bildend – sind einzigartig, und ein russisches Sprichwort sagt: „Über Moskau steht der Kreml, über dem Kreml ist nur der Himmel."

Geschichte

Der Überlieferung nach soll es Jurij Dolgorukij gewesen sein, der um 1156 den damals mit dichtem Wald bedeckten Hügel mit einem Palisadenzaun umgeben ließ. Innerhalb der Palisaden schlug er sein Lager auf. Der Zaun wurde später durch einen Wall aus Knüppelholz ersetzt, und unter Dmitrij Donskoj wurden an Stelle des Walls Steinmauern errichtet. Von den Bauwerken dieser frühen Zeit blieb kaum etwas erhalten. Architekten aus Pskow und aus Italien schufen an der Stelle der kleinen Holzkirche aus der Zeit Iwan Kalitas (ca. 1303–1341) 150 Jahre später die Uspenskij-Kathedrale. Dann folgten die Kirche Mariä Verkündigung und später die Kirche des Erzengels Michael.

In den Mauern des Kremls hat sich die Geschichte Rußlands oft auf gewalttätige und blutige Art und Weise abgespielt: Hier war der Schauplatz des Dramas vom falschen Dmitrij, der mit Sigismund von Polen als Komplizen sich als Sohn Iwans IV. des Schrecklichen ausgab. Der falsche Dmitrij wurde zum Zaren gekrönt, verbreitete nichts als Haß und Schrecken und wurde schließlich zusammen mit seiner Garde ermordet. Hier im Kreml rotteten sich die „Strelitzen" im Auftrag der Regentin Sofija zusammen und richteten ein grausiges Blutbad an.

Peter I. schuf sich eine eigene Stadt im Norden, und die Geschichte wechselte den Schauplatz. Aber im Jahr 1918 wurde Moskau wieder zur Hauptstadt und der Kreml zum Sitz der Sowjetregierung: Die uneinnehmbare Stadt im Herzen Moskaus, die dem Lauf der Zeit und fremden Armeen widerstanden hatte, übernahm wieder ihre Rolle in der Geschichte.

Der Kreml wird im Westen durch den *Alexanderpark*, im Osten durch den *Roten Platz* und im Süden durch die *Moskwa* begrenzt. Die Mauern, die von vier Toren unterbrochen und mit 20 Türmen versehen sind, erreichen an manchen Stellen eine Höhe von 20 Metern und eine Stärke von 8 Metern.

RUNDGANG

Die Außenbesichtigung des Kremls dauert ca. 45 Minuten, man legt dabei einen Weg von etwa 2,5 km zurück. Im folgenden ist nur von den wichtigsten und interessantesten Bauten die Rede, die mit Hilfe des Plans auf Seite 106 zu finden sind. Ausgangspunkt ist der Rote Platz. Der

Erlöser-Turm oder *Spasskije Worota* [12] ist ein mächtiger Torturm, der sich zum Roten Platz hin öffnet. Der dreistöckige massive Bau ist das Werk des Mai-

Erlöser-Turm des Kreml

länder Architekten *P. A. Solario* (1491), der auch die meisten der übrigen Kremltürme erbaut hat. Der englische Baumeister *Christopher Halloway* errichtete 1625 den Glockenturm, der das Tor überragt und dessen Spitze von einem Rubinstern gekrönt ist, der die Stelle des kaiserlichen Doppeladlers von einst eingenommen hat.

Der Erlöser-Turm verdankt seinen Namen dem Bild des Erlösers, das 1647 von Aleksej Michajlowitsch aus Smolensk hierher gebracht worden ist. Selbst die Zaren, die bei festlichen Anlässen die Stadt durch dieses Tor betraten, mußten ihre Kopfbedekkung abnehmen, wenn sie hindurchgingen, denn Aleksej hatte angeordnet, daß keiner mit bedecktem Haupt unter dem Bildnis des Erlösers hindurchgehen sollte.

Die Melodien des Glockenspiels des jetzigen Uhrwerks – es ersetzt das Werk, das zur Zeit Elisabeth Petrownas aufgestellt worden ist – werden von Radio Moskau um Mitternacht und um 6 Uhr morgens ausgestrahlt. – Der

Geheimgang-Turm oder *Tajnitskaja Baschnja* [4] steht über einem unterirdischen Gang in Richtung zum Fluß. Durch diesen Gang konnte die Festung mit Vorräten versorgt werden. – Der

Wasserturm oder *Wodozwodnaja Baschnja* [2] stammt aus dem Jahr 1488. Nach der Zerstörung im Jahr 1812 wurde er restauriert. Ein Rubinstern leuchtet von seiner Spitze. – Der

Borowitskij-Turm oder *Borowitskaja Baschnja* [1] aus dem Jahr 1490 erhielt seinen Namen von dem Wald, der einst den Hügel bedeckt hat (bor = altruss.: Tannenwald). Sein oberer Teil hat die Pyramidenform des Tatarenturms von Kasan. Auf der Spitze des oberen Teils – er stammt aus dem 17. Jahrhundert – ist ebenfalls ein Rubinstern. Durch diesen Torturm sind 1812 die Franzosen in den Kreml eingedrungen. – Der

Dreifaltigkeitsturm oder *Troitskaja Baschnja* [17] ist mit 80 Metern der höchste Turm der Kreml-Mauer und ein Gegenstück zum 71 Meter hohen Erlöserturm. Das Bauwerk ist durch eine Brücke [18] mit dem *Kutafja-Turm* [19] verbunden. Die meisten Touristen betreten heute den Kreml durch diese beiden Tortürme. – Nach dem

Arsenal-Eckturm oder *Uglowaja Arsenalnaja Baschnja* [15], an der Außenseite des Arsenals, gelangt man zum

Grün, weiß und rot leuchtet die Barockkirche St. Nikolaus der Weber mit fünf zwiebelförmigen Kuppeln und pyramidenförmigem Glockenturm.

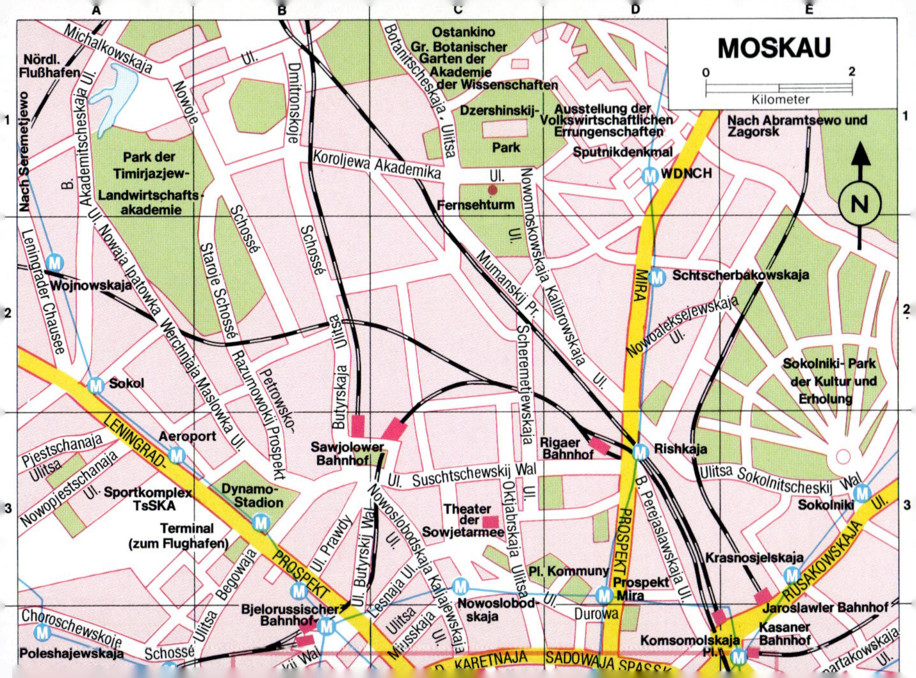
MOSKAU
0
2
Kilometer
A
B
C
D
E
1
2
3
Nördl. Flußhafen
Michalkowskaja
Nach Seremetjewo
B. Akademitscheskaja Ul.
Nowoje
Ul.
Dmitronskoje
Schossé
Park der Timirjazjew-Landwirtschafts-akademie
Ul. Nowaja Ipatowka
Werchnjaja Maslowka Ul.
Staroje Schossé
Razumowokij Prospekt
Petrowsko-
Leningrader Chausee
Wojnowskaja
Sokol
Aeroport
Leningrad-Prospekt
Pjestschanaja Ulitsa
Nowopjestschanaja Ul.
Sportkomplex TsSKA
Dynamo-Stadion
Terminal (zum Flughafen)
Begowaja Ulitsa
Choroschewskoje Schossé
Poleshajewskaja
Bjelorussischer Bahnhof
Ul. Prawdy
Ul. Butyrskij Wal
Lesnaja Ul.
Ulitsa Miusskaja
Nowoslobodskaja Kaljajewskaja Ul.
Nowoslobod-skaja
Butyrskaja Ulitsa
Sawjolower Bahnhof
Ul. Suschtschewskij Wal
Theater der Sowjetarmee
Oktjabrskaja Ulitsa
Ul.
Pl. Kommuny
Durowa
Ostankino
Gr. Botanischer Garten der Akademie der Wissenschaften
Botanitscheskaja Ulitsa
Koroljewa Akademika Ul.
Fernsehturm
Dzershinskij-Park
Ausstellung der Volkswirtschaftlichen Errungenschaften
Sputnikdenkmal
WDNCH
Nowomoskowskaja Kalibrowskaja Ul.
Mumanskij Pr.
Scheremetjewskaja
Rigaer Bahnhof
Rishkaja
Mira Prospekt
Prospekt Mira
B. Perejaslawskaja Ul.
Schtscherbakowskaja
Nowoalekssejewskaja Ul.
Nach Abramtsewo und Zagorsk
Sokolniki-Park der Kultur und Erholung
Ulitsa Sokolnitscheskij Wal
Sokolniki
Rusakowskaja Ul.
Krasnosjelskaja
Jaroslawler Bahnhof
Kasaner Bahnhof
Komsomolskaja Pl.
Sadowaja Spassk
Karetnaja
N

Zwenigorodskoje Schossé
Kr. Presnja
Ul. B. Gr.
Garten
tarium
Krasnopresnjenskaja
Pl. Wosstanija
Sadowaja
Twerskoj Bul.
Puschkina
Petrowka
Neuer Platz
Bulwar
Pokrowskij Bul.
Ul. Kazakowa
Ul. Radio
Kurskaja
Herzen-straße
Worowsk. Ul.
Roter Platz
Kreml
Ulitsa Kujbyschewa
Alter Platz
Krasnocholmskaja Nab.
Kalininskij Prospekt
Tschajkowskogo Ul.
Pr. Marksa
Ul. Frunze
Bul. Gogolja
Kremljewskaja
Ul. Solijanka
Tschkalowa Ul.
Andronikow-Kloster
Entuziastow Schossé
Prjamikowa Pl.
T. Schewtschenka Nab.
Kutusow-Prospekt
Moskwa
Pl. Smolenskaja
Innenstadt siehe Seite 66/67
Kotelnitscheskaja Nab.
Taganskaja
Taganskaja Ul.
Fili
Studentscheskaja
Smolenskij Bul.
Ul. Kropotkina
Kropotkinskaja Nab.
Tretjakowskaja
Ul. Bolschaja Ordynka
Piatnitskaja Ulitsa
Kutuzowskaja
Bereshkowskaja Nab.
Rostowskaja Nab.
Ulitsa Pljuschtschicha
Pirogowskaja
Zubowskij Bulwar
Krymskaja Nab.
Ul. Dimitrowa
Paweletskaja
Majakowski-Museum
Abelmanowskoj Zastawy Pl.
Nach Kuskowo
Nowodjew Nab.
Krymskij Wal
Shitnaja Walowaja
Zatsepskij Wal
Proletarskaja Pl.
Wolgogradskij Pr.
Ul. Bolschaja
Frunzenskaja
Oktoberplatz
Dobryninplatz
Gorki-Park
Serpuchowskaja
Krutitskoje-Podworje-Kloster
Nach Kuzminki
Mosfilmowskaja Ul.
Komsomolskij Pr.
Frunzenskaja Nab.
Puschkinskaja Nab.
Lenin Prospekt
Ul. Ljusinowskaja
Sportiwnaja
Lushniki
Lushnetskaja Nab.
Lenin-Stadion
Donskaja Ul.
Ul. Schabolowka
Mytnaja Ul.
Dubininskaja Ul.
Derbenewskaja Nab.
Krutitskaja Nab.
Scharikopodschipnikowskaja
Ulitsa
Worobjowskaja Nab.
Akademie der Wissenschaften
Don-Kloster
Pl. Serpuchowskoj Zastawy
Tulskaja
Leninskije Gory
Gagarin-Platz
Südl. Flußhafen
Nab.
Lenin-berge
Universität-Prospekt
Kosygina
Zagorodnoje Schossé
Ul. B. Tulskaja
Simonowskaja
Awtozawodskaja
Ul.
Lomonossow-Universität
Wernadskogo-Pr.
Nach Wnukowo (Flughafen)
Lenin-Prospekt
Nach
Danilowskaja
Kolomenskoje und Tsaritsyno
A
B
C
D
E
5
6
7

Dieser Kindergarten nahe der Tretjakow-Galerie betreut kleine Moskowiter, deren Mütter zu der großen Gruppe berufstätiger Frauen gehören.

Der Große Konzertsaal des Tschaikowski-Konservatoriums in Moskau ist für seine hervorragende Akustik international bekannt.

Nikolaus-Turm oder *Nikolskaja Baschnja* [14]. Er wurde 1491 von Solario erbaut und nach dem in der Nähe liegenden (inzwischen abgerissenen) Kloster Nikolaus des Alten benannt. Nach dem Jahr 1812 hat man den Turm neu errichtet. Ein Rubinstern ersetzt den Kaiseradler auf der Turmspitze. – Der

Senatsturm oder *Senatskaja Baschnja* [13] erhebt sich vor dem alten Senatsgebäude, dem jetzigen Sitz des Ministerrats der UdSSR. Eine Gedenktafel an der Mauer erinnert an die Opfer der Revolution.

BESICHTIGUNG

Je nachdem, durch welches Tor man den Kreml betritt, gibt es zwei Möglichkeiten für die Besichtigungstour:

1. Möglichkeit (entsprechend der Reihenfolge der Beschreibung in diesem Reiseführer): Eintreten durch das Borowitskij-Tor, Rüstkammer, Großer Kremlpalast (kann innen nicht besichtigt werden), Kathedralenplatz (Eintrittskarten am Kiosk beim Glokkenturm Iwan der Große), Mariä-Verkündigungs-Kathedrale, Facetten-Palast (kann innen nicht besichtigt werden), Terjem-Palais, Kirche des Großen Palastes (Innenbesichtigung nicht möglich), Uspenskij-Kathedrale, Rizpoloshenskij-Kathedrale, Patriarchen-Palais, Zwölf-Apostel-Kirche, Kongreßpalast und Alter Senat mit den Wohnräumen Lenins (Besuch nur nach Voranmeldung), Arsenal (kann nicht besichtigt werden), Glockenturm Iwan der Große, Erzengel-Michael-Kathedrale, Lenin-Denkmal, Vorplatz, Verlassen durch das Borowitskij-Tor.

2. Möglichkeit: Eintreten durch das Kutafja- und Troitskaja-Tor, Kongreßpalast (keine Innenbesichtigung), Arsenal, Alter Senat, Zwölf-Apostel-Kirche, Patriarchen-Palais, Glockenturm Iwan der Große, Kathedralenplatz, Großer Kremlpalast, Rüstkammer, Verlassen durch das Borowitskij-Tor.

Ob man den Kreml durch den Kutafja- und Dreifaltigkeitsturm oder durch den Borowitskij-Turm betritt, immer durchquert man den schönen

Alexander-Garten [Plan s. S. 106] (*Aleksandrowskij Sad*). Er wurde entlang der Westmauer des Kremls von *Bowe* über dem zugeschütteten Bett eines Nebenflusses der Moskwa, der *Neglinka*, angelegt. Im nördlichen Teil der Anlage ist das

Grab des Unbekannten Soldaten [44]. Auf einer schlichten, großen Platte aus schwarzem Marmor brennt immer eine Gedächtnisflamme. Am Rand stehen Marmorurnen mit Erde der „Heldenstädte" Leningrad, Odessa, Sewastopol, Wolgograd, Kiew, Minsk, Noworossijsk, Kertsch, Tula und der Festung Brest.

Seit dem Zweiten Weltkrieg ist es Brauch, daß die Neuvermählten nach der Trauungszeremonie das Grab des Unbekannten Soldaten besuchen und dort Blumen niederlegen.

Die **Rüstkammer [38] (*Orushejnaja Palata*). Das jetzige Gebäude wurde in den Jahren 1849 bis 1851 von *K. A. Thon* gebaut. Es beherbergt ein Waffenmuseum, in dem Schätze ausgestellt sind, die die Zaren und Fürsten im Lauf der Jahrhunderte zusammengetragen haben. Diese Schätze, ursprünglich Privatbesitz der Herrscher, wurden schließlich Staatseigentum.

Früher war hier eine Reihe von Werkstätten, in denen Waffen und Ausrüstungsstücke für die Verteidiger des Kremls hergestellt wurden. Im 16. Jahrhundert kamen die Werkstätten von Künstlern hinzu, die Gold- und Silbergeräte für den kirchlichen und profanen Gebrauch des Hofes, Stickereien, Juwelen und Ikonen schufen. Im 19. Jahrhundert wurde mit all diesen Kostbarkeiten ein *Hofmuseum* errichtet, das aber nur höheren Bevölkerungsschichten zugänglich war. Nach der Oktoberrevolution wurden dieser Sammlung zahlreiche Kunstwerke aus Kirchen und Schlössern einverleibt und das Museum der breiten Öffentlichkeit zugänglich gemacht.

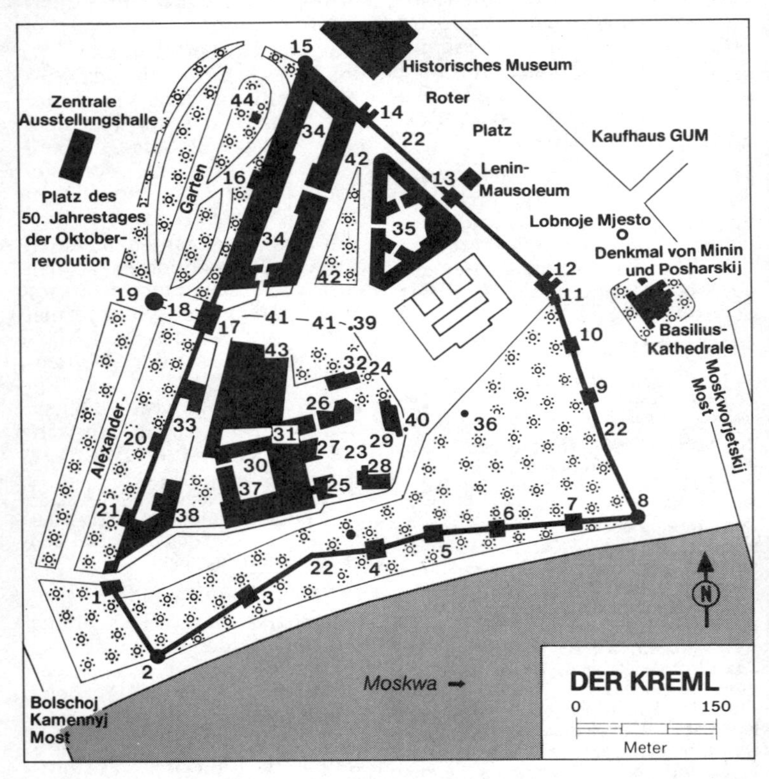

Kreml-Türme: 1. Borowitskij-Turm, 2. Wasserturm, 3. Verkündigungs-Turm, 4. Geheimgang-Turm, 5. Erster unbenannter Turm, 6. Zweiter unbenannter Turm, 7. Peter-Turm, 8. Beklemischew-Turm, 9. Konstantin-Jelena-Turm, 10. Nabat-Turm, 11. Zaren-Turm, 12. Spasskij-(Erlöser-)Turm, 13. Senatsturm, 14. Nikolaus-Turm, 15. Arsenal-Eckturm, 16. Arsenal-Mittelturm, 17. Dreifaltigkeitsturm, 18. Brücke zum Kutafja-Turm, 19. Kutafja-Turm, 20. Kommandanten-Turm, 21. Rüstkammer-Turm, 22. Kremlmauern.

Baudenkmäler 23. Kathedralenplatz, 24. Zwölf-Apostel-Kirche, 25. Mariä-Verkündigungs-Kathedrale, 26. Mariä-Himmelfahrts-Kathedrale, 27. Facetten-Palast, 28. Erzengel-Michael-Kathedrale, 29. Glockenturm Iwan der Große, 30. Terjem-Palais, 31. Kirchen des Großen Kreml-Palastes, 32. Patriarchen-Palais, 33. Lustschloß, 34. Arsenal, 35. Alter Senat (Ministerrat der UdSSR), 36. Lenin-Statue, 37. Großer Kreml-Palast (Oberster Sowjet), 38. Rüstkammer, 39. Tsar Puschka, 40. Zarenglocke, 41. und 42. Kanonen, 43. Kongreß-Palast, 44. Grab des Unbekannten Soldaten.

Erdgeschoß: Der Thron Iwans des Schrecklichen mit großen Elfenbeinplatten (16. Jh.), der aus Persien stammende Thron Boris Godunows (16. Jh.), der mit mehr als 800 Diamanten geschmückte Thron des Zaren Aleksej Romanow (17. Jh.) und der 1682 entstandene dreisitzige Thron für Iwan V., Peter I. (später der Große) und die Regentin Sofija.

Berühmtestes Stück der Sammlung ist die *Krone*, die der byzantinische Kaiser Konstantin der Legende nach *Wladimir Monomach* (Wladimir II.) als Hoheitszeichen geschenkt haben soll. Diese bis zu Peter dem Großen benutzte Krone ist indes eine Arbeit morgenländischer Herkunft aus dem 13. Jahrhundert. Ferner zu sehen sind die Krone des Königreichs Kasan aus der Zeit Iwans des Schrecklichen, die Krone der ersten Romanows und dann die Kaiserkronen nach europäischem Muster, die seit Peter dem Großen im Gebrauch waren: die Kronen von Katharina I. und Anna Iwanowna. Ausgestellt sind auch Szepter und Reichsapfel der ersten Romanows, Gewänder Peters des Großen, eine Sammlung von Kleidern, die bei Hof getragen worden sind, Diademe, russische und ausländische Juwelen sowie Teppiche aus der Manufaktur von St. Petersburg.

In einem anderen Saal stehen prachtvolle *Kutschen*. Die älteste wurde Boris Godunow von dem englischen König Jakob I. geschenkt. Neben Sattel- und Zaumzeug sind hier die Kinderkutsche Peters des Großen, eine Barockkarosse (die Türfüllungen schuf Boucher), ein großer Schlitten aus dem Jahr 1742, die Karosse Katharinas II. sowie eine Kutsche, die ein Geschenk Friedrichs II. war, zu besichtigen.

1. Stock: Waffen und Rüstungen, u.a. der *Helm des Fürsten Jaroslaw* (13. Jh.). Ferner können hier besichtigt werden: Tafelgeschirr aus Gold und Silber, liturgische Geräte, Priesterornate, die Hochzeitskronen Puschkins und seiner Frau, Ostereier aus Edelsteinen oder aus Edelmetallen und Geschenke, die den Herrschern gemacht worden sind (darunter zahlreiche Werke deutscher Goldschmiedekunst des 17. Jahrhunderts, sowie ein Sèvres-Service, das Napoleon I. dem Zaren Alexander I. geschenkt hat). In weiteren Sälen sind die der Sowjetunion überreichten Freundschaftsgeschenke ausgestellt. – Der

Im gleichen Gebäude ist die ständige Ausstellung des *Diamantenfonds der UdSSR* untergebracht (Besuch nur mit Sondererlaubnis der Intourist-Zentrale möglich). – Der

Große Kreml-Palast [37]

(*Bolschoj Kremljowskij Dworjets*), der sich über der Moskwa erhebt, ist heute der *Sitz des Obersten Sowjets der UdSSR* und des *Obersten Sowjets der RSFSR*. Hier stand früher ein Palast aus dem 15. Jahrhundert. Von dieser Anlage blieben nur der Facetten-Palast, das Terjem-Palais, das Goldene Zarinnengemach sowie einige Hofkirchen und -kapellen erhalten. 1753 schuf *Rastrelli*, der Architekt der Zarin Elisabeth Petrowna, ein neues Palais, das in den Jahren 1838 bis 1849 von *K.A. Thon* völlig umgestaltet worden ist, um die privaten Räume Nikolaus' I. und die Prunkräume dort unterzubringen.

Der Große Kreml-Palast kann nicht besichtigt werden. Im folgenden wird lediglich eine kurze Beschreibung der Säle gegeben, die in einschlägigen Kunstbüchern erwähnt werden.

Der *St.-Georgs-Saal* ist der prunkvollste unter den Sälen. Er gibt heute diplomatischen Empfängen und Ereignissen von großer politischer Bedeutung einen entsprechenden Rahmen. Der Saal ist mit viel Gold auf den Holzverkleidungen, mit vielen Inschriften, riesigen Kronleuchtern und weißem Marmor verziert.

Der Andreas-Saal, in dem einst der Zarenthron stand, und der Alexander-Saal wurden durch einen Umbau zum *Sitzungssaal des Obersten Sowjets* zusammengefaßt. Der Wladimir-Saal, der Saal der heiligen Katharina und der der Leibgarde, der Heiligen-Saal (ein längliches Vorzimmer) und der Goldene Saal enthalten Wandbehänge aus Moiré oder aus Samt. Deckengemälde und vergoldete Gewölbe finden die Bewunderung der Besucher. Der Palast birgt einige Kirchen [31] und steht in Verbindung mit anderen, kleineren Palais, die nur den in Moskau zu Besuch weilenden Regierungschefs anderen Staaten gezeigt werden. – Die

Kirche Mariä Geburt (*Tserkow Roshdestwa Bogomateri*) wurde im Jahr 1393 erbaut. Sie ist die älteste der im Kreml erhalten gebliebenen Kirchen und war einst die Privatkapelle der Zarinnen (Ikonen aus dem 17. Jh., Wandmalereien aus dem 18. und 19. Jh.).

Terjem-Palais [30]

(*Terjemnoj Dworjets*) im Nordbereich des Großen Kreml-Palastes diente den Herrschern als private Residenz. Es hat seinen Namen von den Frauengemächern der alten Palastanlage des 15. Jahrhunderts. In dem fünfstöckigen Barockschloß sind kleine Säle und Zimmer ineinander verschachtelt. Sie sind zum Teil durch Geheimtreppen miteinander verbunden. Viele Türen sind in der Holztäfelung verborgen, andere durch Gemälde kaschiert. Die luxuriöse Ausstattung zeigt üppige, pflanzenartige und heraldische Motive, sowohl gemalt als in Stein gemeißelt.

Zu den persönlichen Wohnräumen des Zaren gehörte ein Zimmer in der vierten Etage, in das ganz selten jemand vorgelassen worden ist. Es diente den geheimen Beratungen der Herrscher. In diesem Raum wurde 1660 der Patriarch Nikon verurteilt, weil er durch eine Reform der Liturgie eine Kirchenspaltung heraufbeschworen hatte, die das Reich erschütterte. – Die

Obere Erlöser-Kathedrale (*Wercho Spasskij Sobor*) wurde 1636 erbaut. In ihr steht eine wertvolle Ikonostase. Ein prächtiges goldenes Gitter trennt die Kathedrale vom Wladimir-Saal. Die Kirche liegt über dem

Goldenen Zarinnengemach (16. Jh.), das einer der am besten erhaltenen Teile der alten Palastanlage ist. Das große Deckengewölbe wird von einem Bogen gestützt. 1956 wurden hier Fresken aus dem 16. Jahrhundert freigelegt. – Die

Kreuzigungskirche (*Tserkow Raspjatija*) beherbergt eine einzigartige Ikonostase: Nur die Gesichter und Hände der Heiligen sind Malerei, die Gewänder sind auf das Holz aufgeklebt. Diese Textilien wurden im 17. Jahrhundert von einem Kunstweber angefertigt.

Die Kirche ist mit der vierten Etage des Terjem-Palais durch eine Galerie verbunden. Dort sind noch zwei weitere Kapellen, die *Auferstehungs-Kapelle* und die *St.-Katharina-Kapelle*, die beide 1627 entstanden sind. – Der

***Kathedralenplatz [23]

(*Sobornaja Ploschtschad*), im 15. Jahrhundert angelegt, war Jahrhunderte hindurch das Zentrum des Lebens im Kreml. Der Platz wird im Norden durch die *Uspenskij-Kathedrale*, im Westen durch den *Facetten-Palast* und eine Seitenfront des *Großen Kreml-Palastes*, im Süden durch die *Mariä-Verkündigungs-Kathedrale* und die *Erzengel-Michael-Kathedrale* und im Osten durch den *Glockenturm Iwan der Große* begrenzt.

Eintrittskarten (außer donnerstags) am Kiosk, rechts am Fuß des Glokkenturms Iwan der Große. Die

**Mariä-Verkündigungs-Kathedrale [25]

(*Blagoweschtschenskij Sobor*) ist von 1484 bis 1489, während der Regierungszeit Iwans III., von Architekten aus Pskow erbaut worden Sie war die Hofkirche der Großfürsten von Moskau. Die mittlere Kuppel wird überragt von einer achteckigen Trommel, die mit diademartigen Bögen verziert ist. Diese Bögen werden „Kokoschniki" (s. auch S. 89) genannt. 1566 wurde eine zweite Galerie, die über die erste hinausragt, sowie Seitenkapellen, die von vergoldeten Zwiebeltürmen gekrönt sind, errichtet.

Der Boden im Innern der Kirche ist mit Jaspisplatten aus dem Ural ausgelegt. Die Wände und Kuppeln sind vollständig mit Gemälden (Fresken) bedeckt, die biblische und historische Szenen darstellen. Durch sorgfältige Restaurierungsarbeiten wurden Originale freigelegt, die den bedeutendsten Ikonenmalern des Mittelalters, *Theophanes dem Griechen*, *Prochor* aus Gorodjets und *Andrej Rubljow*, zugeschrieben werden.

Theophanes der Grieche soll auch den größten Teil der ***Ikonostase* geschaffen haben, die den Chor abschließt. Die anderen Ikonen, besonders die des Erzengels Michael, soll Andrej Rubljow gemalt haben. Zahlreiche Ikonen sind in den Seitenschiffen zu sehen. – Der

Facetten-Palast [27]

(*Granowitaja Palata*) kann nicht besichtigt werden. Der Bau mit den diamantartig geformten Steinen der Fassade erinnert an den Palazzo Diamanti in Ferrara. Es waren auch italienische Architekten, *Marco Ruffo* und *P.A. Solario*, die von 1487 bis 1491 den Palast geschaffen haben.

Der erste Stock enthält nur einen einzigen großen Saal (495 m²), dessen sich kreuzende Gewölbe von einer Säule in der Mitte gestützt werden. Die von *Simeon Uschakow* geschaffenen *Fresken* gelten als die schönsten Rußlands (sie sind jedoch im 19. Jh. renoviert worden). – Die

**Mariä - Himmelfahrts - Kathedrale [26]

(*Uspenskij Sobor*) ist das größte Gotteshaus im Kreml-Bezirk. Hier wurden von 1547 an bis 1894 die Zaren gekrönt. Seit sie im Auftrag Iwans III. errichtet worden ist, der eine Kirche in seiner Hauptstadt haben wollte, die die Mariä-Himmelfahrts-Kathedrale in Wladimir überragte, hat man sie mehrmals restauriert. Das heute etwas schmucklose Gebäude ist ursprünglich das Werk des Italieners *B. Fioravanti* (begonnen 1475, vollendet 1479).

Mit der Bauausführung in Kalksteinblöcken, den fünf vergoldeten Kuppeln und den harmonisch angeordneten Pfeilern stellte die Uspenskij-Kathedrale seinerzeit in Moskau ein architektonisches Ereignis dar.

Im Innern zerstören die wuchtigen und hohen Pfeiler, die die Gewölbe und Kuppeln tragen, nicht den Eindruck der Geräumigkeit und Größe, der von den drei Schiffen erweckt wird, die von insgesamt fünf Apsiden abgeschlossen werden: einer Apsis am Mittelschiff und je zwei an den niedrigeren Seitenschiffen.

Von der ursprünglichen Ikonostase und den Fresken von 1514 ist praktisch nichts erhalten geblieben, wenn man von einigen Fragmenten absieht. Aber man weiß aus Aufzeichnungen, daß die Uspenskij-Kathedrale reicher mit Ikonen und Kleinodien ausgestattet war als irgend eine andere Kirche in Moskau. Sie beherbergte auch die Ikone der *Heiligen Jungfrau von Wladimir* (11. Jh), die jetzt in der Tretjakow-Galerie (s. S. 137) zu sehen ist. In der Kathedrale ist noch eine schöne Darstellung des *heiligen Georg* (12. Jh.) aus der Schule von Nowgorod zu sehen.

Tritt man durch das Westportal ein, dann steht rechts eine kleine Kapelle, ein vergoldetes *Bronzezelt* aus dem Jahre 1627. Hier ist das Grab des

Plan S. 106

Zarenglocke

Patriarchen Hermogen, der 1612 – von den Polen eingekerkert – starb.

Links vom südlichen Eingang befindet sich im Seitenschiff unter einem pyramidenförmigen Baldachin der als „*Monomach-Thron*“ (551) bekannte, holzgeschnitzte Betstuhl Iwans des Schrecklichen. Links davon reihen sich die Sarkophage mehrerer Metropoliten aneinander. An den Mittelpfeilern sind der Thron des Zaren und der des Metropoliten. Einige Gemälde in der fünfreihigen *Ikonostase* gegenüber: „Christus mit den goldenen Haaren“ (14. Jh.), „Der Heiland mit dem strengen Blick“ (14. Jh.), „Heilige Dreifaltigkeit“ (14. Jh.) sowie die Ikonen **„Jüngstes Gericht“ und „Mariä Himmelfahrt“ aus der Moskauer Schule um 1500.

Nahe der Uspenskij-Kathedrale steht die kleine

Mariä - Gewandlegungs - Kirche (*Tserkow Rizopoloshenja*), die 1484 bis 1486 von Architekten aus Pskow erbaut worden ist. Die Kirche hat drei Apsiden aber nur eine Kuppel.

Im Innern waren die Pfeiler und Mauern mit Fresken bedeckt. Sie wurden im 19. Jahrhundert übermalt. 1951 wurden viele von ihnen – besonders die auf zwei Pfeilern und auf der Südmauer – wieder freigelegt. Die Bilder (1644) werden *Sidor Ossipow, Boris Awramow* und *Iwan Borissow* zugeschrieben. Die herrliche ***Ikonostase* (1627) ist ein Werk von *Nestor Istomin.*

Hinter der Mariä-Himmelfahrts-Kathedrale die *Zwölf-Apostel-Kirche* [24] (*Tserkow Dwenadtsati Apostolow*) und das

Patriarchen-Palais [32] (*Patriarschij Dworjets*). Das Palais besteht aus den Wohnräumen, die den Patriarchen zur Verfügung standen (gegen Ende des 16. Jh. hatten die Moskauer Metropoliten den Titel „Patriarch“ erhalten).

Der Bau wurde 1655 errichtet und im Lauf der Zeit mehrfach restauriert. Alle Räume sind um das *„Kreuzgemach“ angeordnet, das trotz seiner Größe keinen zentralen Stützpfeiler hat.

Die zum Palais gehörige *Zwölf-Apostel-Kirche* wurde 1656 über einem Bogengang erbaut, der zum Boris-Godunow-Hof führt. Kirche und Palais beherbergen das

Museum der Kunst und Kultur des 17. Jahrhunderts, in dem Schmuckstücke, seltene Handschriften, Miniaturen, Texte auf Pergament, liturgische Gewänder, sakrale Gegenstände und religiöse Kunstwerke gezeigt werden. Es ist dort auch eine schöne **Ikone der Heiligen Jungfrau (16. Jh.) zu bewundern.

Hinter dem Patriarchen-Palais und nicht weit entfernt vom zweiten Eingang zum Kreml, dem Troitskaja-Tor liegt der

****Kongreß-Palast** [43] (*Dworjets Sjezdow*). Er wurde

1961 von einer Architektengruppe unter der Leitung von *M. Possochin* erbaut und fügt sich gut in die Gruppe historischer Bauwerke ein.

Im großen Kongreßsaal, der mit seinen 6000 Plätzen auch als Theatersaal für Opern- und Ballettaufführungen dient, fanden mehrere Parteitage der Kommunistischen Partei der Sowjetunion statt. Außer dem Bankettsaal für 2500 Personen sind in dem mit allen für Kongresse notwendigen technischen Einrichtungen versehenen Palast weitere 800 Räume.

Der gegenüberliegende langgestreckte, zweistöckige Bau ist das

Arsenal [34]. (Es kann nicht besichtigt werden.) Der Bau wurde während der Regierungszeit Peters des Großen begonnen und 1736 vollendet. 1812 teilweise zerstört, wurde das Arsenal bis 1828 wieder aufgebaut. Entlang der Fassade stehen französische Kanonen, die 1812 erobert wurden. – Südlich des Kongreß-Palastes steht die

Tsar Puschka [39], eine riesige Kanone. Sie wurde 1586 von *Andrej Tschochow* aus Bronze gegossen. Das Geschütz wurde niemals abgefeuert. Es wiegt ca. 40 t, ist 5,35 m lang und hat ein Kaliber von 89 cm. – Der

****Glockenturm Iwan der Große** [29]

(*Kolokolnja Iwan Welikij*), der höchste Bau des alten Moskau, wurde 1505 bis 1600 errichtet. Der 81 m hohe Turm hat fünf Stockwerke und eine vergoldete zwiebelförmige Kuppel. 1812 und 1955 wurde das Gebäude restauriert. Im Turm hängen 22 Glocken, darunter die rund 70 t schwere Uspenskij-Glocke.

Im Erdgeschoß kann man eine *Ausstellung über die Restaurierung von religiösen Kunstwerken* besichtigen (Kruzifixe, mehrere Ikonen des 16. u. 17. Jh., Schmuckstücke aus dem 12. bis 16. Jh., die bei Ausgrabungen im Kreml gefunden worden sind).

Am Fuß des Turmes, an seiner Ostseite, steht auf einem Granitsockel die

Zarenglocke [40] (*Tsar Kolokol*). Die 1733 bis 1735 gegossene 6,14 m hohe Glocke ist ein Werk von *Iwan* und *Michail Motorin*. Sie wiegt 200 t. Das 1737 bei einem Brand abgesprungene Randstück hat ein Gewicht von 11,5 t.

Im Südosten des Kathedralenplatzes steht die

****Erzengel-Michael Kathedrale** [28]

(*Archangelskij Sobor*). Sie wurde 1505 von dem italienischen Baumeister *Alevisio Novi* unter Iwan III. begonnen und 1508 fertiggestellt. Die Kirche ist die Nachfolgerin des Gotteshauses, das Iwan I. Kalita 1333 zu Ehren

Tsar Puschka

des Erzengels Michael, des Patrons von Moskau, erbauen ließ.

Das Innere ist ganz mit Fresken ausgemalt. Von den Gemälden *Theophans des Griechen* und *Simeon Tschornyjs*, die Szenen aus der Heilsgeschichte und der Geschichte Rußlands gezeigt haben, ist nichts erhalten geblieben. Die ursprüngliche Ikonostase wurde im 17. Jahrhundert ersetzt durch eine Reihe großer Ikonen in barocken Rahmen. Bedeutendstes Gemälde der Kirche ist heute die ***Ikone des Erzengels Michael*, die *Andrej Rubljow* zugeschrieben wird.

In der Kirche befinden sich 46 Grabmäler und Sarkophage. Sie war von Iwan I. Kalita bis Zar Fjodor Aleksejewitsch (1682) – lediglich Peter II. (gest. 1730) wurde hier später bestattet – Grablege der Großfürsten, Zaren und Thronfolger. In schweren Silbersarkophagen ruhen u.a. Iwan IV. der Schreckliche (gest. 1584) und sein Sohn. (Boris Godunow wurde in Zagorsk beigesetzt; die meisten Nachfolger Peters des Großen sind in Petersburg/Leningrad bestattet.)

Das große Gebäude des

Alten Senats [35], das unter Katharina II. von 1771 bis 1785 von *Kazakow* erbaut wurde, ist heute Sitz des

Ministerrats der UdSSR. In diesem Bau befindet sich der berühmte *Swerdlow-Saal*, der prunkvoll im klassizistischen Stil ausgestattet ist. Schnitzereien in den Wandtäfelungen stellen Leben und Werk Katharinas II. dar.

Dieses Gebäude kann im allgemeinen nur von Fachleuten, Gruppen von Politikern und von Staatsgästen besichtigt werden. Touristen, die die *Wohnräume Lenins* in diesem Haus besichtigen möchten, müssen zuvor im Intourist-Büro einen entsprechenden Antrag stellen. Eine Nachbildung dieser Räume ist indes in fast allen Lenin-Museen der Sowjetunion zu sehen.

Der Alte Senat bleibt mit dem Andenken *Lenins* verbunden, der von 1918 bis 1923 ein Zimmer im zweiten Stockwerk bewohnte, das in seinem ursprünglichen Zustand erhalten geblieben ist. Die persönlichen Gegenstände, Bücher und Notizbücher sowie die Generalstabskarten, auf denen die Vormarsch- und Rückzugsbewegungen der Roten und der Weißen Truppen eingezeichnet sind, befinden sich noch im gleichen Zustand wie zu Lenins Lebzeiten.

Der *Rat der Volkskommissare*, der *Verteidigungsrat* und das *Politbüro der Kommunistischen Partei* waren in den angrenzenden Räumen untergebracht. Ein enger Gang führt zu den ***Wohnräumen Lenins* und seiner Frau Nadjeshda Krupskaja sowie seiner Schwester Marija Uljanowa. Auch diese bescheiden ausgestatteten Zimmer sind so geblieben, wie sie waren, als Lenin seine letzten Tagesbefehle erteilte und seine letzten Briefe an das Zentralkommitee diktierte, die zugleich sein politisches Testament sind.

Im Garten wurde im November 1967 anläßlich der 50-Jahrfeier der Oktoberrevolution eine *Lenin-Statue* [36] enthüllt.

Ausgang durch den Borowitskij-Torturm.

Weg 2: Stadtmitte – Der ***Rote Platz

Der besseren Übersicht wegen wurde die Darstellung dieses Besichtigungsweges in zwei Teile gegliedert, die aneinander anschließen.

Weg 2a: Man benötigt dafür etwa eine Stunde. Dabei können das ***Lenin-Mausoleum* und die ****Basilius-Kathedrale* besichtigt werden; auch ein Rundgang durch die benachbarten kleinen Straßen ist möglich. Die Wartezeit vor dem Lenin-Mausoleum (ca. 1 Std.) ist nicht eingerechnet. Ausländische Touristen werden in der Regel vorgelassen.

Weg 2b: Für den Besuch des ***Historischen Museums* sollte man mindestens 1½ Stunden vorsehen. Dazu sollte man die Zeit rechnen, die man eventuell für einen Besuch des *Kaufhauses GUM* aufbringen möchte.

Erreichbar mit der Metro: Haltestelle Prospekt Marksa (man überquert den Revolutionsplatz durch die Unterführung und geht dann am Historischen Museum entlang) oder Ploschtschad Rewoljutsii; mit dem Autobus: Haltestellen vor dem Lenin-Museum oder dem Historischen Museum, Linien Nr. 3, 5, 18, 24, 25, 28, 87, 107, 111; mit dem Trolleybus: Nr. 1, 2, 3, 5, 8, 12, 13, 20, 25.

Weg 2a: ***Roter Platz: **Lenin-Mausoleum — **Basilius-Kathedrale

Der *** Rote Platz [Plan s.S. 66/67, D2, u. 106] (*Krasnaja Ploschtschad*) ist der älteste Platz Moskaus. Er ist auch der bekannteste und mit seinen 74831 m² der größte Platz der Stadt. Auf diesem Forum spielten sich viele der wichtigsten Ereignisse im Leben des Landes ab. Hier erhebt sich eines der einzigartigsten Gebäude der Welt, die *Basilius-Kathedrale.*

Geschichte: Bereits im 15. Jahrhundert war auf dem Platz ein ständiger Markt. Im 17. Jahrhundert erhielt er den Beinamen „krasnaja“, was gleichzeitig „rot“ und „schön“ bedeutet.

Der Platz ist eng mit der Geschichte des Kremls und damit der des ganzen Landes verbunden. Auf dem Schafott nahe der Basilius-Kathedrale wurden aufständische Bojaren und Stjenka Razin hingerichtet. Dort wurde auch der Leichnam des Falschen Dmitrij ausgestellt.

Als der Hof nach St. Petersburg verlegt wurde, verlor der Platz an Bedeutung. Aber von 1918 an verhalf ihm die Sowjetregierung wieder zu seiner alten Bedeutung im Vordergrund der historischen Szene. Der Rote Platz bleibt weiterhin die Bühne für die großen Kundgebungen und nationalen Feierlichkeiten.

Begrenzt wird der Rote Platz im Norden durch das *Historische Museum,* im Osten durch das *Kaufhaus GUM,* im Westen durch die *Kreml-Mauer* und das *Lenin-Mausoleum* und im Süden durch die *Basilius-Kathedrale.* – Das

****Lenin-Mausoleum** [Plan s. S. 66/67, D2]

wurde im Jahre 1930 an der Kremlmauer zwischen dem Spasskij- und dem Nikolaus-Turm von dem Architekten *Schtschusew* errichtet. Der mit grauem und schwarzem Porphyr sowie mit rotem Granit verkleidete Bau wird überragt von einem durch Granitsäulen gegliederten Aufbau, der eine rote Porphyrplatte trägt. Bei Paraden und Zeremonien dient das Dach des Mausoleums als Tribüne. Zwei Soldaten halten vor den Bronzeportalen Ehrenwache.

In der Grabkammer, die ganz in grauem, schwarzem und rotem Granit gehalten ist, ruht in einem Glassarg der einbalsamierte Leichnam von Wladimir I. Lenin. Der Strom der Menschen, die aus allen Teilen der Sowjetunion und der Welt kommen, um entblößten Hauptes am Schrein des Begründers der

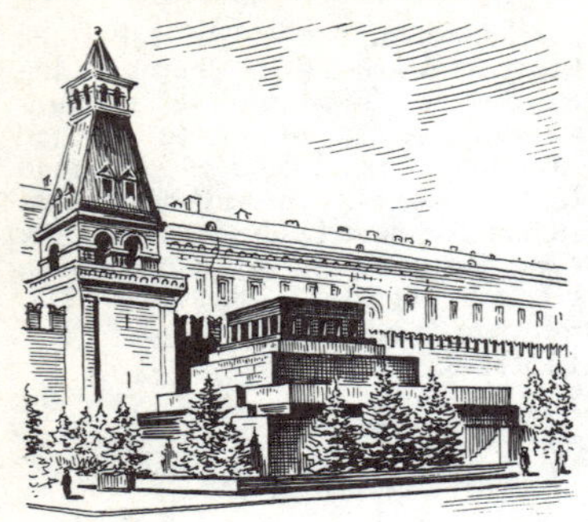

Lenin-Mausoleum

Sowjetunion vorbeizudefilieren, reißt nie ab (für Touristen nur zwischen 11 und 12 Uhr möglich).

Hinter dem Mausoleum liegen, durch Tannen vom Roten Platz getrennt, etwas erhöht die

Begräbnisstätten führender Persönlichkeiten der Sowjetunion und der internationalen kommunistischen Bewegung. An der *Kremlmauer* wurden u. a. beigesetzt: der amerikanische Schriftsteller John Reed (1887–1920), der Autor des Buches „Zehn Tage, die die Welt erschütterten"; Inès Armand, eine Mitarbeiterin Lenins; MacManus, ein englischer Kommunistenführer; Lenins Frau Nadjeshda Krupskaja; Clara Zetkin; die Kosmonauten Komarow, Gagarin, Dobrowolskij, Wolkow und Passajew; der Dichter Maxim Gorki. Auf den Gräbern der Parteiführer Kalinin, Swerdlow, Kirow, Dzershinskij, Shdanow, Frunze, Stalin und Breshnew stehen ihre Marmorbüsten. – Der

***Richtplatz** (*Lobnoje Mjesto*) nahe der Basilius-Kathedrale ist eine von Ketten und Gittern umgebene steinerne Rundtribüne. Von hier aus haben sich die Zaren an das Volk gewandt, und von dieser Tribüne aus verlasen die Herolde die Befehle oder riefen zu den Waffen. Davor wurde damals zeitweise ein Holzschafott aufgebaut, auf dem Aufrührer und Ketzer hingerichtet wurden. – Vor der Basilius-Kathedrale steht auch das

Denkmal von Minin und Posharskij (1818 von Martos geschaffen). Der Sockel trägt die Inschrift: „Dem Bürger Minin und dem Fürsten Posharskij. Das dankbare Rußland".

Etwa um 1610, als die Polen und Litauer von der Verwirrung profitierten, die durch die Einsetzung des Falschen Dmitrij entstanden war, und bis nach Moskau vorrückten, organisierte Kuzma Minin, ein Metzger aus Nishnij-Nowgorod, eine Volksarmee von Freiwilligen, um die Eindringlinge zu verjagen. Diese Armee wurde dem Kommando des Fürsten Posharskij unterstellt, der Sigismund von Polen zwang, seine Soldaten aus Rußland zurückzuziehen. – Die

****Basilius-Kathedrale**
[Plan s. S. 66/67, D2]

(*Chram Wasilija Blashennogo* od. *Pokrowskij Sobor*) ist eines der schönsten Baudenkmäler der orthodoxen Kunst. Sie ist gleichsam eine in Stein gehauene Hymne an die Freude. Das hat ihr Gründer gewünscht, und das ist sie bis heute geblieben. Die Kathedrale, die 1610 von den Polen und 1812 von den Franzosen geplündert worden war, wurde nach 1917 unter dem Titel „Der Pokrowskij Sobor als Denkmal der Bautechnik des 16. Jahrhunderts" Teil des Historischen Museums.

Nachdem Iwan der Schreckliche im Jahr 1552 das Tatarengebiet um Kasan erobert hatte – ein Sieg, der Rußland den Weg zum Ural und nach Sibirien geöffnet hat –, wollte er diese Tatsache im Gedächtnis des Volkes festhalten. Er betraute die Baumeister *Posnik* und *Barma Jakowljew* (heute ist man vielfach der Meinung, daß Posnik und Barma ein und dieselbe Person waren) mit der Aufgabe, ihm und seinen Soldaten an einem belebten Platz der Stadt ein Denkmal zu errichten. Dieses Denkmal sollte Ausdruck der Freude über die Befreiung, des Jubels und des Lobpreises Gottes sein. Die Legende behauptet, der Zar habe die (oder den) Baumeister blenden lassen, damit das Werk nicht anderswo wiederholt werden konnte.

In den Jahren 1554 bis 1556 wurde eine erste Holzkirche erbaut, die dem Schutz und der Fürsprache Mariens geweiht war. Dieses Gotteshaus wurde 1561 durch eine Steinkirche ersetzt, die mit acht turmförmigen Kapellen umgeben wurde, die man wiederum untereinander durch Galerien verband.

Die acht Kapellen waren den Heiligen der Tage geweiht, an denen die Schlacht um Kasan stattgefunden hatte. Eine neunte Kapelle wurde 1588 als Ruhestätte für den heiligmäßigen Wandermönch *Basilius den Gesegneten* errichtet. Nach diesem Mönch wurde später die ganze Kathedrale benannt. Es ist nicht leicht, in der Vielzahl der Kuppeln, kleinen Türme, dem zentralen Zeltdach des Mittelturms und der vielfarbigen Dekoration die Grundlage der Planung zu erkennen, den streng aus der Kreuzform, aus Achtecken und Halbkreisen konstruierten Grundriß.

Das Innere der Kirche ist sehr viel nüchterner gehalten. 1954 wurden außergewöhnliche Fresken und plastische Ornamente freigelegt. Sie sind wohl bei der Errichtung der Kathedrale entstanden. In zwei Räumen unter dem Glockenturm werden alte Stiche und Pläne ausgestellt.

*

Nach Verlassen der Basilius-Kathedrale kann man unmittelbar zum *Historischen Museum* gehen, falls man noch genügend Zeit für die mindestens 1½stündige Besichtigung zur Verfügung hat. Im andern Fall kann man einen kleinen Rundgang durch das alte Stadtviertel *Kitajgorod* (s. S. 118) machen. Kitajgorod kann man indes auch leicht vom Dzershinskij-Platz (s. S. 123) aus besuchen. Ferner besteht die Möglichkeit, die Zeit zu einem Besuch des *Kaufhauses GUM* (s. unten) zu nutzen.

Weg 2b: ***Roter Platz — *Kaufhaus GUM — *Historisches Museum — ***Kitajgorod

Anfahrt: s. Weg 2a, S. 113. Wenn man von der Basilius-Kathedrale kommt, überquert man den Roten Platz, indem man (rechts) am Kaufhaus GUM entlanggeht.

Die Ostseite des Platzes ist begrenzt von Gebäuden, die man früher *Rjady* (Reihen) nannte. Diese Gebäude, die sich aus den Oberen und den Mittleren Reihen zusammensetzen, dienten einst dem Groß- und Einzelhandel, sie setzten also die Tradition des ständigen Marktes auf dem Roten Platz fort.

Die *Mittleren Reihen* zwischen der Razin- und Kujbyschew-Straße wurden zu Beginn des 20. Jahrhunderts von *R. I. Klein* erbaut, sie beherbergen jetzt Behörden.

In den *Oberen Reihen* zwischen der Kujbyschew-Straße und der Straße des 25. Oktober wurde von 1888 bis 1893 das

***Kaufhaus GUM** (*Gosudarstwennyj Universalnyj Magazin*) erbaut. In dem dreistöckigen, riesigen Bau, der 90 m breit und etwa 250 m lang ist, arbeiten in 130 Abteilungen 4000 Menschen, die täglich mehr als 130 000 Kunden bedienen.

DAS **HISTORISCHE MUSEUM

Das Historische Museum [Plan s. S. 66/67, D2] (*Istoritscheskij Muzej*; seit Herbst 1986 wegen Renovierung für zwei bis drei Jahre geschlossen) ist in einem großen roten Ziegelbau untergebracht, der von den Architekten *Sherwood* und *Semjonow* von 1875 bis 1883 an der Stelle der alten (1755) Moskauer Universität errichtet wurde. Es wurde 1872 von dem Archäologen Uwarow und dem Historiker Zabelin gegründet und später hier untergebracht. Es ist das älteste und bedeutendste Museum für russische Geschichte. Seine Bestände werden ständig durch Schenkungen und Neuerbungen bereichert. 1917 völlig neu geordnet, umfaßt es heute 57 Säle, in denen ca. 300 000 der rund 4 Millionen Ausstellungsstücke gezeigt werden.

Säle 1 und 2: Die Anfänge der Menschheit. Nachbildungen des Sinanthropus und des Neandertalers. – Steingeräte und versteinerte Tierknochen. – Knochen eines Neandertalerkindes (Uzbekistan). – Versteinerte Stoßzähne. – Geräte aus Knochen und Feuerstein.

Säle 3 und 4: Jungsteinzeit bis Bronzezeit. Jagdwaffen aus geschliffenem Stein und aus Knochen. – Großer Einbaum, der im Moor gefunden wurde. – Verschiedene Kultgegenstände (Amulette etc.). – Keramik. – Geräte der Bronzezeit aus Knochen und Stein (aus dem Ural). – Geräte aus Silber und Gold (aus dem Kaukasus). – Felszeichnungen.

Saal 5: Eisenzeit. Totenmasken. – Hausrat und andere Objekte aus Kurganen im Altai. – „Baba Kamjennaja“ (Steinfigur einer alten Frau). – Schmuckstücke der Kuban-Kultur.

Saal 6: Skythische Kulrur des 7. Jahrhunderts v. Chr. Geschichte der Völker am Schwarzen Meer. – Kultur griechischer Städte an den Zuflüssen zum Schwarzen Meer (Olbia, Cherson, der Stamm der Taurier). – Geschichte der Städte, die zum Bosporanischen Reich (5. Jh. v. Chr.–1. Jh. n. Chr. zu beiden Seiten der Meerenge von Kertsch) gehörten – Marmorsarkophag aus Taman (westl. Kaukasus). – Steinerne Götterfiguren.

Säle 7 und 8: Das Kiewer Rußland (Kiewer Rus). Goldschmiedekunst aus der Kiewer Gegend. – Funde aus Städten (9.–13. Jh.). – Handschrift der „Russkaja Prawda“ (die wohl das älteste Rechtsdokument Rußlands ist). – Frühe Fresken. – Funde aus den Grabhügeln von Tschernigow. – Bilder über Themen des Mittelalters.

Saal 9: Ausgrabungen von Nowgorod (Geräte, Schmuck). Ikonen des 14. und 15. Jahrhunderts, darunter die der Heiligen Boris und Gleb (1335). – Auf Birkenrinde geschriebene Texte. – Baudenkmäler aus Nowgorod (Kopien und Modelle). – Die Kunst der baltischen Länder (13. u. 14. Jh.; *Gegenstände aus Bernstein, Schachspiele). – Der Krieg des Alexander (Aleksandr) Newskij gegen Schweden (13. Jh.).

Saal 10: Gegenstände aus dem Mittelalter.

Saal 11: Das Fürstentum Wladimir-Suzdal. Handschriften, Goldschmiedearbeiten, Waffen, Geräte etc.

Saal 12: Geschichte der Goldenen Horde im Moskauer Reich. – Entstehung des Moskauer Reiches und die Sammlung des russischen Landes durch Moskau.

Säle 13 und 14: Moskau im 12. bis 14. Jahrhundert. – Aufzeichnungen und Funde aus dem Kreml. – Erinnerungen an die Schlacht auf dem Schnepfenfeld (*Kulikowo Polje*), in der Dmitrij Donskoj 1380 die Tataren besiegte. – *Miniaturen und Ikonen. – Das Alltagsleben (Arbeitsgeräte, Jagdwaffen, Angelgeräte). – Dokumente der Leibeigenschaft aus der Zeit Iwans des Schrecklichen. – *Sammlung von illustrierten Chroniken. – Evangeliar von 1532. – Apostelgeschichte (vermutlich das erste in Rußland gedruckte Buch, 1564). – Die Kämpfe zwischen

Bauern und Kosaken (13.–14. Jh.). – Die Affäre des Falschen Dmitrij.

Säle 15 bis 17: Rußland im 16. Jahrhundert. Dokumente des öffentlichen und privaten Lebens. – *Briefe von Stjenka Razin über die Lebensbedingungen der Bauern. – Geschichte der Ukraine und Weißrußlands. – Bibel von Ostrog (Moskau 1581), – Altslawische Bibel (Prag 1517), – Thron Iwans des Schrecklichen (Kopie).

Saal 18: Das 17. Jahrhundert. Werke von Simeon Uschakow. – Teil einer Ikonostase (Moskau 1672). – Möbel und Schmuck, Landkarten und Stadtpläne.

Saal 19: Die Regierungszeit Peters des Großen. Lehensbriefe. – Dokumente über Volkserhebungen. – Die Kosaken.

Saal 20: Persönliche Gegenstände Peters des Großen. Von ihm selbst gefertigte Dinge. – Porträts. – Stiche, die an die Schlachten erinnern. – Staatsrobe der Elisabeth Petrowna.

Saal 21: Beginn der Industrialisierung. Kupferbergbau im Ural. – Waffen aus Tula. – Textilien aus Moskau. – Dokumente der russischen Wirtschaft und Handelsschiffahrt. – Erlasse über die Beseitigung der inländischen Zölle (1758). – Dokumente über Bauernaufstände.

Saal 21a: Der Siebenjährige Krieg (1756–1763). Landkarten, Pläne und Skizzen.

Saal 21b: Kultur, Kunst und Wissenschaft. Dokumentation über russische Gelehrte der Mitte des 18. Jahrhunderts.

Saal 21c: Große Persönlichkeiten des 18. Jahrhunderts. Porträts. – Rußland in der zweiten Hälfte des 18. Jahrhunderts.

Säle 22 bis 27: Der Alltag der Bauern und Gutsbesitzer. Die Leibeigenschaft und die Unterdrückung der Aufstände. – Gegenstände des täglichen Lebens. – Die Erhebung des „Bauernzaren" Pugatschow (1773–1775). – Die Völker Zentralasiens und die an den Grenzen des Baltikums. – Erinnerungen an die Kriege gegen Frankreich und Italien. – Die Ukraine im 18. Jahrhundert. – Die Technik in der zweiten Hälfte des 18. Jahrhunderts (die erste Dampfmaschine Rußlands etc.). – Schriftsteller und Dichter. Erste regierungsfeindliche Schriften. – Zahlreiche Porträts.

Saal 28: Die Geschichte des Bauernstandes in der ersten Hälfte des 19. Jahrhunderts. Gegenstände des täglichen Lebens, Dokumente über leibeigene Bauern und in den Minen und Hüttenwerken des Urals arbeitende Leibeigene. – Bilder der ersten Fabriken. – Das Leben in Schlössern und Herrenhäusern.

Saal 28a: Der Krieg von 1812. Französische Beutewaffen und -fahnen. – Der Schlitten Napoleons. – Bild der Schlacht von Borodino.

Saal 29: Geschichte der Dekabristen. Der 14. Dezember 1825. – Theoretische Schriften, Akten, Briefe, Zeitungen. – Die Fesseln eines Verurteilten.

Säle 30 und 31: Rußland zwischen 1830 und 1850. Die Reaktion der Regierung auf den Dekabristenaufstand. – Deportationen nach Sibirien. – Dokumente der Verbannten. – Wiedereinführung der Kleinen Kammer. – Briefe an Gogol. – Aufstand der Bauern und Leibeigenen.

Saal 32: Literatur in der ersten Hälfte des 19. Jahrhunderts. Manuskripte von Lermontow, Turgenjew, Herzen (Gertsen) und Gontscharow. – Puschkin (Erstdrucke und Porträts). – Porträts von Nekrasow, Saltykow-Schtschedrin, Dostojewski u.a. – Geschichte der Musik (Partituren, Instrumente). – Geschichte der Architektur (Entwürfe, Arbeiten von Leibeigenen und Handwerkern). – Geschichte des Theaters (Bilder von Schauspielern, Texte, Modelle).

Saal 33: Der Krimkrieg (1853–1856). Die Schlacht von Sewastopol. – Russiche, französische und englische Waffen. – Bilder.

Saal 34: Rußland gegen Ende des 19. Jahrhunderts. Die Aufhebung der Leibeigenschaft (1861). – Revolutionäre Bewegungen. – Geheime Vereinigungen. – Flugblätter. – Der Bürgerkrieg. – Bildung und Entwicklung der SU.

Säle 35ff: Das Entstehen der revolutionären Ideen. Der Einfluß von Marx und Engels. – Das Werk Lenins. – Die Revolution von 1905. – Die Geschichte des „Potjomkin". – Das Leben in den Städten und in den Fabriken. Die ersten Streiks. – Die Oktoberrevolution.

In mehreren Sälen werden wechselnde Sonderausstellungen über einzelne Ereignisse in der Geschichte Rußlands gezeigt. Eine ständige Ausstellung ist dem „Großen Vaterländischen Krieg" (1941-1945) gewidmet.

DER STADTTEIL ***KITAJGOROD

Hinter der Basilius-Kathedrale fällt der Rote Platz ziemlich steil zur Moskwa hin ab. Dort ist das alte Stadtviertel Kitajgorod, das sich seit der Regulierung der Flußarme stark verändert hat, um schließlich dem „Rossija", einem der größten Hotels Europas (6000 Betten), weitgehend Platz zu machen.

Kitajgorod (russ. gorod = Stadt; kitaj = urspr. tatarisch-altruss. Wort, über dessen Bedeutung die Meinungen geteilt sind: Umwallung? chinesisch?) ist der Name des Stadtteils östlich des Kremls, in dem seit dem 15. Jahrhundert Kaufleute und Handwerker, Hausierer und Gaukler aus aller Herren Länder lebten, die die Nachbarschaft der Mächtigen nutzen wollten, um selbst wohlhabend zu werden. Im 16. Jahrhundert wurde um dieses Viertel eine mit Schießscharten versehene Mauer aus rotem Stein errichtet. Von ihr sind Reste am Nogin-Platz in der Straße des 25. Oktober und am Swerdlow-Platz zu sehen. Jahrhunderte hindurch behielt Kitajgorod seine Innenhöfe, seine gewundenen Gäßchen und die Eigenart seiner Bewohner. Einige der alten Innenhöfe sind noch erhalten. Das Geschäftsleben in Kitajgorod konzentrierte sich auf drei Straßen, die heute Razin-Straße, Kujbyschew-Straße und Straße des 25. Oktober heißen.

In der

****Razin-Straße** [Plan s. S. 66/67, E2] stehen entlang der Nordfront des Hotels „Rossija" einige alte Gebäude: die sorgsam restaurierte *St.-Barbara-Kirche* (17. Jh.), nach der die Straße um 1800 *Warwarka Ulitsa* genannt worden ist, die weiße *St.-Maksim-Kirche* (1699, heute ist hier eine botanische Ausstellung untergebracht), die *St. Georgs-* und die *Allerheiligen-Kirche* sowie das *Znamjenskij-Kloster* (17. Jh.). Dazwischen liegt das

***Haus der Romanow-Bojaren** [Plan s. S. 66/67, E2] (*Dom Muzej Bojarina*). In diesem massiven Wohnhaus aus dem 16. Jahrhundert wurde 1613 Michail Fjodorowitsch, der erste Zar der Romanow-Dynastie, geboren. Bereits im 19. Jahrhundert wurde der Bau unter Alexander II. von den Nachbarhäusern befreit und bei der einem Neubau nahekommenden Restaurierung gegenüber dem Original leider etwas verändert. In dem Haus sind ein *Samowar-Museum* und ein sehenswertes *Museum für Inneneinrichtung und Raumkunst des 17. bis 19. Jahrhunderts* untergebracht.

Die Razin-Straße mündet in den

Nogin-Platz [Plan s. S. 66/67, E2] (*Ploschtschad Nogina*). In der Nähe dieses nach dem Textilarbeiterführer und späteren Volkskommissar Nogin benannten Platzes, der unter Weg 3b (s. S. 125) beschrieben wird, findet man in der kleinen Nikitnikow-Gasse die

***Dreifaltigkeitskirche in Nikitniki** [Plan s. S. 66/67, E2] (*Tserkow Preswjatoj Troitsy w Nikitnikach*), die als eines der Hauptwerke der Moskauer Architektur des 17. Jahrhunderts betrachtet wird. Wegen einer in ihr befindlichen Ikone wird sie manchmal auch *Kirche der Muttergottes von Georgien* genannt. – Informationen über Besichtigungsmöglichkeiten erteilt das Intourist-Dienstleistungsbüro.

Die Kirche wurde mit dem Geld des reichen Kaufmanns Nikitnikow erbaut (1653 fertiggestellt). Es wurde behauptet, diese Kirche stelle eine „Enzyklopädie der russischen Architektur" dar, weil die Details und Techniken des Gebäudes so zahlreich und verschiedenartig sind. Sehenswert sind im Innern die Fresken von Simeon Uschakow, besonders die in der kleinen Kapelle im Oberstock.

Südlich der Razin-Straße wurde ein ganzes Viertel abgerissen, um für den Bau des

***Hotels „Rossija"** [Plan s. S. 66/67, E2–3] Platz zu schaffen. Das 1967 eröffnete Hotel hat 21 Stockwerke und 6000 Betten in 3182 Zimmern. Der Entwurf für den mit zwei Kinos, einem Konzertsaal, fünf Restaurants, vier Cafés, Schwimmbad, Garagen, Parkplätzen etc. ausgestatteten Riesenbau stammt von einem Architektenteam, das *D. Tschetschulin* leitete. In einer Grünfläche südlich des Hotels steht die kleine Kirche

***Empfängnis der heiligen Anna** [Plan s. S. 66/67, E2–3] (*Tserkow Zatschatija Swjatoj Anny*). Sie ist einer der ältesten Kirchenbauten Moskaus. 1490 erstmals errichtet, stürzten beim Brand von 1547 ihre Mauern ein. Im Stil des 16. Jahrhunderts wurde sie dann neu aufgebaut. Nach der Restaurierung von 1962 dient sie dem Amt für Denkmalschutz als Werkstätte. – Nördlich der Razin-Straße, parallel zu ihr, verläuft die

Kujbyschew-Straße. Ihre Südseite bietet einen erstaunlichen Anblick: Eine Folge von Fassaden mit blauen und weißen Säulen reiht sich beiderseits der *Börse* (heute Handelskammer) und des *Finanzministeriums* aneinander. Zu beachten ist besonders das große Viereck (700 m Länge) des alten

Gostinyj Dwor (*Kaufhof*) zwischen der Kujbyschew- und der Razin-Straße. Dieser klassizistische Bau, der nach Plänen des Italieners *Quarenghi* 1789 bis 1809 errichtet wurde, diente einst dem Großhandel. – Die Kujbyschew-Straße mündet in den *Neuen Platz* (*Nowaja Ploschtschad*; s. Weg 3b, S. 124). – Die

Straße des 25. Oktober (*Dwadtsat Pjatogo Oktjabrja Ulitsa*) verläuft etwa parallel zur Kujbyschew-Straße. Sie zweigt an der Ecke des Kaufhauses GUM vom Roten Platz ab, um in den Dzershinskij-Platz einzumünden. Sie war einst das geistige und kulturelle Zentrum Moskaus. Hier standen die erste russische Hochschule sowie mehrere Kathedralen und Kirchen aus dem 17. und 18. Jahrhundert. Mit ihren verschachtelten Häusern und Höfen ist sie noch immer eine Sehenswürdigkeit. Das Haus Nr. 15 (heutiges Gebäude von 1814) war einst der *Druckereihof* (*Petschatnyi Dwor*). An den ersten russischen Drucker, Iwan Fjodorow, der hier 1564 als erstes Buch die Apostelgeschichte druckte (ein Exemplar im Russischen Museum, s. S. 116) erinnert sein am Nordostende der Straße des 25. Oktober stehendes Denkmal (1909). 1703 wurde im Petschatnyj Dwor die erste russische Zeitung gedruckt.

Weg 3: Rund um den Revolutionsplatz

Dieser Besichtigungsweg von rund 1½ Stunden Dauer ruft Erinnerungen an die Oktoberrevolution wach, lenkt die Aufmerksamkeit aber auch auf das Kunstleben Moskaus vor dem Hintergrund seiner Geschichte.

Erreichbar mit der Metro: Haltestellen Ploschtschad Swerdlowa, Ploschtschad Rewoljutsii **Prospekt** Marksa (Unterführung!); mit dem Autobus Nr. 3, 5, 18, 24, 87, 107 und 111; mit den Trolleybussen Nr. 1, 2, 3, 5, 8, 12, 20 und 25.

Weg 3a: Revolutionsplatz – **Zentrales Lenin-Museum – *Swerdlow-Platz – **Großes Theater

Im Norden grenzen Roter Platz und Revolutionsplatz (*Ploschtschad Rewoljuitsii* aneinander. Letzterer wurde an der Stelle eines ehemaligen Marktes angelegt und nach den Ereignissen von 1917 benannt. – Das

****Zentrale Lenin-Museum** (*Tsentralnyj Muzej imeni Lenina*) besteht seit 1936. Es ist im Gebäude der ehemaligen Duma (Stadtrat) von Moskau untergebracht. Vor diesem Bau (1890 fertiggestellt) fanden während der Oktoberrevolution erbitterte Kämpfe zwischen den revolutionären Arbeitereinheiten (Brigaden) und den Truppenteilen der gestürzten Provisorischen Regierung statt. – In den 34 Sälen des Museums werden Dokumente (Manuskripte, Briefe, Fotografien) aufbewahrt, die sich auf die Vorfahren, auf die Familie und auf die Jugend von *Wladimir Iljitsch Uljanow*, genannt *Lenin*, beziehen. Seine ersten revolutionären Aktivitäten und die Gründung der Sozialdemokratischen Arbeiterpartei werden durch Briefe, Flugblätter, Zeitschriften und Bilder ebenso dargestellt wie sein späteres Leben und Wirken.

In dem Museum sind u.a. zu sehen: Persönliche Gegenstände. – Der Mantel Lenins, der die Spuren des Schusses trägt, der ihn 1918 verletzt hat. – Dokumente zur Regierungsbildung im Kreml. – Unter auf Halbmast gesetzten Flaggen sieht man Lenins Totenmaske und einen Abguß seiner Hände. – Teppiche, Keramik, Schnitzereien und Bilder, die zu Ehren des Staatsmannes geschaffen worden sind. – Eine Sammlung der in fast allen Sprachen der Welt gedruckten Werke Lenins.

Neben dem Zentralen Lenin-Museum sind noch größere Reste der

Zentrales Lenin-Museum

Ummauerung des alten Stadtviertel Kitajgorod (s. S. 118) zu sehen. Der Mauerzug begann an der Nordostecke des Kremls und verlief von dort aus in Richtung des heutigen Dzershinskijplatzes. Die Mauern bilden die südliche Begrenzung des *Swerdlow-Platzes*, dessen Nordbegrenzung das Große Theater (Bolschoj Teatr) bildet. – Hier, in einer Grünanlage vor der Mauer, steht das Denkmal des ersten Präsidenten Sowjetrußlands Jakow Swerdlow (1885–1919). Der nach ihm benannte

***Swerdlow-Platz** [s. Plan S. 66/67, D2]

(*Ploschtschad Swerdlowa*), früher *Theaterplatz*, gehört zu den belebtesten und attraktivsten Plätzen Moskaus. Er bildet die geometrische Mitte der Hauptstadt und ist zugleich der Mittelpunkt des Theaterlebens.

Im Jahr 1780 wurde hier ein Theater erbaut, das 1805 abbrannte. 1821 bis 1824 baute man ein neues Theatergebäude, das – nach einem erneuten Brand – 1856 seine heutige Gestalt bekam. Es ist das weltbekannte Bolschoj Teatr, das Große Theater. Das

****Große Theater** [Plan s. S. 66/67, D1–2]

(*Bolschoj Teatr*) ist ein imposantes, im Stil des 19. Jahrhunderts errichtetes Gebäude, in dem sich klassizistische mit altrussischen Elementen verbinden. Auf dem von acht Säulen gestützten Giebelfeld der Fassade steht eine Quadriga aus Bronze.

Die Bühne im Innern ist etwa 26 m breit, 23 m tief und 18 m hoch. Der Zuschauerraum ist in 5 Ränge gegliedert und bietet 2300 Personen Platz. Die Innenausstattung in Weiß und Gold harmoniert mit dem Dunkelrot der Sessel. Das Ensemble

Großes Theater (Bolschoj Teatr)

(Oper und Ballett) umfaßt mehr als 100 Solosänger, etwa 200 Chorsänger, ein Orchester mit 250 Musikern und 250 Tänzer und Tänzerinnen.

Seit über einem Jahrhundert sind die größten Namen der Musik- und Theaterwelt auf den Programmen des Großen Theaters zu finden. Richard Wagner, der 1863 hier ein Konzert dirigierte, behielt das „Bolschoj“ in besonders guter Erinnerung, denn niemals zuvor hatte er eine derart hohe Gage erhalten.

Auch dieses Theater ist mit den Ereignissen von 1917 eng verbunden. Die Rote Garde hatte sich in dem Gebäude verschanzt und kämpfte erbittert gegen die Kadetten der Weißen Armee, die sich im Hotel „Metropol“ (s. S. 122) festgesetzt hatten. In dem großen Saal fanden auch politische Zusammenkünfte statt. Hier wurde z. B. 1922 die Erklärung über die Bildung der Union der Sozialistischen Sowjetrepubliken angenommen.

*

Nach dem Häuserblock nördlich des Bolschoj Teatr beginnt die Straße

Kuznjetskij Most (*Brücke der Schmiede*) heißt. Sie verbindet die Puschkin-Straße (westl. des Theaters) mit der Dzershinskij-Straße (im Osten) und überquert dabei die Petrowka-, die Njeglinnaja- und die Shdanow-Straße. Im 15. und 16. Jahrhundert war hier eine Brücke über den Njeglinnaja-Fluß. Der Fluß verläuft seit der Zeit Katharinas der Großen in einem unterirdischen Kanalsystem. Ursprünglich waren an seinem Ufer (die nach dem Fluß benannte Straße folgt in etwa seinem Verlauf) Schmiedewerkstätten und Gießereien. Um die Mitte des 18. Jahrhunderts siedelten sich in der Straße Kuznjetskij Most französische Modesalons und Konditoreien an. Sie ist heute noch das Modezentrum der Stadt (*Haus der Modelle*). hier gibt es aber auch Bibliotheken, Ausstellungsräume, Galerien und Buchhandlungen.

Rechts (östlich) vom Bolschoj Teatr steht das

Malyj Teatr (*Kleines Theater*). Zu Ehren des Schauspielers Michail Schtschepkin wird es auch Schtschepkin-Haus genannt. Das Theater besteht seit mehr als 150 Jahren, und Maxim Gorki (Maksim Gorkij) hat es als „russische Volksuniversität" bezeichnet, weil dort die meisten Werke des russischen Dramatikers Ostrowskij aufgeführt worden sind.

Deshalb wurde das in einem klassizistischen Bau des 19. Jahrhunderts (1821 errichtet, 1824 und 1838 umgestaltet) untergebrachte Theater auch Ostrowskij-Theater genannt. – Vor der Fassade des Hauses steht ein Denkmal für Alexander Ostrowski (Aleksandr Ostrowskij; 1823–1886). Links vom Bolschoj Teatr und damit dem Malyj Teatr gegenüber befindet sich das

Kinder-Theater (*Djetskij Teatr*), an der Westseite des Swerdlow-Platzes. Das klassizistische Gebäude stammt aus dem Jahr 1821. Das Repertoire der 1921 auf Initiative Lenins gegründeten Bühne besteht aus für Kinder geeigneten Stücken, die oft auch von Kinder-Schauspielern dargeboten werden.

In der Mitte des Swerdlow- Platzes steht seit 1961 eine *Karl-Marx-Büste*.

Der Swerdlow-Platz wird vom

Marx-Prospekt (*Prospekt Marksa*) überquert. Der Straßenzug hieß einst „Jagdzeile", weil in den Marktbuden Wildbret verkauft wurde. Später siedelten sich hier reiche Kaufleute an. Der Prospekt Marksa ist die Verkehrsachse Moskaus. Er beginnt im Südwesten am Borowitskaja-Platz, führt an der Westmauer des Kremls entlang zum Platz des 50. Jahrestages der Oktoberrevolution, überquert den Swerdlow-Platz und endet im Nordosten am Dzershinskij-Platz. – Südlich gegenüber dem Malyj Teatr erhebt sich das

Hotel Metropol [Plan s. S. 66/67, D2] (*Gostinitsa Metropol*) das, 1899 bis 1903 erbaut, lange Zeit hindurch das größte und bekannteste Hotel Moskaus war.

An der Fassade des Hotels ist ein großes Bild „Die ferne Prinzessin", das nach Zeichnungen von *Wrubel* aus Majolikaplatten zusammengesetzt worden ist. Die Inneneinrichtung des Hotels bewahrt den Stil der Jahrhundertwende. – Das

****Haus der Gewerkschaften** (*Dom Sojuzow*) [Prospekt Marksa Nr. 10; Plan s.S. 66/67, D2] ist das ehemalige Palais des Fürsten Dolgorukij-Krymskij. Es wurde 1784 von *Kazakow* im klassizistischen Stil erbaut. Im 19. Jahrhundert war es Klubhaus des Adels.

Im Innern befindet sich der *Säulensaal* (*Kolonnyj Zal*), der als eines der Meisterwerke des russischen Klassizismus gilt. Er ist heute der wohl schönste Konzertsaal Moskaus. – Klara Schumann und Franz Liszt, Tschaikowski, Rimski-Korssakow und Rachmaninow spielten hier. Puschkin, Lermontow und Tolstoi nahmen in diesem Saal an Bällen und Festen teil. Sie beschrieben auch den mit weißen Marmorsäulen geschmückten Raum in ihrem Werken. Hier ergriff Lenin oft das Wort, und hier wurde der tote Lenin 1924 aufgebahrt, damit das Volk von Moskau von ihm Abschied nehmen konnte.

Weg 3b: Dzershinskij-Platz — Neuer Platz — Nogin-Platz

Anfahrt: Metro-Haltestellen Dzershinskaja; Autobus Nr. 3, 18, 24, 55, 89, 98, 107; Trolleybus Nr. 2, 9, 19, 25, 45, 48.

Vom Swerdlow-Platz führt der Marx-Prospekt nach Osten zum

Dzershinskij-Platz [Plan s. S. 66/67, D–E2] (*Dzershinskogo Ploschtschad*). An der Einmündung des Marx-Prospekts in den Dzershinskij-Platz steht rechts der letzte *Turm* der Mauer um Kitajgorod und davor das auf Seite 119 erwähnte *Iwan-Fjodorow-Denkmal.* In der Mitte des großen, runden Platzes erhebt sich ein 1958 von dem Bildhauer *Wutschetisch* geschaffenes Standbild des sowjetischen Politikers *Felix* (*Feliks*) *Dzershinskij* (gest. 1926), der ein Kampfgenosse Lenins war. Zuvor (bis 1926) hieß der Platz Ljubjanka-Platz.

Moderne Straßen gehen von dem Platz aus. Aber die kleinen Gäßchen in der Nachbarschaft und die Höfe, die sich hinter zeitgemäßen Fassaden verstecken, vermitteln eine Vorstellung von Ereignissen der Moskauer Vergangenheit. In diesem Stadtviertel bekämpften im 17. Jahrhundert die Männer Minins und Posharskijs (s. S. 96) die polnischen Eindringlinge, hier war der Schauplatz der ersten – unerbittlich unterdrückten – Volkserhebungen und der ersten Aufstände, die der Revolution von 1917 vorangingen.

In dem großen grauem Gebäude im Nordosten des Platzes [Plan s. S. 66/67, D–E1] tagte 1918 die Außerordentliche Kommission (Tscheka) unter dem Vorsitz Dzershinskijs. 1946 ist das Gebäude von *Schtschusew* umgebaut worden. – Im Nordwesten des Swerdlow-Platzes steht

Djetskij Mir (*Welt des Kindes*) [Prospekt Marksa Nr. 2], das größte Kinderwarenhaus der sowjetischen Hauptstadt. 1957 erbaut, bietet es auf 16 500 m² Verkaufsfläche für Kinder und Jugendliche geeignete Waren an.

Am Anfang der *Dzershinskij Straße* (*Ulitsa Dzershinskogo*) rechts ein großes Lebensmittelgeschäft. Am Haus Nr. 12 erinnert eine Tafel an den Fürsten Posharskij (s.S. 96), der längere Zeit in einem Vorgängerbau dieses Hauses gewohnt hat. Auf der gleichen Seite der Straße steht (Haus Nr. 16) das grüne Gebäude des

Polizeipräsidiums (Zentrale der Moskauer Miliz). Das große, im 18. Jahrhundert errichtete Palais, war einst Sitz des Grafen Rostoptschin, der 1812 Gouverneur der Stadt Moskau war. Zu sehen sind die Fassade und die Seitenflügel. Sie weisen Elemente des Barockstils auf, der in Moskau länger praktiziert wurde als in St. Petersburg.

In Tolstois Roman „Krieg und Frieden" wird das Gebäude genau beschrieben. Rostoptschin soll in der Absicht, Napoleon in die Flucht zu schlagen, von diesem Haus aus veranlaßt haben, daß Moskau 1812 in Brand gesetzt worden ist. Später behauptete er jedoch in einer in Paris veröffentlichten Schrift, daß diese These falsch sei.

Der Bau auf der linken Straßenseite, an der Ecke der Straße Kuznjetskij Most, beherbergte bis 1953 das Außenministerium, das dann in einen Neubau am Smolensker Platz umzog.

Hinter dem Polizeipräsidium gelangt man zur *Malaja Ljubjanka-Straße* (*Kleine Ljubjanka-Straße*), die parallel zur Dzershinskij-Straße – sie hieß früher Bolschaja Ljubjanka = Große Ljubjanka – verläuft. Am Ende eines Hofes (Haus Nr. 12; Eingang Marchlewskogo Ulitsa Nr. 7) erhebt sich die Fassade der

St.-Ludwigs-Kirche [Plan s. S. 66/67, E1] (*Tserkow Swjatogo Ljudowika*), der ehemaligen Kirche der in Moskau ansässigen Franzosen. Der Bau ist charakteristisch für den gedrungenen klassizistischen Stil des Architekten *Gilardi*, der ihn 1827 errichtet hat. Die Kirche nimmt den Raum bis zur Marchlewskij-Straße ein. Sie ist von Gebäuden umgeben, die vor 1917 verschiedene französische Institutionen beherbergten: Konsulat, Krankenhaus, Schulen u. a. Am Ende der

Kirow-Straße (*Kirowa Ulitsa*), der ehemaligen Mjasnitskaja = Metzger-Straße, die die *Straße des 25. Oktober* nach Nordosten fortsetzt, steht (Haus Nr. 39) der ehemalige Sitz des *Tsentrosojuz* (Zentralverband der Genossenschaften) und des *Zentralamtes für Statistik*. Das Gebäude wurde 1929 bis 1936 von *Le Corbusier* entworfen und erbaut.

Wenn man rechts von der Kirow-Straße abbiegt, gelangt man durch die Straße *Bolschoj Kozlowskij* in ein ruhigesWohnviertel.Hier steht in der *Bolschoj Charitonjewskij-Gasse* das

Haus des Bojaren Wolkow [Haus Nr. 21; Plan s.S. 66/67, E1]. Es wurde Ende des 17. Jahrhunderts erbaut und ist heute Sitz des Präsidiums der Akademie der Agrarwissenschaften. Das Gebäude kann innen nicht besichtigt werden, aber eine Außenbesichtigung lohnt einen Umweg.

Die Flügel des zweigeschossigen Bauwerks mit den pyramidenförmigen Dächern sind durch Galerien miteinander verbunden, die quadratischen Fenster mit prächtigen Umrahmungen geschmückt. In der gesamten Anlage ist der Einfluß des altrussischen Holzbaus sichtbar. Das Palais war einst Jagdhaus Iwans des Schrecklichen. Peter der Große schenkte das Gebäude – das zeitweilig im Besitz des Bojaren Wolkow war – dem Fürsten Jusupow. Es blieb dann bis 1917 Eigentum der Familie Jusupow. Von 1801 bis 1804 lebte dort der junge Puschkin mit seinen Eltern.

Das Haus Nr. 26a in der Kirow-Straße beherbergt das *Zentrale Post- und Telegrafenamt* (*Moskowskij Potschtamt*). In der der Kirow-Straße südlich parallel verlaufenden *Telegrafengasse* (*Telegrafnyj Pereulok*) steht eine der schönsten Barockkirchen Moskaus, die 1701 bis 1707 von Iwan Zarudnyj im Auftrag des Fürsten Menschikow, Günstling Peters d. Großen, erbaute ***Erzengel-Gabriel-Kirche***, **„Menschikow-Turm" („Menschikowa Baschnja") genannt.**

Am Dzershinskij Platz, Ecke Kirow-Straße und *Sjerow-Passage* (*Projezd Sjerowa*), im Haus Nr. 3/6 befindet sich seit 1974 das *Majakowski-Museum* (*Muzej Majakowskogo*). In diesem Haus lebte der Dichter von 1919 bis 1930 und hier setzte er seinem Leben ein Ende. Die Bibliothek und die Einrichtung des Zimmers, in dem der Dichter wohnte, sind unverändert geblieben.

An den Dzershinskij-Platz schließt sich nach Südosten hin der lange rechteckige

Neue Platz [Plan s. S. 66/67, E2] (*Nowaja Ploschtschad*) an. An ihm (Haus Nr. 3/4) steht das

***Polytechnische Museum** (*Politechnitscheskij Muzej*). Es zeigt die Fortschritte, die in Rußland und in der Sowjetunion auf den verschiedenen Gebieten der Technik gemacht worden sind.

Die Exponate in den mehr als 50 Sälen des großen Gebäudes ermöglichen es, die Entwicklung der Naturwissenschaften und der Technik zu verfolgen – angefangen bei den einfachsten Maschinen bis zur Weltraumfahrt.

Gegenüber ist im klassizistischen Bau der früheren *St.-Johannes-der-Evangelist-Kirche* das

Museum der Geschichte und Rekonstruktion Moskaus (*Muzej Istorii i Rekonstruktsii Moskwy*) untergebracht [Nowaja Ploschtschad Nr. 12; Plan s. S. 66/67, E2]. Anhand von Stadtplänen, Modellen und Bildern wird die Geschichte der Stadt, werden besonders die Zerstörungen beim Brand von 1812, die Neugestaltung nach 1917 und die Stadtentwicklung im und nach dem Zweiten Weltkrieg deutlich gemacht.

Der Neue Platz geht nach Süden zu über in den

Alten Platz (*Staraja Ploschtschad*), auf dem in einer Grünanlage eine 1887 zum Gedenken an die im Russisch-Türkischen Krieg (1877–1878) bei Plewna gefallenen Soldaten errichtete *Kirche* steht. An der Südseite des Alten Platzes ist der *Sitz des Zentralkomitees der Kommunistischen Partei der Sowjetunion.*

Der Alte Platz wird im Südosten vom

Nogin-Platz (s. S. 119) begrenzt. Auch vom Nogin-Platz aus kann man einen Abstecher in das alte Stadtviertel Kitajgorod (s. S. 118) machen. Die anschließende Razin-Straße (s. Weg 2b, S. 118), die parallel zur Straße des 25. Oktober (s. rechte Spalte) verläuft, verbindet den Nogin-Platz mit dem Roten Platz.

Östlich des Alten Platz, Neuen Platz und Nogin-Platz umschließenden Bogens liegt ein sehr altes Stadtviertel mit Gebäuden aus dem 16. bis 19. Jahrhundert.

Am Neuen Platz beginnt die

Bogdan-Chmelnitskij-Straße, benannt nach dem berühmten ukrainischen Kosakenhetman (s.S. 70). Im Haus (links) Nr. 3 ist der Sitz des *Zentralkomitees des Komsomol*, des Kommunistischen Jugendverbandes. Ebenfalls links sind von Interesse *Nr. 5*, das älteste Gebäude dieser Straße, die 1657 erbaute *Kirche des heiligen Nikolaus* (*Tserkow Nikoly*), das *ehemalige Gasthaus der Gesandten der ukrainischen Hetmans* (Nr. 9) und das um die gleiche Zeit entstandene *Haus der Bojarenfamilie Naryschkin* (Nr. 11). Die *Kosma- und Damjan-Kirche* (rechts) wurde von *Kazakow* um 1800 im klassizistischen Stil errichtet (1960 renoviert).

Nördlich der Bogdan-Chmelnitskij-Straße liegt das ehemalige Wohnviertel der Armenier. Die nach links abzweigende *Armeniergasse* (*Armjanskij Pereulok*) erinnert daran. Von hier an heißt die Fortsetzung der Bogdan-Chmelnitskij-Straße *Tschernyschewskij-Straße* (*Ulitsa Tschernyschewskogo*). Interessant sind die alten Bauten (16.–19.Jh.) in den südlich (rechts) dieser Straße liegenden krummen Gassen (*Starosadskij-Gasse*, *Chochlowskij-Gasse*, *Kolpatschnyj-Gasse* u.a.). In einer der nach rechts abzweigenden Gassen befindet sich die einzige *Moskauer Synagoge* (Ulitsa Archipowa Nr. 8).

Vom Nogin-Platz führt nach Südosten, zur *Jauza*, einem Nebenfluß der Moskwa, die *Soljanka-Straße* (*Soljanka Ulitsa*). Ihr Name erinnert an die Salzlager, die sich hier im 17. und 18. Jahrhundert befanden. Viele Häuserfassaden lassen die Soljanka als eine der ältesten Straßen Moskaus erkennen.

Die Fortsetzung der Soljanka bildet die kurze *Jauza-Straße* (*Jauzskaja Ulitsa*), auf deren linker Seite (Nr. 5) die blauweiße *Dreifaltigkeitskirche* (*Tserkow Troitsy*), 1781 von *K. Blank*, einem der besten Baumeister des russischen Klassizismus, errichtet, steht. Rechts von der *Astachow-Brücke* über die Jauza sieht man den massiven Wohnblock des *Hochhauses*, das 1952 am Moskwa-Ufer von *Tschetschulin* und *Rostkowskij* erstellt wurde. Nach der Brücke teilt sich die Jauza-Straße in zwei zum *Sadowaja-Ring* führende Straßen: die nördlichere *Uljanowskaja* und die südlichere *Internatsionalnaja*. Am Beginn der Uljanowskaja-Straße sieht man links das Gebäude der 1967 errichteten *Staatlichen Bibliothek für fremdsprachliche Literatur*.

Von hier aus kann man in die etwas nördlich liegende *Obuch-Straße* (*Obucha Ulitsa*) gehen und dort (Nr. 16) das

***Museum der Kunst und Kultur des Orients** (*Muzej Iskusstwa Narodow Wostoka*) [Plan s. S. 66/67, F2; auch Metro-Station Kurskaja] besuchen. Hier sind ständige Ausstellungen über chinesische und japanische Kunst sowie eine umfangreiche Sammlung östlicher Kunstgegenstände zu besichtigen: Aquarelle auf Seidenrollen, japanische Miniaturen aus dem 16. Jahrhundert und zahlreiche Kunstwerke aus dem Osten der Sowjetunion.

Weg 4: Gorkistraße – *Puschkinplatz – **Revolutionsmuseum – *Majakowskiplatz – *Tschechow-Museum

Die Gorkistraße wird von den Bewohnern Moskaus als eine der schönsten Straßen ihrer Stadt bezeichnet. Sie ist vor allem eine Geschäftsstraße. Der Puschkinplatz ist das Pressezentrum Moskaus, und der Majakowskiplatz ist neben dem Swerdlowplatz (s. S. 121) ein Schwerpunkt des Theaterlebens. Die Besichtigungstour dauert eine Stunde – wenn man das Revolutionsmuseum besichtigt, zwei Stunden.

Anfahrt: Metro-Haltestellen Prospekt Marksa oder Majakowskaja; Autobus Nr. 5, 18, 87, 101, 107 Richtung Puschkinplatz; Trolleybus Nr. 1, 3, 12, 15, 20, 23, 31 Richtung Puschkinplatz und Nr. 1, 10, 12, 20 Richtung Majakowskiplatz. – Die

Gorkistraße [Plan s. S. 66/67, C1–2] (*Ulitsa Gorkogo*) ist das erste Teilstück einer alten Straße, die – damals noch *Twerskaja* heißend – Moskau mit Twer (heute Kalinin), dann mit Nowgorod und schließlich mit St. Petersburg verband. 1932 benannte man die Straße nach einem der größten russischen Schriftsteller. 1937 und in den folgenden Jahren hat man sie auf 40 m Breite erweitert.

Noch am Karl-Marx-Prospekt liegt das

Hotel „Natsional" [Plan s. S. 66/67, D2], in dem früher ein bekanntes Literatencafé war. Daneben steht in der Gorkistraße das 1970 erbaute Hochhaus des

Hotels „Intourist" [Plan s. S. 66/67, D2] mit seinen 1200 Betten, seinen Restaurants (Abendprogramm) Bars etc.

Auf der westlichen Straßenseite blieb an der Strecke bis zum Sowjet-Platz nur ein einziges altes Haus erhalten, es ist das nach der Schauspielerin

Jermolowa benannte *Dramatische Theater* (Haus Nr. 5). Daneben steht das 1930 erbaute

Zentrale Telegrafenamt. Es ist Tag und Nacht geöffnet. Gegenüber dem Telegrafenamt, in der ersten Querstraße rechts (Chudoshestwennogo Teatra Projezd Nr. 3), liegt das

***Moskauer Künstler-Theater** [Plan s. S. 66/67, D2] (*Moskowskij Chudoshestwennyj Akademitscheskij Teatr, MCHAT*). Der Bau wurde Ende des 19. Jahrhunderts errichtet. Die Bühne wurde 1898 von den Schauspielern und Regisseuren Stanislawskij und Nemirowitsch-Dantschenko gegründet. Das Ensemble bezog 1973 ein neues Haus (Twerskoj Bulwar Nr. 24). Eine zweite Bühne von MCHAT ist in der Ulitsa Moskwina 3. Im alten Gebäude sind jetzt ein Museum und eine Ausbildungsstätte für dramatische Kunst.

Das Moskauer Künstler-Theater, das auch Gorki-Theater genannt wird, war für lange Zeit das Betätigungsfeld des Schauspielers und Regisseurs Stanislawskij (1863–1938), der das russische Schauspiel erneuerte, und dessen Wirken auf das gesamte europäische Theaterwesen ausstrahlte. Mehrere Schauspiele von Anton Tschechow („Die Möwe" – das Bild einer Möwe auf dem Bühnenvorhang erinnert daran –, „Onkel Wanja", „Die drei Schwestern", „Der Kirschgarten" etc.) und von Maxim Gorki („Das Nachtasyl") wurden hier aufgeführt bzw. uraufgeführt.

Haus des Bojaren Trojekurow (17. Jh.) steht. Nach komplettem Umbau wurde es in das

Glinka-Museum für Musikkultur (*Muzej Muzykalnoj Kultury imeni Glinki*) umgewandelt. Es birgt Briefe, Partituren und andere Dokumente bedeutender russischer Musiker sowie eine Musikinstumentensammlung.

Unter den Ausstellungstücken sind Briefe, Partituren, seltene Drucke und persönliche Gegenstände von Glinka, Tschaikowski, Mussorgski, Rimski-Korssakow, Berlioz, Beethoven, Mozart, Rossini und Prokofjew. Interessant ist auch die Sammlung typischer Musikinstrumente der verschiedenen Völker der UdSSR. An der Gorkistraße liegt der

Sowjetplatz (*Sowjetskaja Ploschtschad*) [Plan s. S. 66/67, C1], auch *Platz des Moskauer Sowjets* (*Ploschtschad Mossowjeta*) genannt. In der Mitte erinnert ein schönes *Reiterdenkmal* an *Jurij Dolgorukij*, den Gründer Moskaus. Links ist in der ehemaligen Residenz des Gouverneurs von Moskau (1782 von *Kazakow* erbaut) der

Stadt- und Gebietssowjet

Moskauer Stadt- und Gebietssowjet [Plan s. S. 66/67, C2) (*Mossowjet*) untergebracht. Das Gebäude wurde 1938 in die heutige Häuserzeile geschoben und 1946 vergrößert und modernisiert. Als das Palais Sitz des militärischen Revolutionskomitees war, hat sich Lenin vom Balkon des Gebäudes aus oft an die Bewohner der Stadt gewandt.

An der Südseite des Platzes stand früher das Hotel „Dresden". Es hatte viele westeuropäische und russische Berühmtheiten (u. a. Robert und Klara Schumann) zu Gast. Nach 1917 war es Sitz des Generalstabs der Roten Garde. – Eine Unterführung (Perechod) ermöglicht das gefahrlose Überqueren des Platzes. – Bis zum Puschkinplatz säumen große Buchhandlungen die linke Seite der Gorkistraße. Rechts sind das riesige Lebensmittelgeschäft „*Gastronom 1*" (Inneneinrichtung im russischen Jugendstil) und die in ein *Museum* umgewandelte Wohnung des Schriftstellers Nikolaj *Ostrowskij*.

Die Gorkistraße trifft auf den *Twerskoj Bulwar* und bildet mit ihm den

***Puschkinplatz** [Plan s. S. 66/67, C1] (*Ploschtschad Puschkina*). Der nach Rußlands größtem Dichter benannte Platz ist das Zentrum der russischen Presse. Die Nordseite wird vom Verlagshaus der *Izwestija* eingenommen. In den Gebäuden auf der Südseite sind die Redaktionen zahlreicher anderer Zeitungen und Zeitschriften untergebracht. Daneben ist das moderne Kino *Rossija* (2500 Plätze). In einem Haus dahinter hat einst Sergej Rachmaninow gelebt. Heute arbeitet hier das Staatskomitee für Verlagswesen und Polygraphie. In der Mitte des Platzes steht ein *Standbild Puschkins*.

Am Anfang der vom Kino „Rossija" nach Nordwesten verlaufenden *Tschechow-Straße* (*Ulitsa Tschechowa*) liegt rechts die *Kirche der Geburt des Herrn in Putniki* (*Tserkow Roshdestwa w Putnikach*), ein seltenes Beispiel der Moskauer Sakralarchitektur des 17. Jahrhunderts.

Nordwestlich des Twerskoj Bulwar liegt an der Gorkistraße das

****Revolutionsmuseum** (*Muzej Rewoljutsii*) [Gorkistraße Nr. 21; Plan s. S. 66/67, C1]. Das Palais im Empire-Stil (1787) beherbergte lange Zeit einen exklusiven englischen Klub. Das Museum wurde 1923 gegründet, um die Dokumente, Fotografien und Gegenstände aufzubewahren, die sich auf die Revolutionsgeschichte von 1905 bis zum November 1971 sowie auf die Errichtung der Sowjetherrschaft in Rußland und den „Großen Vaterländischen Krieg" beziehen. (Geöffnet mittwochs und freitags 11–19, dienstags, donnerstags, samstags, sonntags 10–18 Uhr, montags geschlossen.)

Neben dem Museum ist das *Stanislawski-Theater*. Am Haus Nr. 27/29 erinnert eine Tafel daran, daß hier der Schriftsteller Alexander (russ. Aleksandr) Fadejew von 1948 bis 1956 gewohnt hat. – Am

***Majakowskiplatz** [Plan s. S. 66/67, B–C1] (*Ploschtschad Majakowskogo*) kreuzen sich zwei Hauptverkehrsstraßen, die Gorkistraße und die *Sadowaja*-(= Garten-)Ringstraße. Hier ist das zweite Theaterzentrum Moskaus, das andere ist – wie erwähnt – am Swerdlowplatz (s. S. 121). Ein 1958 errichtetes *Denkmal* für *Wladimir Majakowski* (*Majakoskij;* Lyriker und Dramatiker, 1893–1930) beherrscht den Platz, den der *Tschaikowski-Konzertsaal* und das *Satirische Theater* (*Teatr Satiry*) säumen. Unweit von hier (Sadowo Samotjotschnaja-Str. 3) befindet sich das weltbekannte *Zentrale Puppentheater* (*Tsen-*

tralnyj Teatr Kukol) von Obraztsow. Die Gorkistraße endet am

Bjelorussischen Bahnhof [Plan s. S. 102/103, B4] (*Bjelorusskij Wokzal*). Er ist Endstation für die Züge aus Westeuropa.

Auf dem Bahnhofsplatz steht ein *Maxim-Gorki-Denkmal*, das 1951 von *Wera Muchina* (nach einem Entwurf von *I. Schadr*) geschaffen worden ist.

Hinter dem Bahnhof führt der

Leningrader Prospekt [Plan s. S. 102/103, B3–A2] (*Leningradskij Prospekt*) als Verlängerung der Gorkistraße zum *Stadion der Jungen Pioniere* und zum *Dynamo-Stadion* (im ehemaligen Schloßgarten des *Peters-Schlosses*) sowie weiter zum

Terminal von AEROFLOT (*Aeroport*) [Plan s. S. 102/103, A–B3], hinter dem sich das Gelände des *Zentralen Sportklubs der Armee* (TsSKA: *Tsentralnyj Sportiwnyj Klub Armii*) erstreckt. (Metrostationen *Dinamo* oder *Aeroport*). – Das

Peter-Schloß (*Petrowskij Zamok*; keine Besichtigung) beherbergt heute die Shukowskij-Luftwaffenakademie. 1775 bis 1782 errichtet, ist es ein eigenartiges Werk des Architekten *Kazakow* im pseudogotischen Stil, der Ende des 18. Jahrhunderts in Rußland einige Zeit in Mode war.

Das Schloß war das letzte Etappenpalais auf dem Weg von St. Petersburg nach Moskau. Die Zaren übernachteten hier, bevor sie anderntags feierlich in Moskau einzogen. – Während des Brandes von Moskau im September 1812 diente das Schloß Napoleon als Quartier. – Von der Straße aus kann man den halbkreisförmigen Schloßhof (umrahmt von Mauern und Türmchen) und die Fassade des Palastes sehen, an der sich gotische Bögen mit altrussischen Ornamenten abwechseln.

Der Leningrad-Prospekt wird fortgesetzt von der

Leningrader Chaussee [Plan s. S. 102/103, A1–2] (*Leningradskoje Schossé*), die zum *Flughafen Scheremetjewo* führt.

Etwa 20 km vom Kreml entfernt kennzeichnet ein schlichtes Denkmal den Punkt, an dem im Zweiten Weltkrieg der Angriff deutscher Truppen auf Moskau zum Stehen gebracht wurde.

*TSCHECHOW-MUSEUM UND PLATZ DES AUFSTANDES

Die *Sadowaja-* (*Garten-*) Ringstraße, die von Abschnitt zu Abschnitt andere Namen trägt, überquert den Majakowskiplatz. Sie wurde im 19. Jahrhundert an der Stelle einer Befestigungsanlage aus dem Mittelalter angelegt. Rechts (nordöstlich) vom Platz heißt die Ringstraße *Sadowaja Karetnaja*, links (südwestlich) vom Platz *Bolschaja Sadowaja*. Folgt man der

Bolschaja Sadowaja [Plan s. S. 66/67, B1] bis zu ihrer Fortsetzung, der *Sadowaja Kudrinskaja* [Plan s. S. 66/67, B1–2], dann sieht man bald auf der rechten Seite die Kuppel des

Planetariums [Sadowaja Kudrinskaja Nr. 5; Plan s. S. 66/67, B2; Zufahrt mit der Metro: Haltestellen *Barrikadnaja* und *Krasnopresenskaja*]. Hier sind Modelle von Sputniks und Luniks ebenso zu sehen wie Darstellungen und Reliefkarten des Mondes. Man kann die im Park aufgestellten Instrumente benutzen. – Das

***Anton-Tschechow-Museum** (*Dom Tschechowa*) [Sadowaja Kudrinskaja Nr. 6: Plan s. S. 66/67, B2] ist in einem kleinen

Haus im ländlichen Stil untergebracht, das Tschechow (1860–1904) von 1886 bis 1890 bewohnt hat. Das Museum dokumentiert das Leben und Werk Tschechows von der Zeit seiner ersten medizinischen und literarischen Tätigkeit bis zum Jahr 1899.

Unter den Ausstellungsstücken sind: Porträts Tschechows und berühmter Zeitgenossen. – Der Schreibtisch des Dichters und das unverändert gebliebene Schlafzimmer. – Ausgaben von Tschechows Werken („Sachalin“, „Die Möwe“, „Drei Schwestern“ u.a.) – Die Reisen (Venedig, Nizza, Biarritz). – Die Freunde (Tschechow und Olga Knipper). – Die Tage von Melichowo (ein Dorf in der Umgebung der Stadt, s.S. 184, in dem Tschechow von 1892 bis 1899 lebte.

Das Tschechow-Museum von Jalta (s. S. 356) besitzt Dokumente über das Leben des Schriftstellers zwischen 1890 und seinem Todesjahr. Tschechow hat die letzten Jahre in Jalta verbracht, wo er versuchte, seine Tuberkulose auszuheilen. Als ihm dies nicht gelang, siedelte er nach Badenweiler über; dort starb er im Jahr 1904.

Wenig weiter südöstlich trifft man auf den

Platz des Aufstandes [Plan s.S. 66/67, B2] (*Ploschtschad Wosstanija*). Der Platz hieß früher zum Andenken an das einst hier befindliche Dorf Kudrino *Kudrinskaja* (so heißt heute noch der an die Bolschaja Sadowaja anschließende Teil der Sadowaja, s.S. 129). Der jetzige Name erinnert an die Kämpfe von 1905 und 1917. Damals haben die Arbeiter der *Presnja*-Vorstadt, die jetzt *Krasnaja Presnja* heißt, hier ihre Barrikaden errichtet.

An der Westseite des Platzes steht ein 1950 errichteter *Wolkenkratzer*. Er ist ein Wohnhaus (452 Wohneinheiten) mit einem großen Lebensmittelgeschäft „Gastronom“ und einem Kino im Erdgeschoß. Die 24 Stockwerke des Mittelturms tragen eine 160 m hohe Spitze. Die Seitenflügel haben 18 Stockwerke. Auf der Nordseite des Platzes sieht man ein schönes klassizistisches Gebäude mit einem dreieckigen Giebel, der von acht Säulen getragen wird. Dieses

Haus der Witwen, von Katharina II. gegründet, war (1755 neuerrichtet) ein Heim für Witwen von Offizieren und Beamten. Heute ist dort ein Weiterbildungsinstitut für Ärzte untergebracht. Im Westen stößt auf den Platz des Aufstandes die *Krasnaja-Presnja-Straße* (*Ulitsa Krasnaja Presnja*). An ihr zieht sich, westlich an den Park des *Planetariums* (s.S. 129) anschließend, das Gelände des

Zoologischen Gartens [Plan s.S. 66/67, A1] (*Zoopark*) hin [Eingang Bolschaja-Gruzinskaja-Straße Nr. 1; Metro-Station Krasnopresnjenskaja]. Der Moskauer Zoo wurde 1864 von dem Gelehrten Bogdanow gegründet. Es gibt dort derzeit mehr als 3000 Säugetiere, Vögel, Reptilien und Fische. Die Tiere leben unter den Bedürfnissen ihrer Art maximal angepaßten Bedingungen. Ein Institut erforscht die Krankheiten, die Versorgung und die Akklimatisierung der Tiere.

Weg 5: Rund um den Platz des 50. Jahrestages der Oktoberrevolution

Weg 5a: Marx-Prospekt – *Lenin-Bibliothek – Kalinin-Museum

Dies ist ein kurzer Besichtigungsgang, an den der Weg 5b angeschlossen werden kann.

Anfahrt: Metro-Haltestellen Prospekt Marksa oder Biblioteka imeni Lenina. – Autobus Nr. 3, 5, 6, 89, 111. – Trolleybus Nr. 1, 2, 5, 8, 12, 20.

Platz des 50. Jahrestages der Oktoberrevolution [Plan s. S. 66/67, D2] (50-*Letija Oktjabrskoj Rewoljutsii Ploschtschad*). Der Platz, der bis 1967 *Manegen-Platz* hieß, war ursprünglich viel kleiner. Man hat ihn durch das Abreißen von Häuserblocks und alten, gewundenen Gäßchen auf das heutige Format erweitert. – Der

Marx-Prospekt [Plan s. S. 66/67, C2–3] (*Prospekt Marksa*) begrenzt die Nordseite des Platzes. An der Ecke Gorkistraße (s. S. 126) steht das bekannte

Hotel „National" [Plan s. S. 66/67, D2] (*Gostinitsa „Natsional"*). Es war früher das eleganteste Hotel Moskaus. Henri Barbusse, André Gide, John Reed u.a. wohnten hier. Auch Lenin wohnte hier 1918 einige Tage in Zimmer Nr. 107. Neben dem Hotel ist im Haus Nr. 16 die *Intourist-Zentrale*.

Das anschließende gelbweiße Gebäude ist die

Alte Universität [Plan s. S. 66/67, C2] (*Staryj Uniwersitet*), Prospekt Marksa Nr. 18. Es wurde zwischen 1786 und 1793 von *Matwej Kazakow* erbaut und ist 1817 bis 1819 restauriert worden. Das klassizistische Gebäude jenseits der Herzenstraße ist ein Erweiterungsbau, der 1836 wegen der Vergrößerung des Lehrbetriebs notwendig wurde.

„Er selbst war die russische Universität ...", sagte Puschkin von *Michail Lomonossow* (*Lomonosow*; 1711–1765), dem Gründer (1755) der Moskauer Universität. Puschkin betonte auch die Vielseitigkeit dieses Mathematikers, Chemikers, Physikers, Sprachwissenschaftlers, Dichters und Philosophen. Die erste Universität war in einem Haus untergebracht, an dessen Stelle sich heute das Historische Museum (s. S. 116) befindet. Seit 1953 besitzt Moskau die *Neue Lomonossow-Universität* (s. S. 156, Weg 10). Einige geisteswissenschaftliche Fächer werden nach wie vor in der Alten Universität gelehrt.

*

Die *Herzen-Straße* (*Ulitsa Gertsena*) führt vom Marx-Prospekt zum

Staatlichen Peter-Tschaikowski-Konservatorium (*Gosudarstwennaja Konserwatorija imeni Petra Tschajkowskogo*) [Ulitsa Gertsena Nr. 13; Plan s. S. 66/67, C2]. Es ist die Musikhochschule der Stadt, in der auch große internationale Wettbewerbe stattfinden.

Das Konservatorium wurde 1866 von Anton Rubinstein begründet. Sergej Rachmaninow, Alexander Skrjabin, Swjatoslaw Richter, David Oistrach u.a. haben hier studiert und gaben hier später als Lehrer ihr Wissen und ihre Erfahrung weiter. – Im Hof steht ein von Wera Muchina 1946 geschaffenes Tschaikowski-Denkmal.

In der nach rechts abzweigenden *Stanislawski-Straße* (*Ulitsa Stanislawskogo*) [Plan s.S. 66/67, C1–2] ist im Haus Nr. 6, in den Räumen, in denen der Schauspieler und Regisseur Konstantin Stanislawski (Stanislawskij) von 1921 bis zu seinem Tod im Jahr 1938 gelebt hat, ein *Stanislawski-Museum* untergebracht.

Die Herzen-Straße endet am *Platz des Aufstandes* [Plan s.S. 66/67, B2], dem Endpunkt des Weges 4 (s.S. 130).

Die *Reitschule* [Plan s.S. 66/67, D2] (*Manesh*) in der Mitte des Platzes des 50. Jahrestages der Oktoberrevolution ist heute eine Ausstellungshalle.

Die Reitschule, 1817 von *Betancourt* und *Ossip Bowe* zum Gedenken an den Krieg von 1812 errichtet, galt seinerzeit als technische und architektonische Glanzleistung.

Jenseits des *Kalinin-Prospekts* (*Kalininskij Prospekt*) liegt die

***Lenin-Bibliothek** [Plan s.S. 66/67, C2–3] (*Biblioteka imeni Lenina*). Sie ist die bedeutendste Bibliothek der Sowjetunion. Zu ihr gehören das Palais Paschkow und ein Gebäudekomplex, der 1939 von den Architekten *Schtschuko* und *Helfreich* errichtet worden ist. Adresse: Kalininskij Prospekt 3.

Anfahrt: Metro-Stationen Biblioteka Lenina und Kalininskaja.

Das **Palais Paschkow* (*Dom Paschkowa*) wurde 1784 bis 1786 von *Bashenow* im klassizistischen Stil errichtet. Grundstock der Bibliothek sind die Bücherbestände der Grafen Rumjantsew, die zusammen mit der Kunstsammlung der Rumjantsews durch Schenkung in den Besitz des Staates übergingen. 1862 wurden beide im Palais Paschkow untergebracht. Die Kunstsammlung ist 1923 an verschiedene Museen in Moskau verteilt worden. Die Bibliothek (erweitert durch Werke aus dem Privatbesitz von Emigranten) erhielt 1925 den Namen Lenins.

Die Bibliothek enthält etwa 26 Millionen Bände, die in 89 Sprachen der Völker der UdSSR und in 91 Sprachen des Auslands gedruckt sind. Die Abteilung der seltenen Werke bewahrt u. a. Originale von Kopernikus, die ersten Werke von Fjodorow (s.S. 125) und Schriften aus dem 11. Jahrhundert. – Das

Kalinin-Museum [Prospekt Marksa 21] ist dem Leben und dem Werk Michail Iwanowitsch Kalinins, eines Kampfgenossen Lenins, gewidmet.

Der Karl-Marx-Prospekt mündet in den *Bolschoj Kamjennyj Most* [Plan s.S. 66/67, C3] (*Große Steinbrücke*).

Wenn man diese Brücke und die Insel in der Moskwa auf der *Serafimowitsch-Straße* überquert, dann nach links in den *Kadaschewskaja-Kai* einbiegt, um bald nach rechts in die *Lawruschin-Gasse* zu gehen (ein schwarzes Schild an der Mauer des Eckhauses gibt die Richtung an), so erreicht man wenig später die *Tretjakow-Galerie* (s. Weg 6 b, S 137).

Man kann aber bereits am *Borowitskij-Platz* nach rechts in die *Wolchonka-Straße* [Plan s.S. 66/67, C3] gehen und so zum *Puschkin-Museum für Bildende Künste*, zum *Marx- und Engels-Museum* und zum *Tolstoi-Museum* [Plan s.S. 66/67, B–C3] (s.S. 144ff., Weg 7) gelangen.

Weg 5b: *Kalinin-Prospekt – Arbat-Platz – Gorki Museum

Anfahrt: Metro-Stationen Biblioteka Lenina oder Kalininskaja; Autobus Nr. 39, 89; Trolleybus Nr. 2, 15, 31, 39. – Der

***Kalinin-Prospekt** [Plan s. S. 66/67, B–C2–3] (*Kalininskij Prospekt*) beginnt an der Lenin-Bibliothek. – Das

Schtschusew-Museum für russische Architektur (*Muzej Russkoj Architektury imeni Schtschusewa*) [Kalininskij Prospekt 5; Plan s.S. 66/67, C2] ist in einem Palais untergebracht, das im 18. Jahrhundert von *Kazakow* erbaut wurde. In den Sälen kann man Stiche, Modelle, Pläne, Entwürfe und Fotos von Bauten sehen, die seit 1917 errichtet worden sind. – Die Zweigstelle des Museums im *Don-Kloster* (s.S. 159) befaßt sich mit der Geschichte der alten russischen Architektur, beginnend mit der Kiewer Rus.

Einer der interessantesten Säle ist dem Wiederaufbau von im Zweiten Weltkrieg zerstörten Städten Rußlands gewidmet, ein anderer Gedenkstätten des Krieges. Ein Saal dokumentiert das Werk von Schtschusew, und drei weitere zeigen die Planung für das künftige Moskau.

Die Häuser Nr, 9, 14 und 16 waren einst Wohnsitze von Adligen oder vermögenden Bürgern. Nr. 16 ließ sich 1890 der reiche Moskauer Kaufmann Morozow im Stil eines maurisch-kastilischen Schlosses errichten. Zu Beginn des 20. Jahrhunderts war es Treffpunkt liberaler Intellektueller. Heute ist hier das *Haus der Freundschaft und kulturellen Verbindungen mit den Völkern des Auslands* [Plan s.S. 66/67, C2], kurz *Dom Drushby* (*Haus der Freundschaft*) genannt, untergebracht. Das Gebäude, das den Begegnungen mit ausländischen Diplomaten, Künstlern etc. dient, ist mit Vortrags-, Ausstellungs- und Lesesälen ausgestattet.

Arbat-Platz [Plan s.S. 66/67, B–C2] (*Ploschtschad Arbatskaja*) hat seit den 60er Jahren große Veränderungen erfahren. Gogol, dessen Denkmal im Hintergrund des Platzes steht, würde ihn sicher nicht wiedererkennen.

Der Arbat-Platz ist einer der ältesten Plätze Moskaus. Sein Name kommt aus dem Orient (wohl aus dem Arabischen) und bedeutet ,,Vorstadt". Der Platz sah 1493 die Tatarenhorden, die Rückkehr Iwans des Schrecklichen nach seinem Sieg von Nowgorod, den Rückzug der polnischen Armee im Jahr 1612 sowie Einzug und Rückzug von Napoleons Soldaten im Jahr 1812. Er war der Mittelpunkt des Stadtviertels, in dem Gogol lebte (s. unten). Die nach Südwesten verlaufende alte *Arbat-Straße* (*Ulitsa Arbat*) ist den Kennern der russischen Literatur und Kunst bekannt. Hier wohnten u.a. Puschkin, Tolstoi, Blok, Tschaikowski und Repin. Im Haus Nr. 26 ist das international bekannte *Wachtangow-Theater* untergebracht. Den Arbat-Platz kann man in Fußgängerunterführungen überqueren.

*

Eine dieser Unterführungen führt zum Anfang des *Suworow-Boulevards* [Plan s.S. 66/67, C2] (*Bulwar Suworowa*). Der berühmte Generalissimus bewohnte ein Haus in der Nähe des Boulevards (Herzenstraße 42).

Am Anfang des Suworow-Boulevards befindet sich rechts das *Haus der Journalisten*. Majakowski, Jesenin und Alexander Blok hielten sich hier oft auf. In *Haus Nr. 7* (Museum) wohnte *Gogol* von 1848 bis 1852. Er schrieb dort den ,,Revisor", und hier starb der Autor der ,,Toten Seelen" und vieler anderer Stücke auch. Ein *Gogol-Denkmal* befindet sich im Hof. In *Haus Nr. 12*, einem schönen Gebäude im russischen Empire-Stil (1818–1823; Entwurf *Gilardi*), dem *Palais Lunin*, ist heute das Zentrum des Jugendtourismus der Moskauer Region untergebracht.

*

Westlich des Arbat-Platzes (auf der Südseite des Kalinin-Prospekts) gegenüber dem modernen *Haus des Post- und Fernmeldewesens*, liegt das bekannte *Café-Restaurant „Praga“* (tschechische Küche).

Der Abschnitt des Kalinin-Prospekts zwischen dem Arbat-Platz und der Moskwa ist nur mit Superlativen zu beschreiben. Die Geschäftshäuser und Verwaltungsbauten, die Wohnhäuser, das *Kino „Oktober“* (*Kinoteatr „Oktjabr“*), die Buchhandlungen, Cafés etc. sind hier größer als anderswo. Die kleine Kirche *Simeon Stolpnik* (*St. Simeon der Säulenheilige*; 17. Jh.; heute Naturschutzmuseum) inmitten einer Grünanlage ist dazu ein eigenartiger Kontrast.

*

Der Charakter der vom Arbat-Platz nach Nordwesten abzweigenden *Worowskij-Straße* [Plan s.S. 66/67, B2] (*Ulitsa Worowskogo*) ist von zahlreichen Adelshäusern des 19. Jahrhunderts geprägt. In vielen dieser Palais haben ausländische Botschaften ihren Sitz. *Haus Nr. 52* ist das *Gebäude des Schriftstellerverbandes der UdSSR*. Das Palais wurde 1802 für den Fürsten Dolgorukij errichtet. Tolstoi hat es in seinem Roman „Krieg und Frieden“ als „Haus der Rostows“ geschildert. Ein *Tolstoi-Denkmal* im Garten erinnert daran. – *Haus Nr. 25*, 1820 von *Gilardi* als Gestütsverwaltung für den Fürsten Gagarin erbaut, beherbergt das *Institut für Weltliteratur* und das

Gorki-Museum (*Muzej Gorkogo*). Dort werden Manuskripte und Erstausgaben der Werke des Begründers des Sozialistischen Realismus in der russischen Literatur aufbewahrt. – Alexej Maximowitsch (Aleksej Maksimowitsch) Peschkow, genannt Gorki (Gorkij; 1868–1936), übte nach einer armen und unglücklichen Kindheit viele Berufe aus, ehe er sich ganz der Literatur zuwandte. Seine Romane und Novellen, deren sozialkritischer Charakter immer ausgeprägter wurde, waren von Anfang an erfolgreich. 1905 wurde er in der Peter-Pauls-Festung (s.S. 233) eingekerkert und nach einem Jahr unter dem Druck der öffentlichen Meinung wieder freigelassen. Er ließ sich dann für einige Zeit auf Capri nieder. Nach seiner Rückkehr nach Rußland trat er mit Lenin in Verbindung. Gorki beteiligte sich an den Revolutionen von 1917. 1921 bis 1927 lebte er wieder auf Capri. Erneut nach Rußland heimgekehrt, widmete er sich auch der Volksbildung. Er starb am 18. Juni 1936.

*

Der Kalinin-Prospekt endet an der *Neuen-Arbat-Brücke* [Plan s.S. 66/67, A2–3] (*Nowoarbatskij Most*), die auch *Kalinin-Brücke* (*Kalininskij Most*) genannt wird. Hier an der Moskwa steht das Gebäude des

****Rates für gegenseitige Wirtschaftshilfe (COMECON)** mit seinen 31 Geschossen. Aluminium und Glas geben den Fassaden des Hochhauses, das mit seinen beiden riesigen Flügeln an ein aufgeschlagenes Buch erinnert, Glanz.

Die Organisation wurde 1949 als Gegenstück zur Europäischen Wirtschaftsgemeinschaft geschaffen, um der Koordinierung und Weiterentwicklung der Wirtschaft von zehn sozialistischen Staaten zu dienen.

Ein Pendant zum Gebäude des COMECON sind das Hochhaus des Hotels „Mir“ [Plan s.S. 66/67, A2] und daneben das 1979 errichtete weiße *Gebäude des Ministerrates der RSFSR* (*Dom Sowjetow Rossii*), beide am Rande des Kultur- und Erholungsparkes Krasnaja Presnja gelegen Hier entstand ein großes internationales Ausstellungsgelände.

Am anderen Moskwa-Ufer erhebt sich (rechts) das 1956 im pompösen Stil dieser Jahre errichtete **Hotel „Ukraine"** [Plan s. S. 66/67, A2] (*Gostinitsa Ukraina*). Ein 170 Meter hoher Turm überragt das Gebäude (29 Stockwerke, 1000 Zimmer, mehrere Restaurants). Vor dem Hotel steht ein *Taras-Schewtschenko-Denkmal* (s. unter Kiew, S. 318).

Weg 6: Rechtes Moskwa-Ufer

Auf dem rechten Ufer der Moskwa (südlich des Roten Platzes) haben einige Straßen, die vom Kai des Moskwa-Kanals aus in südlicher Richtung verlaufen, viel vom Zauber des alten Viertels *Zamoskworjetschje* mit seinen Palais und bemalten kleinen Häusern, seinen Höfen, Gärten und Kirchen bewahrt. Man findet aber auch dort große moderne Bauten, so das *Radio-und-Fernseh-Gebäude* nahe der Metro-Station Nowokuznjetskaja, das *Militärgebäude* an der Bolschaja Ordynka und neue Wohnblocks. Die Handwerkerzünfte und die Nationalitäten von einst leben weiter in den Namen einzelner Straßen: *Tatarskaja Ulitsa* (*Tataren-Straße*), *Owtschinnikowskij Pereulok* (*Gasse der Schaffellgerber*) und *Nowokuznjetskaja Ulitsa* (*Neue Schmied-Straße*). – Sieht man von den sehenswerten Kirchen ab, so richtet sich das Hauptinteresse des Touristen in diesem Stadtviertel auf die *Tretjakow-Galerie*. Sie wird deshalb in einem eigenen Kapitel (Weg 6b) beschrieben.

Weg 6a: Das Stadtviertel Zamoskworjetschje

Anfahrt: Metro-Station Nowokuznjetskaja.

Um zu Fuß in den Stadtteil Zamoskworjetschje zu kommen, geht man vom *Roten Platz* zur *Moskworjetskij-Brücke* [Plan s. S. 66/67, D3] (*Moskworjetskij Most*) und von dort aus weiter nach Süden. – Vom *Alexander-Garten* oder vom *Karl-Marx-Prospekt* aus erreicht man das Viertel über die *Große Steinbrücke* [Plan s. S. 66/67, C3] (*Bolschoj Kamjennyj Most*).

Das Viertel *Zamoskworjetschje* („*Jenseits der Moskwa*") verwandelte sich von einem Quartier wohlhabender Kaufleute (bis Mitte d. 19. Jh.) in ein Industrieviertel und, seit 1905, eine Hochburg der Revolutionäre. Schon früh führten über die beiden Brücken die Handelswege nach Süden, zur Krim und nach Astrachan. So bot sich das rechte Ufer der Moskwa an für eine Ansiedlung von Kaufleuten, die den Kreml belieferten. Im 16. Jahrhundert ließen sich auf Anordnung Iwans d. Schrecklichen die Strelitzen (Angehörige der Leibwache des Zaren) hier nieder. Dazu kamen dann Handwerker und alle jene, die sich von der Nähe der Hofhaltung der Herrscher besseren Verdienst erhofften. Noch im 19. Jahrhundert war Zamoskworjetschje ein wohlhabendes Viertel, in dem sich die Kaufleute stattliche Wohnhäuser errichten ließen. Gogol und Alexander Ostrowski haben diese Kaufleute in ihren Werken geschildert. Der Bau von Fabriken veränderte gegen Ende des 19. Jahrhunderts den Charakter des Stadtviertels. Arbeiter ließen sich in der Nähe der Produktionsstätten nieder und Zamoskworjetschje wurde zu einer Hochburg der Revolution.

Am Anfang der

Pjatnitskaja Ulitsa [Plan s. S. 66/67, D3–4] (*Freitags-Straße*) kann man einen Glockenturm und die Reste zweier Kirchen (*St.-Johannes der Täufer* und *St. Michael und St. Theodor von Tschernigow*, 16. u. 17. Jh.) sehen. Etwas weiter steht auf der Ostseite, Ecke *Klimentowskij-Gasse*, die

St.-Clemens-Kirche (*Tserkow Swjatogo Klimenta*). Sie stammt aus dem ersten Regierungsjahrzehnt Katharinas II. (zwischen 1762 und 1770 erbaut), ist aber dennoch dem Barock zuzurechnen, da sich dieser Stil in Moskau länger gehalten hat.

Alle Päpste, die vor dem Schisma von 1054 heiliggesprochen wurden, sind im Festkalender der orthodoxen Kirche verzeichnet. Zwei dieser Päpste werden in Rußland besonders verehrt, weil sie auf der Krim den Märtyrertod starben. Es sind dies Clemens (1. Jh.) und Martin der Bekenner (7. Jh.). – Die Kirche ist ein schönes Gebäude mit fünf Kuppeln im Stil der Schüler *Rastrellis*. Der niedrigere Glockentrum, der sich auf der Westseite befindet, wurde bereits 1758 erbaut. – Die

Ulitsa Bolschaja Ordynka [Plan s. S. 66/67, D3–4] (*Große Horden-Straße*) ist der Anfang der Handelsstraße nach dem Süden, die einst in das Chanat der Goldenen Horde führte.

Wenn man von der Bolschaja Ordynka nach Westen in die *Zweite Kadaschewskij-Gasse* (*Wtoroj Kadaschewskij Pereulok*) einbiegt, kommt man zur

Auferstehungskirche „in der Böttchervorstadt“ (*Tserkow Woskresenija „w Kadaschach“*) mit ihrem Glockenturm und ihren fünf Kuppeln. Eine Besonderheit ist, daß der 1687 entstandene Bau den herkömmlichen Kirchenstil mit dem Zierrat der Turmkirchen des Naryschkin-Barocks verbindet. – Die

Aller-Bedrängten-Kirche (*Tserkow Wsjech Skorbjaschtschich*; Haus Nr. 20; für den Gottesdienst geöffnet) geht auf ein Gotteshaus des 15. Jahrhunderts zurück. Von *Bashenow* wurde sie um 1780 im klassizistischen Stil neu errichtet und vergrößert (Glockenturm), durch *Bowe* von 1828 bis 1833 restauriert. Haus Nr. 27a ist die

Kirche des hl. Nikolaus in Pyshi (*Tserkow Swjatitelja Nikolaja w Pyshach*). Diese Kirche der Strelitzen ist mit ihren Kokoschniki und den fünf Kuppeln charakteristisch für den Baustil der Mitte des 17. Jahrhunderts.

Auf der Westseite der Straße ist Haus Nr. 38 das ehemalige Kloster *Martha und Maria*, das Elisabeth Fjodorowna, die Schwester der Zarin Alexandra und Witwe des Großfürsten Sergej, gegründet hat. Die Kirche des Nonnenklosters wurde 1908 bis 1912 von *Schtschusew* im Stil von Pskow mit einer einzigen Kuppel erbaut. Im Innern (Wandmalereien von *Nestjorow*) ist jetzt ein nach dem Maler und Kunsthistoriker Igor Grabar benanntes Atelier für Restaurierungen. – Die Kirche *St. Katharina* (Haus Nr. 60) wurde in den Jahren 1764 bis 1767 im Stil des Übergangs vom Barock zum Klassizismus innerhalb einer Einfriedung errichtet.

In der Parallelstraße zur Bolschaja Ordynka, der *Ostrowski-Straße* (*Ulitsa Ostrowskogo*; Nr. 9), die heute seinen Namen trägt, wurde Alexander Ostrowski (Aleksandr Ostrowskij; 1823–1886) geboren. Der große Dramatiker des 19. Jahrhunderts ist nicht zu verwechseln mit dem sowjetischen Schriftsteller Nikolai Ostrowski (Nikolaj Ostrowskij; 1904–1936). Die Kaufleute, die das Viertel Mitte des 19. Jahrhunderts bewohnten, dienten Alexander Ostrowski als Modell für zahlreiche Personen seiner Theaterstücke.

In der *Lawruschin-Gasse* (Lawruschinskij-Pereulok Nr. 10), die von der Westseite der Bolschaja Ordynka abzweigt, befindet sich die Tretjakow-Galerie (s. u., Weg 6b). Ganz in der Nähe der Galerie, Bolschoj Tolmatschewskij Pereulok Nr. 3, sieht man ein ehemaliges Herrenhaus der Demidows, das um die Wende des 18. zum 19. Jahrhundert erbaut wurde. Das Haus beherbergt heute die *Pädagogische Uschinskij-Bibliothek*. Die Demidows verfügten über große Reichtümer, die sie aus ihren Minen im Ural gewannen.

In der *Bolschaja Poljanka* [Plan s. S. 66/67, D4] (*Große Feldstraße*) kann man (wenn man vom Kai kommt, links) die

St.-Gregor-Kirche (*Tserkow Swjatogo Grigorija*) sehen. Sie ist (1667–1669 erbaut) mit ihren fünf Kuppeln sowie dem pyramidenförmigen Glockenturm und seinem Keramikschmuck ein schönes Beispiel der Baukunst des 17. Jahrhunderts.

In der *Dimitrow-Straße* [Plan s. S. 66/67, D4] (*Dimitrowa Ulitsa*) ist in den Häusern Nr. 45 und Nr. 47 die *Französische Botschaft*. Haus Nr. 45 ist das ehemalige *Palais Igumnow*, das von Pozdnejew Ende des 19. Jahrhunderts im altrussischen Stil für einen reichen Kaufmann erbaut wurde. Nr. 47 wurde erst 1979 von französischen Architekten errichtet und zeigt einen recht originellen Baustil. Gegenüber steht die

***Kirche St. Johannes der Krieger** (*Tserkow Iwana Woina*), die zwischen 1709 und 1713 nach Moskauer Art in einem Stil erbaut wurde, der Klassizismus und Barock miteinander verbindet. In der Kirche werden Gottesdienste abgehalten. Die Ikonostase stammt aus der Auferstehungskirche „in der Böttchervorstadt" (s. S. 136).

In unmittelbarer Nähe der Kirche (Nr. 54) sind das größte Moskauer *Antiquariat* und *Kunstgewerbegeschäft* und der *Salonladen des Verbandes der Künstler der RSFSR*.

Weg 6b: ***Tretjakow-Galerie

Anfahrt: Metro-Station Tretjakowskaja. Die Galerie ist bis 1989 wegen Umbaus geschlossen.

Die Tretjakow-Galerie (*Tretjakowskaja Galereja*) [Lawruschinskij Pereulok 10; Plan s. S. 66/67, D3] ist in einem großen Gebäude aus roten und weißen Ziegeln untergebracht. Es ist ein Bau mit einem Glasdach und reichen Außenverzierungen, wie er im 19. Jahrhundert Mode war und in den Augen des Erbauers dem altrussischen Stil entsprach. Die Ikonen, die Prunkstücke der Galerie, werden im Erdgeschoß in den Sälen 28 und 29 gezeigt; die Porträts aus dem 18. Jahrhundert sind im ersten Stock in den Sälen 1 bis 5, die Bilder der „Wanderausstellungskünstler" in den Sälen 12, 13, 14, der Sozialistische Realismus in den Sälen 34 bis 51 im Erdgeschoß. Da Saalaufteilung der Exponate und ihre Hängung sich durchaus ändern können, erhebt die hier angegebene Aufteilung keinen Anspruch auf letzte Aktualität. Das gleiche gilt auch für die anderen in diesem Band beschriebenen großen Museen.

Die Tretjakow-Galerie ist das Werk von Pawel Michajlowitsch und Sergej Michajlowitsch Tretjakow, die beide reiche Industrielle aus der Gegend von Kostroma und Liebhaber der Malerei waren. Im Jahre 1850 hatte Pawel als erster Russe die Idee, ein Museum für russische Kunst zu gründen, und er opferte ein Vermögen für den Kauf ausschließlich russischer Werke. Im Jahre 1870 hingen über 500 Gemälde in diesem privaten Palais und in dem Gebäude im Hof, die bald nicht mehr ausreichten und 1882 den Bau von sechs weiteren Sälen notwendig machten. Im gleichen Jahr wurde auch die Galerie für die Allgemeinheit geöffnet. Seitdem wurden die Sammlungen immer umfangreicher. In ihrem Testament stifteten die beiden Brüder ihre Sammlungen der Stadt Moskau, in deren Besitz der auf 1500 Werke angewachsene Bestand im Jahre 1898 überging. Nach der Oktoberrevolution wurde die Galerie ergänzt durch Werke, die aus den Museen der Provinz, aus den Schlössern und den verlassenen Wohnungen kamen. Damals wurden auch ein Teil der Sammlung Rumjantsew und die von dem Maler Ostrouchow zusammengetragenen Ikonen der Tretjakow-Galerie eingegliedert. Neu geschaffen wurde eine Abteilung für sowjetische Kunst. 1935 baute *Schtschusew* einen weiteren Flügel an das Gebäude an.

Garderobe (obligatorisch) und Kasse sind im Tiefparterre. Einlaß nur im Saal am Fuß der Treppe. Aus praktischen Gründen beginnt die Beschreibung mit den Sälen in ersten Stock.

Saal 1: Vorhalle. Miniaturen und Porträts aus dem 18. Jahrhundert, Porträts der Zarinnen Elisabeth Petrowna und Anna Iwanowna.

Säle 2, 3, 4: Porträts vom Ende des 17. Jahrhunderts und aus der ersten Hälfte des 18. Jahrhunderts. A. P. Antropow (1716–1795): „Ein Unbekannter“; „Gräfin Rumjantsew“. – A. P. Losenko (1737–1773): „Abschied Hektors von Andromache“ und eine Episode aus der Ilias. – Porträts von Fjodor Rokotow (1735 bis 1805), Akimow, Puschinow und Bjelskij. – Zwei Werke „Graf und Gräfin Panin“ vom einzigen nichtrussischen Maler in dieser Galerie, dem Schweden Alexander Roslin (1718–1793), der hauptsächlich in Paris arbeitete. – Zahlreiche Porträts von Dmitrij Ljewitskij (1735–1822).

Saal 5: Borowikowskij (1757–1825): Porträts der Zarin Katharina II. u.a.

Saal 6: Von Orest Adamowitsch Kiprenskij (1782–1836) sieht man das berühmte **„Porträt von Alexander Puschkin“, das in vielen literaturhistorischen Werken abgebildet ist, das „Porträt des kleinen Schelischew“ sowie ein bemerkenswertes „Selbstporträt“ (1828). – Wasilij Andrejewitsch Tropinin (1776–1857): verschiedene Landschaften, einige Genre-Szenen („Die Spitzenklöpplerin“), aber vor allem Porträts von Puschkin (zwei Versionen), Karamzin, der Gräfin Zubowa u. a.

Saal 7: Zahlreiche Werke von Karl Pawlowitsch Brjullow (1799–1853), darunter bemerkenswert das „Selbstporträt“; „Die Amazone“ und „Bathseba“; zahlreiche Porträts und vorbereitende Studien für das Werk „Die letzten Tage von Pompeji“. – Von Alexander (Aleksandr) Iwanow (1806–1858) befinden sich hier das berühmte Gemälde *„Christus zeigt sich dem Volk“ und mehrere Hundert Skizzen zu diesem Werk.

Säle 8, 9, 10: Romantische Malerei mit zahlreichen Porträts. Davon ist das von Gogol, das von Iwanow geschaffen wurde, besonders bekannt. – Genreszenen von Pawel Andrejewitsch Fjedotow (1815–1852), die die russische Gesellschaft kritisieren. – Landschaften und Landhaus-Interieurs von Andrej Wjenjetsjanow (1780–1847).

Saal 11: Wasilij Pjerow (1833–1882). Pjerow wollte mit der Darstellung der schlechten Lebensbedingungen der Bauern die öffentliche Meinung aufrütteln. Von ihm hängen hier zahlreiche Genreszenen, darunter: „Der Weg zum Friedhof", „Troika" (drei Kinder mit ausgemergelten Gesichtern, die eine riesige mit Eiszapfen bedeckte Wassertonne ziehen), „Die Ertrunkene" u. a. Das **„Porträt von Dostojewski" (1872) ist eines der besten, die man von dem Schriftsteller kennt.

Saal 12: Szenen aus dem russischen Leben. Es ist dies eine düstere Chronik des Lebens der Bauern. Werke von Shurawjew, Pukirjew, Schwarts, Wolkow, Morozow. Hier hängt auch das in Rußland bekannte historische Gemälde „Die Prinzessin Tarakanowa" von Flawitskij (1830–1866).

Saal 13: Die „Wanderausstellungskünstler". Im Jahre 1871 wurden in Moskau die ersten Ausstellungen der „Gesellschaft der Wanderausstellungen" eröffnet, die im Jahr davor gegründet worden war. Führende Vertreter der „Wanderausstellungskünstler" („Peredwishniki") waren Pjerow (Saal 11) und Iwan Kramskoj (Saal 14). Die „Peredwishniki" waren engagierte Künstler, die mit ihren Wanderausstellungen die Not des russischen Volkes beschrieben und bekannt machten. – Werke von Kamenjew, Klodt, Maksimow, Sawitskij.

Saal 14: Dieser Saal ist Iwan Kramskoj (1837–1887) gewidmet, der einer der wichtigsten Porträtisten seiner Zeit war: Porträt von Nekrassow, von Iwan Gontscharow, von Tarass Schewtschenko und vor allem ein **Porträt (1873) von Tolstoi, das in vielen Literatur- und Kunstbüchern abgebildet ist.

Saal 15: Der Wereschtschagin-Saal: Ansichten und Szenen von Straßen aus dem Orient; Kriegsszenen, insbesondere die „Apotheose des Krieges". Wasilij Wasiljewitsch Wereschtschagin (1842–1904) klagte in seinen Bildern leidenschaftlich den Krieg als das größte Übel der Menschheit an.

Saal 16: Wasiljew (1850–1873): zahlreiche Landschaften.

Saal 17: Genre-Szenen von W. Makowskij (1846–1920) und von A. Bogoljubow (1824–1896).

(Dieser Saal steht sowohl mit Saal 13 als auch mit Saal 18 in Verbindung).

Saal 17a: Werke von P.W. Kuznjetsow (1878–1968) und Ljentulow (1882–1943); Stilleben von I. Maschkow, Werke von M. Sarjan (1880 bis 1972), der sich in der Folgezeit als einer der besten zeitgenössischen Maler erwies.

Saal 17b: Erste Hälfte des 20. Jahrhunderts; meist Bilder von Künstlern der Gruppe „Die Welt der Kunst" („Mir Iskusstwa"; s. S. 81), die die russische Version des deutschen Jugendstils bzw. der französischen „Art Nouveau" war.

Saal 18: Werke von Schischkin (1832–1898): „Morgen in einem Föhrenwald". – Landschaftsbilder von A. I. Kuindshi (1842–1910): „Abend"; „Mondlandschaft".

Saal 19: Dieser Saal ist N. N. Gay (1831–1894) gewidmet: „Golgatha"; „Der Brief" und Bilder mit mythologischen Themen.

Saal 20: Poljenow (1844–1927): Aquarelle mit Motiven aus Griechenland und vom Mittelmeer.

Saal 21: Walentin Sjerow (1865–1911): zahlreiche Porträts. Er war einer der bedeutenden Mitglieder der „Welt der Kunst".

Saal 22: Aleksandr Wasnjetsow (1848–1926): große Kompositionen zu Themen aus der Bibel oder zu historischen Ereignissen und Legenden.

Saal 23: Isaak (Isakij) Lewitan (1860–1900): Bilder dieses wohl größten russischen Landschaftsmalers.

Saal 24: Surikow (1846–1916): viele Porträts, Theaterszenen und große Kompositionen nach dem Geschmack seiner Zeit: „Die Bojarin Morozowa"; „Die Hinrichtung der Strelitzen".

Säle 25–26: Werke von Ilja Repin (Rjepin; 1844–1930): „Der Tod Iwans des Schrecklichen"; „Iwan der Schreckliche tötet seinen Sohn"; zahlreiche Porträts; Szenen aus dem Krieg von 1812. – Der andere Repin-Saal enthält drei weitere Gemälde.

Vom Saal 26 führt eine Treppe zu

den Sälen 28 und 29, die Sammlungen von Ikonen beherbergen. – Am unteren Ende der Treppe: große Kompositionen von Wrubel, dessen Hauptwerke in Leningrad hängen.

DIE IKONEN:

Die Ikonensammlung der Tretjakow-Galerie ist äußerst wertvoll, denn hier kann man Werke von Rubljow und einige einzigartige alte Stücke, wie z.B. die „Muttergottes von Wladimir", bewundern.

Kiewer Schule

Saal 28: Die erste Saalhälfte ist der Schule von Kiew (s.S. 76) gewidmet, die von Byzanz beeinflußt wurde: **„Der heilige Demetrius von Saloniki" (Mosaik, 12. Jh.); **Ikone des heiligen Demetrius von Saloniki (2. Hälfte des 12. Jh.). Demetrius wird hier als heiliger Krieger dargestellt. Die Ikone wurde 1919 in Dimitrow in der Kirche Verklärung Mariens entdeckt, die von Jurij Dolgorukij anläßlich der Geburt seines Sohnes Wsjewolod Dmitrij erbaut worden ist. – **„Große Panaghia" (12.–13. Jh.). Dieses Bild stellt die Jungfrau Maria mit einem Christusmedaillon auf der Brust dar. So soll sie der Legende nach auf den Stadtmauern Konstantinopels im Blachernen-Stadtteil erschienen sein. Die Zugehörigkeit der Ikone zur Kiewer Schule ist jedoch umstritten, und manche Ikonologen schreiben sie eher der Schule von Nowgorod zu. – Andere Ikonen, die den Künstlern der Kiewer Schule zugeschrieben werden: „Heiliger Nikolaus", „Mariä Himmelfahrt", „Der Erlöser".

Byzanz

Die **„Muttergottes von Wladimir" (Anfang 12. Jh.) ist ein typisches Beispiel byzantinischer Kunst. Der Legende nach soll das Bild vom heiligen Lukas gemalt worden sein. Seit Anfang des 12. Jahrhunderts kennt man die Ikone jedoch unter der Bezeichnung „Muttergottes von Wladimir", da sie das Schutzbild dieser Stadt war. Dieses Meisterwerk wurde etwa um 1136 von Byzanz nach Wyschgorod in der Nähe von Kiew gebracht, 1155 kam es nach Wladimir, und schließlich, um das Jahr 1390, wurde die Ikone in der Uspenskij-Kathedrale des Kremls aufgehängt. 1930 wurde sie in die Tretjakow-Galerie gebracht.

Schule Theophans des Griechen

**„Verklärung" („Preobrashenije"; Ende 14., Anfang 15. Jh.). Die Ikone behandelt ein Thema aus dem Matthäus-Evangelium: Geblendet vom göttlichen Licht, werfen sich die Jünger zu Boden; links führt der heilige Petrus die Hand an die Augen, rechts verhüllt der heilige Jakobus sein Gesicht. Das aus der Verklärungskirche von Pereslawl-Zaljesskij stammende Werk ist zu Beginn des 20. Jahrhunderts erneuert und 1924 restauriert worden.

Moskauer Schule

*Ikone der heiligen Jungfrau vom Don (2. Hälfte 14. Jh.). Die Darstellung ähnelt der der Ikone „Muttergottes von Wladimir", jedoch sind Gesicht und Hände weniger feierlich und das göttliche Kind wirkt rührend in seiner Zartheit.

**„Heilige Jungfrau von Tolga" (13. Jh.). Die Ikone wurde in der Klosterkirche von Tolga in der Nähe von Jaroslawl entdeckt. Die Tatsache, daß sie auf Zypressenholz gemalt ist, bestätigt eine Tradition, der zufolge sie vom Fürsten Fjodor Rostislawowitsch noch vor 1278 aus Georgien nach Tolga gebracht worden sein müßte.

Theophan der Grieche

*„Mariä Himmelfahrt" (auf der Rückseite der „Heiligen Jungfrau vom Don"). Mag die Ikone von Theophan dem Griechen (Feofan Grek) oder von einem unbekannten Künstler aus Nowgorod stammen, es handelt sich um ein Werk, das, wie die „Heilige Jungfrau vom Don", auf das Schlachtfeld von Kulikowo (s. S. 95) gebracht worden sein soll.

Die Schule von Pskow

Der **„Prophet Elias" (13. Jh.) ist eine Ikone, die vom biblischen Buch der Könige inspiriert ist („Es erhob sich ein starker Wind und Elias hörte...“). An den Rändern finden sich Szenen aus dem Leben des Heiligen. Oben: Christus, die Heilige Jungfrau und Johannes der Täufer, dann links der heilige Petrus und rechts der heilige Paulus. Die Ikone stammt aus der Kirche von Wybuty, in der Nähe von Pskow. – Verschiedene Darstellungen der Heiligen Jungfrau. – „Der Heilige Erlöser“ (14. Jh.). – **„Die Heiligen Boris und Gleb“ (Anfang 14. Jh.). Boris und Gleb, die beiden Söhne Wladimirs des Heiligen, Großfürsten von Kiew, wurden von ihrem Bruder Swjatopolk ermordet. Die Verehrung dieser beiden Heiligen und die Aufzeichnung ihrer Lebensgeschichte geht auf deren älteren Bruder Jaroslaw den Weisen zurück. Die Ikone stammt aus der Uspenskij-Kathedrale des Kremls.

Die Schule von Nowgorod

„Der heilige Georg mit dem Drachen“ (Anfang 15. Jh.). – Zu diesem Thema gibt es mehrere Versionen, von denen die meisten aus derselben Schule stammen. – „Der heilige Erzengel Michael“; – mehrere Ikonen. – „Die Grablegung“ (Ende 15. Jh.), mit Maria, Johannes und Joseph von Arimathäa. Im Hintergrund Maria Magdalena mit erhobenen Armen und in eine große rote Robe gekleidet, wie es in der Ikonenmalerei üblich war.

**„Mariä Verkündigung von Ustjug“ (12. Jh.). Ursprünglich befand sich diese Ikone in der Sophien-Kathedrale von Nowgorod. Von dort ließ sie Iwan der Schreckliche in die Uspenskij-Kathedrale des Kremls bringen.

**Ikone des heiligen Nikolaus (13. Jh.). Rund um die Gestalt des heiligen Nikolaus sind später die Gesichter von anderen Heiligen gemalt worden. Die Ikone soll 1564 von Iwan dem Schrecklichen in das Neue Jungfrauen-Kloster gebracht worden sein.

**„Heilige Frauen am Grab Christi“ (Ende 15. Jh), auch „Auferstehungsikone“ genannt.

**„Das Jüngste Gericht“ (1. Hälfte 15. Jh.). Rund um die Gestalt des Richters in der Bildmitte sind Auserwählte und Verdammte stufenweise übereinander angeordnet. Die, die Gnade gefunden haben, wenden sich der Himmelspforte zu, die anderen werden zum Strom getrieben, wo Luzifer sie erwartet.

**„Die Anbetung des Kreuzes“ durch die Erzengel Michael und Gabriel ist auf einer sehr byzantinisch gehaltenen Ikone dargestellt. Sie stammt aus der Uspenskij-Kathedrale des Kremls.

Die Schule von Pskow

**„Die Anbetung der Heiligen Jungfrau“ (Ende 14. Jh.). In der Mitte die Heilige Jungfrau; links drei Engel ohne Flügel, rechts die Hirten. Im Hintergrund ist die Krippe des neugeborenen Christuskindes. Die drei Weisen aus dem Morgenlande werfen sich anbetend vor der Heiligen Jungfrau nieder, die das von einem Sternenkranz umgebene Jesuskind an ihrer Brust hält. – Die zwei winzigen, nur halb abgebildeten Figuren sind die des heiligen Nikolaus und der heiligen Barbara.

Saal 29: „Apostel Petrus“, „Erzengel Michael“, „Heilige Jungfrau“, „Christus“, „heiliger Johannes“, „heiliger Demetrius von Saloniki“, „Apostel Paulus“ – von unbekannten Meistern.

**„Die triumphierende Kirche“ (Mitte 16. Jh.) von einem unbekannten Meister. Diese sehr große Ikone (3,96 m × 1,44 m) aus der Uspenskij-Kathedrale des Kremls symbolisiert den Sieg von Kasan, den Iwan IV. der Schreckliche im Jahre 1552 errungen hat. Auf der rechten Seite, in einem Kreis, steht Sodom (Kasan) in Flammen. Links sind die Himmelsstadt (Moskau) und die Muttergottes als Königin. Die Ritter Christi rücken in drei Reihen auf die Himmelsstadt vor, sie symbolisieren das von Gott auserwählte russische Volk. – In der mittleren Reihe blickt der Erzengel Michael (auf einem roten Pferd) auf Iwan herab, dem seine Krieger folgen, die wiederum von der großen Figur Wladimirs II. Monomach beherrscht werden. Dahinter ist eine weitere Gruppe von Rittern, angeführt von Wladimir dem Heiligen und seinen Söhnen Boris und Gleb. In der oberen Reihe sieht man Dmitrij Donskoj, den Sieger über die Tataren bei Kulikowo im Jahre 1380, mit seinem Schutzpatron auf einem weißen Pferd. In der unteren Reihe trägt Alexander Newski (Aleksandr Newskij) eine große Fahne; ihm folgt der heilige Georg.

Moskauer Schule

*„Wladimir der Heilige und seine Söhne Boris und Gleb" (ca. 1500); – **„Der heilige Johannes der Evangelist auf Patmos".

Dionisij

Mehrere Werke: „Metropolit Alexis" (Ende 15., Anfang 16. Jh.). Auf hellgrünem Grund sieht man den Metropoliten, der mit der rechten Hand den Segen erteilt und mit der linken Hand das Evangelienbuch hält. Die Szenen aus der Heilsgeschichte sind von links nach rechts, bzw. von oben nach unten angeordnet. In der sehr stilisierten Zeichnung erkennt man Moskau, den Kreml und die Uspenskij-Kathedrale. – **Die Heilige Jungfrau als Königin (1482); – **Kreuzigung (1500). – Dionisij (Dionysios) (über sein Leben ist fast nichts bekannt), arbeitete gegen Ende des 15. Jahrhunderts in Moskau.

Andrej Rubljow

Geboren ca. 1360, kurz vor dem Jahr 1430 gestorben (s. Rubljow-Museum, Weg 12, S. 160).

**„Mariä Verkündigung"; **„Mariä Himmelfahrt". – Zwei Beispiele einer Deësis: Die erste stellt den heiligen Johannes den Thaumaturgen, den heiligen Gregor den Thaumaturgen, die Heilige Jungfrau, Christus, Johannes den Täufer, den heiligen Johannes (den Evangelisten) und den heiligen Andreas dar, die zweite den Erzengel Michael, Christus und den Apostel Paulus.

Das griechische Wort Deësis bedeutet „Fürbitte". Als Teil einer Ikonostase ist die Deësis das Zentrum des Hauptrangs über der Mitteltür. Christus ist immer in der Mitte. Auf beiden Seiten von ihm werden in flehender Haltung die „Großen Fürbitter", die Heilige Jungfrau und Johannes der Täufer, dargestellt, manchmal auch Petrus und Paulus oder die Erzengel Gabriel und Michael.

Die **„Dreifaltigkeit" ist Teil einer Ikonostase aus der Kirche des St.-Sergius-Dreifaltigkeitsklosters in Zagorsk (s. S. 176). Die Ikonostase befindet sich immer noch dort, sie ist jedoch eine Kopie aus dem 19. Jahrhundert. Im Jahre 1904 oder 1905 (?) wurde die Ikone von der schweren und wertvollen Silberverzierung befreit, die außer Gesicht und Händen alles verdeckte. Das Bild wurde 1918 und 1926 restauriert.

Säle 30, 31, 32 und 33: Wechselausstellungen.

Säle 34 bis 49: Sowjetische Malerei von 1917 bis in die Gegenwart, insbesondere Werke im Stil des Sozialistischen Realismus.

Seit der Oktoberrevolution wird die Kunst vor allem als Meinungsbildnerin eingesetzt. Die Künstler stellen die Arbeiter in den Fabriken oder auf den Kolchosen dar und versuchen gleichzeitig, den Sowjetbürgern die Ideale des Sozialismus nahezubringen.

Saal 34: Werke aus den Jahren unmittelbar nach der Revolution, die zum zentralen Thema wird. K. Petrow-Wodkin (1878–1939): „Der Tod des Kommissars"; „Petrograd im Jahre 1918". – W. M. Kustodijew (1878–1927): „Der 27. Februar 1917"; „Der Bolschewik". Dieses letztgenannte Werk ist ein symbolisches Bild: Der Riese, der der Menge vorauseilt, stellt die politische Mehrheit dar. – Mitrofan Borisowitsch Grekow (1882–1934): „Szenen aus dem Dorf"; „Musik des ersten Kavallerieregiments". – Isaak Brodskij (1884–1939): Porträt von Gorki; „Lenin im Smolnyj-Institut".

Saal 36: Malerei vom Ende der Zwanziger Jahre. Luschinskij: *„Der Ballon ist davongeflogen" (1926). – Zwei schöne Porträts von Sergej Wasiljewitsch Maljutin (1859–1937): *„Olga Knipper-Tschechow" und *„Der Schriftsteller Furmanow". – B. W. Joganson (geb. 1893): Drei

Bilder im Stil dieser Zeit: „In einer alten Fabrik im Ural“; „Bolschewistisches Gericht“; „Verhör eines Kommunisten“. – Juon (1875–1958): „Militärparade auf dem Roten Platz“. – N. P. Uljanow: „Konstantin Stanislawski bei der Arbeit“. – Mehrere Büsten von Gorki und Lenin.

Saal 37: Stiche, Aquarelle.

Saal 38: Malerei von 1927 bis ca. 1937. – M. Nestjerow (1862–1942): Porträts. – I. Grabar (1871–1960): *„Selbstporträt und Porträt von Swetlana. – Martiros Sarjan (1880–1972): Porträts. – Skulpturen von I. Schadr (1887–1941): „Der Arbeiter“; „Der Bauer“; „Der Sämann“.

Saal 39: Landschaften von Kuprin und von Ljentulow. – P. P. Kontschalowskij (1876–1956): Porträts, u. a. „Selbstporträt“; „Flieder“; „Ein Kind neben einem Fenster“. – Stilleben von I. Maschkow (1881–1944).

Saal 40: Landschaften und Szenen aus Indien von S. A. Tschujkow (geb. 1902), darunter „Die Kais von Bombay“. – W. A. Denjejka (geb. 1908): „Mutterschaft“; „Vorort von Moskau“ (1941); Aquarelle: „Dynamo“; „Sewastopol“. – Jurij Pimjenow (geb. 1903): „Neues Moskau“; „Warten“; „Eine Glasscherbe“.

Saal 41: Werke von Kukryniksy (dies ist die Abkürzung von drei Malern, die zusammen arbeiteten: Kuprianow, Krylow und Nikolaj Sokolow). – S. W. Gerasimow (1885–1945): „Die Mutter des Partisanen“ und mehrere Kriegsszenen von A. M. Gerasimow. – Skulpturen von M. G. Manizer (1891–1966) und von Wera Muchina „Die Partisanin“.

Saal 42: Verschiedenartige Werke zu Kriegsthemen. A. A. Plastow: „Die Ernte und die Pause auf den Feldern“. – P. D. Korin (1892–1967): Porträts von Marschall Shukow. –

Bilder der Maler Sarjan, Nestjerow und Konjenkow, darunter „Frühling“, eines der wenigen Aktbilder der Tretjakow-Galerie. – Aquarelle von N. M. Romadin (geb. 1903). – Skulpturen von Kolchos-Bauern und -Bäuerinnen; Modell des monumentalen Werkes von Wera Muchina: „Arbeiter und Kolchosbäuerin“.

Saal 43: Malerei der fünfziger Jahre. Jurij Njepritsew (geb. 1909): „Die Ruhe nach der Schlacht“. – A. I. Laktionow: „Der Brief von der Front“. – W. Sjerow (geb. 1910): „Der Winterpalast wird eingenommen“. – Marmor- oder Granitbüsten von Generälen, vor allem von Tschujkow, einem der Sieger von Stalingrad. – A. I. Laktionow: Porträt-Skulptur von Wladimir Komarow, dem 1967 verunglückten Kosmonauten.

Saal 46: T. Salachow (geb. 1928): „Porträt des Komponisten Kara Karajew (1960). – Skulpturen von S. Konjenkow: Dostojewski-Büste und Selbstporträt.

Saal 47: Aquarelle und satirische Stücke im Stil der Zeit um 1900.

Saal 48: Aquarelle, darunter Werke von N. A. Ponomarjew (geb. 1918). – Mehrere Porträts und Skulptur-Büsten von Lenin.

Saal 49: Malerei aus den sechziger Jahren. W. E. Popkow (geb. 1932): „Die Erbauer des Kraftwerkes von Bratsk“. – Die Brüder Tkatschow: „Zwischen zwei Schlachten“ (1950).

Säle 50 und 51: Malerei aus der zweiten Hälfte der sechziger Jahre. M. Sawitzkij: „Die Frau des Partisanen“ (1967). – J. Mojsejenko: „Die Boten“ (1968) u. a.

Wegen der zeitweise in der Tretjakow-Galerie durchgeführten Sonderausstellungen können einige Säle vorübergehend geschlossen sein.

Es empfiehlt sich, im Anschluß an den Besuch der Galerie einen Spaziergang durch die Straßen von Zamoskworjetschje (Weg 6a) zu machen.

Weg 7: Rund um den Kropotkin-Platz: **Puschkin-Museum für Bildende Künste – *Marx- und Engels-Museum – **Puschkin-Haus – Tolstoi-Museum

Ein Besichtigungsweg, für den man vier bis fünf Stunden vorsehen sollte – je nachdem, wie lange man für den Besuch der Museen ansetzt, die hier im Mittelpunkt des Interesses stehen.

Anfahrt: Metro-Station Kropotkinskaja; Autobus: Nr. 8; Trolleybus Nr. 5, 15, 16, 31. – Der

Kropotkin-Platz [Plan s. S. 66/67, C3] (*Kropotkinskaja Ploschtschad*) ist das Kernstück eines Stadtviertels, das völlig neu gestaltet wird. – Das

***Freiluftschwimmbad „Moskau"** gegenüber der Metro-Station ist eines der größten Europas. Zentrum des auch im Winter geöffneten Freibades ist ein rundes Becken mit 130 m Durchmesser. Das Wasser ist geheizt und die dichte Dampfschicht, die sich im Winter darüber bildet, schützt die Schwimmer vor Kälte. In sieben Pavillons sind u. a. Umkleidekabinen und Duschen untergebracht. Das Freibad kann 2000 Besucher aufnehmen.

Haus Nr. 12 der *Wolchonka Ulitsa* (*Wolchonka-Straße*) ist das

**PUSCHKIN-MUSEUM FÜR BILDENDE KÜNSTE

[Plan s. S. 66/67, C3] (*Muzej Izobrazitjelnych Iskusstw imeni Puschkina*). Das imposante Gebäude mit den weißen Marmorsäulen wurde von 1894 bis 1912 im klassizistischen Stil erbaut.

S. Tswjetajew, ein Professor für Kunstgeschichte, wollte hier für seine Studenten eine Sammlung von Gipsabdrücken der besten in europäischen Museen befindlichen Skulpturen unterbringen. Das Gebäude wurde aber von Anfang an ein Museum für Originalkunstwerke. Nach 1917 kamen verstaatlichte Privatsammlungen in dieses Haus. Man hat hier einen Teil der Tretjakow-Sammlung (s. S. 138) und einen großen Teil der Bestände des damals aufgelösten Rumjantsew-Museums untergebracht. 1937 bekam das Museum zu Ehren Alexander Puschkins, der 100 Jahre zuvor gestorben war, dessen Namen.

Für eilige Besucher sei vorweg gesagt, daß die *ägyptischen Altertümer* sowie die *italienische*, *holländische* und *flämische Schule* links über dem Mittelaufgang am Ende der großen Treppe zu finden sind. Die Gemälde von *Rembrandt* und *Rubens* sind in Saal 30, die *spanische* und *französische Schule* in den Sälen 27 und 23 bis 25, die Werke *Picassos* hängen im letzten (unnumerierten) Saal am Ende des Flurs.

Besuchern, die alle Sammlungen des Museums sehen möchten, sei zu einer chronologischen Besichtigung geraten. Man sollte dann (in der Reihenfolge dieser Beschreibung) die italienische, deutsche, holländische, flämische, spanische, englische und französische Schule besichtigen, denn die ältesten Exponate stammen von italienischen Meistern, die jüngsten von französischen.

Abteilung Malerei. Sie umfaßt eine kleine, aber sehr interessante Sammlung der spanischen Schule, einige sehr gute Bilder der frühen deutschen Malerei, eine bedeutende italienische Abteilung, eine flämische und eine holländische Abteilung und vor allem eine wertvolle Sammlung der französischen Schule von der Mitte des 17. bis zur Mitte des 20. Jahrhunderts. Die Glanzstücke des Museums sind Gemälde von Picasso, van

Gogh, Gauguin und Matisse. – Die sehr schöne Sammlung von Werken der französischen Malerei des 20. Jahrhunderts (Matisse, Picasso) und die Bilder der Impressionisten (Monet, Manet, Renoir) kamen 1948 in das Museum.

Antiken-Abteilung. Der Bestand an Altertümern wird durch Ausgrabungen, die unter der Leitung des Museums jedes Jahr in der Schwarzmeergegend durchgeführt werden, regelmäßig erweitert. Die ägyptische Sammlung ist nach den neuesten Erkenntnissen der modernen Museographie ausgestellt.

Abteilung Malerei

Saal 28: Italienische Schule des 13. bis 16. Jahrhunderts. Sie umfaßt vor allem Werke, die noch von der aristokratischen Vornehmheit der byzantinischen Kunst geprägt sind, die sich in Siena und Pisa länger erhalten hat als anderswo. Das zeigen die *„Madonna mit dem Kind" eines anonymen Meisters aus dem Pisa des 13. Jahrhunderts, eine weitere „Madonna mit dem Kind" von Matteo Giovanni di Bartolo sowie das Bild „St. Laurentius und St. Stephanus" von Sassetta (1392–1450). – Paris Bordone (1500–1571): „Madonna mit dem Kind"; „Heiliger Johannes"; „Heiliger Georg". – Jules Romain (1499–1546): „La Fornarina", ein schönes Frauenporträt, das zeigt, wie sehr der Künstler von seinem Meister Raffael beeinflußt war. – Porträts im Stil der Renaissance, die ihre Aufmerksamkeit voll dem Menschen zuwandte: Sebastian del Piombo (um 1485–1547): *„Porträt eines Kardinals". – Agnolo Bronzino (1503–1572): *„Porträt des Cosimo de Medici"; vom selben Künstler auch eine „Heilige Familie", die aber keine so große Ausdruckskraft hat. – Francesco del Rossi (1510–1563): „Porträt eines Dichters". – Von Giovanni Battista Cima da Conegliano (um 1459– etwa 1517): Eine aufgrund ihrer Klarheit in Auffassung und Gestaltung sehr schöne, pathetische und einfühlsame **„Kreuzabnahme". – Alessandro Botticelli (1444/5–1510): **„Verkündigung"; sehr charakteristisch die Sensibilität

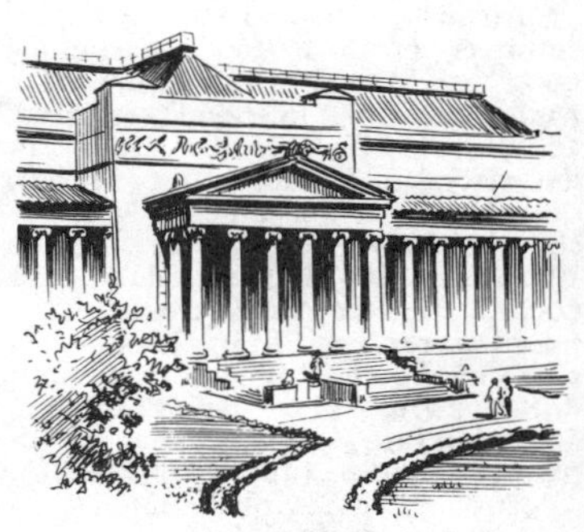

Puschkin-Museum

und Übersinnlichkeit, die dem Künstler eigen sind. – Pietro Vanucci, genannt Il Perugino (um 1445–1523): „Madonna mit dem Kind", ein Gemälde von klassischer Ausgewogenheit, das durch den Reichtum der Farben belebt wird. – Von Veronese eine „Minerva", die ein Jugendwerk sein dürfte. – Werke von Lippo Memmi, Jacopo Negretti, genannt Palma der Jüngere, und Giovanni Boltrafio.

Saal 29: Italienische Schule des 17. und 18. Jahrhunderts. Es handelt sich um dekorative Werke von Giovanni Paolo Pannini (1691/2–1765), Giovanni Battista Tiepolo und Giovanni Domenico Tiepolo. Die Ansichten von Venedig von Michele Marieschi (1696–1743) und von Francesco Guardi (1712–1793) enthüllen jedoch eine ursprünglichere Auffassung und Betrachtungsweise. Von Guardi ist noch ein anderes groß angelegtes Bild zu sehen: „Geschichte Alexanders von Mazedonien". – Bernardo Strozzi (1581–1644): „Alte Kokette", ein Bild, das in bezug auf Bewegung und Technik den Einfluß von Caravaggio, aber auch von Rubens auf den Künstler zeigt. – Alessandro Magnasco (um 1677–1749): „Große Landschaft mit Personen". – Verschiedene Werke von Gambarini, Bellotti, Crespi, Salvatore Rosa und Guercino.

Saal 30: Flämische und holländische Schule. Jan Mostaer (1475–1555): „Christus mit der Dornenkrone";

„Christus". – Samuel van de Hoogstraaten (1627–1678): „Verkündigung". – Michel Sittow (litauischer Maler, geb. 1469 in Reval, gestorben 1525): „Christus trägt das Kreuz", in der strengen, kompromißlosen Art, die für diesen verkannten Künstler charakteristisch ist. – Herri met de Bles (um 1510–1550; ein Maler, der auch „Meister Schleiereule" genannt wurde, weil ihm dieser Vogel sehr häufig als Signatur diente): *„Kreuzweg" (aus der Sammlung Schtschukin). – Jan Gossaert, genannt Mabuse (um 1478–1533/6): „Porträt eines Unbekannten". – Frankfurter Meister (geb. ca. 1460, Todesdatum unbekannt): „Legende des heiligen Romanus". – Landschaften von Jacob van Ruisdael, Salomon van Ruysdael, Jan van Goyen und Jan van Cassel. – Verschiedene Stilleben von Willem Claesz Heda, Pieter Claesz und Abraham van Bayeren. – Innenansichten von Kirchen von Emmanuel de Witte und Cornelis van Vliet.

Rembrandt van Rijn (1606–1669): **Porträt einer alten Frau, **Porträt seines Bruders Adriaen van Rijn und Porträt einer anderen alten Frau, von der man annimmt, sie sei die Frau Adriaens. Diese drei Werke sind die Hauptstücke der holländischen Abteilung: In der Intensität des Gesichtsausdrucks der Personen offenbart sich die psychologische Aufmerksamkeit, die der Maler der Bloßlegung eines Charakters zuteil werden ließ. Die erstaunlichen Effekte, die Rembrandt im Umgang mit Pinsel und Farbe erzielte, und die Brauntöne, die dieser Künstler so sehr liebte, treten hier besonders deutlich zutage und zeigen unverwechselbar den Meister, der es stets vorgezogen hat, vom Leben gezeichnete Gesichter zu malen.

Es sind auch noch zwei weniger bedeutende Werke von Rembrandt zu sehen: „Die Entlarvung des falschen Apostels" und „Die Vertreibung der Händler aus dem Tempel", von denen letzteres einen Einfluß Caravaggios zeigen soll. – Werke von Carel Fabritius, dem begabtesten und eigenständigsten der Rembrandt-Schüler. Genre-Szenen von Gerard Terborch, Gabriel Metsu, Adriaen van Ostade, Gerard Dou und Jan Steen. – Philips Wouverman (1619–1668): „Reiter". – Albert Cuyp: „Tiere in einer Landschaft". – Frauenporträts von Gerard Terborch, Adriaen Henneman, Paulus Moreelse. – Männerporträts von Jan Anthonis van Ravenstein. – Charakteristische Winterlandschaften von Hendrick van Avercamp und Aert van der Neer. – Werke von Gerrit van Honthorst, Jacob Becker, Pieter Lastman, Salomon de Bray, Pieter Codde, Esaias van de Velde. – Zwei schöne Gemälde von Pieter de Hooch (1629–1681): „Morgen in einem Zimmer".

Deutsche Schule (unmittelbar rechts vom Eingang zu *Saal Nr. 30*). Sie umfaßt nur einige wenige, aber sehr interessante Werke: Johann Kerbecke: „Geißelung Christi". – Monogrammist A.B. (16. Jh.): „Flucht nach Ägypten". – Lucas Cranach der Ältere: *„Jungfrau mit Kind".

Flämische Schule des 17. Jahrhunderts (am Ende des *Saals Nr. 30*). Jacob Jordaens (1593–1678), große mythologische Kompositionen. – Mehrere Genre-Szenen von David Teniers dem Jüngeren. – Stilleben und Landschaften von Joos de Momper, Roelant Savery, Lucas van Uden, Sebastien Franks.

Peter Paul Rubens (1577–1640): „Aufnahme der heiligen Elisabeth in den Himmel"; „Mucius Scaevola"; „Abend"; „Bacchanal". – Porträts von Anton van Dyck (1599–1641). – Große Stilleben von Frans Snijders und Jan Fyt.

Großer Flur: Brüsseler Gobelins aus dem 15. Jahrhundert; italienische Renaissance-Möbel und Kopien von Werken Donatellos und Verrocchios; Kopien französischer Muttergottes-Bilder des Mittelalters und von Kunstwerken der Renaissance.

Man durchquert die Säle der französischen Schule, links, um zu Saal 27 zu gelangen.

Saal 27: Spanische Schule, die vor allem Werke des 16. und 17. Jahrhunderts umfaßt. Jaime Huguet (Mitte 15. Jh.): Altarbilder, noch in byzantinischer Tradition. – Pedro Esparlagues (Ende 15.-Anfang 16. Jh.): „Erzengel Michael". – Luis Morales (1509?–1586): „Der tote Christus". – Francisco de Zurbarán (1598–1664): „Madonna mit Kind"; „Jesuskind". – Bartolomé Esteban Murillo (1618–1682) „Erzengel Raphael"; „Porträt eines kleinen Mädchens"; „Christus". – José de Ribera (1588–1656): „Der heilige Jakob"; „Der heilige Antonius"; „Der heilige Jakob der Ältere". – Anonymer Meister des 17. Jahrhunderts in der Tradition Caravaggios: Kleiner Junge. – Verschiedene Werke von Alonso Cano, Antonio Pereda und Juan Carreño de Miranda. – Francisco Goya (1746–1828): Eigenartiges kleines Bild, das einen Kopf darstellt.

Saal 26: Englische Schule. Man sieht hier einige Porträts aus dem 18. Jahrhundert von Thomas Lawrence, John Hoppner und John Opie.

Saal 25: Französische Schule des 17. und 18. Jahrhunderts. Verschiedene Porträts von Nicolas de Largillière und Rigault, darunter das berühmte „Porträt von Fontenelle". – Große mythologische Kompositionen von Natoire, Boucher, Poussin, Claude Gelée, genannt „Lorrain". – Von Poussin kann man auch die „Enthaltsamkeit Scipios" und eine Landschaft besichtigen, von Lorrain zwei schöne Landschaften.

Genre-Szenen von Lancret, Pater, Mathieu Le Nain, Duplessis, Subleyras und Gaspard Dughet. – Allegorien von Chardin und Fragonard und zwei kleine Bilder von Watteau. – Mehrere Werke von David (darunter ein gutes Selbstporträt), Marguerite Gérard, Greuze und Léon Boilly sowie ein Selbstporträt von Elisabeth Vigée-Lebrun. – Büsten Molières und Voltaires von Houdon, Corneilles von Caffieri, Studie des Milon von Kroton von Pierre Puget. – Französische Rokoko-Möbel.

Saal 24: Französische Schule der ersten Hälfte des 19. Jahrhunderts. Die romantische Bewegung ist durch Théodore Géricault (1791–1824), die klassische durch ein religiöses Werk von Ingres (1780–1867) vertreten. – Eugène Delacroix (1798–1863): „Schiffbruch". – Werke von Constant Troyon, J. Bastien-Lepage, Jules Dupré, Paul Delaroche. – Landschaften von Diaz de la Peña, J. F. Millet, Théodore Rousseau, den ersten Landschaftsmalern der freien Natur, die Wegbereiter waren für die Landschaftsmaler des 19. Jahrhunderts. Gustave Courbet (1819–1877), zwei Landschaften: „Normannische Küste" und „Meeresblick in der Bretagne".

Eine Reihe kleiner aber sehr schöner Gemälde von Camille Corot (1796–1875), darunter *„Das Bad der Diana" und vor allem *„Windstoß", sowie eine weitere Serie von Landschaften von Daubigny (1817–1878); zwei Maler, die den Impressionismus ankündigen.

Saal 23: Die *Impressionisten und die Maler der nach-impressionistischen Zeit. Diese Sammlung hat den Ruhm des Puschkin-Museums für Bildende Künste begründet.

Claude Monet: **„Frühstück im Grünen" (Version von 1866); „Die Steilküste von Etretat" (1886); „Die Felsen von Belle-Isle" (1885); „Flieder in der Sonne" (1873); „Die Mühlsteine" (Version von 1899); „Boulevard des Capucines in Paris" (1873); „**Die Brücke von Waterloo" und zwei Versionen der **„Kathedrale von Rouen" (mittags und abends).

Claude Monet (1840–1926), der impressionistischste der Impressionisten, hat sich dem Malen des Lichts, der Reflexe, der Durchsichtigkeit des Wassers, des Augenblicks, der vergeht und nicht wiederkehrt, des Vibrierens der Luft verschrieben. Das „Frühstück im Grünen" ist die Antithese zum gleichnamigen Bild Manets: Hier sitzen die Personen in den natürlichsten Haltungen, und Monet malt sie, wie sie im Licht und in der Sonne durch das Blätterwerk erscheinen.

Auguste Renoir (1841–1919): **„Weiblicher Akt"; **„Porträt der Schauspielerin Jeanne Samary"; „Kleines Mädchen in Schwarz"; „Bad am Rand der Seine" (1868/69).

Man sieht hier, daß der Künstler sehr viel mehr Maler der Frauen war als ein Landschaftsmaler.

Alfred Sisley (1839–1899): *„Frost"; „Garten in Louveciennes". – Camille Pissaro: „Die Überquerung des Opern-Platzes" (1898). – Édouard Manet: „Im Café" (1879); „Porträt von Antonine Proust". – Henri de Toulouse-Lautrec (1864–1901): „Porträt von Yvette Guilbert"; „Dame am Fenster". – Edgar Degas: Zwei Bilder von Tänzerinnen.

Vincent van Gogh (1853–1890): **„Spaziergang"; *„Weinberge in Arles"; *„Das Meer bei Saintes-Maries"; **„Landschaft bei Auvers". Es handelt sich hier um Werke aus den letzten Lebensjahren.

Paul Cézanne (1839–1906): *„Mann mit Pfeife" (1895/1900); „Pierrot und Harlekin"; „Marne-Ufer bei Crétail"; „Die Straße von Pontoise"; Stilleben, Birnen und Pfirsiche (1898/1899) und schließlich eine der Versionen der **„Montagne Sainte-Victoire", auch „Landschaft von Aix" genannt. Dies ist eines der letzten Werke des Malers.

Paul Gauguin (1848–1903): Die Werke, die im Puschkin-Museum hängen, stammen fast alle von seinem ersten Aufenthalt auf Tahiti: „Landschaft von Tahiti"; „Papagei"; „Die Furt"; „Frau von Tahiti".

Henri Matisse (1869–1951): Insgesamt neun Bilder aus den Jahren 1898 bis 1913. Die Sammlung umfaßt u.a.: Stilleben (besonders hervorzuheben das *„Stilleben mit roten Fischen"); zwei Versionen von „Atelier des Künstlers"; *„Blick aus einem Fenster" „Korsische Landschaft".

Pablo Picasso (1880–1973): Die Picassos im Puschkin-Museum wurden alle von den Sammler-Kaufleuten Schtschukin und Morozow in den ersten Jahren dieses Jahrhunderts in Frankreich erworben.

**„Porträt Sabartès'" (1913). Das Gemälde stammt aus der Sammlung Schtschukin. Es wurde 1954, 1967 und 1971 in Paris, 1955 in Moskau und 1956 in Leningrad ausgestellt. „Ich sehe mich, ich blicke mich starr auf der Leinwand an, und ich versuche mir die Unruhe zu erklären, die ich meinem Freund eingeflößt habe: es ist das Gespenst der Einsamkeit, von außen betrachtet... Ein wunderbarer, blauer Spiegel. Es ist, wie wenn das Wasser eines riesigen Sees etwas von mir zurückhalten würde, denn ich sehe darin mein Spiegelbild", schrieb der Schriftsteller Sabartès, der Picasso Modell gestanden hatte.

Drei kubistische Werke, entschieden intellektuell und von intensiver Ausdruckskraft: *„Die Frau mit dem Fächer" (1909); *„Porträt Ambroise Vollards" (1909/1910); *„Die Geige" (1912).

*„Spanierin aus Mallorca", Guasch-(Wasserfarben-)Malerei und Aquarell. – **„Die Gaukler", Sammlung Morozow. Picasso nahm hier typisch spanische Themen auf: die Armut, das Leid, die Einsamkeit.

**„Der Akrobat mit der Kugel" (1905). Picasso war, wie alle Künstler um die Jahrhundertwende, von der Zirkuswelt fasziniert. Er malte jedoch die Zirkusleute nicht in ihrem Element, sondern außerhalb ihres gewohnten Rahmens und unterstrich damit ihre Nichtzugehörigkeit zur konventionellen Welt.

Die „Fauves" („Wilden") der Schule von Chatou. André Derain: „Tisch vor einem Fenster"; „Samstagabend". – Maurice de Vlaminck: „Boote auf der Seine"; „Landschaft bei Auvers". – Ansichten des Montmartre von Utrillo. – Raoul Dufy: „Der Strand bei Dauville". – Pierre Bonnard: Landschaften und Intérieurs sowie ein großes dekoratives Bild. – Fernand Léger: Porträt der Frau des Künstlers; „Die Baumeister".

In den Sälen 23 und 24 sind auch Werke von Rodin (eine Studie über einen der „Bürger von Calais", eine Skizze des „Kusses" und ein Porträt Victor Hugos) sowie Werke von Antoine Bourdelle, *„Die Musiker" von Zadkin", Keramiken von Matisse und dekorative bemalte Holzplatten (in Vitrinen) von Fernand Léger zu sehen.

Antiken-Abteilung

Funde aus Mesopotamien. Die Städte Sumer und Akkad: Schrifttafeln aus Stein, Siegel, Münzen (Vitrine I). – Das westliche Asien: Texte in Keilschrift (Vitrine II). – Mesopotamien, Ur-Dynastie: Inschriften auf Stein, Siegel, Zylinder (Vitrine III). – Nordmesopotamien (1. Hälfte des 2. Jahrtausends vor Christus): Zylinder und Siegel (Vitrine IV). – Assyrien (9.–7. Jh. v. Chr): Steininschriften, Siegel, Zylinder (Vitrine V). – Vasen und Amphoren aus Zypern. – Fragmente von Wandmalereien (8. Jh. v. Chr.; Vitrine VII). – Neo-babylonische Tafel (7.–6. Jh. v. Chr.), Siegel (Vitrine VIII).

****Großer ägyptischer Saal.** Gegenstände und Stücke von großer Qualität sind hier zahlreich vertreten: Sarkophage, Mumien, ein Kindersarg, Urnen, Begräbnisbarken und Grabplatten; Schmuckstücke, Amulette, behauene Steine, Kunstgegenstände, Vasen und Amphoren; Figurenreliefs, Vorderfronten von Altären und Opfertische; Darstellungen von Göttern und heiligenTieren; Weingefäße aus mehrfarbigem Ton; Statuen einer Königin und zweier Eheleute; profane und sakrale Skulpturen, Holzskulpturen; ein Relief, das eine Prozession darstellt, und die Statue eines Richters mit seinen Töchtern.

Im Puschkin-Museum werden auch wechselnde Ausstellungen bedeutender Werke der führenden Museen der Welt sowie (jeden Dezember) Kammermusikkonzerte veranstaltet.

*

Nördlich des Puschkin-Museums für Bildende Künste ist in Haus Nr. 5 der *Marx-Engels-Straße* [Plan s. S. 66/67, B–C3] das

***Marx- und Engels-Museum** (*Muzej Marksa i Engelsa*).

Es beherbergt Manuskripte, Handschriften, Fotografien, Briefe, Zeichnungen, Stiche, Bilder und persönliche Gegenstände, die Karl Marx gehörten, u.a. seinen Arbeitssessel, in dem er am 14. März 1883 starb. Einige Säle sind der Entwicklung des Marxismus-Leninismus in der UdSSR und in anderen Staaten gewidmet.

*

Die

Kropotkin-Straße (*Ulitsa Kropotkina*) war, als sie noch *Pretschistjenka* hieß, eine der elegantesten Straßen Moskaus. Aus dieser Zeit sind nur noch einige Privathäuser übriggeblieben, die vom alten Moskau aus „Krieg und Frieden“ erzählen. Platz und Straße tragen den Namen des Fürsten Pjotr Kropotkin, der ein bekannter Geograph und Forscher war, aber noch bekannter wurde als Theoretiker der Anarchie. – Haus Nr. 10/5 (17. Jh., im 19. Jh. umgebaut) beherbergt das Friedenskomitee der UdSSR. Gegenüber, am Haus Nr. 7, erinnern eine Gedenktafel und ein Basrelief an die erbitterten Kämpfe von 1917, die um dieses Gebäude stattgefunden haben. – Das

***Puschkin-Haus** (*Dom Puschkina*), Kropotkin-Straße 12 [Plan s. S. 66/67, B3] ist ein schöner Herrensitz, der zur Straße hin mit einem Portikus mit sechs Säulen geschmückt ist und an der Seitenfassade (Eingang hier) eine weitere Säulenreihe hat. Es wurde 1814 von *A. Grigorjew* erbaut und ist seit 1961 Puschkin-Museum.

Das Puschkin-Haus mit seinen unter Stuck verborgenen Holzwänden ist nicht nur eines der schönsten alten Häuser Moskaus, sondern die Besichtigung ist auch deshalb zu empfehlen, weil die Salons mit Geschmack eingerichtet sind und die Gegenstände lehrreich präsentiert werden.

Alexander (Aleksandr) Sergejewitsch Puschkin wurde am 26. Mai 1799 als Sproß einer sehr alten Adelsfamilie geboren, die Rußland im Laufe der Jahrhunderte mehrere seiner vornehmsten Diener geschenkt hatte. Mütterlicherseits stammte er von Abraham Hannibal, dem „Mohren Peters des Großen" ab (seine Mutter war die Enkelin Hannibals). Das Haus seiner Kindheit bot ihm keineswegs Geborgenheit: Man ging viel aus, veranstaltete häufig Empfänge. Das Geld war knapp, denn der Lebensstil, den man führen mußte, um sich auf hohem gesellschaftlichem Niveau zu halten, verschlang ungeheure Summen. Für den jungen Alexander Sergejewitsch blieb der Zufluchtsort die riesige Bibliothek, wo ihm Voltaire, Byron, Ossian, Molière, Camões, Racine, Vergil, Torquato Tasso, Wieland und Parny sehr viel zuverlässigere, sein Leben bereicherndere Gefährten waren als die Schöngeister, die den Salon der Mutter frequentierten.

Alexander Puschkin trat ins Kaiserliche Lyzeum von Tsarskoje Sjelo ein. Nach dem Studium folgte eine Stelle als Beamter im Außenministerium und eine mondäne, oberflächliche Existenz. Ein paar Epigramme, ein paar subversive Verse trugen Puschkin die Versetzung von der Hauptstadt nach Jekaterinoslaw ein. Shukowskij, der große Dichter der damaligen Zeit, hat wohl geahnt, was Puschkin später für Rußland bedeuten sollte, und er verteidigte ihn gegen die Angriffe des Hofes und der Stadt. Zweifellos ist es zum Teil seiner Fürsprache zu verdanken, daß Puschkin General Rajewskij in den Kaukasus begleiten durfte. Puschkin war in eine der Töchter des Generals verliebt, die spätere Fürstin Wolkonskaja, die dann ihrem Mann, einem der Dekabristen, nach Sibirien folgte. Im Kaukasus schrieb der Dichter den „Gefangenen im Kaukausus", die „Fontäne von Bachtschisaraj" und den Anfang von „Eugen Onegin".

Puschkin wurde dann, 1823, nach Odessa gesandt und dem Generalgouverneur Worontsow unterstellt. Dieser fand bald einen Vorwand, um seinen Sekretär zu entfernen, der ihm zu viel Geist und Kühnheit besaß. Er entdeckte nämlich in dessen Korrespondenz, daß Puschkin den Atheismus nicht grundsätzlich verwarf. Der Dichter wurde also „in seine Heimat zurückgeschickt", nach Michajlowskoje, wo ihn seine gekränkte, erboste Familie unfreundlich empfing. Zum Glück ging die Familie von dort fort, und der junge Mann blieb allein auf dem Besitz zurück. Dank der treuen Arina Rodionowna wurde das Exil in Michajlowskoje für ihn erträglich und sogar wichtig, denn sie verhalf ihm zur Entdeckung des unerschöpflichen Schatzes russischer Volksmärchen und führte ihn gleichzeitig in die Sprache der Bauern ein. Michajlowskoje rettete Puschkin auch davor, während des Dekabristen-Aufstandes mit allen seinen Gefährten verhaftet zu werden.

Nachdem Nikolaus I. den Thron bestiegen hatte, stimmte er der Rückkehr Puschkins nach St. Petersburg zu. Der Dichter bekam aber einen persönlichen Zensor, den Polizeichef Graf Benkendorf.

Die Zeit zwischen 1825 und 1830 war eine fruchtbare Periode, in der Puschkin intensiv schrieb: „Poltawa", „Der eherne Reiter", „Der steinerne Gast", „Die Geschichte des Gutes Gorjuchino", den Schluß von „Eugen Onegin". Dann heiratete er die sechzehnjährige Natalija Gontscharowa. Nikolaus I. ernannte den Dichter (im Alter von 35 Jahren) zum Kammerjunker. Puschkin interessierte sich ausschließlich für die Palastarchive, und er schrieb die Abhandlung „Die Geschichte des Pugatschow-Aufstands" und die Erzählung „Die Hauptmannstochter". Er begann die „Geschichte Peters des Großen". Der Dichter, der bald in das turbulente Hofleben und das Kielwasser der Verehrer seiner Frau gezogen wurde, fand nur auf seinem Landsitz Ruhe. Durch die Intrigen und den Spott der Petersburger Gesellschaft erregt, forderte er schließlich in heftiger Eifersucht den französischen Emigranten Georges d'Anthés zum Duell und starb, tödlich getroffen und noch nicht 38 Jahre alt, am 10. 2. 1837. – Das Werk Alexander Puschkins ist beachtlich, denn ohne der Vergangen heit untreu zu werden, eröffnete er der russischen Literatur einen ganz neuen Weg. Er reinigte die Sprache und schuf die Grundlagen, ohne die die russische Literatur des 19. Jahrhunderts nicht das wäre, was sie ist.

*

Saal 1: Eingangshalle, mit Stichen aus der Zeit Puschkins dekoriert.

Saal 2: Die Kindheit Puschkins. Die Vorfahren; die Familienbibliothek, die das Interesse Puschkins für die ausländische Literatur des 17. und 18. Jahrhundert offenbart. – Zeichnungen, Karikaturen, Briefe, Handschriften; Porträts von Zeitgenossen, vor allem von Byron, an dem Puschkin sich orientierte, sowie von Freunden der Familie. Sehr schönes Bronzerelief von Bellaschowa.

Saal 3: Rechts vom Eingang die ersten politischen Gedichte der Jahre 1826 bis 1828. Die Jahre in Moskau und St. Petersburg. Reise in den Kaukasus. Puschkins Interesse für Peter den Großen. Kopie des Puschkin-Porträts von Kiprenskij. Die Zitate auf den Tafeln stammen fast alle aus „Eugen Onegin". Auf einer Bildtafel mit gemalten Landschaftsszenen ist das schöne Gedicht „Herbst" zu lesen; auf kleinen Tafeln hinter Plexiglas, die man durchblättern kann, Prosatexte und Verse.

Saal 4: Die kleinen glasierten Tonfiguren illustrieren Erzählungen Puschkins; Gegenstände aus Michajlowskoje, dem Sitz der Vorfahren. Porträt des Dichters von Tropinin. Unter Glas Brieftasche Gogols, dessen Porträt an der Wand hängt; Porträts von Puschkin und seiner Frau, die als schönste Frau Rußlands galt.

Saal 5: Der **„Eherne Reiter" in St. Petersburg, der den Dichter zu einem seiner schönsten Werke inspirierte. Unter Glas Entwürfe zu „Pique-Dame" und das Werk selbst.

Saal 6: Geschichte des Pugatschow-Aufstandes und dessen grausamer Unterdrückung durch Katharina II. Was Puschkin daraus entnommen hat. Porträt Katharinas II. und Pugatschows. – „Die Hauptmannstochter".

Saal 7: Puschkins Schreibzimmer.

Saal 8: Das Leben in Moskau um 1830. Zwei ovale Porträts von Alexander und Natalija Puschkin. Handschriftliche Briefe. Schreibzeug des Dichters. Eine Tafel mit zwei Strophen von Herzen (Gertsen) und eine andere mit einem langen Gedicht von Puschkin. Ebenfalls unter Glas ein Modell seiner Privatwohnung. – Der Tod Puschkins: Ein Haarbüschel von Natalija Puschkina. Die Totenmaske. Das Grab im Park des Klosters Swjatyje Gory. Porträts von Radischtschew, Wjazemskij und Lermontow.

Obergeschoß: Bibliographie und Textinterpretationen. Schauspieler, die seine Werke interpretiert haben; Bilder, die von Puschkin inspiriert sind. – Hier finden Konferenzen, Treffen und Ausstellungen über den Dichter statt, den die Russen als ihren größten verehren.

*

Das Haus gegenüber, Kropotkin-Straße 11, ist das 1987 bis 1989 wegen Renovierung geschlossene

Tolstoi-Museum [Plan s.S. 66/67, B–C3] (*Muzej Tolstogo*). Es ist in einem Holzhaus mit Säulen untergebracht, das *A. Grigorjew* für die Familie des Dichters Lopuchin erbaute.

Das Museum beherbergt eine Dokumentation über Leben und Werk des Dichters sowie einen großen Teil seiner Bibliothek. In einem der Säle werden mehr als 16000 Manuskriptseiten aufbewahrt, Entwürfe, die er ständig korrigierte. Man kann sehen, daß das Manuskript für „Krieg und Frieden" ursprünglich mehr als 5000 Blätter umfaßte, das für „Anna Karenina" 2500 und das Manuskript zu „Auferstehung“ mehr als 7000. Auch Zeichnungen, darunter, diejenigen, die zur Illustration von „Reise um die Welt in 80 Tagen“ bestimmt waren, findet man hier.

Kropotkin-Straße Nr. 16 ist eine große Villa aus dem 18. Jahrhundert. Das heute „*Haus der Gelehrten*“ („*Dom Utschenych*“) genannte, von zwei steinernen Löwen bewachte Gebäude ist Sitz des Klubs der Moskauer Wissenschaftler (über 5000 Mitglieder). – Das Gebäude Nr. 17 ist das *Haus von Denis Dawydow*, dem Dichter, der sich im Krieg von 1812 auszeichnete und der Gestalt von Waska Denissow in „Krieg und Frieden“ einige Züge verlieh.

Die *Akademie der Schönen Künste* [Plan s. S. 66/67, B4; Kropotkin-Str. 21] und das *Institut für Kunstgeschichte* sind in einem gemeinsamen großen Gebäude (Anfang 19. Jh.) untergebracht.

Weg 8: Jenseits des Sadowaja-Ringes – *Panorama-Museum von Borodino

Spaziergang von 1 bis 1½ Stunden, ohne Anfahrt gerechnet. – Anfahrt: Metro-Station Kutuzowskaja.

Über Besuchstage und Öffnungszeiten dieser beiden Museen gibt das Service-Büro im Hotel Auskunft.

Jenseits der Kalinin-Brücke (s. S. 134) ändert der Kalinin-Prospekt seinen Namen in *Kutusow-Prospekt* [Plan s. S. 66/67, A3]. Es ist die alte Straße nach Smolensk, seit der polnischen Invasion die Straße der Eroberer.

Die Armee Napoleons wartete auf einem Hügel vergebens auf die Kapitulation Moskaus, während in einer nahegelegenen Izba (hölzerne Bauernhütte) Feldmarschall Kutusow (s. u.) den dramatischen Kriegsrat von Fili abhielt, der über Moskaus Schicksal entscheiden sollte: „Zum Wohl des Vaterlandes gebe ich den Befehl zum Rückzug.“

***Panorama-Museum von Borodino** (Museum der Schlacht von Borodino) [Kutusow-Prospekt Nr. 38]. 1912 schuf der Maler *F. Rubo* eine monumentale Darstellung der Schlacht (115 m lang, 14 m hoch). 1962 wurde das Bild restauriert und in dem Rundbau (Architekt *Helfrich*) zur Erinnerung an den 150. Jahrestag der Schlacht aufgestellt. In der *Kutusow-Hütte* (*Kutuzowskaja Izba*) sind Landkarten und andere Andenken an die Schlacht von Borodino zu sehen. – In der Nähe erinnert ein *Triumphbogen* (1817, *O. Bowe*) an den Sieg von 1812.

Dieser Teil des Kutusow-Prospektes wurde 1975 in *Platz des Sieges* (*Ploschtschad Pobjedy*) umbenannt.

Nördlich des Platzes (nahe Metrostation Fili) steht die

Kirche Mariä Fürsprach und Schutz in Fili (*Tserkow Pokrowa w Filjach*). Sie wurde 1693 im Auftrag des Bojaren Naryschkin (eines Onkels Peters des Großen) erbaut. Sehr schön die große barocke **Ikonostase.

Rechts und links des Kutusow-Prospekts, der bald in die Autobahn Moskau–Minsk mündet, liegen moderne Wohnviertel.

Weg 9: Jenseits des Sadowaja-Ringes – ***Neues Jungfrauenkloster

Für diesen Ausflug in die Vergangenheit muß man – ohne Anfahrt – eine gute Stunde ansetzen. – **Anfahrt:** Metro-Station Sportiwnaja. Man folgt dann der Straße Frunzenskij Wal und biegt rechts in die Bolschaja Pirogowskaja Ulitsa ein. – Autobus Nr. 64, 108, 132; Trolleybus Nr. 5 und 15.

Das Neue Jungfrauenkloster [Plan s. S. 102/103, B6] (*Nowodjewitschij Monastyr*) ist eine der schönsten Klosteranlagen, die man in Rußland sehen kann. Es ist gleichzeitig auch ein geschichtsträchtiger Ort. Die massiven, von 12 Türmen flankierten Ziegelmauern, umgeben die Kathedrale der Muttergottes von Smolensk (Sobor Smolenskoj Bogomateri), vier weitere Kirchen, zahlreiche Klostergebäude und einen Friedhof.

Das Kloster wurde 1524 als Konvent und Festung von Wasilij III. zur Feier der Heimholung von Smolensk ins Moskauer Reich (1514) gegründet. Als Vorposten schützte das Kloster die Hauptstadt vor Angreifern wie dem Tataren-Chan (1551) und den Soldaten des Hetmans von Litauen (1612). Hinter den Mauern des Klosters hat sich manches Drama abgespielt: Boris Godunow nahm hier 1598 seine Wahl zum Zaren an; die von Peter I. verstoßene Zarin Eudoxia (Jewdokija) verbrachte hier einige Jahre ihres Lebens. Ihre Schwägerin Sofija, die Halbschwester Peters, wurde 1689 in dem Kloster eingesperrt, weil sie eine Verschwörung gegen den Zaren angezettelt hatte. Dieser ließ vor ihren Augen 1300 Strelitzen hinrichten, die sich mit ihr verbündet hatten, 1812 besuchte Napoleon das Kloster, und es heißt, daß die mutigen Nonnen die französischen Soldaten daran gehindert hätten, die Gebäude anzuzünden. 1922 wurde der Klosterbereich dem Historischen Museum als Abteilung für russische Architektur des 16. und 17. Jahrhunderts angegliedert. – Die

Kathedrale der Muttergottes von Smolensk (*Sobor Smolenskoj Bogomateri*) hat fünf Kuppeln, die enger zusammengedrängt sind als die anderer Kirchenbauten. Das gibt dem Gebäude eine gewisse Eleganz, die noch durch die Schmucklosigkeit seiner Fassaden unterstrichen wird.

Die Innenwände der Stiftskirche

Neues Jungfrauenkloster

und die Pfeiler sind ganz mit Fresken überzogen.

Diese Fresken, die von *Simeon Uschakow*, *Michail Milutin* und *Fjodorow* stammen, zeigen Szenen aus dem Alten und dem Neuen Testament. Auf den Pfeilern sind Bilder der russischen Fürsten, die entsprechend der Tradition die Stützen des orthodoxen Glaubens waren.

Gegenüber vom Eingang sind herrliche **Ikonen. Bei einigen von ihnen ist noch die Strahlenkrone aus Edelsteinen erhalten.

Die **Ikonostase, eine der außergewöhnlichsten, die es in Moskau zu sehen gibt, umfaßt fünf Ikonenreihen in Rahmen aus vergoldetem Holz und Stuck.

Die Ikonen sind ein Gemeinschaftswerk von etwa fünfzig Künstlern aus den Ateliers der Rüstkammer (s. S. 105), das unter Leitung von K. Michajlow entstand. Auftraggeberin dieser Ikonostase, die 1683 im Kreml war und später in die Klosterkirche gebracht wurde, war die Regentin Sofija Aleksejewna.

In einem kleinen Nebenraum sieht man den Kirchenschatz: Kultgegenstände, sakrales Silber, gestickte Priestergewänder, Ikonen, Evangeliare.

Zahlreiche Grabsteine: Katharina, die Schwester Peters I.; Eudoxia (Jewdokija) Lopuchina, die erste Frau des Zaren; Sofija, die im Kloster als Halbgefangene ein ziemlich bewegtes politisches Leben beendete.

Sofija ließ, gegen Ende des Jahres 1680 einen Teil der Gebäude errichten, die das architektonische Ganze abrunden: Die Refektorium-(Trapeznaja-)Kirche (für Gottesdienste geöffnet), die vier ihrer fünf Kuppeln verloren hat, der Glockenturm mit seinen teilweise ausgefüllten, teilweise durchbrochenen Etagen und die Kathedrale sind in einer Achse angeordnet und bilden so eine Harmonie von Linien, Kuppeln und vergoldeten Zwiebeltürmen, die in der Sonne glänzen. – Zur gleichen Zeit wurden die Tortürme mit Kapellen überbaut, die ebenfalls Zwiebeltürme haben: der *Preobrashenskaja-Kapelle* (*Verklärung-Mariä-Kapelle*; Nordportal) und der *Pokrowskaja-Kapelle* (*Fürbitt-Kapelle*; Südportal). Erstere gilt als eines der schönsten Barockbauwerke Moskaus.

Auf dem

Friedhof des Neuen Jungfrauenklosters ruhen Nikolai Gogol, Anton Tschechow, Sergej Aksakow, Wladimir Majakowski und seine Familie, Nikolai Ostrowski, Alexander Fadejew, der Maler Sjerow, die Bildhauerin Wera Muchina, die Komponisten Alexander Skrjabin, Sergej Prokofjew und Dimitri Schostakowitsch, die Regisseure Konstantin Stanislawski und Sergej Eisenstein und viele Gelehrte.

An der vom Kloster nach Nordosten, zum Sadowaja-Ring, führenden *Bolschaja Pirogowskaja Ulitsa* [Plan s. S. 66/67, B4], nach einem berühmten Chirurgen benannt, liegen mehrere medizinische Anstalten. Sie mündet am *Zubowskaja-Platz* in den Sadowaja-Ring. Kurz vor der Einmündung steht links in einer Grünanlage ein *Leo-Tolstoi-Denkmal*. Von dort verläuft nach rechts die *Tolstoi-Straße* (*Ulitsa Tolstogo*). Hier ist (Nr. 21) das

***Tolstoi-Haus** [Plan s. S. 66/67, B4] (*Dom Tolstogo*). Der Dichter hat dieses Haus erworben, kurz bevor er sich endgültig in Jasnaja Poljana niederließ, er behielt es aber als Stützpunkt in Moskau bei.

Die Fortsetzung der Bolschaja-Pirogowskaja-Straße ist die *Kropotkin-Straße* (*Ulitsa Kropotkina;* s. S. 149), die ins Zentrum von Moskau führt.

Zwischen der Bolschaja Pirogowskaja Ulitsa und der Moskwa erstreckt sich das alte Viertel der *Chamowniki*, ein alter russischer Ausdruck für „Weber“, wo sich auch die Kirche

St. Nikolaus der Weber befindet (für Gottesdienste geöffnet), die zwischen 1676 und 1682 gebaut wurde. Sie ist im klassischen Kokoschniki-Stil gehalten, mit fünf kleinen, zwiebelförmigen Kuppeln und pyramidenförmigem, mit Arkaden und Dachfenstern verziertem Glockenturm. Ihre Ausgestaltung mit naiven Bildern in leuchtenden, dem Volksgeschmack entsprechenden Farben – grüne und rote Muster auf weißem Grund – verleiht ihr einen ganz besonderen Reiz.

Weg 10: Jenseits des Sadowaja-Ringes – **Lenin-Stadion – Pionierpalast – Leninberge – Lomonossow-Universität

Diese Besichtigungstour, die Teil eines Intourist-Ausflugs sein kann, sollte mit dem Auto oder dem Bus gemacht werden.

Anfahrt: Metro: Zum Stadion, Haltestelle Sportiwnaja; zu den Leninbergen und zum Pionierpalast Haltestelle *Leninskije Gory* (Achtung! Diese Metrostation ist wegen Renovierung für einige Jahre geschlossen.); zur Universität Haltestelle Universitet. – Trolleybus Nr. 28 für die gesamte Strecke. – Die

Metro-Station Leninskije Gory [Plan s. S. 102/103, B7] ist Teil der längsten Brücke Moskaus (*Metromost*). Die obere Bahn der Doppelstockbrücke ist Fußgängern und Autos vorbehalten, die untere dient der Metro. Die Ausgänge der Metro-Station führen über Rolltreppen entweder zum linken Ufer der Moskwa und zum Lenin-Stadion oder zum rechten Ufer und zu den Leninbergen.

Zwischen dem *Komsomol-Prospekt* (*Komsomolskij Prospekt*) und dem *Lushniki-Kai* (*Lushnetskaja Nabereshnaja*) liegt die

***Sportstadt Lushniki** [Plan s. S. 102/103, B7]. Sie vereint auf

Lenin-Stadion

einer Fläche von ca. 180 ha einen großen Komplex von Sportanlagen, die nach 1955 in dem ehemals versumpften Gelände errichtet worden sind, das von der Schleife des Moskwa-Flusses umschlossen wird. – Das

Lenin-Stadion (*Stadion imeni Lenina*), das am besten mit der Metro (Station Sportiwnaja gegenüber dem Haupteingang) zu erreichen ist, bietet auf den

Zuschauertribünen 100000 Menschen Platz. Unter den Tribünen sind 900 Räume: Garderoben, Sportsäle, Badeanlagen, ein Hotel, ein Restaurant, Versorgungseinrichtungen u.a. – Der

Sportpalast (*Dworjets Sporta*) faßt 12000 Zuschauer. Hier finden neben Sportveranstaltungen auch Eisrevuen, künstlerische Darbietungen und politische Versammlungen statt.

Außer einer überdachten kleinen Sportarena (10000 Plätze) gibt es hier ein Schwimmstadion (10000 Plätze), eine ganzjährig benutzbare Eisschnellaufhalle („Kristall"), eine Mehrzweck-Sporthalle („Drushba"; 3000 Plätze), mehrere andere Plätze für verschiedene Diziplinen sowie ein Museum für Körperkultur, sportmedizinische Institute, ein Filmtheater, Trainingshallen, Cafés und Restaurants.

Die Anlagen der Sportstadt Lushniki waren Hauptaustragungsstätten der Olympischen Spiele des Jahres 1980 in Moskau.

Am *Prospekt Wernadskogo* [Plan s.S. 102/103, A–B7] liegt links nach der Kreuzung mit der *Worobjowskoje Schossé*, die zur Aussichtsterrasse (s. rechte Spalte) hinaufführt, der

Pionierpalast

[Worobjowskoje Schossé 11/1]. Er ist ein weitläufiger Komplex aus Beton, Glas und Aluminium, dessen Gebäudeteile durch Laufgänge miteinander verbunden sind (1962 erbaut). Der Bau dient den Jungen Pionieren (Jugendorganisation für 10- bis 14jährige Kinder), die hier Werkstätten, Labors, Stadien, Räume zum Schachspielen, für fotografische Übungen, für Kinovorführungen sowie Bibliotheken und Theatersäle vorfinden.

200 m weiter südlich sieht man links am Wernadski-Prospekt (Nr. 5) das originelle Gebäude des 1980 errichteten *Musikalischen Kindertheaters.*

Nahe der Metro-Station Uniwersitet steht am Prospekt Wernadskogo der größte *Zirkus-Bau* Moskaus mit 3000 Plätzen.

Über die Worobjowskoje-Chaussee [Plan s. S. 102/103, A–B7] (*Worobjowskoje Schossé*) steigt man (eine Viertelstunde Weg) zu einer ausladenden

****Terrasse** hinauf. Von dort hat man einen herrlichen Blick auf die Stadt: Vor einem liegen die Bauten Moskaus und die vergoldeten Kuppeln Dutzender von Kirchen, im Rücken hat man die Lomonossow-Universität, die die Leninberge krönt. – Die

Leninberge [Plan s. S. 102/103, A7] (*Leninskije Gory*), die ehemaligen *Sperlingsberge*, liegen etwa 15 km vom Roten Platz entfernt. Sie bieten einen prächtigen Blick auf die Stadt und den Fluß.

Früher waren die Sperlingsberge Zufluchtsort, Beobachtungsposten oder strategischer Stützpunkt: Iwan der Schreckliche flüchtete dorthin, als 1547 eine Feuersbrunst Moskau zerstörte. Napoleon verfolgte von hier aus den Ablauf der militärischen Operationen, bevor er am 14. September 1812 in die Stadt eindrang; und von hier aus beschoß die rote Artillerie 1917 den Kreml.

Staatliche Moskauer Lomonossow-Universität [Plan s. S. 102/

103, A7] (*Moskowskij Gosudarstwennyj Uniwersitet imeni Lomonosowa*)

1948 beschloß die Regierung den Bau eines großen Universitätskomplexes auf den Leninbergen, die inzwischen zum Kern eines neuen Stadtviertels geworden sind. Die 320 ha einnehmende Anlage trägt den Namen des Gelehrten Michail Lomonossow (Lomonosow), des Gründers der ersten Universität Moskaus 1755 (s. Weg 5a, S. 131). Es ist das Gemeinschaftswerk einer Architektengruppe.

Zu der am 1. September 1953 eröffneten Universität gehören heute 60 Gebäude, die eine Fläche von 360 ha einnehmen. Die Universität umfaßt 17 Fakultäten und eine 18. für die 2000 ausländischen Studenten, etwa 1000 Forschungslaboratorien, verschiedene Museen, ein internationales Theater, Klubs, eine reiche Bibliothek mit mehr als einer Million Bänden, mehrere Tausend Zimmer für Studenten-Wohnungen und Einzelbungalows für Professoren und das Verwaltungspersonal, einen großen Sportkomplex, Kinderkrippen, Grünanlagen, Einkaufszentren und ein Krankenhaus. Das

Lomonossow-Universität

Zentralgebäude hat 31 Stockwerke. Der Mittelturm ist 240 m hoch. Die vier Seitenflügel haben jeweils 17 Stockwerke.

Vor dem Eingang zur Universität am Lomonossow-Prospekt steht eine große *Lomonossow-Statue*. Zahlreiche Denkmäler und Statuen sind in den Parkanlagen um das Universitätsgelände zu finden. Entlang dem Prospekt Wernadskogo erstreckt sich ein *Botanischer Garten* von 42 ha Größe. Nahe dem Moskwa-Ufer, nördlich der Universität, liegt eine *Ski-Sprungschanze* (*Tramplin*).

Weg 11: Oktoberplatz – *Gorki-Park – **Don-Kloster

Anfahrt: Metro-Station Park Kultury imeni Gorkogo und Oktjabrskaja; Autobus Nr. 5, 8, 108, 111, 115, 144, 196; Trolleybus Nr. 4, 7, 10, 17, 28, 31, 33, 62 und B (Б).

Der Park ist 6 km vom Zentrum der Stadt entfernt. Für die Besichtigung des Don-Klosters braucht man 30 bis 45 Minuten. Der gesamte Zeitaufwand für den hier beschriebenen Weg hängt hauptsächlich davon ab, wieviel Zeit man im Gorki-Park verbringt. – Der

Oktoberplatz [Plan s. S. 66/67, C4 und S. 102/103, C6] (*Oktjabrskaja Ploschtschad*) ist einer der großen Plätze der Stadtviertel am rechten Ufer der Moskwa. Im Südwesten des Platzes steht das große *Hotel Warschau* [Plan s. S. 66/67, C4 und S. 102/103,

C6] (*Gostinitsa Warschawa*). Nahebei ist der Eingang zum Gorki-Park (s. u.). Vom Oktober-Platz geht der *Lenin-Prospekt* [Plan s. S. 102/103, C6–B7) (*Leninskij Prospekt*) aus. Die 45 bis 48 m breite und 14 km lange Straße verbindet den *Sadowaja-Ring* mit der Ringautobahn.

Am jetzigen mit mehreren modernen Neubauten bedeckten Oktober-Platz markierte früher das *Kalugaer Tor* die Stadtgrenze. Hier stand auch das Gesandtschaftshaus der Krim-Tataren. Durch das Kalugaer Tor traten 1812 die Soldaten Napoleons den Rückmarsch an. Sie folgten der alten Straße nach Kaluga (*Bolschaja Kalushskaja Ulitsa*), die nun vom Lenin-Prospekt überbaut ist.

Einer der populärsten Parks Moskaus ist der

***Gorki-Park der Kultur und Erholung** [Plan s. S. 66/67, C4] (*Park Kultury i Otdycha imeni Gorkogo*). Der über 100 ha große öffentliche Erholungspark entstand 1928 aus kaiserlichen und privaten Gärten. Im nördlichen Teil liegen Kinos, Tanzflächen, Restaurants, Cafés, Schachklubs, Ausstellungssäle, Leihbibliotheken, ein Riesenrad u.a.m. sowie ein Freilichttheater mit 10000 Plätzen. Der Teil *Njeskutschnyj Sad* (*Lustgarten*), der Park des früheren Lustschlosses (s. rechte Spalte), ist eine Anlage im Stil des 18. Jahrhunderts mit Hügeln, Teichen, Grünflächen und reichem Baumbestand. – Der

Lenin-Prospekt begrenzt den Gorki-Park im Osten. Den modernen Straßenzug säumen Hochhäuser, in denen meist wissenschaftliche Institute untergebracht sind. Es gibt aber auch einige alte Bauten wie (Haus Nr. 10) das klassizistische

Städtische Krankenhaus, das 1769 bis 1801 von *Kazakow* als *Golitsyn-Hospital* errichtet wurde. Von dem Architekten *Bowe* stammen andere Klinikgebäude (Haus Nr. 8). Sie wurden 1828 bis 1833 erstellt. – In einem alten Palais (Haus Nr. 14) ist der Sitz des

Präsidiums der Akademie der Wissenschaften der UdSSR [Plan s. S. 102/103, C7]. Das Gebäude wurde 1756 für den Industriellen Prokofij Djemidow als *Lustschloß* (*Njeskutschnyj Dworjets*) errichtet. Im Park ließ Djemidow einen Botanischen Garten, den *Njeskutschnyj Sad*, anlegen, der nun Teil des Gorki-Parks (s. linke Spalte) ist. Im 19. Jahrhundert wurde das Palais, das Zar Nikolaus I. erworben hatte, umgebaut.

In der Schloßanlage sind zwei Museen (ein mineralogisches und ein paläontologisches) untergebracht (Informationen über Besichtigungsmöglichkeiten im Dienstleistungsbüro im Hotel).

Weiter im Südwesten mündet der Lenin-Prospekt in den zweitgrößten Platz Moskaus, den nach dem ersten Kosmonauten benannten

Gagarin-Platz [Plan s. S. 102/103, B7] (*Gagarina Ploschtschad*) mit einer großen Wohnanlage, einem riesigen Einkaufszentrum (mehr als 100 Geschäfte, Restaurants u.a.) und einem fast 100 m hohen *Gagarin-Denkmal* (1980). Hier war früher die *Kalushskaja Zastawa* (*Kalugaer Zollschranke*).

Weiter stadtauswärts auf dem Lenin-Prospekt gelangt man zur *Patrice-Lumumba-Universität der Völkerfreundschaft* (für Studenten aus den Entwicklungsländern Afrikas, Lateinamerikas und Asiens) und zur Ringautobahn. – Vom Gagarin-Platz zweigt nach Westen die *Worobjowskoje Schossé* ab, die zur Lomonossow-Universität (s. S. 156), zu dem Filmstudio „Mosfilm" und zum *Kiewer Bahnhof* führt.

*

Zum Don-Kloster kann man entweder vom Oktober-Platz aus durch die *Donskaja Ulitsa* [Plan s. S. 102/103, C6–C7] oder durch die gegenüber dem Akademiegebäude in den Lenin-Prospekt einmündende *Stasowoj Ulitsa* gelangen. – Das

**DON-KLOSTER

[Plan s. S. 102/103, C7) (*Donskoj Monastyr*) ist eines der sechs im Mittelalter zum Schutz der Stadt gegen Tatarenüberfälle angelegten Wehrklöster.

Der Überlieferung nach entstand das Kloster auf dem Lagerplatz der russischen Truppen, die 1591 den Tatarenhorden des Chans Kasy-Girai Widerstand geleistet haben. Der Name kommt von der Ikone „Muttergottes vom Don", unter deren Schutz sich die russischen Soldaten gestellt hatten. Sie wurde bis 1917 in diesem Kloster verehrt. Heute ist der Wehrbau eine Zweigstelle des *Schtschusew-Museums für russische Architektur* (s. Weg 5b, S. 133).

Das Kloster ist von einer 1686 bis 1711 errichteten Wehrmauer mit 12 Festungstürmen umgeben. Das älteste Gebäude ist die

Kleine oder Alte Kathedrale (*Malyj/Staryj Sobor*). 1591 bis 1593 erbaut, ist sie typisch für den Stil dieser Zeit: ein kubischer Bau mit einer einzigen Kuppel und dreireihigen Stufenbögen. Später kamen ein Refektorium und der Glockenturm hinzu. – Die 1698 fertiggestellte

Große Kathedrale (*Bolschoj Sobor*) steht in der Mitte des Festungsquadrats, gegenüber dem Klostereingang. Die im Grundriß quadratische Anlage weist an allen Seiten eine halbkreisförmige Apsis auf (im Osten mit zwei Nebenapsiden). Fünf Kuppeln krönen den Baukörper, der innen von einer Galerie umrahmt wird, zu der drei Treppen hinaufführen. – Die Ikonostase kann durch ein Gitter besichtigt werden.

In der *Galerie* sind die Exponate des Museums untergebracht: Modelle, Entwürfe und Pläne von bedeutenden Bauten Rußlands ab 1700 (Tsarskoje Sjelo, Peterhof), die Petersburger Paläste, das Schloß von Tsaritsyno, das Palais Paschkow in Moskau u. a.). – Zeichnungen, Porträts berühmter Architekten, Möbel, Architekturfragmente u. a. m. – Die Abteilung *Grabmäler und Sarkophage* ist in der

St.-Michaels-Kirche. Dieses 1809 als Grabkirche der Familie Golitsyn errichtete klassizistische Gebäude birgt neben den Grabdenkmälern der Golitsyns Werke bekannter Bildhauer. – Über dem Nordportal des Klosters wurde von 1713 an die

Kapelle der Gottesmutter von Tichwin (*Tichwinskaja Tschasownja*) errichtet. Der schlanke Bau hat zwei Stockwerke; über dem Kuppeldach ist ein Glockengeschoß, das ein schlankes Türmchen ziert. – Auf dem alten

Friedhof sind die Gräber namhafter Persönlichkeiten. Auch die Mutter Turgenjews sowie Freunde und Verwandte Puschkins sind hier beerdigt.

In der Nähe des Klosters steht in der Donskaja Ulitsa die

Kirche der Gewandniederlegung (*Tserkow Rispoloshenija*). Sie ist mit ihren fünf silbergrauen Kuppeln ein Musterbeispiel der Moskauer Barockstils. Die für den Gottesdienst geöffnete Kirche hat eine vergoldete Ikonostase und ein gutes Stuckdekor.

Weg 12: **Andronikow-Kloster

Anfahrt: Die Metro-Stationen Kurskaja oder Taganskaja sind beide noch relativ weit vom Ziel entfernt.

Das Andronikow-Kloster (*Andronikowskij Monastyr*) [Prjamikowa Ploschtschad Nr. 10; Plan s. S. 102/103, E5] ist eines der sechs Wehrklöster Moskaus. In der Anlage sind heute das **Museum für alte Kunst* und das ***Andrej-Rubljow*-Museum untergebracht.

1359 aus Holz gebaut, wurde das Kloster 1420 aus Stein neuerrichtet und vergrößert Der Mönch und Maler *Andrej Rubljow* beteiligte sich an der Ausschmückung der Gebäude, vor allem an der der *Erlöser-Kathedrale*. Im 16. Jahrhundert kam das *Refektorium* (*Trapeznaja Palata*) hinzu, dessen schwere Balkendecke durch einen einzigen Pfeiler in der Mitte des Raumes gestützt wird. 1694 entstand die *Erzengel-Kirche* (*Archangelskij Sobor*). Das Kloster wurde durch eine Außenmauer stark befestigt. Ende des 18. Jahrhunderts hat man den *Glockenturm* gebaut. Nach dem Brand von 1812 wurde die Anlage erneut erweitert und in den siebziger Jahren des 20. Jahrhunderts sorgfältig restauriert. – Das

***Museum für alte Kunst** ist im Refektorium. Die Sammlung umfaßt Kultgegenstände aus dem 12. und 13. Jahrhundert: Ikonen, Münzen und Siegel, Kruzifixe und liturgische Bücher. Die ältesten Stücke stammen aus Nowgorod und dem Gebiet des früheren Fürstentums Wladimir-Suzdal.

Die 1410 bis 1427 errichtete **Erlöser-Kathedrale** (*Spasskij Sobor*) ist Moskaus erster Kirchenbau aus weißem Stein. Die Kirche, in der Andrej Rubljow begraben liegt, wurde im Lauf der Zeit erheblich verändert, erhielt aber durch eine sorgfältige Restaurierung ihr altes Aussehen zurück. In den Fensternischen wurden Reste von Rubljows Fresken freigelegt.

Über Andrej Rubljow (um 1360 – um 1430) ist in einem Text aus dem 17. Jahrhundert zu lesen: „Der hochgeachtete Andrej von Radonesh, genannt Rubljow, hat viele Ikonen gemalt, die alle sehr prächtig sind. Dieser Andrej war unter dem verehreten Priester Nikon von Radonesh Mönch. Nikon forderte ihn auf, im Gedenken an den heiligen Sergej (Sergius), den Wundertäter, die Heilige Dreifaltigkeit zu malen...“ (Es handelt sich bei Sergej um den Gründer des Dreifaltigkeitsklosters von Zagorsk, ehemals Sergejewo, s. S. 176.) Rubljow lebte bis ans Ende seiner Tage als Mönch im Andronikow-Kloster und fand auch seine letzte Ruhestätte dort “ – Das

****Andrej-Rubljow-Museum** (*Muzej imeni Andreja Rubljowa*) in den alten Klostergebäuden bewahrt Kopien von Werken des Meisters und Ikonen, die man in letzter Zeit gefunden und restauriert hat. Man erhält einen guten Überblick über die Ikonenmalerei des Mittelalters. Im *Dreifaltigkeitssaal* sind mehrere Variationen zu diesem Thema der Ikonenmalerei zu sehen. Dort ist auch eine Kopie des Originals, das heute in der Tretjakow-Galerie (s. S. 137) aufbewahrt wird. Eine weitere Kopie befindet sich in Suzdal (s. S. 182).

*

Etwa 1,5 km vom Prjamikow-Platz und dem Andronikow-

Kloster entfernt, aber noch im gleichen Stadtviertel, liegt östlich der Mündung der Jauza in die Moskwa der *Taganskaja-Platz* (*Taganskaja Ploschtschad*) [Plan s.S. 66/67, F3], an dessen Ostseite das 1980 errichtete neue Gebäude des *Taganka-Theaters* (*Teatr na Taganke*) steht.

Hinter dem massiven Metro-Stationsgebäude beachte man die in einer Nebengasse zwischen modernen Hochhäusern stehende kleine, aber sehr schöne rotweiße, mit vier dunkelblauen und einer goldenen Kuppel versehene *Kirche Mariä Himmelfahrt der Töpfer* (*Tserkow Uspenija w Gontscharach*; 1654; Gottesdienst). Südwestlich vom Taganskaja-Platz ist, unweit der Stelle, wo der Ableitungskanal wieder in die Moskwa mündet (nächste Metro-Station: Paweletskaja) das *Bachruschin-Theatermuseum* (Bachruschinskaja Ulitsa 31) [Plan s.S. 66/67, E4] interessant.

Weg 13: Prospekt Mira

Weg 13a: **Ausstellung der Volkswirtschaftlichen Errungenschaften der Sowjetunion

Die Dauer dieses Besichtigungsweges hängt hauptsächlich davon ab, wie viel Zeit man der Ausstellung widmet.

Anfahrt: Metro-Station WDNCH; Autobus Nr. 33, 56, 61, 76, 81, 83, 85, 176, 215, 259; Trolleybus Nr. 13, 36, 69, 73, 76.

In dem 9 km langen *Friedens-Prospekt* [Plan s.S. 102/103, D3–D2] (*Prospekt Mira*) erinnert heute kaum mehr etwas daran, daß dieser Straßenzug ein Stück der alten Klosterstraße ist, die einst von Suzdal nach Kiew führte. Der von Hochhäusern gesäumte Prospekt Mira verbindet das Stadtzentrum Moskaus mit dem Gelände der Ausstellung der Volkswirtschaftlichen Errungenschaften der Sowjetunion. Entlang dem Prospekt und in seiner näheren Umgebung findet man nur noch wenige Zeugen der Vergangenheit: Rechts, an der Einmündung des *Grocholskij Pereulok* liegt der

Kleine Botanische Garten, den Peter der Große 1706 für den Anbau von Heilpflanzen anlegen ließ. Der japanische Ziergarten mit den sehr alten Zwergbäumen ist sehenswert. – Vor dem 1980 errichteten Bau des Sportkomplexes „Olimpijskij" (links vom Prospekt) steht die

***Metropolit-Philipp-Kirche**(*Tserkow Swjatogo Mitropolita Filippa*), ein 1771 bis 1773 von *Kazakow* errichteter klassizistischer Bau. Unweit davon, in einer Seitengasse der *Durowa Ulitsa* Moskaus einzige *Moschee* (*Meschet*). Weiter nördlich liegt an der Westseite des Prospekts Mira der

Rigaer Bahnhof (*Rishskij Wokzal*), ein weiß-grün getünchter Bau von 1899. Nach Überqueren der Bahnlinie sieht man rechts im Osten die

Dreifaltigkeitskirche (*Tserkow Troitsy*), einen klassizistischen

Bau vom Beginn des 19. Jahrhunderts mit dem *Pjatnitskij-Friedhof*. Noch weiter im Norden liegt östlich des Prospekts Mira die

Kirche der Muttergottes von Tichwin in Alexejewskoje (*Tserkow Tichwinskaja w Alekseiewskom*; 17. Jh.). Die sehr elegante Kirche mit ihren fünf Zwiebeltürmen gehörte zu dem vom Zaren Aleksej Michajlowitsch gegründeten Dorf Aleksejewskoje. – Der Prospekt Mira macht nun einen Knick nach rechts (Nordosten). Rechts, nach dem Straßenknick, steht der imposante Bau des 1979 von sowjetischen, französischen und jugoslawischen Baufirmen errichteten Hotels „Kosmos". Links vom Straßenknick, nahe der Metrostation WDNCH, lenkt das 107 m hohe

***Sputnikdenkmal,** offiziell „Monument zu Ehren der Bezwinger des Kosmos", den Blick auf sich. Das aus Titan errichtete und 1964 der Öffentlichkeit übergebene Denkmal stellt eine aufwärtsstrebende Rakete dar, die sich von einem an eine Startrampe erinnernden Sockel in die Luft zu erheben scheint. Auf dem mit glänzendem Metall umkleideten Sockel berichten Flachreliefs von den verschiedenen Phasen der Eroberung des Weltraums.

Im Unterbau ist ein Museum eingerichtet, das ein umfassendes Bild von der sowjetischen Raumforschung gibt. – Vor dem Denkmal steht das Denkmal Konstantin Ziolkówskis (1857–1935), der ein Wegbereiter der russischen Weltraumfahrt war.

Das Raumfahrerdenkmal ist mit dem Prospekt Mira durch eine Allee verbunden, an der die Bronzebüsten der Kosmonauten Jurij Gagarin, Walentina Tereschkowa, Pawel Bjelajew, Aleksej Leonow und Wladimir Komarow stehen.

Vor dem riesigen Säulentor zur

**AUSSTELLUNG DER VOLKSWIRTSCHAFTLICHEN ERRUNGENSCHAFTEN DER SOWJETUNION

(*Wystawka Dostishenij Narodnogo CHozjajstwa Sowjetskogo Sojuza*, abgekürzt WDNCH) erhebt sich die Monumentalplastik „Arbeiter und Kolchosbäuerin" [Plan s. S. 102/103, D1]. Das Werk wurde von Wera Muchina für den Pavillon der UdSSR auf der Pariser Weltausstellung 1937 geschaffen. Rechts davon liegt der größte Bau der Ausstellung, der Pavillon der UdSSR auf der Weltausstellung 1967 in Montreal. Er wurde dort abmontiert und hier 1968 wieder aufgebaut.

Auf dem 211 ha großen Gelände wurde 1954 eine Landwirtschaftsschau eröffnet, 1956 kam eine Industrieausstellung hinzu. Ursprünglich wollte man in verschiedenen Pavillons die Leistungen jeder einzelnen Sowjetrepublik zeigen. 1959 wurde die Konzeption geändert: Mit Ausnahme des Hauptpavillons dokumentiert jeder Pavillon nun einen der Wirtschaftszweige des Landes.

Es ist unmöglich, diesen riesigen Komplex in einem Rundgang vollständig zu besichtigen. Der Tourist wird die Ausstellung mit einer Intourist-Gruppe per Bus besuchen. Ein Reisender, der mehr Zeit zur Verfügung hat, wird sich das aussuchen, was ihn besonders interessiert.

Am 35 m hohen Hauptpavillon ist die Station der Ausstellungsbahn und der Kleinbusse, die den Verkehr auf dem 60-km-Straßennetz der Ausstellung bewältigen. Der Erholung dienen zahlreiche Restaurants, Cafés und Parkanlagen. – Der

Hauptpavillon [Plan s. S. 102/103, D1] ist schon von weitem an seiner hohen, von einem vergoldeten Stern gekrönten Spitze zu erkennen. Er ist den 15 Republiken der Sowjetunion gewidmet. Im Hauptsaal dieses Unionspavillons zeigt eine riesige thematische Landkarte der UdSSR die industrielle Entwicklung von 1917 bis 1940, von 1941 bis 1965 und von 1965 bis in die Gegenwart. Andere Säle stellen mit Mitteln der Statistik den wachsenden Wohlstand in der UdSSR dar.

Volkswirtschaftsausstellung

Eine ausführliche Beschreibung dieser Ausstellung ist hier nicht möglich. Im folgenden werden die Pavillons aufgezählt, von denen anzunehmen ist, daß sie einen ausländischen Touristen interessieren:

Atomenergie, Physik, Biologie, Automobilindustrie, Städtebau sowie die Pavillons, die der Erziehung, den Künsten, der Medizin und den Massenmedien gewidmet sind. Zweifellos die meisten Besucher zieht der

*** * Raumfahrt-(Kosmos-)Pavillon** an. Zu sehen sind dort: die Serie der Sputniks; – Raketen; – eine automatische Raumstation, die die der Erde abgekehrte Seite des Mondes erforschen sollte (1959); – „Luna 9“, die auf dem Mond landete und Aufnahmen von der Mondoberfläche vermittelte; – Ankoppelung zweier Raumschiffe im Weltraum (1969); – die automatische Raumstation „Luna 16“; – die „Wostok“-Kabine; – Modelle des Mondmobils „Lunochod“ und der „Saljut“-Raumstationen. – In Vitrinen sind Kosmonauten-Ausrüstungen sowie Nahrungs- und Heilmittelvorräte der Raumfahrer ausgestellt.

Vor dem Kosmos-Pavillon steht eine Nachbildung der Trägerrakete und des Raumfahrzeugs des „Wostok“-Unternehmens.

Weg 13b: *Ostankino (Museum des Kunstschaffens der Leibeigenen)

Anfahrt: Metro-Station WDNCH; Autobus Nr. 24, 76, 85, 215, 259, 637; Trolleybus Nr. 13, 36, 69, 73.

Ostankino [Plan s. S. 102/103, B–C1] war das riesige Gut der Grafen Scheremetjew. Das Areal ist mehrere Hundert Hektar groß. Mehr als die Hälfte davon sind Parkanlagen, darunter der *Dzershinskij-Park* [Plan s. S. 102/103, C1] und der *Große Botani-*

sche Garten (s.S. 164). – Das

***Palais von Ostankino** [Perwaja Ostankinskaja Ulitsa Nr. 5; Plan s.S. 102/103, C1] ist ein schöner, klar gegliederter Herrensitz. Es ist eine Holzkonstruktion, wirkt aber durch den kunstvollen Verputz wie ein Steinbau. Den Eingang bildet ein erhöhtes Tor mit sechs Säulen. Galerien verbinden die Seitenflügel mit dem Hauptgebäude.

Ende des 18. Jahrhunderts ließen die Grafen Scheremetjew das Schloß nach Plänen des italienischen Architekten *Quarenghi* von Leibeigenen ihres Gutes errichten. Auch die Innenausstattung ist größtenteils das Werk leibeigener Künstler.

Das Palais, das heute das **Museum des Kunstschaffens der Leibeigenen* (*Muzej Twortschestwa Krepostnych*) beherbergt, hat eine prächtige Inneneinrichtung. Türen, Fenster, Mauern und Möbel sind mit vergoldeten Plastiken geschmückt. Die Bemalung der Decken, die Kronleuchter aus Bergkristall und die Gobelins sind in Farbe und Ausführung den Räumen und deren Bestimmung angepaßt. Die mit Säulen geschmückte und mit einem sehr guten Parkett ausgelegte *Gemäldegalerie* beherbergt Skulpturen, Gemälde (italienische und flämische Künstler des 18.Jh.; französische Maler des 18.Jh.), Stiche sowie russisches und ausländisches Porzellan.

Das *Theater* war das Kernstück der Schloßanlage und berühmt wegen seiner Maschinerie: In wenigen Minuten konnte z.B. der Saal auf eine Ebene mit der Bühne gebracht werden, und es entstand so ein großer Ballsaal.

Einer der Grafen Scheremetjew heiratete um 1800 die leibeigene Schauspielerin Parascha. Er bediente sich des Könnens seiner Leibeigenen und stellte aus Leibeigenen ein Theaterensemble zusammen, das damals etwa so bekannt war wie das des Bolschoj-Theaters heute.

Eine Galerie verbindet das Theater mit dem *Konzertsaal*, dessen Akustik hervorragend ist. Ein anderer Pavillon beherbergt eine *Skulpturensammlung*. – Westlich vom Schloß liegt die

Dreifaltigkeitskirche von Ostankino (*Tserkow Troitsy w Ostankinje*) mit ihren fünf Kuppeln, das Werk (1678–1692) des leibeigenen Baumeisters *Potjechin.*

Der Park im Südwestteil des Scheremetjew-Gutes wurde zum öffentlichen *Dzershinskij-Erholungspark* umgestaltet. – Im Nordwesten des früheren Gutsterrains wurde 1959 der

***Große Botanische Garten der Akademie der Wissenschaften** eröffnet. Auf einer Fläche von 360 ha zeigt er die unterschiedliche Flora der UdSSR. Mit 2500 Arten ist der Rosengarten der größte der Welt. – Die Landschaft um Ostankino wandelt sich. Das am Stadtrand gelegene Viertel beherbergt heute zwei

Fernsehzentren mit mehr als 3500 Räumen, darunter 30 Fernseh- und Filmstudios. – Der

Fernsehturm [Plan s.S. 102/103, C1] ist 537 Meter hoch. Auf 328 Metern Höhe ist das dreistöckige drehbare Aussichtsrestaurant „Zum siebenten Himmel". Der Turm steht auf zehn Betonstreben, von denen jede 3500 Tonnen zu tragen hat. Die Turmspitze soll bei normalem Wetter zwei Meter, bei starkem Wind bis zu 13 Metern schwanken.

Weg 13c: Sokolniki-Park der Kultur und Erholung

Östlich des Prospekt Mira erstreckt sich der Sokolniki-Park der Kultur und Erholung [Plan s. S. 102/103, E2–3; Anfahrt: Metro-Station Sokolniki]. Nach 1931 haben hier Wald und Gebüsch einem riesigen Park mit Freilichttheater, Tanzflächen, Schlittschuhbahnen, Lesesälen, Volksfest-Attraktionen, Restaurants und Cafés Platz gemacht.

Im Park steht der ehemalige Pavillon der „Nationalen Ausstellung der Vereinigten Staaten von Amerika", die 1959 hier veranstaltet worden ist. Es war die erste große ausländische Ausstellung, die in Rußland organisiert wurde.

Ursprüngllich war Sokolniki ein der Falkenjagd der Zaren vorbehaltenes Waldgehege (sokol = Falke). Im 18. Jahrhundert wurde der Park zu einem Vergnügungszentrum für das Volk von Moskau. Während der Evakuierung von 1812 wurde er dann für viele Moskauer Bürger, die keinen Landbesitz außerhalb der Stadt hatten, zum Zufluchtsort.

Weg 13d: Die Museen um den *Platz der Kommune

Ziel dieses Besichtigungsweges sind die kleineren Museen in der Nähe des Platzes der Kommune (nicht weit vom Prospekt Mira entfernt). Diese Museen sind nicht von großer Bedeutung, aber sie runden das Bild ab, das der Besucher von Moskau gewinnen kann. Über Besichtigungsmöglichkeiten sollte man sich beim Dienstleistungsbüro im Hotel erkundigen.

Anfahrt: Metro-Station Prospekt Mira. Dann geht man die in die Westseite des Prospekt Mira einmündende Durowa Ulitsa [Plan s. S. 102/103, C–D3–4] am Sportkomplex „Olimpijskij" vorbei zum Platz der Kommune (Ploschtschad Kommuny).

*

Die *Durowa Ulitsa* ist nach dem Tierlehrer und Zirkusclown W. Durow benannt. Das hellblaue Haus (Nr.4) ist das

„Durow-Eck", ein Museum, Zoo und Tier-Theater mit ca. 200 dressierten Tieren.

*

Kurz vor dem Platz der Kommune führt von der Durowa Ulitsa eine Gasse nach Süden zum

Wasnjetsow-Museum [Pereulok Wasnjetsowa Nr. 13]. Es ist ein schönes Holzhaus, in dem der Maler W. Wasnjetsow (1848–1926) dreißig Jahre lang gelebt hat. Das Haus ist in seinem ursprünglichen Zustand. Es hält mit Gemälden, Stichen, Zeichnungen und Skizzen die Erinnerung an den Volksmärchen-Maler lebendig.

Vom Platz der Kommune zweigt nach Nordwesten die *Dostojewskogo Ulitsa* ab. Haus Nr. 2 ist das alte *Dostojewski-Spital* (*Bolnitsa imeni Dostojewskogo*). Dort wurde ein

Dostojewski-Wohnungsmuseum (*Muzej-Kwartira Dostojewskogo*) eingerichtet. Es ist die Dienstwohnung der Eltern des Dichters, der hier 1821 geboren wurde.

Dostojewskis Vater war an dem früheren Marien-Spital als Arzt tätig. In der kleinen Wohnung werden Bilder, Stiche, Fotos, Dokumente, Manuskripte und andere persönliche Gegenstände Dostojewskis aufbewahrt.

Das auffallende Gebäude in Form eines Sowjetsterns am Platz der Kommune (Haus Nr. 2) ist das *Zentraltheater der Sowjetarmee* (*Tsentralnyj Teatr Sowjetskoj Armii*).

Nördlich vom Platz der Kommune, in der *Straße der Sowjetarmee* (*Ulitsa Sowjetskoj Armii*) Nr. 2, steht das

Zentralmuseum der Streitkräfte der UdSSR (*Tsentralnyj Muzej Woorushennych Sil SSSR*). Hier sind Dokumente, Gemälde, Skulpturen, Trophäen und Waffen gesammelt, die die Geschichte der Roten Armee dokumentieren, darunter die Fahne, die am 30. April 1945 auf dem Reichstag in Berlin gehißt worden ist.

Weg 14: Moskau – von der Moskwa aus gesehen

Die Fahrt mit dem Ausflugsboot auf dem Moskwa-Fluß, deren Ausgangspunkt der Südliche Flußhafen [Plan s. S. 102/103, D7] ist, endet flußaufwärts am Kiewer Bahnhof [Plan s. S. 102/103, B5]. Sie gibt einen guten Überblick über die Stadt.

Am *Danilow-Kai* (*Danilowskaja Nabereshnaja*) sieht man links die wuchtige Ummauerung des

Danilow-Wehrklosters, das unter Iwan dem Schrecklichen errichtet worden ist. – Rechts stehen am *Simonow-Kai* (*Simonowskaja Nabereshnaja*) die Anlagen der *Lichatschow-Automobilwerke* und der *Dynamo-Werke*. Dann sieht man die Türme des im 14. Jahrhundert gegründeten

Simonow-Wehrklosters. Die Festung sowie der ebenfalls erhalten gebliebene südliche Teil der Festungsmauer mit den drei Türmen, dem Refektorium und einigen anderen Gebäuden stammen aus dem 17. Jahrhundert.

Steilufer-Kai (*Krutitskaja Nabereshnaja*): Am Steilufer der Moskwa erhebt sich rechts die Backsteinmauer des

Krutitskoje Podworje [Plan s. S. 102/103, E6]. Das „Vorwerk" war ursprünglich Residenz der Metropoliten von Moskau, später Kaserne, in der Alexander Herzen, der revolutionäre Schriftsteller, inhaftiert war, bevor er ins Exil geschickt wurde. Von den Gebäuden ist besonders der *Krutitskij Terjemok*, ein mit bunten Kacheln verkleideter Torbau, gut erhalten geblieben.

Nowospasskij-Brücke (*Nowospasskij Most*): Links vor der Brücke, in einem kleinen Park, befindet sich das

Pavillon-Museum Trauerzug W.I. Lenins. Hier stehen die Lokomotive U-127 und der Waggon Nr. 1691, die für die Überführung der Leiche Lenins von dem Gutshof Gorki Leninskije am 23. Januar 1924 nach Moskau eingesetzt worden sind [Adresse:

Leninskaja Ploschtschad 1; Metro-Station Paweletskaja]. Rechts steht das

Neue Kloster des Erlösers [Plan s. S. 102/103, D6] (*Nowospasskij Monastyr*). Es ist eines der ältesten Klöster Moskaus (von Iwan Kalita 1340 gestiftet, 1446 angelegt) und zählt noch mehrere Kirchen. Der von einer vergoldeten Kuppel überragte 78 Meter hohe *Glockenturm* stammt aus den 80er Jahren des 18. Jahrhunderts. Mit seinen mehrstöckigen Säulenreihen wirkt er sehr massiv. – Die

Kirche der Verklärung (*Preobrashenskaja Tserkow*), die 1645 bis 1647 in traditionellem Stil mit fünf Kuppeln erbaut wurde, ist das bedeutendste Heiligtum dieses Klosters, denn sie war dazu bestimmt, den Romanows als Grabkirche zu dienen. Einige Mitglieder der Familie sind auch hier beerdigt. – Die gewaltige Mauer mit den Ecktürmen wurde 1630 bis 1642 errichtet. – Die anderen vier Kirchen wurden zu Wohnungen umgebaut.

Man passiert dann das *Koshewniki-Viertel*, das ehemalige Viertel der Gerber. Die Schuhfabrik „Pariser Kommune" knüpft gleichsam an die Tradition dieser „Lederhandwerker" an. – Nach der 725 m langen

Krasnocholmskij-Brücke erreicht man (rechts) die 1654 bis 1702 erbaute *Kirche Mariä Himmelfahrt der Töpfer* (*Tserkow Uspenija w Gontscharach*).

Links liegt das Zamoskworjetschje-Viertel (s. Weg 6a, S. 135). – Am

Gorki-Kai (*Nabereshnaja Gorkogo*; links) steht das *Institut für Technologie*. Rechts sieht man am Kotelnitschewskaja-Kai, vor der Einmündung der Jauza, eine mächtige *Wohnanlage* (31 Stockwerke, 170 m hoch, 700 Wohnungen), die 1952 errichtet worden ist. – Wenn man unter der

Moskworjetskij-Brücke (*Moskworjetskij Most*), die von der imposanten Fassade des Hotels „Rossija" (s. S. 118) beherrscht wird, hindurchgefahren ist, kommt man auf die Höhe der *Basilius-Kathedrale* (s. S. 114) und dann zum *Kreml* (s. S. 99), den man zwischen dem Kreml-Kai und dem Maurice-Thorez-Kai passiert. – Nach der

Großen Steinbrücke (*Bolschoj Kamjennyj Most*) erblickt man rechts den wuchtigen Bau der *Lenin-Bibliothek* (s. S. 132). – Über dem

Bersenjewskij-Kai (links) sieht man das 1931 errichtete *Hochhaus an der Serafimowitsch-Straße* mit dem Kino „Udarnik" („Aktivist"), Warenhaus und dem *Neuen Varieté-Theater*. Am Kai steht die alte *Residenz des Sekretärs der Duma* (17. Jh.). Dahinter ist die Kirche *St. Nikolaus von Bersenjewka* (1656; Bersenjewka = Residenz eines hohen Hofbeamten d. Mitte d. 17. Jh.) mit ihren fünf Kuppeln zu sehen. – Rechts, am

Kropotkin-Kai, liegt das große Schwimmbad „Tschajka" („Möwe") und nach der

Krim-Brücke (*Krymskij Most*) erreicht man den Frunse-(Frunze-) Kai auf der Höhe der *Bauausstellung* (sie ist eine Abteilung der Ausstellung der volkswirtschaftlichen Errungenschaften der Sowjetunion, s. S. 162).

Man erreicht nun den

Gorki-Park (links) und gelangt dann an den Fuß der Leninberge, die von dem neuen Hochhaus des *Präsidiums der Wissenschaften der UdSSR* und (etwas weiter) von der *Lomonossow-Universität* (s.S. 156) gekrönt werden.

Dann macht die Moskwa einen weitgezogenen Bogen, der den Park und die *Sportanlagen von Lushniki* (s.S. 153) umschließt. Man fährt an den rechts liegenden hohen Mauern des

Neuen Jungfrauenklosters (s. S. 153) vorbei und erreicht schließlich auf der Höhe des

Kiewer Bahnhofs [Plan s.S. 102/103, B5] die Endstation der Bootsfahrt.

Weg 15: Weitere Sehenswürdigkeiten in Moskau und seiner näheren Umgebung

Ein Teil der Paläste, Kirchen oder Museen, die hier beschrieben werden, liegt am Stadtrand oder in der näheren Umgebung der Stadt, aber in einem Umkreis von weniger als 40 Kilometern vom Kreml entfernt. Man kann also dorthin fahren, ohne sich vorher bei Intourist die Reiseroute genehmigen zu lassen. Es wird jedoch empfohlen, sich vorher bei den Intourist-Büros nach den Öffnungszeiten zu erkundigen und Informationen über organisierte Führungstouren mit dem Bus einzuholen.

„Njemjetskaja Sloboda"

In diesem Viertel wohnte an der heutigen *Baumanskaja Ulitsa* (früher *Njemjetskaja Ulitsa, Deutsche Straße*) im 17. Jahrhundert die Ausländerkolonie Moskaus. Peter der Große machte in Njemjetskaja Sloboda („Ansiedlung der Deutschen") aus Westeuropa stammende Ingenieure, Militärs, Gelehrte usw. mit ihren Familien ansässig. Heute trägt das Viertel den Namen des Bolschewisten *N.E. Baumann* (*Bauman*), der während einer Demonstration im Jahre 1905 von einem Polizeispitzel getötet wurde.

Epiphania - Patriarchats - Kathedrale [Plan s. S. 102/103, E4] (*Bogojawlenskij Patriarschij Sobor*; Spartakowskaja Ulitsa Nr. 15; Metrostation Baumanskaja). Die alte Epiphania-Pfarrkirche aus dem 18. Jahrhundert wurde in der ersten Hälfte des 19. Jahrhunderts wieder aufgebaut und vergrößert. Sie ist seit 1943 die Kathedrale des Patriarchen von Moskau.

Die Innenausstattung ist im Stil des 19. Jahrhunderts gehalten. Sehenswert sind hingegen einige alte Ikonen: An der Ikonostase hängt links vom Mittelportal die Ikone der Muttergottes von Kasan. Sie hat die Soldaten Minins und Posharskijs (s.S. 96) begleitet. Ferner sind in der Kirche die Ikonen der Muttergottes von Tichwin und des heiligen Nikolaus, Bischofs von Myra. Vor der Ikonostase steht der Schrein mit den Reliquien des heiligen Aleksej, eines der Metropoliten von Moskau (gest. 1378). – Man kann in dieser Kirche festlichen Gottesdiensten beiwohnen.

Weiter östlich, in der *Zweiten Baumann-Straße* (*Wtoraja Baumanskaja Ulitsa*; Nr.3), steht das

Lefort-Palais(*Lefortowskij Dworjets*; Metro-Station Elektrozawodskaja). Dieses Palais, in dem heute das *Kriegshistorische Archiv* untergebracht ist, kann nicht besichtigt werden. Seine Fassade ist sehenswert. Das Gebäude wurde zwischen 1697 und 1699 für Admiral Franz Lefort, einen gebürtigen Schweizer und Waffengefährten Peters des Großen, erbaut. Später ging das Palais an A. Menschikow über, der es weiter ausbaute. 1801 errichtete der Architekt *Kazakow* die beiden Flügel als Unterkünfte für die Garde.

Südlich des Palais ist in der selben Straße das **Baumann-Institut**, enie technische Hochschule (*Baumanskij Technitscheskij Institut*). Es ist in einem klassizistischen Palais aus dem 18. Jahrhundert untergebracht, das 1830 von *Gilardi* und *Grigorjew* neu aufgebaut wurde. Der erste Bau wurde für den Grafen Orlow, einen Günstling Katharinas II., errichtet.

Am anderen Ufer der Jauza kann man die klassizistischen Gebäude des *Militärhospitals* (Anfang 19. Jh.) und weiter östlich den *Ausländerfriedhof* sehen, wo sich ein *Mahnmal* für die Toten der Großen Armee befindet.

Ismailowo

Der Erholungs- und Kulturpark von Ismailowo (Izmajlowo; U-Bahn-Station Izmajlowskij-Park) erstreckt sich über eine Fläche von insgesamt 1800 ha und bietet viele Attraktionen. Er liegt südlich eines alten Herrensitzes aus dem 17. Jahrhundert, von dem noch folgende Gebäude erhalten geblieben sind: die große, von zwei Bauwerken aus dem 19. Jahrhundert flankierte *Kathedrale* (1671–1679) mit fünf Kuppeln, die *St.-Josaphat-Kirche* (Ende 17. Jh.) im Moskowiter Barockstil und ein monumentales *Tor* mit drei Eingängen, das von einem Schatjor (achteckiger kegelförmiger Turm) überragt wird.

Zum Südeingang des landschaftlich äußerst reizvollen Parks gelangt man über die *Chaussee der Enthusiasten* (*Entuziastow Schossé*) [Plan s.S. 102/103, E5], das ist die alte Straße nach Wladimir und nach Sibirien. Bei dieser Straße begann gleich nach der Revolution der Bau der Industriebetriebe der jungen sowjetischen Hauptstadt. Ihr neuer Name spielt auf den Enthusiasmus ihrer Erbauer an.

Vor dem Park zweigt (wenn man vom Zentrum kommt) von der Chaussee der Enthusiasten rechts eine Straße nach *Kuskowo* (s. u., etwa 10 km vom Zentrum) ab.

**Kuskowo

Der Besuch dieses alten Herrensitzes der Grafen Scheremetjew vermittelt einen sehr guten Einblick in das Leben eines luxus- und kunstliebenden Adeligen aus der Zeit Katharinas II.

Anfahrt: Metro-Station Rjazanskij Prospekt. Mit dem Wagen fährt man entweder über den Park von Ismailowo und die Chaussee der Enthusiasten (s. oben) oder über die Nishegorodskaja Ulitsa [s. Plan S. 102/103, E6] und ihre Verlängerung, den Rjazanskij Prospekt. Nach der Metro-Station links in die Ulitsa Papernika einbiegen. Sie führt zur Ulitsa Junosti 2, wo sich der Haupteingang befindet.

Öffnungszeiten: Im Sommer täglich von 11 bis 18 Uhr, im Winter von 10 bis 15 Uhr außer montags und dienstags.

Die Bauten und Gärten liegen am nördlichen Ufer eines großen Teiches, in dem sich die *Kirche* aus dem Jahr 1737, ihr getrennt stehender *Glockenturm* und die Südfassade des Schlosses widerspiegeln. Das ***Schloß* selbst ist ein schöner Holzbau, der zwischen 1761 und 1775 in reinstem klassizistischem Stil von leibeigenen Architekten auf einen Steinsockel gebaut wurde. Zwei ausladende Auffahrtsrampen führen zu einem ionischen Mitteltor, das von einem dreieckigen Giebel überragt wird. Die seitlichen Vorbauten haben bogenförmige Giebel.

Im Süden verläuft in der Axe zum Schloß ein geradliniger Kanal zwischen zwei Säulen hindurch und verlängert die Perspektive bis zur schönen *Kirche* (17. Jh.) des ehemaligen Dorfes *Weschnjaki*. Vor der Nordfassade des Schlosses sind schöne, in französischem Stil gehaltene *Parkanlagen* um eine von einer Minerva-Statue gekrönte Säule gruppiert. Diese Anlagen erstrecken sich bis zur *Orangerie*, welche die Perspektive von dieser Seite abschließt. Im westlichen Teil des Parks dokumentiert das *Holländische Haus* die Vorliebe für Holland, die Peter der Große in Mode brachte. Weiter nördlich liegt der *Pavillon der Ermitage*. Im östlichen Teil des Parks spiegeln sich in einem zweiten Teich der typisch barocke *Pavillon der Grotte* und das *Italienische Haus* wider.

Die Räume des Schlosses sind sehr schön im klassizistischen Stil ausgestattet. Sie enthalten **Sammlungen von Möbeln, Gemälden und Lüstern aus dem 18. sowie flämische Gobelins aus dem 17. Jahrhundert. Ein Porzellanmuseum zeigt kostbare russische und ausländische Sammlungen.

Die Kirche der Altgläubigen von Rogoshki

Der Friedhof von Rogoshki (Erinnerung an die Pestepidemie des Jahres 1771) umschließt die Kirche der Altgläubigen von Rogoshki (*Tserkow Rogoshskaja Starowertscheskaja*), einen Kirchenkomplex, zu dem zwei nach wie vor für den Gottesdienst der Altgläubigen bestimmte Gotteshäuser und ein heute dem offiziellen orthodoxen Glauben vorbehaltenes Gotteshaus gehören.

Anfahrt: Vom Abelmanowskoj Zastawy-Platz [Plan s. S. 102/103, E5–6] biegt man östlich in die Nishegorodskaja Ulitsa ein. Nach der Eisenbahnbrücke (etwa 3 km vom Platz) biegt man links ab in die Ulitsa Wojtowitscha und sieht von dort aus schon die drei Kirchen liegen.

Die Altgläubigen (Starowery; von den Orthodoxen meist als Raskolniki oder Kirchenspalter bezeichnet) weigerten sich, die vom Patriarchen Nikon im Jahre 1658 eingeführten kirchlichen Reformen (Revision der Meßbücher und Anlehnung an den griechischen Ritus) anzuerkennen. Der Erzpriester Awwakum, Dorfgeistlicher, religiöser Eiferer, leidenschaftlicher Polemiker und begabter Schriftsteller, der 1682 auf dem Scheiterhaufen enden sollte, führte die Oppositionsbewegung gegen die „Nikonianer" an. Ständige Verfolgungen der Raskolniki durch die offizielle Kirche gipfelten 1856 im völligen Verbot der Ausübung ihres Kultes und in der Schließung ihrer Kirchen. Erst das Toleranzedikt von 1905 gab ihnen die Kultfreiheit zurück und verlieh ihnen einen legalen Status.

Im 18. und 19. Jahrhundert fand man im Moskowiter Bürgertum unter den Kaufleuten und Industriellen zahlreiche Anhänger des „Alten Glaubens“, die ihre Gemeinde finanziell unterstützten.

Die Altgläubigen tragen grundsätzliche einen Bart, sie rauchen nicht und trinken keinen Kaffee. Ihre Ikonen sind immer sehr schön und alt, da sie die nach 1658 gemalten Ikonen, d.h. die religiöse Malerei im Saint-Sulpice-Stil, welche die orthodoxen russischen Kirchen überschwemmte, ablehnen.

Der *Glockenturm* vom Beginn des 20. Jahrhunderts überragt die kleine *Winterkirche*. Die große

***Kirche Mariä Fürsprach** (*Pokrowskij Sobor*) liegt dahinter. Sie ist ein von *Kazakow* unter Katharina der Großen erstelltes klassizistisches Bauwerk und heute Kathedrale des Erzbischofs der Altgläubigen Moskaus.

Die Kirche ist ein wahres Museum alter Ikonen. Der Gottesdienst und die Gesänge werden in der alten vornikonianischen Form praktiziert.

Die *Kirche des heiligen Nikolaus* (19. Jh.), die nördlich der beiden oben genannten Kirchen liegt, ist dem offiziellen orthodoxen Kult vorbehalten.

Kuzminki

Anfahrt: Metro: Station Kuzminki; Straßenroute: Über den Wolgogradskij Prospekt [Plan s.S. 102/103, E6]

bis zur Metrostation Kuzminki und dann die dritte Straße rechts (Ulitsa Akademika Skrjabina).

Dieser ehemalige Sommersitz der Fürsten Galitsyn erstreckt sich entlang einer *Ehrenallee* und um einen gekrümmten Teich, der die Achse des Parks bildet. Trotz Zerstörungen hat der Herrensitz Zeugnisse seiner einstigen Pracht bewahrt. Das Schloß selbst, das 1915 (bis auf den linken Flügel) einem Brand zum Opfer fiel, wurde durch eine moderne, nicht weiter nennenswerte Schule ersetzt, die aber immerhin Proportionen und architektonische Linien des Gesamtkomplexes wahrt.

Das Stadtgebiet zwischen Wolgogradskij Prospekt und Moskwa-Bogen ist durch große Fabriken und moderne Wohnviertel bestimmt.

Links von der Ehrenallee sind die *Kirche* und ihre *Sakristei* (beide schwer zerstört) zu sehen, links vom Ehrenhof liegen der bereits genannte erhalten gebliebene Flügel des *Schlosses* in klassizistischem Stil (*Gilardi*) und die Nebengebäude mit dem *Ägyptischen Pavillon*, der ihnen eine exotische Note gibt.

An den Ufern des Teichs findet man die Überreste des granitenen *Landestegs*, den früher liegende Löwen zierten, sowie das *Orangeriegebäude* und vor allem, am äußersten Westende, den *Marstall*.

**Kolomenskoje – Tsaritsyno – Gorki Leninskije

Anfahrt: Alle drei Herrensitze liegen nahe der Straße nach Kaschira. Nur Kolomenskoje ist mit der Metro zu erreichen (Stationen: Kolomenskaja oder Kaschirskaja). – Straßenverbindung: Man verläßt Moskau im Süden über die Bolschaja Tulskaja Ulitsa [Plan s.S. 102/103, C–D7], deren Verlängerung die Warschawskoje Schossé ist, von der links (Tunnel) die Straße nach Kaschira (Kaschirskoje Schossé) abgeht. – Kolo-

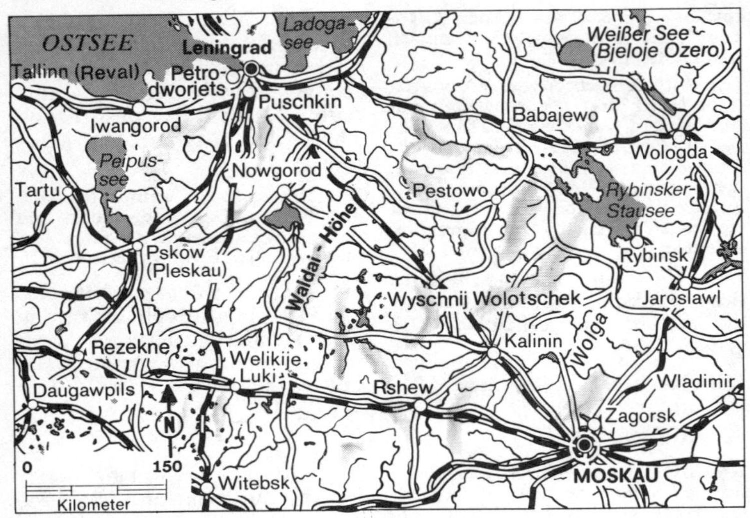

menskoje liegt 18 km, Tsaritsyno 28 km und Gorki Leninskije etwa 38 km südlich des Stadtkerns von Moskau.

Das ehemalige Dorf

****Kolomenskoje**

wurde zu einem *Freilicht-Architekturmuseum* umgestaltet, das eine Außenstelle des Historischen Nationalmuseums ist. Es umfaßt mehrere Kirchen, von denen einige im 16. und 17. Jahrhundert hier erbaut wurden, einige jedoch erst später hierher versetzt worden sind. Man kann hier auch Profanbauten bewundern, die Musterbeispiele für die Holzarchitektur des 17. Jahrhunderts sind.

Von den religiösen Bauten ist der bemerkenswerte die ***Christi-Himmelfahrtskirche* (*Tserkow Woznjesenija Gospodnja*) die 1533 anläßlich der Ernennung zum Großfürsten des später als Iwan der Schreckliche bekannten Zaren erbaut wurde (1880 restauriert). Sie gilt als die schönste Zeltdachkirche Rußlands und erregt schon seit Jahrhunderten die Bewunderung ihrer Besucher, zu denen auch Stendhal und Berlioz gehörten.

Die Kirche der Ikone der Muttergottes von Kasan (*Tserkow Kazanskoj Bogomateri*; 1660), die nach der Kasaner Ikone benannt ist, war im 17. Jahrhundert mit einem malerischen großen *Holzpalast* verbunden, der aus zahlreichen asymmetrischen Gebäudeteilen bestand und Zar Aleksej als Sommerresidenz diente. Unter Katharina II. wurde er zerstört, aber ein Modell, das in den restaurierten ehemaligen Wirtschaftsräumen des Palastes ausgestellt ist, gibt ihn naturgetreu wieder.

Sehenswert sind in Kolomenskoje ferner der *Vordere Torturm* (von der Seite der Himmelfahrtskirche und der Moskwa her) mit seinen beiden ungleichen Portalen und dem „Schatjor", der *Hintere Torturm* (von der Dorfseite her), der *Glockenturm* und der *Sokolinaja-(Falken-)Turm*, in dem der Zar seine Jagdfalken abrichtete. Die Profanbauten, die nach Kolomenskoje gebracht wurden, beherbergen zahlreiche Gegenstände der angewandten Kunst und Holzskulpturen. Zu diesen Bauten gehört u. a. das kleine *Holzhaus*, das Peter der Große sich in Archangelsk hat bauen lassen.

Südlich, jenseits eines malerischen Tales, steht in der nahegelegenen Ortschaft *Djakowo* in einem alten Friedhof, der das Steilufer der Moskwa beherrscht, die *Kirche St. Johannes der Täufer* (*Tserkow Ioanna Predtetschi*; 1529). Man betrachtet sie gern als einen der Prototypen der Basilius-Kathedrale auf dem Roten Platz, da auch sie aus einer zentralen Turmkirche besteht, die von kleineren Turmkapellen umgeben ist.

Kolomenskoje: Christi-Himmelfahrtskirche

Tsaritsyno

ist das Ziel eines romantischen Spaziergangs in einem Landschaftspark, wo man die malerischen Ruinen eines unvollendeten Schlosses sieht.

Katharina II. kaufte diesen Besitz 1775 von der Familie des Schriftstellers und Diplomaten Kantemir, der ihn zu Beginn des 18. Jahrhunderts von Peter dem Großen geschenkt bekommen hatte, zurück und begann sich mitten in einem Landschaftspark mit Schluchten und Teichen eine Vorstadtresidenz in pseudogotischem Stil bauen zu lassen. *Bashenow* errichtete einige Pavillons und begann mit dem Palastbau; die Zarin löste ihn jedoch durch *Kazakow* ab, der die Arbeiten in anderer Form fortführte. 1793 wurde das Projekt schließlich aufgegeben, und der Palast blieb unvollendet.

Man kann heute noch die Werke Bashenows (Brücken, Nebengebäude, Opernpavillon u.a.) sehen, welche die dekorative Fantasie des Barock mit Elementen des moskowitischen „Naryschkin-Stils" (weißes Steindekor auf rotem Ziegelgrund) und mit westgotischen Merkmalen (gebrochener Bogen, gezackte Türmchen etc.) verbinden.

Der von *Kazakow* errichtete *Palast* besteht aus zwei gleichen symmetrischen Pavillons, von denen der eine für die Zarin, der andere für den Erbprinzen Paul bestimmt war. – Anfang des 19. Jahrhunderts wurden einige Gartenpavillons in neuklassizistischem Stil hinzugebaut, darunter der *Bellevue-Pavillon* und der *Ceres-Tempel*, von dem aus man einen schönen Blick über den See hat.

Gorki Leninskije

ist ein schönes Landgut, voll von

Andenken an die letzten Lebensjahre Lenins. Der alte Ortsname „Gorki" bedeutet „die Hügel" (das reizvolle Gelände ist in der Tat hügelig). Er darf nicht mit dem Namen des großen Schriftstellers Gorki (Gorkij) verwechselt werden, den heute die ehemalige Stadt Nishnij Nowgorod trägt und dessen Übersetzung „bitter" ist.

Die Domäne Gorki gehörte seit 1909 Frau Morozowa-Reinbot, die sie dem Militärgouverneur von Moskau als Sommerfrische überließ. Das Schloß (Anfang 19. Jh.) ist ein schönes Gebäude im klassizistischen Stil. 1910 wurde es umgebaut.

Das Gut, das Lenin nach 1918 regelmäßig aufsuchte, um sich hier zu erholen, war seine letzte Bleibe. Im März 1923 ließ er sich, unheilbar krank, endgültig hier nieder und starb hier am 21. 1. 1924.

Peredelkino

Anfahrt: Über die Straße nach Minsk und Smolensk, die die Fortsetzung von Kutuzowskij Prospekt [s. Plan S. 102/103, A5] und Moshajskoje Schossé ist. Nach etwa 25 km biegt man links in eine Forststraße ein.

Dieser bei Schriftstellern, Künstlern und dem Patriarchen von Moskau als Sommerfrische beliebte Ort besteht aus einer Reihe von Landhäusern (Datschas), die in eine reizvolle Landschaft eingebettet sind. Die Residenz des Patriarchen liegt in der Nähe einer interessanten Kirche, in der Gottesdienste abgehalten werden. Die berühmteste Datscha ist die des Dichters Boris Leonidowitsch Pasternak, dessen Vater Maler war und Werke Tolstois illustrierte. Boris Pasternak verbrachte hier nach der Nobelpreis-Affaire (1958) seine letzten Lebensjahre und starb in diesem Haus im Mai 1960. Er ruht auf dem Friedhof von Peredelkino, wo drei große Kiefern sein Grab anzeigen.

Das **Schloß von Archangelskoje

Anfahrt: Das Schloß liegt etwa 25 km westlich des Stadtkerns und ist über die Straße nach Wolokolamsk [Plan s. S. 102/103, A2] zu erreichen.

Dieses schöne Schloß wurde Ende des 18. Jahrhunderts nach dem Entwurf des Franzosen *de Guerne* von *Bowe*, *Tjurin*, *Mjelnikow* sowie den leibeigenen Architekten *Strishakow* und den Brüdern *Beredichin* für den Fürsten Galitsyn erbaut. 1810 erwarben es die steinreichen Fürsten Jusupow. Sie ließen die Gebäude von mehreren russischen Architekten, darunter *Mjelnikow*, umgestalten. Das Schloß, das sich bis 1917 im Besitz der Jusupows befand, beherbergt die Kunstgegenstände, welche diese Familie im Lauf von Generationen gesammelt hat, und ist ein prächtiges **Museum der russischen Kultur des 18.–19. Jahrhunderts*.

Man geht durch ein monumentales, von Mjelnikow erbautes *Tor* und überquert den *Ehrenhof*. Zum Museum gelangt man durch das klassizistische Tor der Nordfassade, die ein runder „Belvedere" beherrscht.

In den reich verzierten und möblierten Räumen kann man holländische, französische und italienische Gemälde sowie Skulpturen und dekorative Kunstgegenstände aus dem 18. Jahrhundert (Möbel, Porzellan, Kristall, Gläser, Emaille- und Silberarbeiten) bewundern. Links von der großen Vorhalle liegen der *Speisesaal* und der *Buffet-Saal*, rechts der *Tiepolo-Saal* (zwei große Gemälde, die Szenen aus der Geschichte von Antonius und Kleopatra darstellen), die *Antiken-Galerie* und der *Salon* mit Werken des französischen Malers *Hubert Robert*. Unter den großen Wohnräumen, die auf die Gärten hinausgehen, befinden sich u.a. das *Prunkzimmer der Herzogin von Kurland*, der Schwester des Fürsten Jusupow, der das Schloß erwarb, der *Salon mit den Zarenporträts*, der *große ovale Salon* sowie die *Salons der Fürstin*.

In den kleinen Räumen des Attikageschosses ist ein *Museum* untergebracht, das der Geschichte des Besitztums gewidmet ist. Außerdem befindet sich dort eine beachtliche *Bibliothek*, in der u.a. die Todesszene Jean-Jacques Rousseaus (Personen in Lebensgröße) dargestellt ist.

Vor der Südfassade des Schlosses erstrecken sich schöne *Gärten* im französischen Stil, deren mit Skulpturen und Vasen verzierte Terrassen bis zur Moskwa hinabreichen. Gedenksäulen oder -obelisken erinnern an Besuche von Mitgliedern der Zarenfamilie. Die alten Orangerien am Rand der letzten Terrasse, die über der Moskwa liegt, wurden durch symmetrische Gebäude ersetzt. Sie beherbergen ein *Erholungsheim für Offiziere*.

Ein großer, waldbestandener *Park* umgibt die Gärten im Südosten. Hier befindet sich eine *Totenkapelle* in klassizistischem Stil mit einer Kuppel und Kolonnaden. Etwas weiter entfernt steht, umgeben von einem alten Friedhof, die 1822 von Bowe erbaute *Kirche des Erzengels Michael*, die dem ganzen Besitz den Namen gab. In der Kirche kann man eine Ausstellung altrussischer Malerei besichtigen.

Im Westteil des Parks liegt, am Rand der Straße, das *Theatermuseum* von Archangelskoje. Es ist das alte Privattheater der Jusupows, dessen Darsteller nicht freigelassene Leibeigene waren und dessen schöner Saal vom Ende des 18. Jahrhunderts (Ausstattung von *Pietro Gonzago*) sehenswert ist.

DIE UMGEBUNG VON MOSKAU

Von den mehr oder weniger weit von Moskau entfernten Ausflügen, die für den Touristen empfehlenswert sind, ist die Besichtigung der Kirchen und Klöster von Zagorsk, Wladimir und Suzdal gleichsam eine Pilgerfahrt ins alte, heilige Rußland, während Mjelichowo und Jasnaja Poljana ein wenig die familiäre Seite der russischen Literatur zeigen, weil sie einen Blick in das Privatleben Tschechows und Tolstois gestatten. Der Besuch Abramtsewos (Kunst der letzten Jahre des 19. Jahrhunderts) vervollständigt die Kunsteindrücke des Moskau-Besuchers.

Wissenswertes: Wer diese mehr als 40 km vom Stadtkern entfernten Sehenswürdigkeiten besuchen will, muß sich unbedingt 48 Stunden vorher mit Intourist in Verbindung setzen. Intourist erteilt die Reiseerlaubnis und gibt alle nötigen Empfehlungen und Hinweise für Autofahrer. Man sollte sich außerdem vorher bei Intourist über die Öffnungszeiten aller Museen informieren. So können z.B. einzelne Kirchen von Zagorsk und Suzdal an bestimmten Tagen geschlossen sein.

1. Zagorsk und das ***St.-Sergius-Dreifaltigkeits-Kloster

Der Besuch des Klosters kann mit dem des Landsitzes *Abramtsewo* (s. 2.) verbunden werden. Auch davon ist Intourist in Kenntnis zu setzen.

Anfahrt: Nord-nordöstlich über die Straße nach Jaroslawl, die mit dem Prospekt Mira [Plan s. S. 102/103, D 3–D 1] beginnt.

Die Straße von Moskau nach Zagorsk durchquert eine liebliche Landschaft und führt an Dörfern vorbei (einige Kirchen aus dem 18. Jh.), die mit ihren reich geschmückten Izbas (hölzerne Bauernhäuser) noch das alte Rußland repräsentieren. Sie erinnern an die Zeiten, in denen die Zimmerleute arbeitslos wurden, weil man auf den Werften dazu überging, Schiffe mit Metallarmierung zu bauen. Um ihren Lebensunterhalt zu verdienen, gingen die Zimmerleute von Dorf zu Dorf und schmückten die Izbas. In der Folgezeit achtete man immer dann, wenn alte Häuser durch neue ersetzt wurden, darauf, daß die Holzskulpturen an den Neubauten wieder angebracht wurden.

Zagorsk, eine Industriestadt mit ca. 110000 Einwohnern, hieß bis 1919 *Sergijew Posad* (*St.-Sergius-Marktflecken*), zu Ehren des heiligen *Sergius von Radonesh*, der das Kloster gründete. Der heutige Name wurde der Stadt in Erinnerung an den Sekretär des Moskauer Komitees der Kommunistischen Partei, *W. M. Zagorskij*, verliehen, der von dort stammte und 1919 einem Attentat der linken Sozialrevolutionäre zum Opfer fiel.

***ST.-SERGIUS-DREIFALTIGKEITS-KLOSTER

Dieses Kloster ist eine der vier *Lawras* (Klöster ersten Ranges der Ostkirche) der Sowjetunion. Die drei anderen sind das Kiewer Höhlenkloster, das Kloster von Potschajewsk in Wolhynien und das Alexander-Newski-Kloster in Leningrad. Die Tatsache, daß sich dieses Kloster „Lawra“ statt „Monastyr“ nennen durfte, unterstreicht seine Bedeutung für das geistige Leben des alten Rußlands.

Im Schutz der dicken, mit elf Türmen befestigten Mauer liegen sieben Kirchen, zwei Stiftskirchen, ein großes Gebäude mit Priesterseminar und Theologischer Akademie, Verwaltungsgebäude, das alte Krankenhaus und ein Museum für angewandte Kunst.

Sergius von Radonesh (1313–1392), Sohn eines Bojaren aus Rostow, errichtete 1340, unter der Herrschaft Iwan Kalitas, auf einem Hügel eine einfache Holzkirche und sammelte eine kleine Mönchsgemeinde um sich, der seine starke und integre Persönlichkeit bald außergewöhnlichen Antrieb und große Wirkungskraft verleihen sollte. Als ein leidenschaftlicher Verteidiger seines Vaterlandes, Politiker und Eremit zugleich, nahm er an den großen Ereignissen seiner Zeit als sehr geschätzter Berater des Großfürsten Dmitrij (Dmitrij Donskoj) teil. Als sich die Tataren 1380 Moskau bedrohlich näherten, kam der Großfürst, der sich anschickte, ihnen einen verzweifelten Kampf zu liefern, ins Kloster, um dort bei dem Mönch Rat, moralische Stärkung und dessen Segen zu erhalten. Nachdem er aus der Schlacht auf dem Kulikowo Polje (Schnepfenfeld) als Sieger hervorgegangen war, dankte er dies dem Kloster großzügig.

An der Stelle der Holzkirche des heiligen Sergius, die 1408 von den Tataren geplündert und in Brand gesteckt wurde, ließ dessen Nachfolger, der Patriarch Nikon, 1422 bis 1423 die *Dreifaltigkeits-Kathedrale* (*Troitskij Sobor*) errichten. Zu ihrer Ausschmückung berief er 1422 *Andrej Rubljow* (s. auch Rubljow-Museum im Andronikow-Kloster in Moskau, S. 160). 1476 wurde die *Heilig-Geist-Kirche* (*Tserkow Duchowskaja*) errichtet. Das Kloster war damals der reichste Grundbesitzer Rußlands. Anfang des 16. Jahrhunderts zählte es 120000 Leibeigene. – 1540 bis 1550 wurden die Holzmauern des Klosters durch weiße Steinmauern ersetzt.

Die *Mariä-Himmelfahrts-Kathedrale* (*Uspenskij Sobor*) wurde auf Befehl Iwans des Schrecklichen von 1559 bis 1585 gleichzeitig mit den kaiserlichen Gemächern erbaut. Nach und nach entstanden das *Hospital* mit seiner *Kirche* (beide 1635–1637), die den Heiligen *Zosima* und *Sawwatij* geweiht ist, das *Refektorium* (Trapeznaja; 1686–1692), die sog. „*Kapelle über der Quelle*" („*Nadkladeznaja Tschasownja*"; 1692) und die *Torkirche St. Johannes der Täufer* (1693–1699). Wie man sieht, war das 17. Jahrhundert für das Kloster, das 1611 dem zehn Monate dauernden Ansturm polnischer Invasoren standhalten konnte und während der Strelitzen-Revolte Ende des Jahrhunderts Peter dem Großen als Zufluchtsstätte diente, eine Zeit der Expansion. Bereits seit dem 14. Jahrhundert war das Kloster nicht nur geistliches, sondern auch intellektuelles und künstlerisches Zentrum des Landes. Neben den Mönchen, welche die heiligen Schriften studierten, gab es auch solche, die herrliche Ikonen malten oder Gold- und Silberarbeiten schufen, so daß sich im Kloster nach und nach Kunstschätze von unermeßlichem Wert anhäuften.

Im 18. Jahrhundert wurde die Bautätigkeit fortgesetzt. Es entstanden die beiden Kirchen *Unsere Liebe Frau von Smolensk* (1745–1748) und *Mariä Schutz* (1744–1748) sowie das *Palais des Metropoliten* (1778) und der *Glockenturm* (1747–1761). – 1917 wurde das Kloster verstaatlicht, und 1920 wurde es in ein Museum umgewandelt. Inzwischen ist es aber wieder seiner ursprünglichen Bestimmung übergeben worden. Es ist gleichzeitig Kloster und Seminar für einige Hundert Mönche und Theologiestudenten, die hier ständig leben und arbeiten. Es werden hier außerdem religiöse Schriften herausgegeben.

Man betritt das Kloster durch das

Heilige Tor (*Swjatyje Worota*), das sich an der Ostseite der Umfassungsmauer befindet. Über einen Durchgang, der mit Malereien geschmückt ist, die Szenen aus dem Leben des heiligen Sergius darstellen, gelangt man zur *Torkirche St. Johannes der Täufer* (Naryschkin-Barock) und zum *Hauptvorplatz*. Links (an der Südseite) sieht man das langgestreckte *Refektorium* (*Trapeznaja*, ebenfalls im Naryschkin-Barock), rechts (an der Nordseite) liegt die *Mariä-Himmelfahrts-Kathedrale* (s. unten) und dahinter das Gebäude der *Theologischen Akademie*. Vor sich hat man die

***Heilig-Geist-Kirche,** (*Tserkow Duchowskaja*), die 1476 von Architekten aus Pskow erbaut wurde. Im 16. Jahrhundert wurde sie umgebaut (erst die Restaurierung in jüngster Zeit hat ihr das ursprüngliche Aussehen wiedergegeben). Die Arkaden, die als Glockenturm dienen, bilden gleichzeitig den Unterbau der einzigen Kuppel. – Die

****Mariä-Himmelfahrts-Kathedrale** (*Uspenskij Sobor*) stammt aus der Zeit Iwans des Schrecklichen. Wie die gleichnamige Kathedrale im Kreml, wird sie von fünf Kuppeln überragt. Hier jedoch ist nur die Mittelkuppel vergoldet. Die übrigen Kuppeln sind blau und mit goldenen Sternen übersät. Vor dem Hauptportal sieht man die *Grabstätte Boris Godunows* (gest. 1605), seiner Frau und seiner beiden Söhne, die kleine Barockkapelle, die über der heiligen Quelle errichtet wurde (*Nadkladeznaja Tschasownja*), einen *Obelisken* zum Gedenken an die wichtigsten Episoden in der Geschichte des Klosters und den schönen barocken *Glockenturm*, der von *Rastrelli* entworfen und von *Mitschurin* und *Uchtomskij* zwischen 1741 und 1796 erbaut wurde. Er ist 98 m hoch. – Die älteste Kirche des Klosters ist die

****Dreifaltigkeits-Kathedrale** (*Troitskij Sobor*), die in einiger Entfernung auf der linken Seite steht. Sie wurde, wie auf Seite 177 schon erwähnt, 1422 bis 1423 an der Stelle der kleinen Holzkirche des Sergius von Radonesh errichtet. Der gedrungene Bau wird von einer einzigen Kuppel überragt. An der Südseite wurde noch die *Kapelle des heiligen Nikon* angebaut.

Die Kathedrale besitzt eine prachtvolle ***Ikonostase*. Mit ihren 42 von *Rubljow* und seinen Schülern gemalten Ikonen diente diese als Modell für viele später entstandene Ikonostasen. Einige Ikonen sind Kopien, deren Originale in Museen gebracht wurden, darunter vor allem die berühmte **„Dreifaltigkeit" von *Rubljow*. Die Kopie dieser Ikone schuf *Baranow*; das Original wird heute in der Tretjakow-Galerie aufbewahrt. Rechts von der Ikonostase steht unter einem silbernen Baldachin der prachtvolle *Sarkophag des heiligen Sergius* aus ziseliertem Silber. Von den *Fresken Rubljows* und *Daniels des Schwarzen* (*Daniil Tschornyj*) sind nur noch Fragmente erhalten. – Das

***Museum für angewandte Kunst,** das in einem alten Klostergebäude untergebracht ist, birgt zahlreiche Kultgegenstände, Gemälde, Stickereien, religiöse und profane Silberarbeiten und Spielzeug – Zagorsk ist ein bekanntes Zentrum der Spielzeugindustrie – sowie Gegenstände des örtlichen Kunsthandwerks. Sehr interessant ist auch die Abteilung für zeitgenössisches Design.

2. Der Landsitz Abramtsewo

Der Besuch Abramtsewos kann mit dem des St.-Sergius-Dreifaltigkeits-Klosters (s. 1.) verbunden werden (vorher Intourist verständigen).

Anfahrt: Über die Straße nach Jaroslawl (Jaroslawskoje Schossé), die Fortsetzung des Prospekt Mira [Plan s. S. 102/103, D3–D1].

Das Landgut Abramtsewo – heute *Kulturhistorisches Museum* – war zweimal ein Mittelpunkt des künstlerischen Lebens in Rußland.

Mitte des 19. Jahrhunderts war es im Besitz des Schriftstellers Sergej Aksakow. Zu den vielen prominenten Persönlichkeiten, die hier zu jener Zeit zu Gast waren, gehörten Turgenjew und Gogol.

Wenige Jahre nach Aksakows Tod (1859) kaufte Sawwa Mamontow, ein reicher Industrieller, Kunstliebhaber und Mäzen, Abramtsewo. Die Salons und Ateliers, die er im Park erbauen ließ, wurden zum bevorzugten Aufenthalts- und Zufluchtsort für Maler wie Rjepin, Surikow, Ljewitan, die Korowins, Nestjorow und Wrubel; der junge Sjerow begleitete seinen Vater dorthin. Zu diesen Malern gesellten sich berühmte Sänger, Schauspieler und Regisseure wie Schaljapin, die Jermolowa, Stanislawskij und die Fjedotowa; auch der weltbekannte Tänzer und Ballettmeister Diaghilew (Djagilew) zählte zu den Gästen. Abramtsewo war eines der Entstehungszentren der russischen Künstlervereinigung „Mir Iskusstwa" („Welt der Kunst", s. S. 81), die in Diaghilew eine ihrer sie prägenden Persönlichkeiten besaß. Die Hausherren stellten den Künstlern die Ateliers zur Verfügung, damit sie dort Malerei, Holzbildhauerei, Töpferei, Keramik und Stickerei betreiben konnten.

Das *Holzhaus* ist sehr einfach. Es ist in erster Linie *Literaturmuseum* mit Andenken an Aksakow, Turgenjew und Gogol.

Im alten *Künstleratelier* ist das *Museum für angewandte Kunst* untergebracht, wo Holzskulpturen, Keramiken, Stickereien und eigenartige Emaillearbeiten von *Wrubel* aufbewahrt werden.

In dem sehr malerischen *Park* steht eine *Kapelle* (1882), die von den Malern *Poljenow* und *Wasnjetsow* nicht im moskowitischen Stil, der damals sehr beliebt war und viel mißbraucht wurde, sondern im Nowgoroder Stil, d.h. mit schlichten, strengen Linien, entworfen wurde. Die kleinen Holzpavillons dagegen, wie z.B. der „Terjemok" und das „Häuschen auf Hühnerfüßen", sind in ihrer phantasievollen Bauweise durch Volksmärchen inspiriert.

3. Wladimir

Anfahrt: Über die Straße Nr. 8 oder mit der Bahn vom Kursker Bahnhof [Plan s. S. 102/103, E5] aus. Wladimir liegt 182 km östlich von Moskau.

Wladimir (296000 Einw.) ist dank seiner schönen Architekturdenkmäler aus dem 12. und 13. Jahrhundert eine der bedeutendsten Kunststädte Mittelrußlands. Seine schönen Kirchen aus weißem Stein und seine eindrucksvollen profanen Bauwerke krönen das Hochplateau, das über dem linken Steilufer der Kljazma, eines Nebenflusses der Oka, liegt.

GESCHICHTE

Der Ort wurde im Jahr 1108 von Wladimir Monomach gegründet. Von 1157 an begann Wladimir mit Kiew zu rivalisieren: Andrej Bogoljubskij machte Wladimir zu seiner Residenz sowie zur Hauptstadt und zum künstlerisch-architektonischen Zentrum seines Großfürstentums Wladimir-Suzdal. Um die Stadt herum entwickelte sich nach und nach durch die Verschmelzung von russischen

Siedlern mit finnischen Ureinwohnern das Volk der Großrussen.

Der Niedergang Wladimirs begann 1238, als die Stadt von den Mongolenhorden des Chans Batu (Batyj), eines Sohnes Dschingis-Chans, eingenommen und geplündert wurde. Sie blieb jedoch Sitz des Großfürsten, der zum Vasallen des Tataren-Chans der Goldenen Horde wurde. Als Pjotr, der Metropolit von Kiew und „von ganz Rußland", die alte, im Jahr 1240 durch die Mongolen zerstörte Hauptstadt verließ und seinen Sitz nach Wladimir verlegte (bis dann 1328 sein Nachfolger endgültig Moskau zum Sitz des Oberhauptes der russisch-orthodoxen Kirche machte), wurde die Stadt auch zum religiösen Zentrum.

Im 14. Jahrhundert begannen das Fürstentum und die Stadt Moskau zu gefährlichen Rivalen des Großfürstentums Wladimir-Suzdal und seiner Hauptstadt zu werden. Nachdem Moskau 1328 Großfürstentum geworden war, wurde Wladimir-Suzdal von diesem annektiert und die Stadt Wladimir als Residenz des Großfürsten zugunsten von Moskau aufgegeben.

SEHENSWÜRDIGKEITEN

Das Intourist-Hotel „Wladimir" liegt im Osten der Stadt. Wenn man von dort auf der Hauptstraße nach Westen geht, findet man links das alte

Christi-Geburt-Kloster (*Roshdestwenskij Monastyr*) mit einer schönen (zweckentfremdeten) Hauptkirche.

Hier wurde 1263 Alexander Newski (Aleksandr Newskij) begraben, dessen Reliquien auf Geheiß Peters des Großen 1723 nach St. Petersburg gebracht wurden. Das Kloster war auch Residenz des Metropoliten.

Ein Stück weiter liegt, ebenfalls auf der linken Seite, ein im Jahr 1900 errichteter Backsteinbau in altrussischem Stil, in dem das *Regionalmuseum* untergebracht ist.

Etwas weiter entfernt findet man die

****Demetrius-Kathedrale** (*Dmitrjewskij Sobor*), die 1194 bis 1197 vom Großfürsten Wsjewolod III., einem Bruder Andrej Bogoljubskijs, erbaut wurde. Es ist ein vor allem durch die Eleganz seiner perfekten Proportionen bestechender klassisch schlichter, weißer Steinbau mit einer einzigen Kuppel. Die Fassaden sind bedeckt mit einer Fülle von Relieffiguren, die vor allem Gestalten des Alten Testaments und Tiermotive darstellen.

Im Westteil des Kircheninnern (zweckentfremdet) sind noch Fragmente von Fresken erhalten, die Szenen aus dem Jüngsten Gericht darstellen: das Paradies, den Eintritt der Gerechten ins Paradies und die Apostel.

Südwestlich der Kathedrale hat man dann ein großes, in den Farben Weiß und Gelb gehaltenes *Verwaltungsgebäude* mit grünem Dach vor sich, das Ende des 18. Jahrhunderts in klassizistischem Stil erbaut wurde. Dann kommt man zur

****Mariä-Himmelfahrts-Kathedrale** (*Uspenskij Sobor*), die 1158 bis 1160 im Auftrag Andrej Bogoljubskijs (1111–1174), des Großfürsten von Wladimir-Suzdal, erbaut und 1185 nach einem großen Brand, der fast die ganze Stadt zerstörte, unter Wsjewolod III. dem Großen (1154–1212) wiederhergestellt und vergrößert wurde. Zu Beginn des 19. Jahrhunderts (1810) kam ein eigenartiger *Glockenturm* hinzu, der zwar in klassizistischem Stil gehalten, aber mit pseudo-gotischen Elementen versehen ist und eine vergoldete Spitze hat. Seit dem Ende des 19. Jahrhunderts wurde die Kathedrale mehrfach restauriert. Schließlich erhielt sie wieder ihr ursprüngliches Aussehen mit den weißen, reich verzierten Steinmauern, den drei mächtigen Apsiden und den fünf Kuppeln, von denen die Hauptkuppel mit vergoldetem Kupfer gedeckt ist.

Das Innere wurde 1408 von *Andrej Rubljow* und *Daniel dem Schwarzen* (*Daniil Tschornyj*) ausgemalt. Die heutige Ikonostase im Barockstil ersetzte unter Katharina II. die von Rubljow geschaffene Ikonostase, aber an den Mauern und in den Gewölben der Kirche sind z. T. noch die Fresken aus dem Jahr 1408 erhalten, darunter das ***Jüngste Gericht*. Rubljow begriff das Jüngste Gericht nicht als etwas Erschreckendes, denn für ihn war es der Beginn des Reiches der Gerechten. Für das Drama konnte es hier also keinen Raum geben. Dem Betrachter wird auffallen, daß der heilige Matthäus ein typisch russisches, ein von einer sehr zarten Traurigkeit geprägtes Gesicht hat – ein für Rubljow charakteristisches Merkmal. Mit der rechten Hand segnet er, in der linken hält er das aufgeschlagene Evangelium, auf dem die Initialen seines Namens zu lesen sind. Hinter ihm gruppieren sich Engel.

Wenn man auf der Hauptstraße in westlicher Richtung weitergeht, gelangt man (rechts) zur Hauptkirche des alten *Mariä-Himmelfahrts-Klosters* (*Uspenskij Monastyr*). Dieses Frauenkloster wird auch *Fürstinnenkloster* (*Knjaginin Monastyr*) genannt, weil es im Jahr 1200 von der Großfürstin Maria, der Gemahlin Wsjewolods III., gegründet wurde. Die Kirche ist nur in einem 1959/60 restaurierten Neubau (um 1500) des ursprünglichen Baus (1200–1201) erhalten.

Links steht die *Erlöserkirche* (*Spasskaja Tserkow*), die Hauptkirche des alten *Klosters der Verklärung* (Männerkloster).

Die Hauptstraße führt schließlich zum

***Goldenen Tor** (*Zolotyje Worota*), das 1164, unter Andrej Bogoljubskij, nach dem Vorbild des gleichnamigen Tors in Kiew (s. Kiew, Weg 2 b) erbaut wurde. Es war der im Westen gelegene monumentale Haupteingang zur Stadt, der sich inmitten eines Erdwalls auftat. Das gut restaurierte Baudenkmal ist viel besser erhalten als sein Vorbild. Über dem Bogen des wuchtigen Portalbaus erheben sich eine *Kirche* (Ende 18. Jh.) und das mit vergoldeten Kupferplatten verzierte Zwiebeldach.

Etwa 10 km östlich von Wladimir fließt linker Hand ein Nebenfluß in die Kljazma: die *Nerl*. In der Nähe dieses Zusammenflusses steht auf freiem Feld die

Mariä-Schutz-Kirche an der Nerl (*Pokrowskaja Tserkow na Nerli*). Sie zählt zu den schönsten Juwelen der altrussischen Kirchenarchitektur. Ihr Zauber liegt vor allem in der Harmonie ihrer Proportionen sowie in der Ausstrahlung einer verhaltenen Lyrik und Spiritualität. Sie wurde 1165 von Andrej Bogoljubskij gegründet und gehörte zu einem heute nicht mehr vorhandenen Kloster. Sie weist dieselbe schlanke Bauweise auf wie die Demetrius-Kathedrale (s. S. 180) und hat wie diese nur eine Kuppel. Der ländliche Rahmen – die Kirche liegt inmitten von Wiesen zwischen dem Nerl-Fluß und einem Teich, in dem sich ihre Westfassade spiegelt – bringt ihre strahlend-heitere Schönheit ganz besonders stark zur Geltung.

Etwa 1,5 km weiter nördlich liegen die Ruinen des

Palastes von Bogoljubowo, der im 12. Jahrhundert die Residenz Andrej Bogoljubskijs war, und in dem er 1174 ermordet wurde. Die Hauptkirche, von der nur noch geringe Reste existieren, wurde unter Nikolaus I. durch eine Kirche im zeitgenössischen Stil (1851; Architekt *Thon*) ersetzt, aber die angrenzenden Gebäude enthalten noch Reste des obengenannten Palastes: Man zeigt u.a. den Durchgang, den die Mörder benutzten.

4. **Suzdal

Anfahrt: Nur über die Landstraße zu erreichen; etwa 36 km nordöstlich von Wladimir (218 km von Moskau entfernt).

Suzdal ist eine echte Museumsstadt, die aus einer glorreichen Vergangenheit einige der schönsten altrussischen Bauwerke bewahrt hat, die man heute in Rußland sehen kann. Vier Klöster und mehr als 20 Kirchen erheben sich links über dem Steilufer und rechts an der flachen Uferseite des Kamjenka-Flusses.

Die Architekturdenkmäler bilden den außergewöhnlichen Rahmen für das beachtliche Touristenzentrum, das hier vor einigen Jahren erbaut wurde. In Spezialitätenrestaurants kann man typisch russische Gerichte, wie z. B. nach alten Rezepten gekochte Schtschi (Kohlsuppe) oder Mjedowucha (eine Art Bier mit Honig und Hefe) probieren.

Die alte Stadt dient übrigens sehr häufig als Kulisse für sowjetische Filme.

GESCHICHTE

Suzdal war ursprünglich die Hauptstadt eines russischen Fürstentums, das in finnischem Siedlungsgebiet gegründet wurde und bis zum 11. Jahrhundert zur Kiewer Rus gehörte. In die Zeit der Herrschaft Jurij Dolgorukijs über Wladimir-Suzdal fällt die Gründung der Stadt Moskau (1147 erstmals in den Chroniken erwähnt). Man könnte daher sagen, daß Moskau eine Tochterstadt oder Kolonie von Suzdal ist. Auch nachdem Wladimir (s. 3.) Hauptstadt des Großfürstentums geworden war, blieb Suzdal noch ein bedeutendes Zentrum des politischen, kulturellen und künstlerischen Lebens. Noch im 14. Jahrhundert war die Stadt ein wichtiger religiöser Mittelpunkt mit Dutzenden von Kirchen und Klöstern.

Fürst Dmitrij Posharskij ist in Suzdal begraben (s. St.-Euthymios-Erlöser-Kloster, S. 183).

SEHENSWÜRDIGKEITEN

Wenn man von Süden in die Stadt hineinkommt, liegt auf dem linken Steilufer des Kamjenka-Flusses der

Kreml, die alte Festung von Suzdal. Von den ehemaligen Festungsanlagen sind heute nur noch Erdwälle erhalten, die die nachfolgend beschriebenen Gebäude umschließen. – Die

****Christi - Geburt - Kathedrale** (*Roshdestwenskij Sobor*) wurde von 1222 bis 1225 erbaut, von den Tataren 1238 zerstört und ab 1528 in neuer Form wiedererrichtet. Der Bau in seiner heutigen Gestalt mit den fünf blauen, mit goldenen Sternen verzierten Kuppeln erinnert an die Mariä-Himmelfahrts-Kathedrale im St.-Sergius-Dreifaltigkeits-Kloster in Zagorsk (s. 1).

Am West- und am Südportal sind schöne vergoldete **Kupfer-Türflügel aus dem 13. Jahrhundert mit Darstellungen von Szenen aus dem Leben Christi und der Jungfrau Maria erhalten. Aus dem gleichen Jahrhundert stammen einige Fresken.

Daneben liegt der

****Palast des Metropoliten** (1682 bis 1707), einer der seltenen, sehr gut erhaltenen Profanbauten mit Portalvorbauten, Galerien, Außentreppen und Glockentürmen.

In seinen Sälen ist ein *Museum für Architektur und angewandte Kunst* untergebracht. Es enthält wahre Schätze an sakraler Silberschmiedekunst, Juwelen, Handschriften, alten Stickereien und Miniaturen.

Die 1739 erbaute

St.-Nikolaus-Kirche mit ihrem eleganten Glockenturm, den Fenstereinfassungen und der einzigen kleinen Zwiebelkuppel ist ein typisches Beispiel für den Moskowiter Barockstil (Naryschkin-Barock). Das

Kloster der Gewandniederlegung (*Rispoloshenskij Monastyr*), 1207 gegründet, umfaßt mehrere Kirchen sowie einen großen klassizistischen *Glockenturm*, der Anfang des 19. Jahrhunderts entstand. An der Südseite der Ummauerung öffnet sich das berühmte, in Weiß und Rot gehaltene ***Heilige Tor* (1688). Es besteht aus zwei überwölbten Durchlässen von unterschiedlicher Höhe, von denen jeder einen achteckigen, pyramidenförmigen Turm (Schatjor) trägt.

Das *Alexander-Kloster* (*Aleksandrowskij Monastyr*) ist nur noch teilweise erhalten. Nach der Chronik soll es aus dem Jahr 1240 stammen.

Im Norden der Stadt beherrschen die befestigten, mit 12 verschiedenförmigen Türmen versehenen Mauern des

St.-Euthymios-Erlöser-Klosters (*Spaso-Jefimjewskij Monastyr*) das linke Hochufer des Kamjenka-Flusses. Es wurde 1352 gegründet. Sein erster Abt war der heilige Euthymios. Das zentrale Bauwerk des Gesamtkomplexes ist die *Erlöser-Kathedrale*, die 1352 gegründet und im 16. Jahrhundert vollständig wiederaufgebaut wurde.

Das Kloster birgt das Grab des Fürsten Dmitrij Posharskij, eines Nationalhelden, der zusammen mit Minin, dem Ältesten (Starosta) der Stadtbürger von Nishnij Nowgorod, im Befreiungskampf von 1612 gegen die Polen eine entscheidende Rolle spielte. (Auf dem Roten Platz in Moskau steht in der Nähe der Basilius-Kathedrale ihr Denkmal; s. Weg 2a.)

Auf dem rechten (niedrigen) Ufer der Kamjenka erhebt sich das 1364 gegründete

Mariä-Schutz-Kloster (*Pokrowskij Monastyr*). Über den ruhigen blauen Wassern des Flusses ragen seine Kirchen wie aus Elfenbein geschnitzt empor. Seine 1510 bis 1518 in Stein wiederaufgebaute Hauptkirche hat nur drei Kuppeln.

Das Nonnenkloster war lange Zeit der Verbannungsort für verstoßene Zarengemahlinnen und andere weibliche Adlige: Solomonija Saburowa, die erste Gemahlin Wasilijs III., und Jewdokija Lopuchina, die erste Gemahlin Peters des Großen, wurden (erste Hälfte d. 16. Jh. u. Anfang d. 18. Jh.) zwangsweise illustre Insassen des Klosters.

Aus verschiedenen Dörfern wurden bemerkenswerte **Holzkirchen* nach Suzdal gebracht: Man kann dort Bauwerke aus dem 18. Jahrhundert sehen, die, ähnlich wie die norwegischen „Stabkirchen", keinen einzigen Nagel aufweisen. Die ***Turmkirche Mariä Fürbitte* (18. Jh.) aus dem Dorf *Kozljatjewo* mit ihren Außengalerien, ihren „Tonnen" („Botschki") und übereinanderliegenden Oktogons ist besonders interessant. Auch die *Izba-Kirche St. Nikolaus* (18. Jh.) aus dem Dorf *Glotowo* ist dort zu sehen.

Der Ausflug kann auch auf die *Kirche St. Boris und St. Gleb* (1152) des alten Dorfes *Kidekscha*, 4 km östlich von Suzdal, ausgedehnt werden. Es ist ein streng gehaltener Bau mit schmalen Fenster- und Türöffnungen, schmucklosen Mauern und einer einzigen Kuppel.

5. Das Peter-Tschaikowski-Museum in Klin

Anfahrt: Über die Straße Nr. 10 (nach Leningrad); 90 km nordwestlich des Stadtkerns von Moskau gelegen.

Peter Iljitsch Tschaikowski (Pjotr Iljitsch Tschajkowskij; 1840–1893) verbrachte in Klin seine letzten Lebensjahre. 1893 verließ er seinen Besitz, um seine Symphonie Nr. 6 (Pathétique) bei der Uraufführung in St. Petersburg zu dirigieren. Dort wurde er krank und starb am 6. November des gleichen Jahres. Der Diener des Komponisten, Aleksej Sofronow, kaufte das Haus und sorgte für dessen Erhaltung in seinem ursprünglichen Zustand. Zusammen mit Modest Tschaikowski, dem Bruder des Komponisten, gründete er das *Museum*, das später vom Staat erworben wurde.

Das während der deutschen Besetzung stark in Mitleidenschaft gezogene Haus wurde restauriert, so daß sich der Besucher heute wieder in die Atmosphäre hineinversetzen kann, in der Tschaikowski seine Werke komponierte. Alljährlich am 7. Mai, dem Geburtstag des Komponisten, wird hier ein feierliches Konzert veranstaltet.

6. Melichowo und das Andenken an Tschechow

Anfahrt: Über die Straße nach Tula; 85 km südlich des Stadkerns von Moskau gelegen.

Das Dorf Melichowo, das inmitten von Birkenwäldern und kleinen melancholisch anmutenden Seen liegt, einer Landschaft, die für Zentralrußland so charakteristisch ist, übte auf Anton Tschechow (1860–1904) einen dermaßen starken Reiz aus, daß er nach seiner Rückkehr von Sachalin hier ein ausgedehntes, vernachlässigtes Besitztum kaufte, wo er von 1892 bis Sommer 1898 lebte. Der Arzt und Schriftsteller bewirtschaftete sein Gut, pflanzte Bäume, restaurierte Gebäude und betätigte sich, obwohl er die Medizin schon an den Nagel gehängt hatte, als Landarzt.

In dieser friedvoll-ruhigen Umgebung schrieb Tschechow Meisterwerke wie das Drama „Die Möwe" („Tschajka") sowie die Erzählungen „Der Krankensaal Nr. 6" („Palata No. 6") und „Der Mann im Futteral" („Tschelowjek w futljarje").

7. Jasnaja Poljana und Tolstoi

Anfahrt: Über die Straße nach Tula; 14 km hinter Tula biegt man nach einer modernen Tolstoi-Büste rechts ab (die Straße links führt zum Bahnhof). Die Zufahrt zu dem Besitz liegt einen Kilometer weiter, rechts, am Dorfanfang. – Mit dem Zug fährt man vom Kursker Bahnhof [Plan s. S. 102/103, E4] ab. Die Domäne liegt etwa 200 km südlich des Stadtkerns von Moskau.

Jasnaja Poljana (= „die helle Lichtung") ist ein ausgedehnter (380 ha) und reicher Besitz, den Leo Tolstoi (Ljew Tolstoj) von seiner Familie mütterlicherseits, den Wolkonskijs, erbte. Hier wurde er am 9. September 1828 geboren, und hier liegt er auch unter Jahrhunderte alten Bäumen in einer Ecke des Parks begraben (gest. 20. 11. 1910), wo nach einer Familienlegende der „grüne Stab" vergraben sein soll, der die Menschheit von Gewalt und Leiden befreien könnte.

Nach der Oktoberrevolution von 1917 beschlossen die Bauern von Jasnaja Poljana, daß der Besitz Sofja Tolstoi, der Witwe des Schriftstellers, zur Verfügung bleiben sollte. Nach deren Tod (1921) wurde er in ein Museum umgewandelt.

Jasnaja Poljana, das 1941 45 Tage lang von den Deutschen besetzt war, erlitt schwere Schäden. Die 1948 beendeten Restaurierungsarbeiten gaben dem Besitz und dem alten Herrenhaus ihr Aussehen von vor dem Krieg wieder. Die Möbel und Manuskripte, die ausgelagert gewesen waren, kamen wieder an ihren alten Platz.

Die Besichtigung umfaßt das Wohnhaus der Familie und das nach dem Krieg in der alten Schule Tolstois eingerichtete *Literarische Museum.*

Am Eingang zum Besitztum stehen zwei runde Türme, von denen aus eine schnurgerade Allee (von der auch in „Krieg und Frieden" die Rede ist) zum Haus hinaufführt.

Tolstoi setzte sich oft neben diese beiden Türme an den Rand der Straße, die er „die weite Welt" nannte, um mit unzähligen Pilgern (er bezeichnete sie als „Gottesnarren") zu sprechen, die sich auf dem Weg zum St.-Sergius-Dreifaltigkeits-Kloster befanden, oder um sich mit Soldaten zu unterhalten, die aus irgendeinem Krieg zurückkehrten, bzw. mit Kaufleuten zu plaudern, die gesehen hatten, was er nicht gesehen hatte. In seinen Werken findet man diese Unterhaltungen, die es ihm ermöglichten „klar zu sehen", fast Wort für Wort wieder.

Das Herrenhaus.

Dieses Wohnhaus wurde Anfang des 19. Jahrhunderts erbaut. Seine Einfachheit und Intimität überraschen, wenn man sich zum Vergleich den Luxus vergegenwärtigt, mit dem sich selbst weniger begüterte Aristokraten, als die Grafen Tolstoi, zu umgeben pflegten.

Die Schlichtheit des Gebäudes liegt darin begründet, daß es nur ein Flügel des alten Schlosses ist, das Tolstoi von seinem Großvater mütterlicherseits, dem Fürsten Nikolaus Wolkonski (Nikolaj Wolkonskij), dem Prototypen des alten Fürsten Bolkonskij aus „Krieg und Frieden", geerbt hatte. Dieses gegen Ende des 18. Jahrhunderts in klassizistischem Stil erbaute Holzschloß bestand aus einem *zentralen Gebäude* mit Portikus und Giebeldach (in diesem Gebäude wurde Tolstoi geboren), das nach Norden und Süden durch zwei gleich aussehende *symmetrische Flügel* verlängert wurde.

1854 wurde das Hauptgebäude verkauft, um eine Spielschuld bezahlen zu können (ein Stein der alten Grundmauern markiert noch seinen Standort). Der Erwerber ließ es abtragen und etwa 30 km entfernt im Dorf Dolgoje wieder aufbauen.

Tolstoi richtete sich dann im *Nordflügel* ein, der verändert und erweitert wurde, damit seine Familie dort untergebracht werden konnte, während der *Südflügel*, wo der Schriftsteller seine Schule einrichtete (s. S. 187: Das

Literarische Museum), sein ursprüngliches Aussehen behielt.

Dutzende von Menschen lebten ständig auf diesem großen Besitz, wo gleichzeitig liebenswürdige Unordnung und ein strenger Lebensstil herrschten. Die familiären Gegenstände und Möbel hatten ihren festen Platz, und auch, wenn dieser nicht logisch erschien, so war er doch unverrückbar wie die Gewohnheiten und die Handlungen, die sich Tag für Tag wiederholten. Der Besucher, der den Roman „Krieg und Frieden" oder „Anna Karenina" kennt, findet hier zahlreiche Gegenstände wieder, die in diesen Werken beschrieben sind.

Es gab hier auch ein *Arztzimmer*: In der Tat gehörte mehr als zehn Jahre lang ein Arzt zur Familie. Der letzte war Dr. Makowitskij, dem es nicht gelang, Tolstoi daran zu hindern, seine Familie und seine Existenz aufzugeben und in der Nacht des 28. Oktober 1910 in den Schnee hinauszureisen. Er wollte seine Lebensweise mit seiner Philosophie in Einklang bringen, mit den Mönchen des Klosters Optina Pustyn zusammen leben und sich vielleicht einer Gemeinschaft von Tolstoi-Jüngern anschließen, aber er starb auf dem Bahnhof des Dorfes Astapowo (das heute seinen Namen trägt) an einer Lungenentzündung.

Das überwölbte Zimmer (im Erdgeschoß) war jahrelang das *Arbeitszimmer* Tolstois; hier schrieb er u.a. die „Kreutzersonate". Es gibt ein Gemälde von Repin (Rjepin) aus dem Jahre 1891, das Tolstoi in diesem Kabinett von Jasnaja Poljana darstellt. Heute sind hier u.a. Fotografien der Kinder und vom 70. Geburtstag des Dichters zu sehen.

Das größte Zimmer des Hauses hieß „*der Saal*" (im 1. Stock). Die Tolstois empfingen hier ihre Freunde, der Schriftsteller spielte Schach, die Kinder vergnügten sich in einer Ecke.

Die Möbel sind fast alle aus Mahagoni gefertigt. Sie stammen aus dem 19. Jahrhundert.

Der *Salon* war in erster Linie Sophie (Sofja) und Leo Tolstoi vorbehalten. An dem kleinen Mahagoni-Schreibtisch, der sich heute im Tolstoi-Museum in Moskau befindet und der hier durch einen einfacheren Tisch ersetzt wurde, schrieb Sophie Behrs- (Sofja Bers-) Tolstoi (Tochter eines Moskauer Arztes) mit der Hand Tausende von Manuskriptseiten ihres Mannes ins reine. – Von Freunden gemalte Landschaften, Porträts von Freunden und von der Familie schmücken den Raum.

Daran grenzte Tolstois *Arbeitskabinett*. Hier entstanden viele Erzählungen und Novellen; und alle Gegenstände, die in diesem Zimmer zu sehen sind, hat der Schriftsteller sein ganzes Leben lang benutzt. Am stolzesten war er zweifellos über den Papierbeschwerer aus dunkelgrünem Glas, den ihm die Arbeiter der Glasfabrik von Maltsowo nach seinem Ausschluß aus der orthodoxen Kirche durch den Heiligen Synod (1901) überreichten. Das Präsent trägt die Inschrift: „Verehrter Ljew Nikolajewitsch, Sie haben das Schicksal zahlreicher großer Männer geteilt, die ihrem Jahrhundert voraus waren. Früher verbrannte man sie auf dem Scheiterhaufen oder ließ sie in Gefängnissen vermodern. Die Pharisäer und Hohen Priester können Sie nach Gutdünken ausschließen. Das russische Volk wird immer stolz auf seinen großen, geliebten Tolstoj sein."

Hinter dem Tisch steht der große, schwarze Lederdiwan, der in „Krieg und Frieden" und „Anna Karenina" erwähnt ist. Tolstoi hatte ihn von seinem Vater geerbt; auf ihm haben Generationen von Tolstois das Licht der Welt erblickt.

Im *Schlafzimmer*, das Tolstoi 50 Jahre lang benutzt hat, überkamen ihn die metaphysischen, politischen, sozialen sowie die seine Familie und Ehe betreffenden Zweifel, und hier faßte er auch den Entschluß, alles aufzugeben und zu verlassen: das zivilisierte Leben, das ihn belastete, seinen Besitz, die Ehrungen, aber vor allem die leidenschaftliche, besitzergreifende, anbetende, herbe, eifersüchtige Hingabe Sophies. – Der Raum birgt zahlreiche Porträts, Souvenirs und Fotografien.

Das *Zimmer der Gräfin* mit zahlreichen Ikonen ist im Stil des 19. Jahrhunderts mit viel Plüsch ausgestattet und mit Möbeln überladen. Hier schrieb sie Tag für Tag das „Tagebuch ihres Lebens“ nieder, eine rührende, jammervolle Chronik ihrer Ehe, die nach ihrem Tod von der sowjetischen Regierung veröffentlicht wurde.

Die *Bibliothek* enthält Tausende von Bänden (mindestens 28 über das ganze Haus verteilte Schränke), die Tolstoi zum Teil von seinem Großvater und vom Vater geerbt hat. Viele Werke wurden ihm auch von Freunden wie Rolland, Shaw, Gandhi, Barbusse und anderen geschenkt und gewidmet, andere erwarb er im Laufe der Jahre und auf seinen Reisen.

Tolstoi beherrschte mehrere Sprachen in Wort und Schrift; seine Vorliebe galt zweifellos dem Französischen, aber er sprach und schrieb auch Deutsch und Englisch. Er war ständig bemüht, neue Sprachen zu lernen: Griechisch, Polnisch, Hebräisch, Italienisch, Holländisch und Tatarisch. In der Bibliothek gibt es zahlreiche klassische und zeitgenössische Werke in fremden Sprachen.

Das *Sekretariat* wurde von Tolstoi scherzhaft seine „Kanzlei“ genannt. Hier bewältigten seine Mitarbeiter und Sekretäre die enorme Korrespondenz. Das *Tolstoi-Archiv* umfaßt etwa 50000 Briefe und seine Korrespondenz füllt 30 Bände.

Das Literarische Museum

Es beansprucht einen Teil des *Südflügels* des alten Schlosses (s. S. 185), in dem Tolstoi eine Schule für die Kinder seiner Bauern eingerichtet hatte.

Es war eine Schule, die ihrer Zeit in pädagogischer Hinsicht weit voraus war. Der Unterricht reichte über das Klassenzimmer hinaus: Der Lehrer ging mit seinen Schülern spazieren, begleitete sie nach Hause und benutzte jede Gelegenheit, um ihren Geist zu wecken. Es ist verständlich, daß diese Art pädagogischer Betätigung die Zarenregierung beunruhigte. Wiederholte Polizeibesuche zwangen Tolstoi, seine Schule zu schließen. Einige Jahre später begann er das Experiment von neuem, es wurde jedoch auch jetzt wieder von der Regierung gestoppt.

Der Park

Der Park von Jasnaja Poljana besteht aus herrlichem Hochwald und Lichtungen und erstreckt sich bis an den kleinen *Woronka-Fluß*. Im nördlichen Teil steht die *Bank Tolstois* aus Birkenholz. Der Mittelteil des Parks trägt den Namen „Staryj Zakaz“ („Altes Gehölz“). Hier liegt Tolstoi auf eigenen Wunsch unter einem einfachen, von hohen Bäumen beschatteten Erdhügel ohne Grabstein und Kreuz begraben.

Als der Leichnam des Dichters nach Jasnaja Poljana gebracht wurde, schickte die Regierung ein starkes Polizeiaufgebot, um Unruhen und regierungsfeindlichen Demonstrationen vorzubeugen. Desungeachtet strömte eine große Menschenmenge zu Trauerfeier und Begräbnis zusammen, die zwar einfach, aber infolge der überaus starken Anteilnahme des Bevölkerung eindrucksvoll waren. Mehrere Kilometer lang erstreckte sich der Zug der trauernden Armen, die Spruchbänder und Blumen trugen. Die Bauern hatten das Gefühl, von einem guten Freund verlassen worden zu sein.

Die Gräfin und mehrere Mitglieder der Familie ruhen auf dem Friedhof der *St.-Nikolaus-Kirche* von *Kotschaki*, einige Kilometer südlich von Jasnaja Poljana.

Der Besuch von Jasnaja Poljana ist nur im Einvernehmen mit Intourist möglich (Öffnungszeiten: täglich 10–16 Uhr; montags 13 bis 16 Uhr; dienstags und an jedem letzten Montag des Monats geschlossen).

***LENINGRAD

In kyrillischer Schrift: ЛЕНИНГРАД: 4,7 Millionen Einwohner; ca. 1350 km² Fläche (mit Vororten); Stadt der Wissenschaften und der Kultur mit einer Universität, zahlreichen Hoch- und Fachschulen sowie Forschungsinstituten, 2600 Bibliotheken, 18 Theatern, 7 Konzertsälen und 50 Museen; Industriestadt; einer der wichtigsten Häfen der Sowjetunion; Garnisonsstadt.

Stadtpläne von Leningrad: Plan der Innenstadt S. 202/203; Gesamtplan hintere Vorsatzseite.

Leningrad war von jeher und ist in gewissem Sinn noch heute eine aristokratische Stadt. Dies gilt für die Menschen, die hier leben, vor allem aber für die Bauwerke. Die Stadt war eine der Hochburgen des zaristischen wie des revolutionären Rußlands. Sie war die schönste Stadt des Zarenreiches und gleichzeitig die Wiege des Sowjetstaates. Die traditionelle Eleganz, die Harmonie und Weiträumigkeit der Stadtanlage sowie der weltoffene Lebensstil, die Höflichkeit und Liebenswürdigkeit der Bewohner dieses „Palmyra des Nordens“ werden jeden Besucher tief beeindrucken.

Die Stadt Peters des Großen, Katharinas der Großen und Lenins, eine Heldenstadt (1944 mit dem Leninorden ausgezeichnet), eine echte Museumsstadt, dem Willen eines einzelnen Mannes entsprungen und durch den Willen aller verschönert und erhalten, eine Stadt, in der mehr als anderswo die Schatten lebendig sind: das ist Leningrad. Es genügt, die Kais entlangzuschlendern, wo man unzähligen Liebespaaren begegnet, die Reihe der Paläste, das blaue, von Eisschollen gekrönte Wasser der Newa vor Augen zu haben, um ein ganzes Volk von Schatten erstehen zu sehen, in dem sich die Bevölkerung des heutigen Leningrads gern selbst wiedererkennt. Aber auch die neue Stadt zeigt, daß ein kühner und gleichzeitig vernünftiger Städtebau durchaus geeignet sein kann, die Gegenwart der Vergangenheit ebenbürtig zu machen.

Leningrad mit seinen schattigen Kanälen, seinen vergoldeten Kuppeln, seinen himbeerfarbenen Staatskanzleien, seinem Muschelwerk, seinen gelben oder mandelgrünen Palästen, seinen blauen und weißen Kolonnaden, mit seinen ehernen Pferden, seinen Sphinxen, seinem bronzenen Reiter, seinen Löwen, mit seinem herrlichen Fluß und seinen Liebenden ist nach wie vor eine der schönsten Städte der Welt.

Ein Wort noch zu den Löwen von Leningrad: Löwen aus Granit, aus Marmor, aus Porphyr, aus Bronze, gutmütige, majestätische, enttäuschte, traurige, furchterregende Löwen, Löwen, die Paläste und Brücken bewachen – sie sind überall. Man erzählt, daß ein Leningrader schon vor langer Zeit begonnen habe, auf „Löwenjagd“ zu gehen und daß er sie immer noch nicht alle gefangen habe. Auch sie sind Bestandteil der Stadtlandschaft.

Geschichte

Kleine Anfänge. Die Geschichte Leningrads, das früher *St. Petersburg*, dann *Petrograd* hieß, ist verhältnismäßig kurz, aber es ist eine ereignisreiche Geschichte. St. Petersburg verdankt sein Entstehen politischem Kalkül und den schrecklichen Kindheitserinnerungen Peters des Großen, der von den Massakern im Kreml, deren Augenzeuge er war, nicht nur einen nervösen Tick, sondern auch einen Horror vor Moskau davongetragen hatte. Sobald er dazu in der Lage war, beschloß er, aus der Ostsee, die bis dahin fast als Privateigentum der Schweden galt, ein für alle, insbesondere aber für die Russen, offenes Meer zu machen. Zu diesem Zweck verbündete er sich mit den Dänen und Polen gegen Schweden in der Absicht, einen Stützpunkt zu schaffen, der sowohl einen Riegel an der Newa-Mündung als auch eine Öffnung zur westlichen Welt darstellte, ein Tor, das gleichzeitig offen und geschlossen war.

Eine Festung und ein Häuschen. Zu Beginn des Nordischen Krieges (1700 bis 1721) bemächtigten sich die Russen der schwedischen Festung *Noteborg*, die im Mittelalter ein Vorposten Nowgorods war. Sie tauften sie um in *Schlüsselburg* und ließen sich im Newa-Delta nieder. Die ersten Bauwerke, die dort errichtet wurden, waren Festungsanlagen. Am 16. Mai 1703 legte Peter der Große auf der *Hasen-Insel* (*Zajatschij Ostrow*) eigenhändig den Grundstein zur *Peter-Pauls-Festung*; 1705 erfolgte dann die Grundsteinlegung für die spätere *Admiralität*. Um diese Anlagen von der Seeseite her verteidigen zu können, wurde schließlich auf der Insel Kotlin *Cronslott*, das spätere *Kronstadt*, gegründet. Von dem kleinen Haus aus, das Peter der Große sich 1703 nicht weit von der Festung entfernt bauen ließ, leitete der Zar die Arbeiten. Nachdem seine Truppen 1709 bei Poltawa die bis dahin unbesiegbar erscheinende Armee des Schwedenkönigs Karl XII. bezwungen hatten, sah Peter der Große in diesem Sieg die Bestätigung dafür, daß er richtig vorausgesehen hatte: „Jetzt“ – schrieb er an seinen Freund Apraksin – „ist die Gründung von St. Petersburg mit der Hilfe Gottes besiegelt.“ Nachdem nun die Schweden keinen Fuß mehr auf russischem Boden hatten und 300 auf das Meer

Winterpalast und Triumphsäule

gerichtete Kanonen das weite Hinterland beschützten, dachte der Zar an die Realisierung des Traumes von seiner Stadt.

Der Zar als Förderer. Peter der Große war der erste, der nicht an einzelne Gebäude, sondern an eine Stadt als architektonisches Ganzes dachte. Nachdem er zunächst davon geträumt hatte, die Stadt nach dem Plan Amsterdams zu erbauen, änderte er seine Meinung während einer Frankreichreise und beauftragte den französischen Architekten Leblond, den Grundriß der neuen Stadt zu zeichnen.

Der Preis dafür, daß nach und nach aus der öden, trostlosen Landschaft des Newa-Deltas mit ihren ungesunden Sümpfen und unwegsamen Urwäldern eine echte Stadt, eine der schönsten Städte der Welt, emporwuchs, war die unmenschlich harte Arbeit Hunderttausender zu Maurern umfunktionierter Soldaten, schwedischer und ottomanischer Gefangener, unter Knutenschlägen zwangsverschleppter finnischer und estnischer Volksgruppen. Millionen von Pfählen wurden so in den moorigen Grund getrieben, Granitblöcke und Steine wurden mit bloßen Händen transportiert. Peter der Große, der gleichsam in allen Berufen zu Hause war, überwachte persönlich die Arbeiten und legte selbst mit Hand an.

1712 trat St. Petersburg offiziell an die Stelle Moskaus. Aus diesem Anlaß fanden große Feste statt, die dem Andenken Alexander Newskis, des Helden und Nationalheiligen, gewidmet waren. Um die neue Residenzstadt zu bevölkern, wurde ein Ukaz (Verordnung) erlassen, der die Zwangsübersiedlung von Menschen aus dem gesamten russischen Reich dorthin beinhaltete. Jahrelang war es verboten, anderswo als in St. Petersburg in Stein zu bauen. Jeder Lastkahn und jedes Schiff, die in die Stadt einfuhren, mußten eine bestimmte Menge von Steinen mitführen. Jeder Herr über mehr als 500 Seelen war verpflichtet, in St. Petersburg auf eigene Kosten ein zweistöckiges Steinhaus zu errichten. So entwuchs diese Stadt gleichsam nach und nach dem Wasser und dem Land. Sie wurde oft von den wilden Fluten der Newa zerstört und immer wieder größer und schöner aufgebaut. Am linken Flußufer war dichter Wald, und um einen Anschluß an die Straße Moskau – Nowgorod herzustellen, mußte eine breite Verkehrsader hindurch gebaut werden, die bald Newskij Prospekt heißen sollte.

Der Zar als Mann der Wissenschaften. Vor seinem Tod (1725) arbeitete Peter der Große noch mit Hilfe von Leibniz das Projekt einer Akademie der Wissenschaften und verschiedener Institute aus, in denen ausländische Professoren russische Wissenschaftler, Ärzte und Ingenieure ausbilden sollten. Gleichzeitig sollten junge Russen zum Studium nach Europa geschickt werden.

St. Petersburg, das nun etwa 75000 Einwohner hatte und bald mit Paris und Rom zu den schönsten Städten Europas gehörte, wurde Zusammenfassung und Symbol des Gesamtwerkes eines Mannes, dessen eiserner Wille und dessen nahezu übermenschliche Energie das russische Reich in den Vordergrund der internationalen Szenerie geschoben haben.

Die Erben. In den sechzehn Jahren nach dem Tod Peters des Großen veränderten die beiden im Kindesalter auf den Thron gelangten Zaren und die beiden aufeinander folgenden Zarinnen das Aussehen der Stadt kaum. Aber dann kam die Zeit Elisabeth Petrownas, der Tochter Peters des Großen, und Katharinas II., Gattin Peters III., des Neffen und Nachfolgers Elisabeths, der 1761 starb. Beide betrachteten sich als direkte Erben Peters, und beide wetteiferten darin, sein Werk fortzusetzen und, wenn möglich, noch zu übertreffen. Elisabeth beauftragte den Italiener Bartolomeo Rastrelli, den Winterpalast, das Smolny-(Smolnyj-)Kloster und das riesige Schloß Tsarskoje Sjelo zu erbauen, das vor seiner fast vollständigen Zerstörung im Zweiten Weltkrieg eines der prunkvollsten Barockbauwerke in Europa war. Es besteht kein Zweifel daran, daß sich im Geiste des Architekten und der Zarin der Begriff der Macht mit ihrer Auffassung des Barockstils verbanden. Es kann auch keinen Zweifel daran geben, daß Elisabeth von Anfang an beabsichtigte, mit dem Smolny-Kloster ein triumphales Bauwerk zu schaffen. Katharina wollte ihrerseits noch Größeres vollbringen. Unter ihrer Regentschaft begann der Übergang vom Barock zum Klassizismus: Rinaldi schuf den Marmorpalast (heute Lenin-Museum), der schöne Palast von Pawlowsk wurde von Cameron begonnen, Vallin de la Motte errichtete die Akademie der Schönen Künste, und Quarenghi führte in Tsarskoje Sjelo Verschönerungsarbeiten durch, die das Ausmaß von Neubauten annahmen.

Das weit geöffnete Tor nach Westeuropa. Das Tor, das Peter der Große nach Westeuropa hin öffnen konnte und das von Elisabeth wieder ein Stück geschlossen wurde, hat Katharina II. erneut weit aufgetan. Sie spürte nicht den Widerspruch, der darin lag, daß sie bei der europäischen geistigen Elite als philosophisch gebildete und engagierte Herrscherin galt, als aufgeklärte Autokratin, die mit den Philosophen auf du und du stand, während sie gleichzeitig alle diejenigen, die in Rußland versuchten, die Ideen eben dieser Philosophen zu verwirklichen, in den Kerker der Peter-Pauls-Festung werfen ließ. Mit den aus Frankreich und Italien herbeigerufenen Architekten, Bildhauern und Brunnenbauern gestaltete sie die Newa-Inseln um; sie ließ breite Alleen und weiträumige Parks anlegen, große und kleine Paläste erbauen. Unter ihrer Herrschaft wurde der Winterpalast vollendet, die Kleine Ermitage errichtet, und mit dem Bau der Zweiten (Alten) Ermittage begonnen.

Der Zar mit den seltsamen Ideen. Paul I., der Nachfolger seiner ungewöhnlichen Mutter auf dem Thron, ähnelte ihr in keiner Weise; außerdem verabscheute er sie. Was er für St. Petersburg tat, tat er nur für sich selbst. Es ging ihm weder um Rußland noch um die Größe des Imperiums, sondern einzig und allein um seine persönliche Sicherheit: Zu seiner persönlichen Sicherheit ließ er das Ingenieurschloß (in der Nähe des Sommergartens) erbauen. Die Rechnung ging nicht auf, denn 40 Tage nach seinem Einzug dort wurde er von den Offizieren seiner eigenen Leibwache ermordet.

St. Petersburg als diplomatische Hauptstadt. Alexander I. machte aus St. Petersburg aufgrund der Rolle, die er als Haupt der gegen Napoleon gerichteten Koalition spielte, die diplomatische Hauptstadt Europas. Unter seiner Regentschaft erbaute der Architekt Carlo Rossi gelb-weiße Paläste: das Generalstabs-Palais, die beiden Pavillons des Anitschkow-Palais, die Palais an der heutigen Rossi-Straße und am heutigen Lomonossow-Platz und vor allem den herrlichen Platz der Künste mit dem Michael-(Michajlowskij-)Palais und den ihn umgebenden Bauwerken.

Die ersten Erschütterungen. Zwar wurde auch unter den nachfolgenden Zaren in St. Petersburg gebaut, aber nicht mehr so einheitlich, nicht mehr so vollendet wie zuvor. Das Zeitalter der harmonischen Architektur-Ensembles war vorbei. Die Zaren hatten nun andere Sorgen: Der Dekabristenaufstand, von dem später noch die Rede sein wird (s. Weg 1), war das erste Anzeichen für die Verwundbarkeit des Reiches, und der Schloßplatz wurde bald zum Schauplatz schwerwiegender Ereignisse.

Eine neue Situation. Nicht mehr nur zu großen offiziellen Feierlichkeiten versammelten sich nun die hungrigen Massen. Nach der Ermordung Alexanders II., des „Befreier-Zaren", der dem Großherzogtum Finnland weitgehende Autonomie einräumte und 1861 die Leibeigenschaft abschaffte, setzten die nun folgenden Zaren, Nikolaus I., Alexander III. und Nikolaus II., ihren ganzen Ehrgeiz daran, das orthodoxe byzantinische Reich wiedererstehen zu lassen. Sie versuchten, um mit Lamartine zu sprechen, „die Unbeweglichkeit der Welt zu verewigen". In dieser Zeit schufen Tschernyschewskij und dann der von marxistischen Theorien beeinflußte Plechanow die Grundlagen für eine völlig neue Welt. Die öffentliche

Meinung wurde durch Flugblätter, Untergrundzeitschriften, Bekenntnisse von Schriftstellern und Journalisten, durch die Malerei der „Wanderausstellungskünstler" („Peredwishniki") und durch die Märtyrer der revolutionären Sache aufgerüttelt. Die Attentate häuften sich, die Gefängnisse waren voll, es kam zu zahlreichen Deportationen, und so entstand eine neue, unwiderrufliche Situation.

Der Auftritt Lenins. Von 1893 an begannen sich die versprengten anarchistischen und revolutionären Kräfte unter der Führung Lenins zu einer einzigen großen Bewegung zu formieren. Man könnte fast sagen, daß die Revolution für Lenin in bestimmter Hinsicht so etwas wie eine Familienangelegenheit war: Sein älterer Bruder Alexander wurde in der Peter-Pauls-Festung wegen seiner Beteiligung an einem Attentat auf Alexander III. hingerichtet, die anderen Geschwister waren, mit Zustimmung der Mutter, glühende Kämpfer für die revolutionäre Sache.

Lenin übertrug zwischen Exilperioden in Sibirien oder im Ausland mit Hilfe von Gleichgesinnten die marxistischen Theorien auf die russische Wirklichkeit und widmete sich der politischen Erziehung der Arbeiter in den Fabriken, die südlich des Narwa-Triumphbogens sowie in den Stadtvierteln Petrogradskaja Storona und Wyborgskaja Storona errichtet worden waren.

Die Ereignisse überstürzen sich. 1903 wurde die Spaltung der Russischen Sozialdemokratischen Arbeiterpartei in Bolschewiki (Mehrheit) und Menschewiki (Minderheit) vollzogen. 1905 fand die „Generalprobe" für das sich anbahnende Ereignis statt, das Massaker des 22. Januar (9. Januar alter Zeitrechnung) auf dem Schloßplatz. Dennoch kniete auf dem gleichen Platz im August 1914, dem Beginn des Ersten Weltkriegs, die Petersburger Bevölkerung vor dem Zaren nieder und flehte um seinen Segen. Die Gebete, die erhabenen Gesänge und die Ovationen unter Tränen waren für Nikolaus II. Beweis des Vertrauens und der Treue seines Volkes und verblendeten ihn noch mehr. Er begriff nicht, daß inzwischen ungeheure Kräfte in Bewegung geraten waren. Selbst wenn es den willensschwachen, den historischen Ereignissen gegenüber kurzsichtigen, seiner Aufgabe nicht gewachsenen Zaren und die ungesunde Umgebung der Zarenfamilie, vor allem den Einfluß Rasputins (von „rasputnyj" = „ausschweifend", „lasterhaft"), nicht gegeben hätte, selbst wenn die Niederlagen zu Siegen geworden wären, wäre das Zarenreich zum Untergang verurteilt gewesen. Aber Nikolaus II. war zu sehr Fatalist, um das zu verstehen, und er sollte es erst begreifen, als das Rad der Geschichte gleichsam über ihn hinweggrollte.

Das Drama. Im Januar und Februar 1917 trieben Hunger und Not die Arbeiter aus den Arbeitervierteln von Petrograd und ihre Frauen, die Studenten und selbst die bis dahin zarentreuen Gardesoldaten erneut auf den Schloßplatz. Die Revolution begann. Nikolaus II. dankte ab, eine Provisorische Regierung der bürgerlich-Liberalen wurde gebildet. An ihrer Spitze stand Fürst Lwow. Bis dahin war die Revolution noch eine bürgerliche. Im April 1917 kehrte Lenin aus seinem Schweizer Exil zurück, um diese bürgerliche Revolution in eine proletarische hinüberzuführen, nach der Juliniederlage wurde er jedoch von der Provisorischen Regierung des sozialrevolutionären Anwalts Kerenski verfolgt und mußte sich verbergen. Am 10. Oktober beschloß das bolschewistische Zentralkomitee unter Lenins Führung (auch Trotzki und Stalin gehörten ihm an) den bewaffneten Aufstand. Am 25. Oktober (dem 7. November nach dem Gregorianischen Kalender) bemächtigten sich die Aufständischen Petrograds (der bis dahin deutsche Name der Hauptstadt war bei der Kriegserklärung an Deutschland 1914 russifiziert worden).

Geburt einer neuen Welt. Von der Machtergreifung an führte die sowjetische Regierung, in der zunächst unter Führung Lenins Bolschewisten und revolutionäre Sozialisten zusammenarbeiteten, parallel zu Verstaatlichungen und Agrarreformen Friedensverhandlungen. Am 3. März 1918 wurde in Brest-Litowsk der Friede zwischen der Sowjetunion und den Mittelmächten geschlossen.

Petrograd wird wieder Provinzstadt. Am 12. März 1918 verließ die Regierung Petrograd und verlegte ihren Sitz nach Moskau zurück. Nach dem frühen Tod Lenins (1924) nahm die Stadt den Namen Leningrad an. Zwischen den beiden Weltkriegen lebte Leningrad das Leben einer großen Provinzstadt; sein Anliegen war es, die Zeugnisse seiner vergangenen Größe zu erhalten und die seiner künftigen Größe entstehen zu lassen.

Die dunkelsten Seiten in der Geschichte der Stadt. Im Juni 1941 erfolgte die Invasion der deutschen Truppen, und am 8. September begann jene schreckliche Belagerung, die mehr als 900 Tage, bis zum 27. Januar 1944, dauerte, und die bei den ÜberlebendenAlpträume und Erinnerungen an Schrekken wie an Heroismus zurückließ. Es war dies eine Belagerung, die manchmal bis an die Grenzen der Besetzung ging, und in deren Verlauf auch scheinbar nicht zu Ertragendes dennoch ertragen wurde, um die steinernen Zeugen der Vergangenheit sowie die schwer erkämpften individuellen Freiheiten und materiellen Errungenschaften zu erhalten. – Heute sind alle Schäden längst beseitigt, die Entbehrungen und Schrecken jener Zeit auch bei der damals davon betroffenen Generation weitgehend vergessen. Ein Ausländer, ja selbst ein junger Leningrader könnte an die tragischen Ereignisse jener Winter mit bis zu 35° Kälte, mit Hungerrationen und 650000 verhungerten, erfrorenen sowie durch Artilleriefeuer und Bomben getöteten 17000 Menschen schwerlich glauben, wenn nicht hier und dort ein Museum, eine Gedenktafel, ein paar Blumen daran erinnerten.

1965, am 20 Jahrestag des Sieges der UdSSR im Zweiten Weltkrieg, wurde Leningrad der Ehrentitel „Heldenstadt" verliehen. Ein Generalplan für den Stadtausbau bewirkte u.a. einen enormen Zuwachs der Wohnungsfläche der Stadt und eine rapide Verbesserung der Wohnverhältnisse.

Die Stadt der Industrie und der Wissenschaften

Industriestadt. Die Skala der in Leningrad produzierten Erzeugnisse reicht von riesigen Turbinen bis zu optischen Geräten von hoher Präzision. Hauptindustriezweige: Mechanische Industrie, Werkzeugmaschinenbau, chemische Industrie, Radiotechnik und Schiffsbau. In Leningrad wurde der erste mit Atomkraft betriebene Eisbrecher der Welt, die „Lenin", gebaut. Das Werk „Elektrosila" beliefert die ganze Sowjetunion mit Turbogeneratoren und Wasserkraftgeneratoren. Außerdem gibt es Nahrungsmittelindustrien, Konfektionsfabriken, Schmuckindustrien und Druckereien.

Stadt der Wissenschaften. Leningrad, das mehrere große, zur Akademie der Wissenschaften der UdSSR gehörende Institute besitzt, ist stolz darauf, die Universitätsstadt zu sein, in der die meisten großen Gelehrten, Politiker und Schriftsteller des Landes studierten.

Leningrad ist Partnerstadt von 25 Städten in aller Welt, darunter u.a. Hamburg, Antwerpen, Le Havre, Gdańsk (Danzig), Dresden, Manchester und Turku (Abo).

Besuch der Stadt – Besichtigungsprogramme

Ein Tag in Leningrad

Es wäre schade, wenn der Besucher nur einen Tag für die Stadtbesichtigung zur Verfügung hätte; in diesem Fall würden wir empfehlen, ihn einzuteilen in einen Besuch der Ermitage am Vormittag, einen Besuch des Puschkin-Hauses (s. Weg 1) am Nachmittag und einen anschließenden Stadtbummel.

Zwei Tage in Leningrad

In diesem Fall könnte man am Vormittag des zweiten Tages Russisches

Museum, Lenin-Museum und Alexander-Newski-Kloster besuchen und am Nachmittag noch einmal durch Leningrad bummeln, entweder durch das Stadtgebiet der Petrograder Seite und der Mojka oder durch das des Marsfeldes und des Sommerpalastes und -gartens.

Drei Tage in Leningrad
In diesem Fall könnte der Besucher den dritten Vormittag in den Stadtvierteln der Wyborger Seite und auf der Basilius-Insel, den Nachmittag in Petrodworjets (Umgebung von Leningrad) verbringen.

Vier Tage in Leningrad
Es empfiehlt sich ein weiterer Besuch der Ermitage und am Nachmittag ein Ausflug nach Puschkin (Tsarskoje Sjelo) und Pawlowsk.

Sollte es dem Besucher möglich sein, eine Woche oder länger in Leningrad zu verbringen, so seien ihm ganz besonders der Besuch der Inseln, ein Bummel entlang den Kais (vor allem in den hellen Sommernächten), ein Ausflug nach Nowgorod und die von Intourist organisierte Fahrt nach Kishi in Karelien empfohlen. Der Ausflug nach Kishi kann nur mit Intourist gemacht werden und auch nur dann, wenn der Onegasee eisfrei ist. Er erfordert zwei Tage.

Für Liebhaber

... alter russischer Kunst: Russisches Nationalmuseum; Kathedrale St. Nikolaus der Seefahrer; Alexander-Newski-Kloster; Nowgorod; Kishi.

... von Juwelen: Ermitage; St.-Isaaks-Kathedrale; Muttergottes-von-Kasan-Kathedrale.

... des Kunsthandwerks: Ermitage; Palais von Pawlowsk; Palais von Puschkin (Tsarskoje Sjelo); Russisches Nationalmuseum.

... der skythischen Kunst: Ermitage (eine in der Welt einzigartige Sammlung).

... barocker Architektur: Paläste von Leningrad und Schloßplatz, Smolny-Kloster; die Palais von Puschkin (Tsarskoje Sjelo) und Petrodworjets.

... klassizistischer Architektur: Taurischer Palast; Rossi-Straße und Ostrowskij-Platz, Platz der Künste und die ihn umgebenden Bauten; Palais von Pawlowsk.

Bei Interesse an

... russischer Geschichte: Historisches Museum von Leningrad (für die beiden Weltkriege); Muttergottes-von-Kasan-Kathedrale mit dem Museum der Geschichte der Religion und des Atheismus; Häuschen Peters des Großen; Peter-Pauls-Festung; Altstadt von Nowgorod.

... der Geschichte der Revolution: Lenin-Museum; Revolutionsmuseum; Historisches Museum von Leningrad; Smolny-Institut; Taurischer Palast; Kirow-Wohnungsmuseum; Panzerkreuzer Aurora.

... Puschkin: Puschkin-Wohnungsmuseum; Museum des Instituts für Russische Literatur – Puschkin-Haus; Puschkin-Lyzeum in Puschkin (Tsarskoje Sjelo), dessen Schüler der Dichter war.

Weg 1: ***Schloßplatz: ***Winterpalast (Ermitage) und **Admiralitätsgebäude – *Puschkin-Wohnungsmuseum – **Dekabristen-Platz – **Museum der Geschichte von Leningrad

Dieser erste Weg vermittelt den reizvollsten Eindruck von Leningrad. Man rechnet dafür 45 Minuten. Es empfiehlt sich aber, zusätzlich eine halbe Stunde für das *Puschkin-Wohnungsmuseum* sowie eine Stunde für das *Historische Museum von Leningrad* einzuplanen. Dem *Ermitage-Museum*, das in einem zum Winterpalast gehörenden Gebäudekomplex untergebracht ist, ist ein besonderes Kapitel gewidmet (s. das Kapitel: Die großen Sammlungen von Leningrad: Weg 12: Das Ermitage-Museum). Die Besichtigung der Ermitage erfordert mindestens einen halben Tag. Der Reisende, der die Besichtigung in diesen Weg mit einschließen will, muß sich seine Zeit dementsprechend einteilen.

Anfahrt: Von der Herzen-Straße [Plan s.S. 202/203, C2–3] (Ulitsa Gertsena) kommend, den Newski-Prospekt überqueren, die Triumph-Säule passieren; – wenn man vom Newski-Prospekt [Plan s.S. 202/203, C3–F3] (Newskij Prospekt) her kommt, biegt man nach rechts ab; – über den Boulevard der Gewerkschaften [Plan s.S. 202/203, A3] (Bulwar Profsojuzow) und den Dekabristen-Platz [Plan s.S. 202/203, B3] (Ploschtschad Dekabristow); den Admiraltejskij Prospekt entlang bis zur Triumphsäule; – über die Schloßbrücke [Plan s,S. 202/203, B2] (Dwortsowyj Most), wenn man von der Basilius-Insel (Wasiljewskij Ostrow) her kommt; – über die Kais.

Metro: Stationen (10–12 Min. entfernt) Newskij Prospekt oder Gostinyj Dwor.

DER ***SCHLOSSPLATZ [Plan s.S. 202/203, C2]

Der Schloßplatz (*Dwortsowaja Ploschtschad*) bildet von der Herzen-Straße her eine besonders eindrucksvolle Überraschung und bietet von dort einen höchst imposanten Anblick. in der Mitte des Platzes steht die *Triumphsäule* (auch *Alexander-Säule*), im Hintergrund der *Winterpalast*; rechts vom Triumphbogen, durch den man den Schloßplatz betritt, sieht man das ehemalige *Generalstabsgebäude*, links das *Außenministerium*; an den äußeren Enden dieses Halbkreises liegen rechts das *Generalstabsgebäude des ehemaligen Gardekorps*, links das *Admiralitätsgebäude* und davor der *Gorki-Garten*. Außerdem hat der Betrachter gleichsam zwei Jahrhunderte russischer Geschichte vor sich.

Man kann sich kaum vorstellen, daß hier vor knapp dreihundert Jahren nur ein riesiges Haferfeld lag, und daß es mitten im 18. Jahrhundert noch verboten war, hier Hetzjagden durchzuführen.

Der Schloßplatz in Leningrad hat in der Geschichte des Landes eine nicht minder bedeutende Rolle gespielt wie der Rote Platz in Moskau. Die einzelnen Gebäude, die ihn umgeben, scheinen, obwohl sie in verschiedenen Epochen und unter verschiedenen Herrscherpersönlichkeiten (Elisabeth Petrowna, Katharina II., Alexander I.) erbaut wurden, etwas Gemeinsames zu haben.

Der Platz war die Bühne für die Ereignisse, die das russische Imperium erschütterten, den Thron der Zaren umstürzten und der Begründung der Sowjetmacht vorausgingen.

Am 22. Januar 1905, dem Tag, der als „Blutsonntag" in die Geschichte eingegangen ist, zogen etwa 200000 Menschen, vorwiegend Arbeiter mit ihren Familienangehörigen, unter der Führung des Popen Gapon, von dem es später hieß, er sei ein Polizeispitzel gewesen, mit Ikonen, Fahnen und Bildern des Zaren zum Winterpalast, um Nikolaus II. eine Petition zu übergeben. Sie wurden dort von der Armee empfangen, die das Feuer eröffnete. Hunderte von Toten blieben im Schnee zurück. Dies war der blutige Anlaß zum Anfang der Revolution von 1905, der „Generalprobe", wie es Lenin nannte. Mit dem Sturm der Revolutionäre auf den Winterpalast am 7. November (25. Oktober nach dem Julianischen Kalender) 1917 und der Festnahme der Mitglieder der Provisorischen Regierung Kerenskis, der selbst nach den USA entkommen konnte, begann die „Große Sozialistische Oktoberrevolution".

Die *Triumphsäule (Alexander-Säule)

Der sich in der Mitte des Platzes erhebende Monolith aus rosa Granit wurde 1834 von dem französischen Architekten *Auguste Montferrand* errichtet. Er trägt auf der Spitze einen vergoldeten Engel, der die Züge Alexander I. haben soll. Die Säule ist mit 47,5 Metern höher als der Obelisk auf der Place Vendôme in Paris, höher als die Trajans-Säule in Rom und höher als die Pompejus-Säule in Alexandria.

Der ***Winterpalast [Plan s. S. 202/203, B–C2] (*Zimnij Dworjets*)

Dieser Palast, dem sich zwei Jahrhunderte hindurch die Blikke ganz Rußlands zuwandten, ist der prunkvollste der Petersburger Paläste. Er ist das Werk des berühmten Architekten *Bartolomeo Rastrelli*.

Als der Vater Bartolomeo Rastrellis (1700–1771), der italienische Bildhauer *Carlo Rastrelli*, der in Paris lebte, von Peter dem Großen nach Rußland eingeladen wurde, begleitete der Sohn den Vater und verließ dann kaum noch St. Petersburg, wo er fast seine ganze Karriere machte.

Die Arbeiten begannen 1754 auf Wunsch Elisabeth Petrownas, der Tochter Peters des Großen, die 20 Jahre lang (1741–1761) regierte. Da die Zarin und der Architekt die gleiche Vorliebe für das gewaltige, ein wenig italienisch anmutende „russische Barock" hatten, wurde der Palast reichlich mit Stuck, Statuen, Säulenhallen und Kolonnaden versehen. Er bildete schon damals eine Barockwelt für sich (1050 Säle, 1787 Fenster, 117 Treppen), die jedoch noch nicht vollendet war, als Elisabeth Petrowna starb. Peter III., der nur einige Monate lang regierte, interessierte sich nicht dafür.

Dann kam Katharina II. auf den Thron, deren Interesse dem Klassizismus galt, vielleicht deshalb, weil der Klassizismus damals in Paris wieder in Mode kam. Sie ließ das Werk zu Ende führen und durch die *Kleine Ermitage*, geschaffen von *Vallin de la Motte* (1775), ergänzen.

Der Feuersbrunst von 1837, die drei Tage dauerte, widerstanden nur die Fassade aus Ziegeln und das Erdgeschoß; schon 18 Monate später jedoch war der Wiederaufbau durch *Wasilij Stasow* und *Alexander Brüllow* (*Aleksandr Brjullow*) beendet; aus diesem Anlaß fand ein Galaempfang der ausländischen Botschafter statt. Wenngleich Rastrelli dem Winterpalast seinen Stempel aufgedrückt hatte, so wurde doch die Anordnung der Säle gemäß den Vorstellungen der damaligen Zeit vorgenommen.

Der Winterpalast ist überreich mit Marmor, Malachit, Jaspis, Bronze, seltenen Hölzern, Bergkristall und wertvollen Edelsteinen ausgestattet. Seit 1946 steht er dem berühmten Ermitage-Museum zur Verfügung, das ein Ensemble von mehreren Palais einnimmt, von denen der Winterpalast das größte ist. Die anderen Palais sind die *Kleine Ermitage* (1764–1775 von *Vallin de la Motte*), die *Zweite Ermitage* oder *Alte Ermitage* (1771–1787 von *Jurij Felten*), das *Ermitage-Theater* (1783–1787 von *Giacomo Quarenghi*) und die *Neue Ermitage* (1839–1852 nach einem Plan von *Leo v. Klenze*). Diese fünf Gebäude sowie die berühmten Sammlungen werden in einem besonderen Kapitel beschrieben (s. Die großen Sammlungen von Leningrad. Weg 12: Das Ermitage-Museum).

Gegenüber dem Winterpalast liegen das *Ehemalige Generalstabsgebäude* und das *Ehemalige Ministerium für Auswärtige Angelegenheiten*; beide sind heute von Verwaltungsbehörden belegt und bilden zusammen einen Halbkreis. Ein genau in der Mitte befindlicher doppelter Triumphbogen verbindet die beiden Gebäudeflügel und lockert die klassisch-strengen Fassaden

Triumphbogen

auf. Beide Bauten wurden zwischen 1819 und 1846 von *Carlo Rossi* errichtet. Der *Triumphbogen* (*Triumfalnaja Arka*) wurde zum Gedenken des Sieges des russischen Volkes über die Truppen Napoleons errichtet; auch der *Siegeswagen* (*Wasilij Demut-Malinowskij* und *Stepan Pimjenow*), der den Bogen krönt, soll daran erinnern. – Das

Stabsgebäude des ehemaligen Gardekorps (*Schtab Gwardejskogo Korpusa*) wurde 1837 bis 1840 von dem Architekten *A. Brjullow* erbaut. Es ist im gleichen Stil wie das Generalstabsgebäude errichtet, zeigt aber nicht dessen imposante Schlichtheit.

Eine Gedenktafel erinnert daran, daß Lenin im November 1917 von hier aus die erfolgreichen militärischen Aktionen gegen die antirevolutionären Truppen des Generals Krasnow, die die Stadt angriffen, leitete.

****Admiralitätsgebäude** [Plan s. S. 202/203, B2] (*Admiraltejstwo*). – Die Admiralität ist nicht nur zusammen mit dem Winterpalast das bedeutendste Gebäude an diesem Platz, sondern sie bildete auch das Zentrum der Stadtplanung des linken Newa-Ufers, die im 18. Jahrhundert vorgenommen worden ist: Der Newski-Prospekt, die Dzershinskij-Straße und der Majorow-Prospekt laufen auf das Admiralitätsgebäude zu, das von einer *goldenen Karavelle* (Segelschiff des 14.–16. Jh.), dem Wahrzeichen von Leningrad, gekrönt ist und von allen Teilen der Stadt aus gesehen werden kann.

Eines der ersten in St. Petersburg erstellten Gebäude war eine Werft, aus der das erste russische Schiff großer Tonnage kam: die Poltawa (1712). Mitte des 18. Jahrhunders wurde die Werft durch Verwaltungsgebäude der Marine ersetzt.

Der *Mittelturm* mit der berühmten *Spitze* wurde im Jahre 1736 auf Anordnung Anna Pawlownas errichtet und diente nach dem Brand im Jahre 1783 als Achse für den von *A.D. Zacharow* vorgenommenen Wiederaufbau der Admiralität. Er wurde erst 1823 abgeschlossen. Das Gebäude erhielt damals sein bis heute unverändertes Aussehen, das auch die nach dem Zweiten Weltkrieg notwendigerweise vorgenommenen Renovierungsarbeiten überstand. Die Fassaden zur Newa und zum Gorki-Garten hin schmücken Portika mit weißen Säulen und allegorischen Skulpturen.

Im Inneren des Admiralitätsgebäudes, das heute die Kriegsmarine-Akademie beherbergt, findet man Statuen und eine prachtvolle weiße Marmortreppe.

Gorki-Garten [Plan s. S. 202/203, B2]. – Über die ganze Parkanlage verteilt findet man zahlreiche Statuen großer Männer Rußlands, und man wird im Vorbeigehen u.a. Gorki (Gorkij), Gogol, Puschkin, Glinka und Lomonossow (Lomonosow) erkennen.

Anstatt direkt durch den Gorki-Garten zum Dekabristen-Platz zu gehen, kann man vom Schloßplatz einen kleinen Umweg zum *Puschkin-Wohnungsmuseum* machen.

Zwischen dem Stabsgebäude des ehemaligen Gardekorps und dem Obersten Generalstab überquert die 1840 erbaute ,,Sänger-Brücke" (,,Pewtscheskij Most") die Mojka und führt zum Sitz des Akademischen Gesangvereins ,,Glinka", der von Peter dem Großen als ,,Kapella" gegründet und später umbenannt wurde, und der seit mehr als zweieinhalb Jahrhunderten eine bedeutende Rolle im russischen Musikleben gespielt hat. Er ist jetzt in einem Gebäude untergebracht, das Anfang des 19. Jahrhunderts von *Louis Charlemagne* und *L. Benois* erbaut wurde.

***Puschkin - Wohnungsmuseum** [Plan s. S. 202/203, C2] (*Muzej-Kwartira Puschkina;* Nabereshnaja Reki Mojki 12; wegen Renovierung bis Anfang 1988 geschlossen). – Dies ist das Haus, das Alexander (Aleksandr) Puschkin und seine Frau Natalie (Natalija) zuletzt bewohnten und wo der Dichter an den Folgen seiner im Duell mit dem französischen Emigranten Georges d'Anthès erlittenen Verletzungen am 10. 2. 1837 starb.

Während die Obrigkeit des Zarenreiches die Nachricht vom Tod des berühmten Dichters und ,,Rebellen" verständlicherweise äußerst zurückhaltend aufnahm, erregte sie in der breiten Öffentlichkeit Bestürzung und Trauer. In den Tagen vor der Bestattung erwies das Volk dem Autor des ,,Ehernen Reiters" in seiner Wohnung die letzte Ehre. Der Dichter Wjazemskij, der einen in Tränen aufgelösten Greis fragte, ob er zur Familie der Puschkins gehöre, erhielt die Antwort: ,,Nein, aber ich bin ein Russe".

Die Trauerfeierlichkeiten sollten in der St.-Isaaks-Kathedrale abgehalten werden, aber aus Angst davor, daß die Menge ihre Zuneigung zu Puschkin zu stark zum Ausdruck bringen könnte, ließ die Regierung den Sarg gleichsam heimlich entfernen, und die Trauerfeierlichkeiten fanden im Beisein der Familie und einiger ausgewählter Persönlichkeiten in der kleinen Marstall-Kapelle statt. Nach der Zeremonie wurde der Sarg – wieder fast heimlich – zum Kloster Swjatyje Gory (heute Puschkinskije Gory), in der Nähe des Puschkinschen Besitzes, gebracht. Dieses Haus ist heute eine Filiale des Puschkin-Museums in Moskau und enthält persönliche Gegenstände, Möbel und die Bibliothek des Dichters sowie zahlreiche Dokumente.

Die Zimmer dieser Wohnung, das Speisezimmer, das Zimmer von Natalija Gontscharowa-Puschkina und ihr Boudoir, wurden wieder mit Mobiliar und persönlichen Gegenständen des Paares ausgestattet.

In dem an das Boudoir angrenzenden Zimmer sieht man die Porträts der langjährigen Freunde: Puschtschin, der Lyzeumsfreund, Shukowskij, der gefeierte Dichter, der seinen Platz bereitwillig dem jungen Puschkin überließ, Wjazemskij und dessen Frau sowie Danzas, der der Sekundant des Dichters bei dessen Duell war, u.a. Unter Glas kann man die in französischer Sprache abgefaßten boshaften und beleidigenden Zeilen lesen, die Puschkin zum ,,Ritter des Hahnrei-Ordens" machten, in St. Petersburg kursierten und der unmittelbare Anlaß des Duells wurden.

Das **Arbeitszimmer* mit der Bibliothek des Dichters (3000 Bücher), seinem Spazierstock, dem Schreibtisch, dem Sessel und dem Bett, wo Puschkin zwei Tage lang vergeblich mit dem Tod rang, befindet sich fast im gleichen Zustand wie zu seinen Lebzeiten.

Die *Halle*, in der der Sarg aufgestellt war, enthält die Totenmaske und eine

Haarlocke, die der junge Turgenjew Puschkin abschnitt und sein Leben lang bei sich trug. Pauline Viardot übergab sie nach dem Tod Turgenjews dem Museum. – Das Museum ist täglich, außer dienstags und dem letzten Freitag im Monat, von 11 bis 17 Uhr geöffnet.

Dekabristen-Platz [Plan s. S. 202/203, B3] (*Ploschtschad Dekabristow*). – Dieser Platz öffnet sich zur Newa – zum Kai der Roten Flotte und zur Basilius-Insel – hin. Wenn er auch nicht die Steinpracht des benachbarten Schloßplatzes aufweist, so bietet er zumindest den Reiz des nahen Wassers und der Kais.

Die Geschichte der Dekabristen. – Nach der Oktoberrevolution erhielt der ehemalige Senatsplatz seinen jetzigen Namen zur Erinnerung an eine Gruppe Adeliger, die sich zusammengeschlossen hatten, um die Abschaffung des Absolutismus und der Leibeigenschaft, den Abbau der sozialen Unterschiede und die Meinungs- und Pressefreiheit zu erkämpfen. Neben den Namen Pestel, Murawjow, Murawjow-Apostol, Bestushew-Rjumin, Kachowskij und Rylejew fanden sich hier so große Namen des Zarenreichs wie Naryschkin, Obolenskij und Trubetskoj.
Der Augenblick für die Revolte war gut gewählt: Der Zar (Alexander I.) war tot, sein Nachfolger (Konstantin) verzichtete auf den Thron, und der neue Zar (Nikolaus I.) war noch nicht eingesetzt. Am 14. Dezember 1825 sammelten sich auf der Seite der Aufständischen mehr als 3000 Soldaten, Matrosen und Offiziere auf dem Senatsplatz. Unglücklicherweise jedoch kam die Parole zur Revolte weniger prompt als die Befehle des späteren Zaren: In wenigen Augenblicken war der Platz mit Toten übersät. Die fünf Anführer des Aufstandes wurden in der Peter-Pauls-Festung gehängt, die anderen Verurteilten nach Sibirien verbannt. Ihnen folgten in den darauffolgenden Jahren ihre Frauen und Verlobten freiwillig in die Verbannung.

Eherner Reiter. – Diese an der Newa stehende Skulptur ist das schönste Standbild von Leningrad. Sie erinnert sowohl an Peter den Großen – den sie auch darstellt – als auch an Puschkin, der über jenen seine berühmte Verserzählung verfaßt hat.

Assistiert von seiner Schwiegertochter und Schülerin *Marie-Anne Collot-Falconet* und dem russischen Bildhauer *Fjodor Gordejew*, hat der Bildhauer *Falconet* eine Statue von unbändiger Lebenskraft und gewaltiger Dynamik geschaffen. Der Sockel trägt auf einer Seite in russischer auf der anderen Seite in lateinischer Sprache die Inschrift: „Peter dem Großen, Katharina II.“ – Die

Historischen Archive [Plan s. S. 202/203, A3] sind in den durch einen Bogen miteinander verbundenen Gebäuden des ehemaligen *Senats* und des *Heiligen Synods* untergebracht; diese Gebäude wurden von *Rossi* und *Stasow* in den Jahren 1829 bis 1834 errichtet.

Direkt daneben beginnt der *Boulevard der Gewerkschaften* [Plan s. S. 202/203, A3] (*Bulwar Profsojuzow*) mit zwei durch *Bronzestatuen der Ruhmesgöttin* (Boginja Slawy; 1845; Bildhauer *Christian Daniel Rauch*) gekrönten Säulen. Diese Statuen sind Geschenke des damaligen österreichischen Kaisers an den Zaren.

Auf der Höhe des Ehernen Reiters beginnt als Verlängerung des linken Newa-Ufers der *Kai der Roten Flotte* [Plan s. S. 202/203, A3] (*Nabereshnaja Krasnogo Flota*), wo sich auf der linken Seite die aristokratischen Fassaden dreier alter Palais von St. Petersburg aneinanderreihen: des *Palais Laval* (Nr. 4), des *Palais Worontsow-Daschkow* (Nr. 10) sowie des *Palais Rumjantsew* [Plan s. S. 202/203, A3] (Nr. 44), das nach der Überführung der

Gemäldesammlungen der Grafen Rumjantsew nach Moskau zum

Museum der Geschichte von Leningrad (*Muzej Istorii Leningrada*) geworden ist.

Anfahrt: Straßenbahn Nr. 1, 5, 11, 15, 21, 26, 31, 33; Trolleybus Nr. 5 und 14: Autobus Nr. 6, 49 und 50.

Das Museum umfaßt vier Abteilungen. Die Besichtigung beginnt in der dritten Etage.

1. Abteilung: Die Revolutionen von 1917; Februar und Oktober. Die ersten Jahre nach der Revolution; Gorki, Majakowski; die Gefährten Lenins; Filmdokumente; Künstler und Gelehrte, die auf die eine oder andere Weise zur Etablierung der Sowjetmacht beigetragen haben. – Modelle, anhand derer der Ablauf einzelner Tage des Jahres 1917 dargestellt ist. Zahlreiche Fotos, Plakate und Proklamationen. – Die Wiederankurbelung der Wirtschaft.

2. Abteilung: Zwischen den beiden Weltkriegen: Schrittweise Ausdehnung der Stadt. Modelle, Pläne, Fotos.

3. Abteilung: Der Zweite Weltkrieg: die Belagerung Leningrads; die Front von Leningrad. – Diese Abteilung ist außerordentlich gut bestückt und übt große Zurückhaltung in der Auslegung der Fakten.

Karten, Darstellung der Front; Erinnerungsstücke der kämpfenden Soldaten.

Ein Saal stellt einen Unterstand dar, während ein anderer die Blockade der Nahrungsmittelversorgung zum Thema hat. Man rechnet, das 632253 Personen während der Blockade den Hungertod erlitten haben (die Zahl scheint jedoch eher zu niedrig angesetzt): Die Menschen gingen los, um wegen einiger Rationen Schlange zu stehen, und niemand sah sie zurückkehren, da sie unterwegs den Hungertod starben.

Nachbildung einer Wohnung der Kriegszeit; Nachbildung einer Wohnung während der Belagerung; die Belastung des Krieges. Der Durchbruch im Januar 1944, nach 900 Tagen.

4. Abteilung: Nach dem Zweiten Weltkrieg: Das Wirtschaftsleben. Die verschiedenen Wirtschaftszweige der Stadt, von denen der Schiffsbau, die Bekleidungsindustrie und die Herstellung von Präzisionsgeräten die vordersten Plätze einnahmen.

Weg 2: St.-Isaaks-Platz und **St.-Isaaks-Kathedrale – *Neu-Holland – Theaterplatz – **St.-Nikolaj-der-Seeleute-Kathedrale

Anfahrt: Straßenbahn Nr. 21, 26, 31; Trolleybus Nr. 5 und 14; Autobus Nr. 2, 3, 6, 10, 22, 27, 50, 60 und 100.

St.-Isaaks-Platz [Plan s. S. 202/203, B3] *Isakijewskaja Ploschtschad*).

In der Mitte des Platzes steht das *Reiterstandbild von Nikolaus I.*, das 1859 nach einem Entwurf von *Peter von Klodt-Jürgensburg* errichtet wurde.

Der Zar trägt die Uniform der berittenen Garde; die Reliefs auf dem Sockel stellen Episoden aus seinem Leben dar.

Die **Sankt Isaaks-Kathedrale [Plan s. S. 202/203, B3] (*Isakijewskij Sobor*) ist die prunk-

Die Krönung der westlich des Schloßplatzes stehenden Admiralität bildet der Mittelturm mit der charakteristischen goldenen Spitze.

A
B
C
1
2
3
4
Lenin-Park
Peter-Pauls-Festung
Dobroljubow-Prospekt
Kleine Newa
Most Stroitelej
Makarow-Kai
Linija
Newa
Puschkin-Platz
Literaturmuseum
Basilius-Insel
Marinemuseum
Mendelejewa
Kunstkammer
Große
Sjezdowskaja Linija
Universität
Schloßbrücke
SCHLOSS-
Ul. Chalturina
Akademie d. Wissenschaften
Puschkin-Wohnungsmuseum
Winterpalast
Menschikow-Palais
Glinka-
Triumphsäule
Schloßplatz
Akademie der Schönen Künste
UNIVERSITÄTSKAI
Admiralität
Gorki-Garten
Air Terminal
Sphinxen-Pier
NEWSKIJ
Leutnant-Schmidt-Brücke
Denkmal Peters I.
Dekabristen-Platz
Gogol-Straße
Herzen-Straße
Kai der Roten Flotte
Senat und Heiliger Synod
St.-Isaaks-Kathedrale
Muttergottes-von-Kasan-Kathedrale
Bulwar Profsojuzow
Straße
St.-Isaaks-Platz
Museum der Geschichte von Leningrad
Museum für Musikinstrumente
Kanal
DZERSHINSKIJ-
Herzen-
Platz der Arbeit
Sinij Most
Straße
Mojka-
Stadtsowjet (Rathaus)
Neu-Holland
GLINKA-
Herzen-
Haus Jussupow
Potselujew-Brücke
Dekabristen-Straße
PROSPEKT
Krjukow-
Autobus-Bahnhof
Ploschtschad Mira
Kirow-Theater
Gribojedow-Kanal
Konservatorium
Theaterplatz
MAJOROW-
SADOWAJA-
MOSKAUER PROSPEKT
Kanal
STRASSE
St. Nikolaj-Kathedrale

LENINGRAD
Nach Petrograd
Nach Wyborg
Robespierre-Kai
Litejnyj Brücke
KUTUSOW-KAI
Sommerpalast
TSCHAIKOWSKI-STRASSE
Wojnow-Straße
Tschaikowski-Straße
Tschernyschewskij Prospekt
Zum Taurischen Palast
Suworow-Platz
Sommergarten
Schwanengraben
Soljanaja Ul.
PROSPEKT
Tschernyschewskaja
Saltykow-Schtschedrin-Straße
Marsfeld
Pestelja
Verklärungskirche
Auferstehungskirche
Ingenieursschloß
Straße
Wosstanija
Michael-Garten
STRASSE
Nekrassow-Straße
Belinski-Straße
Ethnographisches Museum
FONTANKA-KAI
Unsere-Liebe-Frau-von-Lourdes-Kirche
Platz der Künste
Philharmonie
SADOVAJA
Newskij Prospekt
Shukowskij-Straße
Brodskij-Straße
PROSPEKT
LITEJNYJ-
Fluß
Gostinyj Dwor
Saltykow-Schtschedrin-Bibliothek
Anitschkow-Brücke
NEWSKIJ
Majakowski-
Ulitsa
PROSPEKT
Majakowskaja
Gostinyj Dwor
Pionierpalast
Ostrowskij Platz
Palais Bjelosjelskij-Bjelozjerskij
PROSPEKT
Puschkin-Theater
Theatermuseum
Platz des Aufstandes
Lomonossow-Straße
Museum der Arktis und Antarktis
Rossi-Straße
FONTANKA-KAI
Moskauer Bahnhof
Lomonossow-Platz
Straße
Fontanka-
Razjezshaja
PROSPEKT
Wladimirskaja
Marat-
LIGOWSKIJ
ZAGORODNYJ-
0
300
Meter

vollste Kirche von Leningrad. Sie wurde in den Jahren 1818 bis 1858 nach den Plänen des französischen Architekten *Auguste Montferrand* erbaut, der zu seiner Zeit völlig unbekannt war und damals sein Meisterstück lieferte, wobei er von mehreren namhaften russischen Architekten unterstützt wurde: *Wasilij Stasow*, *Abram Mjelnikow*, *Aleksandr* und *Andrej Michajlow*.

Zu der Zeit, als Peter I. inmitten des Sumpfgebietes der Newa seine Stadt anlegen ließ, wurde auf seine Anordnung hin dort, wo sich heute der Eherne Reiter befindet, zu Ehren St. Isaaks, eines byzantinischen Heiligen des 4. Jahrhunderts, an dessen Namenstag, dem 30. Mai, der Zar geboren worden war, eine kleine Kirche, zunächst aus Holz, später aus Stein erbaut. Nach einem Brand wurde sie weiter hinten auf dem Platz neu errichtet; da sie jedoch nicht groß genug war, erbaute man sie noch ein drittes Mal neu. Dies ist das Gebäude, das man heute sieht.

Der Bau nimmt gut einen Hektar Fläche ein und bietet Raum für 14000 Personen. Über dem Grundriß, der ein griechisches Kreuz bildet, erheben sich fünf Kirchenschiffe. Die höchste Kuppel ruht auf einem Säulentambour. Nord- und Südfassade sind mit mächtigen Portika versehen, die von je 16 Säulen aus rotem finnischem Granit getragen werden und dem Pantheon von Rom nachempfunden sind. Etwa 350 Statuen zieren das Dach.

Das Innere ist überreich mit Marmor, Bronze, Goldverzierungen und Fresken ausgestattet, und die sehr große Ikonostase schmückt ein Mosaik, auf dem Heilige dargestellt sind. Das Kuppelgewölbe zeigt Fresken von *Brjullow*. Anhand eines von der Kuppel herabhängenden *Foucaultschen Pendels* wird die Drehung der Erde um ihre Achse veranschaulicht.

St.-Isaaks-Kathedrale

Westlich der Kathedrale befindet sich im ehemaligen *Zubow-Palais* das

***Museum für Musikinstrumente** [Plan s.S. 202/203, B3] (St.-Isaaks-Platz Nr. 5). Von primitiven Tamtams und Lyren bis zu elektronischen Instrumenten, von Balalaikas und ukrainischen Banduras bis zu den Pianos von Rimski-Korssakow, Glasunow, Glinka und Anton Rubinstein wird hier eine einzigartige Sammlung von Musikinstrumenten (2500 Instrumente) der verschiedensten Zeiten und Völker gezeigt. – Es finden Vorträge und Aufführungen statt.

Direkt neben dem Museum führt die *Straße des Post- und Fernmeldewesens* (*Ulitsa Sojuza Swjazi*) zum *Hauptpostamt* (*Glawnyj Potschtamt*) und zum

***Zentralen Popow-Museum für Post- und Fernmeldewesen** (*Tsentralnyj Muzej Swjazi imeni Popowa*), das sich in einer kleinen Seitenstraße befindet.

Adresse: Pereulok Podbjelskogo 4.

Der Name Kiews ist verbunden mit dem seines Höhlenklosters, das schon im Kiewer Rußland ein kulturelles und geistiges Zentrum war.

Das im ehemaligen *Palais Bjezborodko* (Ende 18. Jh.) untergebrachte Museum birgt beachtliche historische Sammlungen (die russische Post von ihren Ursprüngen an) und Briefmarkensammlungen (mehr als 3 Millionen russische und ausländische Briefmarken).

Nr. 9 des St.-Isaaks-Platzes ist das älteste Gebäude an diesem Platz, das ehemalige *Palais Mjatlew*, das unter Katharina II. erbaut und u.a. von Diderot bewohnt wurde.

Östlich, zwischen der Kathedrale und dem *Majorow-Prospekt*, steht das ehemalige *Palais des Fürsten Lobanow-Rostowskij*, ein schönes dreieckiges klassizistisches Gebäude, das vor der Revolution das Kriegsministerium beherbergte. Die Löwen seiner Kolonnade hat Puschkin in seinem „Ehernen Reiter" besungen.

Im Haus Nr. 17 der *Gogol-Straße* (*Ulitsa Gogolja*), die neben dem *Lobanow-Rostowskij-Palais* vom St.-Isaaks-Platz ausgeht und in den Newski-Prospekt mündet (an der Ecke des Aeroflot-Gebäudes), wohnte seinerzeit, als sie noch Malaja Morskaja hieß, Gogol, in Nr. 28/8 Dostojewski; Turgenjew und Tschaikowski bewohnten nacheinander eine Wohnung im Haus Nr. 18/8.

Auf der Ostseite des St.-Isaaks-Platzes liegen die Hotels „Leningradskaja" und „Astoria" (1912); gegenüber dem letzteren Bau befindet sich die ehemalige *Deutsche Botschaft* (1912).

An der West- und Ostseite des Platzes beherbergen zwei gleiche Palais die Forschungsinstitute der *Akademie für Landwirtschaft*.

Am äußersten Südende des Platzes führt die „*Blaue Brücke*" [Plan s.S. 202/203, B3] („*Sinij Most*") über die Mojka; ihre Besonderheit: sie ist breiter als lang. Von dort gelangt man zum Gebäude der Exekutive des Leningrader Stadtsowjets [Plan s. S. 202/203, B3] (Ispolkom Lensowjeta), dem

Rathaus der Stadt. Es ist im ehemaligen *Marien-Palais* untergebracht, das im Jahre 1844 von *Stakenschneider* für die Großherzogin Marie, die Tochter Nikolaus' I., erbaut worden ist. Danach war es bis 1917 der Sitz der Reichsduma.

Vom St.-Isaaks-Platz führt die *Herzen-Straße* [Plan s.S. 202/203, A–B3] (*Ulitsa Gertsena*) nach Osten, beim Hotel „Astoria" beginnend, zum *Triumphbogen des Ehemaligen Generalstabsgebäudes* und zum *Schloßplatz* (s. Weg 1) und nach Westen, bei der ehemaligen Deutschen Botschaft beginnend, zum Mojka-Kanal und -Kai. Im südlichen Teil des Kais reihen sich die großen, roten Häuser von *Neu-Holland* aneinander.

***Neu-Holland** [Plan s.S. 202/203, A 3–4] (*Nowaja Gollandija*), eine Erinnerung an den Aufenthalt Peters des Großen in Amsterdam, das ihn sehr beeindruckt hat, besteht aus einem Ensemble von roten Ziegelbauten.

Anfahrt: Straßenbahn Nr. 1, 5, 11, 15, 21, 26, 31, 33, 42. – Autobus Nr. 2, 3, 22, 27, 49, 50, 100. – Trolleybus Nr. 5 und 14.

Hier befand sich seinerzeit der Stapelplatz für das Holz, das in den Schiffswerften Peters des Großen benötigt wurde. Die *Admiralitätswerft* und die *Galeerenwerft* waren durch die *Galeeren-Straße*, die heutige *Rote Straße* (*Krasnaja Ulitsa*), und durch einige Kanäle miteinander verbunden, die mit der Mojka eine kleine, als Lagerplatz dienende Insel bildeten.

Die alten Holzschuppen wurden bald durch Ziegelbauten ersetzt, und *Vallin de la Motte* errichtete aus Granit einen schönen Brückenbogen. Im Ersten Weltkrieg befand sich hier eine militärische Funkstation. Am 9. (22.) November 1917 funkte diese Station Lenins Aufruf zum Waffenstillstand an alle russischen Soldaten und Matrosen an der Front.

Die *Glinka-Straße* (*Ulitsa Glinki*) verbindet Neu-Holland zur Newa hin mit dem *Platz der Arbeit* [Plan s. S. 202/203, A3] (*Ploschtschad Truda*) und dann, in der Höhe der *Leutnant-Schmidt-Brücke* (*Most L. Schmidta*; s. Weg 7), am *Kai der Roten Flotte* (*Nabereshnaja Krasnogo Flota*; s. Weg 1) mit dem Fluß.

Auf dem Platz der Arbeit steht der *Palast der Arbeit* (*Dworjets Truda*), das ehemalige Palais des Großherzogs Nikolaj Nikolajewitsch, das später in das Xenia-Institut für adelige Töchter ungewandelt wurde.

Etwa in der Höhe von Neu-Holland gelangt man über die „*Brücke der Küsse*" [Plan s. S. 202/203, A4] („*Most Potselujew*"), unweit des ehemaligen *Hauses Jussupow* [Plan s. S. 202/203, A4], heute *Haus der Lehrer*, zum südlichen Mojka-Kai.

Dieses Palais war ehemals die Residenz der Fürsten Jussupow, von denen man sagte, daß sie reicher wären als die Romanows. Der letzte Besitzer des Palais, Fürst Felix, der seinerzeit als der schönste Mann Rußlands galt und eine Nichte des Zaren, Irene, Tochter der Großfürstin Xenia, geheiratet hatte, sammelte 1916 einige entschlossene junge Männer um sich, um das Klima um die Zarenfamilie zu verbessern und die Monarchie zu retten, die er vor allem aufgrund des verderblichen Einflusses des moralisch verkommenen, sich als Wanderprophet eines ungeheuren Zulaufs erfreuenden Bauern Rasputin auf die Zarin gefährdet sah. Am 30. Dezember 1916 wurde Rasputin vom Fürsten Jussupow ermordet. – Der Fürst lebte danach in Paris, wo er 1967 starb.

Theaterplatz [Plan s. S. 202/203, A4] (*Teatralnaja Ploschtschad*)

Dieser Platz ist eines der Zentren des kulturellen Lebens von Leningrad, wo man dem Theater noch mehr Wertschätzung entgegenbringt als anderswo in der Sowjetunion, was in einem Land, dessen Menschen allgemein in dem Ruf stehen, „verrückt nach dem Theater" zu sein, viel bedeutet. – Das

Akademische Kirow-Theater für Oper und Ballett [Plan s. S. 202/203, A4] (*Akademitscheskij Teatr Opery i Baleta imeni Kirowa*), vor 1917 das kaiserliche *Mariinskij-Theater*, wurde 1730 gegründet. Es befand sich damals an der Stelle des jetzigen Konservatoriums und wurde 1860 an seinen heutigen Platz verlegt.

Das Gebäude war ursprünglich sowohl Schauspielhaus als auch (wie heute ausschließlich) Opern- und Ballett-Theater. In der Funktion des letzteren sah es Uraufführungen heute weltbekannter Werke von Glinka, Tschaikowski (Tschajkowskij), Mussorgski (Musorgskij), Rimski-Korssakow (Rimskij-Korsakow), Glasunow (Glazunow), Prokofieff (Prokofjew) und Schostakowitsch. Auch so namhafte Interpreten wie Mstislaw Rostropowitsch, David Oistrach (Dawid Ojstrach), Swjatoslaw Richter und der Sänger Fedor (Fjodor) Schaljapin waren hier zu hören. Darüber hinaus traten in diesem Haus Ballett-Stars wie Anna Pawlowa, Waclaw Nijinski (Watslaw Nishinskij) und Galina Ulanowa auf. – Das

Konservatorium von Leningrad [Plan s. S. 202/203, A4], das am ursprünglichen Standplatz der Oper steht, ist im Jahre 1862 dank privater Spenden von Anton Rubinstein gegründet worden. Fast alle später namhaften Künstler des Petersburger bzw. dann Leningrader Musiklebens sind aus diesem Institut hervorgegangen, das seit 1944 nach einem seiner großen Leiter *Rimski-Korssakow-Konservatorium* heißt.

Auf dem Platz stehen ein *Glinka-Denkmal* und (ein wenig nördlicher, bei der Einmündung der Dekabristen-Straße) ein *Rimski-Korssakow-Denkmal*. – Die

****St.-Nikolaj-der-Seeleute-Kathedrale** [Plan s. S. 202/203, A4] (*Nikolskij Morskoj Sobor*), die im 18. Jahrhundert von *Tschewakinskij*, einem Schüler *Rastrellis*, erbaut wurde, erhebt sich inmitten eines Stadtteils, in dem ehemals die Matrosen oder die im Dienst der Marine Stehenden lebten.

Obwohl sie nach der Tradition der orthodoxen Kirchen fünf Kirchenschiffe hat, weist die St.-Nikolaj-Kathedrale zu viel Barock auf, um den Eindruck eines echten kirchlichen Gebäudes zu erwecken, und seien es nur die kleinen Balkons, die ein wenig an ein Theater erinnern. Das Gebäude (in dem Gottesdienste abgehalten werden) besteht aus zwei Stockwerken: einer sehr tief gelegenen Winterkirche und einer darüberliegenden Sommerkirche.

Auch die herrliche **Ikonostase* (1755–1760) ist im barocken Stil geschnitzt, vergoldet und bemalt. Die Ikonen stammen aus dem 18. Jahrhundert.

Der im angrenzenden Garten aufragende *Glockenturm* ist von besonders eleganter Form.

Weg 3: **Newski-Prospekt: **Muttergottes-von-Kasan-Kathedrale – **Platz der Künste – **Michael-Palais [Russisches Museum] – **Ethnographisches Museum – *Ostrowski-Platz – **Rossi-Straße – Fontanka

Der Newski-Prospekt [Plan s. S. 202/203, B2–F3] (*Newskij-Prospekt*) ist die Haupteinkaufstraße von Leningrad, in der von früh bis spät der Menschenstrom nicht abreißt. Man sollte keinesfalls versäumen, einen Blick in den *Gostinyj Dwor*, das größte Kaufhaus der Stadt, zu werfen, das sich mit keinem westeuropäischen Kaufhaus vergleichen läßt; ebenso sollte man das *Haus des Buches* gesehen haben. – Der Besichtigungsgang endet an der *Fontanka*. Er dauert (ohne den Besuch des Russischen Nationalmuseums) ca. 2 1/2 Stunden. Dem *Russischen Nationalmuseum* (im Michael-Palais) ist ein eigenes Unterkapitel (Weg 13) innerhalb des Kapitels „Die großen Sammlungen von Leningrad" gewidmet. Dieses Museum ist neben der Tretjakow-Galerie in Moskau das größte Museum russischer Kunst in der UdSSR. Für die Besichtigung sollte man einen halben Tag einplanen. Touristen, die einen Museumsbesuch mit dem in diesem Kapitel beschriebenen Besichtigungsgang verbinden wollen, sollten dies bedenken.

Anfahrt: U-Bahn: Stationen Newskij Prospekt oder Gostinyj Dwor; Trolleybus Nr. 1, 2, 3, 5, 7, 10, 14, 17, 22; Autobus Nr. 3, 6, 7, 14, 22, 26, 27, 44, 45, 47, 70, 100.

Der Newski-Prospekt ist jene 4,5 km lange Hauptverkehrsader und Prachtstraße, die an der *Admiralität*, gegenüber dem Gorki-Garten, beginnt, von dort schnurgerade in Ostsüdostrichtung bis zum Moskauer Bahnhof verläuft, dort einen Knick nach Südosten macht und schließlich beim *Alexander-Newski-Kloster* endet.

Bis in die ersten Jahre des 18. Jahrhunderts hinein war die Stadt Nowgorod, nach der von Moskau eine Straße führte, mit der Flußmündung der Newa nur durch ausgefahrene Wege durch die dichten Wälder verbunden. So mußten, als die Werften entstanden, die Fuhrwerke mit den Baumstämmen große Umwege machen, die infolge der Tatsache, daß zahlreiche Wölfe und Bären die Wälder bevölkerten, besonders gefährlich waren. In dieser Zeit wurde hier eine Straße angelegt, die direkt von der Admiralität über die Fontanka, die damals noch „Bezymjannyj Lerik" genannt wurde (etwa in der Höhe der Anitschkow-Brücke), nach Nowgorod führte.

Die Errichtung des *Alexander-Newski-Klosters* im Jahre 1712 sollte dieser Straße eine neue Bedeutung verleihen, denn hier kreuzten sich die Wege von Pilgern aus allen Teilen Rußlands, und die Mönche selbst trieben die Verlängerung der Straße vom heutigen Platz des Aufstandes (Ploschtschad Wosstanija), wo sie ursprünglich endete, bis zum Kloster voran. Im Jahre 1738 erhielt die Straße den Namen *Newski-Perspektive* (*Perspektiwa Newskaja*), und einige Jahrzehnte später ersetzte die Bezeichnung „Prospekt" (soviel wie breiter, gerader Verkehrsweg) die Bezeichnung „Perspektiwa".

Der Newski-Prospekt ist heute nicht mehr, wie noch Anfang des 19. Jahrhunderts mit Holzbohlen ausgelegt; er ist eine moderne Verkehrs- und Geschäftsstraße, in der man alles findet: Geschäfte, Restaurants, Cafés, Museen, Kirchen, Bibliotheken und Theater, in der aber auch noch Wohnhäuser großer Persönlichkeiten der Vergangenheit aus Literatur, Musik und Politik existieren.

Das ehemalige *Palais der Bank Wollenberg* (Nr, 9) aus dem Jahre 1912, manchmal auch wegen seines Baustils „Dogenpalast" genannt, ist heute Aeroflot-Stadtbüro [Plan s. S. 202/203, B3].

Im Haus Nr. 18 befand sich das *Café Wulf*, in dem sich Puschkin am 27. 2. 1837 mit seinem Freund und Sekundanten Danzas traf und zu dem für ihn tödlich verlaufenen Duell fuhr. Auf der *Volksbrücke* (*Narodnyj Most*) überquert der Newski-Prospekt die Mojka. – Das

***Stroganow-Palais** (*Stroganowskij Dworjets*; Haus Nr. 17) wurde in den Jahren 1752 bis 1754 im prunkvollsten Barockstil errichtet. Es weist eine Fülle von Säulen, Portika, verzierten Giebelfenstern, Karyatiden und skulptierten Medaillons auf.

Das Palais beherbergt heute verschiedene Ämter (man sollte auch einen Blick in den Hof werfen).

Ein Teil dieser Prachtstraße war von Anfang an für Kirchen verschiedener nicht-orthodoxer Konfessionen vorgesehen.

Eines dieser Gotteshäuser ist die ehemalige *Holländische Kirche* (*Gollandskaja Tserkow*; Haus Nr. 20), die 1837 von *P. Jacquot* nach dem Vorbild des Mausoleums des Diokletian in Split, Jugoslawien, erbaut wurde. Die beiden Seitenteile des Gebäudes waren die Residenz des Barons von Heeckeren, des holländischen Botschafters, dessen Name seinerzeit in Petersburg in Zusammenhang mit der Affaire genannt wurde, die zum Duell und zum Tod Puschkins führte. Die Holländische Kirche ist heute die *Alexander-Blok-Bibliothek*. Alexander (Aleksandr) Blok (1880–1921) war der bedeutendste Lyriker unter den russischen Symbolisten und zusammen mit Majakowski der größte Dichter der Revolutionsjahre. Am bekanntesten ist sein mystisch-lyrisches Poem „Die Zwölf" („Dwjenadtsat"; 1918). Es beinhaltet Szenen aus der Revolution und läßt am Schluß Christus an der Spitze von zwölf Rotarmisten erscheinen. In den Poem „Die Skythen" („Skify"; ebenfalls 1918), das seinerzeit „Die Zwölf" an Popularität noch übertraf, beschwört der Dichter das kulturell kranke und verbrauchte Europa, das neue Rußland zu begreifen und dessen Bereitschaft zur ,,friedlichen Umarmung" anzunehmen.

Ein Stück weiter die *Ehemalige Lutherische St.-Peter-und-Pauls-Kirche*, die zwei gleiche, in nüchternem Stil gehaltene Gebäude vereint (heute ein physikalisches Bildungsinstitut).

Die *Ehemalige katholische St.-Katharinen-Kirche* (gegenüber dem *Alten Rathaus*) wurde im Jahre 1783 nach Plänen *Vallin de la Mottes* erbaut.

Im Innern befindet sich die Grabstätte des Generals Moreau, der in den Reihen der russischen Armee gegen Napoleon kämpfte und im Jahre 1813 in Dresden ums Leben kam. – Unter einer in den Boden eingelassenen Grabplatte ruht Stanislaw II. Poniatowski, der letzte König von Polen, der 1798 starb. Er war der Geliebte der späteren russischen Zarin Katharina II. und wurde auf Betreiben Rußlands zum König gewählt. Unter seiner Regierung kam es zu den drei Teilungen Polens und damit zu dessen Untergang.

Die *Ehemalige Armenische Kirche* (gegenüber dem *Gostinyj Dwor*) gibt mit ihrem blau-weißen Farbenspiel der Straße ein freundliches Aussehen (1780; Architekt *Felten*). – Der

Kasaner-Platz [Plan s. S. 202/203, C3] (*Kazanskaja Ploschtschad*) bildete am 6. Dezember 1876 die Kulisse der ersten organisierten Arbeiterkundgebung in Rußland. Damals hielt hier *Plechanow* eine revolutionäre Rede. Zum Andenken daran trägt die anliegende Straße den Namen dieses ersten Theoretikers und Lehrmeisters der russischen Marxisten.

Vor der Muttergottes-von-Kasan-Kathedrale sieht man *Standbilder* von *Kutusow* (*Kutuzow*) und *Barclay de Tolly*, die die russischen Armeen während des großen nationalen Krieges von 1812 befehligten. – Die

** **Muttergottes-von-Kasan-Kathedrale** [Plan s. S. 202/203, C3] (*Kazanskij Sobor*) ist heute das *Museum der Religion und des Atheismus*. Dieses Gebäude, eines der größten kirchlichen Bauwerke der Stadt, verdankt seinen Namen der Ikone der wundertätigen Jungfrau, die 1579 in Kasan (Kazan) entdeckt, dann nach Moskau und schließlich 1710 nach St. Petersburg gebracht wurde. Sie wurde im Jahre 1904 gestohlen, und manche sahen darin ein übles Vorzeichen.

Zar Paul I. hatte den Wunsch, daß diese Kathedrale nach dem Vorbild der Peterskirche in Rom gebaut würde, und daß die Kolonnade eine Nachbildung der Kolonnaden von *Bernini* sein sollte. Aber der Entwurf des Architekten *Woronichin* verlieh dem Bauwerk völlig originale Züge: Die beiden Flügel öffnen sich weit zum Newski-Prospekt hin und trennen die Kathedrale keineswegs von den sie umgebenden Bauten. Der 1801 bis 1811 errichtete Bau bedeutete in mancher Hinsicht eine Neuerung: Er brachte erstmals die Verwendung gußeiserner Träger für die Kuppel sowie die Verwendung eines porösen Gesteins aus der Umgebung, das die Eigenschaft hatte, an der Luft beträchtlich nachzuhärten.

In den Nischen hinter den Säulen stehen *Standbilder* der Fürsten *Wladimir* und *Alexander Newski* sowie des *Apostels Andreas*. Das *Bronzeportal* ist inspiriert durch Ghibertis Pforte des Paradieses an der Ostseite des Baptisteriums San Giovanni Battista in Florenz.

Im Inneren beleben 56 korinthische Säulen aus finnischem Granit, die von Bronzekapitellen gekrönt sind, den Raum derart, daß sich der Eindruck von Leichtigkeit und Anmut, der das Äußere des Bauwerks kennzeichnet, auch hier wiederfindet. Rechts beim Eingang, an der Stelle, an der der alte Kutusow (Kutuzow) vor der entscheidenden

Muttergottes-von-Kasan-Kathedrale

Schlacht von Smolensk innere Kräfte sammelte, kann man heute seinen Grabstein und seine Büste sehen.

Schon zu Beginn des 20. Jahrhunderts wurde in der Kathedrale eine Art Militärmuseum eingerichtet, in dem alle von den Russen erbeuteten Trophäen der Napoleonischen Armee, die im Schnee Weißrußlands vernichtet wurde, ausgestellt waren, so u.a. die Schlüssel zu den 28 Städten, die bei diesem Feldzug von den Russen eingenommen wurden, darunter Hamburg, Dresden, Leibzig, Reims und Utrecht. Diese Gegenstände kann man dort auch heute noch sehen.

Seine Hauptfunktion erfüllt das Gebäude jedoch heute als

Museum der Geschichte der Religion und des Atheismus (*Muzej Istorii Religii i Ateizma*), zu dem es 1932 umfunktioniert wurde. Im Dienst der antireligiösen Propaganda stellt das der Akademie der Wissenschaften der UdSSR angeschlossene Museum den Reichtum des russischen Klerus von einst der damals unermeßlichen Armut des Volkes gegenüber, gibt einen Überblick über dessen Entwicklung und zeigt sein heutiges hohes kulturelles Niveau. – Das Museum birgt u.a. zahlreiche Ikonen und Kunstgegenstände von großem Wert. Außerdem findet man dort Pläne und Modelle der Kathedrale sowie eine Informationstafel über seine Bedeutung.

Auf der Westseite wird die Muttergottes-von-Kasan-Kathedrale durch einen Platz begrenzt, der mit einem, schmiedeeisernen Gitter abschließt, während sich südöstlich der Kathedrale, entlang dem *Gribojedow-Kanal*, das *Institut für Finanzen und Wirtschaft von Leningrad* [Plan s. S. 202/203, C3] erstreckt, das in dem schönen Empire-Gebäude der ehemaligen Nationalbank untergebracht ist.

Die *Bank-Brücke* [Plan s.S. 202/203, C3] (Bankowskij Most), die gegenüber dem Bankgebäude über den Kanal führt, ist eine kleine mit Fabeltieren geschmückte Hängebrücke. – Das

Haus des Buches [Plan s S. 202/203, C3] (*Dom Knigi*), gegenüber der Muttergottes-von-Kasan-Kathedrale, aber am Newski-Prospekt gelegen, ist ein großes Gebäude, in dem eine riesige Buchhandlung mit einem

Auferstehungskirche

ungewöhnlich reichhaltigen Sortiment sowie mehrere Leningrader Filialen großer Verlage untergebracht sind, in denen Werke verschiedener Nationalitäten und Sprachen veröffentlicht werden. Die Buchhandlung führt u.a. pädagogische Bücher in deutscher, englischer und französischer Sprache, Kunstbücher, Werke über Leningrad in russischer Sprache und Reproduktionen von Bildern.

Nördlich des Newski-Prospekts steht auf der rechten Seite des Gribojedow-Kanals die

***Auferstehungskirche** [Plan s. S. 202/203, D2] (*Tserkow Woskresenija*), die auch „Erlöser-Kirche" oder „Blutkirche" genannt wird und vom Moskowiter Stil des 16. und 17. Jahrhundert inspiriert ist, insbesondere vom Stil der Basilius-Kathedrale, wobei sie jedoch einen viel reicheren Mosaiken-Schmuck aufweist als jene. Sie wurde in den Jahren 1883 bis 1907 nach einem Entwurf des Architekten *Parland* an der Stelle erbaut, wo eine Gruppe von Terroristen der Bewegung Narodnaja Wolja (Volkswille) am 1. März 1881 das Attentat auf Alexander II. verübte, das sowohl den Zaren als auch den Studenten Ignatij Grinjewitskij, einen der beiden Bombenwerfer, das Leben kostete. Alexander III., der die Kirche errichten ließ, wollte, daß sie genau an der Stelle stehen sollte, wo das Blut geflossen war.

Die Verschwörer wollten ursprünglich eine Mine verwenden, wählten jedoch schließlich eine Bombe. Die erste, die geworfen wurde, forderte mehrere Opfer, verletzte jedoch den Herrscher nicht, der erst von einem zweiten Sprengkörper tödlich verwundet wurde. Alle am Attentat Beteiligten, vier Männer und zwei Frauen, wurden zum Tode verurteilt und, mit Ausnahme einer Jüdin, die ein Kind erwartete und bei dessen Geburt im Gefängnis starb, hingerichtet. – Das

Alte Rathaus [Plan s.S. 202/203, D3], in dem einst die Duma der Stadt (Stadtrat) ihren Sitz hatte, ist in den Jahren 1784 bis 1790 von *Giacomo Quarenghi* erbaut worden. In dem Gebäude ist jetzt die Zentrale Theaterkasse für Touristen.

Der das Bauwerk beherrschende *Turm* diente lange Zeit als Signalmast für die drahtlose Telegrafie zwischen dem Winterpalais, den kaiserlichen Residenzen und Warschau. Noch zu Beginn des 20. Jahrhunderts tat rund um die Uhr eine Schildwache am Fuße des Turms Dienst.

Gegenüber dem Alten Rathaus zweigt vom Newski-Prospekt die *Brodski-Straße* (*Ulitsa Brodskogo*) nach Norden ab. Sie wird fast vollkommen vom Hotel „Jewropejskaja" (links) und der *Philharmonie* (rechts; s.S. 214) eingenommen und mündet in den

****Platz der Künste** [Plan s. S. 202/203, D2] (*Ploschtschad Iskusstw*). Der zu Beginn des 19. Jahrhunderts von *Carlo Rossi* geschaffene Platz war (und ist) schon für sich allein ein Kunstwerk. Später entstanden die Gebäude nach den Plänen von Rossi; sie wurden nach dem Ende des Zweiten Weltkrieges peinlich genau restauriert. Der Platz ist außerdem eines der kulturellen Zentren von Leningrad, da sich hier mehrere Museen, Konzertsäle und Theater befinden.

In der Platzmitte steht ein schönes **Puschkin-Denkmal* (1957; *M. Anikuschin*).

Das *Brodskij-Wohnungsmuseum* (*Muzej-Kwartira I. Brodskogo*; in Haus Nr. 3; geöffnet mittwochs bis samstags von 13 bis 17 Uhr, sonntags von 12 bis 18 Uhr, montags und dienstags geschlossen) wurde in dem Haus eingerichtet, in dem der Maler Isaak Brodskij von 1924 bis zu seinem Tode im Jahre 1939 lebte. Es sind hier zahlreiche seiner Werke sowie Werke russischer Maler vom Ende des 19. und Anfang des 20. Jahrhunderts zu sehen.

Auch die Fassade des *Akademischen Kleinen Opern- und Ballett-Theaters* [Plan s. S 202/203, D2] (*Akademitscheskij Malyj Teatr Opery i Baleta*; Haus Nr. 1) ist ein noch erhaltenes Werk Rossis.

Es hat das berühmte *Michael-Theater* (*Michajlowskij Teatr*) der russischen Romane (der Platz hieß übrigens früher Michajlowskaja Ploschtschad), in dem vor allem ausländische Theatertruppen auftraten, ersetzt. Nach 1918 war es überwiegend der Oper und dem Ballett gewidmet; seit den 60er Jahren jedoch sucht man in diesem Theater vor allem nach neuen Ausdrucksformen für die szenische und choreographische Darstellung. – Das

****Michajlowskij- (Michael-) Palais** [Plan s. S. 202/203, D2], das das *Russische Museum* beherbergt, ist das älteste Gebäude am Platz der Künste. Es bildet gleichsam die architektonische Achse des Platzes. Das Palais wurde in den Jahren 1819 bis 1825 von Carlo Rossi für den Großfürsten Michael (Michail), einen Sohn Pauls I., im klassizistischen Stil erbaut.

Nach dem Tod des Großfürsten, machte seine Witwe, die Großfürstin Helene (Jelena) aus dem herrlichen Bauwerk einen Treffpunkt des gebildeten Adels und der größten Künstler dieser Zeit. Die musikalischen Soireen, die von Anton Rubinstein organisiert wurden, der die bekanntesten europäischen Interpreten engagierte, waren berühmt. Nach dem Tod der Großfürstin (1873) und nach dem Tod ihrer Tochter Katharina (Jekaterina) wurde das Palais vom Staat zurückgekauft.

Im Inneren (man kann es bei einem Besuch des Russischen Museums, s. S. 283, sehen) ist nichts mehr geblieben von der Ausstattung, dem Zierrat und den Möbeln, die alle von Rossi stammten. Lediglich das große Vestibül, die Treppe – geschmückt mit Bildtafeln, die Szenen aus dem Trojanischen Krieg zeigen – und der Saal mit den weißen Säulen sind in ihrer ursprünglichen Form erhalten geblieben und stellen ein typisches Beispiel für den russischen Klassizismus zu Beginn des 19. Jahrhunderts dar. – Den Sammlungen des im Michael-Palais untergebrachten Russischen Museums ist in diesem Reiseführer ein eigenes Kapitel gewidmet (s. Die großen Sammlungen von Leningrad. Weg 13: Russisches Museum).

Im 1911 von *Swinjin* angebauten rechten Flügel des Palais ist das Ethnographische Museum untergebracht, das ursprünglich dem Russischen Museum angeschlossen war, seit dem Zweiten Weltkrieg jedoch eine eigenständige Einrichtung ist. Dieses

****Ethnographische Museum der Völker der UdSSR** [Plan s. S. 202/203, D2] (*Muzej Etnografii*

Narodow SSSR) ist bemerkenswert sowohl durch die museographische Konzeption, die die Form der Präsentierung der Exponate bestimmt hat, als auch durch den Umfang seiner Sammlung.

Adresse: Inshenernaja Ulitsa Nr. 4/2.

Das sehr geräumige Museum umfaßt, über zwei Etagen verteilt, mehrere parallel angeordnete Saalfolgen. Es sind hier alle Völker der UdSSR vertreten, von den baltischen Völkern bis zu den Steppenvölkern der Mandschurei, von den Lappen und Stämmen der Polarregionen bis zu den Nomadenstämmen, der muselmanischen und orientalischen Bevölkerung östlich des Schwarzen Meeres, von den Weißrussen – jenem Volk, das während des Zweiten Weltkrieges am meisten gelitten hat – bis zu den Bewohnern der unerschlossenen Gebiete Sibiriens, von den Moldauern und Ukrainern bis zu den Armeniern, von den Völkern des Kuban-Gebietes bis zu den Usbeken.

Anhand der Exponate und anhand von Erläuterungen zu den einzelnen (kunst)handwerklichen Tätigkeiten kann man die großen Unterschiede in der Lebensweise der verschiedenen Völkerschaften erkennen. Man findet hier bemalte Gegenstände aus Palech, Mstera und Chochloma, Spielzeug aus Wjatka und Wologda, Stikkereien, Spitzen, turkmenische Teppiche, Einlegearbeiten aus Georgien (russ. Gruzija: Grusien/Grusinien) und Armenien, Lederarbeiten, Holzschnitzereien, Bernsteinschmuck aus den baltischen Ländern sowie von den Lappen aus Knochen gefertigte Gegenstände.

Die Exponate dokumentieren die Vielfalt der Sprachen, Kulturen und Zivilisationen. – Die

Leningrader Staatliche Philharmonie [Plan s. S. 202/203, D3] (*Leningradskaja Gosudarstwennaja Filarmonija*), Ecke Platz der Künste/Brodski-Straße, Sitz der Leningrader Philharmonischen Gesellschaft, ist in dem Gebäude untergebracht, das 1839 von dem Architekten *P. Jaquot* für den Adelsklub von St. Petersburg errichtet wurde. Hinsichtlich der Fassaden hielt sich Jaquot dabei an einen Entwurf von *Rossi*.

Die Petersburger (jetzt Leningrader) Philharmonische Gesellschaft wurde 1802 gegründet. Im Zusammenhang mit der Leningrader Philharmonie sind die berühmtesten Namen in der russischen Musik zu nennen: Die Werke Glinkas, Tschaikowskis, (Tschajkowskijs), Rimski-Korssakows (Rimskij-Korsakows), Borodins und Rachmaninows erlebten hier ihre Uraufführung. Hier dirigierte auch Richard Wagner 1863 ein Konzert. Einer der Höhepunkte der Philharmonie war zweifellos der Abend des 9. August 1942, an dem hier während der Blockade der Stadt durch die deutschen Truppen ein Orchester, das größtenteils aus beurlaubten Soldaten in den unterschiedlichsten Uniformen bestand, die Siebente Symphonie von Dmitri (Dmitrij) Schostakowitsch, die sog. „Leningrader", die er unter Bombenhagel komponiert hatte, uraufführte.

Neben der Philharmonie, aber schon in der *Ulitsa Rakowa*, stehen noch das *Theater der Musikalischen Komödie* (*Teatr Muzykalnoj Komedii*; Haus Nr. 13) sowie das *Komissarshewskaja-Schauspielhaus* (*Dramatitscheskij Teatr Komissarshewskoj*; Haus Nr. 19).

Durch die Brodski-Straße kehrt man zum Newski-Prospekt zurück. – Haus Nr. 52 des Newski-Prospekts (auf der linken Seite) ist das *Haus der Schauspieler*, in dem auch der *Klub für ausländische Künstler* sowie das *Marionetten-Theater* untergebracht sind. – Der riesige

Gostinyj Dwor [Plan s. S. 202/203, D3] („Kaufhof") ist ein umfangreicher Komplex von

Geschäften, der im Jahre 1761 von *Vallin de la Motte* errichtet wurde. Die Bauten, die sich über eine Länge von einem Kilometer hinziehen, bilden ein umfangreiches Einkaufszentrum, in dem die verschiedensten Branchen vertreten sind.

Es geschieht nicht selten, daß Arbeiter bei Bauarbeiten hier kleine Schätze, wie z.B. Goldbarren, Schmuckstücke oder Münzen, entdecken, die von Geschäftsleuten versteckt worden sind, die dann keine Gelegenheit mehr fanden, ihr Eigentum wieder hervorzuholen. – Die

****Saltykow-Schtschedrin-Bibliothek** [Plan s.S. 202/203, D3] (*Biblioteka imeni Saltykowa Schtschedrina*; Sadowaja Ulitsa Nr. 18; kann nicht besichtigt werden) ist ein imposantes Gebäude, das schon 1801 von *Sokolow* errichtet wurde, um eine Bibliothek aufzunehmen, und das 1834 von *Rossi* erweitert wurde. Die Bibliothek ist nach der Lenin-Bibliothek in Moskau die zweitgrößte in der Sowjetunion. Die mit 18 Säulen geschmückte Hauptfront des Gebäudes begrenzt eine Seite des Ostrowski-Platzes (s. rechte Spalte)

Die Bibliothek besitzt ungefähr 22 Millionen Bände. Besondere Beachtung verdient die französische Abteilung, da sie die private Bibliothek Voltaires enthält, die im Jahre 1778 von Madame Denis für 135 Francs, 4 Sous und 6 Centimes an Katharina II. veräußert wurde.

Außerdem ist die Bibliothek im Besitz der Stundenbücher der Königinnen Anne von der Bretagne, Luise von Savoyen und Maria Stuart sowie eines Teils der Archive der Bastille und einer Sammlung von Dokumenten, Veröffentlichungen und Druckwerken, die in Paris zur Zeit der Kommune erschienen sind. Nicht zuletzt befinden sich hier Briefe, Handschriften und Dokumente, die die Könige von Frankreich betreffen.

In den Vitrinen sind einige Kuriositäten zu sehen, u.a. ein Kalender, der im 17. Jahrhundert in Finnland erschienen ist.

Des weiteren enthält die Bibliothek Werke griechischer und lateinischer Autoren, zahlreiche Werke in orientalischen Sprachen, Stiche (darunter eine große auf Satin ausgeführte Arbeit, die eine Ansicht Kiews im Jahre 1691 zeigt), ein mit griechischen Miniaturen geschmücktes Evangelienbuch des Demetrios des Paläologen, das aus Ostromir stammt, sowie kostbare Handschriften aus Zentralasien.

Gegenüber dieser Bibliothek wurde die Fotografie vom 4. Juli 1917 gemacht, die den Zusammenstoß zwischen unbewaffneten Demonstranten und den Truppen der provisorischen Regierung Kerenskis zeigt und die in Tausenden von Exemplaren reproduziert und verbreitet wurde. – Der

***Ostrowski-Platz** [Plan s. S. 202/203, D3] (*Ploschtschad Ostrowskogo*), ehemals *Alexanderplatz*, ist ebenfalls ein Werk von Carlo Rossi. In der Mitte befindet sich eine **Statue Katharinas II.* (1873; *Mikeschin* und *Opekuschin*), umgeben von ihren Favoriten und von berühmten Zeitgenossen: Potjomkin, Orlow, Rumjantsew, Suworow, dem Dichter Dershawin u. a. – Im Hintergrund des Platzes steht das

Akademische Puschkin-Dramen-Theater [Plan s.S. 202/203, D3], das ehemalige *Alexandra-Theater*, das in seiner ursprünglichen Form von *Rossi* errichtet wurde; die vordere und die linke Fassade öffnen sich zu Säulenloggien; ein plastisches Fries aus Masken und Girlanden zieht sich um das ganze Gebäude herum. Auch die Innenausstattung stammt von Rossi.

Die beiden ebenfalls von Rossi geschaffenen *Pavillons* gehören zum *Pionierpalast* (s. rechte Spalte). – Die

****Rossi-Straße** [Plan s. S. 202/203, D3] (*Ulitsa Rossi*), die den Namen eines Architekten trägt, dem Leningrad so viele prachtvolle Bauten verdankt, ist für sich allein schon ein einzigartiger Beitrag zur Gestaltung der Stadt. Mit ihren perfekten Proportionen – sehr kurz, sie ist genau zehnmal so lang wie breit (22 m × 10 m × 220 m) – und mit ihren riesigen Fenstern, die mit paarweise angeordneten weißen Halbsäulen abwechseln, ist sie die architektonisch schönste Straße von Leningrad.

In dem Gebäude, das Ecke Rossi-Straße/Ostrowski-Platz steht, findet man das *Theatermuseum*, das *Institut für Architektur und Stadtplanung von Leningrad* und die *Waganowa-Ballettschule*. – Das

Theatermuseum (täglich, außer dienstags, von 12 bis 19 Uhr, montags nur bis 18 Uhr geöffnet) besitzt eine Sammlung zur Geschichte des russischen Theaters sowie eine Foto- und eine Schallplattensammlung, die es ermöglicht, die Stimmen großer Schauspieler und Sänger zu hören. Das Museum besitzt die Bibliothek des marxistischen Literaturhistorikers und -theoretikers Anatolij Lunatscharskij, die auch dem Theater gewidmet ist und Werke russischer und ausländischer Dramatiker enthält. Außerdem findet man hier Manuskripte, Modelle, Zeichnungen, Skizzen und szenische Anweisungen. – Aus der heute berühmten

Waganowa-Ballettschule (*Baletnaja Schkola Waganowa*), die bei ihrer Gründung im Jahre 1783 nur 24 Schüler und Schülerinnen, Kinder von Schloßangestellten, hatte, gingen so weltbekannte Tänzerinnen und Tänzer hervor, wie Anna Pawlowa, Nishinskij, Michail Fokin und Galina Ulanowa. Heute werden dort mehr als 500 Ballettschüler ausgebildet.

Die Rossi-Straße mündet in den **Lomonossow-Platz* [Plan s. S. 202/203, D4] (*Ploschtschad Lomonosowa*), der mit seinen von Rossi erbauten, in Baustil und Optik homogenen Gebäuden ein Architekturensemble großen Stils darstellt. – Die *Büste Michail Lomonossows* (1892) stammt von *P. Sabello*.

Nicht weit davon entfernt, am Fontanka-Kai (Nabereshnaja Fontanki), sind im *Haus der Presse* (*Dom Pressy*) die Redaktionen mehrerer großer Zeitungen untergebracht. Daneben steht das *Große Akademische Gorki-Schauspielhaus* [Plan s. S. 202/203, D4] (*Akademitscheskij Bolschoj Dramatitscheskij Teatr imeni Gorkogo*).

Fortsetzung Newski-Prospekt

Bevor man die Fontanka erreicht, sieht man auf der rechten Seite des Prospekts eine lange Seitenfront des ehemaligen

Anitschkow-Palais, heute *Pionierpalast* (*Dworjets Pionerow*; Eingang Fontanka-Kai 31) [Plan s. S. 202/203, E3], auch *Shdanow-Palais* genannt.

Das Palais war für den ukrainischen Bauern und Dnjepr-Kosaken Aleksej Razumowskij bestimmt, der eine sehr schöne Stimme hatte, und den die Zarin Elisabeth Petrowna zu ihrem Geliebten und zum Leiter ihres privaten Kirchenchors machte. Sie erhob ihn schließlich in den Adelsstand und schloß mit ihm eine morganatische Ehe. Zuletzt war das Palais die Residenz der Zarin-Witwe Marija Fjodorowna.

Das Bauwerk, das nach dem Ingenieur benannt ist, der die erste Brücke über die Fontanka baute, wurde in den Jahren 1741 bis 1750 nach einem Entwurf von *Zemtsow* von verschiedenen Architekten errichtet und von *Dmitrijew* beendet. Es fiel dem Feuer zum Opfer, wurde wieder aufgebaut, vergrößert, und schließlich von *Rossi* vollendet, der die beiden Pavillons am Ostrowski-Platz hinzufügte.

Die Fontanka

Bis Anfang des 19. Jahrhunderts stellte die Fontanka die Grenze der bewohnten Stadt dar, auf der anderen Seite waren Wiesen und Wälder. Die Brücke, die hier über den Fluß führte, wurde auf Befehl Peters des Großen errichtet. Sie war aus Holz, wurde jedoch 1839 bis 1841 durch die jetzige Steinbrücke aus rosa Granit, die *Anitschkow-Brücke* [Plan s. S. 202/203, E3] (*Anitschkowskij Most*) ersetzt, die mit ihren vier Ecktürmen der Brücke gegenüber dem Lomonossow-Platz (s. S. 216) ähnelt.

Die vier Skulpturengruppen der „Rossebändiger" von *Peter von Klodt-Jürgensburg*, die die Brücke flankieren, sind berühmt: Ein Abguß davon wurde von Nikolaus I. seinem Schwager Friedrich Wilhelm I. von Preußen zum Geschenk gemacht und in der Nähe des königlichen Schlosses in Berlin aufgestellt; eine andere Ausführung befindet sich im Park des Theaters San-Carlo in Neapel. Der Schöpfer dieser Bronzegruppen hatte damit seinerzeit einen ungeheuren Erfolg und wurde zum Mitglied der Akademien der Schönen Künste von Frankreich, Deutschland und Italien gewählt. Während des Zweiten Weltkrieges wurden die Skulpturen im Park des Anitschkow-Palais eingegraben.

Weg 4: Chalturin-Straße – *Lenin-Museum – *Suworow-Platz – *Marsfeld – **Sommerpalast mit Sommergarten – Michael-Garten

Dieser Besichtigungsgang vermittelt einen Eindruck von der Pracht der Paläste des 18. und 19. Jahrhunderts. Je nach der Zeit, die man im Lenin-Museum verbringt, rechnet man hierfür mindestens zwei Stunden.

Anfahrt: Durch die Chalturin-Straße [Plan s. S. 202/203, C2], wenn man vom Schloßplatz kommt; durch die Garten-(Sadowaja-)Straße [Plan s. S. 202/203, D3]), wenn man vom Newski-Prospekt kommt; über die Kirow-Brücke [Plan s. S. 202/203, D1] (Kirowskij Most), wenn man von den Inseln kommt. – Straßenbahn Nr. 2, 3, 12, 24, 51, 53; Autobus Nr. 1, 2, 23, 25, 46, 65, 80, 100, 134. – Die

Chalturin-Straße [Plan s. S. 202/203, C2] (*Ulitsa Chalturina*) mit ihren ehemaligen privaten Herrenhäusern ist eine der ältesten und aristokratischsten Straßen von Leningrad. Sie hieß einst *Millionen-Straße* (*Millionnaja Ulitsa*).

Nr. 26 ist das ehemalige *Palais des Großfürsten Wladimir Aleksandrowitsch* und seiner Gattin, der *Großfürstin Marija Pawlowna*, das 1870 im Stil der florentiner Renaissance erbaut wurde, heute *Gorki-Haus der Gelehrten* (*Dom Utschonych imeni Gorkogo*). Haupfassade und Haupteingang sind mit Skulpturen geschmückt, die die Wappen der Romanows und verschiedener Provinzen des Imperiums darstellen. – Nr. 22, das ehemalige *Haus Apraxin* (*Apraksin*), ist heute das *Stadtkomitee für Körperkultur und Sport*; Haus Nr. 18 ist das ehemalige *Palais des Großfürsten Nikolai Michailowitsch* (*Nikolaj Michajlowitsch*), das 1863 von *Stakenschneider* im Rokoko-Stil errichtet wurde; Haus Nr. 16 ist der ehemalige *Englische Klub*, von dem in „Anna Karenina" häufig die Rede ist.

An der Ecke Chalturin-Straße/Marsfeld (s. S. 219), im Haus Nr. 2, der ehemaligen *Pawlow-*

schen Kaserne, befindet sich heute die *Leningrader Energiezentrale* [Plan s.S. 202/203, D2] (*Lenenergo*). Der 1817 von *Stasow* als Kaserne für das Pawlowsche Garderegiment errichtete Bau mit seinen drei Säulengängen ist eines der schönsten Beispiele des russischen klassizistischen Stils.

Das Pawlowsche Garderegiment, das sich in den Napoleonischen Kriegen ausgezeichnet hat, ist in der Revolutionsgeschichte bekannt geworden als eines der ersten Regimenter, die sich im Februar 1917 mit den Aufständischen verbündeten (s. auch unter Weg 6: Platz des Aufstands). – Das

****Marmorpalais,** nördliche Ecke Chalturin-Straße und Marsfeld, am Ufer der Newa, wurde von *Rinaldi* in den Jahren 1768 bis 1785 errichtet.

Das Palais, dessen Innen- und Außenwände mit 32 verschiedenen kostbaren Marmorarten verkleidet sind, sollte ein prunkvolles Geschenk Katharinas II. für ihren Günstling Grigorij Orlow sein; dieser starb jedoch, bevor die Arbeiten beendet waren. Es lebten hier später verschiedene Großfürsten. Die Fassade zum Garten hin besteht aus rosafarbenem und blauem finnischem Marmor; der *Marmorsaal* und die *Große Treppe* sind in ihrer ursprünglichen Form erhalten.

Ein von *Brjullow* im 19. Jahrhundert errichtetes Gebäude bildet die Verlängerung des Marmorpalais zwischen der Newa, dem Suworow-Denkmal und dem Marsfeld.

Seit 1937 ist im Marmorpalais das

***Lenin-Museum** [Plan s.S. 202/203, D1] (*Muzej Lenina*), die Leningrader Abteilung des Zentralen Lenin-Museums von Moskau (s. S. 120), untergebracht.

Adresse: Chalturin-Straße 1–5.

Das Lenin-Museum enthält eine große Anzahl von Dokumenten (Fotografien, Artikel, Texte, Reden, Handschriften, Filme, Zeitungen sowie persönliche Gegenstände des Revolutionärs), die sich nicht nur auf Lenins Tätigkeit in Leningrad, sondern auch auf die Zeit seines politischen Exils in Frankreich, England, der Schweiz, Belgien, Deutschland, Ungarn und Österreich beziehen.

Man findet hier auch den gepanzerten Wagen, von dem aus Lenin nach seiner Rückkehr aus der Emigration am 3. April 1917 seine berühmte Rede hielt, in der er den Übergang der „bürgerlichen" in die „sozialistische" Revolution propagiert.

In der Stadt selbst und in deren Umgebung weisen Tafeln an zahlreichen Häusern auf Wohnungen hin, die Lenin als Versteck dienten, wenn er sich vor der Polizei des zaristischen Regimes oder der der Provisorischen Regierung verbergen mußte. – Der

***Suworow-Platz** [Plan s. S. 202/203, D1] (*Ploschtschad Suworowa*) wird beherrscht vom *Denkmal des Marschalls Suworow* (1729–1800), der einer der Hauptakteure sowohl im Siebenjährigen Krieg als auch in den Kämpfen gegen Napoleon in Italien war. *Kozlowskij* hat ihn in der Gestalt des Gottes Mars als Befreier und Beschützer Italiens dargestellt. – Die

Kirow-Brücke [Plan s. S. 202/203, D1] (*Kirowskij Most*) verbindet den Suworow-Platz mit dem Stadtteil Petrograder Seite (s. Weg 8). Dies ist die ehemalige *Dreifaltigkeits-Brücke* (*Troitskij Most*), die eine frühere Pontonbrücke ersetzte, und deren Grundstein im Jahre 1897 Felix Faure, der sechste Präsident der Französischen Republik, legte. Sie wurde in größerem Maßstab dem 1896 bis 1900 entstandenen Pont Alexandre-III in Paris nachgebaut.

Zwischen Suworow-Platz, Marsfeld und Newa befindet sich heute in dem ehemaligen *Palais Saltykow* das

Krupskaja-Kulturinstitut [Plan s. hintere Vorsatzs., E5] (*Institut Kultury imeni Krupskoj*), das nach der Frau und Mitarbeiterin Lenins benannt ist.

Um 1830 gab hier die damalige Besitzerin, eine Tochter des Marschalls Kutusow (Kutuzow), rauschende Feste, zu denen Literaten und Politiker eingeladen waren.

Von dem Palais blieben die Fassaden so erhalten, wie sie 1784 von *Quarenghi* geplant wurden; das Innere wurde jedoch im Jahre 1818 vollkommen umgebaut.

Daneben, dort wo die *Newa* und der *Schwäne-Kanal* zusammentreffen, steht das *Betskij-Palais*, das ebenfalls Ende des 18. Jahrhunderts errichtet wurde und später das Palais des Fürsten von Oldenburg war.

DAS *MARSFELD

Das Marsfeld [Plan s.S. 202/203, D1–2 (*Marsowo Polje*) mit seinem Ausblick auf die Kirow-Brücke ist eine der schönsten Anlagen von Leningrad.

Vor der Zeit Peters des Großen erstreckten sich hier ungesunde Sümpfe, wo sich kleine Wasserläufe, die später Kanäle werden sollten, sammelten. Mitte des 18. Jahrhunderts hieß diese Gegend *Wiese der Zarin* (*Tsaritsyn Lug*), weil hier 1743 *Rastrelli* einen Sommerpalast für die Zarin Jelizaweta Petrowna errichtete. In den darauf folgenden Jahrzehnten wurde es zur Gewohnheit, hier nach den Siegen, die die russische Armee errang, Militärparaden und große Feste zu veranstalten, die gewöhnlich mit einem ,,Vergnügungsfeuer“ genannten Feuerwerk endeten, das trug dem Platz nun den Namen *Vergnügungsplatz* (*Potjeschnoje Polje*) ein. Erst unter Paul I., der daraus einen Exerzierplatz machte, erhielt er zu Ehren des Kriegsgottes Mars seinen heutigen Namen. Nach der Oktoberrevolution machte man aus dem Platz wieder eine Grünfläche.

Später wurden auf dem Marsfeld die 180 Opfer der Februarrevolution und Teilnehmer an der Oktoberrevolution inmitten der Blumenbeete beerdigt. Am Todestag Lenins werden hier alljährlich 53 Fackeln (entsprechend den 53 Jahren seines Lebens) angezündet.

In der Mitte der Anlage steht ein *Monument* zu Ehren der Toten der Revolution (*Rudnjow*). Die Inschriften auf den Grabsteinen der Revolutionsopfer zwischen den Blumenbeeten wurden größtenteils von *Anatolij Lunatscharskij* verfaßt.

Lunatscharskij, einer der bis 1917 in der Emigration tätigen Kampfgefährten Lenins und ein Freund Gorkis, war der erste Volkskommissar für Bildungswesen. Ihm verdankt es das russische Volk, daß ihm die in den Kirchen und verlassenen Schlössern gefundenen Schätze sowie die Kunstschätze der Museen erhalten blieben.

Der Schwanengraben trennt das Marsfeld vom Sommergarten. – Der

****Sommergarten** [Plan s.S. 202/203, D1–2] (*Letnij Sad*) wurde 1704 bis 1711 auf Wunsch Peters des Großen von *Domenico Trezzini* angelegt. Zum Kai hin wird er durch ein herrliches schmiedeeisernes, in Schwarz und Gold gehaltenes Gitter abgeschlossen, das ein Werk von *Pjotr Jegorow* und *Jurij Felten* ist.

Peter der Große, der seine Untertanen bis in ihre persönlichsten Angelegenheiten hinein zu bevormunden liebte, der praktisch über alles bestimmte, über das Tragen von Bärten, die Höhe der Kamine, Anzahl und Gestaltung von Festen ebenso wie über die schwierigsten politischen Angelegenheiten, der einerseits seiner Herrschaft ein blutiges und brennendes Siegel aufdrückte, andererseits aber sein Land aus dem Mittelalter in die moderne Zeit westeuropäischer Prägung hineinführte, wollte mit dem Sommergarten sein eigenes Versailles schaffen. Zu den dort arrangierten Festen hatten seine Höflinge samt ihren Frauen und Töchtern ohne Rücksicht auf ihr eventuelles Desinteresse an diesen Veranstaltungen zu erscheinen.

Die ursprüngliche Gestalt des Parks ist heute nur noch aus alten Stichen zu ersehen. Zwischen den Kanälen, die an Venedig erinnern sollten, gab es seltene Bäume und kostbare Statuen, die aus Italien hierher gebracht worden waren; die Gewächshäuser, Teiche, Käfige mit seltenen Vögeln, Springbrunnen, Labyrinthe und seltenen Blumen waren der Stolz des Zaren.

Der Park hat auch in seiner jetzigen Form an Schönheit kaum verloren. Zu den 79 von Peter dem Großen ausgewählten Marmorstatuen, Schöpfungen bedeutender venezianischer Künstler des 18. Jahrhunderts, die bis zum Zweiten Weltkrieg häufig ihren Platz wechselten, nach dem Krieg jedoch mit peinlicher Genauigkeit dort wieder aufgestellt wurden, wo der Zar ihren Standort vorgesehen hatte, kamen später Denkmäler berühmter Russen hinzu: Puschkin, Iwan Krylow, der Fabeldichter (1768–1844), dessen Werke in über 50 Sprachen übersetzt worden sind, Mussorgski (Musorgskij), Repin (Rjepin) u.a.

Eine Kapelle beim Eingang des Parks erinnerte einst an das Attentat Karakozows, dem Alexander II. im Jahre 1866 entging. – Der

Sommerpalast [Plan s. S. 202/203, D1] (*Letnij Dworjets*; Eingang am Kutusow-Kai/Nabereshnaja Kutuzowa) wurde 1711 nach den Plänen von *Domenico Trezzini* errichtet. Er ist ein zweigeschossiger, für eine kaiserliche Sommerresidenz ungewöhnlich schlichter Bau.

Der Palast verrät mehr als irgendein Buch über den Charakter Peters des Großen und über sein Faible für Handwerk und Kunst. Erdgeschoß und erster Stock umfassen jeweils sechs Räume, eine Küche, einen Korridor und einen Anrichteraum mit einem Speisenaufzug. Das Interieur ähnelt dem eines Amsterdamer Bürgerhauses, wie man es von Vermeer kennt und wie es der Zar liebte. Die Fayence-Kacheln der großen Öfen, eine Uhr aus Amsterdam sowie ein schwerer Schrank erinnern an die holländische Stadt, in der Peter der Große gearbeitet hat, und der Anblick der Kanäle, des mit Wölkchen bedeckten Himmels und des großen Flusses ganz in der Nähe verstärken noch diesen Eindruck. Die Ausstattung des Sommerpalastes ist typisch für den Charakter des Mannes, der die Größe für sein Land wollte, sich selbst aber mit Einfachheit begnügte.

Im Hintergrund des Parks ist das sog. „Kaffeehäuschen“ (*Kofejnyj Domik*), das 1827 von *Rossi* erbaut wurde und mit Flachreliefs geschmückt ist, in seinem ursprünglichen Zustand erhalten geblieben.

Südlich des Sommergartens, hinter dem Mojka-Fluß, steht das baulich sehr interessante

Ingenieursschloß [Plan s. S. 202/203, D2] (*Inshenernyj Zamok*; Sadowaja Ulitsa 2), das auch *Michael-Schloß* oder *Geheimschloß* genannt wird. Es ist ein seltsamer Bau, von Wassergräben umgeben, voll von geheimen Räumen, Geheimtreppen und Verstecken, Zeugnissen des krankhaften Mißtrauens und der panischen Angst vor Attentaten des gegen Ende seines Lebens geistig umnachteten Zaren Paul I. Der Zar selbst machte die Entwürfe, die dann von *Bashenow* und *Brenna* realisiert wurden.

Obwohl er alles tat, um sich eine sichere Bleibe zu schaffen, lebte

Paul I. in seinem Schloß nur 40 Tage; in der Nacht zum 24. März 1801 wurde er dort von Offizieren seiner Garde ermordet. Ursprünglich sollte eine Gruppe von 40 Verschwörern den Mord ausführen, aber das Schloß war ein solches Labyrinth, daß nur acht bis zum Zaren vordrangen.

Heute ist das Schloß die Bibliothek der Ingenieure der Kriegsmarine; vorher stand es jedoch den verschiedensten Organisationen und Gesellschaften zur Verfügung und wurde nach einer vollständigen Renovierung im Jahre 1822 von der Ingenieur-Akademie der Armee in Besitz genommen. Dostojewski, der dort 1837 bis 1843 Schüler war, bewohnte das runde Eckzimmer zur Fontanka hin. Vor dem südlichen Eingang steht ein Reiterstandbild von Peter dem Großen, ein Werk *Rastrellis des Vaters*, das von Katharina II. vernachlässigt worden war und hier von Paul I. aufgestellt wurde. Der Sockel trägt die Inschrift: „Dem Urgroßvater der Urenkel, 1800".

Westlich des Ingenieursschlosses erstreckt sich nach Süden hin der *Michael-Garten* (*Michajlowskij Sad*).

Weg 5: Woinow-Straße – Kikin-Palais – Taurischer Palast – Suworow-Museum – Rastrelli-Platz – *Smolny-Institut

Das gesamte Stadtviertel, durch das dieser Weg führt, ist entweder mit der russischen vorrevolutionären Geschichte oder mit der Geschichte der Revolution in diesem Land verbunden. Man kann diese Besichtigungstour entweder mit einem Intourist-Bus oder mit dem eigenen Wagen machen, da weder der Taurische Palast noch das Smolny-Institut innen besichtigt werden können.

Anfahrt: Wenn man vom Sommerpalast oder vom Marsfeld kommt, über die Woinow-Straße [Plan s. S. 202/203, F1] (Ulitsa Wojnowa; das ist die Route, die nachfolgend beschrieben wird) oder über die Tschaikowski-Straße [Plan s. S. 202/203, F1] (Ulitsa Tschajkowskogo) oder auch über den Robespierre-Kai [Plan s. S. 202/203, F1] (Nabereshnaja Robespjera). – Wenn man vom Newski-Prospekt und vom Platz des Aufstands (Ploschtschad Wosstanija) kommt, über den Suworow-Prospekt [Plan s. S. 202/203, F3] (Suworowskij Prospekt) und die Taurische Straße [Plan s. hint. Vorsatzs., H5] (Tawritscheskaja Ulitsa). – U-Bahn: Station Tschernyschewskaja. – Autobus Nr. 14, 26, 43, 136 und 137. – Die

Woinow-Straße [Plan s. S. 202/203, F1 und hintere Vorsatzs., H5] (*Ulitsa Wojnowa*) trägt den Namen des Arbeiters Iwan Woinow (Wojnow), der die „Prawda" verkaufte und am 26. Juli 1917 von der Polizei niedergeschlagen wurde. Die Straße weist mehrere mit der Geschichte Rußlands verbundene Häuser auf: An ihrem Anfang ist in dem ehemaligen *Palais der Fürstin Jurjewskaja*, Gattin Alexanders II. in morganatischer Ehe, das *Institut zum Schutz der Arbeit* untergebracht; Haus Nr. 18 beherbergt den *Majakowski-Klub der Leningrader Literaten*; Haus Nr. 25 ist das ehemalige Gefängnis, in dem Lenin von 1895 bis 1897 inhaftiert war.

Im Anschluß daran wird die Straße auf einem ziemlich langen Abschnitt gesäumt von Kolonnaden und Statuen der ehemaligen *Kasernen der Kaiserlichen*

Garde (um 1800). – Aus den Jahren 1714–1715 stammt das

Kikin-Palais. Heute befindet sich hier das *Haus der Pioniere* für den Stadtteil Smolnyj.

Der ursprüngliche Besitzer des Palais, der Bojare Kikin, war an dem Komplott beteiligt, das zugunsten des Zarewitsch Aleksej gegen Zar Peter den Großen geschmiedet wurde. Der unglückliche Aleksej, der zunächst aus kindlicher Zuneigung, dann unter der Folter alle Namen der Verschwörer verriet, übernahm jegliche Verantwortung für die Tat.

Kikin wurde wie die anderen hingerichtet, und sein Haus wurde in ein naturgeschichtliches Museum umgewandelt; es war jedoch vor allen Dingen ein Raritätenkabinett, die sog. „Kunstkammer“. Dies war das erste russische Museum: „Ich will, daß das Volk sich informiert“, sagte Peter der Große, und um das allgemeine Interesse am Besuch des Hauses zu verstärken, beschloß er, daß die Besucher beim Verlassen des Museums ein Glas Wodka und eine Scheibe Speck erhalten sollten. Der Andrang war groß. Die „Kunstkammer“ wurde schließlich auf die Basilius Insel verlegt (s.Weg 7). – Der

Taurische Palast [Plan s. hintere Vorsatzs., H5] (*Tawritscheskij Dworjets*; Ulitsa Wojnowa 47), heute Sitz der Leningrader Parteihochschule, wurde 1783 bis 1789 von *Starow* für Grigorij Potjomkin, den Favoriten Katharinas II., errichtet. Die Eroberung der Taurischen Halbinsel, das heißt der Krim, trug ihm den Titel des Fürsten von Taurien ein (s. auch S. 353).

Wie die Legende berichtet, reiste der Günstling der Zarin, als sie 1787 die weiten und öden Gebiete der Krim, die er ihrem Imperium einverleibt und kolonisiert hatte, besuchen wollte, dieser voraus und ließ entlang ihrem offiziellen Reiseweg Kulissen aufstellen, die den Eindruck blühender Dörfer („Potjomkinsche Dörfer“) vortäuschen sollten. Nachdem die Monarchin durchgereist war, wurden die Kulissen wieder entfernt.

Taurischer Palast

Der Taurische Palast ist berühmt für die Pracht seiner Salons, in denen Katharina II. und Potjomkin rauschende Feste gaben, von denen die russische und ausländische Presse mit Bewunderung berichtete. Beim Tod des Fürsten bezahlte Katharina die immensen Schulden, die er hinterlassen hatte, und der Palast wurde Eigentum der Zarenfamilie. So konnte Paul I., der den Liebhaber seiner Mutter verabscheute, dieses herrliche Gebäude in eine Kaserne umwandeln.

Von 1906 bis 1917 tagte in dem endlich restaurierten Bau die Reichsduma, das erste russische Parlament. Ihre Sitzungen fanden im ehemaligen Wintergarten mit Blick auf den Park statt. Man gelangte dorthin, wenn man durch die Vorhalle, den Runden Saal und den Katharinen-Saal, den ehemaligen Ballsaal, ging, in dem so viel getanzt worden war.

Am Tag nach der Abdankung Nikolaus' II. wurde der Taurische Palast zum Sitz des Komitees der Duma, des Ursprungs der Provisorischen Regierung, während der Sowjet der Arbeiter- und Soldatendeputierten von Petrograd seine Versammlungen im linken Flügel abhielt. Dort ergriff damals häufig Lenin das Wort, und dort erläuterte er auch seine sog.

„Aprilthesen“ vom Übergang der bürgerlich-demokratischen in die proletarische Revolution.

Der Taurische Palast kann nicht besichtigt werden.

Der *Gobelin-Saal*, die *Gemäldegalerie* und der *Chinesische Salon* sind ausgezeichnet erhalten, und im Palast befinden sich immer noch sehr schöne Möbel vom Ende des 18. Jahrhunderts, Lüster, Kandelaber und herrliche Kamine.

Der Palast steht in der Nordostecke des **Taurischen Parks* (*Tawritscheskij Sad*), einer der schönsten Parkanlagen Leningrads. Er ist heute ein großer Kinderspielplatz. Es gibt hier auch Gewächshäuser für seltene Pflanzen.

Bevor man seinen Weg durch die Woinow-Straße, die vor dem Smolny-Institut (s. S. 224) in den *Rastrelli-Platz* mündet, fortsetzt, kann man einen kleinen Abstecher zum Suworow-Museum machen. – Das

Suworow-Museum [Plan s. hintere Vorsatzs., H6] (*Muzej Suworowa*; Ulitsa Saltykowa-Schtschedrina Nr. 43; südlich gegenüber dem Taurischen Park) ist einem der berühmtesten Feldherrn der russischen Armee gewidmet. Das Gebäude aus dem Jahre 1904 ist im Innern mit Mosaikbildern geschmückt, die von den Taten des Generalissimus Alexander (Aleksandr) Suworow (1729 bis 1800) berichten, insbesondere von seiner berühmten Alpenüberquerung, die ihm den Titel Fürst von Italien einbrachte.

In diesem Museum werden u. a. persönliche Gegenstände und Waffen gezeigt, die dem Marschall gehört haben. Man sieht dort Bilder, Skulpturen, militärische Lagekarten sowie militärische Orden und Auszeichnungen Suworows.

Weiter südlich befindet sich die nach Suworow benannte *Kirche*, die er gewöhnlich in dem Dorf Kontschanskoje besucht hat und die im Jahr 1900 hierher versetzt wurde.

Vom Museum aus kann man über den *Suworow Prospekt* [Plan s. hint. Vorsatzs., H5–G7] (*Suworowskij Prospekt*) zum Rastrelli-Platz gelangen.

Am *Rastrelli-Platz* [Plan s. hintere Vorsatzs., I5] fügt sich die mit fünf Kuppeln versehene *Auferstehungs-Stiftskirche* (*Woskresenskij Sobor*) des *Smolny-Klosters* in die Perspektive der Woinow-Straße.

Der Gebäudekomplex

****Smolny-Kloster** [Plan s. hintere Vorsatzs., J5] (*Smolnyi Monastyr*) umfaßt das ursprüngliche Kloster mit der Auferstehungs-Stiftskirche und das Smolny-Institut.

Ursprünglich gab es hier ein großes Teerlager (smolnyj dwor, von dem Wort „smola“ = Teer), das für Schiffsreparaturen benötigt wurde. In dem Maße, wie die Stadt expandierte, nahm dieser Ort an Bedeutung zu, insbesondere als Elisabeth, die Tochter Peters des Großen, hier ein Schloß mit einem herrlichen Park anlegen ließ, das jedoch 1744 abbrannte. Zwischen 1744 und 1760 erbaute dann *Bartolomeo Rastrelli*, der Meister des russischen Barocks, dort im Auftrag der Zarin ein Nonnenkloster, in das sie sich später selbst zurückziehen wollte. Dazu sollte es jedoch nicht mehr kommen, da die Monarchin schon 1761 starb.

Katharina II. zeigte zunächst nur mäßiges Interesse für das unter ihrer Vorgängerin begonnene Werk. Sie entließ den bei ihr in Ungnade gefallenen Rastrelli aus ihren Diensten, und der Architekt kehrte 1764 der Hauptstadt für immer den Rücken (die Akademie der Schönen Künste bewahrt noch ein von ihm entworfenes Holzmodell des Klosters. – Die

Auferstehungs-Stiftskirche (*Woskresenskij Sobor*) des Smolny-Klosters wurde im Jahre 1748 von *Rastrelli* begonnen, jedoch erst 1835 von *Wasilij Stasow* vollendet, der insbesondere die prachtvolle Innenausstattung im klassizistischen Stil schuf. Das Äußere ist ein grandioses Barockwerk in Blau, Weiß und Gold, das auf harmonische Weise italienische Architektur mit russischer Tradition verbindet; die letztere kommt in der Polychromie der Fassaden sowie in den fünf pyramidenartig angeordneten bauchigen Kuppeln zum Ausdruck.

Rastrelli hatte einen Glockenturm vorgesehen, der sich hoch über dem Westeingang des Klosters erheben sollte; dieser Turm sollte die Ähnlichkeit des Smolny-Klosters mit den russischen Klöstern vergangener Jahrhunderte betonen; er wurde jedoch nicht gebaut.

Vier kleinere Kirchen befinden sich an den Ecken des Gebäudes, das den Prunkhof umgibt.

Das von Rastrelli erbaute palaisartige Kloster diente niemals den Zarinnen als Residenz. Es wurde unter Katharina II. zweimal erweitert, um adeligen Töchtern als Pensionat zu dienen und adeligen Witwen ein Heim zu bieten. Zu diesem Zweck wurde in den Jahren 1765 bis 1775 südlich des Rastrellischen Baus und parallel zur Newa durch die Architekten *Wasilij Bashenow* und *Jurij Felten* ein weiterer Bau errichtet, der später Smolny-Institut (Ende des 19. Jahrhunderts vorübergehend auch Alexander-Institut) genannt wurde. – Dieses

***Smolny-Institut** [Plan s. hintere Vorsatzs., J5] (*Smolnyj Institut*), ein klassizistisches Gebäude, das sich zum *Platz der Diktatur des Proletariats* (*Ploschtschad Diktatury Proletariata*) hin öffnet, ist im August 1917 in die Geschichte eingegangen, als der Sowjet der Arbeiter- und Soldatendeputierten von Petrograd seinen Sitz vom Taurischen Palast hierher verlegte.

Daran erinnern der neue Name des Platzes, die beiden neoklassizistischen Propyläen, die 1923 errichtet wurden, und das vor dem Gebäude stehende *Lenin-Denkmal* (*W. Kozlow*; 1927).

In den Wochen vor und während der Machtübernahme der Bolschewiki hallte der Park des Smolny-Instituts wider von den Schießübungen der Kommandos der Roten Garden (bewaffnete Arbeitermilizen), die man zusammenstellte. Die Anschläge mit Mitteilungen der verschiedensten Büros der revolutionären Bewegung nahmen sich seltsam aus neben den alten Türschildern: Studiensaal, Büro der Aufsicht, Kapelle. Lenin und seine Freunde amüsierten sich sehr darüber.

Stiche, Bilder und Karikaturen haben später ein Bild vom Smolny-Institut dieser Tage vermittelt als einem öffentlichen Ort, wo inmitten eines Durcheinanders von Zeitungen und Flugblättern sowie von unmöglichen Unterbringungsmöglichkeiten ein ständiges Kommen und Gehen herrschte. Die erschöpften Wachen schliefen am Boden, die Delegierten der Fabriken und Kasernen kamen hastig herbeigeeilt, um Befehle entgegenzunehmen oder Nachrichten zu überbringen.

In dieser Atmosphäre ordnete Lenin, umgeben von seinen Gefährten Antonow, Swerdlow, Trotzki (Trotskij) Kalinin, Zinowjow, Kamenjew und Dzershinskij den allgemeinen Aufstand für die Nacht des 25. Oktober (7. November) an. Er wurde nicht unterstützt von Zinowjow und Kamenjew. Am 26. Oktober verkündete er im großen Festsaal des Smolny die Machtübernahme des Allrussischen Sowjetkongresses der Arbeiter, Soldaten und Bauern. Am gleichen Tag wurde die erste sowjetische Regierung gebildet.

Lenin lebte im Smolny von Oktober 1917 bis März 1918, als die Regierung des neuen Sowjetstaates von der Hauptstadt Peters des Großen nach Moskau verlegt wurde.

Arbeits- und Schlafzimmer Lenins werden nur Staatsbesuchen vorgeführt.

Heute ist im Smolny-Institut das *Leningrader Gebietskomitee der Kommunistischen Partei* untergebracht.

Weg 6: **Newski-Prospekt jenseits der Fontanka – Alexander-Newski-Kloster

Anfahrt: Von der Anitschkow-Brücke fährt man mit dem Trolleybus Nr. 1 und 22 direkt bis zum Alexander-Newski-Platz; bei Anfahrt mit der Metro von den Stationen Majakowskaja oder Ploschtschad Wosstanija bis zur Station Ploschtschad Aleksandra Newskogo; von der Metrostation Wladimirskaja mit dem Trolleybus Nr. 24.

Nach Überqueren der *Anitschkow-Brücke* [Plan s. S. 202/203, E3] (*Anitschkowskij Most*) erblickt man rechts (Haus Nr. 41) das ehemalige *Palais des Fürsten Bjelosjelskij-Bjelozjerskij*, das Mitte des 19. Jahrhunderts im Barockstil errichtet wurde.

Marat-Straße [Plan s. S. 202/203, F4] (*Ulitsa Marata*). – In Haus Nr. 14 lebte Radischtschew, der Autor von „Die Reise von Petersburg nach Moskau" (s. Historisches Nationalmuseum in Moskau). – In Haus Nr. 24a befindet sich das *Museum der Arktis und Antarktis* (*Muzej Arktiki i Antarktiki*), das 1934 in der ehemaligen, 1820 bis 1838 erbauten *St.-Nikolaus-Kirche* (*Nikolskaja Tserkow*) gegründet worden ist. Das Museum (U-Bahn-Station Wladimirskaja; Autobus Nr. 14 und Straßenbahn Nr. 27; geöffnet mittwochs bis samstags 10–18 Uhr, sonntags 11–17 Uhr; montags und dienstags geschlossen) enthält Sammlungen zur Geschichte, Natur, Archäologie und Kunst der Völker des Nordens.

Platz des Aufstands [Plan s.S. 202/203, F3] (*Ploschtschad Wosstanija*). – Dieser Platz ist vor allen Dingen von historischem Interesse, denn er steht im Zusammenhang mit einem der entscheidenden Ereignisse der Revolution. Er hieß damals *Znamjenskaja-Platz* (*Ploschtschad Znamjenskaja*). Am 27. Februar 1917 weigerten sich die Kosaken des Pawlowschen Garderegiments, auf unbewaffnete Demonstranten zu schießen, die gerade den Platz überquerten. Die Petrograder Garnison machte nun mit den demonstrierenden Arbeitern gemeinsame Sache.

Bis 1917 erhob sich ein 1909 von *Trubetzkoi* (*Trubetskoj*) geschaffenes *Reiterstandbild Alexanders III.* auf diesem Platz; es wirkte sehr wuchtig und schwer und hatte den Spitznamen „die Vogelscheuche". Nach der Oktoberrevolution wurde es in die Bestände des Russischen Museums überführt.

Die *Znamjenskaja-Kirche* (*Znamjenskaja Tserkow*), die dem Platz seinen ursprünglichen Namen verliehen hat, ist niedergerissen worden. An ihrer Stelle wurde die U-Bahn-Station *Ploschtschad Wosstanija* errichtet und im Jahre 1955 in Betrieb genommen. Über der Station, die mit Granit ausgelegt und deren Inneres mit rotem Marmor verkleidet ist, erhebt sich eine große

Kuppel. Die Station ist ausgeschmückt mit Darstellungen revolutionärer Episoden von 1917. – Der

Moskauer Bahnhof, einer der fünf Bahnhöfe Leningrads, besteht schon seit der Errichtung der Eisenbahnlinie St. Petersburg – Moskau („Nikolaus-Linie"), die am 1. November 1851 mit großem Pomp eingeweiht wurde und nach der Linie St. Petersburg–Tsarskoje Sjelo die zweite Eisenbahnlinie des Landes ist. – Nahe dem Bahnhof liegen drei Hotels: „Oktjabrskaja" (direkt gegenüber), „Sewernaja" (ehemaliges Hotel „Norden"; Ulitsa Wosstanija 2) und „Moskowskaja" (Ligowskij Prospekt 43/45). – Der

Alexander-Newski-Platz [Plan s. hintere Vorsatzs., H18] (*Ploschtschad Aleksandra Newskogo*) bildet das Ende des Newski-Prospekts.

Etwas Newa-aufwärts, nahe der Stelle, wo die *Ishora* in den Strom mündet, trug Alexander (Aleksandr) Jaroslawowitsch, Fürst von Nowgorod – seither Newski (Newskij) genannt –, im Jahre 1240 seinen großen Sieg über die Schweden unter Birger Jarl davon. Ein Film von Eisenstein (Ejzenschtejn) mit der Musik von Prokofieff (Prokofjew) hat Sowjetbürgern wie Ausländern ein Bild des Mannes vermittelt, der in Rußland noch heute gleichermaßen als Nationalheiliger und Nationalheld verehrt wird.

Ebenfalls zum Gedenken Alexander Newskis gründete Peter der Große im Jahre 1710 das

Alexander-Newski-Kloster [Plan s. hintere Vorsatzs., I8] (*Aleksandro Newskij Monastyr*), das später die Bezeichnung „Lawra" („Laura") erhielt, einen Titel, der ihm bestimmte Privilegien einräumte und den im alten Rußland nur noch drei weitere Klöster innehatten. Es waren dies das Kiewer Höhlenkloster, das St.-Sergius-Dreifaltigkeits-Kloster von Zagorsk und das Kloster von Potschajewsk in Wolhynien. Sie waren sämtlich Sitz eines Metropoliten und erhielten ein geistliches Seminar.

Zehn der elf zum Kloster gehörenden Kirchen (eine Ausnahme bildet die Dreifaltigkeits-Kathedrale, in der auch heute noch Gottesdienste abgehalten werden) sind jetzt Museumsbestandteile. Die Friedhöfe, auf denen mehrere kunstvolle Denkmäler stehen, bilden zusammen das

****Museum der Städtischen Skulptur** (*Muzej Gorodskoj Skulptury*). Links vom Eingang befindet sich der *St.-Lazarus-Friedhof* [Plan s. hintere Vorsatzs., I8] (*Lazarewskoje Kladbischtsche*) aus dem 18. Jahrhundert, der älteste Friedhof von Leningrad. Er wurde anläßlich des Todes der Lieblingsschwester Peters des Großen, Natalija Aleksejewna, angelegt, die hier beigesetzt ist. Man sieht hier auch die Gräber des Universalgelehrten und Schriftstellers Michael Lomonossow (Michail Lomonosow), des großen Mathematikers Leonhard Euler, der Architekten Carlo Rossi, Thomas de Thomon und Andrej Woronichin sowie Grabstätten bekannter russischer Adeliger.

Der Historiker Karamsin (Karamzin), der Fabeldichter Krylow, der Dichter Shukowskij, der Romancier Dostojewski (Dostojewskij), der Kritiker Stasow, die Komponisten Glinka, Mussorgski (Musorgskij), Borodin, Rimski-Korssakow (Rimskij-Korsakow), Balakirew und Tschaikowski (Tschajkowskij), die Schauspielerin Komissarshewskaja, der Maler Schischkin und der Arzt Botkin sind auf dem *Tichwiner Friedhof* [Plan s. hintere Vorsatzs., H18] (*Tichwinskoje Kladbischtsche*), rechts vom Eingang zum Kloster, begraben. Weitere Komponisten, deren Gräber sich anderswo befanden, wurden in dieses „Pantheon der russischen Musik" überführt, u. a. Anton Rubinstein (Rubinschtejn). Selbst Alexander Glasunow (Aleksandr Glazunow; geb. 1865 in Petersburg, gest. 1936 in Paris), der in Neuilly seine letzte Ruhe gefunden hatte, wurde im Jahre 1973 hierher überführt.

Auf dem *St.-Nikolaus-Friedhof* (*Nikolskoje Kladbischtsche*), hinter der großen Kirche des Klosters, findet man ebenfalls Gräber berühmter russischer Persönlichkeiten. – Links von der Brücke, nahe dem Klostereingang, steht die älteste Kirche der Lawra, die 1722 von *Domenico Trezzini* erbaute

Verkündigungs-Kirche (*Blagoweschtschenskaja Tserkow*).

Dort befinden sich prunkvolle Gräber, wie z. B. das Grab des Generalissimus Suworow (gest. 1800); es ist mit einer Marmorplatte versehen, die die einfachen, vom Verstorbenen selbst gewählten Worte trägt: „Hier ruht Suworow". – Die Kirche wurde in ein *Museum der Grabskulptur* umgewandelt, während die *St.-Alexander-Newski-Kirche*, die sich eine Etage höher befindet, andere Sammlungen des *Museums der Städtischen Skulptur* enthält; man findet hier Modelle, Studien und Fotografien der bedeutendsten Monumente von Leningrad.

Auf der anderen Seite des Lawrageländes sieht man in der *St.-Theodor-Kirche* (*Feodorowskaja Tserkow*) Grabstätten der letzten Könige und Königinnen von Georgien. – Die Hauptkirche des Alexander-Newski-Klosters, die

****Dreifaltigkeits - Kathedrale** (*Troitskij Sobor*), die 1776 bis 1790, während der Regentschaft Katharinas II., von *Starow* errichtet wurde, ist ein großräumiges Gebäude in klassizistischem Stil mit einer Kuppel und zwei Türmen.

Sie ersetzt eine barocke Kirche, die von dem deutschen Architekten *Schwertfeger* 1720 bis 1732 erbaut und im Jahre 1755 wegen Einsturzgefahr zerstört wurde. Der ursprüngliche Entwurf, den *Domenico Trezzini* 1715, während der Regentschaft Peters des Großen, gefertigt hatte, war eindrucksvoll, wurde jedoch nicht für gut befunden, da die Haupfassade und der Eingang nach Osten, zur Newa hin, ausgerichtet waren, was der Auffassung der orthodoxen Kirche nicht entsprach.

Die Dreifaltigkeits-Kathedrale ist auch heute noch dem Kult geöffnet.

Das Kircheninnere ist mit Marmor geschmückt und sehr prunkvoll. Unter den Bildern findet man eine „Verkündigung" von Raphael Mengs, sowie Kopien von Werken von Rubens, van Dyck, il Guercino, Perugino, Guido Reni u. a.

Der silberne Reliquienschrein, den die Zarin Elisabeth Petrowna 1752 zwecks Aufnahme der Reliquien des heiligen Alexander Newski (Aleksandr Newskij; heute in der Ermitage) aus den ersten 1474 kg Silber anfertigen ließ, die aus der Mine von Kolywan in Sibirien gewonnen worden waren, befand sich ehemals rechts von der Ikonostase.

Die *Residenz des Metropoliten* ist ein brockes Bauwerk aus dem Jahre 1758.

Ein Teil der Baulichkeiten des Klosters beherbergt heute die Verwaltung der Diözese Leningrad sowie ein geistliches Seminar und eine kirchliche Akademie. – Der

Friedhof von Wolkowo (*Wolkowskoje Kladbischtsche*) ist eine Filiale des *Museums der Städtischen Skulptur* des Alexander-Newski-Klosters.

Anfahrt: 2 km südwestlich des Alexander-Newski-Klosters, jenseits des Obwodnyj-Kanals, Rasstannaja Ulitsa Nr. 30. – Straßenbahn Nr. 10, 25, 44, 49; Autobus Nr. 14, 36 und 44.

Hier liegen die Schriftsteller Turgenjew, Gontscharow und Saltykow-Schtschedrin, der Literaturkritiker Bjelinskij, der Chemiker Mendelejew und der Physiologe und Nobelpreisträger Pawlow begraben. Hier befindet sich auch die Grabstätte der Familie Uljanow, in der Lenins Mutter Marija Alexandrowna und seine Schwestern Olga und Anna und außerdem der Ehemann Annas, M. T. Jelizarow, beigesetzt sind. Zu dem Friedhof gehört eine Kirche, die noch dem religiösen Kult zur Verfügung steht.

Weg 7: Die Stadtviertel am rechten Newa-Ufer

Weg 7a: Basilius-Insel

Für diesen Weg benötigt man eine bis eineinhalb Stunden Zeit.

Zugang: vom Stadtzentrum her über die Leutnant-Schmidt-Brücke [Plan s. S. 202/203, A3] (Most L. Schmidta) oder die Schloßbrücke [Plan s. S. 202/203, B2] (Dwortsowyj Most); kommt man hingegen vom Norden der Stadt, über die Stein-Insel-Brükke [Plan s. hint. Vorsatzs., D1] (Kamjennoostrowskij Most), den Kirow-Prospekt [Plan s. hint. Vors., D2–3] (Kirowskij Prospekt), den Bolschoj Prospekt [Plan s. hint. Vors., D3–C4] und die Tutschkow-Brücke (Tutschkowa Most) über die kleine Newa [Plan s. hint. Vorsatzs., C5].

Anfahrt: Metro: Station Wasiljeostrowskaja; Autobus Nr. 6, 7, 10, 30, 44, 45, 47, 49, 60; Straßenbahn Nr. 1, 5, 6, 11, 15, 33, 37, 42; Trolleybus Nr. 1, 7, 9, 10, 12.

Die Basilius-Insel [Plan s. S. 202/203, A2 und hint. Vorsatzs., A5–6] (*Wasiljewskij Ostrow*), die der Admiralität und dem Kai der Roten Flotte gegenüberliegt und von Großer Newa, Kleiner Newa und Smoljenka-Fluß umflossen wird, ist die größte Insel im Newa-Delta. Die *Strelka*, ihr östlichster Punkt, ragt an der Stelle in den Fluß, an der sich die Newa in die *Kleine Newa* (*Malaja Newa*) und die *Große Newa* (*Bolschaja Newa*) teilt. Von hier aus bietet sich dem Betrachter eine einzigartige **Aussicht. – Der

***Puschkin-Platz** [Plan s. S. 202/203, B1] (*Ploschtschad Puschkina*) ist das Zentrum der Strelka. Der halbkreisförmig angelegte Platz wird von zwei hohen *Säulen* mit symbolischen Darstellungen der vier russischen Ströme: *Newa*, *Wolchow*, *Wolga* und *Dnjepr* beherrscht. Die Säulen schmücken Schiffsschnäbel, die von den Römern „Rostra“ genannt wurden; daher der Name „Rostralsäulen“. Früher waren dies Leuchttürme, die Schiffen den Weg in den Hafen wiesen. – Das

Zentralmuseum der Kriegsmarine [Plan s. S. 202/203, B2] (*Wojenno-Morskoj-Muzej*) ist in der ehemaligen *Börse*, 1804 bis 1810 von *Thomas von Thomon*

und *A. Zacharow* errichtet, untergebracht. Das Gebäude ist eine Nachbildung des griechischen Tempels in Paestum. Ein Peristyl mit 44 dorischen Säulen umgibt es; eine riesige Treppe führt zum ehemaligen Saal der Effektenbörse.

Die Sammlungen des Museums umfassen die Geschichte derMarine vom Zarenreich bis zum Sowjetstaat. Sie enthalten etwa 500000 Ausstellungsstücke, darunter solche, die auf Peter den Großen zurückgehen: das Schiff, auf dem der Zar die Kunst der Navigation erlernte; es kommt aus dem ,,Botnyj domik" (s. S. 235, Weg 8a); Modelle, die von ihm selbst gebaut wurden; den Sessel, von dem aus er die Sitzungen des Marinegerichts leitete; ein Schaubild des Häuschens in Zaandam (Holland); seinen Arbeitskittel. Andere Abteilungen zeigen verschiedeneTypen russischer Kriegsschiffe, Miniaturmodelle sowie Uniformen der kaiserlichen Marine, darunter die Admiralsuniform Katharinas II.

Universitätskai [Plan s.S. 202/203, A2] (*Uniwersitetskaja Nabereshnaja*). – Sämtliche Gebäude längs des Kais bis hin zur *Universität* (s.S. 230) gehören zur

Akademie der Wissenschaften. Die Akademie selbst geht auf einen Plan Peters des Großen zurück, den er mit Leibniz erarbeitete und von *Christian Wolf* 1724 ausführen ließ. Der Zar starb Anfang 1725, noch bevor er sein Projekt zu Ende führen konnte. Es wurde später von seiner Witwe, Katharina I., vollendet. Katharina II. ließ das heutige Bauwerk (Uniwersitetskaja Nab. 5) im klassizistischen Stil von *Quarenghi* errichten. Der eigentliche Sitz der Akademie wurde (1934) nach Moskau verlegt, einige Institute und die *Bibliothek* verblieben in Leningrad. – Die Akademie der Wissenschaften umfaßt als Institution folgende Museen und Sammlungen: das Zoologische Museum, die Akademie-Bibliothek, das Anthropologische und Ethnographische Museum sowie das Lomonossow-Museum (vom Anfang des Kais an der Reihenfolge nach aufgeführt). – Das

Zoologische Museum (Uniwersitetskaja Nab. 1) wurde 1714 gegründet. Es besitzt über 100000 Ausstellungsstücke aus sämtlichen Kontinenten (riesige Fossilien, Mammutskelett-Saal, eine Abteilung, die der Lehre des Darwinismus gewidmet ist; Saal mit Riesenkäfern aus Astrachan, Asien und Amerika). – Die

Akademie-Bibliothek vereinigt mehrere wissenschaftliche Bibliotheken und hat einen Bestand von insgesamt über 14000000 Bänden. – Das

***Anthropologische und Ethnographische Museum Peters des Großen** (Uniwersitetskaja Nab. 3) ist in der ehemaligen ,,Kunstkammer" untergebracht, die vom Zaren gegründet wurde und in Wirklichkeit ein Kuriositätenkabinett war. Das Bauwerk wurde zwischen 1718 und 1734 im reinen Barockstil von mehreren Architekten, darunter *Mattarnuovi* und *Zemtsow*, errichtet.

Im 18. Jahrhundert entstand eine Vielzahl von Kuriositätenkabinetten. Auch der Zar betätigte sich als Sammler. Die von ihm zusammengetragenen Kollektionen bildeten den Grundstock dieses Museums.

Das Anthropologische Museum umfaßt mehrere Abteilungen: Ausgrabungsstücke und Objekte, die von Expeditionen in entfernte Gegenden stammen; Entwicklung primitiver Gesellschaften. – Ferner Osten (bedeutende Sammlung von Prunkgewändern des chinesischen Adels). – Volksstämme Indiens. – Volksstämme Afrikas, Lateinamerikas, Nordamerikas, Ozeaniens. – Sammlung Miklucho-Maklajs, von dem berühmten Anthropologen und Ethnographen zusammengetragen, der in Polynesien wirkte. – Fischer- und Jägervölker. – Im darüberliegenden Stockwerk „anatomische“ Sammlung mit den 800 „Präparaten“ Peters des Großen. – Das

Lomonossow-Museum (im gleichen Gebäude; Eingang Zollgasse = *Tamoshennyj Pereulok*) ist dem Gelehrten (und Dichter) Lomonossow (1711–1765), dem enzyklopädisch gebildeten Chemiker, Physiker, Geologen und Grammatiker, gewidmet, der in den Räumen der Kunstkammer arbeitete, namentlich im Observatorium, das damals im Turm des Gebäudes installiert wurde.

Somit hatte er Gelegenheit, den berühmten Gottorper Globus zu benutzen, der im 17. Jahrhundert von Andreas Bosch für den Herzog von Holstein-Gottorp angefertigt und Peter dem Großen 1713 vom dänischen König zum Geschenk gemacht wurde. Dieser Globus besteht aus zwei Kugeln: die äußere stellt den Erdball dar, die innere das Himmelsgewölbe; letztere dient als Planetarium, in dem bis zu 10 Personen Platz haben.

Auf der rechten Seite des Universitätskais biegt man sodann in die *Linija Mendelejewa* ein, die zur Linken gänzlich von der *Staatlichen Universität* (s. rechte Spalte) eingenommen wird. Bestandteil der Universität sind auch das *Mendelejew-Museum* und das *Wissenschaftliche Mendelejew-Archiv* (Uniwersitetskaja Nab. 7–9, Ecke Linija Mendelejewa). Das Museum umfaßt die Wohn- und Arbeitsstätte des Gelehrten D. J. Mendelejew (1834–1907) zwischen 1866 und 1890; das Archiv dokumentiert das Lebenswerk dieses Chemikers, des Entdeckers des Periodischen Systems der Elemente. – Die

Universität [Plan s. S. 202/203, A2], zwischen 1722 und 1741 von *Domenico Trezzini* erbaut, ist ein Trakt von zwölf genau gleichen Gebäuden, der – wie bereits erwähnt – die gesamte Länge der Linija Mendelejewa einnimmt.

Ursprünglich waren diese Gebäude zum Sitz der „Zwölf Kollegien“ bestimmt, d.h. sie waren keine Lehrinstitute, sondern von Peter dem Großen eingerichtete und so benannte Ministerien. Im Jahre 1830 wurden sie der Universität angeschlossen, die von Alexander I. einige Jahre früher, 1819, gegründet worden war. – Im Inneren hat lediglich der *Peter-Saal* mit seinen Deckengemälden sein ursprüngliches Aussehen von 1732 bewahrt.

Gegenwärtig sind an der Universität über 20000 Studenten eingeschrieben. Bezieht man aber die über die ganze Stadt verstreuten Institute mit ein, so ist die Zahl der Studierenden auf etwa 300000 anzusetzen.

Die Universität bildete mehrere Generationen von Gelehrten heran, neben Mendelejew u.a. den Physiologen Pawlow, den Zoologen und Mikrobiologen Metschnikow, den Ingenieur Popow (Erfinder der Antenne) und den Agronomen Timirjazew. Sie wurde aber auch besucht von liberalen Intellektuellen, die eifrige Verfechter der Freiheit des Individuums waren, sowie von revolutionären Schriftstellern wie Tschernyschewskij und Pisarjew. Anna Uljanowa und Alexander (Aleksandr) Uljanow, Lenins Geschwister, studierten hier. Der Bruder wurde 1887 hingerichtet, da er ein Attentat auf Alexander III. vorbereitet hatte. Auf den Lauf der Geschichte sollte dies Ereignis eine Auswirkung nehmen, die bei weitem nicht vorhersehbar war. In der Tat entschied diese Hinrichtung über die politische Orientierung des jüngeren Bruders Wladimir, des späteren Lenin.

Es folgen zwei Parallelbauten am Kai, die ebenfalls zur Universität gehören: das erste (Nr.

11) ist das ehemalige *Palais des Zaren Peter II.*; das rote Gebäude (Nr. 15) Ecke Sjezdowskaja Linija, das auf dem Giebel die Jahreszahl 1710 trägt, ist das

Palais Menschikow [Plan s.S. 202/203, A2], ein Barockpalais mit reichen Stuckornamenten, Statuen und anderen Dekors. Der Zar pflegte hier ausländische Botschafter zu empfangen.

In dem 1981 restaurierten Palais ist jetzt ein Museum (Filiale der Ermitage) untergebracht, das der Kultur Rußlands zur Zeit Peters des Großen gewidmet ist. – Auf dem angrenzenden Platz erinnert ein Obelisk an den Feldherrn *Rumjantsew*, der unter Katharina II. die Türken besiegte. – Die

***Akademie der Künste** [Plan s. S. 202/203, A2] (Uniwersitetskaja Nab. 17), 1757 gegründet, befindet sich seit 1788 in dem von *Vallin de la Motte* und *A. Kokorinow* errichteten Gebäude. Der Sitz der Akademie ist Moskau, doch behielt das Gebäude seinen Namen bei. Es beherbergt das *Repin-Institut für Malerei, Bildhauerkunst und Architektur.*

Im Gebäude der Akademie befindet sich ein *Museum*. Hier werden Reproduktionen antiker und westeuropäischer Skulpturen aufbewahrt. Eine Abteilung ist der russischen Malerei und Kunst des 18. und 19. Jahrhunderts gewidmet, eine andere der Geschichte der russischen Architektur. Auf dem

„Sphinxen-Pier“ [Plan s.S. 202/203, A3] geht es zum Fluß. Die beiden großen Sphinxe stammen aus der Zeit von Amenophis III. (1408–1372 v. Chr.). Sie wurden bei Ausgrabungen in Theben gefunden, von einem russischen Diplomaten erworben und 1833 hierher gebracht. – In Höhe der

Leutnant-Schmidt-Brücke [Plan s.S. 202/203, A3] (*Most L. Schmidta*), die (am gegenüberliegenden Ufer) nahe dem *Historischen Stadtmuseum* auf den *Kai der Roten Flotte* mündet, wird der Universitätskai fortgesetzt vom *Leutnant-Schmidt-Kai*. Brücke und Kai tragen den Namen des Offiziers, der sich 1905 an Bord des Kreuzers „Otschakow“ an die Spitze des Aufstandes der Matrosen im Schwarzen Meer setzte.

Im Oktober 1917 ankerte in Höhe dieser Brücke der Panzerkreuzer „*Aurora*“ (s.S. 238, Weg 8b) und gab mit einem Schuß das Signal zum Sturm auf das Winterpalais.

Wendet man sich jetzt nach rechts und schlägt die 7. *Linija* ein, so stößt man – dort wo diese Straße auf den Bolschoj-Prospekt trifft – auf die *Sankt-Andreas-Kirche* (1764–1780), die Kirche des von Peter dem Großen gegründeten ersten russischen Ritterordens.

Am Kai – zwischen der *11.* und der *13. Linija* – befindet sich in einem Gebäude, das 1796 von *Wolchow* rekonstruiert worden ist und vorher Wohnsitz des Feldmarschalls Münnich war, das

Marinekadetten-Korps (*Morskoj Kadetskij Korpus*). Vor dem Eingang steht die Statue des Admirals A. J. Krusenstern (Kruzenstern; gest. 1846), unter dessen Kommando russische Schiffe zu Beginn des 19. Jahrhunderts die Welt umsegelten.

Etwas weiter, Ecke Kai/*15. Linija*. steht eine nicht mehr benutzte *Kirche*. Sie gehörte zum *Stadthaus*, das vom *Kiewer Höhlenkloster* (*Kiewo Petscherskaja Lawra*) in Sankt Petersburg unterhalten wurde. Ganz am Ende des Kais befindet sich das

Montaninstitut (*Gornyj Institut*; 1806–1808; Architekt: *Woronichin*), dessen imposanter dorischer Säulengang Nachbildung eines Tempels in Paestum ist.

Die massiven Mauern des Bauwerks und die beiden Skulpturengruppen von *Demut-Malinowskij* („Raub der Proserpina", links; „Herkules kämpft mit Antäus", rechts) sind Ausdruck der Bindung des Menschen an die Erde und unterstreichen somit die Bestimmung des Gebäudes. – Die Bestände des Museums des Montaninstituts sind eine umfangreiche Dokumentation der Bergbautechnik und der Montanindustrie (Eingang: 21. Linija, Haus Nr. 2).

Etwas weiter westlich befindet sich auf der Westseite der Basilius-Insel am äußersten Ende des *Bolschoj Prospekt* [Plan s. hint. Vors., C6–A7] der neue *Passagierhafen* mit dem ebenfalls neuen *Bahnhof*, nahe dem ehemaligen Galeerenhafen. Bolschoj Prospekt Nr. 83 ist der *Kirow-Kulturpalast* (1933).

Entlang der *Kleinen Newa* (*Malaja Newa*) führt der *Makarow-Kai* [Plan s. S. 202/203, A1 und hint. Vorsatzs., C5] (*Nabereshnaja Makarowa*) zum

Geologischen Museum (in Nr. 2), auch *Karpinskij-Museum*.

Seine Sammlungen erläutern die Strukturen und die Entwicklung des Erdballs. Geologischgeographische Karten der verschiedenen Regionen der UdSSR; elektrisch beleuchtete Karten und Schaubilder. – Das

Museum des Instituts für Russische Literatur [Plan s. S. 202/203, A–B1], Makarow-Kai Nr. 4, auch *Puschkin-Haus* genannt (*Muzej Instituta Russkoj Literatury – Puschkinskij Dom*), befindet sich im Gebäude des ehemaligen Zollamts, das 1832 errichtet wurde.

Das Puschkin-Haus wurde 1899 anläßlich des hundertsten Geburtstags des Dichters gegründet; es enthält persönliche Gegenstände und Dokumente aus dem Besitz des Dichters. Man findet hier nicht nur Manuskripte vom Verfasser des „Ehernen Reiters" sondern auch Werke von Lermontow, Gogol, Turgenjew, Dostojewski, Tolstoi, Gorki und Majakowski. Das Haus besitzt darüber hinaus Lermontows persönliche Bibliothek.

Weg 7b: Dekabristen-Insel und Peter-Insel

Die

Dekabristen-Insel (*Ostrow Dekabristow*), ehemals *Golodaj-Insel*, liegt zwischen der Kleinen Newa und dem Smoljenka-Fluß [Plan s. hint. Vors., A–B4–5]. Hier befinden sich die Baltischen Schiffswerften, große Industriekombinate und Wohnviertel, die sich immer weiter ausdehnen.

Im Nordosten der Insel erhebt sich ein *Obelisk*, der 1939 an der Stelle eines Denkmals aus dem Jahre 1926 aufgestellt wurde und den Platz bezeichnet, an dem – der Überlieferung nach – die fünf Anführer der Dekabristen (Dezembermänner) nach ihrer Hinrichtung in Kronwerk bestattet wurden: Pestel, Bestushew-Rjumin, Kachowskij, Murawjow-Apostol und Rylejew.

Die

Peter-Insel [Plan s. hint. Vorsatzs., A3–5C] (*Petrowskij Ostrow*), die sich zwischen Dekabristen-Insel, Kreuz-Insel und der Petersburger Seite erstreckt, wird der Länge nach vom *Petrowskij Prospekt* (*Peter-Prospekt*) durchzogen. Er verbindet den *Park*, in dem sich das *Lenin-Stadion* befindet (im Südosten der Insel), mit dem *Runden Platz* und der *Peter-Brücke*, über die man zum *Siegespark am Meer* auf der *Kreuz-Insel* (s. S. 242, Weg 9) gelangt.

Weg 8: Petersburger und Wyborger Seite

Weg 8a: ***Peter-Pauls-Festung – *Artillerie-Museum – *Lenin-Park – *Zoologischer Garten

Dieser Weg von etwa zwei Stunden Dauer führt zur Wiege von Sankt Petersburg, zu der Insel, die die Südspitze der heutigen Petersburger Seite bildet. Man besichtigt hier die Peter-Pauls-Festung, die der Ursprung der Stadt war, das ehemalige Arsenal und den Lenin-Park, bevor man sich nach der Petersburger Seite (Weg 8b) und der Wyborger Seite (Weg 8c) begibt.

Zugang: Vom Suworow-Platz oder Marsfeld her (dies ist der Weg, der nachstehend beschrieben wird) über die Kirow-Brücke [Plan s.S. 202/203, D1] (Kirowskij Most). – Vom Newski-Prospekt und dem Schloßplatz her über die Schloßbrücke [Plan s.S. 202/203, B2] (Dwortsowyj Most), weiter über den Puschkin-Platz auf der Basilius-Insel [Plan s.S. 202/203, B1] und die Baumeister-Brücke [Plan s.S. 202/203, B1] (Most Stroitelej) – Vom Norden her über den Kirow-Prospekt [Plan s. hint. Vorsatzs., D2–E4].

Metro: Station Gorkowskaja; Autobus Nr. 1, 23, 25, 46, 65, 80, 134; Straßenbahn Nr. 2, 3, 6, 12, 25, 26, 31, 34, 51, 53; Trolleybus Nr. 1, 7, 9.

Die *Kirow-Brücke* [Plan s. S. 202/203, D1] (s. S. 218) mündet auf den *Kirow-Prospekt*, der in wenigen Minuten zum *Revolutionsplatz* (s. S. 236) führt. Links vom Platz ragen die Mauern der

***PETER-PAULS-FESTUNG

[Poan s.S. 202/203, B–C1 und hint. Vorsatzs., D–E5] (*Petropawlowskaja Krepost*) empor. Sie liegt auf einer kleinen, vom *Kronwerk-Kanal* (*Kronwerkskij Proliw*) und der *Großen Newa* umflossenen Insel. Der Tag, an dem der Grundstein zur Festung gelegt wurde (16. Mai 1703), gilt als Gründungstag der Stadt.

Die Festung hat eine düstere Geschichte: Peter der Große, der sich unter großen Anstrengungen Zugang zur Ostsee verschafft hatte, die sich fast ausschließlich in Händen der Schweden befand (s. Stadtgeschichte), beschloß, diesen Zugang durch Errichtung einer uneinnehmbaren Zitadelle auf der Hasen-Insel (Zajatschij Ostrow) aufrechtzuerhalten und zu schützen. 20000 Erdarbeiter wurden an diesem Bau eingesetzt, und die Arbeiten gingen rasch voran. Die Festung, die die ganze Insel einnimmt, umfaßte sechs Bastionen, die durch Mauern miteinander verbunden waren und deren Höhe neun bis zwölf Meter betrug. Die Mauern waren doppelt angelegt. Zwischen 1730 und 1740 wurden zusätzliche Befestigungsanlagen zum Schutz der Eingänge errichtet.

Schon bald verlor die Festung ihren militärischen Wert und wurde Staatsgefängnis. Einer der ersten Gefangenen war des Zaren eigener Sohn, Aleksej, der eines Komplotts gegen seinen Vater überführt wurde. Tagelang wurde der junge Mann in einem der Kerker verhört und starb schließlich unter der Folter. Die Reihe der nach ihm Eingekerkerten ist lang: Radischtschew, die Dekabristen, die Verschwörer der Petraschewskij-Gruppe, darunter Dostojewskij (ihre Verurteilung zum Tod wurde umgewandelt in die Deportation nach Sibirien, aus der der Verfasser von „Ein Totenhaus“ unheilbar krank zurückkehrte), Tschernyschewskij, die Verschwörer der Narodnaja Wolja und später Aleksandr Uljanow, Lenins

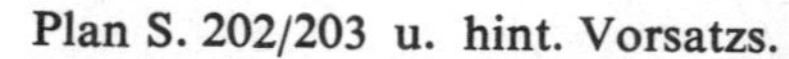

Peter-Pauls-Festung

älterer Bruder, der 1887 hingerichtet wurde, Bakunin, der gleichzeitig Freund Richard Wagners und Vater der Bewegung der russischen Anarchisten war, Lepeschinskij, Olminskij und Bauman, die zu den ersten bekannten Bolschewisten zählten, Maxim Gorki (Maksim Gorkij) und viele andere haben die Kerker dieser Festung kennengelernt, die zwei Jahrhunderte lang ihren düsteren Schatten über die Stadt warf.

Im November 1917 reihte sich die Besatzung der Festung geschlossen in die Revolutionsbewegung ein; mit den 100000 Gewehren des Arsenals konnten die Arbeiter bewaffnet werden. Ebenfalls im November wurde auf der Spitze der Naryschkin-Bastion eine rote Flagge gehißt; dies war das Signal für den Panzerkreuzer „Aurora“, einen Schuß abzugeben. Sogleich richteten die Forts ihre Kanonen auf das Winterpalais. Die Revolution hatte gesiegt. – Seit 1924 ist die Peter-Pauls-Festung ein Museumskomplex.

Nach dem Überqueren des *Kronwerk-Kanals* betritt man die Festung durch das *Johannes-Tor* (*Ioannowskije Worota*) und passiert dann das *Peter-Tor* (*Petrowskije Worota*), eine Art Triumphbogen, der noch immer (seit 1722) von einem Doppeladler gekrönt ist. Angesichts der Stärke und der Höhe der Mauern wird sofort klar, warum es aus der Festung kein Entkommen gab. In den 72 Zellen der

Trubetskoj-Bastion (hinter dem Münzhof gelegen) starben bekannte und anonyme Gefangene an Erschöpfung, Skorbut und Tuberkulose. – Die

****Peter - und - Paul - Kathedrale** (*Petropawlowskij Sobor*) im Mittelpunkt der Festung ist ein Beispiel für die russische Architektur des 18. Jahrhunderts und gleichzeitig ein historisches Museum. Sie wurde von 1712 bis 1733 von *Domenico Trezzini* nach dem Vorbild deutscher und holländischer Kirchen erbaut. Das läßt die für eine russische Kirche ungewöhnliche Gestalt des Gebäudes mit seinem basilikaartig langgezogenen Schiff und der Spitze über dem Westportal sowie der Kanzel im Innern erkennen. Die Kuppel mit ihrer kleinen Zwiebelform hingegen ist russische Tradition.

Der 122 Meter hohe *Glockenturm* (die vergoldete Spitze mißt allein 60 Meter) ist ebenso wie die Spitze des Admiralitätsgebäudes zum Wahrzeichen der neuen Stadt geworden; er ist nach dem Willen Peters des Großen „dem so sehr ersehnten Europa zugewandt“. Ein Engel, ebenfalls vergoldet, scheint sich von der Spitze in den Himmel emporzuheben. Er hält in seinen Händen ein Kreuz über die Stadt.

Das *Glockenspiel* des Kirchturms intoniert täglich um 6, 12, 18 und 24 Uhr die sowjetische Nationalhymne.

Im Innern der Kirche befindet sich das *Mausoleum der Romanows.* Von Peter dem Großen an sind alle Herrscher hier beigesetzt, mit Ausnahme

Peters II., der in der Erzengel-Michael-Kathedrale im Kreml (s. S. 111) bestattet ist, und Nikolaus' II., der zusammen mit seiner Familie am 16. Juli 1918 in Jekaterinenburg ums Leben kam.

Der ständig mit Blumen geschmückte Sarkophag Peters I., des größten russischen Zaren, befindet sich rechts neben der geschnitzten und vergoldeten Ikonostase. Die Grabstätten sind aus weißem Marmor. Den kaiserlichen Adler aus vergoldeter Bronze tragen die Gräber derjenigen Romanows, die Regenten waren. Die Monolithe aus grünem Ural-Jaspis und rosa Quarz sind die Grabstätten Alexanders II. und seiner Gemahlin. Das Grab Alexanders III. schmücken ein Lorbeerkranz und ein goldener Degen, die dem Zaren von Felix Faure im Jahre 1897 und von Emil Loubet im Jahre 1902 dargebracht wurden. – Ein Kapellenanbau im Nordosten der Kathedrale, der 1906 von *Grimm* errichtet wurde, sollte die Grabstätten der Großfürsten und anderer Fürsten des Geschlechts aufnehmen. – Das

„Bootshaus" („*Botnyj domik*"; nordöstlich der Kathedrale) wurde 1761 für ein Boot gebaut, das „Großvater der russischen Marine" genannt wird: Peter der Große hatte als junger Mann die Barke, die einem seiner Vorfahren gehört hatte, in Ismailowo bei Moskau gefunden. Er hatte sie instandgesetzt und in ihr auf einem Nebenfluß der Moskwa die Kunst des Navigierens erlernt. Das Boot ist heute im *Zentralmuseum der Kriegsmarine* (s. S. 228, Weg 7a untergebracht. – Das

Münzamt (gegenüber, westlich der Kathedrale, gelegen) wurde 1724 gegründet. Hierher wurden die in Moskau geprägten Zahlungsmittel gebracht. Zu Beginn des 19. Jahrhunderts wurde das Gebäude vollständig wiederaufgebaut. Es dient noch immer als Prägestätte für Münzen, Orden und Medaillen. – Das

Haus des Festungskommandanten (südlich der Kathedrale) stammt von 1746. Es diente dem Befehlshaber der Festung als Wohnung und beherbergte gleichzeitig verschiedene Verwaltungsbüros. War das Gefängnis der Festung voll belegt, so wurden neue Gefangene hier untergebracht, bis durch Exekution eine Zelle frei wurde: So geschah es 1794 bei Tadeusz Kosciuszko, der den Aufstand der polnischen Patrioten anführte. – Das

Newa-Tor (*Newskije Worota*), das 1730/31 errichtet wurde, ermöglichte den Zugang zu einem Pier am Fluß. Es wurde auch *Todespforte* genannt, weil man die Verurteilten – wenn die Hinrichtung nicht an Ort und Stelle erfolgen sollte – durch dieses Tor führte, bevor sie mit einem Kahn an den Ort der Vollstreckung der Todesstrafe gebracht wurden.

Jenseits des Kanals ist das *Kronwerk*, ein ehemaliges Festungsvorwerk. Dort sind 1825 auf einem Exerzierplatz die fünf Anführer der Dekabristen hingerichtet worden. Im Innern des Vorwerks steht das

Arsenal [Plan s. hintere Vorsatzseite, D4], in dem sich heute das

***Zentrale Artilleriemuseum** (*Tsentralnyj Wojenno-istoritscheskij Muzej Artillerii*) befindet. Die 1703 von Peter dem Großen begründete Waffensammlung umfaßt derzeit etwa 80000 Ausstellungsstücke. Das Museum ist für alle sehenswert, die sich für Waffen und historische Gegenstände interessieren. Zu sehen sind:

Waffen, angefangen bei den Waffen, die von Skythen und Sarmaten benutzt wurden, bis zu den gewaltigen „Katjuschas", die während des Zweiten Weltkrieges eine wichtige Rolle spielten, und den modernen Raketen- und Atomwaffen. – *Rüstungen*, erbeutete *Feldzeichen* schwedischer, preußischer, französischer, deutscher und türkischer Herkunft. –*Uniformen* von Zaren, Offizieren und Soldaten (in einer Vitrine Gewand und Filzhut Peters I.). – Funde aus Gräbern von Kriegern des 11. und 12. Jahrhunderts, die nahe Kiew in der Steppe entdeckt worden sind. – *Bibliothek und Archiv* dokumentieren die Geschichte der Artillerie der ganzen Welt. Im gleichen Gebäude ist das *Museum für die Geschichte des Pionierwesens* untergebracht. Es zeigt u.a. Schaubilder, Pläne und Modelle von Befestigungen und anderen militärischen Bauten, einige Millionen historischer Dokumente und zahlreiche Fotografien. – Der

Lenin-Park [Plan s. hint. Vorsatzs., D4] wurde in Form eines Halbkreises über ehemaligen Befestigungsanlagen angelegt. Hier befinden sich der

***Zoologische Garten** (im Westen des Parks; Eingang: Lenin-Park 1), bekannt vor allem wegen der großen Zahl und der Verschiedenartigkeit seiner Bären, die vom Nordpol oder gar aus dem Himalaja stammen, und das *Planetarium* (Lenin-Park 4; Auskunft über Besichtigungsmöglichkeit einholen).

Westlich vom Zoologischen Garten zieht sich der *Dobroljubow-Prospekt* [Plan s. hint. Vorsatzs., C–D5], der ehemalige Alexander-Prospekt, zur *Tutschkow-Brücke* hin. Er führt (links) an der *Städtischen Baumschule* und (rechts) an der *St.-Wladimir-Kirche* (für den Gottesdienst geöffnet), einem schönen klassizistischen Gebäude, vorbei. Die Kirche wurde unter Katharina II. von *Rinaldi* für den St.-Wladimir-Orden (1782 gegründet) erbaut.

Weg 8b: Revolutionsplatz – Kirow-Prospekt – Museum der Oktoberrevolution – *Panzerkreuzer „Aurora"

Die *Petersburger* (heute *Petrograder*) *Seite ist eng* mit der Geschichte verknüpft: mit der Geschichte der Zaren durch die *Festung* und das *Häuschen Peters des Großen*; mit der Revolutionsgeschichte durch den *Panzerkreuzer „Aurora"* und das *Museum der Großen Oktoberrevolution.* – Der *Kirow-Prospekt* ist eine lange Geschäftsstraße. – Dauer des Besichtigungswegs: etwa eineinhalb Stunden.

Nachdem man den *Lenin-Park* verlassen hat, kehrt man zum *Revolutionsplatz* [Plan s. hint. Vorsatzs., E4] (*Ploschtschad Rewoljustii*), einem der großen Zentren der Petersburger Seite, zurück. Der Platz hieß früher Dreifaltigkeits-Platz: Hier erhob sich die Dreifaltigkeits-Kirche, die 1710 zur Erinnerung an den Sieg bei Poltawa errichtet wurde. Das Bauwerk, in welchem Peter der Große im Jahre 1712 den Zarentitel angenommen hat, mußte jedoch einem Platz weichen.

Im Norden des Revolutionsplatzes zwei schlanke Minarette und die mit emaillierten Fayencen geschmückte Kuppel der

Großen Moschee (*Metschet*), 1912 von *Kretschinskij* als Nachbildung der Gur-Emir-Moschee, des Mausoleums Tamerlans in Samarkand, errichtet (12 bis

13.30 Uhr, außer freitags, für den islamischen Gottesdienst geöffnet). Der

Kirow-Prospekt [Plan s. hintere Vorsatzs., D2–E4] beginnt an der *Kirow-Brücke*. Über eine Länge von drei Kilometern durchquert er die Petersburger Seite und führt zur *Apotheker-Insel* und weiter zur *Insel der Werktätigen* (s. S. 240, Weg 9).

Die Straße, die ursprünglich Kamjennoostrowskij Prospekt hieß, hat sich seit ihrem Bau zu Beginn dieses Jahrhunderts nicht sehr verändert. Sie ist noch immer die Lebensader der Petersburger Seite, eine belebte Geschäftsstraße. Abgesehen vom *Alexander-Lyzeum*, das von Tsarskoje Sjelo (heute Puschkin, s. S. 287 ff.) hierher, Ecke Skorochodow- und Röntgenstraße, verlegt wurde, weist sie kaum Spuren der Vergangenheit auf. In der *Röntgenstraße* (*Ulitsa Rentgena*; Nr. 6) befindet sich ein *Röntgen-Institut*; im Garten des Gebäudes eine Büste (von *Altmann*) des deutschen Gelehrten Wilhelm Röntgen, der die X-Strahlen entdeckte; in Nr. 26/28 des Kirow-Prospekts birgt ein Haus, das zu Beginn des 20. Jahrhunderts erbaut wurde (Architekt: *Benois*), das

Museum im ehemaligen Wohnhaus Kirows [Plan s. hint. Vorsatzs., E3] (geöffnet täglich 11–18 Uhr, außer mittwochs). Sergej Kirow war erster Sekretär der Leningrader Parteiorganisation. Er bewohnte dieses Haus (seit 1957 Museum) von 1926 bis zu seinem Tod im Jahre 1934.

Am Beginn des Kirow-Prospekts, in Höhe des *Denkmals für die Matrosen des Zerstörers „Stereguschtschij“* („Der Wachsame“), Helden des Russisch-Japanischen Krieges, zweigt rechts die *Kujbyschew-Straße* [Plan s. hint. Vorsatzs., E4] ab. Nr. 4 ist die ehemalige *Villa der Primaballerina Kschessinskaja*, heute *Museum der Großen Sozialistischen Oktoberrevolution*.

In diesem Haus der Mathilde Kschessinskaja, der Mätresse Nikolaus' II., tagten vom März bis zum Juli 1917 die Führer der Bolschewiki. Als Lenin – aus dem Exil zurückgekehrt – in Petrograd eintraf, begab er sich vom Finnischen Bahnhof direkt hierher und hielt vom Balkon des Gebäudes aus eine Ansprache an das Volk, die berühmt werden sollte. Im Januar 1918 fand hier der dritte Allrussische Sowjetkongreß statt und im März desselben Jahres der siebente Kongreß der Bolschewistischen Partei. Im Juli 1920 war es Ort der ersten Sitzungsperiode des zweiten Kongresses der Kommunistischen Internationale. 1935 hielt Pawlow hier anläßlich des Internationalen Kongresses der Physiologen eine Rede, die Epoche machte. – Das

Museum der Großen Sozialistischen Oktoberrevolution [Plan s. hintere Vorsatzs., E4] (*Muzej Welikoj Oktjabrskoj Sotsialistitscheskoj Rewoljutsii*) ist in 36 Räumen der Villa Kschessinskaja und in einem Nachbargebäude untergebracht. In über 200000 Dokumenten werden die Revolutionsgeschichte vom Jahr der Aufhebung der Leibeigenschaft (1861) an bis zur Gründung der Union der Sozialistischen Sowjetrepubliken sowie die Entwicklung der Sowjetunion bis heute nachgezeichnet. – Nach Verlassen des Museums kann man sich durch die Kujbyschew-Straße und über die *Freiheitsbrücke* [Plan s. hint. Vorsatzs., F4] (*Most Swobody*), die die *Bolschaja Newka*, einen Nebenarm der Newa, überspannt, auf direktem Weg zur *Wyborger Seite* (s. Weg 8c) begeben. Man sollte jedoch dem nachstehend beschriebenen Weg, der ebenfalls zur Wyborger Seite führt, den Vorzug geben:

Von der Stelle, wo die Kirow-Brücke auf den Kirow-Prospekt trifft, folgt man dem

***Peter-Kai** [Plan s. hint. Vorsatzs., E–F4] (*Petrowskaja Nabereshnaja*). Dies ist ein sehr schöner Weg mit einmaligem Blick auf die lange Reihe der Leningrader Palais, auf sämtliche Brücken und auf den Fluß. – Das ***Häuschen Peters des Großen** (*Domik Petra Welikogo*), Petrowskaja Nabereshnaja 2 [Plan s. hintere Vorsatzs., E4], ist das erste Haus, das in Sankt Petersburg errichtet wurde. Es entstand im Jahre 1703 in nur drei Tagen. Später ließ Katharina II. – um das Bauwerk vor der Witterung zu schützen – die gewaltigen Rundhölzer mit Steinen verkleiden.

Heute wird das Haus von drei riesigen Gebäuden überragt und von Büschen verdeckt, so daß man es fast suchen muß. Vor dem Haus, im Garten, steht eine *Bronzebüste Peters des Großen*. Im Innern sind zu besichtigen: Rechts der *Arbeitsraum* und das *Besuchszimmer* Peters, links das *Speisezimmer* und der *Schlafraum*.

Peter I., der Große, der über außerordentliche körperliche Kräfte, eine fast unmenschliche Energie sowie ein umfassendes Wissen und eine scharfe Intelligenz verfügte, führte Rußland mit eiserner Hand aus dem Mittelalter in die Neuzeit. Der Zar liebte dieses schlichte Haus am Ufer der Newa. Von hier aus leitete er den Bau der Stadt. – Es liegt ein gewisses Pathos über dieser Wohnstätte, über deren Mauern noch immer Leinwand gespannt ist, und in der ein Abguß einer Hand des größten Zaren aufbewahrt wird.

Auf dem Kai – dem Haus gegenüber – flankieren zwei chinesische *Löwen* den Pier. Es sind Beutestücke aus dem Russisch-Japanischen Krieg, die aus der Mandschurei stammen. – Der

Panzerkreuzer „Aurora“

***Panzerkreuzer „Aurora“** [Plan s. hint. Vorsatz., F4] (*Krejser Awrora*) lag 1948 bis 1984 an der Einmündung der *Großen Newka* (*Bolschaja Newka*) in die *Große Newa* vor Anker (z. Zt. Generalüberholung auf der Werft bis 1987). Das Kriegsschiff, das am 25. Oktober (7. Nov. neuer Zeitrechnung) 1917 vor der Basilius-Insel (s. S. 228, Weg 7a), in der Nähe der Nikolaus-Brücke, der heutigen Leutnant-Schmidt-Brücke festgemacht hatte, gab mit einem Schuß das Signal zum Sturm auf den Winterpalast und leitete damit die Oktoberrevolution ein. Als die Revolutionäre gesiegt hatten, gab der Funker der „Aurora“ Lenins Botschaft „An Rußlands Bürger“ durch und machte so den Sturz der Kerenski-(Kerenskij)-Regierung bekannt.

Das Kriegsschiff, das heute als Nationaldenkmal betrachtet wird, hat eine lange Geschichte: 1903 vom Stapel gelaufen, wurde es im Russisch-Japanischen Krieg (1904–1905) eingesetzt und nahm an der Seeschlacht von Tsushima (Mai 1905) teil. 1906 leistete die Besatzung der „Aurora“ den Bewohnern von Messina nach dem großen Erdbeben Hilfe. Im Ersten Weltkrieg gehörte der Panzerkreuzer zu den Einheiten, die den Finnischen Meerbusen verteidigten.

Von 1909 an gab es auf dem Schiff eine Organisation kommunistischer Matrosen, die sich im Februar 1917 des Kreuzers bemächtigte und die rote Fahne hißte. Von nun an war die „Aurora" ein wichtiger mobiler Stützpunkt der Bolschewisten im Kampf gegen die Kerenski-Regierung. Nach dem Krieg wurde sie als Schulschiff verwendet, dessen Geschütze noch im Zweiten Weltkrieg bei der Verteidigung Leningrads eingesetzt worden sind.

Seit 1956 ist die „Aurora" eine Filiale des Zentralmuseums der Kriegsmarine (s. S. 228).

Das große blau-weiße Gebäude gegenüber der „Aurora" am Peter-Kai ist die *Marineakademie Nachimow*. Am anderen Newka-Ufer steht ein imposantes Bauwerk zeitgenössischer Architektur, das Hotel „Leningrad".

An der Stelle, an der die „Aurora" verankert liegt, bildet die *Newa* einen Nebenarm, die *Große Newka* (*Bolschaja Newka*), die die Petersburger von der Wyborger Seite trennt. Die *Freiheitsbrücke* [Plan s. hint. Vors., F4] (*Most Swobody*) überspannt diesen Arm. Vom Peter-Kai aus erreicht man diese Brücke über den *Petersburger Kai* [Plan s. hintere Vorsatzs., E–F3–4] (*Petrogradskaja Nabereshnaja*).

Weg 8c: Die Wyborger Seite

Die *Wyborger Seite* – russische Schreibweise für den schwedischen Namen der Stadt Viborg (finnisch Viipuri), die seit dem Zweiten Weltkrieg zur UdSSR gehört – war schon immer ein Arbeiter- und Armenviertel. Außerdem war sie Schauplatz revolutionärer Entwicklungen, die im Februar 1917 zu Frauendemonstrationen führten. Diese wiederum waren eine der Ursachen der Februar-/März-Revolution. Heute leben in gigantischen Wohnkomplexen Arbeiterfamilien aus den Fabriken des Viertels. – Kurzer Rundgang von 30 Minuten.

Zugang: Von der Petersburger Seite her über die Freiheitsbrücke (s. S. 237); vom Marsfeld her über den Kutusow-Kai [Plan s. S. 202/203, E1]; vom Taurischen Palast her durch die Ulitsa Wojnowa und den Litejnyj Prospekt [Plan s. S. 202/203, F1]; vom Newski-Prospekt her über den Litejnyj Prospekt [Plan s. S. 202/203, E3–E1]. Die zuletzt genannten drei Verkehrsadern führen zur Litejnyj-Brücke [Plan s. S. 202/203, E1] (Litejnyj Most), fast gegenüber dem Lenin-Platz; Metro-Station: Finljandskij Wokzal-Ploschtschad Lenina.

Arsenal-Kai [Plan s. hint. Vorsatzs., G–H4] (*Arsenalnaja Nabereshnaja*). – Diese Uferstraße verdankt ihren Namen dem *Neuen Arsenal*, das sich an ihrem östlichen Ende befindet. In der Mitte des Kais steht das Gebäude des ehemaligen politischen Gefängnisses *Kresty*, wo zahlreiche Revolutionäre gefangengehalten wurden. In Nr. 17 ist die *Artilleriehochschule der Sowjetarmee*. Der Arsenal-Kai wird im Osten vom *Swerdlow-Kai* [Plan s. hint. Vorsatzs., H–I3–4] (*Nabereshnaja Swerdlowa*) und im Westen vom *Pirogow-Kai* (s. S. 240) fortgesetzt.

***Lenin-Platz** [Plan s. hint. Vorsatzs., G4] (*Ploschtschad Lenina*). – In der Mitte des Platzes die berühmte *Lenin-Statue*. Der Sockel ist eine Nachbildung vom Panzerturm (im Lenin-Museum ausgestellt) des Fahrzeugs, das Lenin bei seiner Rückkehr aus dem Exil am 3. April 1917 als Tribüne diente, von der aus der Führer der Revolution zum Volk von Petersburg sprach. Das 1926 aufgestellte Monument gilt als eine der besten Darstellungen Lenins. – Der

Finnische Bahnhof [Plan s. hint. Vorsatzs., G4] (*Finljandskij Wokzal*) ist ein Neubau (1960 errichtet). Er ist, vor allem im Sommer, einer der meistfrequentierten Bahnhöfe der Stadt.

Hinter dem Bahnhof die Lokomotive, die den „Heizer" Wladimir Lenin heimlich nach Finnland gebracht hat, in einem finnischen Lokomotivenpark aufgefunden und von Staatspräsident Kekkonen der Stadt Leningrad als Geschenk überreicht wurde. – Der

Pirogow-Kai [Plan s. hint. Vorsatzs., G4] trägt zu Recht den Namen des großen russischen Chirurgen Nikolaj Iwanowitsch Pirogow (1810–1881), da dieses Gelände seit der Zeit Peters des Großen ganz die Domäne der Militärmediziner war. 1716 errichtete *Domenico Trezzini* auf Initiative Peters des Großen auf Pfählen das *Marine-Hospital*, das im darauffolgenden Jahr durch das *Infanterie-Hospital* ergänzt wurde. Ende des 18. Jahrhunderts, im Jahre 1798, wurde in den umgestalteten und rekonstruierten Spitälern die *Medizinisch-chirurgische Akademie* eingerichtet, die 1881 in

Akademie für Militärmedizin (*Wojenno-Meditsinskaja Akademija*) umbenannt wurde und die berühmt wurde, durch die Lehrtätigkeit großer Chirurgen, Mediziner und Physiologen wie Pirogow, Botkin und Pawlow. Die Akademie ist von einem großen, von Kliniken und Forschungsinstituten zusammengesetzten Komplex umgeben.

Etwas weiter auf dem Kai (Haus Nr. 5/2) steht das moderne Gebäude des Hotels „*Leningrad*" [Plan s. hintere Vorsatzs., F4]. Neben dem Hotel zweigt der langgestreckte

Karl-Marx-Prospekt [Plan s. hint. Vorsatzs., F4–F1] (*Prospekt Karla Marksa*) ab, der ehemalige *Bolschoj Samsonjewskij* Prospekt, der die Wyborger Seite in voller Länge über mehrere Kilometer hin von Süden nach Norden durchzieht. Jenseits der *Nejschlotskij-Gasse* (*Nejschlotskij Pereulok*) erhebt sich die

Sankt-Samson-Kirche [Plan s. hintere Vorsatzs., F2] (*Samsonjewskaja Tserkow*), die – zwischen 1728 und 1740 errichtet – eine Holzkirche ersetzt, die Peter der Große im Jahre 1709 zur Erinnerung an seinen Sieg bei Poltawa am 27. Juni, dem Festtag des heiligen Samson, erbauen ließ.

Weg 9: Die Inseln des Newa-Deltas

Wer die Möglichkeit hat, länger als eine Woche in Leningrad zu bleiben, wird diese Inseln zum Ziel seiner Spaziergänge machen. Er wird dabei unauslöschliche Eindrücke gewinnen: im Winter das lautlose Fallen des Schnees, im Sommer den Zauber des Wassers und der klaren, warmen Nächte.

Anfahrt: Zur Apotheker-Insel und zur Insel der Werktätigen mit der Metro: Station Petrogradskaja; oder mit dem Autobus Nr. 10, 23, 25, 36, 46, 65 und 71. – Zu den Kirow-Inseln (Insel der Werktätigen, Kreuz-Insel und Jelagin-Insel) von Mai bis Oktober regelmäßige Bootsverbindungen. Anlegestellen:

1. Akademie der Künste [Plan s. hint. Vorsatzs., C6] – Dekabristen-Platz [Plan s. hint. Vorsatzs., D6] – Siegespark am Meer (Kreuz-Insel) [Plan s. hint. Vorsatzs., A2]

2. Kutusow-Kai [Plan s. hint. Vorsatzs., F5] – Sommergarten – Siegespark am Meer und Kirow-Stadion (Kreuz-Insel)

3. Akademie der Künste [Plan s. hint. Vorsatzs., C6] – Dekabristen-Platz [Plan s. hint. Vorsatzs., D6] – Sommergarten – Kutusow-Kai – Kirow-Park (Jelagin-Insel) [Plan s. hintere Vorsatzs., A–B1]

Nächstgelegene Metro-Station: Petrogradskaja.

Apotheker-Insel [Plan s. hintere Vorsatzs., C2–E2] (*Aptjekarskij Ostrow*). Der *Kirow-Prospekt* durchzieht die ganze Petersburger Seite (s. S. 236, Weg 8 b) und führt über die schmale *Karpowka* auf die Apotheker-Insel, auf der schon Peter der Große eine Fülle von Heilkräutern anbauen ließ. Heute wird der östliche Teil der Insel eingenommen vom

Botanischen Garten [Plan s. hint. Vorsatzs., E2] (*Botanitscheskij Sad*; Eingang: Professor-Popow-Straße 2). Ihm ist ein *Botanisches Museum* mit reichen Sammlungen angeschlossen.

Ganz in der Nähe, in der Tschapygin-Straße 6, befindet sich das

Fernsehzentrum, das zwischen 1960 und 1963 erbaut wurde. Der Turm ist 316 Meter hoch.

Der Kirow-Prospekt setzt sich über die ganze Insel fort, führt auf der *Kamjennoostrowskij-Brücke* [Plan s. hintere Vorsatzs., D1] über die Malaja Newka und mündet auf die *Insel der Werktätigen*, eine der

Kirow-Inseln (*Kirowskije Ostrowa*). Dies sind die schönsten Inseln im Newa-Delta. Zu ihnen gehören: die *Insel der Werktätigen* [Plan s. hint. Vorsatzs., B1–D1] (*Ostrow Trudjaschtschichsja*), die *Kreuz-Insel* [Plan s. hint. Vorsatzs., A–B2–3] (*Krestowskij Ostrow*) und die *Jelagin-Insel* [Plan s. hint. Vorsatzs., A–B1] (*Jelagin Ostrow*). Von dort aus kann ein genauer Verlauf des Weges nicht mehr angegeben werden. Soviel nur: Hält man sich immer in Richtung Westen, dann gelangt man an den Finnischen Meerbusen.

Die Inseln bieten, ganz besonders während der „Weißen Nächte" im Juni, ein einzigartiges Panorama dar. Ob im Winter, bei Eis und Schnee, im Frühling, zur Zeit der Schneeschmelze, oder im Herbst mit seiner Farbenpracht – ein Gang über die Inseln ist zu allen Jahreszeiten ein unvergeßliches Erlebnis.

Man findet dort zahlreiche Café-Restaurants. Man wird Sportler beim Training antreffen, denn es gibt auf den Inseln zahlreiche Sportanlagen.

Der Spaziergänger, der aufs Geratewohl durch die Alleen schlendert, wird ehemalige Palais und prachtvolle Häuser entdecken, die vor der Revolution Sommerresidenzen oder Treffpunkte für Jagdgesellschaften des Sankt Petersburger Adels waren. In den zwanziger Jahren wurden diese Prachtbauten, die völlig verwahrlost waren, nach und nach restauriert. Heute sind sie Sanatorien oder Erholungsheime. – Die

Insel der Werktätigen, auf der Paul I. von *Bashenow* von 1776 bis 1781 das

Kamjennoostrowskij-Palais [Plan s. hint. Vorsatzs., D1] errichten ließ, hieß früher *Kamjennyj*

Ostrow (= Stein-Insel). In der Nähe der Brücke, die die Große Newka überspannt und zum Nordufer führt, stehen (rechts) die Kirche *Geburt Johannes'-des-Täufers* und (links) das *Hospital der Marine-Invaliden*, das von Paul I. gegründet wurde. – Die

Kreuz-Insel (*Krestowskij Ostrow*) ist die größte der Kirow-Inseln. Im südlichen Teil der Insel, der der Peter-Insel und der Petrograder Seite zugewandt ist, liegt das *Dynamo-Stadion*. Die westliche Inselhälfte wird eingenommen vom

Siegespark am Meer [Plan s. hint. Vorsatzs., A2] (*Primorskij Park Pobjedy*). Nach dem Zweiten Weltkrieg legte hier an einem Oktobersonntag des Jahres 1945 die Bevölkerung Leningrads nach einem allgemeinen Aufruf einen Park an. Der eine Bürger pflanzte eine Eiche an, der andere eine Birke, wieder ein anderer eine Tanne usw.; insgesamt kamen 45000 Bäume zusammen. Heute umfaßt der Siegespark am Meer eine Gesamtfläche von 180 Hektar. – Der Park umgibt das

Kirow-Stadion, eines der größten Sportstadien der Welt (100000 Plätze), mit dessen Bau *A. S. Nikolskij* 1932 begann, und das 1950 vollendet wurde. Es liegt 16 Meter hoch auf einem künstlich im Meer vor der Insel angelegten ovalen Hügel. – Die

Jelagin-Insel trägt den Namen eines Würdenträgers aus der Zeit Katharinas II., des Hofmarschalls I. P. Jelagin, der hier Sümpfe trockenlegen und Deiche errichten ließ, um das Land vor Überschwemmungen zu schützen. Alexander I. erwarb die Insel im Jahre 1817 und machte sie seiner Mutter, der Zarin Maria Fjodorowna, Witwe Pauls I., zum Geschenk. *Rossi* errichtete für sie von 1818 bis 1822 das

Jelagin-Palais, ein prächtiges Gebäude im klassizistischen Stil. Bemerkenswert sind seine Innen- und Außendekorationen und sein Mobiliar. Unglücklicherweise hat das Innere während des letzten Krieges stark gelitten.

Die ganze Insel ist eine Art englischer Garten mit prachtvollen Bäumen und bezaubernden Pavillons. Seit 1932 führt die Anlage den Namen *Kirow-Kultur- und Erholungspark*. Es gibt hier ein Sommertheater (Konzerte), ein Varietétheater, Kinos, Restaurants, Sportgelände, Strände und ein Schwimmbecken. Im äußersten Westen der Insel wurde eine

****Terrasse** mit Blick auf den Finnischen Meerbusen angelegt. Es ist die sogenannte „*Spitze*" oder „*Strelka*", von der aus man – besonders bei Sonnenuntergang – einen herrlichen Blick hat.

Weg 10: Weitere Sehenswürdigkeiten in Leningrad

Der

***Piskarjow-Gedenkfriedhof** (*Piskarjowskoje Memorjalnoje Kladbischtsche*; im Nordosten, im Poljustrowo-Viertel; Autobus Nr. 9, 100, 102, 106 und 107) wurde von den Architketen

Lewinson und *Wasiljew* und von den Bildhauern *Isajewa* und *Taurit* angelegt und ist den Opfern der Belagerung Leningrads geweiht. Inmitten eines großen Platzes, der zu beiden Seiten von je einem Pavillon begrenzt wird, brennt die *Ewige Flamme*. Die Hauptallee führt an Rasenflächen vorüber, unter denen Massengräber liegen. Eine Bronzeskulptur (1960) symbolisiert das Vaterland und trägt die Inschrift: „Hier ruhen Leningrader Bürger . . . Nichts und niemand wird vergessen werden", Worte der Dichterin Olga Bergholz (Bergolts). In den beiden Pavillons sind Museen zur Erinnerung an die Belagerung während des Zweiten Weltkriegs.

Kirow Viertel (Metro: Stationen Narwskaja, Kirowskij Zawod, Awtowo, Leninskij Prospekt und Prospekt Weteranow.) – Dies war einst ein Elendsviertel und 1905 Schauplatz eines Volksaufstands, der blutig niedergeschlagen wurde. Die roten Granitquader kennzeichnen die Stellungen der Kämpfenden auf dem *Platz des Streiks*. Das Viertel hat sich inzwischen sehr verändert. Heute ist der Platz der Streiks [Plan s. hint. Vorsatzs., B10] (*Ploschtschad Statschek*) ein völlig moderner Platz. Auf ihm steht der

Narwa-Triumphbogen (*Narwskije Triumfalnyje Worota*), der an den Sieg der russischen Armee über Napoleon erinnert. *Quarenghi* schuf ihn 1814 aus Holz nach dem Vorbild römischer Triumphbögen. 1834 wurde der Bogen von *Stasow* in Granit aufgeführt. – Die Metrostation

Narwskaja besteht aus einer Halle, die von 48 Säulen getragen wird. Die Mauern sind mit kostbarem beigefarbenem Ural-Marmor verkleidet, Fahnen und Schilde bilden die Dekors. Ein Basrelief stellt Lenin dar, der von einem Straßenpanzerwagen herab eine Rede hält.

Narwa-Triumphbogen

Weiter im Westen liegt der *Katharinenhof-Park* (*Jekateringofskij Park*), den Peter der Große für seine zweite Frau anlegen ließ. – Der

Prospekt der Streiks (*Prospekt Statschek*) verläuft quer über den *Kirow-Platz*, in dessen Mitte sich ein *Kirow-Denkmal* befindet. – Die Metrostation

Kirowskij Zawod (*Kirow-Fabrik*) ist mit grauem Kaukasusmarmor verkleidet. Die Station ist dem Gedenken an die Arbeiter in den ehemaligen *Putilow-Werken*, die ersten Stoßtrupps der Revolution, gewidmet. – Die

Kirow-Werke (jenseits des Viadukts) sind die ehemaligen *Putilow-Werke*, die zu Beginn des 19. Jahrhunderts erbaut wurden. Sie waren einer der Brennpunkte der Revolution.

Der Ingenieur Putilow kaufte 1868 eine bescheidene Fabrik, die er zu einer riesigen Werksanlage ausbaute. Diese Produktionsstätte für Waggons,

Geschütze und Werkzeugmaschinen, die 1917 verstaatlicht wurde, stellte während des Zweiten Weltkriegs Panzer her. Als Leningrad von deutschen Truppen belagert wurde, rollten Panzer vom Fließband direkt an die Front. – Der

Awtowo-Platz (*Awtowskaja Ploschtschad*) grenzt an den Prospekt der Streiks. Auf dem Platz ist ein Panzer aufgestellt, mit dem die Verteidiger während der Belagerung Leningrads gegen die deutschen Truppen gekämpft haben.

Die nicht sehr tief gelegene Metro-Station *Awtowo* besitzt als einzige keinen Aufzug. Eine breite, rote Marmortreppe führt zu einem großen unterirdischen Raum, der von Säulen aus Preßglas getragen wird, die Aluminiumbänder durchziehen. Beleuchtet wird der Raum von reich verzierten (Lorbeerzweige und Schwerter) Deckenleuchten und Bogenlampen. – Der

Puschkin-Obelisk (Kolomjajskoje Schossé) ist ein Werk des Architekten *Lapirow* und des Bildhauers *Manizer*. Seit 1937, dem einhundertjährigen Todestag des Dichters, ersetzt er eine Puschkin-Büste, die die Stelle markierte, wo der Dichter am 27. Januar 1837 nahe der *Tschornaja Rjetschka*, einem Nebenfluß der Bolschaja Newka, im Duell tödlich verletzt wurde. – Die

Sankt-Simon-und-Sankt-Anna-Kirche (Ecke Mochowaja-/Belinski-Straße) [Plan s. S. 202/203, E2] wurde 1731 bis 1734 von *Zemtsow* im Barockstil der ersten Hälfte des 18. Jahrhunderts geschaffen. – Die

Sankt-Pantaleon-(Panteleimon-) Kirche (Ecke Soljanaja-/Pestelja Straße) [Plan s. S. 202/203, E2] wurde 1735–1739 zum Gedenken des Sieges über die Schweden am 17. Juli 1714 (Sankt-Pantaleonstag) in der Seeschlacht von Hangöudde errichtet. – Die

Kirche Unsere Liebe Frau von Lourdes (Kowenskij-Gasse) [Plan s. S. 202/203, F2] wurde Anfang dieses Jahrhunderts von *Benois* und *Peretjatkowitsch* für die französische Kolonie von Petersburg erbaut. Sie ist für den Gottesdienst geöffnet. – Die

Wladimir-Kirche (am Knotenpunkt Wladimirskaja-Straße und Zagorodnyj-Prospekt; Metro-Station Wladimirskaja) [Plan s. hint. Vorsatzs., F7] ist ein klassizistisches Gebäude (1761–1783; 1831 umgebaut) mit einem bemerkenswerten Glockenturm (Quarenghi). Die Kirche ist für den Gottesdienst geöffnet.

Weg 11: Der *Moskauer Prospekt

Bei diesem Weg handelt es sich nicht um einen Besichtigungsweg im eigentlichen Sinn, da der Moskauer Prospekt trotz einer Länge von mehr als zehn Kilometern keine künstlerischen oder historischen Sehenswürdigkeiten bietet. Wenn man aber die Stadt in Richtung Pawlowsk, Puschkin oder Gatschina verläßt oder umgekehrt aus dieser Richtung in Leningrad ankommt, so kommt man nicht umhin, diese Straße zu benutzen, die von riesigen Gebäudekomplexen gesäumt wird. Der Prospekt nimmt seinen Ausgang am Friedensplatz (Ploschtschad Mira), überquert die Kanäle Fontanka und Obwodnyj, führt am Moskauer Triumphbogen vorbei und mündet schließlich in die Staatsstraße 10 ein, die nach Nowgorod und Moskau führt.

Zugang: Metrostationen Friedensplatz (Ploschtschad Mira), Technologisches Institut (Technologitscheskij Institut), Frunzenskaja, Moskauer Tor (Moskowskije Worota), Elektrosila, Moskauer Park des Sieges (Moskowskij Park Pobjedy), Moskowskaja. – Der

***Moskauer Prospekt** [Plan s. hint. Vorsatzs., E8–E10] (*Moskowskij Prospekt*) ist besonders schön bei Nacht, wenn er im Glanz all seiner Lichter erstrahlt. Kommt man vom Flughafen, so ist die Einfahrt nach Leningrad bei Nacht auf dieser Straße, der längsten Straße der Stadt (10,5 km), besonders eindrucksvoll. – Dostojewski würde den

Friedensplatz [Plan s. hint. Vorsatzs., D–E7–8] (*Ploschtschad Mira*) nicht wiedererkennen. Früher war dies die *Ploschtschad Sennaja* (*Heumarkt*), wo der Dichter seinen Roman „Schuld und Sühne" angesiedelt hat.

Der Moskauer Prospekt verläuft in einer exakten Parallele zum Meridian von Pulkowo. Wohnhäuser wechseln sich hier ab mit Supermärkten, Kinos, Cafés und wissenschaftlichen Instituten: in Nr. 19 das *Mendelejew-Institut*, das der große Gelehrte 1893 leitete; der Arbeitsraum ist heute ein Museum (Auskunft beim Dienstleistungsbüro im Hotel); – in Nr. 26 das *Technologische Institut des Lensowjets*, wo 1880 die marxistischen Zirkel gegründet wurden.

Die Metro-Station *Technologitscheskij Institut* ist mit weißem Marmor verkleidet. Auf 24 Bronzemedaillons sind die bedeutendsten russischen Gelehrten dargestellt: Lomonossow, Mitschurin, Popow u.a.

Auf der rechten Seite, *Ecke Rote-Armee-Straße* (*Krasnoarmejskaja Ulitsa*), befindet sich in seinem ehemaligen Wohnhaus das

Plechanow-Museum [Plan s. hint. Vorsatzs., D9], in dem das Arbeitszimmer, das der Revolutionär während seines Genfer Exils hatte, originalgetreu aufgebaut wurde. Das Haus, in dem Lenin häufig das Wort ergriff (Erinnerungstafel) diente geheimen Zusammenkünften.

Ebenfalls auf der rechten Seite erblickt man auf dem Izmajlowskij-Platz die *Dreifaltigkeits-Kathedrale* [Plan s. hint. Vors., D9] (*Troitskij Sobor*). Die Kathedrale ist, wenn man vom Izmajlowskij Prospekt kommt, schon von weitem an ihren fünf hellblauen, mit vergoldeten Sternen besetzten Kuppeln zu erkennen. Sie wurde 1828 bis 1835 von *Stasow* erbaut. An dieser Stelle befand sich ursprünglich eine Kapelle, in der sich – der Legende nach – Peter der Große mit „Katinka", einer jungen livländischen Wäscherin, vermählt hat, die er zur Zarin Katharina I. machte.

Der Moskauer Prospekt kreuzt dann den *Obwodnyj-*(*Umführungs-*)Kanal, der 1836 angelegt wurde, um Schiffen auf ihrem Weg zur Newa-Mündung den Umweg zu ersparen, der hier durch die große Flußschleife entsteht (der Weg wurde so etwa um die Hälfte verkürzt).

Auf der anderen Seite des Kanals, gegen Westen, befinden sich der *Baltische Bahnhof* [Plan s. hintere Vorsatzs., C10] (*Baltijskij Wokzal*) und der *Warschauer Bahnhof* [Plan s. hint. Vorsatzs., D10] (*Warschawski Wokzal*).

Jenseits des Kanals (auf der rechten Seite, Nr. 97), steht der *Kapranow-Kulturpalast*. Im Garten des Hauses sind zahlreiche Sportanlagen.

Nach dem Überqueren des *Ligowskij-Prospekts* gelangt man zum

Moskauer Triumphbogen (*Moskowskije Triumfalnyje Worota*). Zwölf dorische Säulen aus Gußeisen bilden einen imposanten Bogen, der 1834 bis 1838 von *Stasow* errichtet wurde. Er erinnert an die russischen Feldzüge von 1826 bis 1831 gegen Persien, die Türkei und Polen. – Jenseits des Triumphbogens erreicht der Moskauer Prospekt eine Breite von 60 Metern. Es sind jetzt viele Grünflächen zu sehen. Zum Beispiel der

Moskauer Siegespark (*Moskowskij Park Pobjedy*). Wie der Siegespark auf der Kreuz-Insel (s. Weg 9), geht er auf den guten Willen der Leningrader Bevölkerung zurück, die ihn an der Stelle anlegte, an der sich vorher die *Steinbrüche* des *Syzranskoje Polje* befanden. Die *Heldenallee*, die sich mitten durch den Park zieht, wird flankiert von Bronzebüsten von Kämpfern um Leningrad während der Belagerung. Gegenüber dem Eingang zum Park steht ein *Tschernyschewski-* (*Tschernyschewskij-*)*Denkmal.*

Im Hintergrund eines Platzes – dem Park gegenüber – erblickt man das Hotel „Rossija" (10 Stockwerke).

Der Moskauer Prospekt endet am

Siegesplatz (*Ploschtschad Pobjedy*), wo 1975 ein *Ehrenmal für die Verteidiger von Leningrad* errichtet wurde. Das Denkmal ist nach Süden ausgerichtet, dorthin, wo einst die Frontlinie verlief. Inmitten eines durchbrochenen Ringes, der den Ring der Blockade symbolisiert, erhebt sich ein 48 m hoher Obelisk, vor dem ein ewiges Feuer brennt. Im unteren Stockwerk des Denkmalsockels ist ein *Ausstellungsraum.* Hier kann man Dokumente, Fotos und einen Film aus den Tagen der Verteidigung von Leningrad sehen.

Vom Siegesplatz gehen strahlenförmig links die Straße nach Nowgorod und Moskau, in der Mitte die Straße nach Pulkowo (s. unten), Puschkin, Pawlowsk und zum Flughafen „Pulkowo" und rechts die Straße nach Petrodworjets ab.

In der Ferne erblickt man die Hügel von Pulkowo, gekrönt vom größten Observatorium der Sowjetunion, der

Sternwarte von Pulkowo, dem ehemaligen *Nikolaus-Observatorium,* das 1838 entstand. Während der Belagerung wurde die Sternwarte einschließlich der optischen Instrumente und der größten astronomischen Bibliothek der Welt, die sie beherbergte, fast völlig zerstört. Ab 1945 wurde der Bau von *Schtschusew* wiedererrichtet. Das Zenitteleskop ist seit 1947 in Betrieb. 1948 konnten mit einem Astrographen Aufzeichnungen von unbekannten Sternen gemacht werden. Offiziell wurde die Sternwarte 1954 in Gegenwart von 500 Astronomen aus 26 Ländern eröffnet.

DIE GROSSEN SAMMLUNGEN VON LENINGRAD

Weg 12: Das ***Ermitage-Museum

Die Ermitage, eines der schönsten Museen der Welt, beherbergt in ihren Mauern Kunstschätze und Antiken, die für sich genommen schon eine Reise nach Leningrad rechtfertigen. Man sieht hier die prachtvollste Sammlung von Rembrandt-Gemälden, bedeutende Werke von Matisse, mehr als 50 Werke Picassos aus den ersten fünzehn Jahren dieses Jahrhunderts, Prachtwerke von Rubens sowie einige Einzelwerke von großer Schönheit: zwei Madonnenbilder von Leonardo da Vinci, „St. Lukas, die Jungfrau malend" von Rogier van der Weyden und „Die Jungfrau am Kamin" vom Meister von Flémalle.

Die Antikensammlung birgt eine auf der Welt einzigartige Kollektion skythischer Kunst, und im Bereich des Kunstgewerbes kann man eine der prächtigsten Edelstein- und Juwelensammlungen, die es gibt, bewundern.

Adresse: Schloß-Kai 34 [Plan s. S. 202/203, C2] (Dwortsowaja Nabereshnaja 34). – Geöffnet täglich, außer montags, von 10 bis 18 Uhr.

Zugang: Über die Kais oder den Schloßplatz – Straßenbahn Nr. 21, 26, 31; Trolleybus Nr. 1, 2, 5, 7, 9, 10; Autobus Nr. 2, 6, 7, 10, 44, 45, 47, 60, 100.

Besichtigung: Es ist dafür mindestens ein halber Tag vorzusehen. Ein wiederholter Besuch ist ratsam.

Eintrittskarten: Die Kassen sind bis eine Stunde vor Schließung des Museums offen und befinden sich gegenüber vom Eingang. Viel praktischer ist es aber, die Karten beim Dienstleistungsbüro im Hotel zu kaufen, vor allem dann, wenn man die Absicht hat, das Museum öfter zu besuchen.

Kataloge: Es gibt im Museum keinen Katalog. Überall hingegen befinden sich Verkaufsstellen für Monographien, Reproduktionen und Diapositive.

Cafeteria und **Buffet** befinden sich einander gegenüber in der Rastrelli-Galerie, links vom Eingang; diese führt zum Fuß der Botschaftertreppe.

Das Ermitage-Museum belegt seit 1946 mehrere Bauten, die untereinander verbunden sind und deren größter der Winterpalast ist. – Dieser

*****Winterpalast** (*Zimnij Dworjets*), ehemalige Zarenresidenz, wurde 1754 bis 1762 von *Bartolomeo Rastrelli* erbaut. Die Geschichte des Bauwerkes ist unter Weg 1 (s. S. 196) beschrieben. – Die

Im Ermitage-Museum

Kleine Ermitage blickt auf den Schloßplatz. In dem Wunsch, ein eigenes Palais für ihre Sammlungen zu besitzen, ließ Katharina II. sie zwischen 1764 und 1775 von *Vallin de la Motte* errichten, der seinerzeit an der Akademie für Bildende Künste Architektur lehrte. Wenig später vereinigte die Zarin die Kleine Ermitage mit dem Winterpalast. In der Kleinen Ermitage befinden sich der Pavillon-Saal (s. S. 249) und der „Hängende Garten". – Die

Zweite oder Alte Ermitage wurde von 1771 bis 1787 von *Jurij Felten* ebenfalls für die Sammlungen Katharinas II. am Ufer der Newa errichtet. – Das

Ermitage-Theater ist vom genannten Bau durch einen Kanal getrennt. Die Brücke hat die Form eines Eselsrückens und erinnert an die Brücken von Venedig oder Amsterdam. Das Theater wurde von 1783 bis 1787 von *Giacomo Quarenghi* errichtet und ist heute Konferenzsaal des Museums.

Das von Atlanten getragene Portal (Bildhauer: *Terebenjew*) der

Neuen Ermitage führt auf die *Chalturin-Straße* (*Ulitsa Chalturina*). Nikolaus I. ließ dieses Palais 1839 bis 1850 von *Leo von Klenze* und *W. Strasser* als ein für die Öffentlichkeit zugängliches Museum errichten. Der Bau wurde 1852 feierlich eröffnet.

Obgleich es anfangs nur einer gewissen Elite, d.h. Besuchern aus den gehobenen sozialen Schichten, vorbehalten war, muß festgehalten werden, daß dies das erste öffentliche Museum war.

Der Winterpalast gehört erst seit 1946 zum Ermitage-Museum.

In den Ausführungen über die Gemäldeabteilung (s. S. 250) innerhalb des Abschnitts über die Abteilung Kunst in Westeuropa ist auch die Geschichte der Gemäldesammlungen abgehandelt.

Geschichte der Antikensammlungen. Diese Sammlungen, insbesondere die der russischen Antiken, gehen auf Peter den Großen zurück. Der Zar war begeistert von dem alten Schmuck, den der Gouverneur von Sibirien Katharina I. geschickt hatte, und erließ eine Verordnung, in der er befahl, sorgsam alle Antiken zusammenzutragen, die in der Erde gefunden wurden. Seither sind die Sammlungen skythischer Kunst, der Kunst des Altai und der Steppenvölker ständig angewachsen. Mit ihnen wuchs die Zahl der Funde bei wissenschaftlichen Ausgrabungen, die in den letzten 50 Jahren unternommen wurden.

Beim Ausbruch des Zweiten Weltkriegs wurden alle Kunstschätze in Sicherheit gebracht. Die wichtigsten Objekte (1118000 an der Zahl) wurden in die Berge des Ural gebracht. Am 8. November 1945 bereits öffnete die Ermitage erneut ihre Pforten. Heute wird die Wiedereinrichtung der Säle nach modernen museumstechnischen Prinzipien fortgesetzt.

Es erscheint fast unmöglich, die Ermitage gründlich kennenzulernen oder in ihr den Weg nicht zu verlieren. Es wäre nicht klug, in einer knapp bemessenen Zeit alles sehen zu wollen. Es ist vorteilhafter, mehrere Tage in Leningrad zu verbringen und täglich zwei bis drei Stunden in der Ermitage zu verweilen.

Die verschiedenen Abteilungen. Die Sammlungen sind in sechs verschiedenen Abteilungen untergebracht. Nachstehend folgt eine numerische Aufführung der Säle, die zu den jeweiligen Abteilungen gehören, um dem Besucher die Auswahl zu erleichtern, die er je nach seinem Geschmack und der ihm zur Verfügung stehenden Zeit treffen wird.

Aus den Plänen vom Innern des Museums (s. die Seiten 254, 268 u. 278) ist zu ersehen, wo sich die einzelnen Abteilungen befinden; die verschiedenen Abteilungen werden durch Verwendung verschiedener Linien optisch kenntlich gemacht.

Kunst Westeuropas (*Gemälde*): Säle 207 bis 289 und 298 bis 301 des ersten Stocks [Plan s. S. 254] und Säle 314 bis 350 des zweiten Stocks [Plan s. S. 268].

Kunst und Kultur Rußlands: Außer in den großen Prunksälen des Winterpalastes in den Sälen 143 bis 189 des ersten Stocks [Plan s. S. 254].

Primitive Kunst der UdSSR: Säle 11 bis 66 im Erdgeschoß [Plan s. S. 278]. Sie umfassen sämtliche auf russischem Territorium gefundenen Antiken sowie jene, die auf den Territorien der Föderativen Republiken Zentralasien und Transkaukasien gefunden wurden.

Antiken des Nahen und Mittleren Ostens: *A*: *Altägypten*: Säle 85 und 90 im Erdgeschoß [Plan s. S. 278]; – *B*: *Mesopotamien, Assyrien und benachbarte Regionen*; Säle 91 und 97 im Erdgeschoß; – *C*: *Kunst der antiken Städte am Nordufer des Schwarzen Meeres*: Säle 100, 115 bis 117, 120 und 121 im Erdgeschoß; – *D*: *Klassische Kunst aus Byzanz*: Säle 381, 381 a 382 des zweiten Stocks [Plan s. S. 268].

Klassische Antikensammlung des alten Griechenland und des alten Rom: (im Erdgeschoß) [Plan s. S. 278]: Säle 101, 102, 106 bis 118 und 127 bis 131.

Kunst und Kultur der Völker des Ostens (zweiter Stock) [Plan s.S. 268]: *A*: *Kunst Chinas*: Säle 351 bis 364; – *B*: *Kunst der Mongolei*: Säle 365 bis 367; *C*: *Kunst des Mittleren Ostens*: Säle 383 bis 397; – *D*: *Kunst Indiens*; Säle 368 bis 371; – *E*: *Kunst Japans*: Säle 375 und 376.

Eine Münzensammlung ist in den Sälen 398 bis 400 des zweiten Stocks ausgestellt.

Führungslinie: Der nachfolgend beschriebene Besichtigungsweg folgt etwa der Führungslinie, die von den Museumsführern oder von den Intourist-Führern eingeschlagen wird. Er beginnt mit der Abteilung Die Kunst Westeuropas (erster Stock).

Nachdem man eine Eintrittskarte gelöst hat, wendet man sich nach links, durchquert die lange Säulengalerie und geht zur Botschaftertreppe.

Die sehr breit angelegte

Botschaftertreppe ist aus Carrara-Marmor gefertigt und reich mit Skulpturen, Vergoldungen und Stuck geschmückt. Sie wurde von *Rastrelli* errichtet, nach dem Brand von 1837 von *Stasow* restauriert und ist ein architektonisches Glanzstück.

Vom Treppenabsatz kommt man in den *Saal der Feldmarschälle* (Saal 193; s.S. 270) [Plan s.S. 254] und weiter durch die Säle 200, 201, 202 (*Gobelin-Galerie*; s.S. 273) und 203 in den

****Pavillon-Saal** (Saal 204), einen prächtigen Raum mit Marmorsäulen, vergoldeten Bronzebalkons und 28 völlig verschiedenen Kronleuchtern.

Dieser Saal beherbergt eine sehr schöne ***Sammlung italienischer Mosaiken des 18. und 19. Jahrhunderts*. Das Fußbodenmosaik ist eine von russischen Künstlern angefertigte Kopie eines altrömischen Mosaiks, das im Vatikan aufbewahrt wird.

In einer Vitrine eine ***Pfauenuhr* (von James Coxe, einem englischen Mechaniker des 18. Jh.), ein Geschenk Potjomkins an Katharina II.

Anschließend geht es durch den Saal 206, die Vorhalle zu den Sälen der Abteilung Kunst Westeuropas, zum Saal 207 (s.S. 253).

Die Kunst Westeuropas

Diese Abteilung ist die reichste des Museums. Sie umfaßt:

Kunstgewerbe vom 11. bis zum 17. Jahrhundert (die Sammlungen sind denen der verschiedenen Malschulen zugeordnet);

Waffen und Rüstungen vom 15. bis zum 17. Jahrhundert (Saal 243);

Italienische Malerei des 13. bis 18. Jahrhunderts (Säle 207–238);
Spanische Malerei (Säle 239 und 240);
Flämische Malerei (Säle 245–247);
Holländische Malerei des 17. Jahrhunderts (Säle 249–257);
Malerei der nördlichen und südlichen Niederlande (Säle 248, 258, 260–262);
Deutsche Malerei des 15. bis 18. Jahrhunderts (Säle 263–268);
Englische Malerei des 16. bis 19. Jahrhunderts (Säle 298–302);
Französische Malerei des 15. bis 20. Jahrhunderts (erster Stock, Säle 272–297, sowie zweiter Stock, Säle 314-332 und 343-350);
Die Kunst Westeuropas und der USA des 20. Jahrhunderts (Säle 333 bis 342);
Gobelins (erster Stock, Säle 200, 201 und 303);
Edelsteine (Saal 304);
Porzellan d. 18. bis 20. Jahrhunderts aus Westeuropa (Säle 269–271);
Nordeuropäische Malerei des 19. und *20. Jahrhunderts* (zweiter Stock).

Alle diese Sammlungen bilden ein Ensemble, das chronologisch und nach Schulen getrennt ausgestellt ist, so z. B. sind die Säle mit italienischem Kunstgewerbe den Sälen mit italienischer Malerei zugeordnet.

Die ebenfalls chronologisch und nach Schulen vorgenommene Reihenfolge, die in diesem Reiseführer für die Besichtigung der obengenannten Abteilung gewählt wurde, entspricht der offiziellen Führungslinie. Aus den verschiedensten Gründen jedoch (Neugestaltung eines Saals, Personalmangel u. a.) kann es vorkommen, daß einige Säle zeitweilig gesperrt werden müssen, was eine Unterbrechung in den ordnungsgemäßen Ablauf des Besichtigungsgangs bringt. In einem solchen Fall muß man die Führungslinie neu suchen.

Für eilige Besucher sei im voraus gesagt, daß die beiden Madonnenbilder von Leonardo da Vinci sich im ersten Stock [Plan s. S. 254], Saal 214, die Rubensgemälde Saal 247 und die Rembrandtgemälde Saal 254 befinden. Die „Jungfrau am Kamin“ und die „Heilige Dreifaltigkeit“ des Meisters von Flémalle sowie das Gemälde „Sankt Lukas malt die Jungfrau“ von Rogier van der Weyden sind in den Sälen 261 u. 262 zu sehen. Im zweiten Stock [Plan s. S. 268] ist in den Sälen 343, 344 und 345 Matisse ausgestellt. Werke von Picasso findet man in den Sälen 346 und 347.

Geschichte der Gemäldesammlungen

Beim Tode Peters des Großen war die Gemäldesammlung der Zaren noch recht bescheiden. Dieser Zar, der Bauherr, Konstrukteur, Soldat, Matrose, Zimmermann, Zahnarzt, Uhrmacher und gelegentlich auch Heilpraktiker war, fand nicht genug Zeit, sich mit der Kunst zu beschäftigen. Sein Interesse dafür war jedoch weitaus größer, als es den Anschein hat, und beim Ankauf von Gemälden hat er entschieden Geschmack bewiesen. Elisabeth Petrowna, die den Winterpalast errichten ließ, gründete die Akademie der Künste, war jedoch nicht eigentlich eine Kunstsammlerin, im Gegensatz zu Katharina II.

Die Geschichte der Kunstsammsammlungen der Ermitage ist ein wenig auch die Geschichte einer jungen Deutschen und eines französischen Philosophen. Sie waren zwar nicht die einzigen, die dazu beitrugen, die Schätze des Museums zu erweitern; fest steht jedoch, daß ohne Katharina II. und Diderot die Ermitage nicht das wäre, was sie heute ist.

Nachdem Katharina (1729–1796; als deutsche Prinzessin Sophie Auguste, Tochter des Fürsten Christian August von Anhalt-Zerbst) scheinbar sechzehn Jahre lang im Schatten ihrer Tante gelebt, in Wirklichkeit aber diese Jahre damit verbracht hatte, französische Philosophen zu lesen, beschloß sie bei ihrer Thronbesteigung, sich vom Rat Voltaires und insbesondere Diderots leiten zu lassen. Man kann sagen, daß der außergewöhnliche Reichtum der Gemäldesammlungen größtenteils der ungewöhnlichen Freundschaft zwischen einem Enzyklopädisten und einer Zarin zu verdanken ist, die Nächte hindurch über den Vorrang des Verstands, die Vorteile einer konstitutionellen Monarchie und die Gleichheit aller Menschen diskutieren konnte, während zur selben Zeit russische Zeitungen von einer jungen Leibeigenen berichteten, die für 20 Rubel verkauft werden sollte.

Der Grundstein für die Sammlungen der Ermitage wurde 1764 mit 125 Gemälden gelegt – darunter „Mann mit Handschuh" von Frans Hals –, die Gotskowskij in Berlin für Friedrich II. zusammengetragen hatte. Da letzterer sich in momentanen finanziellen Schwierigkeiten befand und nicht bar bezahlen konnte, setzte Katharina II. alles daran, um in den Besitz der Bilder zu kommen. Die Ermitage war geboren.

Diderot und die Zarin nahmen Verbindung miteinander auf, als dieser – immer ein wenig knapp bei Kasse – seine Bibliothek veräußern wollte. Durch ihren Botschafter Galitsyn davon in Kenntnis gesetzt, bot Katharina nicht nur die geforderte Summe, sie ernannte darüber hinaus den Philosophen zum Konservator seiner eigenen Bibliothek und zahlte ihm ein Gehalt für fünfzig Jahre aus. Von da an fungierte Diderot in Sachen Kunst als eine Art Schiedsrichter; er belieferte die kaiserliche Galerie, empfahl Künstler – Falconet z.B., der zwölf Jahre in Rußland blieb –, und er ersetzte, soweit dies möglich war, Galitsyn bei delikaten Transaktionen. Er war es, der die *Sammlung Crozat* (s. rechte Spalte) von Frankreich nach Sankt Petersburg brachte. Im Jahre 1768 erwarb Galitsyn – inzwischen in Brüssel im Dienst – die *Sammlung Cobenzl*: 46 Gemälde, davon fünf Rubens, zwei Gérard Dou, und 6000 Zeichnungen. 1769 erwarb Katharina für 180000 Rubel in Dresden die *Sammlung Brühl*, die einem Vergleich mit der dortigen Gemäldegalerie durchaus standhielt: Ein großer Teil Flamen, das „Bildnis eines Gelehrten" und der „Greis in Rot" von Rembrandt, Gemälde von Ruisdael, von van Ostade und Wouwerman sowie der Grundstock des späteren Kabinetts der Graphiken und Zeichnungen waren damit in Händen Katharinas.

Im Jahre 1770 kam der „Kauf Crozat", die sogenannte Affaire Crozat, hinzu. Crozat wurde „der Arme" genannt, um ihn von einem anderen Träger des gleichen Namens zu unterscheiden. Die Gemäldesammlung Crozats des Armen war immens. Diderot kaufte im Auftrag der Zarin vierhundert Gemälde zum Preis von 460000 Livres (Livre = frühere frz. Rechnungsmünze) – zur Hälfte ihres wirklichen Wertes, wie er mit Genugtuung feststellte. Es war die gesamte Kollektion, mit Ausnahme von 19000 Zeichnungen, die an einen anderen Interessenten verkauft worden waren, und dem Porträt Charles I. von England von van Dyck, das Madame du Barry sich hatte reservieren lassen. Die „Jungfrau mit dem Kind und dem heiligen Joseph" von Raffael, „Judith" von Giorgione, vier Gemälde von Veronese, die „Verkündigung" von Conegliano, zwölf Rubensgemälde mit Skizzen, sieben van Dycks, acht Rembrandts, darunter die „Danae", drei Watteaus, fünf Poussins sowie Bilder von Claude Lorrain und Le Nain gelangten in den Besitz der Zarin. Die Angelegenheit machte viel von sich reden: „Die Kunstliebhaber protestieren, die Künstler und die Reichen protestieren", kommentierte Diderot, der sich mächtig amüsierte. Die Sammlung Crozat war von Frankreich nach Sankt Petersburg vier Monate unterwegs.

Die von Katharina im Jahre 1779 direkt vom Herzog von Walpole gekauften 198 Gemälde waren Anlaß einer Interpellation im Oberhaus. Jedoch die Zarin war bereits im Besitz der Bilder.

Nachdem die Zarin beschlossen hatte auch die *Sammlung des Grafen Bau-*

douin (für 500000 Livres) zu erwerben, gelang es ihr, damit eine der berühmtesten Pariser Sammlungen nach Rußland zu bringen. Es hatte jedoch Jahre des Zuspruchs von Diderot bedurft, bis die Sache zustande kam.

Es war wiederum Diderot, der den Kauf der vor allem Spanier und Flamen umfassenden *Sammlungen Gaignat und Choiseul* sowie der *Sammlung Tronchin* vermittelte.

Am Ende der Regentschaft Katharinas II. waren drei Galerien installiert: die *Kleine Ermitage*, die *Raffael-Loggien* und die *Alte Ermitage*. Katharina hatte eine Kanzlei eingerichtet und einen Direktor ernannt, bei dem gewisse Privilegierte die Erlaubnis zum Besuch der Kunstsammlungen einholen konnten. Beim Tode der Zarin (1796) zählten die kaiserlichen Sammlungen 3996 Gemälde.

Ein weiteres Verdienst Katharinas besteht darin, daß sie bei den sie umgebenden Adeligen Geschmack am Sammeln von Kunstwerken und Lust dazu erweckte. Um Katharina zu gefallen und später aus eigenem Vergnügen, fingen Jussupow, Stroganow, Demidow, Scheremetjew und Potjomkin zu sammeln an. Einhundertzwanzig Jahre später kamen diese Kollektionen zu den Sammlungen der Ermitage.

Nach dem Tode Katharinas führte ihr Enkel, Alexander I., ihr Werk fort. Sowohl aus Sympathie für die Besitzerin als auch aus eigenem Gefallen erwarb er einen Großteil der *Sammlung von Josephine Beauharnais* in Malmaison, die *Sammlung der Gräfin Saint-Leu*, die von *Hortense Beauharnais* sowie die Kriegsbeute, die Napoleon in Kassel gemacht hatte. Er erwarb außerdem die *Sammlung Coesvelt*, Amsterdam (mit dem Porträt des Grafen von Olivares von Velásquez). Jetzt war es Baron Vivant-Denon, der die Funktion Diderots innehatte.

Für das Schicksal der Ermitage war Nikolaus I. besonders wichtig. Er bestimmte die Privatgalerie der Zaren 1852 zu einem öffentlichen Museum. Anfangs hatten nur Herren in Frack und Uniform Zutritt. Es dauerte bis 1863, bis das breite Publikum Einlaß fand. Unter der Regentschaft Nikolaus' I. kam u. a. die *Sammlung Godoy* (ohne die Goyas) in die Ermitage. „St. Lukas, die Jungfrau malend“ von Rogier van der Weyden und das „Bildnis eines betagten Mannes“ von Rembrandt folgten unmittelbar auf die *Tatischtschew-Sammlung*, die ihr Besitzer dem Zaren hinterlassen hatte. Bis zum Ersten Weltkrieg wurden komplette Sammlungen nicht mehr erworben, dagegen wurden große Einzelwerke gekauft, wie z. B. 1866 die „Madonna Litta“ von Leonardo da Vinci. Im Museum befindet sich ein weiteres Werk von da Vinci: die Benois-Madonna, die 1914 von Madame Benois verkauft wurde.

Am Tag nach der Machtergreifung durch die bolschewistische Regierung wurde ein Dekret erlassen, das alle Sammlungen, die sich im Besitz der Zarenfamilie befanden, und alle Privatsammlungen zum nationalen Eigentum erklärte. Strenge Vorkehrungen wurden getroffen, um diesen einzigartigen Besitz von Anfang an sorgfältig zu wahren.

Da die Hängung beweglich ist, kann der Besucher des Ermitage-Museums nicht sichergehen, die nachstehend aufgeführten Gemälde immer am angegebenen Platz anzutreffen. Die Hauptwerke sind jedoch stets am selben Platz.

Es finden zahlreiche *wechselnde Ausstellungen* statt – fünfundzwanzig bis dreißig pro Jahr –, die unter ein bestimmtes Thema gestellt und aus den eigenen Beständen oder mit Hilfe von Leihgaben ausländischer Museen bestritten werden. Gelegentlich tritt die Ermitage als Käufer auf dem europäischen Markt in Erscheinung und erwirbt Gemälde, die Privatsammler abgeben. Hinzu kommen Schenkungen. Die wichtigsten aus jüngster Zeit stammen von Nadja Léger und dem Sekretär von Matisse.

Außerdem finden unter der Schirmherrschaft der Ermitage Tagungen, Seminare und Diskussionstreffen sowie musikalische Soireen statt, die von einem zahlreichen und begeisterten Publikum besucht werden. – Zur Gemäldegalerie ist noch nachzutragen, daß sie im Durchschnitt täglich annähernd 20000 Besucher zählt.

Die Kunst Westeuropas

Italienische Malerei

Die italienische Malerei der Ermitage umfaßt alle Epochen und fast alle Schulen, angefangen bei den byzantinisch-siennesischen Werken bis hin zu den großen mythologischen und dekorativen Kompositionen des 18. Jahrhunderts. Man kommt vorüber an einigen Meisterwerken wie „Mariä Verkündigung" von Simone Martini, „Junfgrau mit dem Kind", „Heiliger Domenikus und heiliger Thomas" von Fra Angelico, einer sehr schönen Arbeit Tizians und vor allem an den beiden Madonnen von Leonardo da Vinci. – Im

Saal 206, einer großen Halle (Treppe nur abwärts) ist eine riesige Malachitvase aufgestellt.

Saal 207: Italienische Malerei vom 13. bis zum 14. Jahrhundert. In diesem Saal sind Werke verschiedener italienischer Städte ausgestellt, die alle noch vom byzantinischen Einfluß geprägt sind. Die „Kreuzigung" von Ugolino di Tedice aus Pisa, eine Temperamalerei auf Holz, ist das älteste Gemälde der Abteilung. Es wird überragt von einem kleinen, aber außerordentlich schönen Bild: **„Mariä Verkündigung" von Simone Martini (1284–1344).

Es handelt sich hier um ein berühmtes Gemälde von Martini. Die langgestreckte Gestalt der Jungfrau, die elegante Linienführung des Körpers, der Kontrast zwischen dem Manierismus der Hände und der Haltung einerseits und der tiefen Menschlichkeit des Ausdrucks andererseits und schließlich der goldene Hintergrund – eine Eigenheit der Schule von Siena – machen dieses kleine Bild zu einem wahren Meisterwerk. Der Erzengel Gabriel, der den zweiten Flügel dieses Diptychons bildete, soll sich in der National Gallery in Washington befinden. Es besteht die Tradition gewordene Hypothese, daß die Laura Petrarcas das Modell der Madonna gewesen ist. Das Bild kam mit der Sammlung Stroganow in die Ermitage.

Zwei Heiligenfiguren von Spinello Aretino (1346–1410), mehrere Interpretationen der Heiligen Jungfrau von Niccolo di Pietro Gerini, Lorenzo di Niccolo Gerini, Naddo Ceccharelli und einem unbekannten Künstler des 14. Jahrhunderts; von Ugolino Lorenzetti: „Golgotha".

Saal 208: Italienische Malerei des 15. Jahrhunderts. Werke von Bicci di Lorenzo, Giovanni da Ponte, Bartolomeo Caporali und Bernardino Fungai.

Saal 209: Gemälde aus der zweiten Hälfte des 15. Jahrhunderts. Man erkennt hier bereits, wie die Kunst sich vom Hieratismus und den Idealen der byzantinisch-siennesischen Tradition zu lösen beginnt. Florenz ist Mittelpunkt wichtiger Entdeckungen auf dem Gebiet der Physik und hinsichtlich der perspektivischen Raumgestaltung. Hieraus erklärt sich, warum die **Jungfrau mit dem Kind zwischen dem heiligen Domenikus und dem heiligen Thomas" von Fra Angelico (1387–1455) keine Ähnlichkeit mehr hat mit früheren Gemälden der Heiligen Jungfrau. – Das obengenannte Bild war vormals ein Fresko, das den Eingang des Klosters San Domenico in Fiesole schmückte und das man – auf Leinwand aufgezogen – hierher transportiert hat. Es wurde 1882 von Alexander III. erworben.

Die Figuren sind jetzt voluminöser geworden, die Heiligen sind nicht länger stilisierte Darstellungen, denn Angelico nahm die Mitbrüder seines Klosters zum Modell. Dem bis dahin verschwenderisch verarbeiteten Gold setzte der Künstler nun die Wirklichkeit des Alltags entgegen.

Ein weiteres charakteristisches Gemälde von Fra Angelico: „Die Jungfrau mit dem Kind, umgeben von

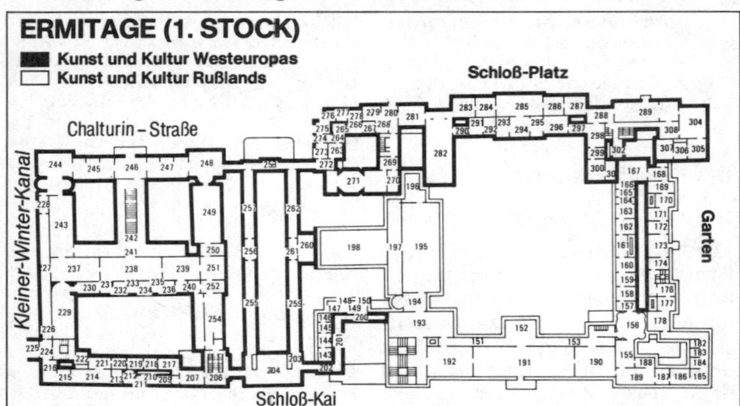

Engeln". – Fra Filippo Lippi (1406–1469): „Vision des heiligen Augustinus". – „Jungfrau mit dem Kind" von Piero Del Pollaiuolo (1443–1496) und das gleiche Motiv von Benozzo Gozzoli (1420–1498).

Kunstmöbel und Skulpturen, darunter „Johannes der Täufer als Knabe", eine Majolika-Arbeit von Luca della Robbia.

Saal 210: Hier sieht man *Majoliken* und *Skulpturen*, die im neuen Geist der Renaissance ausgeführt sind: Der Künstler wendet seine Aufmerksamkeit von Gott ab, um sie auf den Menschen zu richten. Daher berücksichtigen selbst die religiösen Sujets der Majoliken von Giovanni della Robbia stärker die Genreszenen, die naturgetreue Darstellungen des ländlichen Lebens der Toskana sind. Die Majolika, die große dekorative Wirkung besitzt und ursprünglich vor allem als architektonisches Schmuckwerk gedacht war, fand mehr und mehr in profanen Werken Verwendung.

Andrea della Robbia (1435–1525): mehrere Bilder der Madonna mit dem Kind. – Benedetto da Maiano (1442–1497): „Porträt eines Florentiners". – Antonio Rossellino und Mino da Fiesole: Basreliefs aus Marmor.

Saal 211: Stickereien (in einer Vitrine) und „Madonna mit Kind" von einem unbekannten Bildhauer.

Saal 212: Mino da Fiesole (1431–1484): mehrere Versionen der „Madonna mit dem Jesuskind". – Lorenzo Costa (1460–1535): „Frauenporträt". – Cima de Conegliano (1457–1517): **„Verkündigung" (um 1495). Das letztgenannte Bild ist ein Meisterwerk, voller Anmut, Heiterkeit, Zartheit und Frische.

Werke von Giovanni Utili (er wirkte in Faenza zwischen 1505 und 1515), von Francesco Ferrucci und dem Bolognesen Francesco Francia.

Saal 213: Hier befinden sich mehrere *Meisterwerke der Renaissance* von Malern, die im allgemeinen für Lorenzo den Prächtigen (1449/1492) arbeiteten, jenen Medici-Herzog, unter dem Florenz den Höhepunkt seiner geistigen und künstlerischen Blüte erreichte.

Sandro Botticelli (1445–1510): „Der heilige Hieronymus" und „Sankt Domenikus", zwei Spätwerke. – Pietro Vannucci, genannt Perugino (1447–1523), Lehrer Raffaels: „Der heilige Sebastian", „Porträt eines jungen Mannes". – Filippino Lippi (um 1457–1504), Schüler Botticellis: „Anbetung des Jesuskindes", „Verkündigung". – Jacopo del Sellaio (1442–1493): „Der Evangelist Johannes", „Madonna".

Saal 214: Dieser prachtvolle Saal mit seinen Porphyrsäulen und den schimmernden Lüstern bildet den passenden Rahmen für zwei kleine Gemälde von Leonardo da Vinci: die **„Madonna mit der Blume", auch „Benois-Madonna" genannt, und die **„Madonna Litta".

Die Bezeichnung „Benois-Madonna" kommt her vom Namen der Besitzerin des Gemäldes, die es von ihrem Großvater erhalten hatte; dieser hatte das Bild in Astrachan gekauft.

Ein gewisser Manierismus kennzeichnet sowohl die Zeichnung als auch die Komposition. Dasselbe gilt für die Formgebung, zum Beispiel den herzförmigen Ausschnitt des Kleides, die Form des Fensters, die Symmetrie der weiblichen Rundungen.

Ein weiteres Charakteristikum des Bildes ist der „Sfumato", eine da Vinci und seiner Schule eigene Maltechnik, die die Konturen verschwimmen und die Gemälde wie unter einem leichten Dunstschleier liegend erscheinen läßt.

Bei der „Madonna Litta" ist alles wohlgeordnet. Von diesem Gemälde strahlt eine wunderbare Ruhe, Harmonie und Ausgewogenheit aus, die zurückzuführen sind auf die statuarische Komposition, die verschiedenen Blautöne und eine innere Schönheit, die durch die physische Schönheit der Madonna gleichsam hindurchscheint.

Saal 215: Die Freunde und Schüler Leonardo da Vincis. Francesco Melzi (1493–1570): Porträt einer jungen Frau, für das – so wird berichtet – eine Freundin von Franz I., eine gewisse Madame Babou de la Bourdaizière, Modell stand. – Antonio Allegri, Correggio genannt: Frauenbildnis; „Apollon und Marsias". – Werke von Andrea del Sarto, Ridolfo Ghirlandaio, Bernardino Luini und Cesare de Cestro.

Ein Trakt von Ausstellungsräumen, der parallel verläuft zu den Sälen 208 bis 214, ist den *Venezianern* eingeräumt; Zugang vom Saal 214 oder 207 her.

Saal 217: Bartolomeo Vivarini. Boccaccio Boccaccino und Marco Basaiti: Hier findet man hauptsächlich Darstellungen der Jungfrau mit dem Kind, in diesem Saal befindet sich aber auch die *„Judith" von Giorgione (1477–1510). Dieses Werk stammt aus der Sammlung Crozat. Es datiert aus dem Jahr 1508 und zeigt charakteristische Merkmale seines Schöpfers: Es liegt etwas Geheimnisvolles, eine gewisse Doppeldeutigkeit, eine gewisse Romantik darin. Diese Judith erscheint eher herausfordernd als bezwingend.

Saal 218: Hier wird das Thema der *Heiligen Jungfrau mit dem Kind* von Girolamo Romanino, Jacopo Palma dem Älteren und von Giorgione behandelt. Man kann hier sehen, wie verschieden interpretierbar das Thema ist, so zum Beispiel an dem Bild „Madonna mit Kind in einer Landschaft" von Giorgione. Der Maler scheint seine Madonna in die Landschaft wie gleichsam ins Leere hineinzustellen. Zwischen beidem gibt es keinen logischen Zusammenhang. Die Frauengestalt ist ein fest umrissenes, in sich geschlossenes Ganzes, während die Landschaft vor Lebendigkeit gleichsam vibriert. Es ist dies ein charakteristischer Zug dieses Malers, von dem man so gut wie nichts weiß und von dem nur zehn Gemälde mit Sicherheit identifiziert werden konnten.

Die Handschrift von Jacopo Palma dem Älteren ist streng und klar, wovon jedoch im „Bildnis eines jungen Mannes" (im gleichen Saal) nichts zu erkennen ist. Das Bild hinterläßt eher einen zwiespältigen Eindruck.

Auch von Lorenzo Lotto findet man in dem Saal ein „Bildnis eines jungen Mannes". – Paris Bordone (1500–1571): „Die Heilige Familie mit der heiligen Katharina". – Werke von Bernardino Luini, Moretto da Brescia, Dossi Dosso und Giovanni Cariani.

Saal 219: Tiziano Vecellio, Tizian genannt (um 1490–1576): „Flucht nach Ägypten" (um 1500; ein Jugendwerk). – Lorenzo Lotto (1480–1556): „Porträt eines Greises"; „Porträt eines Paares". – Pietro Marieschi: Porträts.

Saal 220: Italienisches Kunsthandwerk

vom Beginn des 16. Jahrhunderts an: Basreliefs aus Marmor; Kunstmöbel mit Marmoreinlegearbeiten und Intarsien.

Saal 221: Tizian-Saal mit mehreren Meisterwerken des Künstlers: „Christ-König" (1560–1570); „Christus trägt das Kreuz" (1560); „Die Jungfrau, das Kind und Maria-Magdalena" (um 1560); *„Danae" (nach 1550).

Von dem zuletzt genannten Werk gibt es noch verschiedene andere Fassungen, die in den Museen von Neapel und Wien und im Prado hängen (letztere gilt als schönste). Nur wenige Gemälde zeigen ein so offensichtlich sinnliches Vergnügen an der Malerei wie dieses. Erst bei Renoir sollte man es wiederfinden. Interessant ist ein Vergleich dieser Danae mit der später genannten von Rembrandt.

*Junge Frau mit Pelz": Hiervon gibt es eine Variante in Wien, und das ist wieder das gleiche Modell wie das der „Venus von Urbino" in den Uffizien oder das der „Bella" im Palazzo Pitti. Alle diese Bilder legen Zeugnis ab von der Genialität dieses Künstlers, der es verstand, der Materie durch seine Malkunst Transzendenz zu verleihen. – „Die Büßerin Maria Magdalena" (1560–1565) dagegen und der „Heilige Sebastian" (1570) sind Ausdruck tragischer Aspekte des Lebens, einer dramatischen Spannung. Sie sind von einer technischen Perfektion, die umso erstaunlicher ist, als der Künstler bereits ein alter Mann war, als er sie malte.

Saal 222: Veronese-Saal. Paolo Caliari, genannt Veronese (1528–1588): „Anbetung der Könige", zwei ausgezeichnete Fassungen; ausdrucksstarkes und lebendiges **„Männerbildnis"; „Diana" (kleine Skizze) und vor allem eine hervorragende **„Beweinung Christi". Diese „Beweinung" ist mit Abstand das beste Werk dieses Künstlers, der vor allem Dekorationen für ein Theater schuf, dessen Schauspieler Gestalten aus Mythologie und Religion verkörperten. Das Gemälde überrascht in seiner breit angelegten Komposition und in der Bewegung, die im Spiel der Farben zum Ausdruck kommt, während das starke, seitlich einfallende Licht und die verkürzte Perspektive des Leichnams, der nach hinten fällt, den tragischen Charakter betonen. Das Gemälde kam mit der Sammlung Crozat in die Ermitage, davor aber gehörte es zum Bestand der Sammlung Charles' I. von England, die auf einer Auktion versteigert wurde.

In den beiden anschließenden

Kabinetten (223) findet man in Vitrinen Gegenstände des *italienischen Kunstgewerbes* und der angewandten Kunst aus dem 15. und 16. Jahrhundert: Glas, Keramik, Spitzen, Stoffe, Bronzefiguren.

Saal 216: Der Manierismus. Diese künstlerische Strömung ist in der Ermitage vertreten durch: Sebastiano del Piombo (1485–1547): „Porträt des Kardinals Pol". – Francesco Primatice, der lange Jahre am französischen Hof arbeitete: „Die Heilige Familie". – Jacopo Pontormo (1493/94–1557/58): „Die Jungfrau mit dem Jesusknaben, dem heiligen Joseph und Johannes dem Täufer". – Giovanni Battista Rosso: „Die Jungfrau mit dem Jesuskind". – Werke von Domenico di Bernardino Capriolo und von Giovanni Battista Naldini.

Saal 224: Vorhalle mit Verkaufsstand (auch Tageszeitungen). – Links befindet sich das *Foyer des Ermitage-Theaters.*

Saal 226: Italienisches Kunstgewerbe des 16. Jahrhunderts: Majoliken und Mosaiken.

Saal 227: Die **Raffael-Loggien. Diese prächtige Galerie ist eine naturgetreue Nachbildung der Loggien, die Bramante für den Vatikan entworfen und für die Raffael mit seinen Schülern die Dekors geschaffen hat: 52 Themen aus dem Alten und dem Neuen Testament. Raffael war hierzu durch die Dekors der römischen Titusthermen und anderer klassischer Bauwerke angeregt worden, deren Ausgrabung und Konservierung er leitete. Die Kopien der Ermitage sind zwischen 1778 und 1785 von mehreren Künstlern unter der Leitung von Christoph Unterberger auf Leinwand angefertigt worden; sie wurden in die Ermitage gebracht, wo *Quarenghi* den Bau der Galerie (entlang dem Kleinen Winterkanal) [Plan s.S. 254] soeben vollendet hatte.

Saal 229: In diesem wundervollen Saal, den Gobelins und Möbel der italienischen Renaissance schmücken, hängen nur wenige Gemälde, dafür aber zwei Meisterwerke von Raffael (eigentlich Raffaello Sanzio; 1483–1520): **„Die Heilige Familie“, die mit der Sammlung Crozat in die Ermitage kam, und **„Madonna Conestabile“ (aus der Conestabile-Sammlung).

Raffael war erst achtzehn Jahre alt, als er (1500) dieses kleinformatige Bild im Stil eines Miniaturmalers schuf. Es ist von zarter Poesie. Die sanfte, beruhigende Landschaft, die Ausgewogenheit der Komposition, die in einer Kreisform angelegt ist, die Harmonie der Farbtöne, insbesondere die Dosierung der Blauwerte, all dies zusammen macht dieses Bild zu einem Glanzstück.

Giovanni Pietro le Spagna: „Heilige Jungfrau mit dem Jesuskind“. – Le Parmigiano: „Grablegung“.

In der Mitte des Saals: „Totes Kind auf einem Delphin“, Skulptur eines Schülers von Raffael, Lorenzo Loretto (1509–1541), nach einer klassischen Sage.

Saal 230: In der Mitte das einzige (unvollendete) Werk Michelangelos, das in der Ermitage zu sehen ist, eine Skulptur, „Hockender Knabe“, die 1530 bis 1535 geschaffen wurde und wahrscheinlich für das Grabmal der Medici in Florenz bestimmt war.

Kunstgewerbe: Majoliken und Bronzefiguren aus dem 16. Jahrhundert. Die Mauern schmücken Fresken, die von Schülern aus der Schule Raffaels ausgeführt wurden.

Saal 231: Italienische Malerei vom ausgehenden 16. bis zum beginnenden 17. Jahrhundert. Hier hängen Gemälde von Vertretern der Kunstrichtung des Akademismus. Sie ist so benannt nach ihrer berühmtesten Pflegestätte, der Accademia degli Incamminati, die Ende des 16. Jahrhunderts in Bologna von den Brüdern Annibale und Agostino Carracci und deren Vetter Lodovico Carracci gegründet wurde. Der Akademismus bedeutete eine Überwindung der Stilprinzipien des Manierismus. Die bewußt antiklassische Haltung dieser subjektiv-emotionsbetonten Kunstrichtung mit ihrer Abkehr von Idealen wie Harmonie und Schönheit und ihrer Neigung zu übersteigertem Ausdruck, unruhiger Farbgebung und Verunklärung der Raumzusammenhänge wurde im Akademismus abgelöst durch eine neuerliche Hinwendung zur Betonung klassischer Stilprinzipien, zu einer idealen Schönheit, zu Klarheit und harmonischer Ruhe.

Von Annibale Carracci (1560–1609), dem bedeutendsten der drei Künstler, sieht man in dem Raum die Bilder „Ruhepause der Heiligen Familie während der Flucht nach Ägypten“ und „Die heiligen Frauen am Grab“ sowie ein sehr schönes **Selbstporträt. – Domenico Zampieri, genannt Domenichino: „Ruhelager der Venus“; „Der Evangelist Johannes“. – Lodovico Carracci (1555–1619): „Die Jungfrau mit dem Kind und den Heiligen“. – Giovanni Francesco Barbieri Guercino (1591–1666): „Sybille“; „Das Martyrium der heiligen Katharina“. – Guido Reni: „Der Raub der Europa“.

Saal 232: Prachtstück dieses Saals ist der „Lautenspieler“ (um 1595) von Michelangelo Merisi (1573–1610), Caravaggio genannt. Dieses Werk ist der Prototyp eines Caravaggio-Gemäldes mit all der Doppeldeutigkeit, die sowohl das Gesamtwerk als auch das Leben dieses Einzelgängers kennzeichnen. Aus seinem Werk sprechen gleichsam zur selben Zeit augenfälligster Naturalismus und ein Höchstmaß an intellektueller Abstraktion.

Man hat unlängst festgestellt, daß es sich beim „Lautenspieler“ um denselben jungen Mann handelt, der im „Konzert junger Leute“ (im Metropolitan-Museum in New York), als „Bachus“ (in den Uffizien) oder als der Jüngling auf dem Bild „Wahrsagerin“ (im Louvre) dargestellt ist. Bemerkenswert ist die kunstvolle Inszenierung: die Verteilung von Licht und Schatten, der Widerschein des Fensters auf der Vase, das hell erleuchtete Dreieck in Höhe des Bildes, das das Gemälde belebt.

Der Lautenspieler ist das einzige Gemälde Caravaggios in der Ermitage. Es wurde von Vivant-Denon für Alexander I. erworben und 1973 restauriert.

Domenico Fetti (1589–1624): „Madonna im Glorienschein“; „Porträt eines Schauspielers“; „Tobias“; , Anbetung der Hirten“.

Werke von Orazio Borgianni, Pietro Francesco Mola und Bartolomeo Manfredi.

Giovanni Lorenzo Bernini: **Selbstporträt (Skulptur).

Saal 234: Neapolitianische Schule. Werke von Salvatore Rosa, Giovanni Battista Carracciolo und Francesco Solimena.

Saal 235: Italienische Malerei des 18. Jahrhunderts. Guiseppe Maria Crespi (1665–1747): **Selbstporträt; „Frau, einen Floh suchend“ und verschiedene kleine Gemälde. – Werke von Pannini, Locatelli, Torelli und Rotari.

Saal 236: Venezianische Schule des 18. Jahrhunderts. Francesco Guardi (1712–1793): Zwei Ansichten von Venedig und ein großes Landschaftsbild. – Giambattista Tiepolo (1696–1770): „Maecenas stellt Augustus die Künste vor“. – Werke von Rosalba Carriera, Giambattista Pittoni, Ghisland und Zuccarelli.

Säle 237 und 238: Große Gemälde der Italienischen Schule des 18. Jahrhunderts. Es handelt sich hier um dekorative Gemälde, die einst Paläste und Kirchen zierten. – Luca Giordano (1632–1705): „Vulkans Schmiede“; „Kampf der Zentauren mit den Lapithen“. – Giovanni Battista Tiepolo: Gemälde mit Episoden aus dem antiken Rom. – Antonio Canale, genannt Canaletto (1697–1768): „Empfang des französischen Botschafters in Venedig“. – Veronese: „Die Bekehrung des heiligen Paulus“.

Spanische Malerei

Das Ermitage-Museum besitzt bedeutende spanische Kunstwerke, z.B. große Arbeiten von El Greco („Die Apostel Petrus und Paulus“, Saal 240), von Velásquez („Das Frühstück“, Saal 239) und von Zurbarán („Die Kindheit der Jungfrau Maria“, Saal 239).

Saal 240: Domenikos Theotokopulos, genannt El Greco (1541–1614): **„Die Apostel Petrus und Paulus“ (um 1590). Der Blick des Petrus ist mild, der Ausdruck leidend – ein Mensch der Zweifel hat und Fragen stellt. Er hört Paulus zu, dem Wissenden, der sich auf die Texte der Heiligen Schrift stützt.

Luis de Morales (1509–1586): *„Schmerzensmutter“; „Jungfrau mit dem Kind“. – Juan Pantoja de la Cruz (1553–1608): „Porträt des Diego de Valmajor“; „Porträt der Infantin Katharina“; – Francisco Collantes (1599–1656): „Johannes der Täufer“. – Pedro Orrente (1570–1645): „Das Wunder der Brotvermehrung“. – Rafaël Vergas (1470–1503): „Der heilige Sebastian mit dem heiligen Fabian“. – Francisco Ribalta (1565–1628): „Kreuzigung“ und „Bildnis des Lope de Vega“.

Saal 239: Murillo (1612–1682): „Knabe mit kleinem Hund“; „Rast auf der Flucht nach Ägypten“; „Der heilige Petrus in Ketten“; „Verkündigung“; „Isaak segnet Jakob“; „Jakobs Traum“ und „Mariä Himmelfahrt“. – Antonio de Pereda (1599–1669): „Stilleben“. – Diego Velásquez (1599–1660): **„Das Frühstück“ (auch „Die Trinker“ genannt); **„Bildnis des Grafen Olivares“; – Arbeiten aus der Velásquez-Schule. – José de Ribéra (um 1590–1652): „Christus mit der Dornenkrone“; „Der heilige Onofrius“; „Martyrium des heiligen Sebastian“.

Von Francisco de Zurbarán (1598–1664) besitzt die Ermitage mehrere bedeutende Gemälde, darunter **„Der heilige Laurentius“ und

**„Die Kindheit der Jungfrau Maria".

*

An dieser Stelle des Besichtigungsweges empfiehlt es sich, zwei Säle aufzusuchen, die einen anderen Charakter haben als die übrigen. Man geht zurück durch die beiden spanischen Säle und den letzten italienischen Saal und kommt zum

Saal 241: Geschichte der antiken Malerei. Große Tafeln an den Wänden illustrieren die Entwicklung der Künste im klassischen Griechenland. – Skulpturen von Thorwaldsen und Canova.

Saal 243: Westeuropäische Waffen und Rüstungen vom 15. bis zum 17. Jahrhundert. Die Sammlung enthält viele tausend Waffen und Rüstungen, von den Lanzen bis hin zu den Feuerwaffen, und veranschaulicht ihre Entwicklung und Umgestaltung. Gezeigt werden ferner Bauernwaffen, hergestellt aus einfachen Ackergeräten. In der Mitte des Saals eine Gruppe von Rittern in Rüstungen des 16. Jahrhunderts, die auf gepanzerten Pferden zum Angriff aufbrechen.

Saal 244 ist Wechselausstellungen vorbehalten.

Flämische Malerei

Diese Sammlung umfaßt 42 Gemälde von Rubens (Saal 247) sowie 26 Gemälde von van Dyck (vor allem Porträts, Saal 246).

Saal 245: Zahlreiche Genrebilder von David Teniers (1610–1690). – Gemälde mit religiösen Motiven von Jakob Jordaens (1593–1678), aber auch Porträts und das große Genrebild *„Das Fest des Bohnenkönigs".– Eine Wand des Saals ist bedeckt mit Stilleben von Frans Snyders und Paul de Vos.

Saal 246: Van-Dyck-Saal. Unter den hier ausgestellten Porträts von Anthonis van Dyck (1599-1641) stellen diejenigen aus der ersten Schaffensperiode des Malers meist Antwerpener Bürger dar, die van Dyck gut kannte. Eines der schönsten ist das „Bildnis des Arztes Lazarus Maharkijzus". Die Bilder aus den letzten zehn Lebensjahren van Dycks sind vorwiegend Porträts hochgestellter Persönlichkeiten des englischen Hofes.

Saal 247: Rubens-Saal. Er enthält mehrere Meisterwerke von Peter Paul Rubens (1577–1640) wie *„Perseus und Andromeda", **„Bildnis der Kammerfrau der Infantin Isabella", *„Landschaft mit dem Regenbogen", **„Kreuzabnahme", „Venus und Adonis", „Das Abendmahl bei Simon dem Pharisäer", *„Christus am Kreuz", *„Kreuzigung" und *„Kopf eines Franziskanermönchs".

Holländische Malerei des 17. Jahrhunderts

In der Ermitage ist die Holländische Malerei des 17. Jahrhunderts in ihrer ganzen Vielfalt vertreten. Man findet dort die von den Malern mit all ihren Einzelheiten gesehene Landschaft, Porträts derer, „... die im Angesicht Gottes, der die Welt schuf, Holland schufen", Stilleben, die sowohl vom Sinn für irdische Güter als auch vom Wissen um bildnerische Werte zeugen, Genrebilder als unersetzliche Dokumente des Alltagslebens im 17. Jahrhundert und – alles überragend – die Rembrandts mit ihren Licht- und Schattentönen, Zeugnisse des Sinns dieses Malers für Menschliches und Heiliges.

Da man die Säle der Holländischen Schule umgestaltet hat, wird im folgenden Text nach

Gattungen vorgegangen und die vorläufige Hängung der Gemälde genannt (Säle 249–257).

Genremalerei. Adriaen van Ostade ist mit mehr als 20 Gemälden vertreten, darunter „Die Schlägerei“ und „Dorfmusikanten“. – Jan Steen (1626–1679): „Der Kranke und der Arzt“, „In einer Schenke“, „Der Ehekontrakt“. – Gabriel Metsu (1629–1667): „Das Frühstück“ u.a. – Gerard Terborch (1617–1681): „Die Botschaft“, „Der Musikant“, *„Die Briefleserin“ u. a. – Pieter Jansens (zweite Hälfte des 17. Jh.s): „Zimmer in einem holländischen Haus.“ – Pieter de Hooch (1629–1684?): „Hof eines Hauses“, „Herrin und Dienerin“. – Emanuel de Witte (1617–1692) und Gerard Houckgeest (1600–1661) haben Innenansichten von Kirchen gemalt.

Stilleben. Man findet hier Bilder von Balthasar van der Ast (1590–1656), Willem Claesz Heda (1594–1680/2), Pieter Claesz, Pieter de Ring, Willem van Aelst und Abraham van Beyeren mit Darstellungen von Früchten, Wild, Geflügel und Fischen. Auch Blumenstilleben von Jan van Huysum und von Jan Davidsz de Heem sind dabei.

Porträtmalerei. Porträts von Offizieren, jungen Frauen, Männern, Greisen und Greisinnen von Ravesteyn, Michael Mierevelt, Paulus Moreelse, Malern, die zur ersten Generation des „Goldenen Jahrhunderts“ in Holland zählen.

Die schönsten Porträts sind die beiden Bilder von Jan Verspronck, es folgen Adriaen van Ostade mit dem *„Porträt einer Greisin“, Thomas de Keyser (1597–1667; er war zu seinen Lebzeiten berühmter als Rembrandt) mit dem *„Porträt eines Unbekannten“, und vor allem Frans Hals (1580–1666) mit zwei Porträts, **„Bildnis eines Mannes“ und **„Mann mit Handschuh“. Letzteres gehört noch zur „nachsichtigen“ Periode, in der der Künstler die Welt freundlich betrachtete. Bemerkenswert sind der sinnliche Mund, aber auch die Trauer des Blicks. Hals war damals noch weit entfernt vom unbarmherzigen Realismus seiner „Regenten“.

Landschaftsmalerei. Unter den Malern, deren Werke hier ausgestellt sind, befinden sich jene, die mit mehr oder weniger Glück darstellen, was sie vor Augen haben, und jene, die sich der Natur bedienen, um sich selbst darzustellen. Dies sind die größten: Jan van Goyen und Jakob van Ruisdael.

Jan van Goyen (1596–1656) war der erste große Landschaftsmaler Hollands. Einige seiner Werke wirken vorimpressionistisch: Der Himmel nimmt den größten Teil der Leinwand ein und schafft somit Weite. Grau- und Beigetöne sowie fahles Ocker sind die Lieblingsfarben des Malers: **„Landschaft mit Eiche“; „Segler“; „Die Maas bei Dordrecht“; „Schlittschuhläufer“; *„Winter“.

Seestücke von Jan Porcellis (1584–1632), Hendrick Sorgh und Abraham Willaerts. – Aelbert Cuyp, der auch Tiermaler war, hat Zeit seines Lebens die Landschaft bei Dordrecht gemalt. Auch Allaert van Everdingen, Aert van der Neer und Philips Wouwermans haben Landschaftsbilder gemalt: Gehölz, Flußlandschaften, Wiesen u.a.

Die beiden größten holländischen Landschaftsmaler aus der zweiten Hälfte des 17. Jahrhunderts sind Salomon van Ruysdael und sein Neffe Jakob van Ruysdael.

Von ersterem ist hier eines seiner besten Werke zu sehen: **„Überfahrt mit der Fähre“. Vom zweiten, der eine eigenartige Persönlichkeit und ständig auf Reisen war, einem Intellektuellen, der 1677 an der Universität von Caen seinen Doktorgrad erwarb und dennoch niemals aufhörte zu malen, besitzt die Ermitage elf Gemälde, darunter das berühmte Bild, **„Der Sumpf“, das einen schmerzlichen Eindruck von Zerfall, Vergänglichkeit und Tod vermittelt, sowie *„Meeresufer“ und „Landschaft in Norwegen“.

Saal 254: Rembrandt-Gemälde. Die Sammlung ist außergewöhnlich. Sie umfaßt 25 Gemälde aus verschiedenen Schaffensperioden des Malers, welche seine Genialität in ihrer ganzen Spannweite dokumentieren.

Rembrandt Harmensz van Rijn (1606–1669), den Malraux den „Bruder Dostojewskis, von Gott heimgesucht“, nannte, war wohl neben El Greco der am meisten religiöse Maler des Westens. Während der ersten Jahre in Leyden schuf Rembrandt vor allem Porträts und Szenen aus der Bibel. Er malte mit feinem Pinsel auf Holz und bevorzugte blaue und blaugemusterte Farbtöne sowie die ganze Skala der Brauntöne. In Amsterdam wurden die Farben wärmer, die Formate bedeutend größer. Während der letzten Schaffensperiode änderte sich seine Technik völlig: Er arbeitete mit weit ausholenden Pinselstrichen, nahm Messer und Finger zu Hilfe, um plastische Effekte zu erzielen, und verwandte unbegrenzt Braun- und Goldtöne. Das Helldunkel wurde sein persönliches Ausdrucksmittel.

**„Saskia als Flora“: Dieses Werk stammt aus dem ersten Ehejahr (1634) mit Saskia van Uylenborch, die Rembrandt in zahlreichen Variationen malte. Mythologische Gemälde sind selten im Werk dieses Künstlers und immer doppeldeutig.

**„Abrahams Opfer“ (1635): Rembrandt interpretierte in diesem Gemälde einen Abschnitt aus der Bibel, nämlich 1. Mos. 22, Vers 1–19. Die Handlung spielt sich inmitten einer phantastischen Landschaft ab, in der das Übernatürliche dominiert. Eine andere Version des Bildes befindet sich in der alten Pinakothek in München.

**„Danae“ (1636) ist eine der schönsten und sinnlichsten Darstellungen des Nackten, die bei Rembrandt zu finden sind. Die Geschichte stammt aus der antiken Mythologie. Das Orakel hatte geweissagt, König Argos würde durch die Hand seines Enkels sterben; er ließ daher seine Tochter in einem ehernen Turm einschließen, damit kein Mann sich ihr nähere. Zeus aber besuchte Danae in Gestalt eines Goldregens und zeugte mit ihr Perseus.

Die Ankunft von Zeus wird hier nicht durch den Goldregen angedeutet, sondern durch einen Lichtstrahl, und die Gefangenschaft Danaes wird symbolisch dargestellt vom weinenden Amor, dessen Hände gefesselt sind. Die Mitte des Bildes nimmt die Hand Danaes ein, die einladend, vielleicht aber auch abwehrend ausgestreckt ist.

**„Porträt eines alten Kriegers“: Einer Arbeit Pierre Rosenthals zufolge soll dies der Vater von Rembrandt sein, denn der hier Dargestellte hat große Ähnlichkeit mit dem Porträt von Rembrandts Vater im Art Institut in Chicago.

**„Porträt des Jeremias Decker“ aus dem Jahre 1666, dem Todesjahr des Dichters, den Rembrandt in diesem Bild darstellte.

*„Die Kreuzabnahme“ (1634) ist in ihrem Stil barocker als eine ähnliche Fassung aus dem Jahr 1664, die sich in der National Gallery in Washington befindet, und die in ihrer Komposition, den Lichtverhältnissen und der Gruppierung der Personen unausgewogener ist.

**„David und Jonathan“ (1641 bis 1642) strahlen tiefe Trauer aus. Jonathan trägt die Züge Rembrandts, der das Bild im Todesjahr seiner Frau Saskia malte.

**„Porträt der Baartje Martens Doomer“ (um 1640). Ein aus der gleichen Zeit stammendes Pendant, das Porträt von Baartjes Mann Hermann Doomer, befindet sich im Metropolitan Museum of Art in New York.

Die **„Heilige Familie“ (1645) ist in die intime Atmosphäre eines niederländischen Hauses hineinversetzt. Das Bild bietet eine der schönsten Darstellungen dieses Motivs, die Rembrandt je geschaffen hat. Die Personen sind um ein Kreuz gruppiert. Auf dem in seiner Wiege schlummernden Kind ruht der aufmerksame Blick Marias. Joseph ist nur als Silhouette zu erkennen. Himmlisches Licht strahlt von den kleinen Engeln her und aus dem Antlitz der Madonna, während das irdische Licht von rechts den Zimmermann erhellt.

**„Porträt einer alten Frau im Lehnstuhl" (1654): Möglicherweise handelt es sich um die Frau von Rembrandts Bruder Adriaen.

**„Bildnis eines alten Mannes im roten Rock": Aus dem Schatten tauchen ein faltiges Gesicht und ineinander verschlungene Hände auf. Die Pinselführung ist klar, die Striche sind deutlich voneinander abgesetzt.

**„Die Heimkehr des verlorenen Sohnes" (1668/69) ist eines der letzten Gemälde Rembrandts. Wie beeindruckend das Gleißen von Licht und Gold auch sein mag, stärker noch wird man die Geste des Vaters empfinden, der zärtlich die Schultern des Sohnes umfaßt, und die von der körperlichen Nähe der Personen ausgehende emotionelle Intensität. Die drei anderen Gestalten stammen wahrscheinlich nicht von Rembrandt.

Ebenfalls von Rembrandt sind eine Reihe weiterer Porträts von Frauen und unbekannten Männern sowie „Christus und die Samariterin".

An der Seitenwand dieses Saales hängen Werke von Rembrandts Schülern: zwei schöne „Männerporträts" von Ferdinand Bol (1616–1680), „Musikanten" von Aert de Gelder (1645–1727) und Werke unbekannter Meister.

Vom Saal 254 gelangt man auf einen Treppenabsatz und über eine Treppe zum Ausgang (Saal 206). Wendet man sich nach Durchqueren des Saals 206 nach links, so kommt man zu den Sälen, wo die Schule der nördlichen und südlichen Niederlande beginnt.

Malerei der nördlichen und südlichen Niederlande

Man sieht hier mehrere Meisterwerke: „Der Evangelist Lukas malt die Madonna" von Rogier van der Weyden, „Beweinung Christi" von Hugo van der Goes, „Die Jungfrau am Kamin" und „Die Heilige Dreifaltigkeit" vom Meister von Flémalle (Säle 261 und 262).

Die flämischen Sammlungen sind in der langen Galerie, die parallel zur Galerie der Holländer den Dachgarten entlang führt, und in Saal 258, der die beiden Galerien abschließt, ausgestellt.

Es folgen Gruppenbilder von Dirk Jakobsz, Porträts von Anthonis Mor, Frans Pourbus dem Älteren (1545–1581), Cornélius van Cleve (1520–1567), Jakob van Utrecht (tätig seit 1532) und **„Der Mann mit der Nelke" von einem unbekannten Meister des 16. Jahrhunderts.

Phantasielandschaften sind ein häufig behandeltes Thema, auch wenn sie nur dazu dienen, den Hintergrund für ein religiöses Sujet abzugeben. Dies gilt für das kleine Gemälde von Herri met de Bles (1485/90–1550) „Ruhe auf der Flucht", für die Bilder von Joachim Patinir (1480–1524) und für einen unbekannten Maler des 15. Jahrhunderts. – Jan Mandyn (1500–1560) hat eine Landschaft mit dem heiligen Christophorus gemalt, in einem Stil, der dem von Hieronymus Bosch sehr ähnlich ist.

Dorfszenen von Pieter Brueghel d. J. (1564–1638) und Winterbilder, die sehr farbig, sehr lebendig sind.

Die religiöse Malerei hat große Meisterwerke hervorgebracht, wie z.B. das kleine Diptychon des Meisters von Flémalle, das die „Heilige Dreifaltigkeit" und die „Jungfrau am Kamin" darstellt. Dieser geheimnisvolle Maler, hinter dem man Robert Campin vermutet – er lebte in der ersten Hälfte des 15. Jahrhunderts in Tournai –, zählt zu den größten Künstlern der gotischen Malerei.

Rogier van der Weyden (1399 oder 1400–1464): **„Der Evangelist Lukas malt die Madonna". Unverkennbar hat Lukas hier die Züge des Künstlers angenommen. Man findet in diesem Bild alle wesentlichen Merkmale des Meisters von Flémalle, dessen Schüler van der Weyden gewesen sein soll: Spiel mit der Perspektive, mit Fenstern und Säulen, unerhörte Farbenpracht, strengen geometrischen Aufbau. Eine gewisse Verwandtschaft besteht zwischen diesem Bild und der „Madonna des Kanzlers Rolin“ von Jan van Eyck.

Auch dieses Gemälde hat eine Geschichte: Es wurde in zwei Teile zerschnitten. Der eine Teil befand sich in München, der andere in der Sammlung Wilhelms II. in Holland. 1850 und 1885 kaufte die Ermitage beide Teile und ließ sie auf einer neuen Leinwand wieder zu einem Ganzen fügen.

Hugo van der Goes, der 1482 in geistiger Umnachtung starb, scheint nur 14 Jahre lang gemalt zu haben. Von ihm sieht man das Bild **„Beweinung Christi“.

Dies ist eine Fassung des in Wien aufbewahrten Diptychons. Van der Goes hat nicht die Mauern von Jerusalem gemalt, wie es der Tradition entsprach, sondern einen kahlen Hügel. Von demselben Künstler stammen die beiden Altarbilder „Geburt Christi“ und „Anbetung der Weisen“.

Gerard David (um 1460–1523): „Madonna, den Leichnam Christi in den Armen haltend“. Die beiden Gestalten befinden sich in einem mit Blumen bekränzten Rahmen, der von einem größeren umgeben ist.

„Jungfrau mit dem Kind“ von Joos van Cleve (Tätigkeit bekannt zwischen 1511 und 1540) und von einem unbekannten Meister des 16. Jahrhunderts. – Mehrere Kreuzigungen von Jan Gossaert, genannt Mabuse, von einem unbekannten Künstler des 16. Jahrhunderts und von Marten van Heemskerk (1498–1574).

Jean Bellegambe (1470–1535): **„Verkündigung“. – Adriaen Isenbrandt: „Heiliger Hieronymus“. – Aelbert Bouts: *„Christus“.

Geertgen tot Sint Jans (1460/64–1490): *„Sankt Bavon“. – Lucas van Leyden (1494–1538; hauptsächlich als Kupferstecher bekannt): Altarbild. – Pieter Aertsen (1508/9–1575): „Die Apostel Petrus und Paulus“.

Saal 260 (zur linken): Dort sind ein großes Altarbild von Jan Provost („Die Krönung Marias“), ein Altaraufsatz, der in einer Antwerpener Werkstatt aus Holz geschnitzt wurde, sowie ein aus Lüttich stammendes Granitportal zu sehen.

Dieser Saal führt zum St. Georgs-Saal (s. Abteilung Kunst und Kultur Rußlands, S. 271).

Am Ende der Säle 260, 261 und 262 befindet sich die lange

Galerie 258: Hier hängen vor allem Landschaften, die den Rahmen bilden für religiöse oder mythologische Darstellungen: David Vinckboons (1576–1629): „Landschaft mit dem Apostel Philippus“. – Kerstiaen de Koninck (1560–1635): „Landschaft mit Tobias und dem Engel“. – Alexander Keerinck (1600–1652): „Landschaft mit Diana und Aktäon“. – Roelant Savery (1576–1639): „Tiroler Landschaft“; „Landschaft mit dem heiligen Hieronymus“. – Schließlich die beiden Meisterwerke der Galerie, zwei **Winterlandschaften vom Meister der Winterlandschaften.

Deutsche Malerei des 15. bis 18. Jahrhunderts

Säle 263–268. Die Säle 265, 266, 267 und 268 umfassen vor allem kunsthandwerkliche Arbeiten, die in Nürnberg und Augsburg hergestellt wurden: vergoldete Becher, Elfenbein- und Holzschnitzereien, Emailarbeiten, Spitzen, usw.

Saal 263: Religiöse Malerei vom Ende der Gotik. Meister Hans von Colmar (1510–1553): Flügelaltar. – Ambrosius Holbein: *„Bildnis eines jungen Mannes“. – Hans Wertinger (zwischen 1465 und 1470 – 1533): „Kreuzigung“. – Hans von Kulmbach (1480–1521): zwei Altarflügel mit Christus und der Jungfrau. – Unbekannte Meister (Ende des 15. Jahrhunderts): „Jungfrau mit dem Kind“, „St. Georg, den Drachen niederwerfend“ (Skulptur aus vielfarbigem Holz). – Eine Madonna von Tilman Riemenschneider (1460–1531).

Saal 264: Lukas Cranach d. J.: „Christus und der Blinde". – Barthel Bruyn (1493–1555): Porträts einer Dame mit Tochter und eines Mannes mit seinen drei Söhnen. – Lucas Cranach d. Ä. (1472–1553): mehrere Porträts, *„Venus und Amor", *„Jungfrau mit dem Kind". – Unbekannter Meister: Porträts Luthers und Melanchthons. – Eine Figurengruppe aus mehrfarbigem Stein stellt die drei Marien mit Johannes dar.

Saal 265: Renaissance in Deutschland. Hier gibt es hauptsächlich Porträts. – Christoph Amberger (etwa 1505–1562): *Porträts von Frauen und einem jungen Mann. – Nicolas Neufchâtel (etwa 1520–1576): „Junge Frau", „Patrizier". – Hans Holbein d. J. (1497–1543): „Erasmus von Rotterdam". – *Stiche von Albrecht Dürer (1471–1528) und von Hans Holbein d. J.

Sammlung von Münzen und Siegeln.

Saal 266: Deutsche Malerei des ausgehenden 16. und beginnenden 17. Jahrhunderts. Adam Elsheimer (1578–1610): „Wald", „St. Christophorus". – Johann Carl Loth (1632–1698): „Rebekka am Brunnen". – Hans von Aachen (1552–1615): „Allegorie vom Frieden und von den Künsten". – Johann Heinrich Schönfeld (1609–1682 oder 1683): „Hochzeit zu Kana".

Werke von Johann Rottenhammer (1564–1625).

Saal 267: Deutsche Malerei des 17. Jahrhunderts. Jürgen Owens (1623–1679): Selbstporträt. – Georg Flegel (1566–1638): Stilleben. – Karl Andreas Kuthart (1630–1703): „Geschichte des Tobias". – Stilleben von Christoph Paudiss (etwa 1618–1666/67) und Hendrik van der Borcht d.Ä. (1583–1660); von ersterem noch: „Porträt eines jungen Mannes mit Pelzmütze". – Daniel Schulz d. J. (1615–1683): „Porträt der Familie eines mongolischen Händlers".

Saal 268: Deutsche Malerei des 18. Jahrhunderts. Angelika Kauffmann (1741–1807): „Abschied von Oktavia". – Porträts von Anton Graf (1736–1813), Antoine Pesne (1683–1757), Johann Friedrich August Tischbein (1750–1812). – Von Anton Raphael Mengs (1728–1779), der meist im Ausland, vor allem in Spanien, arbeitete, gibt es ein Selbstporträt sowie das Gemälde „Perseus und Andromeda".

Säle 269–271: Porzellan des 18. bis 20. Jahrhunderts aus Westeuropa

Von all den Schätzen sei das Kameenservice genannt, welches in der Porzellanmanufaktur von Sèvres hergestellt wurde; es besteht aus 700 Einzelteilen. Ferner sieht man hier ein Service aus der Berliner Manufaktur (Geschenk Friedrichs II. von Preußen für Zarin Katharina II.) sowie große Prunkservices der Zaren, Meißener und Wiener Porzellan, englisches Porzellan aus Chelsea, Worcester, Derby und Swansea, dänisches, schwedisches, holländisches, italienisches und spanisches Porzellan.

Französische Malerei des 15. bis 20. Jahrhunderts

Die Sammlung französischer Gemälde in der Ermitage ist sowohl hinsichtlich der Zahl als auch bezüglich der Qualität der Exponate beachtlich. Man kann sagen, daß außerhalb der Pariser Museen kein anderes Museum eine ähnlich qualitätvolle Sammlung aufweisen kann, die alle Schulen, alle Richtungen und Tendenzen vom 15. Jahrhundert bis zu den dreißiger Jahren des 20. Jahrhunderts umfaßt.

Die Sammlung ist im ersten und zweiten Stock untergebracht: 15. bis 18. Jahrhundert im ersten Stock (Säle 272–297), 19. und 20. Jahrhundert im zweiten Stock (Säle 314–332 und 343–350). Übrigens befinden sich die Gemälde von Matisse in den Sälen 343 bis 345 und die von Picasso in den Sälen 346 und 347.

Säle 272 bis 274: Französische Malerei vom 15. Jahrhundert an. Die Kunst des 15. Jahrhunderts ist durch eine bedeutende Sammlung von Emailarbeiten vertreten, auf denen religiöse und mythologische Szenen dargestellt sind. – Silbergeschirr und Zinnwaren. – Fayencen von Bernard Palissy.

Bei den Gemälden aus dieser Zeit überwiegen Porträtbilder, denn vor allem das 16. Jahrhundert war die Blütezeit der französischen Porträtmalerei. Pierre Dumonstier (1540–1600): **„Porträt eines Jünglings". – François Clouet der Jüngere (1520–1589): **„Porträt des Herzogs von Alençon". – Mehrere sehr schöne **Porträts von Corneille de Lyon (gest. 1577). – Georges Lallemand: „Anbetung der Könige". – Von unbekannten Meistern des 15. Jahrhunderts: „Einzug Christi in Jerusalem", „St. Sebastian". – Werke von Jacques Bellange.

Ein Marmorrelief: „Venus und Amor" von Jean Goujon.

Säle 275–278: Französische Malerei aus der ersten Hälfte des 17. Jahrhunderts. Die französische Malerei dieser Epoche weist nicht nur Künstler auf, deren Aufgabe es war, den Malbetrieb in der Akademie zu organisieren, die Monarchie zu verherrlichen und die königlichen Gemächer zu gestalten. Neben den großen allegorischen Kompositionen von Simon Vouet, von Eustache Le Sueur, von Laurent de la Hyre gibt es auch ganz schlichte und schmucklose Werke.

Philippe de Champaigne (1602–1674): „Moses". – Mathieu Le Nain: „Bauernfamilie", „Kabinettszene" und *„Männerporträt". – „Louis Le Nain (1593–1648): **„Besuch bei der Großmutter", „Die Familie der Milchhändlerin" (zwischen 1640 und 1648 entstanden).

Jacques Callot (1592–1635) schuf den Zyklus von Radierungen „Leiden des Krieges", in dem er die Schrecken des Dreißigjährigen Krieges darstellte.

Werke von Jean Daret, Valentin, Sébastien Bourdon (1616–1671) und von Jacques Blanchard.

Saal 279: Poussin-Saal. Die Ermitage besitzt ein halbes Dutzend Gemälde von Nicolas Poussin (1594–1665). Eines der ausgewogensten ist die *„Landschaft mit Polyphem" von 1649 nach einem Thema aus den „Metamorphosen" des Ovid: Polyphem liebt Galatea, die ihrerseits Azis liebt. Wichtig sind jedoch nicht die Personen, sondern die Landschaft der Romagna und das Licht, das sie belebt. Aber auch die Gemälde „Spielende Amoretten", „Satyrn und Bacchantinnen", „Die Heilige Familie", „Rast auf der Flucht nach Ägypten", „Moses läßt Wasser aus dem Felsen quellen", „Amoretten und Genien", „Tankred und Hermine" sind immer nur Variationen eines einzigen Themas: die Landschaft.

Saal 280: Lorrain-Saal. Hier hängen hervorragende Werke von Claude Gellée, genannt Claude le Lorrain (1600–1682). Dazu gehören die berühmte Serie von den vier Tageszeiten (Morgen, Mittag, Abend und Nacht) und das Bild „Sonnenuntergang im Hafen", dessen strahlendes Licht bereits Turner und die Impressionisten ankündigt.

Saal 281: Schlachtenbilder von Adam van der Meulen und von Jacques Courtois. – Pierre Mignard (1612–1695): „Edelmut Alexanders". – Drei mythologische Gemälde von Charles Lebrun. – Arbeiten von Mauperché, Louis Galloche und Jean Lemaire. – Verschiedene Werke unbekannter Herkunft. – Bronzefiguren von Coysevox und Girardon.

Saal 282 ist der *Alexandersaal* des Winterpalastes, der im Jahre 1812 von *A. Brjullow* gestaltet wurde: Eine Sammlung von Silbergeschirr, größtenteils französisch.

Säle 290 bis 297: Französisches Kunstgewerbe. Kunstmöbel, Gobelins, Fayencen, Porzellan.

Von hier aus geht es zurück zum Saal 283.

Saal 283: Porträts aus dem 17. Jahrhundert. Das Bild der *„Hortense Mancini" von Pierre Mignard (1612–1695) und das eines Unbekannten von Hyacinthe Rigaud (1659–1743) sind die schönsten Porträts der Sammlung. – Gemälde von F. Vouet, J. B. Santerre, F, de Troy, Jean Ranc. In Stein gemeißelte Porträts von Mignard und Colbert, ausgeführt von Coysevox. – Echte Boulle-Möbel.

Saal 284: Die besten Gemälde von Jean-Antoine Watteau (1684–1721): *„Der kleine Savoye mit Murmeltier" (aus der Sammlung Audran) hebt sich in seiner Schlichtheit deutlich vom „Verwirrenden Antrag" und der „Schmollenden" ab, Bilder, in denen die Gestalten graziös wirken.

Werke von Quittard, Vleughels, Jean Restout, Ch. de la Fosse, de Troy.

Saal 285: In diesem Saal dominieren die Gemälde von François Boucher (1703–1770), die mit Ausnahme der „Landschaft am Teich" und der „Ansicht von Beauvais" Variationen des Themas „Venus" und „Frau" darstellen. – Werke von Nicolas Lancret, J.-B. Pater, Natoire, Lemoyne.

Skulpturen von Falconet, Coustou, Pigalle. – Zeitgenössisches Porzellan und Mobiliar.

Saal 286: Porträts aus dem 18. Jahrhundert. J. B. Perroneau: **„Knabenbildnis" (das einzige Werk des Künstlers in der Ermitage und zugleich eines seiner wenigen Ölgemälde, denn er malte überwiegend Pastelle).

Schöne Porträts von Louis Tocqué (1696–1772), u.a. „Elisabeth Petrowna" und „Elisabeth Golowkina". – Jean-Marc Nattier (1685–1766): „A. B. Kurakin", „Porträt einer Dame in Grau". – Werke von J. B. van Loo, Ch. van Loo, Natoire, Subleyras, Drouais und Tournières.

Skulpturen von Anne-Marie Collot, von Falconet („Amor bedroht Flora", „Winter") und von Houdon („Katharina II.").

Saal 287: Diesen Saal könnte man als Chardin- und Voltaire-Saal bezeichnen. Der französische Philosoph ist hier mehrmals vertreten. In der Mitte des Saals steht seine berühmte Statue, ein Werk von Houdon; sie ist von zahlreichen Büsten umgeben.

Von Chardin (1689–1779) besitzt die Ermitage **„Das Tischgebet" und **„Die Wäscherin". Diderot schrieb über diese Bilder an Katharina II.: „Es ist dies die reine Natur, die Gegenstände reichen über das Gemälde hinaus; sie sind von täuschender Echtheit."

Stilleben von Oudry und Desportes. – Lepicié: „Der Scherenschleifer".

Saal 288: Zahlreiche Gemälde von Greuze, vor allem Porträts russischer Adeliger wie Stroganow, Schuwalow u.a. – J.-H. Fragonard: „Der geraubte Kuß", „Der gewonnene Kuß", „Die Familie des Pächters."

Saal 289: Diesen prächtigen Saal – auch „Weißer Saal" genannt – schmücken große Kompositionen nach Art der Antike und kleinere Gemälde von Hubert Robert (1733–1808) und Elisabeth Vigée-Lebrun (1755–1842), deren Porträts eine junge Frau, Lady Granville, eine Zarin und Mitglieder der russischen Aristokratie darstellen.

Vom Saal 289 geht es weiter in den Saal 302; dort befindet sich eine Treppe, die ins zweite Stockwerk führt, wo die Malerei des 19. und 20. Jahrhunderts ausgestellt ist (s.u.).

Vom Saal 288 aus hat man Zugang zu den Sälen des Ausstellungskomplexes „Englische Malerei" (s. S. 269).

Die Säle 304 (hinter Saal 289), 305 und 306 sind dem französischen und europäischen Kunstgewerbe gewidmet. In Saal 304, dem „Goldenen Salon", befindet sich ein Teil der großartigen **Sammlung von über 10000 Gemmen und Kameen westeuropäischer Meister.

An den Saal 306 schließt der Saal 168 an, der zur Abteilung „Kunst und Kultur Rußlands" (s. S. 270) gehört.

Zweiter Stock: Französische Malerei des 19. und 20. Jahrhunderts

Diese Sammlungen umfassen die französische Bildkunst von David bis Picasso.

Die Führungslinie verläuft anfangs nicht nach der Reihenfolge der Saalnummern.

Saal 332: Malerei aus den ersten Jahren des 19. Jahrhunderts. Zahlreiche Genreszenen von Louis Boilly, von Marguerite Girard und von Girodot-Trioson. – Mehrere kleine Gemälde von Prud'hon, darunter ein Porträt des Grafen Ostermann-Tolstoi. – Von Antoine-Jean Gros (1771–1835) ein Werk, das in allen Geschichtsbüchern abgebildet ist: „Bonaparte auf der Brücke von Arcole".

François Gerard (1770–1837) schuf das *„Porträt von Joséphine de Beauharnais", in dem ein gewisser Sinn für Schmucklosigkeit sich verbindet mit einer sehr natürlichen Darstellungsweise.

„Sappho und Phaon" von Jacques Louis David sind in dem akademischen Stil gemalt, der die letzten Schaffensjahre des Künstlers kennzeichnet.

Skulpturen von Chaudet und Canova.

Saal 331: Zwei Werke von Eugène Delacroix (1798–1863): „Der Marokkaner, sein Roß sattelnd" (1855) und „Löwenjagd in Marokko" (1854). Helles Sonnenlicht liegt über beiden Gemälden, die in warmen Tönen gemalt und voller Bewegung sind.

Jean-Dominique Ingres (1780–1867): „Porträt des Grafen Gurjew". – Zwei Bronzegruppen von Antoine Barye (1795–1875).

Werke von Ary Scheffer (Hofmaler von Louis-Philippe), François-Marius Granet (einer der großen Maler der Provence), P. Delaroche, Charlet und Carle Vernet.

Saal 330: Gemälde von Tassaert, Teste, Al. de Dreux, Isabey und Descamps.

Säle 329, 328, 327: Landschaftsbilder von Georges Michel, Théodore Rousseau, Jules Dupré, Narcisse Diaz de la Pena und Charles-Emile Jacque.

Diese Maler waren die Wegbereiter des Impressionismus. Sie fertigten Skizzen und manchmal Zeichnungen in der freien Natur an, was ihre Vorgänger im Laufe der Jahrhunderte nur selten taten, und kündigten damit die Schule von Barbizon an.

Säle 324, 323, 322: Salonmalerei. Die beiden großen Porträts der Großfürstin Jusupowa und eines Unbekannten aus dem Hause Naryschkin von F.-X. Winterhalter (1805–1873) sind typische Beispiele dieses Malstils.

Werke von Thomas Couture, Meissonnier, Eugène Fromentin und F. Ziem. – Landschaften von Constant Troyon und von Harpignies. – François Daubigny (1817–1878): *„Das Meer bei Villerville" (Saal 322).

Saal 321: Malerei der Realisten der Mitte des 19. Jahrhunderts. Mehrere Landschaften von C. Corot (1796–1875), darunter der berühmte *„Teich bei Léchois". – J.-F. Millet (1814–1875): „Bäuerinnen mit Reisigbündeln". – Gustave Courbet (1819–1877): „Landschaft mit totem Pferd".

Saal 320: Renoir- und Degas-Saal. Von Edgar Degas (1834–1917) gibt es Pastelle, die eine junge Frau bei der Toilette darstellen, und in seinen Bildern „Nach dem Bad" und „Die Tänzerinnen" kommt ein unbarmherziger Realismus zum Ausdruck.

Auguste Renoir (1841–1919): **„Dame in Schwarz", **„Mädchen mit dem Fächer" (1881/1882), *„Frauenkopf", **„Bildnis der Schauspielerin Jeanne Samary" und **„Kind mit der Peitsche".

Saal 319: Impressionistensaal: Claude-Monet (1840–1926): **Die Dame im Garten" (um 1860), **„Mohnblumenfeld" (1887), „Teich in Montgeron", „Garten in Montgeron" (beide 1876–1877), „Wiese in Giverny" (1888), **„Die Waterloo-Brücke in London" (1903–1904).

Alfred Sisley (1839–1899): „Flußufer in Saint-Mammès", „Garten in Vimeux" (1882). – Eugène Boudin (1824–1898): „Der Strand".

Saal 318: Cézanne-Saal. Die meisten Gemälde von Paul Cézanne (1839–1906) in der Ermitage gehörten zum Besitz des aus einer reichen Indu-

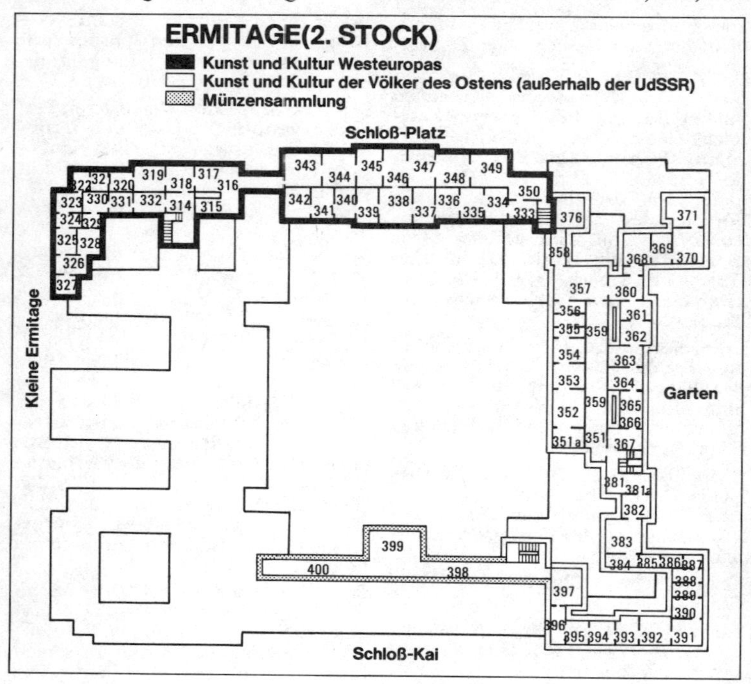

striellenfamilie stammenden Kunstsammlers Morozow, der den Maler sehr verehrte. Es sind jedoch nicht alle Werke ausgestellt. Hier eine Auswahl: **„Das Ufer der Marne", „Der Raucher", *„Stilleben", **„Selbstbildnis" und *„Junges Mädchen am Klavier". – Außerdem ist in diesem Saal noch ein Bild von Camille Pissaro (1830–1903) zu sehen: „Platz des Théâtre Français in Paris".

Von diesem Saal geht es geradeaus weiter.

Saal 317: Vincent van Gogh (1853 bis 1890): „Die Arena in Arles", „Die Damen in Arles", **„Das Gesträuch" und **„Hütten".

Werke von Cros, Rousseau („Tropischer Wald") und Signac („Die Kiefer von Bertaud").

Saal 315: Gauguin-Saal. Das Museum besitzt 15 Gemälde von Paul Gauguin (1848–1903), die alle aus der Tahiti-Periode des Künstlers stammen, u. a. „Frauen am Brunnen", „Frauen in einem Wald", „Idol", „Tahitianische Pastorale", „Nave Nave Moe" und „Gespräch".

Saal 314: Bronzefiguren von Rodin und Maillol.

Säle 343 und 344: Picasso-Sammlung. Von Pablo Picasso (1881–1973) besitzt die Ermitage über 40 Gemälde, die größtenteils aus der Sammlung Schtschukin stammen; sie werden abwechselnd ausgestellt. Die Bilder stammen aus drei Schaffensperioden des Malers.

Eines seiner besten Frühwerke ist die **„Absinthtrinkerin" (1901).

Aus der „blauen Periode" (1901 bis 1904): **„Bildnis von Soler", **„Wiedersehen" und *„Frauenkopf".

Aus der „rosa Periode" eine Gouachemalerei, „Der Knabe mit dem Hund“ (1905–1906).

Aus der „kubistischen Periode“ (1907–1914): „Frau mit Fächer“ (1908), „Drei Frauen“, „Freundschaft“, „Akt auf Faltenwurf“, „Weiblicher Akt“, „Früchte und Gefäße“, „Schüssel und Milchtopf“, **„Spanischer Musikant“, „Die Waldnymphe“, „Obstschale mit Birnen“ und **Fabrik in La Horta de Ebro“.

Säle 345 bis 347: Matisse-Sammlung. Diese Sammlung von Gemälden von Henri Matisse gehört zu den bedeutendsten außerhalb Frankreichs. Sie umfaßt vor allem Werke aus den Jahren 1900 bis 1913: „Das Familienporträt“, „Das rote Zimmer“, „Tanz“, „Stilleben auf blauem Tischtuch“ und „Sevillaner Stilleben“. Alle diese Bilder stammen aus der berühmten Sammlung Schtschukin.

Sergej Iwanowitsch Schtschukin legte seine Gemäldesammlung gegen 1890 an. Kurz vor Ausbruch des Ersten Weltkrieges umfaßte sie 221 Gemälde und Aquarelle, darunter 50 von Picasso, vier von van Gogh, fünf von Degas, 13 von Monet, drei von Renoir, acht von Cézanne sowie Bilder von anderen französischen Künstlern.

Saal 348: Die Gruppe der Fauves. Dazu gehören Chatou, Derain und Vlaminck. – André Derain (1880–1954): „Frau“, „Frau mit schwarzem Hut“, „Mann, eine Zeitung lesend“, „Hafen in der Provence“, „Bäume“, „Felsen“, „Der See“. In all diesen Werken werden die dargestellten Gegenstände auf klare Grundformen zurückgeführt. – Von Maurice de Vlaminck (1876–1958), der sich zeitweilig in Moskau aufhielt, um die Decke im Eßzimmer des reichen Händlers Charitonjenko auszumalen, sei das Bild „Blick auf die Seine“ erwähnt. – Henri Le Fauconnier: „See“. – André Lhote: „Grünende Landschaft“.

Saal 349: Die Nabis. Pierre Bonnard (1867–1947): „Ein Winkel in Paris“, „Abend in Paris“, „Paris am Morgen“, „Landschaft in der Dauphiné“, „Seine-Ufer bei Vernon“. – Edouard Vuillard (1868–1940): **„Kinder“, „Im Zimmer“. – Von Maurice Denis (1870–1943), der die Villa von Aleksandr Morozow in Moskau ausschmückte: „Die Jungfrau mit der heiligen Elisabeth“, „Maria und Martha“, „Mutter und Kind“, „Bretoninnen“ und „Landschaft mit Figuren“. – Louis Valtat: „Gespräch im Garten“.

Saal 350: Hier hängen überwiegend Gemälde von Albert Marquet (1875–1947): „Der Pont Saint-Michel“, „Quai du Louvre“, „Der Pont-Neuf“, „Die Kathedrale Notre-Dame von Paris“, „Die Seine mit der Statue von Heinrich IV“, „Place de la Trinité“, „Hafen von Menton“ und „Der Hamburger Hafen“.

Englische Malerei des 16. bis 19. Jahrhunderts

Diese Sammlung ist in den Sälen 298 bis 302 im ersten Stock ausgestellt.

16. Jahrhundert: Verschiedene Porträts, darunter das meisterhafte *„Porträt des Lords Cecil“ von Marcus Gheeraerts d. J. (1561–1635/36).

17. Jahrhundert: Porträts von William Dobson. – Robert Walker: „Porträt Oliver Cromwells“. – Peter Lely: „Frauenporträt“. – Gottfried Kneller (1646–1723): je ein Porträt John Lockes und des Bildhauers Grinling Gibbons.

18. Jahrhundert: Zwei sehr große mythologische Gemälde von Joshua Reynolds (1723–1792): „Herkules als Knabe Schlangen erdrosselnd“ (Zarin Katharina II. hat es in Auftrag gegeben) und „Amor, den Gürtel der Venus öffnend“ (im Auftrag Potjomkins angefertigt).

George Romney (1734–1802): *„Porträt der Mrs. Greer“. – Charles White: mehrere Stilleben. – Anonyme Kopie eines Werkes von Rembrandt.

John Hoppner (1759–1810): „Porträt Sheridans“. – Thomas Jones (1743–1803): „Dido und Äneas in einer Landschaft“. – Zahlreiche stimmungsvolle und für die englische Malerei des 18. Jahrhunderts charakteristische Landschaften von George Morland (1763–1804).

Thomas Gainsborough (1727–1788): *Porträt (zwischen 1770 und 1780), das vermutlich die Gräfin von Beaufort darstellt.

Henry Raeburn (1756–1823): „Porträt der Eleonor Bethune.“ – John Russel: *„Frauenporträt“.

19. Jahrhundert: Werke von Landschaftsmalern, die Zeitgenossen Constables waren. – Richard Parkes Bonington (1801–1828): „Schiffe am Strand“.

In einem kleinen Saal sind Werke von englischen Porträtmalern zu sehen, die am russischen Hof arbeiteten (Christina Robertson u. a.).

Thomas Lawrence (1769–1830): Porträt von Michail Worontsow. – George Hayter (1792–1871): Porträt der Frau Worontsows.

In den Vitrinen stehen eine große Sammlung englischen Silbergeschirrs aus dem 17. und 18. Jahrhundert sowie eine reichhaltige Keramiksammlung.

Nordeuropäische Malerei des 19. und 20. Jahrhunderts und außereuropäische Malerei des 20. Jahrhunderts findet man in den Sälen des zweiten Stockwerks.

Die *belgische* und die *holländische Malerei* (*Säle 334 und 335*) sind nicht durch große Namen vertreten. Auch die *italienische Schule* (*Saal 336*) ist nicht sehr bedeutend; zu erwähnen sind jedoch die Gemälde von Renato Guttuso (geb. 1912), welcher in der UdSSR hohes Ansehen genießt: „Rocco und sein Sohn“, „Erdäpfel auf gelbem Papier“.

Saal 337: Finnische Malerei. Sie ist hauptsächlich durch Werke von Albert Edelfelt (1854–1905) vertreten, der als erster Maler zu den Quellen der finnischen Kunst zurückkehrte: der Natur und dem Kalevala. Werke von Juho Rissanen.

Säle 338 und 339: Kunst in Deutschland (19. und 20. Jahrhundert). Große Bedeutung kommt dem romantischen Landschaftsmaler Caspar David Friedrich (1774–1840) zu. – Klassische Landschaften von Hakkert, Reinhardt und Koch. – Werke der „Nazarener“ Begas, Overbeck, Rethel, Feit und Hess. – Genrebilder von Knaus und von Leibl. – Porträts von Lenbach sowie ein Pastell von Max Liebermann (1847–1935).

Saal 340: Künstler der Deutschen Demokratischen Republik.

Saal 341: Ungarische, polnische, tschechische und rumänische Maler des 20. Jahrhunderts.

Saal 342: Die Kunst der Vereinigten Staaten von Amerika (20. Jh.). Die Exponate bestehen fast ausschließlich aus 26 Werken des Malers und Graphikers Rockwell Kent (1882 bis 1971), die der Künstler 1960 dem sowjetischen Volk schenkte.

(In den Sälen 334 bis 342 werden bisweilen wechselnde Sonderausstellungen gezeigt. Zu diesen Zeiten sind die obengenannten Gemälde dort nicht zu sehen.)

Kunst und Kultur Rußlands

Zu dieser Abteilung, die 1941 eingerichtet wurde, gehören neben den großen Prunksälen des Winterpalastes die Säle 143 bis 189 im ersten Stock. Sie gliedert sich in vier Abschnitte:

Russisches Altertum und Mittelalter vom 6. bis zum 15. Jahrhundert

Rußland unter der Herrschaft Moskaus vom 15. bis 17. Jahrhundert

Rußland zu Beginn des 18. Jahrhunderts

Rußland am Ende des 18. Jahrhunderts und im 19. Jahrhundert

Die prächtige **Botschaftertreppe führt in den ersten Stock.

Saal 193: Saal der Feldmarschälle. Der Saal verdankt seinen Namen den Marschällen, deren Porträts einst die Wände schmückten.

Saal 194: Saal Peters des Großen. Dieser Saal wurde 1833 von *Mont-*

ferrand gestaltet und nach dem Brand von 1837 von *Stasow* restauriert. Die Wände sind ausgeschlagen mit purpurrotem Samt aus Lyon. Sie sind wie das Gewölbe mit Doppeladlern übersät. Im Hintergrund der halbkreisförmigen Exedra auf einer Estrade der Thron Peters des Großen, darüber ein großes Gemälde von Jacopo Amigoni (18. Jh.): „Der Zar und Minerva".

Saal 195: Wappensaal. Er verdankt seinen Namen den Wappen der verschiedenen russischen Provinzen, die Wände und Kronleuchter schmükken. Hier fanden die Empfänge statt.

Saal 197: Galerie des „Vaterländischen Krieges" von 1812. In dem von *C. Rossi* geschaffenen Saal hängen über 300 Porträts russischer Generäle aus dieser Zeit von dem Engländer G. Dawe und den Russen Poljakow und Golike sowie Porträts Alexanders I. (von dem Deutschen Franz Krüger) und seiner Verbündeten Friedrich-Wilhelm III. von Preußen (Krüger) und Franz I. von Österreich (von dem Österreicher Peter Krafft).

Saal 198: St.-Georgs-Saal, auch „Großer Thronsaal". Dieser Raum ist riesengroß (800 m²). Der Parkettboden, auf dem sich das Bronzemotiv der Saaldecke wiederholt, besteht aus 16 kostbaren Hölzern. Die 48 Säulen aus weißem Marmor tragen Bronzekapitelle. Im Hintergrund, dort, wo sich der Thron befindet, ist unter einem Basrelief, auf dem der heilige Georg als Drachentöter dargestellt ist (Francesco Del Nero, nach Entwürfen von Stasow), die Landkarte der UdSSR zu sehen, ein Mosaik aus Halbedelsteinen vom Ural: Rubine stellen die Städte dar und goldene von Rubinen eingefaßte Sterne die Hauptstädte der Sowjetrepubliken, deren Namen von Smaragden gebildet werden.

Der St.-Georgs-Saal steht mit dem Saal 260 in Verbindung, dem letzten Saal der Kunst der nördlichen und südlichen Niederlande. Man geht nun zurück bis zum Saal der Feldmarschälle (Saal 193) und betritt Saal 192, den Vorsaal der „Großen Gemächer".

Saal 191: Ballsaal. Dieser prächtige Saal ist der größte des Winterpalastes (1128 m²). Er ist Wechselausstellungen vorbehalten.

Saal 190: Konzertsaal. Hier sieht man neben russischen Kunstgegenständen aus Silber vom Ende des 17. bis zum Beginn des 20. Jahrhunderts einen der größten Schätze des Museums, den **Reliquiensarg Alexander Newskis. Die Zarin Elisabeth Petrowna ließ ihn 1752 von der kaiserlichen Münze aus den ersten in der Mine von Kolywan in Sibirien gewonnenen 1474 kg Silber herstellen. Der reich verzierte Schrein sollte die Reliquien des heiligen Alexander Newski aufnehmen. Auf den Basreliefs sind Szenen aus dem Leben des Heiligen dargestellt.

Saal 189: Malachit-Saal: Dieser Raum ist das Werk von *Brjullow* (1839). Das prächtige Grün des Uralmalachit verbindet sich hier mit dem Gold der Kronleuchter und Kapitelle.

Im Malachit-Saal fanden Sitzungen der Kerenski-Regierung statt.

Saal 188: Der ehemalige kleine Speisesaal des Winterpalastes, wo die Mitglieder der Provisorischen Regierung Zuflucht fanden, ist seit jener historischen Stunde in unverändertem Zustand. In diesem Saal wurde in der Nacht vom 7. zum 8. November 1917 die Kerenski-Regierung verhaftet.

Saal 155: Maurensaal (*Arapskij Zal*): Büsten Peters des Großen und seines Freundes A. Menschikow (Bildhauer B. Rastrelli).

Saal 156: Die Rotunde: Modell einer Siegessäule, die auf einem Platz in St. Petersburg aufgestellt werden sollte. Wachsfigur Peters des Großen in Originalgröße (er maß 2,04 m) von C. Rastrelli, bekleidet mit dem Prunkgewand, das der Zar 1724 anläßlich der Krönung von Katharina I. trug.

Saal 157: Stiche von A. Zubow u. a. aus der Zeit Peters des Großen.

Saal 158: Bemerkenswerte *Bronzebüste Peters des Großen (C. Rastrelli, 1723). – Lackminiaturen, mit denen Peter der Große seine Untertanen auszeichnete und die mehr als manche Orden geschätzt wurden, da sie als persönliches Auszeichnungsgeschenk des Zaren galten. – Stiche von Aleksej Zubow, u. a. eine Gesamtansicht von St. Petersburg (1716). – Porträts von Peter dem Großen und seiner Familie.

Saal 159: Zimmereinrichtungen aus dem 18. Jahrhundert. Auf einem großen zeitgenössischen Gobelin aus der Manufaktur von St. Petersburg (gegründet 1717): Peter der Große bei Poltawa. – Sammlung von Drehbänken, die persönliches Eigentum Peters des Großen waren.

Saal 162: Porträt Peters des Großen, von Lomonossow als Mosaik ausgeführt. – Andere Mosaiken aus der Werkstatt des großen Gelehrten.

Saal 164: Russische Architektur von Rastrelli bis Starow.

Saal 166: Russisches Porzellan von D. W. Winogradow, seinem Erfinder. Es handelt sich hier um die ersten in der kaiserlichen Manufaktur in St. Petersburg hergestellten Stücke. Die Manufaktur wurde unter der Leitung von K. Chr. Hunger aus Meißen erbaut.

Saal 167: Kunstgewerbliche Arbeiten des 18. Jahrhunderts.

Saal 169: Saal der wissenschaftlichen Instrumente. Hier ist vor allem die **eiförmige Uhr von Iwan Kulybin (1735–1818) zu sehen: ein Meisterwerk aus 400 Einzelteilen, die die Uhr, das Spielwerk und goldene Figurinen in Gang setzen.

Saal 170: Porträts von Lewitskij und Borowikowskij. – Landschaften von Schtschedrin; Louis-seize-Möbel.

Saal 171: Dekorative Wandbilder, Musikinstrumente.

Saal 172: Architektur (Fortsetzung von Saal 164).

Saal 173: Kunstgewerbe des 18. Jahrhunderts, insbesondere Werke der Elfenbeinmeisterschnitzer von Cholmogory bei Archangelsk, u. a. eine Vase von N. Wereschtschagin.

Rechts ein langer Gang mit Wandteppichen aus Westeuropa (15. bis 18. Jh.).

Saal 175: Einrichtungsgegenstände aus dem beginnenden 19. Jahrhundert. – Frauenkleidung von 1829 bis 1830).

Saal 176: Stiche aus dem 19. Jahrhundert mit Szenen aus dem russischen Leben.

Saal 177: Der 14. Dezember 1825 Porträts der Dekabristen Murawjow, Puschtschin u. a. – Prachtvolle Möbel König Karls X. von Frankreich (1824–1830).

Saal 178: Büchersammlung.

Saal 179: Kleiner Puschkinsaal.

Saal 180: Saal im Stil von 1830.

Saal 181: Forscher und ihre Entdekkungen.

Saal 182: Frauenkleidung aus der Mitte des 19. Jahrhunderts. – Stiche und Gemälde.

Saal 183: Kunsthandwerk und Folklore aus der Ukraine. – Holzschnitzerei.

Saal 184: Stiche und Einrichtungsgegenstände aus demPremier Empire.

Saal 185: Kunstgewerbe aus der Mitte des 19. Jahrhunderts. – Sehr schöne Deckenmalerei im romantischen Stil mit Girlanden (1830). – Große Gobelins.

Saal 186: Russische Malerei des 19. Jahrhunderts: Markow, Tropinin, Brjullow, Argunow, Krjukow.

Saal 187: Zweite Hälfte des 19. Jahrhunderts: Stiche, Porträts und Frauenkleidung, die in Frankreich während des Second Empire in Mode waren.

(In den Sälen 175 bis 187 werden bisweilen verschiedene Wechselausstellungen veranstaltet. In diesen Fällen werden sie von den obengenannten Exponaten geräumt.)

Hier endet die Besichtigung der Ausstellung russischer Kunst und Kultur im 18. und 19. Jahrhundert. Man befindet sich wieder beim Saal 189

(Malachit-Saal) und gelangt sodann durch Saal 190 seitlich zur langen Galerie Peters des Großen.

Galerie Peters des Großen. Sie ist der russischen Kunst und Kultur zur Zeit Peters des Großen (Säle 153 und 152) und unter der Herrschaft Moskaus (Saal 151) vorbehalten.

Säle 153 und 152: Objekte aus dem Kuriositätenkabinett Peters des Großen. Sie legen Zeugnis ab vom Erfindergeist, der Kreativität und dem Organisationstalent des Zaren, dessen Reformen auf allen Gebieten – seien es Strategie, Bewaffnung, Artillerie, Navigation, Bergwerkswesen, Druckkunst, Bildung, Erziehung oder Medizin – Rußland die Pforten zur Neuzeit öffneten.

Saal 151: Russische Kunst und Kultur während der Herrschaft Moskaus im 15., 16. und 17. Jahrhundert. Die Sammlung ist nicht sehr groß, sie enthält jedoch nur hervorragende Objekte. Ikonen: * „Der heilige Nikolaj Zarajskij", „Der heilige Dmitrij der Krieger" (15. Jh.), „Jüngstes Gericht" (16. Jh.), „Johannes der Täufer mit Flügeln" (Ende des 17. Jh. von Tichon Filatjew aus der Moskauer Schule gemalt). – Kultgegenstände. – Handschriften und Drucke aus dem 17. Jahrhundert: das Alphabet von K. Istomin und die Grammatik von M. Smotritskij. – *Landkarte von Sibirien, die von einem der ersten russischen Gelehrten, Remezow, 1698 auf Leinwand gezeichnet wurde.

Rechts kommt man wieder zum Saal der Feldmarschälle (Saal 193).

Der Weg zum Ausgang führt durch die sieben letzten Säle der Abteilung „Kunst und Kultur Rußlands" (*Rußland vom 6. bis 15. Jh.*). Man geht jetzt durch die lange Galerie (Säle 200, 201 und 202), die Wandteppiche aus dem 18. Jahrhundert sowie verschiedene Negerbüsten, die im „exotischen Stil" dieser Epoche ausgeführt sind, birgt. Auf der rechten Seite des Besichtigungsweges geht es von Saal 202 in den Saal 143 und geradeaus durch den Pavillon-Saal (Nr. 204) in die Vorhalle (Nr. 206), wo eine Treppe zum Ausgang führt.

Saal 143: Slawische Antiken des 8. bis 10. Jahrhunderts. Funde die im Gebiet von Suma, Woronesh und Romny gemacht wurden. – Funde aus der Gegend um Staraja Ladoga: Webstühle, Spindeln, Fragmente von Booten und Rudern.

Saal 144: Die Landbevölkerung Altrußlands.

Saal 145: Handel und Kunsthandwerk aus dem Gebiet von Staraja Ladoga und Bjelaja Weja, wo vom 10. bis zum 12. Jahrhundert Handelszentren waren.

Saal 146: Waffen und Rüstungen aus der Zeit der Tatareneinfälle (Funde von Rajkowetskoje bei Berditschew).

Säle 147–149: *Russische Kunst und Kultur vom 10. bis zum 13. Jahrhundert. Fresken und Mosaiken aus dem St.-Michaels-Kloster in Kiew (Anfang des 12. Jh.). – Meisterbildhauer aus dem Gebiet von Wladimir-Suzdal. – Schmuck aus Gold und aus Silberfiligran. – Inschrift vom „Tmutorokan-Stein" (1068) und Inschriften auf Birkenrinde (12. Jh., Gebiet von Pskow).

Saal 150: Kunsthandwerk, Ikonen. Architekturfragmente und Gegenstände des täglichen Gebrauchs aus Pskow und Nowgorod.

Nationale Antiken der UdSSR

Diese Abteilung nimmt das Erdgeschoß im westlichen Flügel des Winterpalastes ein und ist in drei Abschnitte gegliedert:

A: Vom Paläolithikum bis zur Eisenzeit (in diesem Abschnitt ist u.a. der Skythenschatz ausgestellt)

B: Kunst und Kultur der Völker Zentralasiens

C: Kunst und Kultur der Völker des Kaukasus

In der Eingangshalle, wo die Kassen sind, steigt man auf der rechten Seite einige Stufen abwärts und gelangt zu den unteren Sälen der Abteilung A.

A: Vom Paläolithikum bis zur Eisenzeit

Die Sammlungen findet man in den Sälen 11 bis 33 des Winterpalastes.

Saal 11: Paläolithikum und Mesolithikum. Funde von der Ausgrabungsstätte Santani-Dar in Armenien: Gegenstände und Werkzeug aus der Zeit 500000–300000 v. Chr. – Funde aus der Anlage von Malta bei Irkutsk: Darstellung eines Mammuts auf einer Elfenbeinplatte (30000 v. Chr.); zwanzig Frauenstatuetten.

Säle 12 und 13: Neolithikum und Bronzezeit (5000–500 v. Chr.). Funde aus den jungsteinzeitlichen Anlagen Kareliens, Sibiriens, der Waldgebiete Zentralrußlands und des Urals. – *Steinzeichnungen von Elchen, Wasservögeln und Jagdszenen. – Eine Granitzeichnung vom Ufer des Onegasees, in der eine Barke mit Ruderern dargestellt ist. – Funde aus den Torfmooren von Schigir im Gebiet von Swerdlowsk: *Kopf eines weiblichen Elchs mit Hörnern.

Keramikwaren und bemalte Vasen der Tripolje-Kultur (3.–2. Jtsd.). – Weibliche Gottheiten und Tiergestalten aus Ton. – Eine Sammlung von Gerätschaften, die zum Schmelzen und Gießen benötigt wurden, gefunden im Dorf Rachinka in der Nähe des heutigen Wolgograd.

Saal 14: Neolithikum, Bronzezeit und der Beginn der Eisenzeit im Kaukasus (3.–2. Jtsd. v. Chr.). Kurgan (Grabhügel) von Majkop, ein außerordentlich reicher Fund. In diesem Kurgan wurde die Grabstätte eines Stammesführers gefunden; der Leichnam – zinnoberrot gefärbt – ruhte unter einem von vier Säulen getragenen Baldachin. Die Säulen schmückten vier junge Stiere aus Silber und Gold. Das Grab enthielt Gerät aus poliertem Stein, aber auch Kupfer, steinerne Pfeilspitzen, Gold- und Silbergefäße, auf denen Tier- und Landschaftsdarstellungen eingraviert waren, sowie zahlreichen **Silber- und Goldschmuck, eingefaßt von Türkisen und Karneolen (diese Kleinodien werden in der Schatzkammer, den Sälen 122 bis 126, aufbewahrt; hier sieht man anstelle der Originale lediglich Kopien). – Bronzegegenstände aus Georgien, Armenien, Ossetien und Dagestan.

Säle 15–21: **Die Kunst der Skythen. Der Skythenschatz gehört zu den wertvollsten Beständen des Museums.

Kurzer Auszug aus der skythischen Kunst- und Kulturgeschichte

Die Skythen und ihre Kulturgeschichte sind nicht leicht zu erfassen, da sie – aus dem iranischen Sprachraum kommend – aufgrund der Wanderungen der Nomadenvölker eine derartige Verflechtung von Kulturen erfahren haben, daß man sie bisher noch nicht einwandfrei bestimmen konnte. Dennoch sind vier Gruppen zu unterscheiden:

a) Die eigentlich skythische Kultur der nomadischen und Ackerbau treibenden Völker vom unteren Bug, vom unteren Dnjepr und von den Ufern des Asowschen Meeres; diese gehören zur ethnologischen Gruppe der Nordiranier.

b) Die Kultur der zur slawischen Völkergruppe gehörenden Stämme von Moldawien und der Ukraine.

c) Die Kultur der Stämme am Kuban, die dem Einfluß des Nordkaukasus ausgesetzt waren, und die etwa im 3. Jahrhundert v. Chr. das Eindringen der Sarmaten erlebten.

d) Die Kultur der Sarmatenstämme des Wolgabeckens und der Steppen des Ural; zwischen ihrer Kulturgeschichte und der Ostsibiriens besteht eine enge Beziehung.

Gemeinsame Kennzeichen dieser vier Gruppen sind die Bewaffnung und die mit Tiermotiven geschmückten Pferdegeschirre.

Die Skythen entwickelten die plastische Tierdarstellung bis zur Perfektion; Beispiele hierfür sind der Löwe, der Tiger, der liegende Steinbock und kämpfende Tiere; außerdem hatten sie eine eigene Theorie der Tierdarstellung. Darüber hinaus ist die skythische Kunst durch zwei spezifische Merkmale gekennzeichnet: Sinn für lebendige Komposition und Dynamik und gleichzeitige Anwendung verschiedener Techniken. Man findet Rundplastik und Relief, Linearzeichnung, Buntzeichnung, die Anwendung verschiedener Techniken und Materialien für ein und dasselbe Objekt. So ist z.B. der Körper eines Tieres als Relief gestaltet, während der Kopf in Rundplastik ausgeführt ist. Der Künstler erzeugt Bewegung und Leben dadurch, daß er bestimmte Details in Umkehrung zueinander setzt, oder auch dadurch, daß er ein senkrechtes Element bei der Gestaltung des übrigen Körpers verwendet.

Bei den sagenumwobenen Vögeln wird der dynamische Effekt durch die wirbelnde Bewegung des s-förmig gekrümmten Schnabels, des Kammes und des Halses erzielt. Zahlreiche Motive aus der nordischen Tierwelt findet man in einer phantastischen Komposition – einem Tier mit Wolfskopf und Schwanenhals; außerdem sieht man vier Tiere die zu einem einzigen verschmelzen – ohne daß dabei der Eindruck des Gekünstelten entsteht.

In den Vitrinen sind lediglich Kopien (Galvanos) ausgestellt; die Originale befinden sich in der Schatzkammer, den Sälen 122 bis 126. Für die Besichtigung dieser Säle ist eine besondere Erlaubnis der Museumsverwaltung erforderlich, die schriftlich beantragt werden muß. Man kann sie auch durch Vermittlung des Dienstleistungsbüros von Intourist bekommen.

Saal 15: Gegenstände aus Grabhügeln des nördlichen Kaukasus (6. Jh. v. Chr.), in der Nähe der Kosakensiedlung Kelermesskaja (goldene Platte, auf der ein Panther dargestellt ist) und der Kosakensiedlung Kostromskaja (Hirsch – in Saal 21 ausgestellt). – Funde aus den Kurganen am Kuban: typische Gräber skythischer Edler, in denen Stammesfürsten zusammen mit zahlreichen Pferden bestattet wurden.

Saal 16: Aus dem Gebiet von Zaporoshje am Dnjepr: Gräber von skythischen Königen, die Herodot zufolge sowohl nicht seßhafte als auch Ackerbau treibende Skythen unterworfen hatten. – Funde aus den Kurganen von Solocha und Tschertomlyk (4. Jh. v. Chr.).

Saal 17: Gewänder, Waffen, Glaube und religiöse Bräuche der Skythen.

Säle 18 und 19: Ackerbau treibende Stämme der Skythen vom Dnjepr, Bug und Dnjestr (7.–2. Jh. v. Chr.): Überreste von Festungen und bewehrten Wohnstätten, die von den Ackerbau treibenden Stämmen errichtet wurden, um Einfälle skythischer Nomaden abzuwehren; Gerätschaften aus Bronze und Elfenbein; skythische und griechische Keramik.

Saal 20: Landwirtschaft der in den Steppen und Wäldern lebenden Skythen.

Saal 21: Kultur und Handel der Skythen mit den Griechen (4.–3. Jh. v. Chr.); Kultur der Meoten: Grabstätte aus dem 6. Jahrhundert v. Chr., bei Mozdok gefunden.

Säle 22, 23, 25, 26, 28–32: Kultur des Altai vom 5. bis zum 3. Jahrhundert v. Chr. Die von den Archäologen Rudjenko und Grjaznow zwischen 1929 und 1949 durchgeführten Ausgrabungen haben den Beweis für die engen Beziehungen erbracht, die zwischen Skythen und anderen Bewohnern des Altai bestanden. Hauptsächlich wurden die fünf Kurgane von Pazyryk (5.–4. Jh. v. Chr.) untersucht. Die Totenbehausung besteht aus einem Gehäuse aus Rundhölzern; der Sarg des Anführers, seiner Frau oder seiner Konkubine, die nach seinem Tod getötet und mit ihm begraben wurden, ist ein ausgehöhlter Baumstamm; vollständig geschirrte Pferdekadaver, zahlreiche Gegenstände aus bemaltem Leder und besticktem Filz sowie Pelzwerk umgaben die Grabstätten.

Unter den bei Pazyryk gefundenen Schätzen befinden sich ein großer *Holzwagen, der ohne Verwendung von Metall gebaut wurde (Lederriemen verbinden die verschiedenen Teile miteinander) und zwei große *Teppiche (5.–4. Jh. v. Chr.): der eine, der 4,50 × 6,50 Meter mißt, trägt bemalten Filzbesatz, auf dem sich fortlaufend ein Motiv wiederholt: die auf einem Thron sitzende Große Göttin reicht einem Krieger einen Zweig (man beachte die Ähnlichkeit dieser Frau mit der Frauengestalt, die häufig auf skythischen Objekten zu sehen ist). Der andere Teppich gilt als ältester Teppich der Welt; in seinen bunten Dessins ist ein gewisser persischer Einfluß zu erkennen; er ist aus Wolle gewebt und mißt vier Meter im Quadrat.

Säle 22 und 23: Grabfunde aus den Kurganen von Tuekta.

Säle 26, 29 und 30: Grabfunde aus den Kurganen von Baschadar.

Säle 24, 27 und 33: Kunst und Kultur der Bevölkerung der südlichen Steppen vom 3. Jahrhundert v. Chr. bis zum 10. Jahrhundert n. Chr.: Kunst der Sarmaten und Gegenstände, die aus der griechisch-römischen Welt eingeführt wurden. – Finnisch-ugrische, baltische und slawische Völker vom 7. Jahrhundert v. Chr. bis zum 12. Jahrhundert n. Chr. – Nomadenvölker türkischer Abstammung (Petschenegen, Turken, Polowzer) aus den Steppen Südrußlands zwischen dem 9. und dem 12. Jahrhundert n. Chr.

Saal 32: Das Gebiet des Jenisej. Götterstatuen aus Stein.

B: Kunst und Kultur der Völker Zentralsiens

Die Sammlungen umfassen den Zeitraum vom 4. Jahrtausend v. Chr. bis zu den ersten Jahren unseres Jahrhunderts. Ihre Objekte stammen aus dem alten Turkestan, das aus den Territorien der heutigen Sowjetrepubliken Kazachstan, Kirgizistan, Uzbekistan, Tadshikistan und Turkmenistan bestand. Sie sind in den Sälen 34 bis 54 ausgestellt.

Saal 34: Zentralasien vom 4. Jahrtausend v. Chr. bis zum 4. Jahrhundert n. Chr. Ackerbau treibende Völker und Fischer, die noch auf der Entwicklungsstufe primitiver Gesellschaften lebten: Keramik mit geometrischen Mustern und stilisierten Tieren.

Kultur der Parter: Funde aus Nissa (bei Aschchabad): Rythons zur Abwehr von Elefanten, an deren Spitze ein Kentaur oder Greif sitzt (2.–1. Jh. v. Chr.). Das berühmte *Fries von Ajrtam (1. Jh. n. Chr.), ein Steinrelief, das Musikanten darstellt.

Säle 35–37: Zentralasien vom 3. bis 7. Jahrhundert n. Chr. Monumentale kunstgewerbliche Gegenstände, die in Toprak-Kala, Pendshikent und Warachscha gefunden wurden.

Saal 37: Seiden- und Baumwollgewebe, Einzelteile eines Webstuhls aus Holz, Haushaltsgerät. Die Funde stammen aus dem letzten Zufluchtsort der Sogdier, der Festung auf dem Berg Mug, die 722 von den Arabern erobert wurde. – Schriftstück in arabischer Sprache eines Sogdierführers an einen Anführer der Araber.

Säle 48 und 49: Zentralasien vom 9. bis 15. Jahrhundert. Die Sammlung enthält Kunstgegenstände aus islamischer Zeit. Der Islam bewirkte eine wesentliche Veränderung im Kunstschaffen, denn die Darstellung von Menschen oder Tieren trat zurück zuGunsten reiner Ornamentik, geometrischer Muster stilisierter Pflanzendarstellungen und arabischer Inschriften: Keramiken, Kunstgegenstände aus Bronze, Silber und Glas, Sammlung von Fayencekacheln.

Säle 51–54: Zentralasien vom Ende des 18. Jahrhunderts bis zum Beginn des 20. Jahrhunderts. Sammlung von Teppichen, Keramiken, Waffen aus Eisen, Goldschmiedearbeiten, goldbestickten Gewändern, Gegenständen aus Leder.

Säle 67–69: Kunst und Kultur der Goldenen Horde (13.–14. Jh.). Samarkand und der Staat von Timur, über den Tamerlan herrschte (sein wirklicher Name war Timur Läng). Stein mit eingemeißelter Aufschrift in mongolischer und arabischer Sprache aus dem Jahre 1391 (Kriegserklärung Timurs an Tochtamysch). – Zahlreiche Fayencekacheln und Marmorplatten. – Dekoration der Moschee Bibi-Chanym, die auf Befehl Timurs entstand und das schönste Bauwerk Samarkands war (Saal 48). – Wandfliesen vom Mausoleum der berühmten Nekropole Schah-i-Sinda. – Ein großes Bronzebecken (Durchmesser: 2,45 m) mit einer arabischen Inschrift, die dreimal um das Becken läuft (1399; Moschee von Turkestan). – Portale des Mausoleums Gur-Emir in Samarkand, wo sich die Grabstätten Timurs und seiner Familie befinden. Der größte Teil der ausgestellten Gegenstände kommt aus Saraj-Berke, der Hauptstadt des kriegerischen Mongolenstaats: Rüstungen, eigentümliche Waffen. – Keramik, die die Einflüsse verschiedener Kulturen aufweist. – Reste chinesischer Keramik, syrisches Glas und ein marmorner Leuchter aus Ägypten zeugen von den weltweiten Handelsverbindungen der mongolischen Eroberer.

C: Kunst und Kultur der Völker des Kaukasus

Diese Sammlung – sie umfaßt den Zeitraum vom 11. Jahrhundert v. Chr. bis zum 19. Jahrhundert unserer Zeitrechnung – beschäftigt sich mit den Stämmen Transkaukasiens; sie ist in den Sälen 55 bis 66 ausgestellt.

Saal 56: Kultur des Königreichs von Van oder Urartu. Bronzestatuetten (8.–7. Jh. v. Chr.), geflügelte Gottheiten darstellend; sie wurden auf der östlichen Seite des Vansees in der Türkei, auf dem Toprakkale-Hügel gefunden, wo sich einstmals Tuschpa, die Hauptstadt von Urartu, befand. Zahlreiche andere Objekte stammen vom Karmir-Blur-Hügel (Roter Hügel) bei Jerewan: dort stand eine Urartu-Festung.

Saal 58: Transkaukasien (3. Jh. v. Chr.–3. Jh. n. Chr.). Funde aus Gräbern in Georgien, Armenien und Dagestan: Römische Bronzegefäße aus dem 2. und 1. Jahrhundert v. Chr. (Vitrine 3), *Schale aus rubinrotem Glas, mit Silber eingefaßt (2. Jh. n. Chr., Vitrine 6), Tonschalen, syrische Glasgefäße; Kapitell einer Säule vom Tempel von Garni bei Jerewan (1. Jh. n. Chr.), *Silberplatte (Vitrine 11), eine römische Arbeit aus dem 2. Jahrhundert n. Chr. (Darstellung einer Nereide auf einem Seepferd, die von Tritonen umgeben ist).

Saal 59: Transkaukasien (4.–8. Jh.). Bedeutende Sammlung von Bronzefiguren, Platten, Räucherbecken und Wasserkannen.

Saal 60: Der Nordkaukasus (1.–10. Jh.). Funde aus Gräbern und Kirchen Dagestans, Ossetiens und aus dem Gebiet des Kuban. Sie zeigen, daß Beziehungen bestanden zwischen Alaien, den Bewohnern dieser Gegenden, und Rom, Syrien, Parthia, Byzanz, dem arabischen Kalifat. Schönstes Objekt der Sammlung ist ein Gefäß aus dem 2. oder 1. Jahrhundert v. Chr., das wahrscheinlich in Alexandria hergestellt und das in Mozdok gefunden wurde (Vitrine 2).

Saal 62: Georgien im Mittelalter. Sammlung von Ikonenrahmen aus ziseliertem Silber (11.–12. und 15.–18. Jh.).

Saal 63: Kunst und Kultur Armeniens. Keramiken aus Dwin; Fragmente von Fresken aus dem 12. Jahrhundert mit Darstellungen Christi und der Muttergottes. – Münzen der Könige von Kilikien, deren Reich sich bis ans Nordostufer des Mittelmeers erstreckte, und ein **Triptychon aus Silber (1293; Vitrine 17), das aus einem kilikischen Kloster stammt; *Silbergefäß (Vitrine 16), auf dem David Harfe spielend dargestellt ist.

Saal 64: Azerbajdshan. Keramik örtlicher und iranischer Herkunft.

Saal 65: Das mittelalterliche Dagestan. *Steinreliefs aus dem 12. und 13. Jahrhundert, die den Gouverneurspalast und die Moschee (heute beide nicht mehr zu sehen) schmückten. – **Bronzebecken aus dem 12. und 13. Jahrhundert, die in ihrer Ornamentik Ähnlichkeit mit den Steinreliefs aufweisen.

Säle 61 und 66: Kaukasisches Kunsthandwerk (17.–19. Jh.), das eine enge Bindung an das Volksbrauchtum erkennen läßt: Geschirr, Waffen aus Eisen und zwei *Bronzeleuchter aus dem 17. Jahrhundert.

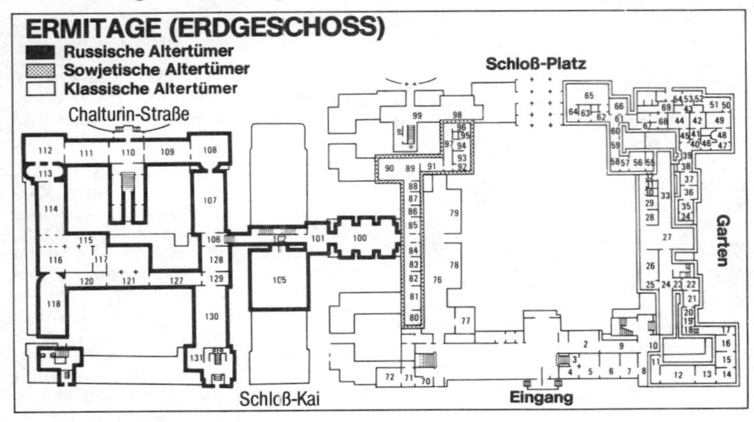

Antiken der Völker des Nahen und Mittleren Ostens (außerhalb der UdSSR)

Die Sammlungen dieser Abteilung sind im Erdgeschoß untergebracht. Sie umfassen folgende Abschnitte:

A: *Altägypten* (4. Jtsd. v. Chr.–6. Jh. n. Chr.)

B: *Mesopotamien, Assyrien und benachbarte Gebiete* (4. Jtsd. v. Chr.–3. Jh. n. Chr.)

C: *Antike Städte am Nordufer des Schwarzen Meeres* (7. Jh. v. Chr.–3. Jh. n. Chr.)

D: *Byzantinische Kunst* (sie ist in den Sälen 381, 381a und 382 im 2. Stockwerk ausgestellt).

A: *Kunst und Kultur Altägyptens*

Die Exponate sind vorübergehend in den Sälen 85 bis 89 untergebracht (Zugang rechts von der Botschaftertreppe aus).

Handbeile (5000 v. Chr.), Tongefäße aus Feuerstein und Steinplättchen, die zum Zerkleinern von Farben dienten (4000 v. Chr.). – Grabfunde aus Chor-Daudé (120 km südlich von Assuan), die zwischen 1961 und 1962 durch ein von der sowjetischen Akademie der Wissenschaften entsandtes Archäologenteam entdeckt wurden: Gefäße, Getreidestößel, Straußeneischale mit geometrischen Mustern, Schmuck. – Grabrelief des Beamten Nimaatra (Mitte 5. Jtsd. v. Chr.).

Das Mittlere Reich (2100–1788 v. Chr.). **Monumentalstatue aus schwarzem Granit von Amenemhet III.; kolorierte Holzstatuetten von Bedienten, Ruderern und Lastenträgern; Uschebti (Grabbeigaben). Papyrusrollen **„Die Mär von dem Schiffbrüchigen" (19. Jh. v. Chr.), „Die Belehrung des Kaisers Merikara" und „Die Belehrung des Weisen Neferti" (16. Jh. v. Chr.). Der Deckel vom Sarg einer Ägypterin trägt eine Inschrift, die aus dem 19. Jahrhundert v. Chr. datiert.

Neues Reich (1580–1050 v. Chr.). Bronzeklinge vom Dolch Thutmosis III., Fragment einer Keilschrifttafel, Relief, das einen opfernden Asiaten darstellt. – Musikinstrumente, Elfenbeinwürfel, Fayence- und Glasschmuck, Schmuck mit Goldeinlegearbeiten, Halbedelsteine und Fayencen; Skarabäen aus Stein, darunter ein Exemplar mit einer Inschrift, derzufolge Pharao Amenhotep III. 102 Löwen tötete. – Statue mit Löwenhaupt der Göttin Sekhmet (15. Jh. v. Chr.). – Figurengruppe, die den ersten Schreiber des Reichs und Gouverneur von Theben, Amenemheb, mit Gemahlin und Mutter darstellt.

Die letzte Periode in der Geschichte Altägyptens (1050–332 v. Chr.). – Kleine Bronzefigur mit Gold- und Silbereinlegearbeit.

Der Totenkult. Sarkophage aus Granit und bemaltem Holz, Mumien und Kanopen (Gefäße, die die Eingeweide des Verstorbenen enthielten). – Tafel mit Totengebeten, die bei den Armen den Sarkophag ersetzte. – Mumien des Priesters Petesse und seiner Tochter Babat (10. Jh. v. Chr.). Mumien von Falken und einer Katze (bekanntlich waren Katzen im alten Ägypten heilige Tiere).

Die griechisch-römische und die koptische Periode. Ausdrucksvolle Porträtfragmente aus Fayum (2. Jh.). – Bedeutende *Sammlung koptischer Gewebe aus Leinen, Seide und Wolle (4.–6. Jh.).

B: Kunst und Kultur Mesopotamiens, Assyriens und der benachbarten Gebiete

Die Sammlungen befinden sich in den Sälen 90 und 91.

Keilschrifttafeln aus verschiedenen Epochen: die ältesten gehen zurück ins 4. Jahrtausend, die jüngsten datieren aus dem 3. Jahrhundert v. Chr. Sie stammen aus Tempel- oder Palastarchiven in Sumer, Akkad und Babylon. Es handelt sich um juristische Urkunden und mathematische, religiöse oder literarische Texte.

Eine der **ältesten Handschriften der Welt (3300): Steintafel mit vier Symbolen der sumerischen Bilderschrift.

Alabasterreliefs (9. Jh. v. Chr.) aus dem Palast von Nimrud, Schutzgötter und den assyrischen König Assurnasirpal II. darstellend. – Ein Relief aus dem 8. Jahrhundert v. Chr. mit Priesterdarstellungen stammt aus dem Palast Sargons II. in Chorsabad. – Relief aus dem Palast Teglath-Phalasars III. in Nimrud.

Gefäße mit bunten Mustern aus Elam, Bronzefiguren aus Luristan, phönizische Glaswaren.

In der Ermitage ist der **„Tarif von Palmyra“ zu sehen, eine Marmorplatte, auf der in Armenisch und Griechisch das Gesetz vom 18. April 137 über die zu entrichtende Steuer für nach Palmyra eingeführte Waren zu lesen ist. – Grabsteine aus Palmyra (2.–3. Jh.).

C: Kunst und Kultur der antiken Städte am Nordufer des Schwarzen Meers

Die Sammlungen sind in den Sälen 100, 115–117 und 120 ausgestellt.

Saal 100: Funde von den Ausgrabungen in Olbia, einer Kolonie von Milet, die im 6. Jahrhundert v. Chr. am rechten Ufer des Bug, unweit der Mündung, gegründet wurde (von diesem bedeutenden Handels- und Landwirtschaftszentrum aus wurde Getreide nach Griechenland exportiert): griechische Grab- oder Widmungsinschriften, Kunstgegenstände und Bronzemünzen.

Funde von der ausgegrabenen Stadt Chersones (3 km östlich von Sewastopol), die im 5. Jahrhundert v. Chr. von Siedlern aus Herakleia gegründet wurde.

Durch die Säle der griechischen und römischen Antiken (s. S. 280) kommt man zum Saal 115.

Säle 115–117: Das Bosporanische Königreich und seine Hauptstadt Pantikapaion (heute Kertsch) am Ufer der Meerenge von Kertsch.

Frauengrab, das in der Nähe des antiken Phanagoria gefunden wurde; in dieser Stadt wurden Parfümgefäße hergestellt (griechische Arbeiten vom Ende des 5. Jh.s v. Chr.).

Funde aus den Kurganen der „Sieben Brüder“ am Ufer des Kuban: Grabstätten von hellenisierten Adeligen.

Funde aus dem Hügelgrab von Bolschaja Bliznitsa bei Taman: reich verzierte Gegenstände, die in den Granitgruften der Priesterinnen der Demeter gefunden wurden; der wertvolle **Goldschmuck wird in der Schatzkammer aufbewahrt, die übrigen Objekte sind in Saal 116 ausgestellt.

Sehenswertes **Königsgrab (3. Jh. n. Chr.): Die goldene Maske stellt das Abbild des Statthalters vom Bosporus, Riscuporid, dar; die große Silberplatte mit dem Monogramm des römischen Kaisers Caracalla soll dieser dem König des Bosporanischen Reiches geschenkt haben.

Funde aus den Kurganen von Kul-Oba und Uz-Oba (4. Jh. v. Chr.).

Saal 120: Funde aus Nymphea (6. Jh. v. Chr.–3. Jh. n. Chr.), einer kleinen Stadt bei Kertsch am Bosporus, die von den Bewohnern der Insel Samos an einem alten skythischen Siedlungsplatz errichtet wurde.

Die Ermitage besitzt Hunderte von prachtvollen Gemmen und Kameen. Sie sind über alle Säle der Abteilung „Klassisches Griechenland" verteilt. In Saal 121 ist ein äußerst seltenes Stück zu sehen, die sogenannte **„Gonzaga-Kamee" (aus der Sammlung des Herzogs von Gonzaga); der Stein wurde im 3. Jahrhundert v. Chr. in Alexandria geschnitten und hat die Maße 15,7 × 11,8 cm; auf ihm sind der ägyptische König Ptolemaios Philadelphos und seine Gemahlin Arsinoë dargestellt.

Klassische Antikensammlung

A: Römische Antiken

Die Sammlungen, die den Zeitraum vom 7. Jahrhundert v. Chr. bis zum 4. Jahrhundert n. Chr. umfassen, sind in den Sälen 127 bis 131, 107, 106 und 102 ausgestellt.

Saal 130 (er ist mit seinen 20 Monolithsäulen aus grauem Granit einer der schönsten der Ermitage) und **Saal 131:** Der größte Teil der ausgestellten Sammlungen stammt aus Etruskergräbern (7.–6. Jh. v. Chr.).

Kunstgegenstände aus Bronze aus dem 6. bis 5. Jahrhundert, darunter Spiegel, Henkelgefäß in Form eines Tritons und ein dreifüßiges Räucherbecken mit durchbrochenem Fries.

Keramiken aus den griechischen Städten Kampaniens, Lukaniens, Apuliens und Kalabriens.

Berühmte schwarzglasierte **Hydria (altgriechischer Wasserkrug) mit Goldrelief, die im 19. Jahrhundert in Cumae gefunden wurde. Sie ist unter der Bezeichnung „regina vasorum" bekannt.

Saal 127: Rom (1. Jh. v. Chr. bis 1. Jh. n. Chr.). Die Ermitage ist im Besitz von etwa einhundertzwanzig Marmorporträts (Säle 106, 107, 127 und 128), die kraftvoll und realistisch ausgeführt sind. Sie zeigen z. B. Julius Caesar als Knaben, (1. Jh. n. Chr.), Lucius Verus (2. Jh., Saal 107) und Philipp den Araber (3. Jh.). – Daneben zahlreiche Marmorstatuen.

Saal 129: Mosaikfragmente sowie ein großes Mosaik (3. Jh. n. Chr.), das den Mythos von Hylas – Jasons Gefährten – darstellt. Gefäße aller Art für Parfüm und Wein; Urnen aus Keramik und geblasenem Glas.

Saal 128: Dekorative Fragmente von klassischen römischen Bauten; Fragmente von Wandmalereien aus Pompeji; Säulenkapitelle. Das Prunkstück dieses Saals aber ist die *Vase aus Kolywan, die in Sibirien von 1829 bis 1843 aus einem einzigen Jaspisblock geschnitten wurde.

Saal 107: Römische Bildhauerei (1.–4. Jh.). Eine riesige Jupiterstatue aus Marmor und Gips; Statue eines Redners. – Sammlung in Stein gehauener Porträts.

B: Kunst und Kultur im klassischen Griechenland

Die Sammlungen (8.–2. Jh. v. Chr.) sind in den Sälen 108, 109, 111, 112, 114 und 121 zu finden.

Saal 111: Archaische Periode und erste klassische Periode (8.–5. Jh.). Tongefäße mit schwarzen oder rotbraunen geometrischen Mustern; kleine Bronze- oder Tonfiguren.

Korinthische Vasen mit dekorativen Ornamenten, die an orientalische Stoffe erinnern (7.–6. Jh. v. Chr.).

Kleine Bronzestatue im archaischen Stil (6. Jh. v. Chr.). – Marmorstatue des Jünglings Hyazinth, des Lieblings Apolls (römische Nachbildung des griechischen Originals aus dem 5. Jh. v. Chr.).

Säle 112 und 113: Römische Kopien von Werken griechischer Meister.

Saal 114: Griechische Kunst des 4. Jahrhunderts v. Chr. Römische Marmorplastiken nach griechischen Originalen.

Saal 121: Hellenistische Periode (von den Eroberungszügen Alexanders des Großen bis zur Besetzung Ägyptens durch die Römer). Eine große Sammlung von Terrakotta-Figuren: Die aus Tanagra stammenden (4. bis 3. Jh. v. Chr.) sind am kostbarsten.

Saal 108: Dieser Saal (von *Leo von Klenze* entworfen) ist dem Hof eines hellenistischen oder römischen Hauses nachempfunden.

Saal 109: Sammlung von Marmorskulpturen, die Paläste, Villen, Gärten und Parkanlagen im antiken Rom zur Zeit der hellenistischen Periode schmückten. Die bekannteste Skulptur ist die **„Taurische Venus", die römische Kopie (2.–1. Jh.) eines griechischen Werks aus dem 3. Jahrhundert v. Chr.

Die Taurische Venus ist die erste antike Statue, die nach Rußland kam: Nach langen Verhandlungen überließ Papst Clemens XI. sie 1720 Peter I. Vom Ende des 18. Jahrhunderts bis in die Mitte des 19. Jahrhunderts befand sich die Statue im Taurischen Palast, nach dem sie benannt wurde.

Säle 122–126: Hier befinden sich die Schatzkammern (Besichtigung nur mit besonderer Genehmigung; Anfragen sind über das Intourist-Dienstleistungsbüro an die Hauptverwaltung der Ermitage zu richten). Außer den Originalen des **Skythen-Goldschatzes und griechischen Goldfunden aus den Tumuli des Kaukasus und des Bosporanischen Reichs bergen sie **Goldschmiedearbeiten (16.–19. Jh.), Meisterwerke westeuropäischer Goldschmiede, die in Rußland arbeiteten.

Kunst und Kultur der Völker des Ostens (außerhalb der UdSSR)

Diese Abteilung ist ausschließlich im zweiten Stockwerk untergebracht und umfaßt folgende Sektionen:

A: Die Kunst Chinas

B: Die Kunst der Mongolei

C: Die Kunst des Mittleren Ostens

D: Die Kunst Indiens (16. bis 20. Jh.)

E: Die Kunst Japans (17.–20. Jh)

Das zweite Stockwerk birgt gleichzeitig die Sektion „Byzantinische Kunst" der Abteilung „Antiken der Völker des Nahen und Mittleren Ostens (außerhalb der UdSSR)" sowie eine Münzensammlung.

A: Die Kunst Chinas

Die Sammlungen sind in den Sälen 351 bis 360 ausgestellt.

Sammlung von Lößfiguren, Fragmente von Fresken (6.–9. Jh.) aus dem Kloster Tsian Fuotung (Grotte der tausend Buddhas).

Funde aus Chara-Choto in der Wüste Gobi; die ehemalige Hauptstadt des Tangutenreichs wurde von Dschingis Chan zerstört.

Sammlung von Porzellan, Lack-, Email- und Elfenbeinarbeiten, Gemälde und Plastiken (16.–20. Jh.).

Gemälde von Tsi-Pai-shi (1872–1957) und Sui-Pei-hung (1894–1953).

B: Die Kunst der Mongolei

Saal 365: Kunst und Kunstgewerbe aus der Mongolei (16.–19. Jh.).

Saal 366: Die Herrschaft Dschingis Chans: **Stein des Dschingisen, eines der ältesten Denkmäler mongolischer Schrift. Steinplastiken, die Drachen darstellen.

Saal 367: Funde aus den Kurganen Noine-Ula im Norden der Mongolei; diese Kurgane waren Gräber von Hunnenführern, die über riesige, von Nomaden aus der Mongolei, aus Westchina und aus Zentralasien bevölkerte Territorien herrschten.

Byzantinische Kunst

(= Ziffer *D* der Abteilung „Antiken des Nahen und Mittleren Ostens“). **Saal 381:** Ausgrabungen aus Chersones: Kapitelle, Reliefs (5.–6. Jh.); Marmorstatuetten, die den Guten Hirten darstellen.

Saal 381a: Gegenstände aus Silber (6.–7. Jh.) mit griechisch-römischem Dekor, mythologischen Themen oder christlichen Symbolen.

Gegenstände aus Elfenbein: *Diptychon, Jagdszenen darstellend (um 500 v. Chr.). – Mosaiken.

Saal 382: Kassetten mit Elfenbeineinlagen (10–12. Jh.). – **Ikonen (12.–14. Jh.). – Emailarbeiten, Gemmen, Stoffe, Keramiken, Münzen und Medaillen.

C: Die Kunst des Nahen und Mittleren Ostens

Säle 383–387, 391 und 394: Die Ermitage besitzt die reichste Sammlung sassanidischer Silberschalen. Außerdem sieht man in diesen Sälen geschliffene Steine und Münzen (Saal 383).

Saal 384: Kunstgegenstände aus Bronze mit Kupfer- und Silbereinlegearbeit: Gefäß in Form eines Adlers (8.–9. Jh.); Gefäß in Form einer Katze (12. Jh.).

Säle 385–387: Iranische Keramik vom 12. bis zum 15. Jahrhundert mit Lüsterüberzug (= Glanzüberzug aus Farbe mit Metallzusatz).

Säle 391–394: Iranische Kunst vom 16. bis zum 18. Jahrhundert. Silber- und goldbestickte Stoffe; Teppiche; Gerät aus Kupfer und Bronze (häufig mit Gedichten versehen); Keramik.

Saal 392: Miniaturen.

Saal 388: Syrien und der Irak vom 13. bis zum 15. Jahrhundert. Gegenstände aus Glas mit bunter Emailverzierung. Schüsseln, Platten und Leuchter aus Bronze.

Säle 389–390: Ägypten vom 7. bis zum 15. Jahrhundert. Sammlung von Stoffen vom 7. bis 12. Jahrhundert; Vasen aus Bergkristall; Bronzefiguren; Keramik, Glaswaren; bunte Emaillampen; geschnitzte Holzplatten.

Säle 395–397: Die Türkei vom 15. bis zum 18. Jahrhundert. Rüstungen, Helme, Keramik aus Kleinasien und Damaskus. Stoffe, Samt, Brokate, Teppiche, Waffen.

D: Die Kunst Indiens (16.–20. Jh.)

Die interessantesten Sammlungen (Säle 368–371) beziehen sich auf die Zeit des Großmogulischen Reichs vom 16. bis zum 19. Jahrhundert.

Saal 368: Statuetten aus Marmor, Holz oder Bronze aus verschiedenen Provinzen des Landes, Bengalen, Südindien, Mittelindien, Gudscharat, Pandschab.

Säle 369 und 370: **Sammlung indischer Miniaturen aus dem 17. und 18. Jahrhundert, die verschiedenen Schulen zugehören.

****Sammlung alter indischer Waffen:** damaszierter Stahl mit Elfenbein- oder Silbereinlagen; Dolche und damaszierte Spieße; vergoldete, durchbrochene Helme.

Saal 371: Die moderne Kunst Indiens.

E: Die Kunst Japans vom 17. bis zum 20. Jahrhundert

Saal 375: **Eine Sammlung von Holzschnitten der bedeutendsten japanischen Künstler des 18. Jahrhunderts: Utamaro (1753–1806), „Junge verliebte Mädchen“; Hokusai (1760–1849); Hiroshige (1794–1858), „Park im Winter“.

Saal 376: Modernes japanisches Kunstgewerbe.

MÜNZENSAMMLUNG

Zu dieser außerordentlich reichen Sammlung gehören mehrere Tausend antike, orientalische, europäische und russische Münzen. Die Exponate sind je nach ihrer Zugehörigkeit zu diesem oder jenem Kulturkreis in den verschiedenen Sälen und Galerien der Ermitage ausgestellt.

Die Säle 398 bis 400 im zweiten Stock enthalten Ausstellungen von Orden, Insignien und Auszeichnungen sowie Einzelstücke.

Weg 13: Das ***Russische Museum

Das Russische Staatliche Museum (kurz Russisches Museum genannt) ist das größte Museum für russische Kunst in der UdSSR. Es ist im ***Michajlowskij-Palais* untergebracht (zur Geschichte und Architektur des Palais s. S. 213).

Alexander III., dessen Wunsch es war, in St. Petersburg ein Gegenstück zur Moskauer Tretjakow-Galerie zu errichten, bestimmte das Michael-Palais zu einem Museum, das ausschließlich russische Kunst präsentieren sollte. Ab 1895 wurden die Innenräume umgestaltet. Im Jahre 1898 schließlich wurde das Museum eröffnet. Seinen heutigen Namen erhielt es nach 1917. Seither wurden neue Abteilungen eingerichtet, insbesondere die Abteilung für sowjetische Kunst in einem von *L. Benois* von 1912 bis 1916 errichteten Erweiterungsbau.

Adresse: Ingenieur-Straße 4 (Inshenernaja Ulitsa 4). Geöffnet von 10 bis 18 Uhr, außer dienstags.

Besichtigung: Es gibt keinen Katalog. An mehreren Verkaufsständen können dagegen Reproduktionen, Monographien und Kunstbücher erworben werden. – Garderobe, Kasse und Cafeteria befinden sich im Untergeschoß.

Hinter dem Ehrentor wendet man sich nach rechts (nicht zum Hauptportal). Von der Ehrenhalle führt der Weg nach rechts in die Säle des *Erdgeschosses*, wo die Besichtigung beginnt. Da die Räume des Museums zur Zeit (1984) renoviert werden (immer eine Anzahl von Sälen), ist die Ausstellung der Exponate ständig in Bewegung. Deshalb wird hier keine genaue Aufteilung der Werke auf die Säle angegeben. Aber welche Säle auch gerade geöffnet sind, der allgemeine (chronologische) Besichtigungsweg bleibt unverändert. – Will man jedoch nur bestimmte Werke besichtigen, so empfiehlt es sich, sich an die Mitarbeiter des Museums zu wenden oder die Besichtigung in Begleitung eines Intourist-Führers zu unternehmen.

Altrussische Kunst

Hier sind die interessantesten und wertvollsten Werke aus dem 12. bis 17. Jahrhundert ausgestellt: Ikonen mit den Abbildern der Apostel Petrus und Paulus und einer Deësis (Schule von Pskow) aus der St.-Nikolaus-Kirche in Pskow. – *„Muttergottes“ (12. Jh.; aus dem Gebiet von Bjelozersk). – „Das Leben des heiligen Georg“ (Anf. 14. Jh.). – „St. Nikolaus“ (Schule von Nowgorod; Ende 13./Anfang 14. Jh.)

Nowgoroder und Pskower Schule. Im 14. und 15. Jahrhundert gab es in Nowgorod eine Ikonenschule, die bekannt war für ihren unbefangenen Stil, ihre Sponteinität, den direkten Erzählton, die Umsetzung mündlich überlieferter Berichte aus dem Volk in die Sprache der Malerei sowie ihren Sinn für das Pittoreske. Bevorzugte Farbe war Zinnober.

Nowgoroder Schule: „Johannes d. Täufer“; *„Jungfrau im Glorienschein“; „St. Kyrillos und St. Athanasius“; *„Höllenfahrt“ (dazu eine andere Version aus dem 13. Jh.); *„Erzengel Gabriel“, verschiedene Ikonen, in denen der heilige Georg dargestellt ist (er wurde in Nowgorod, das nie unter der Mongolenherrschaft zu leiden hatte, besonders verehrt); „St. Demetrios von Saloniki“; „Belagerung von Nowgorod durch die Truppen von Suzdal“. Alle diese Ikonen stammen aus dem 15.

Jahrhundert, die des Apostels Thomas hingegen aus dem 14. Jahrhundert.

Pskower Schule: *„Höllenfahrt" (Ende 14. Jh.); *„Erweckung des Lazarus"; Dreifaltigkeit.

Schulen von Twer und Moskau.

Die Schule von Twer: „Erweckung des Lazarus" (Ende des 15. bis Anfang des 16. Jh.); „Mariä Reinigung"; **„Die Erzengel Michael und Gabriel"; „Der Prophet Daniel". In den – fast impressionistisch wirkenden – Ikonen der Schule von Twer kontrastieren die Farben stark.

Die Schule von Moskau: Vier Ikonen von der Ikonostase (1408) der Mariä-Himmelfahrts-Kathedrale (Uspenskij Sobor) von Wladimir werden Andrej Rubljow zugeschrieben oder stammen aus seiner Schule: *„Die Apostel Petrus und Paulus", „Mariä Reinigung", „Die Taufe Christi" und *„Heiliger Nikolaus". – „Heiliger Georg" (14. Jh.); „Evangelist Johannes und Prochoros" (14. Jh.); „Fußwaschung" (15. Jh.); „Erweckung des Lazarus" (15. Jh.).

Nowgoroder Schule (16.–17. Jh.): „Das Leben des heiligen Nikolaus". – Mehrere Ikonen mit Darstellungen der Dreifaltigkeit nach dem Alten Testament („Die drei Engel in der Gastfreundschaft Abrahams"; 1. Mos. 18,1–8). Die schönste von allen Ikonen ist die **„Dreifaltigkeit" (1671) von Simeon Uschakow (1626 bis 1686). Von dem gleichen Künstler: **„Heiliges Antlitz". – „Erzengel Michael" (aus der Auferstehungskathedrale von Jaroslawl). – „Jungfrau Odighitria" (1500–1502), – „St. Gregor" (1500–1502). – „Erzengel Gabriel" (1500–1510). – „Höllenfahrt" (Anfang 16. Jh.). – Szenen aus dem Leben des heiligen Kyrillos von Bjelozersk (Ende des 15./Anfang des 16. Jh.s). – „Erzengel Gabriel" (Gegenstück zum Erzengel Michael aus der Kathedrale von Jaroslawl). – „Christi Verklärung". – „Fürbitte der Jungfrau" (Moskauer Schule; 16. Jh.). – „Grablegung" (16. Jh.).– „Das Wunder des heiligen Georg mit dem Drachen" (Schule von Nowgorod). – *„Der letzte Schlaf Mariens".

Nach der Besichtigung der altrussischen Malerei geht man über die Ehrentreppe in den *ersten Stock* hinauf.

18. und 19. Jahrhundert

Die Ausstellung beginnt hier mit Porträts aus dem Anfang des 18. Jahrhunderts. Sie stammen hauptsächlich von I. Nikitin (1690–1741). Es folgen Werke von Wischnjakow (1699–1761). – Zahlreiche Porträts von Antropow (1716–1795). – Porträts von Torelli, A. Roslin und J. J. de Belli (Graf Schuwalow). – Skulpturen von M. J. Iwanow.

Weitere Porträts: Zarin Katharina II., hochgestellte Persönlichkeiten am Hof, Fürst Orlow, mehrere Frauen aus der Familie Worontsow. – Porträt *Madame Surowtsewas von Rotokow, *Selbstporträt von Tschemesow.

Werke des Bildhauers Schubin (1740 bis 1805): Büsten von Lomonossow, Katharina II., Zubow, Schwarts u. a. Frauenporträts von Lewitskij (1735 bis 1822), u. a. *„Zwei adelige Fräulein aus dem Smolny-Institut".

Porträts von W. A. Borowikowskij (1757–1825).

Große Kompositionen von Motiven aus der Bibel, der Mythologie und der Geschichte: Anton Pawlowitsch Lossenko (1737–1773): „Kain", „Der wunderbare Fischzug", „Abrahams Opfer", „Wladimir und Rognjeda" u. a. – P. I. Sokolow: „Merkur und Argus". – Landschaften von M. M. Iwanow.

Gipskopie des „Ehernen Reiters" von Falconet und Anne-Marie Collot-Falconet, seiner Schwiegertochter und Schülerin.

Große historische Kompositionen von Ugrjumow (1764–1863), darunter die „Eroberung von Kasan durch Iwan IV.", W. K. Sazonow („Einzug der Franzosen in Moskau") sowie von F. A. Bruni (1801–1874) „Der Tod des Camillus" und „Die airinische Schlange".

Seegemälde von I. K. Ajwazowskij (1817–1900), der über 6000 Ansichten vom Schwarzen Meer malte. Genrebilder und Porträts sowie Bilder mit Motiven aus der Geschichte von Karl Pawlowitsch Brjullow (1799 bis 1852).

Nach der Besichtigung der Werke von Brjullow geht man die Ehrentreppe hinunter und in die Räume des *Erdgeschosses*, die links von der Treppe liegen. Hier wird die Besichtigung der Werke aus dem 19. Jahrhundert fortgesetzt.

Unter den Gemälden von Orest Kiprenskij sind ein sehr schönes Selbstporträt und das Porträt des Obersten Denis Dawydow. Es folgen Genrebilder von A. G. Wenetsianow und seinen Schülern und anschließend große Kompositionen von Aleksandr Andrejewitsch Iwanow nach religiösen Motiven („Christus und Maria Magdalena", 1835; mehrere Entwürfe für das große Gemälde in der Tretjakow-Galerie „Christus erscheint dem Volk"; Entwürfe von Köpfen; Körperstudien).

Zweiter Iwanow-Saal. Verschiedene Landschaften in der Manier der Schule von Barbizon.

In den Sälen des Erdgeschosses sind auch Landschaften von S. Schtschedrin, F. Matwejew und anderen Malern des 18. und 19. Jahrhunderts ausgestellt.

Porträts von W. A. Tropinin (1776 bis 1857), darunter das Porträt einer Greisin, S. K. Zarjanko (1818 bis 1878) und Pawlow (1791–1842).

Porträts und kleinformatige Genrebilder von P. Fjedotow (1815 bis 1852); Genrebilder von Tschernyschow.

Plastiken und Basreliefs von F. W. Schubin (1740–1805).

Die Genrebilder von W. G. Pjerow (1833–1882) sind Satiren auf den orthodoxen Klerus. – Schönes *Porträt Turgenjews und das eines jungen Kirgisen. – W. G. Pjerow war einer der Mitbegründer der Künstlergruppe der „Peredwishniki". Er wollte durch Darstellungen vom Elend des Volkes die Öffentlichkeit aufrütteln.

Werke von I. N. Kramskoj: „Christus in der Wüste"; verschiedene Porträts, darunter das des *Geschichtsforschers Solowjow und das des *Malers Pjerow". – I. N. Kramskoj spielte im Kunstleben seiner Zeit eine hervorragende Rolle. Er war die führende Persönlichkeit in der Bewegung der „Peredwishniki" und zugleich ihr Theoretiker.

Bronzeporträt dse Malers Iwanow von einem unbekannten Bildhauer; Landschaften von Morozow, Kamenjew und A. K. Sawrasow (1830 bis 1897).

Impressionistische Landschaftsmalerei in der Manier Boudins von F. A. Wasiljew (1850–1873): „Sonnenuntergang über dem Moor" und „Tauwetter".

Landschaften von J. J. Schischkin (1831–1898).

Historische und religiöse Kompositionen von N. N. Gaj: Peter I. beim Verhör seines Sohnes in Peterhof; verschiedene Porträts. – N. N. Gaj, den, wie alle „Peredwishniki" religiöse Fragen tief beunruhigten, war in der Malerei der eifrigste Verfechter der Ideen Lew Tolstojs.

Genrebilder von Aleksej Iwanowitsch Korzuchin (1835–1894), W. M. Maksimow (1841–1911) und K. W. Ljemoch.

Realistische Genremalerei von K. A. Sawitskij (1845–1905) und W. E. Makowskij, dem Maler, Graveur und Kunsthistoriker, der von 1909 bis 1917 Chefredakteur der Kunstzeitschrift „Apollon" in St. Petersburg war.

W. W. Wereschtschagin: Schlachtenbilder, orientalische Szenen, Porträts und verschiedene Landschaften. – Landschaften von A. J. Kuindshi (1842–1910).

Werke von Wasilij Dimitrjewitsch Poljenow (1844–1927) und **Ilja Rrjepin** (1844–1930).

Porträts von Schtschukin, vom Vater des Künstlers, von W. W. Stasow und von dessen Frau. (Wladimir Stasow, der berühmte Kritiker, war mit vielen Künstlern seiner Zeit befreundet, insbesondere mit den Musikern der „Gruppe der Fünf". Er war der Sohn des Architekten Wasilij Stasow.) Von ihm sieht man auch die großen Genrebilder, die seinen Ruhm begründeten: „Die Wolgatreidler" (mehrere Fassungen und Entwürfe) und „Die Zaporoger Kosaken schreiben an den türkischen Sultan".

Große Kompositionen von Genre- und Historienszenen von W. M. Wasnjetsow (1848–1926), dem offiziellen Maler religiöser Motive (von ihm stammen auch die Fresken in der St.-Wladimir-Kathedrale in Kiew). – Gemälde von W. I. Surikow (1848 bis 1916): Porträts; „Senatsplatz mit Ehernem Reiter", „Überquerung der Alpen durch Suworow" und „Eroberung Sibiriens durch Jermak".

Saal Isaak (Isakij) Lewitans (1860 bis 1900): zarte, lyrische Landschaften.

Werke von S. A. Korowin (1858 bis 1908) und von A. H. Archipow (1962 bis 1930).

Gemälde von Walentin Sjerow (1865 bis 1911), der sich in allen Gattungen der Malerei versuchte.

Es folgen verschiedene Gemälde von Michail Aleksandrowitsch Wrubel (1856–1910) sowie seine Entwürfe für den „Dämon", der sich in der Tretjakow-Galerie befindet.

Werke von Michail Wasiljewitsch Nestjorow (1862–1942): religiöse Arbeiten über das Leben des heiligen Sergius von Radonesh; Porträt der Tochter des Künstlers.

Konstantin Andrejewitsch Somow (1868–1939), einer der hervorragendsten Vertreter der modernen russischen Malerei: Landschaften und verschiedene Porträts, u. a. je ein Porträt von Rachmaninow und vom Vater des Künstlers.

Werke von M. W. Dobushinskij (1875–1947), Leon Bakst (1866 bis 1924), Aleksandre Benois (Aleksandr Benoa; 1870–1960), A. I. Golowin, E.E. Lanceray, K. A. Korowin (1861 bis 1939) und W. E. Boris-Musatow (1870–1905). –Die besten Werke dieser Künstler sind ihre Theaterdekorationen. Alle diese Künstler gehörten der Vereinigung „Mir iskusstwa" („Welt der Kunst") an, veranstalteten für sie Austellungen und arbeiteten an ihrer Zeitschrift mit.

Weiter folgen Werke von S. A. Winogradow (1869–1938) und von Isaak Brodskij (1869–1939), der in seinen letzten Lebensjahren Präsident der „Vereinigung der Künstler" war, und und danach

Michail Larjonows **„Gartenecke" und sein **„Rosenstrauch". – Michail Larjonow (1881–1964), der in der Ukraine geboren wurde, ist in der Geschichte der Kunst bekannt als Begründer des „Rayonismus". Nach der Theorie der Vertreter dieser Kunstrichtung soll ein Gemälde den Eindruck erwecken, als befinde es sich außerhalb von Zeit und Raum, ein Eindruck, der durch parallel oder entgegengesetzt verlaufende Strahlen hervorgerufen wird.

In diesem Teil der Ausstellung findet man Bilder von W. Kandinskij (1866 bis 1944), K. Maljewitsch (1878 bis 1945) und M. Chagall (geb. 1887) sowie Werke von Leonid Pasternak (Vater des berühmten Dichters, Schriftstellers und Übersetzers Boris Pasternak; „Blumen"), I. Grabar (Maler und Kunsthistoriker; „Stilleben"; „Früchte"), Martos Sarjan (1880–1972; Landschaften in Azerbajdshan), K. S. Petrow-Wodkin (1878–1939) und P. W. Kuznjetsow (1878–1968). Kuznjetsow gilt als einer der wichtigsten Maler der Künstlervereinigung „Blaue Rose", wo er bis 1914 regelmäßig ausstellte.

P. P. Kontschalowskij (1876–1956): „Landschaft um Cassis", „Siena". – A. W. Ljentulow (1882–1943): Selbstporträt. – I. I. Maschkow (1881 bis 1944): „Stilleben". – Gemälde von R. R. Falk (1886–1958). Die vier letztgenannten Maler repräsentieren die Cezannesche Richtung der russischen Avantgarde, die in den Jahren vor und nach der Oktoberrevolution erstaunlich lebendig, vielgestaltig und schöpferisch war.

Natalja Gontscharowa: *Obsternte. Natalija Gontscharowa (1881–1962), die in der Umgebung von Tula geboren wurde, stammte aus der alten Adelsfamilie Gontscharow, der Rußland mehrere Künstler und bekannte Schriftsteller verdankt. Sie schloß sich der rayonistischen Bewegung ihres Mannes Michail Larjonow an und ging mit ihm nach Paris, wo sie hauptsächlich Bühnenbilder für Diaghilews „Ballets russes" entwarf.

Stilleben von A. W. Kuprin (1890 bis 1960) und Kompositionen von Wladimir Tatlin (1885–1953). – Auf der siebten und letzten Ausstellung des „Jugendbundes" (1913 bis 1914) stellte Tatlin bereits seine kubistisch-futuristischen Gemälde aus. Aus Frankreich nach Moskau zurückgekehrt, organisierte er eine Ausstellung von Reliefarbeiten, für die er die verschiedensten Materialien verwendete. Einige Säle sind der zeitgenössischen Malerei im Stil des Sozialistischen Realismus gewidmet.

Kunstgewerbe-Abteilung

In dieser wichtigen Museumsabteilung werden Exponate klassischen und modernen Kunstgewerbes gezeigt: Gewebe, Keramiken, bemalte Möbel, Spitzen, Kopfbedeckungen aus den verschiedenen Gebieten der Sowjetunion, Arbeiten aus Knochen, bemalte ukrainische Gegenstände, bunte Statuen aus dem 17. Jahrhundert, Holzminiaturen und geschnitzte Teile von Izbas (= hölzerne Bauernhütten).

DIE UMGEBUNG VON LENINGRAD

Von Leningrad aus empfehlen sich Fahrten nach Puschkin, Pawlowsk, Petrodworjets und Repino. Diese Exkursionen bieten die Gelegenheit, weitere Kunstschätze im Leningrader Raum zu entdecken. Wer sich für die Geschichte der Revolution interessiert, sollte eine Exkursion nach Razliw, dem Refugium Lenins im Sommer 1917, machen.

1. Puschkin

Anfahrt: Der Ort liegt 24 Kilometer südlich vom Stadtkern Leningrads. Man verläßt die Stadt auf dem Moskauer Prospekt (Moskowskij Prospekt, s. Weg 11), der in die Straße Nr. 10 einmündet. Auf dieser biegt man bei km 24 nach links auf eine Nebenstraße ab. – Per Bahn fährt man vom Witebsker Bahnhof [Plan s. hintere Vorsatzs., E 8] ab.

Öffnungszeiten: Der Große Katharinen-Palast (auch im Winter zugänglich) und die Parkanlagen sind vom 1. Mai bis 15. September montags, mittwochs, donnerstags, freitags und samstags von 11 bis 18 Uhr und sonntags von 11 bis 19 Uhr geöffnet; dienstags geschlossen.

Man kann die Besichtigung von Puschkin mit der von Schloß Pawlowsk (s. S. 290) verbinden. Die Parkanlagen der beiden Domänen gehen ineinander über und werden von der Straße durchquert. – Man vergesse nicht, gegebenenfalls Intourist zu informieren.

Puschkin, das einst *Tsarskoje Sjelo* (*Zarendorf*) und später (1918–1937) *Djetskoje Sjelo* (*Kinderdorf*) hieß, ist eine kleine Stadt, die in Erinnerung an ihre glanz- und ruhmvolle Vergangenheit vor sich hinschlummert. Sie ist zwar deswegen keineswegs eine tote Stadt, im Vergleich mit dem pulsierenden Leben Leningrads jedoch sind ihre langen mit Birken gesäumten Alleen, die großen Villen aus bemaltem und koloriertem Holz sowie die riesigen Parks, die die Stadt umgeben, von behaglicher Anmut.

Die Ortschaft, die um das Schloß herum entstand, war von jeher ein hübscher städtischer Siedlungskomplex, der mit dem Fortschritt ging. Die erste russische Eisenbahnlinie, die 1837 eröffnet wurde, verband die Stadt mit St. Petersburg und mit Pawlowsk. 1887 war Tsarskoje Sjelo die erste russische Stadt, in der es elektrischen Strom gab. Die Stadt erhielt ihren gegenwärtigen Namen 1937 anläßlich des hundertsten Todestages A. Puschkins, dessen poetische Neigungen in den prächtigen Parkanlagen von Tsarskoje Sjelo erwachten, und der hier seine ersten Gedichte schrieb.

Schlösser und Parkanlagen

Ursprünglich, d. h. zu der Zeit, als St. Petersburg entstand, befand sich an der Stelle des heutigen Großen Katharinen-Palastes ein Gut inmitten von Wäldern, das Peter der Große einem seiner Freunde, dem Fürsten Menschikow, schenkte. Der Ort wurde ,,Saari" genannt, was im Finnischen soviel wie ,,Insel, erhöhter Platz oder Plateau" bedeutet. Das Gut trug den Namen ,,Saarskaja Myza" (Hof von Saari). 1710 erregte Menschikow aus irgendeinem Grund den Unwillen des Zaren. Er nahm ihm das Gut wieder ab und schenkte es nun seiner zweiten Frau Katharina (Katharina I.), die an der Stelle des Gutshofes von dem Architekten *Braunstein* ein Schlößchen errichten ließ. Um das Gut herum entstand eine Ortschaft, die zunächst ,,Sarskoje Sjelo" benannt wurde; daraus wurde 1725 Tsarskoje Sjelo. Im Laufe des 18. Jahrhunderts wurde das Schloß erweitert und – gleichzeitig mit der Fortsetzung der Innenausgestaltung – rekonstruiert. – Der

****Große Katharinen-Palast** (*Bolschoj Jekaterinskij Dworjets*) ist in seiner heutigen Gestalt ein Werk *Rastrellis*, der ihn auf Wunsch Elisabeth Petrownas errichtete. Während des Zweiten Weltkrieges und der Besetzung durch die spanische Blaue Division wurde der Palast erheblich verwüstet. Es bedurfte nahezu zwanzig Jahre bewundernswerter Restaurierungs- und Wiederaufbauarbeiten, bis er wieder zu jenem Kleinod wurde, das er im 18. Jahrhundert war.

Der Große Katharinen-Palast ist ein Monumentalgebäude (300 m Fassadenfront) von außergewöhnlicher Pracht.

Blaue Wände, silberne Dächer, weiße Säulen sowie eine allen Rastrelli-Bauten eigene architektonische Harmonie kennzeichnen den Bau. 1752 bis 1756 wurde der ursprüngliche Palast (der jetzige Haupttrakt mit seinen drei Vorbauten) vom Künstler umgestaltet; er fügte an das Gebäude zwei riesige Seitenflügel an.

Der weite *Ehrenhof*, den der Halbkreis des Gebäudekomplexes abschließt, bringt die imposante Gesamtkonstruktion voll zur Geltung. Die fünf zwiebelförmigen Kuppeln der Kapelle am Ende des linken Flügels sind typisch für den Baustil Rastrellis, der in die spätbarocke Architektur westeuropäischer Prägung die traditionelle Silhouette der moskowitischen Kirchen einführte und das sog. „russische Barock" kreierte.

Die Fassaden-Ornamente, Pilaster, Karyatiden und Girlanden waren einst vergoldet.

Die Innenausstattung des Palastes steht an Prachtentfaltung den Außenfassaden nicht nach. Obwohl viele der Räume durch die Bombardements des Zweiten Weltkriegs stark in Mitleidenschaft gezogen worden sind und einige von ihnen noch nicht wieder geöffnet werden konnten, kann man auch heute noch eine Vorstellung davon gewinnen, wie verschwenderisch der Bau ausgestattet war.

Der *Große Ballsaal*, dessen Restaurierung bis 1981 dauerte, nimmt die ganze Breite des rechten Flügels und einen Teil seiner Länge ein. Die zwei Etagen hohen Fenster gehen auf den Ehrenhof und die Gärten hinaus. Der Große Ballsaal und die *Schloßkapelle* sind die bedeutendsten noch erhaltenen Teile der Rastrellischen Schöpfung (Holzvertäfelung im Stil des Russischen Barocks, Spiegel, Pfeilerspiegel, usw.). Die übrigen Gemächer waren unter Katharina II. und Alexander I. vollständig im klassizistischen Stil umgestaltet worden.

Zwar ist die *Ehrentreppe* im Hauptpavillon in barockem Stil ausgeführt, sie datiert aber von 1860 und wurde von dem Architekten *Monighetti* geschaffen.

Die Zimmerflucht im klassizistischen Stil im linken Flügel des Palastes wurde nach dem Krieg sorgfältig rekonstruiert. Man beachte z. B. den *Chinesischen blauen Salon*, das *Prunkschlafgemach* und den *Grünen Speisesaal*.

Das sog. „*Bernsteinzimmer*" („*Jantarnaja Komnata*") war eines der Kleinodien des Großen Katherinen-Palastes. Angefangen bei transparantgelben über braungoldene bis hin zu fast schwarzen Farbtönen bedeckte Bernstein alle Wände des Raums. Die 52 m² Fläche umfassende Bernstein-Wandbekleidung, deren Wert um 1970 auf mehr als 50 Millionen Dollar geschätzt wurde, war 1709 von Königsberger Künstlern gefertigt worden, um das Arbeitszimmer Friedrich-Wilhelms I. von Preußen zu schmücken. Dieser überließ 1716 das Bernsteinzimmer Peter dem Großen gegen 248 hochwüchsige Soldaten für seine Leibwache, eine Drehbank und einen von dem Zaren selbst gefertigten Pokal mit dessen Bild.

Nachdem das Bernsteinzimmer zunächst im Winterpalast in Petersburg eingerichtet war, wurde es auf Anordnung von Elisabeth Petrowna 1755 nach Tsarskoje Sjelo gebracht, wo es 1942 von den deutschen Besatzern abmontiert und zunächst in das Schloß von Königsberg gebracht wurde. Zwei Jahre später wurde es beim Rückzug der deutschen Truppen erneut abmontiert und verpackt und ist seitdem trotz aller von der sowjetischen Regierung unternommenen Nachforschungen nicht wieder auffindbar gewesen.

Im Südosten, auf der Parkseite, ließ Katharina II. zwischen 1790 und 1795 an den Katharinen-Palast einen großen Gebäudeflügel in klassizistischem Stil anbauen: Die eindrucksvolle *Galerie* in ionischem Stil stammt von dem Architekten *Cameron*.

Der Einfluß der Antike ist auch in den *Achatzimmern* zu erkennen, die zwischen 1779 und 1792, ebenfalls von *Cameron*, für Katharina II. entworfen wurden.

Der „**Französische Park*" erstreckt sich südöstlich des Schlosses. Ihn schmücken italienische Marmorstatuen und Pavillons in barockem Stil, so u.a. die *Ermitage* (in der Achse des Schlosses) und die *Grotte*

Plan S. 172

(am Ufer des großen Sees), und klassizistische Bauten, wie u. a. das *Obere* und das *Untere Bad*.

Der „*Englische Park*" nimmt den ganzen Südteil des Geländes mit dem großen See, der Marmorbrücke, den Inseln, dem sich dahinschlängelnden Fluß und den Kanälen ein. Er ist übersät mit klassizistischen Pavillons und mit Denkmälern zur Erinnerung an die unter Katharina II. über die Türken errungenen Siege; man beachte die Morea-Säule und die Säule von Çeşme mit dem Schiffsbug, die aus dem See aufragt und der 1770 erlittenen Niederlage der türkischen Flotte in Çeşme bei Smyrna gedenkt. Der Springbrunnen des „Milchmädchens mit dem zerbrochenen Krug" (*Sokolow:* 1816) hat Puschkin inspiriert.

Nördlich und östlich des Großen Katharinen-Palastes erstreckt sich der *Alexander-Park*. In seinem nördlichen Teil steht das

***Alexander-Palais** (*Aleksandrowskij Dworjets*), das in klassizistischem Stil gehalten ist. Katharina II. ließ es 1792 bis 1796 für ihren Enkel, Alexander I., von *Quarenghi* errichten. Der nüchterne, etwas strenge, aber in seiner Linienführung dennoch elegante Bau fügt sich sehr schön in die grüne Landschaft ein.

Das Hauptgebäude und die beiden im rechten Winkel zu ihm stehenden Flügel bilden zwei *Ehrenhöfe*, die durch einen prächtigen korinthischen Säulengang voneinander getrennt sind.

Zwei *Athleten-Statuen* schmükken die Freitreppe: der „Swajka-Spieler" (ein volkstümliches russisches Spiel) von *Loganowskij* und der „Knöchelchen-Spieler" von *Pimjenow*.

Das Palais, das im Zweiten Weltkrieg ebenfalls schwer beschädigt wurde und dessen Fassade restauriert worden ist, ist nicht zugänglich.

Außer den beiden oben beschriebenen Palästen ist in Puschkin vor allem das

Lyzeum interessant. Es wurde 1788–1791 von *I. W. Nejelow* errichtet und 1811 von *W. Stasow* umgebaut. Es ist ein klassizistisches Gebäude, das durch einen Bogen mit dem Seitenflügel der Kapelle des Großen Katharinen-Palastes verbunden ist. Alexander Puschkin war hier von 1811 bis 1817 Schüler.

Hier schrieb er seine ersten Gedichte, und hier wurde der berühmte Dichter Dershawin auf ihn aufmerksam, als er in dessen Anwesenheit öffentlich seine „Erinnerungen an Tsarskoje Sjelo" vortrug, durch die er sowohl in offiziellen Kreisen als auch bei seinen Mitschülern bekannt wurde.

Im Garten des Lyzeums stehen die *Kirche der Muttergottes vom Kreuzeszeichen* (18. Jh.) und eine *Statue*, die Puschkin als Lyzeumsschüler in nachdenklicher Haltung auf einer Bank sitzend darstellt. Das 1899 bis 1900 entstandene Denkmal stammt von *R. R. Bach*. Es wurde anläßlich des hundertsten Geburtstages des Dichters aufgestellt.

2. Pawlowsk

Anfahrt: Der Ort liegt 28 Kilometer südlich von Leningrad und vier Kilometer südlich von Puschkin; er ist mit dem Kraftfahrzeug auf dem gleichen Weg zu erreichen wie Puschkin. Mit der Bahn fährt man eine Station weiter.

Besichtigung: Von 10.30 bis 17 Uhr, außer freitags.

Vom Südostausgang der Parkanlagen des Großen Katharinen-Palastes, einem dorischen Triumphbogen, der 1818 auf

Wunsch Alexanders I. zur Erinnerung an die Napoleonischen Kriege („Meinen lieben Waffengefährten") errichtet wurde, führt der Weg nach Pawlowsk sechs Kilometer über Puschkin hinaus.

Pawlowsk – wie Puschkin eine Zarenresidenz – verdankt seinen Ruhm dem Schloß, den Parks und den Sinfoniekonzerten, die in einem Gebäude neben dem Bahnhof unter der Leitung von berühmten Dirigenten, darunter Johann Strauß, stattfanden. Der Name „Foksal" für das Gebäude war eine Entlehnung des englischen „Vauxhall" (Lustgarten und Vergnügungsort bei London). Er wurde (1777) auch auf den Bahnhof übertragen und schließlich als „wokzal" die Benennung für sämtliche Bahnhöfe in Rußland. – Das

****Schloß von Pawlowsk,** Residenz Paul I., dann seiner Witwe und später des Großfürsten Konstantin Konstantinowitsch, diente sowohl offiziellen Empfängen als auch Festveranstaltungen zu Ehren ausländischer Monarchen. 1917 wurde es in ein *Museum für Kunstgewerbe des 18. und 19. Jahrhunderts* umgewandelt. Es wurde während des Zweiten Weltkriegs größtenteils zerstört, inzwischen jedoch vollständig restauriert.

Die *Ehrenallee* (im Osten) führt zum Eingang des ellipsenförmigen *Ehrenhofs*, in dessen Mitte eine *Statue Pauls I.* (1872, *P. von Klodt-Jürgensburg*) steht. Im Hintergrund liegt der dreigeschossige rechteckige Kernbau des Schlosses; er ist blaßgelb mit weißen Säulen. Darüber erhebt sich ein Säulenrundbau mit einer Flachkuppel. Im Norden und Süden schließen sich zwei bogenförmig nach Osten ausschwingende Seitengalerien an.

Ein kurzer Blick auf die Geschichte des Schlosses: Als der spätere Alexander I. 1777 geboren wurde, schenkte seine Großmutter, Katharina II., ihrem Sohn Paul zur Feier dieses Ereignisses die Wälder und das Land südlich von Tsarskoje Sjelo, am Ufer der Slawjanka. Der Ort erhielt den Namen Pawlowskoje, später Pawlowsk.

1782 begann Paul mit der Errichtung des kleinen Schlosses, das nach den Plänen von *Charles Cameron* inmitten einer „englischen" Parklandschaft stehen sollte. Nach der Thronbesteigung Pauls wurde das Schloß durch *Vincenzo Brenna* umgebaut und erheblich erweitert, 1803 jedoch durch einen Brand zerstört. Die damals größten Architekten, *Woronichin*, *Quarenghi* und *Rossi*, wurden mit dem Wiederaufbau beauftragt.

Während in Puschkin die Fülle des kostbaren Materials und die Prachtentfaltung überraschen, sind es in Pawlowsk vor allem die raffinierte architektonische Gliederung, die Eleganz der Formen und die geschmackvolle Farbgebung, die sich in der Harmonie der Grau- und Rosétöne sowie des sanften Blaus und Gelbs manifestiert. Die Kronleuchter, Fensterrahmen und doppelten Vorhänge sind ganz auf den jeweiligen Salon und seinen Verwendungszweck abgestimmt und unterscheiden sich von Raum zu Raum völlig voneinander. Birkenholz aus Karelien mit feiner Maserung sowie zartfarbiger Marmor fanden reichlich Verwendung. Die Ausstattung ist äußerst vornehm und prunkvoll; sie spiegelt den Geschmack der Zarin Maria (Marija) Fjodorowna, der Witwe Pauls I., wider.

Auch der kreisrunde *Italienische Saal*, der einer der beiden Haupträume des Kernbaus ist und die Mitte des Hauptgeschosses bildet, sowie die kleinen Salons faszinieren den Besucher durch den raffinierten Farbakkord ihrer Rosa- und Grautöne.

Im *Griechischen Saal* oder *Ballsaal* finden regelmäßig im Sommer Soireen mit alter Musik statt.

Das *Teppich-Kabinett* birgt französische Gobelins aus der Serie „Don Quichotte", die aus dem 18. Jahrhundert stammt, sowie ein Porträt Heinrichs IV. von Frankreich.

Die beiden kleinen achteckigen Säle, der *Saal des Krieges* und der *Saal des Friedens*, sind symmetrisch angelegt und unterscheiden sich nur durch die sie schmückenden Embleme.

Der *Thronsaal* mit seinen Karyatiden von *Martos* und *Kozlowskij* und den abgestumpften Ecken, in denen sich Ofennischen befinden, ist der größte Saal des Schlosses.

Vom Griechischen Saal aus gelangt man links in die Gemächer der Zarin. Das *Boudoir* ist mit einem Kamin aus Carrara-Marmor ausgestattet, den Bronze und Porphyrauflagen schmücken; die Pilaster zieren Gemälde im Stil Raffaels. Der Baldachin im *Prunkschlafgemach* stammt von dem französischen Kunsttischler *Jacob*. Das Toilettengeschirr aus Sèvres-Porzellan ist ein Geschenk (1782) von Marie-Antoinette.

3. **Petrodworjets

Die ehemalige kaiserliche Sommerresidenz Petrodworjets (Peterhof), die sich über etwa 800 Hektar Fläche am Finnischen Meerbusen erstreckt, ist eine riesige, terrassenförmig zum Meer abfallende Parklandschaft. Eingebettet in diese Landschaft liegen etwa 20 Paläste und Pavillons sowie, überall verstreut, 3 Kaskaden und 144 Fontänen.

Anfahrt: Petrodworjets liegt 29 Kilometer vom Stadtzentrum Leningrads entfernt am Südufer des Finnischen Meerbusens und ist mit der elektrischen Eisenbahn vom Baltischen Bahnhof [Plan s. hint. Vorsatzs., C10] aus zu erreichen. Der kürzeste Weg (25 Min.), vor allem für die Rückfahrt im Sommer zu empfehlen, ist die Fahrt mit dem Tragflächenboot. Es legt vom Landesteg im Hafen des Meereskanals von Petrodworjets [Plan s. S. 295] ab. Man erlebt eine herrliche Fahrt durch den Finnischen Meerbusen und den Hafen von Leningrad (Anlegestellen in der Stadt am Dekabristen-Platz und am Schloßkai). – Parkanlagen und Paläste sind vom 1. Mai bis zum 1. Oktober von 11 bis 18 Uhr geöffnet. (Im Winter ist nur der Große Palast zugänglich.)

Petrodworjets (Peter-Schloß), hieß bis 1944 *Peterhof*. Die Schloßanlage mit ihren Gebäuden, Parkanlagen und Springbrunnen wurde von den bedeutendsten Architekten des 18. und 19. Jahrhunderts geschaffen.

Trotz seiner persönlichen Anspruchslosigkeit und Einfachheit erkannte Peter der Große, wie wichtig eine echte Zarenresidenz, umgeben von prächtigen Gärten, geschmückt mit Statuen und belebt durch Wasserspiele, für das Ansehen der russischen Monarchie war. Der Aufenthalt des Zaren in Versailles im Jahre 1717 bestärkte ihn in dieser Ansicht und in seinem Vorhaben, ein „ruhmreiches Versailles" am Meer erstehen zu lassen. Um das bäuerlich-schlichte kleine Anwesen (den Alten Peterhof von 1703), wo er Station zu machen pflegte, wenn er auf dem Weg nach Kronstadt war, um dort den Fortgang der Befestigungsarbeiten zu inspizieren, zu ersetzen, ließ Peter ab 1714 unter persönlicher Mitwirkung ein Schloß (den Neuen Peterhof) erbauen. Die nach dem Vorbild der beiden „Trianons" von Versailles im Park am Meer errichteten Lustschlösser *Marly*, *Eremitage* und vor allem *Monplaisir*, das im holländischen Stil eingerichtet wurde, entsprachen den

Vorstellungen des Zaren, der gern zurückgezogen lebte.

Elisabeth Petrowna ließ den *Großen Palast*, das Kernschloß von Peterhof, vergrößern. Später, als in Rußland Anglomanie groß in Mode kam, ließ Katharina II. südwestlich des Großen Palastes mitten in einem „englischen" Park ein „englisches" Schloß in klassizistischem Stil errichten. Nikolaus I. ließ um das Hauptensemble neue Parks und neue Pavillons anlegen. Peterhof wurde eine komfortable, hervorragend angelegte Zarenresidenz.

In der zweiten Hälfte des 19. Jahrhunderts residierte die Zarenfamilie im Landhaus und in den Villen des Landsitzes *Alexandria*, östlich des Großen Palastes. Dieser diente damals für offizielle Zeremonien, und hier wurden ausländische Regierungschefs empfangen. Der private Landsitz der Romanows, die „Cottage", lohnt einen Besuch (Gegenstände des privaten Gebrauchs der Zarenfamilie).

Nach der Errichtung der Sowjetherrschaft wurde Peterhof zum Staatseigentum erklärt, und man richtete im Großen Palast ein kunsthistorisches Museum ein. Zu Beginn des Zweiten Weltkriegs wurden einige Statuen in den Parkanlagen vergraben. Die Schlösser aber waren drei Jahre lang von deutschen Truppen besetzt und wurden teilweise durch Explosionen und Brände zerstört. Mehrere Statuen, über 30000 Exponate der Museen und etwa 12000 Bücher aus der Schloßbibliothek wurden vernichtet oder verschleppt, 14000 Bäume in den Parks von den Besatzungstruppen abgesägt. – Nach Kriegsende begann man mit umfangreichen Wiederaufbau- und Restaurierungsarbeiten, die zur Zeit (1984) fast beendet sind. – Der

****Große Palast** [Plan s.S. 295] bildet den Mittelpunkt des Areals und verbindet den Oberen mit dem Unteren Park.

Er wurde 1714 von mehreren Baumeistern begonnen und ab 1716 von *Leblond* in überarbeiteter Form fortgeführt. Um die Mitte des 18. Jahrhunderts baute dann *Bartolomeo Rastrelli* den Palast vollständig um. Er fügte dem Kernbau die zwei Seitenflügel und Galerien an und verband somit den Hauptbau mit der *Schloßkapelle* im Osten und dem *Pavillon mit dem Wappen* (*korpus pod gerbom*), einem Kuppelbau, dessen Kuppel das Emblem des Zarenreiches, der Doppeladler, schmückte, im Westen. Im Äußeren des Baus hat Rastrelli die Schlichtheit des Petersburger Frühbarocks bewahrt: Riesige Pilaster nehmen die ganze Höhe des ersten Stocks und der Attika ein, dreieckige Giebel alternieren mit abgerundeten und à la Hardouin-Mansart gebrochenen Dachflächen. Vor dem Krieg hatte die Kapelle wie die von Tsarskoje Sjelo fünf Kuppeln; der Wiederaufbau, der nach Unterlagen aus dem 18. Jahrhundert erfolgte, ließ nur die Hauptkuppel übrig; dadurch erhielt der Wappen-Pavillon ein genaues Pendant.

Im Innern des Palastes ließ Rastrelli – auf Anordnung Elisabeth Petrownas – den Arbeitsraum Peters des Großen mit der von *Nicolas Pineau* im Regence-Stil geschnitzten schönen **Holzvertäfelung* unverändert. Noch vor dem Zweiten Weltkrieg waren *Ehrentreppe* und *Großer Ballsaal*, von Rastrelli im Stil des russischen Barocks ausgeführt, erhalten. Andere damals noch erhaltene Prunksäle waren unter Katharina II. im klassizistischen Stil umgestaltet worden; hier ist besonders der *Thronsaal* von *Felten* zu nennen.

Die Prunksäle, Salons, Galerien und Seitenflügel zeigten eine verschwenderische Prachtentfaltung: Die Wände waren mit Feingoldplatten bedeckt; überall sah man Kristallgegenstände, Bronzefiguren, Einlegearbeiten und Stuck. In drei Kriegsjahren jedoch wurde praktisch alles verwüstet. Durch Restaurierungsarbeiten, die sich auf Original-Zeichnungen u... -pläne stützten, wurde dem Großen Palast sein früherer Glanz zurückzugeben. Die meisten Säle sind bereits eingerichtet. In dem Palast ist eine Ausstellung *Kunstgewerbe des 18. Jahrhunderts* untergebracht.

Von der **Terrasse aus hat man einen herrlichen Blick über die Parkanlagen und – weiter entfernt – auf den Finnischen Meerbusen.

Dem Großen Palast zum Meer hin vorgelagert ist die

****Große Kaskade** (*Bolschoj Kaskad*). Den Plan dazu hat Peter der Große selbst entworfen. Marmorstatuen und vergoldete Bronzefiguren, Dutzende von stufenförmig angelegten Springbrunnen sowie eine riesige Grotte mit fünf Arkaden bilden ein großartiges Architektur-Ensemble. In der Mitte eines großen halbrunden Bassins steht die vergoldete Skulptur „Samson reißt dem Löwen den Rachen auf". Aus dem Rachen schießt 20 Meter hoch der stärkste Wasserstrahl der Kaskade. Während des Krieges wurde der Samson (Bildhauer M. Kozlowskij) von den Besatzern verschleppt. Heute sieht man hier eine von sowjetischen Künstlern gegossene Nachbildung.
Ein bis zum Meer führender Kanal (*Meereskanal*), der von einem flachen Granit-Kai eingefaßt und auf beiden Seiten von je einer Fontänenreihe gesäumt ist, verbindet die Große Kaskade mit dem Finnischen Meerbusen. – Die

Schachbrettberg-Kaskade (*Schachmatnaja Gorka*) ist ein weiterer Komplex mit Statuen und Springbrunnen, die sich über drei Terrassen verteilen. Diese wiederum sind wie ein Schachbrett mit schwarzen aund weißen Marmorvierecken ausgelegt.

Am Fuß dieser Anlage sieht man zwei mächtige *Römische Springbrunnen* (*Rimskije Fontany*), die in der Tat ursprünglich römischen Springbrunnen nachgebildet waren. Sie ähnelten vor ihrem Ende des 18. Jahrhunderts erfolgten Umbau den Brunnen vor der St.-Peterskirche in Rom. – Die

Pyramiden-Fontäne besteht aus 505 Rohren, deren Öffnungen so angeordnet sind, daß die daraus hervorschießenden Wasserstrahlen verschieden hoch sind. Je näher ein Rohr der Mitte liegt, desto höher ist der Strahl, so daß das Bild einer schneeweißen Wasserpyramide entsteht. – Unweit davon liegt die

Sonnen-Fontäne (*Fontan Solntse*). Sechzehn Delphine aus vergoldeter Bronze umgeben, Wasser speiend, ein rechteckiges Bassin. In der Mitte rotiert über dem Ganzen eine an einer hohen Säule befestigte ebenfalls vergoldete Bronzescheibe, von der, durch das glitzernde Wasser vorgetäuscht, Strahlen auszugehen scheinen. – Zu den sog.

Scherz-Fontänen (*Fontany „Schutichi"-Wodjanyje*) gehören die *Tannen-Fontäne, die Schirm-Fontäne* und die *Eichen-Fontäne*. Diese Springbrunnen entstanden aus der Phantasie der Springbrunnenbauer des 18. Jahrhunderts heraus, die eine Vorliebe für Scherze dieser Art hatten: Eine falsche Bewegung, ein Schritt zuviel genügen, um die Maschinerie in Bewegung zu setzen.

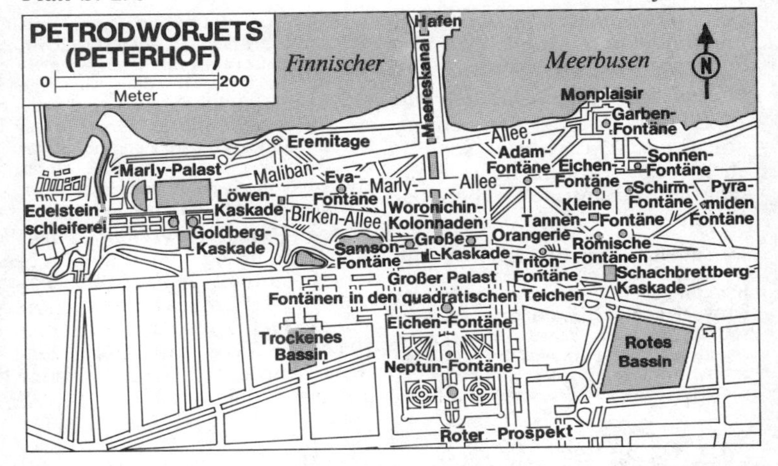

Schon ist der ahnungslose Passant mit Wasser begossen.

Schloß Monplaisir war bevorzugter Sommersitz Peters des Großen. Der ebenerdige Backsteinbau wurde zwischen 1714 und 1723 von den Architekten *Leblond*, *Braunstein* und *Michetti* nach eigenen Plänen des Zaren errichtet. Er liegt eingebettet in die grüne Landschaft am Ufer des Finnischen Meerbusens und besteht aus dem Hauptgebäude mit zwei flankierenden Seitengalerien. Zahlreiche Fenster durchbrechen die Fassaden und lassen das Gebäude gleichsam „leicht" erscheinen. Sie gehen im Norden auf die Terrasse am Meeresufer, im Süden auf den Garten hinaus, den Statuen und fünf Springbrunnen schmücken (*Garben-Fontäne*, *Glocken-Fontänen*). Am Schnittpunkt der Allee, die Monplaisir mit der Schachbrettberg-Kaskade verbindet, und der Marly-Allee sieht man eine *Statue Peters des Großen* (1883) von *Antokolskij*. – Die *Marly-Allee*, die auf einer Brücke den Meereskanal überquert, bildet die Ost-West-Achse des *Unteren Parks* (*Nishnij Park*). Hier findet man die *Adam-Fontäne* (östlich des Kanals) und ihr Gegenstück, die *Eva-Fontäne* (westlich des Kanals). – Der

Marly-Palast (*Dworjets Marli*) wurde 1721 bis 1724 von *Braunstein* im Stil Louis-quatorze errichtet.

Der äußerlich schlichte Bau war im Innern einst reich ausgestattet mit Lackarbeiten, Stuck, Bronzefiguren und Kristallwaren, die 1941 in Sicherheit gebracht wurden. Das Gebäude selbst wurde während des Krieges von der deutschen Besatzung in die Luft gesprengt. Die 1955 begonnenen Restaurierungsarbeiten an der Innenausstattung werden erst 1986 beendet sein. – Vor dem Marly-Palast kann man die *Große Fontäne* (*Bolschoj Fontan*) und vor allem die

***Goldberg-Kaskade** (*Kaskad Zolotaja Gora*) bewundern. Die Gefälle-Stufen sind mit weißem Marmor und vergoldetem Kupfer verkleidet (daher der Name „Goldberg"). Die Kaskade ist mit Marmorstatuen geschmückt und bildet das Gegenstück zur Schachbrettberg-Kaskade. – Die ***Eremitage** (*Ermitash*) ist ein 1722 bis 1725 unter der Leitung von *Braunstein* erbautes Schlößchen, das für kleine Gesellschaften und intime Soupers bestimmt war.

Der zweistöckige Bau liegt deshalb isoliert; er ist von einem tiefen Graben umgeben und mit einer genial entworfenen Maschinerie ausgestattet, die den Service im Innern regelte und das Personal auf ein striktes Minimum von Vertrauensleuten reduzierte: Es gab dort ein komplettes System von Lastenaufzügen, mit deren Hilfe man z.B. den Tisch im großen Speiseraum des Obergeschosses ins Parterre, in dem sich die Küche befand, hinablassen und vollständig gedeckt wieder heraufziehen konnte, ohne daß vom Personal etwas zu sehen war und ohne daß dieses etwas davon zu sehen bekam, was im Speiseraum vor sich ging. – Der

Obere Park. (*Werchnij Park*) wurde nach eigenen Plänen Peters I. südlich des Großen Palastes in französischem Stil angelegt. Der Park, der zwischen 1941 und 1944 vollständig zerstört wurde, ist heute wieder öffentlich zugänglich.

4. Razliw

Anfahrt: Der 34 Kilometer nordwestlich von Leningrad liegende Ort ist Teil der von Intourist durchgeführten Exkursion „Orte, wo Lenin sich aufhielt".

Als Lenin nach den Ereignissen vom Juli 1917 von der Kerenski-Regierung gesucht wurde, ging er in den Untergrund. Er lebte verborgen zunächst in Petrograd, später in einer Scheune in Razliw, bei dem Arbeiter Nikolaj Jemeljanow. Die Scheune wurde später mitsamt dem Bett, dem Tisch und den Stühlen, die das ganze Mobiliar Lenins darstellten, Museum. Schon nach wenigen Tagen mußte Lenin den unsicher gewordenen Ort wieder verlassen, und Jemeljanow brachte den Revolutionär in eine Hütte auf der anderen Seite des Razliw-Sees. Lenin verbrachte dort den Juli und August und verfaßte sein Werk „Staat und Revolution". Immer wenn Gefahr drohte, verkleidete er sich und arbeitete als Tagelöhner auf den Feldern.

1927 errichtete dort der Architekt *A. I. Gegello* einen Gedenkstein aus Granit; seit 1966 gibt es in Razliw auch einen Pavillon, der ein Museum mit Erinnerungsstücken an Lenin beherbergt.

5. Repino

Anfahrt: Repino liegt 44 Kilometer nordwestlich von Leningrad. Intourist arrangiert Exkursionen dorthin.

Repino (Rjepino), am nördlichen Ufer des Finnischen Meerbusens gelegen, gehörte bis 1940 zu Finnland und hieß *Kuokkala*. Seit 1940 trägt der Ort den Namen Ilja Repins (1844–1930; s. Leningrad: Russisches Nationalmuseum), eines der bekanntesten russischen Maler.

Repin (Rjepin) verbrachte nahezu 30 Jahre seines Lebens auf seinem Gut Pjenaty in Kuokkala, wo u.a. Gorki (Gorkij), Majakowski (Majakowskij) und der weltbekannte Sänger Schaljapin häufig zu Gast waren. Der Maler starb dort 1930 und liegt im Park von Pjenaty begraben.

Pjenaty brannte während des Zweiten Weltkrieges ab, wurde wieder aufgebaut und in ein *Repin-Gedenkmuseum* umgewandelt, das eine Filiale der Akademie der Schönen Künste ist.

6. **Nowgorod

Anfahrt: Nowgorod liegt etwa 190 Kilometer süd-südöstlich von Leningrad und 610 Kilometer nordöstlich von Moskau an der Straße 10 (E12), die beide Städte verbindet. Die von Intourist organisierte Exkursion dauert mindestens einen Tag; eine detailliertere Besichtigung nimmt natürlich mehr Zeit in Anspruch.

Nowgorod, Gebietshauptstadt mit ca. 190000 Einwohnern, liegt sieben Kilometer nördlich des *Ilmensees* an den Ufern des *Wolchow*, der die Stadt in zwei Teile teilt: Am linken Ufer, im Westen, liegt der hier „Djetinjets" genannte *Kreml*, eine nahezu ellipsenförmige Festungsanlage, von der fächerförmig die Hauptstraßen des St.-*Sophien-Viertels* (*Sofijskaja Storona*) ausgehen; am rechten Ufer, im Osten, erstreckt sich das *Handelsviertel* (*Torgowaja Storona*) mit seinen schachbrettartig angelegten Straßen. Ein Kranz von Kirchen und Klöstern umgibt die Stadt; die eindrucksvollsten Bauwerke befinden sich im Süden, nahe dem Ilmensee, und im Osten.

GESCHICHTE

Eine über tausend Jahre alte „Neustadt". Nach Aussage der „Erzählung der vergangenen Jahre" („Powjest Wremjennych Ljet") in der ältesten russischen Chronik, der „Nestorchronik", lassen sich die *Slowene* (*Slowenen*), der nördlichste ostslawische Teilstamm, in der ersten Hälfte des 9. Jahrhunderts im Gebiet um den *Ilmensee* nieder und gründen dort eine Stadt, die sie *Nowgorod* (*Neustadt*) nennen. Der Chronist verwendet für diesen Stamm neben der Bezeichnung „Slowene" auch die Bezeichnung „Nowgorodtsi" („Nowgoroder"). Der Name „Neustadt" (russ. nowyj = neu, gorod = Stadt) deutet darauf hin, daß diese Stadt auf eine ältere Ansiedlung der Nowgoroder Slawen folgte, deren Lage jedoch nicht bekannt ist.

Seit Nowgorod besteht, verdankt es seine Bedeutung der günstigen Lage an der Wasserstraße, die den Finnischen Meerbusen über die Newa, den Ladogasee, den Ilmensee und seine Zuflüsse und schließlich den Dnjepr mit dem Schwarzen Meer verbindet. Es ist der berühmte Handelsweg, der von den Warägern zu den Griechen führt („put iz warjag w greki"), und der Skandinavien und Byzanz miteinander verbindet.

Ein Waräger namens Rjurik. Auf dem Weg nach Konstantinopel entdecken die Waräger den strategisch und für den Handel günstigen Ort Nowgorod. Ihre Interessen decken sich weitgehend mit jenen der dort ansässigen Slawen. Sie lassen sich daher in der Gegend eher als Gäste und Verbündete nieder, denn als Eroberer. Der Bericht der Nestorchronik von der Berufung der Waräger, wonach eine Einladung an den normannisch-warägischen Fürsten Rjurik ergangen sein soll, nach Nowgorod zu kommen, dort die Regierung zu übernehmen und bei Slawen und Finnen der Umgebung die durch ständige Sippenkämpfe zerstörte Ordnung wiederherzustellen, ist in der modernen Geschichtswissenschaft umstritten. 862 soll Rjurik mit seinen Männern nach Rußland gekommen sein und die Dynastie der Rjurikiden gegründet haben. Nach dem neuesten Stand der Geschichtsforschung dürfte sich die Begebenheit jedoch einige Jahre früher, um das Jahr 856 herum, zugetragen haben. Im übrigen könnte jener Rjurik, den die russische Chronik erwähnt, mit Rorik – nach karolingischen Quellen ein jütländischer Wikinger-Fürst und zur Zeit Ludwigs des Frommen und seiner Söhne in Friesland ansässig – identisch sein; auch das ist jedoch eine Hypothese. In diesem Fall hätte Rjurik sein Leben und seine Karriere in Westeuropa beendet. Dies würde nicht in Widerspruch mit den russischen Chroniken stehen, die über das Ende von Rjuriks Herrschaft in Nowgorod vage Angaben machen: Er soll gestorben oder gegen 878/879 weggegangen sein und die Regierung über die Ostslawen einem anderen Waräger, Oleg, hinterlassen haben, der 882 überraschend von Kiew Besitz ergreift und es zum neuen Zentrum seiner Herrschaft macht (s. Geschichte von Kiew). Von diesem Zeitpunkt an beginnt man die Ostslawen, die sich mit Warägern vermischt haben und sich laut Chronik selbst „Rus" nennen, als „Russen" zu bezeichnen. Es besteht die These, daß das Wort „Rus" auf das finnische „Ruotsi" = „Schweden" zurückgeht. Die ursprüngliche Selbstbezeichnung der in finnisches Gebiet eingewanderten Schweden soll von den Finnen auf das Volk der Schweden überhaupt übertragen worden und dann von den Ostslawen zur Bezeichnung der in ihrem Land lebenden Schweden (Waräger) übernommen worden sein. Unter dem Eindruck des warägischen Impulses bei der ostslawisch-russischen Staatsbildung soll der Name „Rus" („Russen") schließlich auf die Ostslawen übertragen bzw. von ihnen für sich selbst übernommen worden sein.

Die Handelsrepublik „Großherrliche Stadt Nowgorod" („Gospodin Wjelikij Nowgorod"). Im 9. und 11. Jahrhundert regiert gewöhnlich der Fürst von Kiew Nowgorod durch einen „Posadnik" (Statthalter). Er bestimmt hierfür entweder einen seiner Söhne (Jaroslaw der Weise z.B., der älteste Sohn Wladimirs des Heiligen, vertritt seinen Vater in der Hauptstadt des Nordens und läßt dort zwischen 1045 und 1050 die St.-Sophien-Kathedrale errichten), oder er überträgt einem Mann seines Vertrauens dieses Amt. Nach und nach lockern sich die Bande, die Nowgorod mit Kiew, der „Mutter der russischen Städte", verbinden. Die sog. „Volksversammlung", das „Wjetsche", gewinnt immer mehr an Bedeutung und politischer Macht – zum Nachteil des regierenden Fürsten. 1136 wird Wsjewolod Mstislawitsch, Fürst von Nowgorod, ein Enkel Wladimir Monomachs, samt seiner Familie von den Nowgorodern festgenommen und zwei Monate später aus der Stadt gejagt. Diese „Revolution" macht Wjelikij Nowgorod zur ersten altrussischen Republik. Ohne einen Fürsten jedoch können die Nowgoroder nicht auskommen, da das Land einen Fürsten und seine „Drushina" (Gefolgschaft von Kriegsmannen) als Kriegsmacht im Kampf gegen äußere Feinde braucht. Jedesmal aber, wenn ein Fürst gegen die sog. „Freiheit von Nowgorod" verstößt, jagen ihn fortan die Nowgoroder davon und rufen nach eigenem Ermessen einen neuen herbei. Theoretisch besitzt Wjelikij Nowgorod nun eine demokratische Verfassung, in Wirklichkeit aber liegt die Macht in den Händen einer Oligarchie von feudalen Bojaren und reichen Kaufleuten, die die beherrschende Rolle im Wjetsche spielen. Das Wjetsche wählt aus den Reihen der Bojaren den „Posadnik" (Statthalter) und zu seiner Unterstützung den „Tysjazkij" (Tausendschaftsführer), den Befehlshaber des Nowgoroder Heerbanns. Ohne den Posadnik, den obersten Verwaltungsbeamten der Stadt, hat der Fürst weder das Recht Gericht zu halten, noch wichtige Fragen zu entscheiden. Jeder neue Fürst, der nach Nowgorod gerufen wird, hat einen Vertrag abzuschließen, in dem er sich verpflichtet, die Nowgoroder Einrichtungen nicht zu verletzen. Selbst der Erzbischof von Nowgorod, der dann im 14. Jahrhundert als mächtigster Nowgoroder Feudalherr auch das weltliche Amt des Posadnik bekleidet, wird auf die oben genannte Weise gewählt.

1238 wenden sich die Tataren, die im 13. Jahrhundert auch Osteuropa erobern, von Nowgorod nach Kiew ab. Die Stadt, die somit der Plünderung und Zerstörung entgeht, erlebt bis zum Ende des 14. Jahrhunderts dank ihrer Handelsbeziehungen zur Insel Gotland und zur Hanse, die dort ein Kontor unterhält, eine lange Periode der Prosperität. Darüber hinaus erforschen und kolonisieren Trapper und Kaufleute aus Nowgorod die Wälder des Nordostens bis hin zum Weißen Meer und zum Ural.

Die Schule von Nowgorod. Das 14. Jahrhundert ist das große Jahrhundert der Nowgoroder Kultur und Kunst. Das städtische bürgerliche Mäzenatentum, das an die Stelle des fürstlichen getreten ist, entwickelt eine weniger aristokratische Kunst als das Großfürstentum Wladimir, das damals zum Mittelpunkt des beginnenden Zusammenschlusses der russischen Fürstentümer wird. Verwaltungsbeamte und reiche Kaufleute lassen Kirchen von bescheideneren Dimensionen, aber mit ungekünstelt-schlichten, klaren Linien erbauen. Die Ikonen und Fresken, die diese Kirchen schmücken, zählen zu den Meisterwerken der russischen Malerei des Mittelalters. Die kulturellen Beziehungen zum Süden bestehen weiter: Griechische Künstler, die über den Hafen von Caffa (Theodosien auf der Krim) nach Rußland kommen, bringen die Tradition byzantinischer Renaissance der Palaiologen-Dynastie nach Nowgorod. Die berühmtesten sind Meister Isaj und vor allem Feofan Grek (Theophanus Graecus), der in den Jahren ab 1370 in Nowgorod arbeitet, bevor er nach Moskau geht.

Fürsten als Söldner. Der Kampf um die Vorherrschaft in Estland, an den Ufern der Newa und in Karelien führt häufig zu Auseinandersetzungen mit dem livländischen Schwertbrüderorden, der die baltischen Länder kolonisiert, und den Schweden, die das Großfürstentum Finnland errichtet haben. Bei großer Gefahr von außen nimmt die Republik Nowgorod Zuflucht zu einem Großfürsten und seinem Berufsheer. Alexander (Aleksandr) Jaroslawitsch, später Großfürst von Wladimir, rettet die Stadt zweimal vor fremdem Zugriff. 1240 schlägt er die Schweden an der Newa (daher sein Beiname „Newskij“) und 1242 die Deutschritter auf dem zugefrorenen Peipus-See.

Eine Republik zwischen zwei Großfürstentümern. Im 15. Jahrhundert wird die Unabhängigkeit der „Großherrlichen Stadt Nowgorod“ („Gospodin Wjelikij Nowgorod“) durch die vordringenden Litauer bedroht, die seit einem Jahrhundert die westrussischen Gebiete, insbesondere Smolensk und Kiew, annektiert haben. Von der anderen Seite bedroht das vorandrängende Moskau, dessen Großfürsten – Nachkommen Alexander Newskis – die russischen Territorien unter ihre Herrschaft bringen wollen, die Stadt. 1471 ernennen sich die Großfürsten von Moskau zu Fürsten von Nowgorod und greifen mehr und mehr aktiv in die Angelegenheiten der Republik ein. Einige Mitglieder der Nowgoroder Oligarchie, darunter die große Familie der Boretskij, wollen sich gegen Moskau mit Litauen verbünden. Dies ermöglicht es Iwan III., dem derzeitigen Großfürsten von Moskau, sie des Verrats zu zeihen und der Unabhängigkeit Nowgorods ein Ende zu setzen: Marfa Boretskaja, Witwe eines Posadnik und Seele des Widerstands gegen Moskau, wird verhaftet und mit zahlreichen Angehörigen der Aristokratie und der Kaufmannschaft deportiert. Auf die Ländereien, die den Nowgoroder Bojaren abgenommen werden, setzt Iwan III. Vertreter des Moskauer Dienstadels.

Eine Glocke wird verbannt. 1478 werden die Institutionen der Republik abgeschafft. Das Symbol der städtischen Selbständigkeit, die Glocke, die zum „Wjetsche“ zusammenrief („Wjetsche-Glocke“), wird auf Anordnung Iwans III. nach

Moskau gebracht. Alle Ländereien Nowgorods werden dem Großfürstentum Moskau zugeschlagen. Damit beginnt der Verfall der ehemaligen Handelsrepublik; der Handel mit dem Westen bricht zusammen, das Kontor der Hanse wird 1494 geschlossen. Aufstände und soziale Unruhen, die hart bekämpft und geahndet werden (vor allem 1570 unter Iwan dem Schrecklichen), sind im 16. und 17. Jahrhundert das Ende der ehedem Freien Stadt.

Eine Provinzstadt mit großer Vergangenheit. Zu Beginn des 18. Jahrhunderts ist der Weg über die Ostsee wieder frei, führt aber über St. Petersburg, das sich schnell zum wirtschaftlichen und kulturellen Zentrum entwickelt, während Nowgorod in der Erinnerung an seine glorreiche Vergangenheit gleichsam einschlummert. Obgleich die Stadt Bezirkshauptstadt ist, bleibt sie auch im 19. Jahrhundert eine Provinzstadt, die stolz ist auf ihre Museen und ihr Kunsthandwerk, die jedoch abseits der Handelswege und der Nikolaus-Eisenbahnlinie liegt, die Moskau mit St. Petersburg verbindet. 1914 zählt Nowgorod nur 30000 Einwohner.

Zerstörung und Wiederaufbau. Die Stadt wächst zwischen den beiden Weltkriegen. Von Herbst 1941 bis Januar 1944 aber ist sie 29 Monate lang durch deutsche Truppen besetzt. Der entstandene Schaden wird auf 12 Milliarden Rubel geschätzt. Seit 1944 werden die Restaurierungsarbeiten und die Erschließung der Baudenkmäler sowie die archäologischen Ausgrabungen vorbildlich durchgeführt. Die wirtschaftliche und demographische Entwicklung und der Wiederaufbau von Industriebetrieben, Verwaltungsgebäuden und Wohnungen haben aus Nowgorod eine echte „Neustadt" erstehen lassen; Symbol hierfür ist der 160 m hohe Fernsehturm.

WEG 1: DER **KREML („DJETINJETS")

Die von Gräben und Gärten umgebene Umfriedung wurde aus Stein erstmals 1044 errichtet und mehrere Male umgebaut, insbesondere im 14. Jahrhundert (1302 und 1351). Die jetzigen Stein- und Ziegelmauern stammen aus den Jahren 1484 bis 1490. Restaurierungen wurden im 19. und 20. Jahrhundert vorgenommen. Heute stehen noch neun viereckige und runde Türme.

Man betritt den Kreml entweder durch das *Ost-Tor* (*Wassertor*), das zum *Wolchow-Fluß* hin liegt, oder durch das *West-Tor*, das auf den *Platz des Sieges* geht.

Im nördlichen Teil der Umfriedung befindet sich die

****St.-Sophien-Kathedrale,** die von 1045 bis 1050 unter Fürst Jaroslaw dem Weisen, dem Sohn Wladimirs des Heiligen, erbaut und wie ihre Vorgängerinnen in Kiew und Konstantinopel der Göttlichen Weisheit geweiht wurde. Sie ist eine Nachbildung der 1037 errichteten gleichnamigen Kathedrale in Kiew, ist jedoch kleiner und bescheidener ausgestattet (statt neun Schiffen nur sieben, weniger Mosaiken). Kern der Anlage ist ein Bauwerk mit fünf Schiffen und fünf Kuppeln, deren mittlere vergoldet ist.

Das Äußere ist einfach und schlicht gehalten: Mächtige Pfeiler (Lopatki) trennen die einzelnen Raumabschnitte, die den Schiffen entsprechen, voneinander und tragen die Gewölbe-Bögen. Wie bei der St.-Sophien-Kathedrale in Kiew (s. S. 322) wurden auch hier die ursprünglich offenen Seitengänge geschlossen und in zusätzliche Seitenschiffe verwandelt. Die

Treppe zur Fürsten-Empore befindet sich in einem voluminösen Turm, der von einer Kuppel gekrönt wird und die Südwest-Ecke des Baus einnimmt.

Über dem Südportal sieht man ein Fenster mit einem Rahmen im moskowitischen Stil, das nicht vor dem 17. Jahrhundert entstanden sein dürfte.

Die über dem Westportal befindlichen Fresken vom Beginn des 16. Jahrhunderts sind mehrmals übermalt worden. Die ***Flügel des Westportals* bestehen aus Eiche und sind mit Bronzeplatten benagelt. Das Portal wird zuweilen fälschlicherweise „Tor von Korsun" (Chersonesos) genannt, obgleich an ihm nichts Byzantinisches ist.

Das Portal ist eine deutsche Arbeit aus dem 12. Jahrhundert, die in Magdeburg für den Bischof dieser Stadt, Wichmann (im Amt 1152 bis 1192), und für den Bischof von Plozk, Alexander (im Amt 1129 bis 1156), angefertigt wurde. Drei der 48 Türfelder stellen Szenen aus dem Alten Testament dar, 23 Türfelder zeigen Szenen aus dem Neuen Testament und die übrigen 22 Felder Allegorien oder verschiedene Personen, darunter die beiden Bischöfe, die das Portal in Auftrag gaben. Die Inschriften sind lateinisch, die russische Übersetzung wurde später hinzugefügt.

Die *Haupt-Ikonostase* stammt aus dem 16. Jahrhundert; über den Chorstühlen des Zaren und des Metropoliten befindet sich ein holzgeschnitzter Baldachin.

Im südlichen Seitenschiff, das nach dem Erzbischof Martyrios benannt ist (es wurde im 12. Jh. in der ehedem offenen Galerie, die auf den Platz führte, eingerichtet), befinden sich *Fresken-Fragmente* aus dem Jahr 1144, u.a. eine bemerkenswert gut erhaltene *Deësis* sowie eine Darstellung des *Kaisers Konstantin* und seiner Mutter, der *heiligen Helena*, vermutlich das Werk eines Nowgoroder Künstlers. Ende des 11. Jahrhunderts wurde am Ostende des südlichen Seitenschiffes die *Mariä-Geburt-Kapelle* eingerichtet, deren Ikonostase aus dem 16. Jahrhundert stammt.

Südöstlich der St.-Sophien-Kathedrale liegt die Kirche

Einzug des Herrn in Jerusalem (gegenwärtig ein Konferenzsaal); der Grundriß ist der einer Basilika. Die Kirche wurde 1759 in sehr schlichtem Stil erbaut.

Westlich der St.-Sophien-Kathedrale befindet sich der ehemalige Sitz des Erzbischofs, *Wladytschnyj Dwor*, ein Gebäudekomplex in unmittelbarer Nähe des Metropoliten-Turms. Das bedeutendste Gebäude dieser Anlage ist der

***Facetten-Palast** (*Granowitaja Palata*), der 1433 von Erzbischof Euthymos, einem erbitterten Verteidiger der Unabhängigkeit Nowgorods und Gegner der Moskauer Politik, in Auftrag gegeben wurde.

Der zweite Stock wird von einem Saal eingenommen, in dessen Mitte sich (wie im Facetten-Palast des Moskauer Kremls, s. S. 109) ein Stützpfeiler befindet, auf dem ein Rippengewölbe ruht. Der „gotische" Stil der Gewölberippen erklärt sich aus der urkundlich bezeugten Mitarbeit deutscher Architekten.

Das *Grab* des Dichters *Gawriil Romanowitsch Dershawin* (1743–1816), des von Katharina II. favorisierten größten russischen Lyrikers des 18. und beginnenden 19. Jahrhunderts, befindet sich im Garten des Wladytschnyj Dwor, südlich des Facetten-

Plan S. 302 u. 307

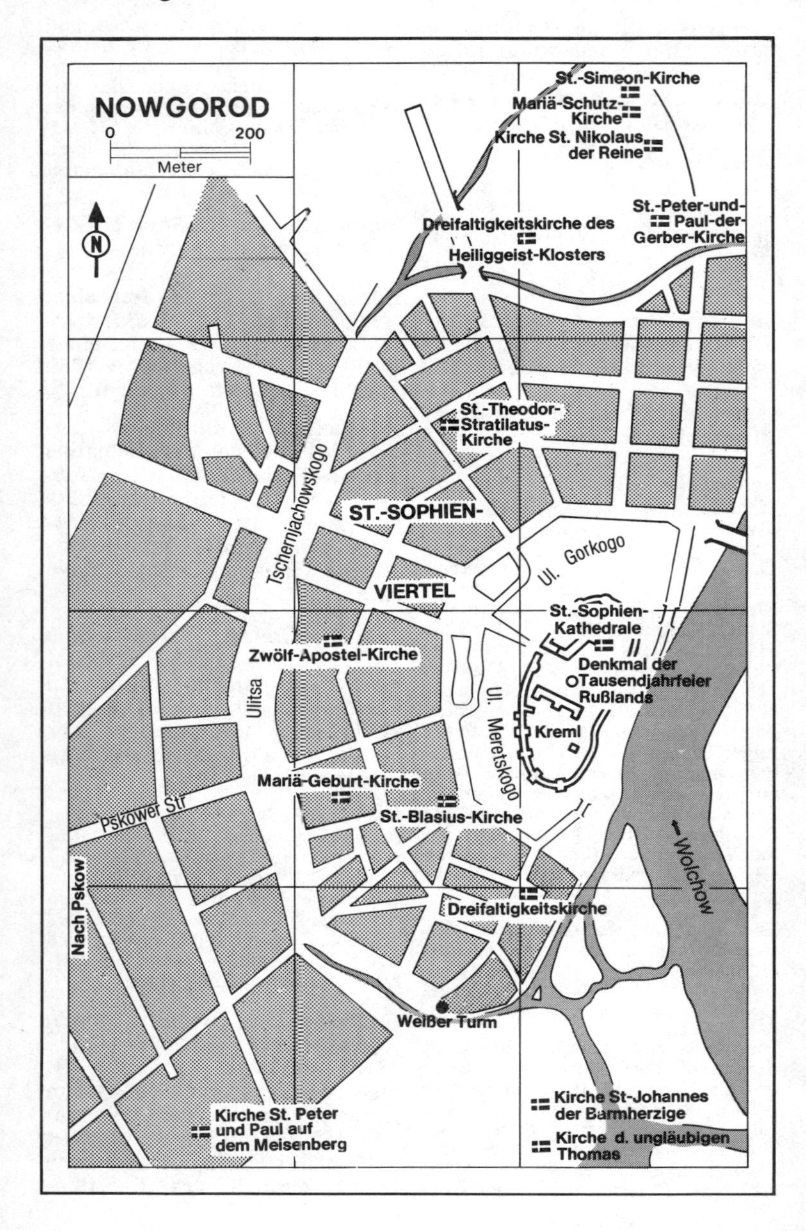

Palastes. Die sterblichen Überreste des Dichters wurden vom Kloster von Chutnyj hierher überführt. – Südwestlich des Facetten-Palastes steht der

Stundenläuter (*Tchasozwonja*), ein Uhrturm, dessen unterer Teil (1443) aus der Zeit des Erzbischofs Euthymos stammt. Der obere Teil des Turmes wurde 1673 rekonstruiert. – Gegen Südosten grenzt der Uhrturm an das

Lichudow-Corpus (*Lichudowskij Korpus*) an, ein Gebäude, das in seiner heutigen Form aus dem 17. Jahrhundert stammt. Zu Beginn des 18. Jahrhunderts beherbergte es eine Slawisch-lateinische Hochschule, an der die griechischen Brüder Ioannis und Sophronis Lichudes, die Gründer der „Slawisch-griechisch-lateinischen Akademie" in Moskau (s. S. 126) lehrten.

Südlich der St -Sophien-Kathedrale befindet sich das

****Denkmal der Tausendjahrfeier Rußlands** (*Pamjatnik Tysjatscheletiju Rossii;* Höhe 15,5 m, Gewicht der zum Guß verwendeten Bronze 100 t), das von *Michail Mikeschin* (1835–1896) geschaffen wurde; es erinnert an die eintausendjährige Wiederkehr der Gründung des ersten russischen Staates durch Rjurik in Nowgorod. Das Monumentalwerk wurde am 8. September 1862 in Gegenwart Alexanders II. enthüllt. Hinter dem Denkmal sieht man ein einstöckiges Gebäude im Empire-Stil. Es war einst ein Verwaltungs- und Gerichtsgebäude. Heute sind dort die *Stadtbibliothek* und das 1865 gegründete *Historische Museum* untergebracht.

Denkmal der Tausendjahrfeier

Südöstlich des Museums stehen Überreste der *St.-Boris-und-St.-Gleb-Kirche*. Sie wurde 1167 von *Sotko Sytinytsch* erbaut, den man bisweilen mit dem aus den Legenden über Nowgorod bekannten Sadko gleichsetzt (s. Weg 3: Jaroslaw-Hof). Der Bau, der seinerzeit neben der St.-Sophien-Kathedrale das bedeutendste kirchliche Bauwerk des Kremls gewesen sein soll, wurde im 17. Jahrhundert zerstört. Gleich daneben erhebt sich die *St.-Andreas-Stratilatus-Kirche* (Ende 17./Anf. 18. Jh.).

Verläßt man den Kreml durch das West-Tor, so befindet man sich auf dem großen *Platz des Sieges* (*Ploschtschad Pobjedy*) und gegenüber dem großen *Sowjet-Palast* (*Dom Sowjetow*), der ein gutes Beispiel für den nach dem Krieg erfolgten Wiederaufbau ist. Links sieht man das *Haus für politische Bildung*. Das Gebäude wurde 1851 von *A. I. Stakenschneider* errichtet und beherbergte den Adelsklub. Im Dezember 1917 wurde es der Sitz des Stadtsowjets und später Gewerkschaftshaus.

WEG 2: DAS ST.-SOPHIEN-VIERTEL (SOFIJSKAJA STORONA)

Südlich des Kremls steht die *Dreifaltigkeitskirche* (*Troitskaja Tserkow*). Sie wurde 1365 von Kaufleuten errichtet, die mit den Jugra-Gebieten, in der Nähe des Urals, Handel trieben. – Unweit nordwestlich davon befindet sich in der *Wolos-Straße* die

St.-Blasius-Kirche (*Tserkow Swjatogo Wlasi*). Der Name der Straße erinnert an den slawischen Gott *Wolos* oder *Weles*, den Schutzgott des Viehs. Bedingt durch das Nebeneinander der beiden Namen, wurde auch der heilige Blasius zum Schutzgott des Viehs. Die Kirche, die 1407 an der Stelle einer Holzkirche aus dem Jahre 1184 errichtet wurde, hat nur eine Kuppel sowie zwei Gewölbe, die einander rechtwinklig überschneiden (Kreuzgewölbe), eine Apsis und vier charakteristische Dreipaß-Fassaden.

Weiter südlich erhebt sich der

Weiße Turm (*Bjelaja Baschnja*). Er ist ein Überrest der ehemaligen Festungsmauern des Sophien-Viertels und stammt vermutlich vom Ende des 15. Jahrhunderts. – Noch weiter südlich liegen am Ufer des Mjatschino-Sees die *Kirche des ungläubigen Thomas* (*Tserkow Njewjerija Fomy*; 1463) und die *Kirche St. Johannes der Barmherzige* (*Tserkow Ioanna Milostiwogo*; 1422), Überreste des ehemaligen Auferstehungsklosters „von den Feldern".

Die Kirche *St. Peter und Paul auf dem Meisenberg* (*Tserkow Petra i Pawla na Sinitschjej Gorje*), westlich der beiden letztgenannten Kirchen, entstand von 1185 bis 1192 und ist (mit Ausnahme des Daches) in ihrer alten Form erhalten.

Westlich des Kremls liegt die

Zwölf-Apostel-Kirche (*Tserkow Dwjenadtsati Apostolow*), ein zierlicher, kleiner Bau aus dem Jahre 1454. Ein Vergleich mit der *St.-Blasius-Kirche* (s. S. 304) ist nicht uninteressant: Man findet hier denselben Gebäudetypus vor, wobei allerdings der Dreipaß jeder Fassade mit einem Giebel versehen ist. Hierdurch liegen die Gewölbe unter einem Dach mit acht Schrägen gleichsam versteckt. Dieser Baustil machte in Nowgorod Schule.

Nordöstlich der Zwölf-Apostel-Kirche (nordwestlich des Kremls) kommt man zur

St.-Theodor-Stratilatus-Kirche in der Schtschirkow-Straße (*Tserkow Fjodora Stratilata na Schtschirkowje Ulitse*). Von dem ursprünglichen Bau aus den Jahren 1292 bis 1294 ist nur die untere Hälfte erhalten. Der obere Teil der Wände, die Gewölbe, das Dach und die Kuppeln entstanden 1682. Die Kirche hat daher große Ähnlichkeit mit den fünfkuppeligen Moskauer Kirchen des 17. Jahrhunderts.

Weiter nordwestlich liegt östlich des Leningrad-Prospekts die *Dreifaltigkeitskirche des Heiliggeist-Klosters* (*Troitskaja Tserkow Duchowa Monastyrja*), die um 1557 erbaut wurde. Mit ihrem Refektorium und den fünf zwiebelförmigen Kuppeln ist auch sie vom moskowitischen Baustil beeinflußt.

Weiter östlich, in der Nähe des Wolchow-Flusses, befindet sich die

St.-Peter-und-Paul-der-Gerber-Kirche (*Tserkow Petra i Pawla w Koshewnikach*), die 1406 erbaut wurde. Sie ist ein Giebelbau mit interessantem Dekor: Reliefs von erhabener und von versenkter Form lösen einander ab (Fries von kleinen dreieckigen Nischen, Rosetten, Blendbögen und Reliefkreuze).

Unweit nördlich der letztgenannten Kirche gelangt man zur *Kirche St.-Nikolaus der Weiße* (*Tserkow Nikoly Bjelogo*), dem einzigen Überrest eines nicht mehr existierenden Klosters. Der Bau ist durch zahlreiche spätere Wiederaufbau- und Umbauarbeiten entstellt.

Nordwestlich davon liegt nahe dem Gzenja-Fluß das

Ehemalige Kloster Zwerin; es verdankt seinen Namen einer (Fürsten-)Jagd (zwerinjets), die hier im 11. Jahrhundert bestand. Die *Mariä-Schutz-Kirche* (*Pokrowskaja Tserkow*) wurde Ende des 14. Jahrhunderts errichtet und in der Folgezeit mehrere Male umgebaut. Auf ihrer Westseite wurde im 19. Jahrhundert eine wesentlich größere Kirche angebaut.

WEG 3: DAS HANDELSVIERTEL

Die Brücke, die die beiden Ufer des Wolchow-Flusses miteinander verbindet, liegt vom Kreml aus stromabwärts in Höhe des *St.-Theodor-Baches*, der heute zugeschüttet ist und über den die neue Straße Moskau–Leningrad führt.

Die frühere Brücke lag weiter stromaufwärts, in der Höhe des Kremls, und verband die beiden politischen Zentren des Mittelalters, den *St.-Sophien-Platz* und den *Jaroslaw-Hof*, miteinander. Mehr als einmal war sie Schauplatz von Auseinandersetzungen, in denen die rivalisierenden Parteien – nach stürmischen Debatten im Wjetsche – aneinander gerieten. – Der

****Jaroslaw-Hof** (*Jaroslawow Dwor*) oder *Fürstenhof* (*Knjashij Dwor*) liegt im Herzen des Handelsviertels, am rechten (östlichen) Ufer des Wolchow-Flusses; er ist eine Art Forum, als Garten angelegt, und zum Fluß (nach Westen) hin von Arkaden begrenzt, von wo aus man einen herrlichen Blick auf das linke (westliche) Flußufer und den Kreml hat. Auf der anderen Seite, gegen Osten, sieht man einen geschlossenen Gebäudekomplex von sieben Kirchen.

Im 12. Jahrhundert war der Jaroslaw-Hof vorübergehend Zufluchtsort des aus dem Kreml und dem St.-Sophien-Viertel vertriebenen Fürsten. Gleichzeitig war der Hof ein großes Handelszentrum. Die Lagerhäuser der ausländischen Kaufleute, vor allem jener aus Gotland und der deutschen mit ihrer katholischen Peterskirche, lagen in unmittelbarer Nähe. Es legten damals ständig zahlreiche Schiffe hier an, die entweder über die Ostsee aus den deutschen Hansestädten und aus Gotland oder über den Ilmensee und die Wolga aus den Ländern der Goldenen Horde und dem Orient kamen. Der legendäre Kaufmann und Guslispieler Sadko und seine wunderbaren Abenteuer beim Meereskönig sind ein stimmungsvolles Echo aus jener längst vergangenen Zeit; Rimskij-Korsakow hat diesen Stoff in seiner bekannten Oper „Sadko“ verarbeitet. Wenigstens zwei Arien aus dieser Oper, die des Waräger-Kaufmanns und die des Hindu-Kaufmanns, sind sehr populär.

Nahezu in der Mitte des Platzes erhebt sich der achteckige

Turm des „Kaufhofes“ (*Baschnja Gostinogo Dwora*), ein Torbau mit drei Stockwerken und zwei

Gewölbegängen; er wurde in den neunziger Jahren des 18. Jahrhunderts von *S. Jefimow* und *G. Wachromejew* erbaut.

Im Südosten des Platzes befindet sich die

St.-Nikolaus-Dworischtschenskij-Kathedrale (*Nikolo Dworischtschenskij Sobor*) aus dem Jahr 1113. Dies war die Kirche der Fürsten, die nach ihrer Vertreibung aus dem Kreml und dem St.-Sophien-Viertel keinen Zugang mehr zur St.-Sophien-Kathedrale hatten.

Südlich und südwestlich von St. Nikolaus stehen dicht beieinander zwei Kirchen, die *St.-Prokop-Kirche* (*Tserkow Prokopija*; 1529) und die *Kirche der Weihrauch bringenden Frauen* (*Tserkow Shon-Mironosits*; 1510); die letztere hat dank einer Restaurierung ihr ursprüngliches Aussehen wiedererlangt.

Nördlich der St.-Nikolaus-Kathedrale gelangt man zur *St.-Paraskewa-Pjatnitsa-Kirche* (*Tserkow Paraskewy-Pjatnitsy*). Sie wurde von Kaufleuten gegründet, die mit überseeischen Ländern Handel trieben. Trotz mehrmaligen Umbaus (14. bis 16. Jh.) blieben Partien der ursprünglichen Kirche vom Jahr 1207 erhalten.

Etwas weiter nördlich steht die *Mariä-Himmelfahrts-Kirche auf dem Markt* (*Uspenskaja Tserkow na Torgu*). Von der ursprünglichen Kirche von 1135 besteht nur noch der Grundriß. Sie wurde im 15. Jahrhundert vollständig umgebaut.

Die Bezeichnung „na Torgu" („auf dem Markt") führt auch die *St.-Georgs-Kirche (Tserkow Georgija na Torgu)*, die zu Beginn des 18. Jahrhunderts auf den aus dem Jahre 1356 stammenden Fundamenten wiedererrichtet wurde.

Ganz in der Nähe (nördlich) befindet sich die

Kirche St. Johannes der Täufer vom Mergel (*Tserkow Iwana na Opokach*), die von 1127 bis 1130 erbaut, 1453 abgerissen und im alten Stil wiedererrichtet wurde. Dies war die Kirche der St.-Johannes-Gilde, in der die reichsten Kaufleute von Nowgorod zusammengeschlossen waren und die über ererbte Privilegien verfügte.

Ganz im Süden des Handelsviertels besichtige man die *Kirche St. Elias „na Slawnje"* (*Tserkow Ili „na Slawnje"*), die 1198 bis 1202 errichtet und 1455 umgebaut wurde, sowie die *Kirche St. Peter und Paul „na Slawnje"* (*Tserkow Petra i Pawla „na Slawnje"*) von 1367, die um 1950 herum restauriert wurde.

Wenn man durch die *St.-Elias-Straße* (*Ilinskaja Ulitsa*) zurück nach Norden geht, gelangt man zur *Apostel-Philipp-Kirche in der Nutnaja-Straße* (*Tserkow Apostola Filippa na Nutnoj Ulitse*), die 1383 bis 1384 errichtet und 1526 umgebaut wurde, und weiter zur *Znamjenskij-Kathedrale* (*Znamjenskij Sobor*). Sie wurde 1682 bis 1688 im moskowitischen Stil, mit fünf Kuppeln, erbaut. Im Innern wurden übermalte Fresken von 1792 teilweise freigelegt. – Etwas weiter nordöstlich (Ulitsa perwogo Maja 26a) steht die

****Erlöser-Kirche in der Elias-Straße** (*Tserkow Spasa na Ilinje*), 1374 erbaut, 1378 mit Fresken ausgestattet und eine der eindrucksvollsten Kirchen von

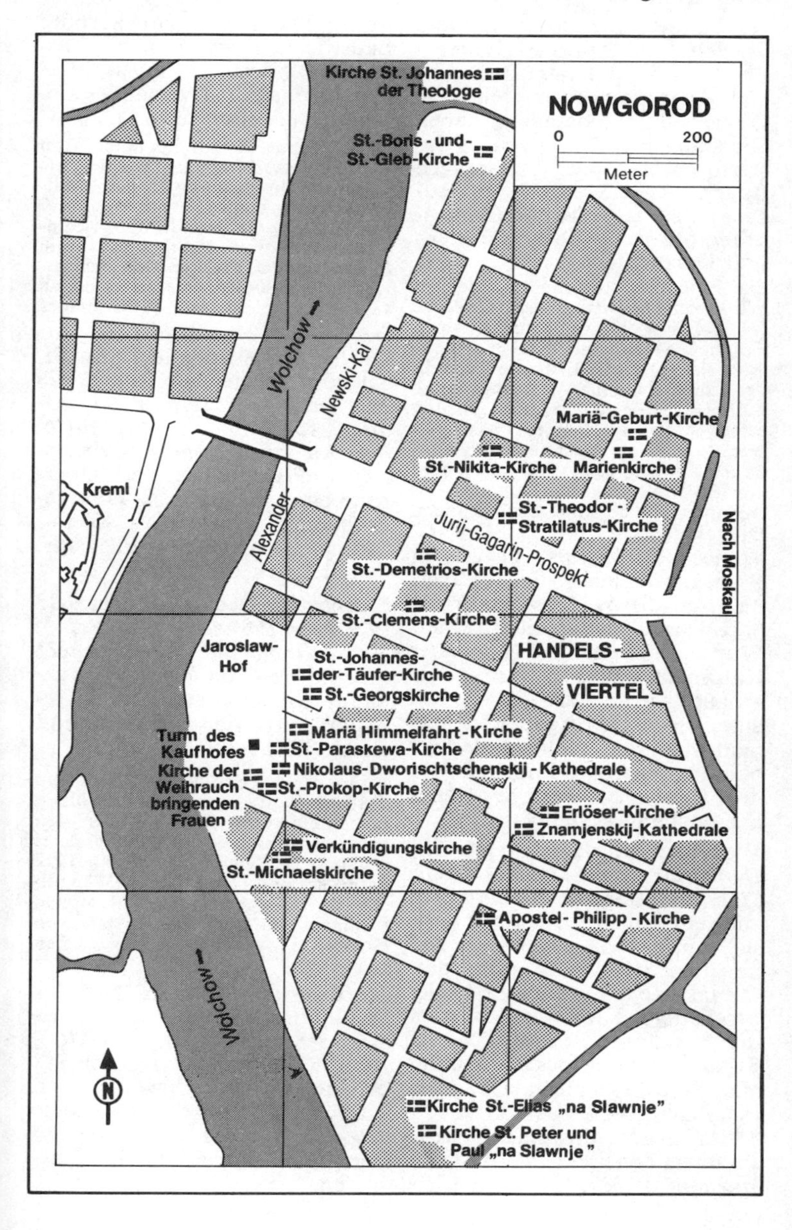
NOWGOROD
0 200
Meter
Kirche St. Johannes der Theologe
St.-Boris - und - St.-Gleb-Kirche
Wolchow
Newski-Kai
Mariä-Geburt-Kirche
St.-Nikita-Kirche
Marienkirche
Kreml
Alexander
St.-Theodor - Stratilatus-Kirche
Jurij-Gagarin-Prospekt
Nach Moskau
St.-Demetrios-Kirche
St.-Clemens-Kirche
Jaroslaw-Hof
St.-Johannes-der-Täufer-Kirche
HANDELS - VIERTEL
St.-Georgskirche
Mariä Himmelfahrt - Kirche
Turm des Kaufhofes
St.-Paraskewa-Kirche
Kirche der Weihrauch bringenden Frauen
Nikolaus-Dworischtschenskij - Kathedrale
St.-Prokop-Kirche
Erlöser-Kirche
Znamjenskij-Kathedrale
Verkündigungskirche
St.-Michaelskirche
Apostel- Philipp -Kirche
Wolchow
N
Kirche St.-Elias „na Slawnje"
Kirche St. Peter und Paul „na Slawnje"

Nowgorod. Sie hat, wie die St.-Peter-und-Paul-der-Gerber-Kirche (s. S. 305), nur eine Apsis, eine Kuppel und vier dreieckige Giebel. Die Fassaden haben ebenfalls ein Dekor aus Pilastern, zwei- oder dreilappigen Bögen, Reliefkreuzen und sogenannten „Browki"- (Augenbrauen-)Bögen über Fenstern und Dekornischen.

Die ***Fresken* im Innern sind ein Werk von *Theophanes dem Griechen* (*Feofan Grek*). Die noch vorhandenen Fragmente sind höchst eindrucksvoll; sie lassen die brillante Technik des Künstlers, seine Virtuosität, seine Kühnheit, die elegante Linienführung seiner Malerei erkennen. Man betrachte z.B. die Gestalten von fünf Säulenheiligen sowie die Gestalten von St. Makarius dem Ägypter, St. Achatius, Noah und der Heiligen Dreifaltigkeit.

Weiter nordwestlich, zurück in Richtung Wolchow-Brücke, trifft man auf die *St.-Clemens-Kirche* (*Tserkow Klimenta*), die 1519 auf Wunsch des reichen Moskauer Kaufmanns Wasilij Tarakanow erbaut wurde; er gehörte zu einer jener Moskauer Kaufmannsfamilien, die nach der Eroberung Nowgorods anstelle der deportierten Nowgoroder Familien dort angesiedelt wurden.

Weiter im Norden steht die *St.-Demetrios-von-Saloniki-Kirche* (*Tserkow Dmitrija Solunskogo*) aus dem frühen 15. Jahrhundert; sie wurde 1462 abgerissen und im alten Stil wieder aufgebaut. Die im Zweiten Weltkrieg schwer beschädigte Kirche ist vollständig restauriert. – Nördlich der Straße nach Moskau kommt man (Prospekt Jurija Gagarina 19/2) zur

****St.-Theodor-Stratilatus-Kirche am Bach** (*Tserkow Fjodora Stratilata na Rutschju*; 1360–1361). Sie ist im klassischen Nowgoroder Baustil, d.h. mit dreigeteilten Außenwänden, die einen kleeblattförmigen („Dreipaß"-) Abschluß aufweisen, erbaut.

Die ***Fresken* im Kircheninnern (um 1370), die 1910 freigelegt wurden, erinnern in ihrer monochromen Malweise (rotbraune Farbtöne), ihrer Ausführung, die ganz in der griechischen Tradition steht, und ihrem Pathos an die Fresken der Erlöser-Kirche (s. S. 306). Sie stammen jedoch vermutlich nicht von Theophanes dem Griechen.

Die beiden nordöstlich von St. Theodor gelegenen Kirchen, die *Marienkirche* (*Tserkow Bogoroditsy*; 1557) und die *Mariä-Geburt-Kirche* (*Tserkow Roshdestwa Bogoroditsy*; 1379), sind Überreste eines ehemaligen, 1199 gegründeten Klosters. – Weiter östlich, jenseits des Erdwalls, befindet sich die kleine

***Kirche der Geburt auf dem Feld** (*Tserkow Roshdestwa na Polje*), auch *Kirche auf dem Friedhof* (*Tserkow na Kladbischtsche*) genannt. Sie ist ein schlichtes Gebäude mit vier Pfeilern und wurde 1381 bis 1382 errichtet.

Im Innern der Kirche sind im oberen Teil der Wände und in den Gewölben bemerkenswerte Fresken aus den achtziger Jahren des 14. Jahrhunderts erhalten geblieben; sie wurden 1912 entdeckt und 1936 bis 1937 vollständig freigelegt. Die Malereien stammen, zumindest teilweise, von einem unbekannten griechischen Künstler.

Nordwestlich von St. Theodor Stratilatus gelangt man zur *St.-Nikita-Kirche* (*Tserkow Nikity*), die 1557 im moskowitischen Stil erbaut wurde. Gewölbe und Kuppeln sind zerstört, die kleine *Nikolaus-Kapelle* hingegen und der *Glockenturm* blieben erhalten.

Im äußersten Nordwesten des Handelsviertels trifft man auf die 1536 errichtete und später stark veränderte *St.-Boris-und-St.-Gleb-der-Zimmerleute-Kirche* (*Tserkow Borisa i Gleba w Plotnikach*). Die fünf Kuppeln im moskowitischen Stil sind Reste des ursprünglichen Baus.

Auf der anderen Seite des Erdwalls und des Flüßchens *Witka* steht die

Kirche St. Johannes der Theologe in Radokowitse (*Tserkow Ioanna Bogoslowa w Radokowitsach*; 1383–1384). Sie ist eine der besterhaltenen Kirchen von Nowgorod aus dem 14. Jahrhundert. Der außerordentlich harmonisch proportionierte Bau besitzt vier Giebel, eine Kuppel und eine Apsis. – Etwas weiter nördlich liegt das

St.-Antonius-Kloster, das Anfang des 12. Jahrhunderts von Antonius „aus Rom" gegründet wurde, der, der Tradition jener Zeit entsprechend, als reicher Ausländer nach Nowgorod kam, um sich hier niederzulassen. Die

Klosterkirche Mariä Geburt (*Sobor Roshdestwa Bogoroditsy*) stammt aus dem Jahre 1117. Der dreischiffige Bau hat eine große Mittelkuppel und zwei Nebenkuppeln, die alle im Westen liegen. Daraus ergibt sich ein asymmetrisches „Westwerk". An der Nordwestecke liegt außerdem noch ein Treppenturm, dessen Treppe auf die Empore führt.

Im Kircheninnern sind Fragmente von Fresken aus dem Jahr 1125 und von Sgrafitto-Malereien erhalten.

Die ebenfalls zum St.-Antonius-Kloster gehörende *Refektoriumskirche* (*Trapeznaja Tserkow*) wurde 1533 bis 1536 rekonstruiert.

DIE UMGEBUNG VON NOWGOROD

Südlich der Stadt liegt am Ostufer des Wolchow, im Dorf *Gorodischtsche*, die

Verkündigungskirche (*Tserkow Blagoweschtschenija*), die 1103 von Fürst Mstislaw, dem ältesten Sohn Wladimir Monomachs, gegründet wurde; sie wurde 1342 bis 1343 rekonstruiert, während des Zweiten Weltkriegs aber fast vollständig zerstört.

Am anderen Ufer des Wolchow, nahe dem Ilmensee, besuche man das um 1100 gegründete (jetzige Klosterbauten Anfang d. 19. Jh.)

St.-Georgs-Kloster (*Jurjew Monastyr*), das vor allem wegen seiner gleichnamigen Hauptkirche in einen Besuch Nowgorods auf jeden Fall einbezogen werden sollte. Die

****St.-Georgs-Kathedrale** wurde 1119 von dem Architekten *Meister Pjotr* erbaut, dessen Name in der Chronik überliefert ist. Den Auftrag zum Bau der Kirche erteilte der Fürst von Nowgorod Wsjewolod (ältester Sohn des oben erwähnten Fürsten Mstislaw), der siebzehn Jahre später (1136) aus Nowgorod vertrieben wurde. Die St.-Georgs-Kathedrale wurde nach der Vertreibung der Nowgoroder Fürsten aus dem Kreml anstelle der Sophien-Kathedrale deren Grabkirche. Sie ist ein imposantes Bauwerk mit sechs kreuzförmigen Pfeilern, drei Schiffen, drei Apsiden und drei asymmetrischen Kuppeln. Wie bei der Mariä-Geburt-Kirche des St.-Antonius-Klosters (s. linke Spalte) bedeckt die nordwestliche

Kuppel einen *Treppenturm*, dessen Treppe auf die Empore führt. Dieser Turm aber ist im Unterschied zu dem runden Turm der Mariä-Geburt-Kirche viereckig; er verlängert die Westfassade.

Östlich von Gorodischtsche, jenseits des Flüßchens *Spasowka*, erhebt sich die

****Erlöser-Kirche auf dem Berg Nereditsa** (*Tserkow Spasa na Gorje Nereditse*), die Fürst Jaroslaw Wladimirowitsch 1198 erbauen ließ. Es ist eine schlichte, kleine Kirche mit vier Pfeilern, drei Apsiden und nur einer Kuppel. Die Fassaden werden durch mächtige Pilaster (Lopatki), auf denen Gewölbebögen (Zakomari) ruhen, in drei Querschiffe unterteilt. Die während des Zweiten Weltkriegs fast vollständig zerstörte Kirche ist wieder aufgebaut worden; von ihrer größten Kostbarkeit jedoch, dem 1199 entstandenen und bis 1941 fast vollständig erhaltenen Freskenzyklus, existieren nur noch Bruchstücke.

Nahe dem Zusammenfluß von *Spasowka* und *Wolchowjets* kann man Überreste der *St.-Andreas-Kirche* (1371) des ehemaligen *Klosters von Sitesk* sehen.

Etwas weiter nördlich liegt auf einer Insel im Wolchowjets-Fluß die fast völlig zerstörte *St.-Cyrill-Kirche*. Auch die Nachbarkirchen am rechten Ufer des Wolchowjets (östlich von Nowgorod) sind nur noch Ruinen. Während des Zweiten Weltkrieges verlief dort die Front.

Etwas weiter flußabwärts erblickt man auf einem Hügel die Ruine der *Erlöser-Kirche in Kowaljewo* (*Tserkow Spasa na Kowaljewje*). Die 1345 erbaute Kirche wurde 1380 von Malern vom Balkan, vermutlich Serben, mit Fresken ausgeschmückt, die den Einfluß der byzantinischen und jugoslawischen Malerei auf die Malerei Nowgorods im 14. Jahrhundert dokumentieren.

In unmittelbarer Nähe trifft man auf die Überreste der *Mariä-Himmelfahrt-Kirche von Wolotowo* (*Tserkow Uspenija na Wolotowom Polje*), die 1352 erbaut und 1941 bis 1943 durch Artilleriegeschosse stark zerstört wurde. Von den bedeutenden Fresken aus dem Jahre 1363 ist so gut wie nichts mehr erhalten.

Südöstlich von Gorodischtsche, jenseits des *Siwers-Kanals*, steht die *St.-Michaelskirche von Skoworodka* (*Tserkow Michaila na Skoworodkje*), ebenfalls im Zweiten Weltkrieg fast völlig zerstört. Die 1355 erbaute Kirche, ist eine Nachbildung des Kirchentypus von Wolotowo (s. oben). Im Kircheninnern wurden 1928 bis 1937 Fresken aus dem 14. Jahrhundert freigelegt, die in ihrer Farbenpracht an die Ikonen von Nowgorod aus derselben Zeit erinnerten. Auch sie sind dem Krieg zum Opfer gefallen.

Weiter südlich, am Ostufer des *Ilmensees*, lohnt die *St.-Nikolaus-Kirche von Lipna* (*Tserkow Nikoly na Lipnje*) einen Besuch. Sie wurde 1292 erbaut, im Zweiten Weltkrieg stark beschädigt, aber in ihrer ursprünglichen Form wieder aufgebaut. Diese Kirche ist eines der frühesten Beispiele des von der byzantinischen Tradition abweichenden Nowgoroder Baustils (spitzere Zwiebeltürme, kleeblattartiger Abschluß der Fassaden).

Am Westufer des Ilmensees, südlich des St.-Georgs-Klosters (s. S. 309), erinnern der *Perun-Hügel* (*Perunow Cholm*) und der Ort *Peryn* an das ehemalige Heiligtum des von den vorchristlichen Slawen verehrten Donnergottes *Perun*, Jupiter des slawischen Pantheons, dessen Standbild in den Wolchow geworfen wurde, als Rußland sich zum christlichen Glauben bekehrte. An der Stelle der heidnischen Kultstätte wurde das *Kloster der Muttergottes von Peryn* errichtet. Die heutige *Kirche Mariä Geburt* (*Tserkow Roshdestwa Bogoroditsy*) gehörte zu dem Kloster.

7. Kishi

Nach Kishi führt eine sehr empfehlenswerte Exkursion, die nicht nur Gelegenheit bietet, einzigartige Beispiele der russischen Holzbaukunst des 18. Jahrhunderts zu bewundern, sondern auf der man auch einen bleibenden Eindruck von der Schönheit der Landschaft Kareliens mit ihren dichten Wäldern, dem riesigen Onegasee, mit all jenem stillen Zauber erhält, wie man ihn nur in Nordeuropa findet.

Anreise: Die Insel Kishi liegt, 68 Kilometer von Petrozawodsk entfernt, im Onegasee. Die Exkursion dorthin, für die man zwei Tage benötigt, wird von Intourist durchgeführt.

Kishi, eine der zahlreichen Inseln im Onegasee, war einst ein wichtiger Rastplatz auf dem Handelsweg, der von Nowgorod nach Norden, zum Weißen Meer, führte. Die Insel, deren karelischer Name „Spielfeld" bedeutet, wurde zum Schwerpunkt eines mehr als 100 teils auf ihr, teils an den Seeufern gelegene Dörfer umfassenden „Pogost" (= Kirchspiel). Neben seinen beiden berühmten Kirchen und dem Glockenturm bietet Kishi ein in seiner Art einmaliges *Freilichtmuseum*, das weltliche und kirchliche Bauten aus Holz umfaßt, die aus benachbarten Gebieten Kareliens hier zusammengetragen worden sind. Sie stammen alle aus dem 18. Jahrhundert. – Die

****Verklärungskirche** (*Preobrashenskaja Tserkow*), die 22 Kuppeln zieren, ist die größte Kirche der Insel. Sie wurde 1714 von unbekannten Zimmerleuten ohne einen einzigen Nagel errichtet. Die strenge Logik der Konstruktion, die Ausgewogenheit der Komposition und die Makellosigkeit der Proportionen sind bewundernswert. Der monochrome Farbton des Espenholzes, das in Jahrhunderten patiniert wurde, sowie die Schwerelosigkeit der Konstruktion bilden mit der Landschaft der Insel und des Sees eine vollkommene Harmonie.

Das Innere des Bauwerkes erinnert stark an eine russische Izba, und nur die riesigen Ikonen und die prächtige, aus Holz geschnitzte und vergoldete Ikonostase zeugen von seinem sakralen Charakter. Die farbenprächtigen Ikonen sind typisch für die Schule des Nordens.

Der südwestlich der Verklärungskirche stehende, wie ein achteckiger Wachtturm gebaute *Glockenturm* mit pyramidenförmigem Dach wurde erst 1874 errichtet. – Die

****Mariä-Schutz-Kirche** (*Pokrowskaja Tserkow*) stammt aus dem Jahr 1764. Sie ist zwar wesentlich kleiner als die vorgenannte Kirche und einfacher gehalten, aber ebenso schön. Mit ihrem Kranz aus acht Zwiebelkuppeln, der eine ebenfalls zwiebelförmige Mittelkuppel umgibt, erweckt sie den Eindruck einer ungewöhnlichen Leichtigkeit.

Der schlichte Bau birgt im Innern prächtige *Ikonen* aus dem 17. Jahrhundert, die man hier zusammengetragen hat.

Die 1711 errichtete **Mariä-Himmelfahrts-Kathedrale* (*Uspenskij Sobor*) und die **St.-Peter-und-Paul-Kirche* sind nüchterner und strenger gehalten, aber nicht minder eindrucksvoll.

Die *Mühle*, die über den „Pogost" von Kishi verstreuten *Kapellen* und die alte *St.-Lazarus-Kirche*, aus dem 14. Jahrhundert, die nach den Worten der russischen Kunstkritik „ein herrliches Gedicht in Holz" darstellen, vervollständigen dieses Freilichtmuseum.

*KIEW

Russischer Name: **КИЕВ**; ukrainischer Name: **КИЇВ**.

Kiew ist die Hauptstadt der Ukrainischen Sozialistischen Sowjetrepublik, drittgrößte Stadt der Sowjetunion (2,3 Mill. Einwohner), älteste Stadt Rußlands, Universitäts- und Industriestadt. Sie liegt beiderseits des *Dnjeprs*, wobei der historische Stadtkern sich an den steilen Hängen des rechten Ufers befindet.

Plan der Innenstadt S. 334/335.

Die *Ukrainische Sozialistische Sowjetrepublik*, eine der fünfzehn Unionsrepubliken der Sowjetunion, bedeckt ein Gebiet von 603 700 Quadratkilometern und hat etwa 51,5 Millionen Einwohner. Die ehemals vor allem als „Kornkammer Rußlands" betrachtete und fast ausschließlich landwirtschaftlich genutzte Ukraine ist in den letzten fünfzig Jahren zu einer bedeutenden Industriemacht geworden. Sie ist reich an Bodenschätzen. Es werden ständig neue Schwerindustrieanlagen errichtet.

Die Ukrainische Republik hat eine eigene Regierung, ein eigenes Parlament und eine eigene Verfassung.

Das Ukrainische, die offizielle Sprache der Ukrainischen Republik, wird gleichzeitig mit dem Russischen in allen Schulen gelehrt. In Ukrainisch erscheinen Zeitschriften, Zeitungen und Bücher.

Die ukrainische Schriftsprache hat zwar große Ähnlichkeit mit dem klassischen Russischen, der russischen Schriftsprache Puschkinscher Prägung, weist jedoch gewisse grammatikalische und lexikalische Besonderheiten auf.

GESCHICHTE

Legende und historische Realität. Die Geschichte Kiews verliert sich nicht nur in dunkler Vorzeit, sie vermischt sich auch mit der Legende.

Die Legende berichtet von den drei Brüdern Kij, Schtschek und Choriw, die Ende des 5. Jahrhunderts auf einer Anhöhe eine Festung errichteten und sie nach dem ältesten von ihnen „Kijew" nannten, Jahrhunderte später legten Archäologen auf einem Hügel des Starokjewskaja-Viertels Überreste der Festungsmauern frei.

Die Bernsteinstraße. Die Gründung Kiews an eben diesem Platz in der Steppe erfolgte vermutlich nicht zufällig. Die Stadt lag hiermit am Ufer des breiten Dnjepr, d.h. am reichsten und bewegtesten Abschnitt der berühmten Bernsteinstraße, die von der Ostseeküste bis zum Kaspischen Meer, bis nach Byzanz, reichte („Weg von den Warägern zu den Griechen"). Auf ihr begegneten sich kriegerische Kaufleute der Waräger, Nomadenhändler aus dem Süden und Sklaven jedweder Herkunft. Das ganze von dieser Straße durchzogene Territorium nannte man „Rus-Land" („Russkaja Zemlja").

Fürst Oleg. Nach dem Tod des Waräger-Fürsten Rjurik brachte sein Nachfolger Oleg, ebenfalls ein Waräger und Fürst von Nowgorod, Kiew durch Verrat an sich und machte die Stadt, nachdem er die beiden Fürsten Askold und Dir, die – vermutlich ebenfalls Waräger – auf einem anderen Weg, über die Westliche Dwina, an den Dnjepr gekommen waren, hatte ermorden lassen, 882 zur Hauptstadt seines Großfürstentums. Oleg war bemüht, offizielle Kontakte mit dem damals zivilisiertesten Reich, Byzanz, herzustellen. Er war es, der seine Residenz „die Mutter der russischen Städte" nannte und sie zum wirtschaftlichen, kulturellen und politischen Mittelpunkt des riesigen „Kiewer Russenreiches" („Kiewskaja Rus") machte, das den jetzigen Nordosten Rußlands, Weißrußland und die Ukraine umfaßte.

Wladimir der Heilige. Wladimir Swjatoslawowitsch, aus der Geschichte als Wladimir der Heilige bekannt, ließ 988 in einem Zufluß des Dnjepr für seine Untergebenen eine Massentaufe durchführen und zur selben Zeit die erste Kathedrale Rußlands, die Desjatinnaja, errichten.

Jaroslaw der Weise. Dieser Großfürst, Sohn Wladimirs des Heiligen und Vater Wsjewolods, der eine byzantinische Prinzessin ehelichte, errichtete neue Stadtviertel mit einer neuen Kirche, der St.-Sophien-Kathedrale (1037). Kiew wurde somit zu einem religiösen Zentrum und zu einem Markt, wo russische, deutsche, lombardische, polnische, ungarische, skandinavische und arabische Händler zusammenströmten.

Das Lied vom Feldzug Igors. Nach 1113 begann der Zusammenschluß des größten Teils von Rußland unter der unumschränkten Herrschaft einer der größten Gestalten des russischen Mittelalters, des Fürsten Wladimir II. Monomach, Sohn Wsjewolods und seiner byzantinischen Gemahlin.

Während des 12. Jahrhunderts erstrahlte die Zivilisation Kiews noch einmal in vollem Licht. Die „Chronik der vergangenen Jahre" („Powjest Wremjennych Ljet"), nach dem Redaktor der berühmten Neufassung des Kiewer Höhlenklosters, dem Mönch Nestor, auch „Nestorchronik" genannt, und das „Lied vom Feldzug Igors" („Slowo o Polku Igorewe") zählen zu den schönsten Werken, die der schöpferische Geist Altrußlands hervorgebracht hat. Sie legen gleichzeitig Zeugnis ab vom Erwachen eines nationalen Bewußtseins.

Ein Jahrhundert der Finsternis. Schon bald nach dem Tod Wladimir Monomachs 1125 begann jedoch der Verfall der Kiewer Rus. Erbitterte Bruder- und Herrschaftskämpfe schwächten das allzu große Reich, und die Mongolenhorden, die ganz Europa heimsuchten, bewirkten schließlich 1240 den Untergang Kiews. Nur einige wenige Klöster und Kirchen überlebten die Massaker, Brände und Grausamkeiten.

Kiew kommt zu Polen. Im 14. Jahrhundert standen Kiew und die Ukraine unter litauischer, dann unter polnisch-litauischer Herrschaft. Mehr als drei Jahrhunderte waren sie vom übrigen Rußland, vor allem von Moskau, getrennt. In dieser Zeit erwachte das ethnische Bewußtsein des ukrainischen Volkes.

Durch die Union von Lublin, 1569 (Zusammenschluß des Großfürstentums Litauen mit dem Polnischen Reich), und die Union von Brest-Litowsk, 1596, in der ein Teil der ukrainischen Kirche unierte Kirche, d.h. eine Rom unterstellte Kirche mit byzantinischem Ritus, wurde, wurde die Westukraine polnisch und katholisch, während die Ostukraine – vor allem dank der militärischen Organisation der Kosaken – ihren orthodoxen Glauben und ihre russische Nationalität verteidigte. Der polnische König mußte mit den Kosaken, vor allem mit den Saporogern (zur „Saporoger Sitsch", der Selbstverwaltungsorganisation der ukrainischen Kosaken, gehörende ukrainische Kosakenarmee d. 15.–17. Jh.) rechnen und die Wiedererrichtung der orthodoxen Hierarchie in Kiew akzeptieren.

Erste Schritte auf dem Weg zur Befreiung. Der Befreiungskampf des ukrainischen Volkes wurde 1648 durch den Kosakenhetman Bodgan Chmelnitskij ausgelöst und endete mit dem Zusammentritt der Ukrainischen Nationalversammlung in Perejaslaw im Januar 1654, die den Anschluß des linken Dnjeprufers und der Stadt Kiew an das Moskauer Reich beschloß. Die Schwierigkeiten waren damit jedoch nur dem Anschein nach behoben, da in Wirklichkeit die Autoritätskonflikte nunmehr zwischen den Hetmans der Kosaken und der Zentralgewalt, d.h. dem Zaren, ausgetragen wurden. Das endete damit, daß Hetman Mazeppa, der im Oktober 1708 auf die Seite des Schwedenkönigs Karl XII. übertrat, nach der von den Schweden verlorenen Schlacht bei Poltawa mit diesem über die türkische Grenze floh und ins Exil ging. Die Kosaken wurden unterworfen. Moskau triumphierte, während die Ukraine unter Verlust ihrer hohen kulturellen Eigenart zur russischen Provinz herabsank.

Das 19. Jahrhundert. Im 19. Jahrhundert, in dem sich für ganz Europa die Nationalitätenfrage stellte, wurde die Frage der sprachlichen und ethnischen Zugehörigkeit der Ukraine zu einem brennenden Problem. Der Name Taras Schewtschenko wurde zum Symbol des Widerstands gegen nationale Unterdrückung, Sklaverei und Willkür. Zur Sprachenfrage kam dann als ein weiteres Problem noch das der Klassenzugehörigkeit: Die gehobenen Schichten des Volkes sprachen russisch, während das einfache Volk dem Ukrainischen treu blieb.

Nach 1840 machten die Errichtung der Eisenbahn und das industrielle Wachstum (die Ukraine ist das reichste Gebiet ganz Rußlands), welches durch ausländische Kapitalanlagen (80–90%) ermöglicht wurde, aus der Ukraine einen riesigen Schmelztiegel, wo sich eine proletarische, aus allen Himmelsrichtungen Rußlands hierher gekommene Bevölkerung und die neuen sozialen Schichten der leitenden Angestellten, der Ingenieure und Wirtschaftsfachleute miteinander vermischten.

Vorrevolutionäre und revolutionäre Periode. Dies war eine Zeit, in der es zahlreiche Helden und Märtyrer gab, die furchtlos die Stimme der Freiheit vernehmen ließen. Auf jede zensierte Zeitschrift folgte die Herausgabe einer neuen, jede Repression einer revolutionären Gruppe ließ eine neue entstehen. Die Gegner des Zarentums waren jedoch gespalten in Nationalisten, für die das Fortbestehen der ukrainischen Sprache und Kulturgemeinschaft mehr zählte als der Klassenkampf, und in Revolutionäre, die für die Sache der Arbeiter kämpften, die sich mit allen russischen Proletariern solidarisch fühlten, und die die Sprachenfrage für nicht so wichtig hielten. In Kiew trugen sich 1905 und 1917 dieselben Ereignisse zu wie in den anderen großen Zentren des Zarenreiches.

Die Jahre 1917 bis 1920 waren eine Periode der Verworrenheit und inneren Unruhe. Sie waren gekennzeichnet durch die Errichtung einer separatistischen nationalistischen ukrainischen Regierung in Kiew, durch Aufstände, durch erbitterte Kämpfe zwischen Nationalisten und Kommunisten. Der Intervention deutscher Truppen zugunsten der

Nationalisten folgten nach dem November 1918 die französische Intervention in Odessa zugunsten der Weißrussen und der Bürgerkrieg, in dem die Rote Armee, die Weißen Armeen Denikins (1918–1919) und Wrangels (1920), die Nationalistengruppen Petljuras und die Anarchistenbande von Machno gegeneinander kämpften. Die altehrwürdige Stadt Kiew wurde zum Schauplatz der blutigsten Kämpfe, die auf die Revolution folgten. Rassistische Gemetzel, Hinrichtungen und Abrechnungen fanden statt, die man politisch zu rechtfertigen suchte.

Die endgültige Vernichtung. Die politisch bewegten Jahre nach dem Ersten Weltkrieg, der Revolution und dem Bürgerkrieg waren Jahre des Aufbaus und der Industrialisierung, die 1941 durch den Einmarsch der deutschen Truppen jäh unterbrochen wurden. Der Zweite Weltkrieg zählt zu den schrecklichsten Prüfungen, die Kiew und die Ukraine im Laufe ihrer Geschichte erfuhren. Am 21. September 1941 zogen die deutschen Truppen in die Stadt ein. Während der Besetzung, die mehr als zwei Jahre dauerte, gab es zahlreiche Zerstörungen. Etwa 200 000 Einwohner fanden den Tod und über einhunderttausend wurden deportiert. Als die Deutschen am 6. November 1943 Kiew verlassen mußten, war die Stadt nur noch ein Trümmerhaufen.

43 Jahre später, im April 1986, entfachte die Katastrophe im Atomkraftwerk von Tschernobyl unweit von Kiew weltweit erregte Diskussionen um die Risiken der Kernkraftgewinnung.

WIRTSCHAFT, WISSENSCHAFT UND KULTUR

Verkehrsverbindungen. Kiew ist, die dazwischenliegenden Städte nicht mitgezählt, über ein Schienennetz mit 31 Städten der Sowjetunion verbunden; auf dem Luftweg bestehen Verbindungen mit 120 Städten der Sowjetunion und zahlreichen europäischen Hauptstädten.

Wirtschaft. In Kiew gibt es Fabriken für die Herstellung von Baggern, Fahrrädern, automatischen Werkzeugmaschinen, elektrischen Apparaturen, Fotoapparaten, Meßgeräten und Apparaten der chemischen Industrie und der Nahrungsmittelindustrie. Man findet dort ferner Fabriken für chemische Erzeugnisse, Holzverarbeitungswerke, Konfektionsfabriken, Schuhfabriken, Baukombinate und Druckereien. Auch Schiffsbau (Flußschiffahrt) gibt es.

Wissenschaft. Besonders auf dem Gebiet der medizinischen Forschung belegt Kiew (die Stadt gilt als Welthauptstadt der Gerontologie) einen hervorragenden Platz.

Kulturelles Leben. Kiew hat 1330 Bibliotheken (66 Millionen Bücher), 237 Zweigniederlassungen, 87 Abendschulen, 44 Fachschulen (über 100 000 Studierende) und 18 Hochschulen (100 000 Studenten). Es gibt dort ferner zwölf Theater, 115 Klubs und Kulturhäuser, 26 Museen, drei Filmstudios sowie eine Radio- und Fernsehstation.

Musikleben. Das sehr rege Musikleben spielt sich in der Schewtschenko-Oper und in mehreren Konzertsälen ab. Dort treten das Sinfonieorchester der Ukraine, das Bandura-Ensemble ,,Dumka“, der berühmte ukrainische Volkschor ,,Werjowka“ und das Volkstanzensemble der Ukrainischen SSR auf.

*

Die ukrainische Küche unterscheidet sich von der russischen vor allem dadurch, daß in ihr mehr Obst und Gewürze Verwendung finden. Der ukrainische rote Borschtsch (Rote-Rübensuppe) wird mit kleinen Kuchen gereicht; die Kiewer Koteletts – in Teig gehülltes und herausgebackenes Gehacktes aus Fleisch oder Geflügel – und Kirsch-Wareniki – mit frischen Kirschen gefüllte und mit Schlagsahne garnierte Pasteten (in Teig) – sind die beiden ukrainischen Nationalgerichte. Dazu zählen auch die hier aus gekochtem Schweinefleisch verschiedenartig zubereiteten Zakuski (kleine Imbiß-Happen).

Kunsthandwerk und Shopping. Das ukrainische Kunsthandwerk zeichnet sich durch seine lebhaften Farben aus. Gegenstände aus Holz, Schalen, Vasen und Tabletts, sind schwarzgrundig, mit großen Blumen oder Laubwerk in lebhaften Farben versehen. Berühmt sind auch die ebenfalls sehr bunten Stickereien, in die komplizierte Motive eingearbeitet sind. Man findet in Kiew zwar weniger Bernsteinschmuck als im Norden, doch werden Edelsteine und Halbedelsteine hier ebenso geschickt verarbeitet wie in Leningrad. Auch Stoffe und Keramiken lohnen den Kauf.

BESUCH DER STADT BESICHTIGUNGS-PROGRAMME

Es wäre schade, wenn dem Besucher der Hauptstadt der Ukraine für diesen Besuch nur ein Tag zur Verfügung stände. In diesem Fall sollte man eine generelle Stadtbesichtigung mit Intourist unternehmen, bei der man in kurzer Zeit die beiden bedeutendsten Architekturdenkmäler, die St.-Sophien-Kathedrale und das Kiewer Höhlenkloster, sowie die Ausstellung Fortschrittlicher Erfahrungen in der Wirtschaft zu sehen bekommt. Am Nachmittag kann man das Schewtschenko-Museum (1 Stunde) und das Museum der russischen Kunst (1 Stunde; ersterem sollte man den Vorzug geben) besuchen. Außerdem sollte man unbedingt einen Bummel auf dem Kreschtschatik machen.

Bei zwei Tagen Aufenthalt kann man sich mehr Zeit für die St.-Sophien-Kathedrale und das Kiewer Höhlenkloster nehmen (Besichtigung der Katakomben, zu denen man durch den Zentralpark oberhalb des Dnjepr gelangt) und eine bis eineinhalb Stunden dem Besuch des Staatlichen Museums für ukrainische Bildende Kunst widmen.

Weg 1: **Kreschtschatik und **Taras-Schewtschenko-Museum – **Museum der russischen Kunst – *Museum der westlichen und orientalischen Kunst – Universität

Metrostation: Kreschtschatik (in der Mitte der gleichnamigen Straße).

DER **KRESCHTSCHATIK
[Plan s. S. 334/335, E3–D4]

(ukrain.: *Chreschtschatik*) ist „die" Straße Kiews. Ein Tourist, der fremd in der Stadt ist und selbst ein Kiewer wird sich kaum vorstellen können, daß sich hier bis zum 17. Jahrhundert ein tiefes Tal befand, in welchem steil abfallende Schluchten eine Art Kreuz (Kreschtschatik / Chreschtschatik = Kreuzung) bildeten; sie werden ebensoviel Mühe haben sich vorzustellen, daß der Kreschtschatik am Ende des Zweiten Weltkriegs, also vor etwa 40 Jahren, ein riesiger Trümmerhaufen war, aus dem nur noch einzelne Mauern und Häuser aufragten, in denen kein menschliches Leben mehr war.

Der Kreschtschatik beginnt am

Platz des Leninschen Komsomol [Plan s. S. 334/335, E–F3] (*Ploschtschad Leninskogo Komsomolu*), wo sich das Hotel „Dnjepr" („Dnipro") und das neue Gebäude der Filiale des *Zentralen Leninmuseums* erheben und die schattigen Alleen ihren Ausgang nehmen, die zum Dnjepr hinabführen. – Der

Platz der Oktoberrevolution [Plan s.S. 334/335, E3] (*Ploschtschad Oktjabrskoj Rewoljutsii*), ehemals Kalinin-Platz (Ploschtschad Kalinina), ist eine wichtige halbmondförmige Kreuzung, von der mehrere Straßen ausgehen.

Der Platz wird gesäumt vom *Postamt*, *Fernmeldeamt* und vom *Haus der Lehrer*, das im ehemaligen *Adelspalais* (Nr. 2 des Platzes) untergebracht ist. Ein Schild an der Fassade erinnert daran, daß nach der Vertreibung des von Petljura geleiteten nationalistischen ukrainischen Direktoriums im Dezember 1919 die von Nikolaj Schtschors geleitete sowjetische Militärkommandantur hier ihren Sitz hatte.

Rechts, hinter dem Springbrunnen, beginnt die *Schewtschenko-Gasse*, wo sich (Nr. 8a) das *Schewtschenko-Haus* [Plan s. S. 334/335, E2–3], das ehemalige Wohnhaus Taras Schewtschenkos (heute Museum), befindet.

Der Dichter *Taras Schewtschenko*, von dem bei der Beschreibung des nach ihm benannten Museums (s. S. 318) noch die Rede sein wird, lebte hier im Jahre 1846 und schrieb in dieser Zeit mehrere große Balladen, darunter „Rusalka“ und „Lileja“.

Gegenüber dem Platz der Oktoberrevolution führen breite Granittreppen zum

Hotel Moskau [Plan s. S. 334/335, E3], das 1961 errichtet wurde und das ganze Viertel überragt. Das Hauptgebäude hat 15 Stockwerke. Vor dem Hotel steht das monumentale Denkmal „Zu Ehren der Großen Oktoberrevolution“ (1977).

Auf derselben Seite des Kreschtschatik, Ecke Karl-Marx-Straße, befindet sich das

Tschaikowski - Konservatorium [Plan s. S. 334/335, E3]. Es wurde 1913 gegründet. Der während des Zweiten Weltkriegs zerstörte Bau wurde von 1955 bis 1958 an der Stelle des ehemaligen Hotels „Continental“ wiedererrichtet.

Die *Karl-Marx-Straße* [Plan s.S. 334/335, E3] (*Wul. Karla Marksa*) mündet auf den *Iwan-Franko-Platz*, wo das *Ukrainische Iwan-Franko-Schauspielhaus* [Plan s.S. 334/335, E4] steht. Es ist das ehemalige *Solowtsow-Theater*, das 1898 von *Th. Schleifer* erbaut und 1960 neu eingerichtet wurde.

Auf der rechten Seite des Kreschtschatik erblickt man die imposante rote Marmorfassade des *Stadt-Sowjets der Arbeiterdeputierten* [Plan s.S. 334/335, D3], des Rathauses. Das Gebäude wurde 1952 bis 1957 errichtet. Ecke Lenin-Straße/Puschkin-Straße steht das

Russische Lesja-Ukrainka-Theater [Plan s.S. 334/335, D3], dessen Truppe 1926 gegründet wurde. Ein Schild an der Hauswand erinnert an die Zusammenkunft der Arbeiter- und Soldatendeputierten, die am 27. Oktober 1917 in diesem Haus stattfand.

Der Kreschtschatik, wo Restau-

Kreschtschatik

rants, Kaufhäuser (sie ähneln den westeuropäischen mehr als die Moskauer Kaufhäuser) und Kinos den feierlichen Charakter der offiziellen Bauten mildern, endet in Höhe des *Taras-Schewtschenko-Boulevards* am *Bessarabien-Platz* [Plan s. S. (334/335, D4] mit dem *Kolchosenmarkt „Bessarabska"* (linker Hand), dessen Besuch einen Eindruck von der Farbigkeit und der Vitalität des ukrainischen Volkes vermittelt.

Der Kreschtschatik wird im Süden von der *Straße der Roten Armee* [Plan s. S. 334/335, D4] (*Wulitsa Tscherwonoarmijska*) fortgesetzt. – Der

****Taras - Schewtschenko - Boulevard** [Plan s. S. 334/335, D4–A2] (*Bulwar Tarasa Schewtschenka*), der von einem mit Pappeln gesäumten Mittelstreifen in zwei chausseeartige Fahrstraßen geteilt wird, ist die schönste Straße Kiews; an seinem Anfang steht auf einem hohen zylindrischen Sockel eine *Lenin-Statue* (*Sergej Merkurow*, 1946) aus rotem Granit. Beiderseits des Boulevards liegen die Gebäude der Hotels „Leningradskaja" (Nr. 4) und „Ukrajina" (Nr. 5). – Das der Ukrainischen Akademie der Wissenschaften unterstellte

****Taras-Schewtschenko-Museum** [Plan s. S. 334/335, D4] im Haus Nr. 12 wurde 1949 eröffnet.

Das vielbesuchte Museum birgt 800 Werke des Dichters, seine Briefe und Briefe seiner Freunde an ihn. Dem Besucher bietet sich die Gelegenheit, Näheres über Leben und Schicksal Schewtschenkos und über seine Bedeutung für die Ukraine zu erfahren. – Taras Schewtschenko wurde am 9. März 1814 in Morynci im Gouvernement Kiew geboren. Sein Vater war Leibeigener. Das ganze Leben des Dichters, Malers und politischen Aktivisten war dem Kampf gegen Sklaverei und Willkür und der Verbreitung der ukrainischen Sprache und Kultur gewidmet. Er starb am 10. März 1861 im Alter von 47 Jahren, von denen er 24 Jahre als Leibeigener, zehn in Exil und Gefängnis und die letzten Jahre zwar in Freiheit, aber unter Aufsicht verbracht hat.

Gegenüber dem Museum, auf der anderen Seite des Boulevards, liegt das 1841 gegründete *Medizinische Institut „Aleksandr Bogomoljets"*. Das Institut besitzt je ein Museum für Anatomie, für Biologie, für Histologie, für Embryologie und für die Geschichte des Mikroskops.

**MUSEUM DER RUSSISCHEN KUNST

Das Museum der russischen Kunst [Plan s. S. 334/335, C4] ist in einem schönen Gebäude aus dem 19. Jahrhundert untergebracht (Wulitsa Rjepina Nr. 9), das sich gegenüber dem Schewtschenko-Park und der Universität befindet. Es bietet einen Überblick über die russische Malerei vom 18. Jahrhundert bis in die Gegenwart. Hier begegnet man Malern, die auch im Russischen Museum in Leningrad und in der Tretjakow-Galerie in Moskau zu finden sind. Im allgemeinen aber stehen die hier hängenden Gemälde in ihrer Thematik der Ukraine näher.

Das Museum wurde bei seiner Gründung im Jahre 1922 Gemäldegalerie von Kiew benannt. Es wurde damals aus verstaatlichten Privatsammlungen gebildet. Als 1934 in der Hauptstadt der Ukrainischen Sozialistischen Sowjetrepublik das Staatliche Museum der Schönen Künste gegründet wurde, erfolgte die Eingliederung der Galerie als Abteilung für Malerei. 1936 wurde diese Abteilung dann Staatliches Museum der russischen Kunst.

Altrussische Kunst

Ein ganzes Ikonen-Ensemble aus dem 13. bis 17. Jahrhundert, geschaffen von der *Schule von Nowgorod* („Die Fürsten Boris und Gleb"), Vertretern des *Stroganow-Stils* (**„St. Georg"; *„Jüngstes Gericht") und von Schulen aus dem Norden („Enthauptung Johannes' d. Täufers").

Ikonen aus der Umgebung von *Simeon Uschakow* (17. Jh.) und aus den Ateliers von Rostow und Suzdal.

Porträts aus dem 18. und 19. Jahrhundert

Die aus dem 18. Jahrhundert stammenden Porträts sind im allgemeinen Darstellungen bekannter Persönlichkeiten des öffentlichen Lebens in vollem Prunk.

Aus der ersten Hälfte des 19. Jahrhunderts zeigt das Museum Werke der beiden größten Porträtisten jener Zeit, *Wasilij Tropinin* (1776–1857) und *Orest Kiprenskij* (1773–1836).

Auch satirische Genreszenen von Pawel Fjedotow (1815–1852), mehrere Porträts von Karl Brjullow (1799–1853) und Landschaften von I.K. Ajwazowskij (1817–1900) gehören zum Museumsbestand.

Die „Peredwishniki"

Bei der Beschreibung der Museen von Moskau und Leningrad ist die Bedeutung dieser Künstlergruppe, die mehr im sozialen als im künstlerischen Bereich lag, bereits hervorgehoben worden. Die Peredwishniki sind hier vertreten durch ihren führenden Kopf, *Iwan Nikolajewitsch Kramskoj* (1837–1887).

Von *W.G. Pjerow* (1833–1882), ebenfalls ein Mitbegründer der Peredwishniki, stammt die ziemlich grausame Darstellung „Osterprozession im Dorf".

W.E. Makowskij schuf die Bilder „Deportation der Sträflinge", ein zu dieser Zeit häufig dargestelltes Motiv, und „Junge Ukrainerin" (1879).

Man findet zahlreiche Gemälde von *Wasilij Wasiljewitsch Wereschtschagin*, dem bekannten Schlachtenmaler.

Den Arbeiten von *Nikolaj Nikolajewitsch Gaj* (1831–1894; s. Russisches Museum in Leningrad) wurden mehrere Säle eingeräumt.

Die zweite Generation der russischen Landschaftsmaler des 19. Jahrhunderts

ist u.a. durch *Schischkin*, *Rjepin* und *Sjerow* vertreten.

Von *Iwan Iwanowitsch Schischkin* (1832–1898) sind zahlreiche zarte, lyrische *Landschaften zu sehen.

Von *Ilja Repin* (*Rjepin*; 1844–1930; s. Russisches Museum in Leningrad): „Ukrainische Strohhütte", ein Jugendwerk, u.a.

Wasilij Dimitrjewitsch Poljenow (1844–1927): „Winter" und verschiedene Landschaften, die in der Art von Genrebildern gehalten sind.

Arbeiten von *Isaak* (*Isakij*) *Lewitan*, *Wiktor Wasnjetsow* und *Walentin Sjerow*, von dem mehrere *Zeichnungen zu sehen sind.

Ein für das Museum außerordentlich wichtiger Komplex ist die ***Wrubel-Sammlung*. *Michail Aleksandrowitsch Wrubel* (s. Russisches Museum in Leningrad) lebte mehrere Jahre in Kiew. Zu sehen sind u.a. das Bild „Jungfrau mit dem Kind“ für die Ikonostase der St.-Kyrillus-Kirche, Entwürfe von Fresken für die St.-Wladimir-Kathedrale (s. S. 321), die nie ausgeführt wurden, sowie mehrere Gemälde, die den Einfluß der Präraffaeliten erkennen lassen.

Das 20. Jahrhundert. Vom Beginn des 20. Jahrhunderts an wandte sich die russische Malerei in ihrer Thematik wieder verstärkt dem sozialen Bereich zu.

In den zwanziger Jahren wurden der enthusiastische Aufbau des Sozialismus und die Kolchosen zu bevorzugten Themen von *Boris W. Joganson*, der ebenfalls im Museum vertreten ist.

Porträtskulpturen von *I. Schadr* (u.a. ein Porträt von Gorki) und von *Wjera Muchina* (der Sohn der Künstlerin).

*MUSEUM DER WESTLICHEN UND ORIENTALISCHEN KUNST

Dieses Museum [Plan s. S. 334/335, C4] (Wulitsa Rjepina Nr. 15) ging 1919 aus der in den siebziger Jahren des 19. Jahrhunderts gegründeten *Sammlung Chanjenko* hervor. Es umfaßt eine Abteilung der westlichen (abendländischen) Kunst, die durch eine Antikensammlung ergänzt wird, und eine bedeutende Abteilung der ostasiatischen Kunst.

Westliche Kunst

Antiken

Aus Griechenland, Rom und vom Nordufer des Schwarzen Meeres stammende Gegenstände.

Kunst des Mittelalters

Byzantinische Ikonen in Enkaustik-(Wachsmal-)Technik; Emailarbeiten, Elfenbeinschnitzereien. Westeuropäische Malerei des Mittelalters.

Französische Kunst des 18. Jahrhunderts

Porträts von Greuze und David. – Miniaturen und Emailarbeiten aus Limoges. – Schönes *„Porträt eines Mannes“ von *Subleyras*. – Porzellan und Tapisserien. – Gußformen von Arbeiten von Coustou und Girardon; eine schöne Sänfte.

Ostasiatische Kunst

Diese Abteilung zeigt Exponate von hoher Qualität.

Chinesische Kunst

Bronzefiguren aus dem 18. Jahrhundert; Malereien auf Seide; Drucke; eine große Sammlung von *Seidenschriftrollen aus dem 19. Jahrhundert; Münzen und Elfenbeinarbeiten; *Jadearbeiten. – Trachten.

Gegenstände und Waffen aus *Tibet* und der *Mongolei*. – Buddhistische Skulpturen aus *Nepal*.

Trachten und Masken von Schauspielern aus *Indonesien* und *Indien*.

Radierungen und Malerei auf japanischer Seide; japanische Waffen.

*

In der Mitte des schönen *Schewtschenko-Parks* steht die Bronzestatue des ukrainischen Dichters (*M. Manizer*), die am 9. März 1939 anläßlich des 125. Geburtstages Schewtschenkos an der Stelle enthüllt wurde, wo sich vormals eine Statue Nikolaus' I. befand. Der Park trennt die beiden obengenannten Museen von der

Universität [Plan s. S. 334/335, C4], die von *Vincent* und *André Beretti* in den Jahren 1837 bis 1843 erbaut wurde, im Zweiten Weltkrieg abbrannte und 1949 von *Aljoschin* wieder aufgebaut wurde. – Auf der einen Seite des Universitätsgebäudes liegt die *Wissenschaftliche Bibliothek der Universität* [Plan s. S. 334/335, C3–4], auf der anderen die

Öffentliche Bibliothek der Akademie der Wissenschaften [Plan s. S. 334/335, B–C4].

Die Öffentliche Bibliothek der Akademie der Wissenschaften besitzt über sieben Millionen Bücher in sechzig Sprachen, sowjetische Erstausgaben der Werke von Marx, Engels und Lenin, 200 000 Manuskripte, 522 Inkunabeln (Erstlingsdrucke), vor allem Erstausgaben (16. Jh.) in kyrillischer Schrift von Iwan Fjodorow, dem ersten russischen Buchdrucker, sowie Ausgaben der Druckereien von Kiew (Grammatik von M. Smotritskij, 1619; Lexikon von P. Berynda, 1627) und Prag (die Bibel, 1517–1519).

Hinter der Universität erstreckt sich entlang dem Schewtschenko-Boulevard der 22 Hektar große

Botanische Garten der Akademie der Wissenschaften. Er wurde 1839 angelegt.

Man findet hier über 2000 Pflanzenarten, die die gesamte Flora der Welt repräsentieren, darunter nahezu 40 Palmen- und 70 Kakteenarten.

Auf der rechten Seite des Schewtschenko-Boulevards (Nr. 20) steht die

St.-Wladimir-Kathedrale [Plan s. S. 334/335, C3] (Gottesdienste). Sie hat als Kathedrale von Kiew die in ein Museum verwandelte St.-Sophien-Kathedrale abgelöst. Der neobyzantinische Bau wurde zwischen 1862 und 1896 anläßlich der 900-Jahrfeier der Annahme des Christentums durch den Fürsten Wladimir und sein Volk errichtet (Architekten: *I. Strom*, *P. Sparro* und *A. Beretti*).

Sehenswert sind vor allem die reichen Wandmalereien im Kirchen-innern, die unter der Leitung des Kunsthistorikers *A.W. Prachow* von den beiden namhaften Malern *W. Wasnjetsow* und *M. Nestjerow* sowie von *P. Swedomskij*, *W. Kotarbinskij* und *N. Pimonjenko* ausgeführt wurden. Von den von *Wrubel* vorgelegten Entwürfen sind nur einige erhalten: sie sind im Museum der russischen Kunst (s. S. 318) zu sehen.

Auf dem Taras-Schewtschenko-Boulevard, in Höhe der *Komintern-Straße*, steht seit 1954 eine *Reiterstatue* des 1919 im Bürgerkrieg gefallenen sowjetischen Truppenführers *N. Schtschors* [Plan s. S. 334/335, B3], der nach dem Ersten Weltkrieg gegen die deutsch-österreichischen Interventen und die ukrainischen Nationalisten kämpfte.

Weg 2: Bogdan-Chmelnitskij-Platz und ***St.-Sophien-Kathedrale

Zugang: Durch die Kalinin-Straße, die vom Platz der Oktoberrevolution zum Bogdan-Chmelnitskij-Platz hinaufführt, oder durch die Wladimir-Straße.

Die Mitte des

Bogdan-Chmelnitskij-Platzes, des ehemaligen St.-Sophien-Platzes, schmückt die ***Reiterstatue Bog-***

dan Chmelnitskijs [Plan s.S. 334/335, D–E2]. Das 1888 aufgestellte Denkmal ist ein Werk von *M. O. Mikeschin* (1835–1896).

Der dreieckige Gebäudeblock links hinter der Statue ist ein Verwaltungskomplex aus dem 19. Jahrhundert.

Im Westen wird der Platz von der Umfriedungsmauer begrenzt, die die *St.-Sophien-Kathedrale* nebst den dazugehörigen Gebäuden und Gärten umgibt. Der Haupteingang des Gotteshauses befindet sich unter dem 78 Meter hohen dreistöckigen *Barock-Glockenturm.* Die beiden ersten Stockwerke wurden 1701 bis 1707 von dem deutschen Baumeister *Gottfried Schädel* erbaut; das oberste Stockwerk mit der vergoldeten Kuppel entstand zwischen 1851 und 1852 und ist ein Werk des Italieners *Sparro.*

Die meisten Gebäude, die die Kathedrale umgeben, wurden ebenfalls im Barockstil errichtet. Sie stammen alle aus dem 18. Jahrhundert und ersetzen die ursprünglichen, vermutlich hölzernen Baulichkeiten, die 1697 einem Brand zum Opfer fielen. Die wesentlichsten Bauten des Klosters sind: das *Refektorium* (*Trapeznaja*; 1722–1730), auch „Kleine St.-Sophien-Kirche" genannt, da es im Winter als Kirche diente; das *Süd-Tor* der Umfriedung (es führt auf die Wladimir-Straße) mit seinem *Turm*; das große *West-Tor,* das 1746 auf Wunsch des Metropoliten Zaborowskij von *Schädel* erbaut wurde und auch „Zaborowskij-Tor" genannt wird (heute zugemauert und eingeschlossen in später errichtete Bauten); das Gebäude des *Konsistoriums* und das *Presbyterium des Metropoliten,* beide zur selben Zeit errichtet wie Refektorium und Süd-Tor; der Gebäudetrakt, der die *Zellen der Mönche* umschließt, im Nordwesten und das ehemalige *Priesterseminar* im Norden (beide 1750–1767).

DIE ***ST.-SOPHIEN-KATHEDRALE

[Plan s. S. 334/335, D2]

Die im 11. Jahrhundert gegründete Kathedrale erhielt, nachdem sie in den Jahrhunderten nach der mongolischen Eroberung (1240) stark verfallen war, 1685 bis 1707 ihre jetzige Gestalt. Aus dieser Zeit stammt auch der einheitlich weiße Verputz, mit dem man damals den gesamten ursprünglich roten Ziegelbau überzog. Eine augenfällige Besonderheit des Bauwerks ist die Tatsache, daß es breiter als lang ist. Der historische Kernbau wird überragt von 13 Kuppeln, von denen 12 pyramidenförmig zur Mittelkuppel, der Hauptkuppel, hin ansteigen. Sie symbolisieren Christus und seine Jünger. Auch die fünf Apsiden steigen zur Mitte hin an. – Die Kirche wurde in ein Museum umgewandelt.

Die der Göttlichen Weisheit und der Jungfrau Maria geweihte Kathedrale wurde 1037 unter Jaroslaw dem Weisen errichtet. Die Kirche sollte an Schönheit und Prachtentfaltung mit ihrer Namensschwester in Konstantinopel, der 500 Jahre früher erbauten Hagia Sopia, wetteifern, sie sollte Mittelpunkt der neuen Stadt Kiew werden, die unter Jaroslaw (1019–1054) südlich und westlich der ursprünglichen Stadt Wladimirs des Heiligen errichtet wurde. Als Sitz des russischen Metropolitenprimas sollte sie religiöses, aber auch politisches Zentrum des Kiewer Reiches werden. Hier wurden Fürsten inthronisiert und bestattet, ausländische Botschafter empfangen, Siegesfeiern und wichtige Ereignisse festlich begangen. (Peter der Große knüpfte an die Tradition an, als er hier feierlich des Sieges von Poltawa, 1709, gedachte.)

Die St.-Sophien-Kathedrale beherbergte auch die erste Bibliothek Rußlands, die ebenfalls von Jaroslaw dem Weisen gegründet wurde; sie wurde zerstört, als die mongolischen Horden des Chans Batu (russisch: Batyj) 1240 Kiew einnahmen und verwüsteten. Auch die Kathedrale wurde nach vorheriger Plünderung zerstört. Mehrere Jahrhunderte lang blieb sie völlig vernachlässigt, bis sie dann ab 1633 unter dem Pontifikat des Metropoliten von Kiew, Peter Mohyla, der neben ihr ein Männerkloster gründete, restauriert wurde. Von 1685 bis 1707, zur Zeit des Hetmans Jan Mazeppa, erfolgte schließlich die vollständige Restaurierung des Bauwerks im ukrainischen Barockstil. Aus dieser Zeit stammt die charakteristische Form der heutigen Kuppeln.

Den größten Schatz der St.-Sophien-Kathedrale bilden ihre *Mosaiken* und *Fresken*. Fachleute haben errechnet, daß die Mosaiken nahezu einhundertachzig verschiedene Farbnuancen umfassen. Manche der Mosaiken sind über neunhundert Jahre alt; die wertvollsten sind die berühmte „Betende Jungfrau", die „Deësis" und die „Verkündigung".

Die *Mosaiken* zeigen, soweit sie keinen lehrhaften sondern rein dekorativen Charakter haben, geometrische oder pflanzliche Motive. Bei der Darstellung religiöser Motive sind die Gestalten in einer genau durchdachten Anordnung gruppiert: Ganz oben in der Mittelkuppel befindet sich der ***Pantokrator*, der Weltenherrscher.

Zwischen den zwölf Fenstern des Tambours sieht man die *zwölf Apostel*, auf den Pendentifs (Hängezwickeln) die *vier Evangelisten*. Die Ostpfeiler der Vierung des Querschiffs schmückt eine ***Verkündigung*: links vom Chor der Erzengel Gabriel, rechts die Heilige Jungfrau; die griechische Inschrift gibt den Text des Evangelienberichts von der Verkündung wieder. Darüber, auf den Bögen des Querschiffs, sind eine Reihe von Medaillons zu sehen, die Heilige darstellen.

Das Halbkuppelgewölbe der Hauptapsis schließlich wird beherrscht von der ***betenden Muttergottes*, der „Orantin", die für die Menschen das Erbarmen Gottes erfleht. Auf dem Bogen steht der griechische Text von Psalm 45/46, Vers 6: „Der Herr ist mit ihr, sie wird nicht wanken; Gott wird ihr beistehen". Über der Inschrift sind drei Medaillons, Christus, die Heilige Jungfrau und Johannes der Täufer der *** *Deësis* dargestellt.

Zwischen der betenden Jungfrau und den Fenstern der Apsis sieht man die ***Kommunion der Apostel*, denen Christus, der zweimal dargestellt ist, links das Brot und rechts den Weinbecher reicht; darüber stehen in Griechisch die Worte von der Einsetzung der Eucharistie: „Nehmet hin und esset . . . trinket alle davon . . .".

Die prachtvolle ***Ikonostase* aus geschnitztem und vergoldetem Holz im Barock-Stil stammt aus den Jahren 1731 bis 1747; 1853 und 1888 wurden daraus je eine Etage entfernt, um den Blick auf die Mosaiken freizugeben.

Die *Fresken*, die einst alle zu bemalenden Flächen des Gebäudes bedeckten, gingen größtenteils verloren. Noch die vorhandenen Überreste jedoch zeugen von hoher Qualität. Eine Gruppe von zwölf Personen stellt die **Familie Jaroslaws des Weisen* dar: An der Südwand sieht man seine vier jüngsten Töchter.

Die Fresken der Kapellen, Seitenschiffe und Emporen stellen im allgemeinen religiöse Motive dar, während die an den Treppen angebrachten auch weltliche Themen abbilden: Szenen vom Leben am Hof des Fürsten, Jagdszenen, zirzensische Spiele in einem Hippodrom, Musikanten, Komödianten und Akrobaten. Die St.-Sophien-Kathedrale in Kiew ist die einzige Kirche in Rußland, in der Sittengemälde zu finden sind.

Vor der Apsis des vorletzten nördlichen Seitenschiffs befindet sich (links vom Chor) der **Marmorsarkophag Jaroslaws des Weisen* (gest. 1054), den symbolische Reliefmotive schmücken: Kreuze, Palmetten und Muscheln.

Im ersten Stock wurde auf einem Teil der Emporen ein **Museum* eingerichtet, in dem Fragmente ausgestellt sind, die aus verschiedenen Kirchen in Kiew, Tschernigow, Jurjew/Polskij u.a. stammen. Kapitelle, Ornamente und vor allem ****Mosaiken* vom Beginn des 12. Jahrhunderts, so aus dem St.-Michaels-Kloster mit der goldenen Kuppel in Kiew die „Kommunion der Apostel"; sie ähnelt der Darstellung des gleichen Motivs in der St.-Sophien-Kathedrale, nur ist die Inschrift nicht mehr griechisch, sondern bereits altkirchenslawisch abgefaßt.

Bevor man den Museumskomplex der Kathedrale und ihrer Nebengebäude verläßt, sollte man seine Aufmerksamkeit noch dem Gebäude zuwenden, das die *Periodika-Abteilung der Zentralbibliothek der Akademie der Wissenschaften der UdSSR* beherbergt. Dies ist eine sehr seltene Sammlung russischer und sowjetischer Zeitungen und Periodika von den ersten Nummern an.

Weg 2a: Die Wladimir-Straße nördlich des Bogdan Chmelnitskij-Platzes: **Historisches Museum – *St.-Andreas-Kirche – Wladimir-Hügel – Podil-Viertel

Auf diesem Weg kommt man durch die alte Wladimir-Straße (*Wulitsa Wolodimirska*), in der fast die ganze geschichtliche Vergangenheit Kiews vereint zu sein scheint. Diese Haupt-Verkehrsader der Altstadt durchquert die Stadt Jaroslaws und die Stadt Wladimirs.

In nördlicher Richtung führt die Wulitsa Wolodimirska [Plan s. S. 334/335, E1–2] zum ursprünglichen Stadtkern, dem *Starokiewskaja-Hügel.* In Höhe der *Großen-Shitomir-Straße* [Plan s. S. 334/335, D–E2] befand sich ein Tor, durch das man von der Stadt Jaroslaws in die Stadt Wladimirs gelangte. Weiter nördlich (Nr. 2) liegt links ein im Jahre 1937 erbautes großes Gebäude. Es beherbergt das

****Historische Museum** [Plan s. S. 334/335, E1].

Dieses Museum umfaßte bei seiner Gründung im Jahre 1899 lediglich eine Abteilung für Ethnologie und eine Abteilung für Archäologie. Seit seinem Wiederaufbau in den fünfziger Jahren wurde es erheblich erweitert.

Innerhalb der Umfriedung des Museums kann man noch die Überreste des *Palastes der ersten Fürsten von Kiew* und im Hof die gut erkennbaren Grundmauern der Kirche *Unsere Liebe Frau vom Zehnt* oder *Desjatinnaja-Kirche* [Plan s. S. 334/335, D–E1] (*Zehntkirche*), der 986 bis 996 errichteten ersten Kathedrale der Stadt, sehen.

Ihren Namen erhielt die Kirche weil Fürst Wladimir den zehnten Teil seiner Einkünfte für ihren Unterhalt verwendete.

Die Sammlungen des Museums

Vorgeschichtliche Zeit: Ausgrabungsfunde, die die Stämme betreffen, die vor 25000 Jahren in den Steppengebieten der Umgebung lebten. Die bedeutendste Ausgrabung, die „Kirillowskaja", ist nach der Straße benannt, in der sie gemacht wurde. Sie bezieht sich auf die älteste menschliche Ansiedlung, die in der Gegend gefunden wurde (25000 Jahre). – Funde aus der *Tripolje-Kultur* (3. Jt. v. Chr); sie betreffen die damals am rechten Dnjepr-Ufer lebenden Stämme; es sind Spitzen von Kreuzhacken aus Knochen und Horn sowie Sicheln aus Feuerstein. – Funde aus dem Bereich der *skyhtischen Kunst*. Die Skythen waren seinerzeit die mächtigsten Stämme der Ukraine. Diese Nomaden iranischer Abstammung waren bemerkenswerte Töpfer, vor allem aber Goldschmiede, deren Gold- und Bronzearbeiten von selten erreichter Perfektion waren. – Gegenstände aus *griechischen Kolonien* am Schwarzen Meer.

**Kiewer Rus*: Silbergeschirr, Schmuck, Münzen, Kunsthandwerk.

Die Kiewer Rus auf ihrem Höhepunkt: Wladimir der Heilige (10.-11. Jh.); Sammlungen alter Waffen; Fotokopien von historischen Dokumenten und Manuskripten.

Die Kämpfe der Zaporoger Kosaken (*Zaporoshskaja Setsch*) gegen die litauischen, polnischen, moldauischen und magyarischen Feudalherren.

Erste Hälfte des 17. Jahrhunderts: Der Kosaken-Hetman Bogdan Chmelnitskij, die Befreiung der Ukraine von der polnischen Herrschaft und die Wiedervereinigung mit Rußland (1654). – Die Kämpfe Peters I. gegen die Schweden unter Karl XII. (u. a. ein Schwert des Zaren).

Der Große Vaterländische Krieg von 1812 gegen Napoleon.

Die Dekabristen (s. Leningrad, Weg 1, S. 199).

Die Kyrillo-Methodianische Bruderschaft. Diese 1846 in Kiew gegründete revolutionär-demokratische Geheimgesellschaft, der auch Taras Schewtschenko, der größte ukrainische Dichter, angehörte, spielte eine bedeutende Rolle im Kampf gegen die Leibeigenschaft und für die elementaren menschlichen Freiheiten.

Die industrielle Entwicklung der Ukraine: Die Lage der Arbeiter. Die Abschaffung der Leibeigenschaft (1861). – Wissenschaftliche Expeditionen des ukrainischen Gelehrten Daniel Zabolotnyj in die Mongolei und nach China.

Leben und Werke ukrainischer Schriftsteller: Iwan Franko, Lesja Ukrainka, Mychajlo Kotsjubynskyj, Mykola Lysenko.

Die Jahre vor der Revolution.

Die Oktoberrevolution in der Ukraine: Errichtung der Sowjetherrschaft.

Ausländische Interventionen und Bürgerkrieg.

Leistungen der sowjetischen Ukraine zwischen den beiden Weltkriegen.

Der Krieg und die faschistischen Greueltaten: Der innere Widerstand. *Der Wiederaufbau Kiews.*

Wandkarten, Dioramen, Statistiken.

Am äußersten Ende der Wulitsa Wolodimirska steht auf einem Steilhang, der das Dnjepr-Tal überragt (schöner *Aussichtspunkt), die

***St.-Andreas-Kirche** [Plan s. S. 334/335, E1] (*Andrijiwska Tserkwa*), die 1747 bis 1753 von *Rastrelli*, dem Lieblingsarchitekten der Zarin Elisabeth Petrowna, und *Mitschurin* erbaut wurde. Eine breite Treppe führt zu einer Terrasse empor, die die Kirche trägt. Rastrelli ist es gelungen, die Kirche mit ihren eleganten Linien und den der Tradition entsprechenden fünf Kuppeln harmonisch in die Umgebung einzufügen. Der 1968 restaurierte Bau wurde zu einem *Architektur-Museum* umgestaltet (samstags und sonntags 16 bis 17 Uhr Konzerte alter Musik).

Links von der Kirche führt der steile *St.-Andreas-Abstieg* (Andrijiwskij Spusk) hinab ins *Podil-Viertel* (s. u.).

Rechts von der Kirche führt die *Straße der Pariser Kommune* [Plan s. S. 334/335, E1–2] (*Wulitsa Parizkoj Komuni*) zum *Sowjet-Platz* [Plan s. S. 334/335, E2] (*Radianska Ploschtscha*), vorbei an einem riesigen Gebäude (1936–1939) mit gebogenem Portikus, dem *Sitz der regionalen Organisationen* (Regionalkomitee der Partei, Parteikomitee von Kiew, Zentral-, Regional- und Stadt-Komitee des Kommunistischen Jugendverbandes, Regionalsowjet der Volksdeputierten).

Vom Sowjet-Platz kann man mit der Drahtseilbahn zum Dnjepr-Flußhafen und zum Podil-Viertel (s. u.) gelangen.

Vom Sowjet-Platz aus führt die Straße der Pariser Kommune weiter zum *Platz des Leninschen Komsomol* (s. Weg 1). Man kommt (links) an sehr schön angelegten Gärten vorbei, die die Hänge des *Wladimir-Hügels* (*Wolodimirska Girka*) bedecken. Mit prächtigen Bäumen gesäumte Alleen führen auf eine **Terrasse* (sehr schöner Blick auf den Dnjepr, das Podil-Viertel und die Parks), die eine *Statue Wladimirs des Heiligen* [Plan s. S. 334/335, F2] schmückt.

Das Denkmal wurde 1853 errichtet. Ein Steinsockel, den der Architekt *Konstantin Thon* schuf, trägt die Bronzestatue des Fürsten Wladimir (Höhe 4,50 m; Gewicht der Bronze fast 6 t), die von *Demut-Malinowskij* entworfen und von *Peter von Klodt* gegossen wurde.

Das Podil-Viertel

Vom St.-Wladimir-Hügel führt der *Wladimir-Spusk* [Plan s. S. 334/335, F2] (*Wolodimirskij Spusk*) zum Dnjepr-Flußhafen [Plan s. S. 334/335, F2] und zum *Podil-* (russisch: *Podol-*) *Viertel* [Plan s. S. 334/335, E-F1], der „Unterstadt", im Gegensatz zur „Oberstadt".

Die am Fuß der Hügel, an den Ufern des Dnjepr und seines kleinen Zuflusses, der *Potschajna*, gelegene „Unterstadt" ist seit den Anfängen von Kiew das Viertel des Binnenhafens, der Kaufleute und Handwerker. Nach der Feuersbrunst von 1811 wurde das Podil-Viertel mit einander rechtwinklig kreuzenden Straßen wieder aufgebaut.

In der *Wulitsa Kostjantiniwska* (Ecke *Roter Platz*) [außerhalb des Plans S. 334/335, E1] fällt ein Haus auf, das nicht wie die anderen ausgerichtet ist, sondern schräg zu der schachbrettartigen Anordnung der Straßen steht. Es ist das ehemalige *Hauptquartier Peters des Großen* im Jahre 1706, das als einziges Gebäude der oben erwähnten Feuersbrunst standgehalten hat.

Die *Shdanow-Straße* [Plan s. S. 334/335, E1] (*Wulitsa Shdanowa*) führt zum *Roten Platz* (*Tscherwona Ploschtscha*), vormals *Kontrakt-Platz* (s. u.), auf dessen rechter Seite man Überreste des ehemaligen *Klosters der Orthodoxen Bruderschaft* (*Bratskij Monastyr*) erblickt; davon abgeleitet wurde der Name der *Bruderschaft-Straße* [Plan s. S. 334/335, F1] (*Wulitsa Bratska*). Hier befand sich der Sitz der *Kirchlichen Akademie von Kiew*, die im 17. und 18. Jahrhundert eine bedeutende Rolle nicht nur für das kulturelle und geistige Leben der Ukraine sondern auch für das Moskaus spielte: Die geistige Elite des 17. Jahrhunderts, wie Simeon von Polotsk, Hofprediger und Hofliterat des Zaren Aleksej sowie Erzieher und Lehrer seiner Kinder, ist aus dieser westeuropäisch geprägten Bildungsanstalt hervorgegangen und brachte deren Tradition nach Moskau mit. Der Gelehrte und Dichter Michail Lomonosow, der ukrainische Philosoph Gregor Skoworoda und der Historiker Bantysch-Kamjenskij haben hier studiert.

Der *Kontrakt-Platz* verdankt seinen Namen dem berühmten *Kontrakt-Markt*, auf dem sich ukrainische

Grundbesitzer mit Kaufleuten und Händlern trafen. Nachdem das einstige Rathaus, das den Kontrakte schließenden Marktbesuchern als Notariat gedient hatte, 1811 zusammen mit der „Unterstadt" abgebrannt war, errichtete man auf dem nördlichen Teil des Platzes in neuklassizistischem Stil das *Kontrakt-Haus.* Dieses Gebäude diente nicht nur für die Abwicklung von Geschäften, sondern es fanden dort auch kulturelle Veranstaltungen statt. Schriftsteller und Künstler verkehrten dort, und Liszt gab dort ein Solokonzert.

Weg 2b: Die Wladimir-Straße südlich des Bogdan-Chmelnitskij-Platzes: *Goldenes Tor – *Oper

Das *Goldene Tor

[Plan s. S. 334/335, D3], Ecke *Wulitsa Wolodimirska* und *Wulitsa Jaroslawow Wal* (*Wallstraße Jaroslaws*), deren Name an die Befestigungsmauern erinnert, mit der im 11. Jahrhundert Jaroslaw der Weise seine neue Stadt umgab, war einst das Haupttor Kiews. Das im Jahre 1037 errichtete Tor wurde von der kleinen Kirche *Mariä Verkündigung* gekrönt, deren Kuppel Kupferschuppen bedeckten. Die Kirche diente auch als Spähturm. Der Torbau bildete einst das Modell für das *Goldene Tor von Wladimir* (1164; s. S. 181). Das vorher stark zerfallene Bauwerk ist seit 1982 originalgetreu renoviert.

Das Bauwerk war so mächtig, daß selbst die Tataren, als sie 1240 über Kiew hereinbrachen, es nicht einzustoßen vermochten. Sie mußten auf das Ljadskije-Tor ausweichen. Noch im 17. Jahrhundert war das Goldene Tor der Haupteingang in die Stadt. Der 1751 zwecks besserer Erhaltung eingegrabene Bau wurde 1832 wiederentdeckt und mit Hilfe von Strebepfeilern abgestützt.

Südlich des Goldenen Tores liegt das „neue" Kiew. Die von 1897 bis 1901 nach einem Entwurf von *W. Schretter* erbaute

***Oper** [Plan s. S. 334/335, C–D3] (Wulitsa Wolodimirska Nr.50) wurde 1939 anläßlich des 125. Geburtstag des Dichters Schewtschenko nach diesem benannt. Das Gebäude wurde von 1950 bis 1955 vollständig restauriert.

Direkt neben der Oper sieht man die *Statue* des ukrainischen Komponisten *Mykola Lysenko* (1965; Bildhauer *A. Kowaljew*; Architekt *W. Gnjezdilow*), der bekannt wurde durch seine Opern, darunter „Heilige Nacht" und „Taras Bulba" (nach Gogol) und sein Engagement für die ukrainische Musik. – Das Gebäude Wulitsa Wolodimirska 57, in dem sich bis 1982 die Kiewer Filiale des Zentralen Leninmuseums Moskau (s. dazu S. 120 u. 316) befand, ist jetzt

Haus des Lehrers [Plan s. S. 334 bis 335, C3]. Er wurde 1911 bis 1913 im neuklassizistischen Stil von P. Aljoschin errichtet und beherbergte vor der Revolution das *Pädagogische Institut* der Stadt. 1938 wurde es in ein Leninmuseum umgewandelt, im Zweiten Weltkrieg zerstört und danach wieder aufgebaut.

Das benachbarte Gebäude, dessen Hauptfassade auf den Schewtschenko-Boulevard hinausgeht, beherbergt die Fakultät der Humanwissenschaften (Eingang Schewtschenko-Boulevard Nr. 14). Der Bau ist das ehemalige humanistische Knabengymnasium, das von *A. Beretti* in den fünfziger Jahren des 19. Jahrhunderts erbaut wurde. In seiner Autobiographie „Erzählung vom Leben“ („Powest o shizni“) hat der Schriftsteller Konstantin Paustowskij (1892–1968) seine Schülerjahre in diesem Gymnasium beschrieben.

Weg 3: *Museum der ukrainischen Kunst – *Zentralpark für Kultur und Erholung

Auf diesem sehr schönen, wenngleich vielleicht etwas langen Besichtigungsweg bietet sich die Gelegenheit, sowohl mit der Architektur einiger baulich interessanter öffentlicher Gebäude bekannt zu werden, als auch die herrliche Aussicht auf den Dnjepr und seine Ufer zu genießen. Es empfiehlt sich, zunächst eines der unten angegebenen Verkehrsmittel zu benutzen und dann zu Fuß den Weg abwärts durch die Alleen des riesigen Zentralparks zu nehmen, der selbst wieder mehrere Parks und Gärten umfaßt.

Anfahrt: Trolleybus Nr. 1, 4, 10, 11, 13, 16, 18 und 20; Autobus Nr. 62 und 71.

Per Auto, Straßenbahn, Autobus oder Trolleybus folgt man der langen *Kirow-Straße* [Plan s. S. 334/335, F3–4] (*Wulitsa Kirowa*), die vom *Platz des Leninschen Komsomol* [Plan s. S. 334/335, F3] (*Ploschtscha Leninskogo Komsomolu*) ihren Ausgang nimmt, und deren Verlängerung bis zum Kiewer Höhlenkloster die *Straße des Januaraufstands* [außerhalb des Plans S. 334/335, F4] (*Wulitsa Sitschnewogo Powstannija*) ist. – Das

Staatliches Museum für ukrainische Bildende Kunst [Plan s. S. 334/335, F3] (Wulitsa Kirowa Nr. 6) wurde in einem imposanten neuklassizistischen Gebäude (Ende 19. Jh.) mit dorischem Portikus eingerichtet. Es war zunächst ein Museum für Kunst, Kunstgewerbe und Wissenschaft, bevor es 1936 in das staatliche Museum für ukrainische Bildende Kunst umgewandelt wurde. Die zwei interessantesten Abteilungen sind die *Ikonenabteilung* und die *Abteilung für zeitgenössische Radierungen* (Wechselausstellungen).

Aus der bedeutenden *Ikonensammlung* des Museums seien hier die bemerkenswertesten Stücke genannt:

*„Die Heilige Jungfrau als Fürsprecherin“ (12.–13. Jh.), stark von Byzanz beeinflußt (bei der Restaurierung wurden fünf übereinanderliegende Farbschichten entdeckt).

*„Die Heilige Jungfrau“ (15. Jh.). – **„Die Apostel Petrus und Paulus“; diese Ikone unterscheidet sich insofern von den übrigen, als sie mehr einem Wandgemälde ähnelt. – *„Christkönig“, aus Lwow. – Zwei große **Apostelikonen* und ein *„St. Georg“ aus dem 17. Jahrhundert. – *„Die heilige Anastasia“, eine typisch ukrainische Ikone in sehr lebhaften Farben. – Eine *Kreuzigung*, an der auffällt, daß hier außer Christus ein Oberst der Zaporoger Kosaken dargestellt ist – eine Vermischung profaner und sakraler Malerei.

Eine Reihe volkstümlicher ukrainischer Ikonen runden die Sammlung ab.

Holzskulpturen (14. u. 15. Jh.) *aus der westlichen Ukraine.* – **„St. Georg", eine polychrome, geschnitzte Holztafel aus dem 12. Jahrhundert.

Porträts der ukrainischen Schule aus dem 17. und 18. Jahrhundert in lebhaften Farben.

Zeichnungen von Taras Schewtschenko.

Landschaften vom Ende des 19. Jahrhunderts. – Der Bürgerkrieg.

Werke des Sozialistischen Realismus von ukrainischen Künstlern.

Werke aus der Kriegs- und Besatzungszeit.

Auf dem weiten Gang durch die Kirow-Straße gelangt man (Nr. 12) zu einem eindrucksvollen Gebäude aus den Jahren 1936 bis 1938: dem *Sitz des Ministerrats der Ukrainischen Sozialistischen Sowjetrepublik* [Plan s. S. 334/335, F3–4]. Das von *I. A. Fomin* und *P. J. Abrosimow* errichtete Gebäude beherbergt auch verschiedene Regierungsbehörden und den *Gosplan*, die Staatliche Plankommission.

Etwas weiter steht auf der anderen Straßenseite ein niedriger Bau (1936–1939, *W. Zabolotnyj*) mit Portikus, der überragt wird von einer Glaskuppel. Er ist Sitz des Obersten Sowjets der Ukraine [Plan s. S. 334/335, F4].

***Zentralpark für Kultur und Erholung** [Plan s. S. 334/335, F2–4]. Das Areal dieser ausgedehnten Anlage umfaßt den Wladimir-Hügel (s. Weg 2 a), den *Park der Pioniere*, die *Peter-Allee* [Plan s. S. 334/335, F3], den *Park des Ersten Mai*, den *Park der Sowjets* und den *Park des Ewigen Ruhms* (s. u.). Er zieht sich über die den Dnjepr überragenden Steilhänge hin und bedeckt mehrere Hundert Hektar. Man findet hier u. a. Gebäude und Anlagen für kulturelle und sportliche Zwecke, vor allem das *Dynamo-Stadion* [Plan s. S. 334/335, F3] (Eingang südlich der Peter-Allee) sowie Restaurants.

Auf dem Streifzug durch die Alleen des Parks entdeckt man auch das

Marien-Palais [Plan s. S. 334/335, F4], das in den Jahren 1750 bis 1755 von *Rastrelli* errichtet wurde. Nur das Erdgeschoß bestand aus Stein. Die Feuersbrunst von 1819 zerstörte die erste Etage, die aus Holz errichtet war und die von 1868 bis 1870 von *K. Majewskij* im Stil Rastrellis rekonstruiert wurde. Das im Zweiten Weltkrieg stark beschädigte Palais wurde 1945 bis 1949 restauriert.

Das Marien-Palais war ursprünglich als Wohnsitz der Zarenfamilie vorgesehen, diente aber auch den Generalgouverneuren von Kiew als Residenz. – Hier tagte außerdem 1919 der Rat der Volkskommissare der Republik.

In der Umgebung des Palais sieht man zahlreiche Statuen, darunter die Monumente der *Lesja Ukrainka* [Plan s. S. 334/335, F3], des Dichters *Tschechow* und des Generals *Nikolaj Watutin* [Plan s. S. 334/335, F4], der Kiew 1943 mit seinen Truppen von den deutschen Invasoren befreite.

Auf Alleen, die zum Dnjepr hinabführen, kommt man zum *Grab Askolds* (ca. 30 Min. zu Fuß; es ist jedoch bequemer, den weiter unten liegenden Weg zu benutzen).

Wie die altrussische Chronik „Erzählung der vergangenen Jahre" („Powjest Wremjennych Ljet") berichtet, soll im Jahre 882 der Warägerfürst Oleg von Nowgorod durch eine List (indem er sich als friedliebender Händler ausgab) die Fürsten Askold und Dir von Kiew angelockt, getötet und sich selbst der Herrschaft über Kiew bemächtigt haben. Askold soll nahe dem Fluß begraben liegen. Über dem Grab Askolds wurde eine kleine Holzkirche errichtet, die 1810 durch eine noch heute zu sehende *Steinrotunde* (1938 mit einer Kolonnade versehen) ersetzt wurde.

An der Einmündung der *Kirowstraße* und der *Straße des Januaraufstandes* liegt der

Platz der Helden des Arsenals [außerhalb des Plans S. 334/335, F4] (Metrostation *Arsenalna*). – Vor der Metrostation steht ein 1923 errichtetes *Denkmal zur Erinnerung an die Arbeiter des Arsenals*, die in den blutigen Kämpfen fielen, die der Machtergreifung durch die Sowjets vorausgingen und in jenen, die ihr folgten. – Der

****Pionierpalast** [außerhalb des Plans S. 334/335, F4] (Straße des Januaraufstandes Nr. 13) ist ein modernes Gebäude, das als eine der schönsten Architekturleistungen des neuen Kiew gilt.

Im südöstlichen Teil des Zentralparks liegt der

****Park des Ewigen Ruhms.** Er bildet eine Terrasse über dem Dnjepr. Ein *Obelisk*, zu dessen Füßen ständig eine Flamme lodert, erinnert an den „Unbekannten Soldaten". In der Straße des Januaraufstandes (Nr. 6) liegt das am 9. Mai 1981 eröffnete

Ukrainische Staatliche Museum der Geschichte des Großen Vaterländischen Krieges 1941–1945. Es ist mit einer 72 m hohen Skulptur der „Mutter Heimat" gekrönt (Architekt Stamo, Bildhauer Wutschetitsch).

Weiter südlich steht unter Bäumen die

***Erlöser-Kirche von Berestowo** (*Tserkow Spasa na Berestowje*). Die Kirche wurde 1100 auf Wunsch Wladimir Monomachs auf der Fürsten-Domäne von Berestowo als Grabkirche für ihn und seine Familie errichtet. In dieser Kirche wurde im Jahr 1157 auch der Gründer Moskaus, Jurij Dolgorukij, Sohn Monomachs, bestattet. Anläßlich des 800. Jahrestages der Gründung Moskaus (1147) wurde im Jahr 1947 über dem Grab ein Granitsarkophag aufgestellt.

Die Malereien im Kircheninneren (1643) stammen interessanterweise von Malern, die auf dem Berg Athos ausgebildet worden sind und die byzantinische Tradition der Ikonenmalerei mitbrachten.

Weg 4: ***Kiewer Höhlenkloster – *Wydubetskij-Kloster

Diese einmaligen Ensemble aus Kirchen und Klosterbauten gehörten zu der langen Reihe der Klöster, die, angefangen beim St.-Sergius-Dreifaltigkeits-Kloster von Zagorsk bis hin zum Kiewer Höhlenkloster, Reisenden und Pilgern Schutz boten und für die Bewohner der umliegenden Dörfer Stätten der Zuflucht waren, wenn ihnen Krieg, Pest, Hungersnot oder anderes Unheil drohte.

Aus diesen Klöstern gingen im langen Lauf der russischen Geschichte immer wieder „Helden des Geistes" hervor, in denen das nationale Bewußtsein verkörpert war.

DAS ***KIEWER HÖHLENKLOSTER

Anfahrt: Trolleybus Nr. 20, 27, 30, 35; Metrostation Arsenalna.

Geöffnet von 10 bis 17 Uhr, außer dienstags.

Das Kiewer Höhlenkloster [außerhalb des Plans S. 334/335, F4] (russisch: *Kiewo-Petscherskaja Lawra*; ukrainisch: *Kiewo-Petscherska Lawra*) erstreckt sich über zwei steil abfallende Hügel und das sie trennende 22 ha große Tal. Die *Obere Lawra* (Laura) befindet sich auf dem höheren Hügel, die *Nahen Höhlen* liegen in dem kleinen Tal, die *Fernen Höhlen* auf dem anderen Hügel.

Die Troglodyten-Eremiten. Im 11. Jahrhundert richtete sich ein russischer Mönch, Antonios (Antonij), nach seiner Rückkehr vom Berg Athos in einer Höhle der den Dnjepr überragenden Felswand ein. Er wurde bald berühmt als der „heilige Antonios" („Swjatoj Antonij"). Der Ruf seiner Heiligkeit zog Schüler an, die die Nachbarhöhlen bezogen. Während der heilige Antonios weiterhin als Eremit in seiner Höhle lebte, schlossen sich die anderen Mönche unter Führung des Mönchs Theodosios (Feodosij) zu einer Gemeinschaft zusammen, gruben weitere Höhlen und errichteten eine Kirche. Theodosios, der erste große Organisator und Abt des Klosters, verlegte dessen Sitz schließlich ans Tageslicht.

Das Kloster genoß bald die Gunst der Fürsten, die die angrenzende Domäne Berestowo (s. S. 330) besaßen. Es wuchs rasch und entwickelte sich zu einem bedeutenden kulturellen und geistigen Zentrum des alten Rußland. Hier wurden die Chroniken der Kiewer Rus verfaßt, namentlich die berühmte „Erzählung der vergangenen Jahre" (russisch: „Powjest Wremjennych Ljet"), die dem Mönch Nestor (s. S. 337) zugeschrieben wird. Eine Werkstatt, deren Überreste 1951 gefunden wurden, stellte Mosaikwürfel aus Blauglas her. Aus dem Kloster gingen zahlreiche Heilige hervor; es stellte Äbte und Bischöfe für ganz Rußland.

Zerstörung und Wiederaufbau. Das Kloster wurde im Jahre 1240 von den Mongolen zerstört. Erst im 16. Jahrhundert begann man dann mit dem allgemeinen Wiederaufbau der Klosteranlagen. Zu Beginn des 17. Jahrhunderts wurde das Kiewer Höhlenkloster zu einem Zentrum der Verteidigung des orthodoxen Glaubens und der russischen Kultur gegen die Polonisierung der Ukraine. In der 1615 gegründeten Klosterdruckerei wurden eine Vielzahl theologischer, pädagogischer und historischer Schriften gedruckt. Einige davon sind in der Öffentlichen Bibliothek der Akademie der Wissenschaften (s. Weg 1, S. 321) zu sehen. Im Jahre 1688 erhielt das Kiewer Höhlenkloster dann den Ehrentitel „Lawra" („Laura").

Eingang zum Kiewer Höhlenkloster

In den Jahrhunderten nach seiner Gründung wurde das Kiewer Höhlenkloster zur meist besuchten Pilgerstätte von ganz Rußland. Das führte allmählich zur Anhäufung eines immensen Grundbesitzes und ließ die Lawra seit dem 17. Jahrhundert zum reichsten Kloster des Landes werden.

Neubestimmung. Im Zweiten Weltkrieg wurde die Lawra stark in Mitleidenschaft gezogen. Sie hat 1941 ihre Hauptkirche, die Mariä-Himmelfahrts-Kathedrale (Uspenskij Sobor), verloren. Sämtliche Gebäude der Oberen Lawra, in denen vor etwa fünfzig Jahren noch eine kleine Gemeinschaft von Mönchen lebte, und die Höhlen mit ihren Katakomben sind heute Museum.

Die noch bestehenden Klosterbauten stammen fast ausschließlich aus den letzten Jahren des 17. und vom Beginn des 18. Jahrhunderts. Sie sind Musterbeispiele des ukrainischen Barocks, das Stilelemente des italienischen Barocks mit Details der russischen Architektur und typisch ukrainischer Ornamentik verbindet.

Der Haupteingang der Lawra ist das *Westtor*, das gekrönt wird von der

****Dreifaltigkeits-Torkirche.** Das 1106 bis 1108 entstandene Bauwerk wurde um 1700 barock verkleidet und erhielt außerdem im Norden einen Treppenanbau. Der Kernbau mit seinen drei nischenartig in die Ostwand eingelassenen Apsiden ist jedoch noch zu erkennen. Die West- und die Ostfassade sind mit Fresken und Barockornamenten geschmückt.

Die hölzerne geschnitzte *Ikonostase* und die *Wandgemälde* im Innern der Kirche (keine Besichtigung) wurden in den dreißiger Jahren des 18. Jahrhunderts von ukrainischen Künstlern geschaffen.

Nachdem man das Tor durchschritten hat, kommt man (rechts und links) an den Zellen der Mönche vorbei, die auf kleine Gärten hinausgehen; rechts sieht man den 96 Meter hohen

****Glockenturm,** der den Gebäude-Komplex der Lawra überragt. Der von 1731 bis 1745 errichtete Turm ist ein Werk des deutschen Architekten *Johann Schädel*, der mit Andreas Schlüter zusammen nach Rußland kam. Ferner wirkte an dem Bau ein Leibeigener des Klosters, der talentierte Autodidakt *Stepan Kownir* (s. auch S. 337: Kownir-Bau) mit.

Mittelpunkt der Lawra war die

Mariä - Himmelfahrts-Kathedrale (*Uspenskij Sobor*), die von 1073 bis 1089 erbaut wurde und somit das älteste Gebäude des Klosters war. Mit Ausnahme einiger Mauerstücke und eines barocken Anbaus an der Südseite (mit Kuppelhelm) wurde die Kirche im Zweiten Weltkrieg zerstört.

Die ehemalige Residenz des *Metropoliten* (rechts) beherbergt heute das besuchenswerte

****Museum der Kunst und des Volksbrauchtums,** eine Filiale des Museums der ukrainischen Kunst.

Bemalte Möbel, geschnitzte Zierelemente von Izbas (izba = hölzernes Bauernhaus). – Stoffe, bestickte Blusen und Hemden; mehrere Säle mit festlichen Trachten; Teppiche. – Säle mit zeitgenössischer Keramik; im großen Glassaal *Keramik-Exponate; – Malerei auf Stoff sowie andere Exponate vom 15. Jahrhundert bis zur Gegenwart.– Mehrere Säle dieses Museums sind für Wechselausstellungen ukrainischer Künstler vorgesehen.

Etwas weiter östlich steht das *Refektorium* (1893–1895) mit einer riesigen Kuppel.

Von dem senkrecht aus dem Meer aufragenden Felsen des Kaps Aj-Todor an der Südküste der Krim grüßt das malerische Schwalbennest. ▶

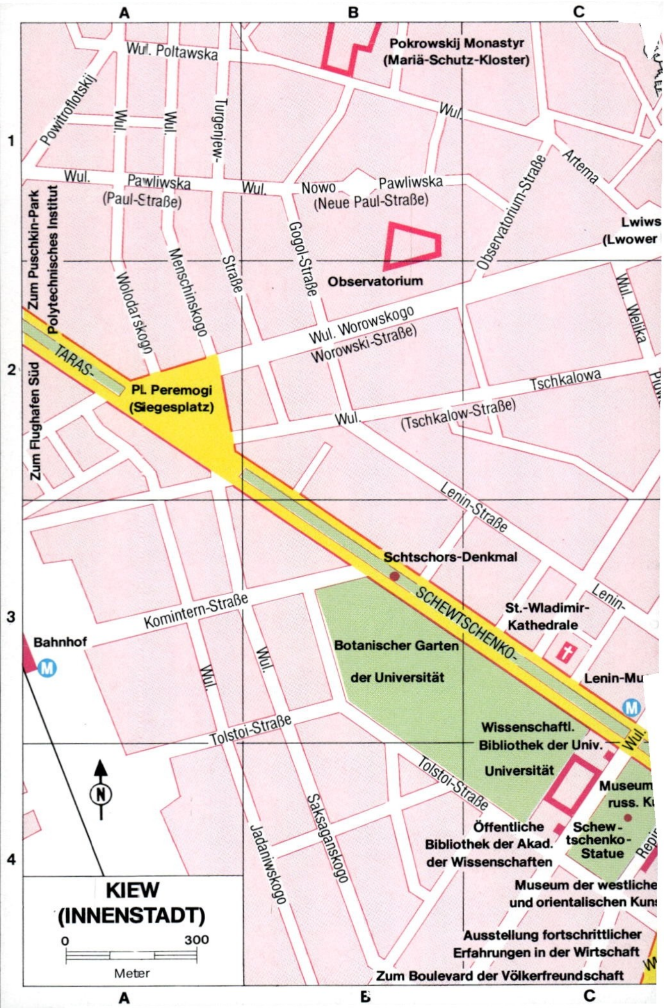

A
B
C
Pokrowskij Monastyr
(Mariä-Schutz-Kloster)
Wul. Poltawska
Powitroflotskij
Wul.
Wul.
Turgenjew-
Wul.
Artema
1
Wul.
Pawliwska
(Paul-Straße)
Wul.
Nowo
Pawliwska
(Neue Paul-Straße)
Observatorium-Straße
Lwiws
(Lwower
Zum Puschkin-Park
Polytechnisches Institut
Wolodarskogo
Menschinskogo
Straße
Gogol-Straße
Observatorium
Wul. Welika
Wul. Worowskogo
Worowski-Straße)
TARAS-
2
Zum Flughafen Süd
PL Peremogi
(Siegesplatz)
Tschkalowa
Wul.
(Tschkalow-Straße)
Lenin-Straße
Schtschors-Denkmal
Lenin-
SCHEWTSCHENKO-
St.-Wladimir-
Kathedrale
3
Komintern-Straße
Bahnhof
Botanischer Garten
der Universität
Wul.
Wul.
Lenin-Mu
Tolstoi-Straße
Wissenschaftl.
Bibliothek der Univ.
Wul.
Universität
Tolstoi-Straße
Museum
russ. K
N
Saksaganskogo
Jadaniwskogo
Öffentliche
Bibliothek der Akad.
der Wissenschaften
Schew-
tschenko-
Statue
4
KIEW
(INNENSTADT)
0
300
Meter
Museum der westliche
und orientalischen Kun
Ausstellung fortschrittlicher
Erfahrungen in der Wirtschaft
Zum Boulevard der Völkerfreundschaft
A
B
C

D
E
F
PODIL
1
2
3
4
Wul. Boritschew Tok
Shadanow-Straße
Wul. Borisoglibska
Andrijiwska
Wul.
Bratska
Wul. Igoriwska
Boritschew Wzwoz
KRESCHTSCHATIK-BOULEVARD-KAI
Dnjepr
Histor. Museum
St.-Andreas-Kirche
Zehntkirche
Straße der
Pl. Poschtowa
Flußhafen
Große-Shitomir-Straße
Komsomol und Regional-Sowjet
Drahtseilbahn
Radianska Pl. (Sowjet-Platz)
Bogdan-Chmelnitskij-Denkmal
St.-Sophien-Kathedrale
St.-Sophien-Glockenturm
Wladimir-Statue
Pariser Kommune
WLADIMIR-SPUSK
Monument der Taufe Rußlands
Wolodimirska (Wladimir-Straße)
Schewtschenko-Haus
Zentralpark für Kultur und Erholung
Truchanow-Brücke
Platz des Leninschen Komsomol
Platz der Oktoberrevolution
denes Tor
Bibliothek
Swerdlow-Straße
Pavillion der Kunstausstellungen
Fernsehturm
Hotel „Moskau"
Peter-Allee
Oper
Tschaikowski-Konservatorium
Karl-
Kulturhaus „Oktjabrskij"
KIROW-
Dynamo-Stadion
Kreschtschatik
Museum der ukrainischen Kunst
Straße
Lesja-Ukrajnka-Theater
Stadt-Sowjet (Rathaus)
KRESCHTSCHATIK
Kreschtschatik
Wul.
Monument der Ukrainerin Lesja
Puschkin-Straße
Warenhaus „Tsentral"
Marx-Straße
Ministerrat der Ukraine
Taras-Schewtschenko-Museum
Engels-
Showtnewoj
STRASSE
Marien-Palais
Kino „Freundschaft"
Iwan-Franko-Schauspielhaus
EVARD
Oberster Sowjet der Ukraine
Lenin-Statue
Denkmal des Generals Watutin
Bessarabien-Platz
Wul. Kruglo Uniwersitetska
Straße
Zum Kiewer Höhlenkloster
ERWONOARMIJSKA TR. D. ROTEN ARMEE
Wul. Basejna
Wul. Karla Libknechta (Karl-Liebknecht-Str.)
Rewoljutsii
ücke

Im Nordosten liegt das Gebäude der 1615 gegründeten und auf Seite 331 bereits kurz abgehandelten *Druckerei.* Ihre mit Holzschnitten und Radierungen ausgestatteten Arbeiten wurden in den slawischen Ländern orthodoxen Glaubens vertrieben. – Neben der Druckerei steht der nach seinem Erfinder benannte, mit Giebeln versehene *Kownir-Bau* aus dem 18. Jahrhundert. Der Architekt Stepan Kownir, ein Leibeigener des Klosters, errichtete auch den eleganten *Glockenturm* (1754–1761) der *Unteren Lawra* und wirkte am Bau des *Glockenturms* (s. S. 332) von Schädel mit. – Die

****Allerheiligen-Kirche** (1696 bis 1698) auf dem Südtor, dem sog. „Wirtschaftstor" hat fünf kreuzförmig angeordnete Barocktürme. Der fünfeckige Grundriß der 1958 bis 1959 (Innenausstattung und Wandmalerei 1974) restaurierten Kirche entspricht der Tradition der volkstümlichen ukrainischen Bauweise.

Die *St.-Onuphrius-Torkirche* (1698–1701) erhebt sich auf der Ostmauer der Lawra und überragt das Felsufer des Dnjepr.

Eine Terrasse im Südosten bietet einen schönen Blick auf die *Nahen Höhlen* im Tal und die *Fernen Höhlen* auf dem anderen Hügel. — Die besuchenswerten

****Katakomben** in den *Nahen Höhlen* (*Blishnije Peschtschery*) und den *Fernen Höhlen* (*Dalnije Peschtschery*; letztere bildeten

Das architektonisch interessante Worontsow-Palais in Alupka auf der Krim ist heute ein sehr attraktives Museum.

die erste Anlage des Klosters) bestehen aus einem 280 m langen System von Gängen, Zellen, Grabstätten und Oratorien. Die Zellen sind in die Hänge der Hügel hineingegraben. Aufgrund der speziellen chemischen Beschaffenheit des Bodens (Sand, Lehm, gelber Löß) wurden die Leichen Hunderter von Mönchen mumifiziert und blieben unversehrt erhalten.

Die Nahen Höhlen sind 228 m lang. Die Höhlen liegen in einer Tiefe von 5 bis 18 m; die Gänge sind etwa 1,5 m breit und 2 m hoch. Sowohl die Nahen als auch die Fernen Höhlen sind für die Öffentlichkeit zugänglich. Zu den Nahen Höhlen gelangt man durch die Abtei der *Allerheiligen-Kirche*, westlich der *Kirche der Kreuzerhöhung* (1700).

Eines der Gräber trägt den Namen Nestors und birgt mit ziemlicher Sicherheit die Mumie des ersten Historikers und Hagiographen Altrußlands, des Redaktors der ersten russischen Chronik („Nestor-Chronik") und Verfassers der Vita der Heiligen Boris und Gleb sowie der Vita des heiligen Theodosios. Dies ist um so wahrscheinlicher, als auch die Mumie eines anderen Nestor zu sehen ist. Seine Grabinschrift besagt, er sei „nicht der buchgelehrte Nestor" (Nestor njeknishnyj).

Südlich des *Höhlenviertels* (*Petschersk*) führt die *Nowonawodnytska-Straße* (*Nowonawodnytska Wulitsa*) zur *Staronawodnytska-Straße* (*Staronawodnytska Wulitsa*) und zum *Boulevard der Völkerfreundschaft* (*Bulwar Drushbi Narodiw*), einer großen Straße, die von der *Paton-Brücke* (s. Weg 6, S. 339) im Osten der Stadt ausgeht und zum *Dzershinskij-Platz* (*Ploschtscha*

Dzershinskogo) im Westen führt. Südlich des Boulevards gelangt man durch den *Botanischen Garten* der Akademie der Wissenschaften zum malerisch am Steilufer des Dnjepr gelegenen

***Wydubetskij-Kloster** (Trolleybus Nr. 15 bis Botanitscheskij Sad). Das Kloster wurde 1070 bis 1077 auf Weisung des Fürsten Wsjewolod, eines Sohnes Jaroslaws des Weisen, Vater Wladimir Monomachs, über der Furt errichtet, die durch den Dnjepr führte, und mehrere Male wieder aufgebaut.

Die 1070 bis 1088 erbaute Hauptkirche, die *St.-Michaels-Kathedrale*, besaß acht Pfeiler und einen ungewöhnlich großen Narthex, in den im Süden ein Treppenturm eingefügt war, durch den man zur Empore gelangte. Die Kirche verlor im 16. Jahrhundert ihren Ostteil, als die von dem Architekten Peter (Pjotr) Miloneg zum Schutz vor einem Erdrutsch des Steilufers errichtete Stützmauer einstürzte. Wie beim Kiewer Höhlenkloster wurden Ende des 17. und Anfang des 18. Jahrhunderts auch am Wydubetskij-Kloster umfangreiche Restaurierungsarbeiten durchgeführt. Aus dieser Zeit stammen der einstöckige *Glockenturm*, das *Refektorium* und die *St.-Georgs-Kirche*.

Weg 5: Die Stadt außerhalb des Zentrums

Auf diesem ziemlich langen Weg, den man am besten mit dem eigenen Auto oder mit einem Intourist-Bus zurücklegt, erhält man einen Eindruck vom modernen Kiew.

Anfahrt mit öffentlichen Verkehrsmitteln: Zu den Sportanlagen: Trolleybus Nr. 1, 4, 10, 11, 12, 13; Autobus Nr. 20, 38, 41, 69; auch mit der Metro. – Zur Ausstellung: Autobus Nr. 1, 14, 24, 51, 53, 56, 60, 61, 63, 73; Trolleybus Nr. 4, 11, 12, 24.

Die *Straße der Roten Armee* [Plan s. S. 334/335, D4] (*Wulitsa Tscherwonoarmijska*), die den Kreschtschatik nach Süden verlängert, führt zum Sportpalast und zum Zentralstadion.

Der 1958 bis 1960 errichtete

Sportpalast (Eingang: Kujbyschew-Straße 1) ist ein Bau aus Beton, Glas und Aluminium.

Mit dem Bau des

Zentralstadions [außerhalb des Plans S. 334/335, D4] (Eingang: Wulitsa Tscherwonoarmijska 55) wurde 1937 begonnen. Die ursprünglich für den 22. 6. 1941 vorgesehene Einweihung des Stadions konnte infolge der Kriegsereignisse zu diesem Zeitpunkt nicht stattfinden und wurde erst 1946 vollzogen. 1979 wurde das Stadion renoviert, und 1980 fanden hier die Vorrunden des Olympischen Fußballturniers statt.

Links der Esplanade, die zum Stadion führt, steht das *Operettentheater*. — Wenn man der Straße der Roten Armee weiter nach Süden folgt, kommt man, vorbei am *Pädagogischen Institut für Fremdsprachen*, das die ehemalige *katholische Kirche* mit den zwei Turmspitzen umgibt, zur *Uljanow-Straße* (*Wulitsa Uljanowych*), und (Nr. 12) dem

Uljanow-Haus.

In den Jahren 1903 und 1904 bewohnten die Mutter und die beiden Schwestern Wladimir Iljitsch Lenins dieses kleine Haus, um in der Nähe von Dmitrij Iljitsch zu sein, der seine politische Aktivität in den Kiewer Raum verlegt hatte. Dieser Bruder Lenins und seine beiden Schwestern wurden hier im Jahre 1904 verhaftet.

Ausstellung fortschrittlicher Erfahrungen in der Wirtschaft der Ukrainischen SSR
[außerhalb des Plans S. 334/335, C4] (Prospekt 40-Ritschtschja Showtnja). – Der riesige Gebäudekomplex, der eine Fläche von 337 ha bedeckt, wurde für die Ausstellung fortschrittlicher Erfahrungen in der Wirtschaft der Ukrainischen SSR erstellt und am 6. Juli 1958 eröffnet. Der Komplex zählt insgesamt mehr als 300 Pavillons, die sich um den Hauptpavillon gruppieren.

Die Pavillons mit ihren Ständen, Karten, Zahlen und Dioramen geben einen präzisen Überblick über die bisherigen und gegenwärtigen Aktivitäten in allen Wirtschaftszweigen.

Weg 6: Die neuen Stadtviertel und die Vororte

A: AM RECHTEN DNJEPR-UFER

Nach Art der großen Metropolen dehnt sich Kiew von Jahr zu Jahr mehr aus; neue Viertel entstehen dort, wo es noch vor fünfzig Jahren nur Steppen und Wälder gab.

Am äußersten Ende des *Taras Schewtschenko-Boulevards* [außerhalb des Plans S. 334/335, A1–2] kommt man durch den *Luftflotten-Prospekt* (*Powitroflotskij Prospekt*) zu zwei großen, mitten im Grünen stehenden Komplexen von Mietsgebäuden, dem *Komplex „Erster Mai“* (*Perschotrawnjewyj Masiw*; rechts) und dem *Komplex „Eisenbahn“* (*Zaliznitschnyj Masiw*; links).

Der Gebäudekomplex „Erster Mai“ wurde 1956 erstellt und war die erste Realisation dieses Architektur-Genres in Kiew. Farbige Keramikplatten beleben die Fassaden, und jede Einheit der beiden Ensemble ist ausgestattet mit den für das tägliche Leben erforderlichen Einrichtungen.

B: AM LINKEN DNJEPR-UFER

Anfahrt: Mit der Metro; Stationen Gidropark, Liwobereshna, Darnitsja, Pionerskaja und Komsomolska.

Man kann den großen Dnjepr-Fluß, die Lebensader der Ukraine, auf mehreren Brücken überqueren. Die *Jewgenij-Paton-Brücke* [außerhalb des Plans S. 334/335, F4], die nach dem berühmten sowjetischen Akademiemitglied benannt wurde, der die Schweißarbeiten leitete, gilt als eine Art Kunstwerk.

Die Paton-Brücke wurde 1953 als erste Brücke der Welt aus fest zuzusammengeschweißten Metall-Elementen errichtet. Sie ist 1,5 Kilometer lang, hat eine Fahrbahn von 21 Metern und Gehwege von je drei Metern Breite.

Die *Truchanow-Brücke* [Plan s. S. 334/335, F2–3; nur für Fußgänger] verbindet den Zentralpark für Kultur und Erholung mit der

Truchanow-Insel(ukrainisch:*Truchaniw-*) [außerhalb des Plans S. 334/335, F2] und ermöglicht es somit den Kiewern, den Weg von der Stadt an den Strand in nur wenigen Minuten zurückzulegen.

Die Truchanow-Insel ist das Naherholungsgebiet der Kiewer. Hier reihen sich Wälder, Strände, geschützte Buchten, Sportanlagen, Restaurants und Pensionen aneinander. An Wochenenden und Sommerabenden pil-

gert man in hellen Scharen dorthin, umsichzu entspannen und zu erholen.

Ebenfalls am linken Flußufer liegt einer der freundlichsten Stadtteile Kiews,

Darnitsa.

Darnitsa (ukrain.: *Darnitsja*), das – wie man heute weiß – bereits in vorgeschichtlicher Zeit besiedelt war, verdankt sein schnelles Wachstum der Eröffnung der Eisenbahnlinie Moskau–Kiew; sie brachte es mit sich, daß sich nach 1840 eine Reihe von Unternehmen hier niederließen. Trotzdem bestand Darnitsa noch in den ersten Jahren des 20. Jahrhunderts aus wenigen inmitten von Pinienwäldern gelegenen Dörfern und **zählte nur gut 1000 Einwohner. Im Jahre 1917 hatte die Agglomeration 6000 Einwohner. Bei Ausbruch des Zweiten Weltkriegs gab es in Darnitsa 17 Großbetriebe; 1943 standen von 4000 Gebäuden noch 250.**

Der Wiederaufbau erfolgte rasch, und man ging dabei über den Umfang des Zerstörten hinaus. So erhöhte sich u. a. die Zahl der Fabriken.

Dennoch bietet Darnitsa noch genügend Raum für neue Wohnviertel. In den Wäldern der Umgebung wurden und werden Parks und Erholungszonen angelegt.

Die riesigen Wohnblocks *Woskresenskij* und *Rusanowskij* bieten neben allem erdenklichen Komfort viele andere Attraktivitäten. Kommt man auf dem Flughafen von Kiew, *Borispol* (ukrainisch: *Borispil*), an, so ist die Fahrt durch Darnitsa ein gutes Vorspiel zum Kennenlernen der Stadt.

DAS SCHWARZE MEER

Das „Schwarze Meer“ verdankt seinen heutigen Namen den Türken, während die Russen es im Mittelalter „Russisches Meer“ nannten. Von den Griechen der Antike wurde es „Pontos Euxeinos“, das heißt „Gastliches Meer“, genannt, eine Bezeichnung, die es dank der zahlreichen Strände und der Annehmlichkeiten, die es unter südlicher Sonne dem Touristen bietet, noch heute verdient.

Zur Schönheit der Orte, dem milden Klima und dem landschaftlichen Zauber des Küstenstreifens kommen hier noch Spuren und Zeugnisse längst vergangener Zivilisationen hinzu, die einander überlagerten: Skythen, Griechen und Römer im klassischen Altertum, Byzantiner und Genuesen im Mittelalter, Türken und Tataren seit dem Beginn des 15. Jahrhunderts und schließlich die Russen seit dem Ende des 18. Jahrhunderts drückten dem Schwarzmeergebiet den Stempel ihrer Kultur und Zivilisation auf.

Die drei nachstehenden Kapitel beschreiben drei sehr verschiedene Abschnitte der Schwarzmeerküste.

Im Nordwesten weist die dem Meer zugewandte Seite der ukrainischen Steppen eine von Limanen (lagunenartigen Strandseen) und schmalen Küstenstreifen gesäumte Flachküste auf, deren berühmtester Abschnitt die Tendra-Nehrung (Tendrowskaja Kosa) südlich der Dnjepr-Mündung und nordwestlich der Krim ist. Sie war Schauplatz der Meuterei des Panzerkreuzers „Potjomkin“ im Juni 1905. Die Hauptsehenswürdigkeit in diesem Gebiet ist die große Hafenstadt Odessa, die südländisch, ja geradezu mittelmeerisch wirkt und zuweilen an Griechenland und Italien denken läßt. Die Umgebung Odessas mit ihren vom Küstenplateau ins Meer abfallenden Felswänden, ihren Stränden und Kurorten verleiht der Stadt zusätzliche Attraktivität.

Die Südküste der Krim ist eine wahre Cóte d'Azur, sie vereinigt die Schönheit der Berge mit einer pittoresken Felsenküste, Sand- oder Kieselstränden und einer mittelmeerischen Vegetation.

Nicht weniger eindrucksvoll ist die kaukasische Riviera, die durch ihre wilden Schluchten, die schneebedeckten Gipfel des Kaukasus und die üppige subtropische Vegetation noch zusätzliche Reize bietet. Das Gebiet von Suchumi liegt bereits in Abchasien, dem Land der über einhundertjährigen Bergbewohner, das zu Georgien gehört. Georgien (russisch: Grusien) ist eines der attraktivsten und fesselndsten Gebiete der Sowjetunion, das klassische Kolchis des „Goldenen Vlieses".

**ODESSA

DIE STADT IN STICHWORTEN

In kyrill. Schrift: ОДЕССА; 1,2 Mill. Einwohner; Universitätsstadt; Badeort und Seebad.

Odessa, das Industrie- und Kulturzentrum im Süden der Ukraine, besitzt den größten Hafen am Schwarzen Meer und einen der größten Häfen der Sowjetunion; im Personenverkehr steht er an erster Stelle. Für Touristen, die mit dem Schiff anreisen, ist Odessa das Eingangstor nach Rußland. Die Stadt mit ihren 45 Kilometer langen Stränden ist ein beliebtes Seebad und ein stark frequentierter Badeort. Odessa ist eine sich herzlich gebende, lebendig, heiter und unbeschwert wirkende Stadt und gewinnt dadurch zusätzliche Anziehungskraft.

GESCHICHTE

Skythen, Sarmaten, Slawen und Türken. Lange vor unserer Zeitrechnung war das Gebiet von Odessa bereits besiedelt. In frühgeschichtlicher Zeit wurden hier Nomaden von seßhaften Völkern, von denen die Skythen das bedeutendste und zivilisierteste waren, abgelöst. Diese Völker wiederum wurden bis zum 13. Jahrhundert n. Chr. durch Ostslawen ersetzt: Ulitschi und Tiwertsy, die hier seßhaft wurden, gründeten u. a. die Siedlung Kotsjubjewo. – Im 13. Jahrhundert eroberten und zerstörten Tataren den Ort. Später war das Gebiet jahrhundertelang von den Türken besetzt. Sie errichteten hier die starke Festung Chadshi Bej.

Die Entstehung der Stadt. Erst im 18. Jahrhundert eroberten die Russen den Küstenstreifen am Schwarzen Meer zurück. 1789 nahmen die russischen Truppen Suworows unter Admiral Deribas Chadshi Bej ein, und Katharina II. beschloß, hier eine Stadt und einen Hafen zu errichten. Mit der Gründung wurde Admiral Deribas betraut. Eine der Hauptstraßen der Stadt ist nach ihm benannt. Der Bauplan für die Neugründung wurde 1794 entworfen. Gewöhnlich wird als Gründungstag der Stadt der 2. September 1794 angegeben; dies ist der Tag, an dem die Grundsteinlegung für den Hafen erfolgte.

Die neue Stadt erhielt den Namen *Odessa* zur Erinnerung an die hellenistische Kolonie *Odessos*, die jedoch, wie sich erst später herausstellte, niemals an dieser Stelle gelegen hat, sondern in vorchristlicher Zeit eine griechische Niederlassung an der bulgarischen Küste war. Da man sich mitten in der Kultur- und Geistesepoche des Klassizismus befand und die russische Regierung nach mehreren Jahrhunderten türkischer und tatarischer Herrschaft willens war, an die glorreiche griechische Tradition der Antike anzuknüpfen, wurde die Halbinsel Krim damals offiziell *Taurien* genannt, und die im Gebiet Neu-Rußland gegründeten Städte erhielten aus dem Griechischen kommende Namen wie Odessa, Cherson, Eupatoria, Simferopol, Sewastopol und Feodosia.

Die von dem französischen Architekten Thomas von Thomon verschönerte Stadt wuchs rasch.

Im Jahre 1803 ernannte Alexander I. einen französischen Emigranten, den Herzog von Richelieu, zum Gouverneur von Odessa und später von Neu-Rußland. Dieser hatte das Amt bis zu seiner Rückkehr nach Frankreich im Jahre 1814 inne. Er tat viel für die Entwicklung der Stadt. Ihm zu Ehren wurde 1817 das Richelieu-Gymnasium, Kern der späteren Universität, gegründet.

Als Freihafen (1819 – 1859) gelangte Odessa zu großem Wohlstand. Es wurde zum größten Ausfuhrhafen für russisches Getreide. Griechische, serbische und albanische Flüchtlinge, die vor dem türkischen Joch flohen, suchten in dieser Stadt Zuflucht.

Eine aus Tradition revolutionäre Stadt. Die revolutionäre Tradition Odessas wurde durch seine Dekabristen 1825 gleichsam begründet. Mit der zunehmenden Entwicklung der Stadt und ihrer Industrie gewann auch die revolutionäre Bewegung an Bedeutung: 1875 waren 30000 Arbeiter im Hafen von Odessa beschäftigt; aus ihnen rekrutierten sich die Mitglieder der Vereinigung der Arbeiter Südrußlands, der ersten proletarischen Organisation. Im Jahre 1896 arbeitete Maxim Gorki als Dockarbeiter im Hafen. Die Sozialdemokratische Arbeiterpartei Rußlands, deren erster Kongreß 1898 in Minsk stattfand, verfügte in Odessa über ein Komitee. Über Odessa gelangte die von Lenin in München mit herausgegebene revolutionäre Zeitung „Iskra" („Der Funke") heimlich nach Rußland. Lenins Bruder, Dmitrij Uljanow, der als Arzt in einer Klinik der Stadt arbeitete, verbreitete hier revolutionäre Ideen. Schon im Jahre 1905 ging die Stadt mit der Tragödie des Panzerkreuzers „Potjomkin" in die Geschichte ein (s. unter „Die Geschichte des Panzerkreuzers Potjomkin", S. 345).

Die Errichtung der Sowjetherrschaft. Die Machtergreifung durch die Sowjets wurde am 27. Januar 1918 in Odessa proklamiert. Desungeachtet waren die Kämpfe damit nicht beendet: Der Bürgerkrieg zwischen den Roten und Weißen, zwischen Kommunisten und ukrainischen Nationalisten, sollte bis 1920 dauern; dazu trugen nicht zuletzt die militärischen Interventionen des Auslands, die deutsch-österreichische Intervention von 1918 und dann die englisch-französische, bei. Die von den Bolschewiki Odessas unter den Arbeitern der Stadt und den ausländischen Matrosen organisierte politische Agitation („Ausländerkolleg") war einer der Faktoren, die letztlich zum Scheitern der alliierten Intervention führten. Schließlich eroberte die Rote Armee Odessa zurück. Die zerschlagenen Armeen der Weißgardisten und zahlreiche Flüchtlinge schifften sich nach Konstantinopel ein.

Im Zweiten Weltkrieg wurde Odessa 1941, nachdem es 73 Tage lang von 18 deutschen Divisionen belagert worden war, von diesen eingenommen. Während der Zeit der Besetzung dienten die Katakomben der Stadt Partisanen und Widerstandskämpfern als Zuflucht. Vorübergehend wurde Odessa Rumänien zugeschlagen, bevor es am 10. April 1944 von den sowjetischen Truppen des Marschalls Malinowskij zurückerobert wurde. **Neben Leningrad, Stalingrad und Sewastopol, wurde Odessa als eine der ersten Städte der Sowjetunion mit dem Titel „Heldenstadt" ausgezeichnet.**

Literatur, Kunst und Wissenschaften in Odessa. Von den ersten Jahrzehnten seines Bestehens an wurde Odessa von Schriftstellern, Künstlern und Gelehrten geliebt. Puschkin, der hier von Juli 1823 bis August 1824 lebte, weihte dieser Stadt unvergeßliche Strophen in „Eugen Onegin". Sein Freund, der polnische Dichter Adam Mickiewicz, Begründer der romantischen Schule in der polnischen Literatur, hielt sich mehrmals in Odessa auf, und Christo Botjew, der bulgarische Dichter und Kämpfer gegen die türkische Fremdherrschaft in seinem Land, studierte hier. Mitte des 19. Jahrhunderts kam Gogol zweimal nach Odessa. Maxim Gorki teilte hier im Jahre 1896 das Leben der Hafenarbeiter. Hier begann auch die literarische Karriere Konstantin Paustowskijs (1892 – 1968). Isaak Babels (1894 – 1941) Berichte über das Juden-Milieu und die Unterwelt von Odessa wurden berühmt. Walentin Katajew (geb 1897), Aleksandr Kornejtschuk und andere namhafte Schriftsteller standen Odessa nahe.

Die Oper und das Konservatorium von Odessa wurden durch namhafte russische und internationale Künstler berühmt (s. die betreffenden Textabschnitte auf S. 347 u. 349).

Odessa war die Wiege der abstrakten Kunstrichtung des Rayonismus von Michail Larjonow und Natalija Gontscharowa und der Kunst David (Dawid) und Wladimir Burljuks. Hier fand 1910 bis 1911 die hervorragende Internationale Kunstausstellung statt. Diese Ausstellung präsentierte dem russischen Publikum außer Werken (durchschnittlich 25 Gemälde pro Künstler) von Larjonow, Gontscharowa, den Burljuks, Kontschalowskij, Tatlin und Jawlensky (Jawlenskij) auch 53 Arbeiten von Kandinsky (Kandinskij).

1828 wurde in Odessa die Südrussische Gesellschaft für Landwirtschaft gegründet. Im Jahre 1865 wurde das Richelieu-Gymnasium der Stadt in die Universität der Provinz Neu-Rußland umgewandelt. Die Bedeutung Odessas als Universitätsstadt und als Zentrum für medizinische Forschung wurde Mitte des 19. Jahrhunderts unterstrichen durch das Wirken des großen Chirurgen des Krimkrieges Pirogow und später durch das Wirken der russischen Schüler Pasteurs Setschenow und Metschnikow (auf den letzteren geht das russische Äquivalent des Pasteur-Instituts in der Pasteur-Straße zurück) sowie des großen Augenarztes Filatow, der 1956 in Odessa starb.

DAS HEUTIGE ODESSA

In Odessa hat man nicht nur den Wiederaufbau der Kriegsruinen vorangetrieben, die Bautätigkeit erstreckt sich dort über die alten Stadtgrenzen hinaus. Die Stadt unterhält Schiffsverbindungen mit über 100 Ländern der Erde. Sie ist darüber hinaus eine bedeutende Industriestadt. Es gibt dort Maschinenbauindustrie, chemische Industrie, Radioindustrie, Leichtindustrie und Nahrungsmittelindustrie.

Odessa besitzt neben der 1865 gegründeten Universität, deren neun Fakultäten von 13000 Studenten frequentiert werden, 14 über die Stadt verstreute höhere Lehranstalten mit insgesamt 120000 Studierenden. Dazu gehören die Landwirtschaftliche Hochschule, deren Forschung eine Verbesserung der Anbaubedingungen von Getreide und Wein zum Ziel hat, das Pirogow-Institut für Medizinische Forschung mit seinen beiden angeschlossenen Instituten für Urologie und Stomatologie und das weltbekannte Filatow-Institut für Augenkrankheiten, das wegweisend war für die Augenchirurgie (Hornhautübertragungen) und die Anwendung der Filatowschen Methoden auf anderen Gebieten der Chirurgie (Hautentnahme, Implantate). An diesem von Professor Filatow (1875–1956) gegründeten Institut arbeiten 600 Gelehrte; die dem Institut angeschlossene Spezialklinik hat 400 Betten. Odessa hat eine Sternwarte, ein geophysikalisches Observatorium sowie ein bedeutendes Filmstudio.

Die Stadt ist auch ein weit bekannter und viel besuchter Bade- und Kurort. Sie verfügt über 100 Kurhäuser, Sanatorien und Erholungsheime. Hier kann man, vor allem in der

Nähe der Limane (lagunenartige seichte Seen) von Chadshi Bej und Kujalnik, zwei nördlichen Vororten der Stadt, Schlamm-Heilbäder nehmen. Die alten Bauten werden immer mehr durch große neue Gebäudekomplexe ersetzt, um noch mehr Sommerfrischler und Kurgäste aufnehmen zu können. Schon jetzt bieten sie jährlich Platz für etwa 500000 Gäste aus der Sowjetunion und dem Ausland.

Mit seinen insgesamt 45 Kilometer langen Badestränden ist Odessa auch ein großes Seebad (Badesaison von Mai bis Oktober): Die Strände von Luzanowka (im Norden), Komsomolskij, Otrada und Malyj Fontan (im Osten), Arkadija (im Südosten), Srednij Fontan, Bolschoj Fontan und Tschernomorka (im Süden) sind leicht mit öffentlichen Verkehrsmitteln (Straßenbahn, Autobus, Motorboot) zu erreichen.

SEHENSWÜRDIGKEITEN IM STADTKERN

Odessa entstand Ende des 18. Jahrhunderts, das heißt zu der Zeit, in der der Klassizismus im Städtebau dominierte. Diese Tatsache erklärt auch den auffallend regelmäßigen Grundriß der Stadt.

Der Hafen ist nach Nordosten ausgerichtet, ebenso die ihn beherrschende Seepromenade Primorskij Bulwar. Die Parks, Sommerfrischen und Strände nehmen die Ostküste ein.

Westlich dieses Grüngürtels erstreckt sich das Schachbrett der von Südsüdwest nach Nordnordost und der von Ostsüdost nach Westnordwest verlaufenden Straßen; letztere führen von einem Parkgelände zu einem zweiten Schachbrett, das schräg nordwestlich vom ersten liegt.

Im Norden, am Fuß der Felswände, entlang dem Ölhafen und in Richtung der Limane, liegen die Instustrieviertel, deren Grundriß ebenfalls geometrisch ist. Das Stadtviertel Peresyp war Schauplatz blutiger Zusammenstöße zwischen Demonstranten und Ordnungskräften während der revolutionären Ereignisse von 1905.

Die 30 Meter hohe und 142 Meter lange

Potjomkin-Treppe (192 Stufen unterteilt in 10 Absätze) verbindet den Hafen mit der oberen Stadt. Die zwischen 1837 und 1841 nach einem Plan Boffos errichtete majestätische Treppe führt auf ein Plateau, das von klassizistischen Bauten umgeben ist.

Es wird empfohlen, sich die Treppe von unten anzusehen, da sie von dort aus eindrucksvoller wirkt als von oben.

Der obengenannte Architekt hat die Proportionen der Treppe sorgfältig berechnet. Der Betrachter sieht von unten lediglich die Stufen, von oben dagegen hauptsächlich die Treppenabsätze. Daß die Treppe sich nach oben verengt, ist nicht, wie es dem Betrachter scheint, allein in der Perspektive begründet, sondern es ist **tatsächlich eine maximale Differenz von 9,10 Metern vorhanden.**

Von oben genießt man einen herrlichen Blick auf den Hafen mit der charakteristisch gekrümmten Linie der *Quarantänemole* und der *Mole der Anlegestelle* (Leuchtturm am äußersten

Potjomkin-Treppe

Ende), die ihn im Osten begrenzen, und der geraden Linie des Wellenbrechers als Abgrenzung nach Nordosten.

Ursprünglich trug die Treppe den Namen des Herzogs von Richelieu, heute wird sie zur Erinnerung an die Meuterei auf dem Panzerkreuzer Potjomkin Potjomkin-Treppe genannt.

Die Geschichte des Panzerkreuzers Potjomkin. In Wirklichkeit verdankt die Treppe ihre Berühmtheit nicht der Geschichte, sondern dem weltbekannten Film „Panzerkreuzer Potjomkin“ des Regisseurs Sergej Eisenstein (Ejzenschtejn), der am 21. Dezember 1925 im Großen Theater in Moskau uraufgeführt wurde und vom Aufstand der Matrosen des Kreuzers „Potjomkin“ im Juni des Jahres 1905 unter der Führung der beiden Revolutionäre Matuschenko und Wakulentschuk berichtet.

Die Meuterei wurde ausgelöst, als Offiziere die Besatzung zwingen wollten, verdorbenes Fleisch zu essen, das vom Schiffsarzt für genießbar erklärt worden war. Die zur Verstärkung angeforderte Wache weigerte sich, auf die Meuterer anzulegen. Im Laufe der Kämpfe, die auf den Brücken stattfanden, wurde der Matrose Wakulentschuk vom Vizekommandanten des Schiffes tödlich verwundet. Letzterer wurde sogleich von den Aufständischen niedergemacht. Sein Tod gab gleichsam das Signal zur Niedermetzelung der anderen Offiziere, von denen die meisten, so der Kommandant und Kapitän des Schiffes sowie der Schiffsarzt, durch Revolverschüsse getötet und über Bord geworfen wurden.

Nachdem die Matrosen die „Potjomkin“ in ihre Hand gebracht hatten, ging das Schiff, das sich auf Übungsfahrt in der nordöstlich von Odessa gelegenen Bucht von Tendra befand, vor der Stadt vor Anker, um Kohle und Proviant aufzunehmen und um die revolutionäre Bewegung der Arbeiter im Hafen und in den Industrievierteln zu unterstützen.

Der tote Wakulentschuk wurde an Land gebracht und im Hafen von Odessa auf einem Kai aufgebahrt, während ein anderer Matrose der schweigenden Menge, die den ganzen Tag lang an dem Toten vorbeizog, von den Ereignissen berichtete. Die Bestattung Wakulentschuks wurde zur Massendemonstration. Der Aufstand in der Stadt wurde durch die Truppe mit grausamer Härte niedergeschlagen. Nach dem Abschießen von Granaten auf die Stadt entfernte sich die Potjomkin aufs offene Meer hinaus, vorbei an dem gegen sie ausgesandten Geschwader, das ihr nichts anhaben konnte, da auch dort die Besatzungen einiger Schiffe zu revoltieren bereit waren. So gelangte der „Kreuzer der Revolution“ in den rumänischen Hafen Constanţa.

Dies ist der geschichtliche Verlauf der Ereignisse, der auch in Eisensteins Film wiedergegeben ist. Eisenstein wollte in dem Film die unmenschliche Ahndung der Solidarisierung der Bevölkerung Odessas mit den aufständischen Matrosen durch die zaristischen Soldaten darstellen. – Die

***Seepromenade** (*Primorskij Bulwar*) hieß ursprünglich *Nikolaus-* (*Nikolajewskij-*) und später *Feldmann-Promenade*, nach dem Studenten, der für die sozialdemokratische Zelle in Odessa verantwortlich war, die die Verbindung zwischen der Sozialdemokratischen Arbeiterpartei und dem Panzerkreuzer Potjomkin sicherstellte. Mit einer Länge von über 500 Metern ist der Primorskij Bulwar eine der schönsten Promenaden der Stadt. Eine mit Bäumen bepflanzte *******Terrasse* überragt den Hafen und das Meer und bietet eine einzigartige Aussicht.

Der von zwei konkaven Gebäudefassaden gebildete *halbkreisförmige Platz*, auf den die große Treppe führt, liegt in der Mitte des Boulevards. Die beiden klassizistischen Gebäude (1827 bis

1828) sind ein Werk des Architekten Mjelnikow. Das Haus Nr. 8, das ursprünglich ein Privathaus war, wurde in den vierziger Jahren des 19. Jahrhunderts ein Hotel. Im Jahre 1846 lebte der Literaturkritiker Belinski (Bjelinskij) dort über einen Monat lang. Der berühmte Schauspieler Schtschepkin hielt sich ebenfalls mehrmals dort auf.

Haus Nr. 7 beherbergte ursprünglich die Kanzlei des Grafen Worontsow, der Gouverneur von Neu-Rußland und einer der treuesten Feinde Puschkins war. Eine Zeit lang war im zweiten Stock die Stadtbibliothek untergebracht.

Das Kriegsgericht, das am 4. Oktober 1916 den Revolutionär Gregorij Kotowskij zum Tode verurteilte, tagte in diesem Haus. (Das Urteil wurde in eine lebenslängliche Zuchthausstrafe mit Zwangsarbeit abgewandelt; Kotowskij wurde später einer der Helden der Roten Kavallerie.)

In der Mitte des Platzes steht das

***Herzog-Richelieu-Denkmal,** Armand-Emmanuel von Richelieu (1766–1822) war ein Neffe des Marschalls und ein Urgroßneffe des Kardinals Richelieu.

Der nach Rußland emigrierte Herzog war von 1803 bis 1814 Gouverneur von Odessa, bevor er nach Frankreich zurückkehrte und dort Ministerpräsident Ludwigs XVIII. wurde. Das Denkmal wurde 1827 errichtet und ist ein Werk von Mjelnikow (Architekt) und Martos (1752—1835; Bildhauer), der den Herzog in eine Toga gekleidet dargestellt hat.

Am nordwestlichen Ende der Seepromenade (rechts vom Denkmal) liegt das ***Worontsow-Palais*, ein 1826 bis 1827 von Boffo erstelltes neoklassizistisches Gebäude. Nach dem Zweiten Weltkrieg wurde es wieder aufgebaut und ist heute *Pionierpalast*.

Am entgegengesetzten Ende der Seepromenade (im Südosten) stößt man (Nr. 9) auf ein weiteres Werk von Boffo, das *Palais des Stadtkommandanten von Odessa*, heute *Kulturpalast der Marine*, und schließlich (Nr. 11) auf das Hotel „Odessa", vormals „London".

Die Seepromenade endet beim

****Puschkin-Denkmal,** einem Springbrunnen, den eine Bronzebüste des Dichters schmückt (1888; von der Bildhauerin Polonskaja und dem Architekten Wasiljew). Das Monument konnte nur durch die Beteiligung der Einwohner von Odessa an einer Subskription errichtet werden, da die Regierung sich weigerte, für das Denkmal eines Dichters, der ihr soviel Ärger bereitet hatte, auch nur einen Rubel auszugeben.

Von Juli 1823 bis August 1824 lebte Puschkin in Odessa im Exil. Das Haus das er bewohnte, ist das Haus Puschkin-Straße 13 (s. unter Literatur-Museum, S. 348).

Die 40 Tonnen schwere Kanone, die man neben dem Denkmal sieht, ist eine Trophäe aus dem Krimkrieg und ein Andenken an die Bombardierung von Odessa durch die Schiffe der französischen und englischen Alliierten im Jahre 1854.

Die Kanone wurde 1904 aus dem Wrack der englischen Fregatte „Tiger" geborgen, die am 30. April 1854 vor Srednij Fontan versenkt worden war (der Angriff der Alliierten wurde damals mit den beschränkten Mitteln der kleinen Garnison von Odessa zurückgeschlagen).

Hinter dem Puschkin-Monument steht das ehemalige

Rathaus (*Gorodskaja Duma*), ein sehr schönes, von *Boffo* in klassizistischem Stil mit einem Portikus von zwölf Säulen errichtetes Gebäude. Es ist heute Sitz des Stadtsowjets von Odessa. Zu beiden Seiten der Uhr, über der Säulenreihe und auf den seitlichen Vorbauten sieht man die Allegorien von Tag und Nacht sowie die Statuen von Merkur und Ceres, die die Bedeutung Odessas als eines großen Handels- und Getreideausfuhrhafens symbolisieren.

Das Glockenspiel intoniert ein sehr bekanntes Lied von Isaak Dunajewskij: „Odessa – meine Heimatstadt". In diesem Bau wurde am 27. Januar 1918 die Machtergreifung durch die Sowjets proklamiert.

Das Rathaus bildet eine Seite des kleinen *Platzes der Kommune*, dessen Gebäude ein prächtiges klassizistisches Architektur-Ensemble darstellen. Die anderen Seiten des Platzes werden eingenommen von einem von Thomas de Thomon errichteten Bau, dem ehemaligen *Englischen Klub*, heute *Abendschule des Marxismus-Leninismus*, und vom *Archäologischen Museum* (1883). Die *Puschkin-Straße* (*Puschkinskaja Ulitsa*), die vom Hauptbahnhof kommt, endet zwischen diesen beiden Gebäuden. — Das

****Archäologische Museum,** 1825 gegründet, ist eines der bedeutendsten Museen von Odessa; es umfaßt 150 000 Exponate.

Adresse und Öffnungszeiten: Eingänge Platz der Kommune 3 und Lastotschkin-Straße 4; geöffnet täglich von 10 bis 18 Uhr.

Eine der interessantesten Abteilungen des Museums ist die Sammlung **Zivilisation der Skythen* (in den Sälen des Untergeschosses). Sie bietet mehrere Stelen von Göttinnen, die in der ukrainischen Steppe gefunden wurden (u. a. eine besonders beachtenswerte Stele, bei der auf jeder Seite eine andere Person dargestellt ist), Schmuck und Gräber.

Weitere Sammlungen beziehen sich auf die Steinzeit, die Eisenzeit, die Bronzezeit (Ausgrabungen von Kirillowskaja und von Tscherkassy) und die Zivilisation der hellenistischen **Siedlungen am Schwarzen Meer. Sehr interessant ist auch die Münzensammlung des Museums.**

Daneben, in der Lastotschkin-Straße Nr. 6, ist das

****Museum der Handelsmarine der UdSSR** untergebracht. Dieses Museum, das die Geschichte der Handelsmarine durch die Jahrhunderte hindurch nachzeichnet, ist in seiner Art einmalig in der Sowjetunion. Es bietet eine Fülle von Nachbildungen, Kupferstichen, Miniaturmodellen und sonstigen Gegenständen aus dem Bereich der Marine **(geöffnet täglich, außer donnerstags, von 10 bis 17 Uhr).**

Unmittelbar neben dem Museum liegt (Lastotschkin-Straße 8) das imposante

****Opernhaus.** Es wurde von 1884 bis 1887 von den Wiener Architekten Fellner und Helmer und dem einheimischen Ingenieur Gonsjorowskij erbaut. Das prunkvolle Gebäude, dessen Architektur eine Verschmelzung verschiedener Baustile darstellt, wobei auch palladianische Stilelemente auszumachen sind, gilt als eines der schönsten Opernhäuser Europas.

Der halbkreisförmigen Fassade ist ein monumentaler Portalvorbau vorgelagert. In den Oculi über den Seitenfenstern sieht man Statuen der Musen Melpomene (Tragödie), Thalia (Komödie), Euterpe (Tonkunst) und Terpsichore (Tanz); unter dem Dach befinden sich in zwei Nischen Büsten von Glinka, dem Vater der russischen Oper, von Puschkin, dessen Werke einige russische Komponisten zur Schaffung weltbekannt gewordener Opern inspiriert haben, Gribojedow und von Gogol.

Der Saal der Oper, der eine hervorragende Akustik hat, faßt 1700 Zuschauer. Die Decke ist mit Szenen aus Shakespeare-Stücken dekoriert („Hamlet", „Ein Sommernachtstraum", „Wintermärchen" und „Wie es Euch gefällt").

Weltberühmte russische Komponisten, wie Rimski-Korssakow (Rimskij-Korsakow), Rubinstein (Rubinschtejn), Tschaikowski (Tschajkowskij) und Glasunow (Glazunow) sowie russische und ausländische Dirigenten von Weltruf haben das Orchester dieses Opernhauses dirigiert.

Das Publikum konnte hier die große Ballerina Anna Pawlowna, die berühmten Tragödinnen Sarah Bernhardt und Eleonora Duse, den Tragöden Ira Aldridge, die Sängerin Antonina Neshdanowa, deren Namen das Konservatorium von Odessa heute trägt, sowie die Sänger Fjodor Schaljapin, Leonid Sobinow, Enrico Caruso, Delfino Menotti und andere erleben. Die Mailänder Skala und die Pariser Oper haben in diesem angesehenen Haus gastiert.

In der Lastotschkin-Straße 24 ist die Abteilung *Naturgeschichte* des *Heimatmuseums* untergebracht (geöffnet 10–17 Uhr, außer freitags). Es bietet einschlägige Exponate zur Fauna und Flora der näheren Umgebung sowie eine mineralogische Sammlung. In unmittelbarer Nähe, in der Chalturin-Straße 4, befindet sich die Abteilung *Geschichte* des *Heimatmuseums* (mittwochs geschlossen).

Hier sind ethnographische Dokumente, Kupferstiche, Lithographien, Stadtpläne, ukrainische Primitive und eine Volkskunst-Sammlung zu sehen. Eine umfangreiche Abteilung bezieht sich auf die Entwicklung der revolutionären Bewegung in Odessa und die Umstände, unter denen es zur Errichtung der Sowjetherrschaft kam; darüber hinaus werden Exponate gezeigt, die an den Zweiten Weltkrieg und die Belagerung von 1941 erinnern.

In der Puschkin-Straße 9 befindet sich das

****Museum der westlichen und orientalischen Kunst** (täglich, außer mittwochs, von 10.30 bis 17.30 Uhr geöffnet).

Gemälde von beiden Brueghel, von Rubens, Teniers und Mignard; *„Verrat des Judas" von Caravaggio, von dem vor der Entdeckung des Originals in Odessa nur drei Kopien bekannt waren; Werke von Guardi und Canaletto; einige wenige Gemälde aus dem 19. Jahrhundert. Das Museum besitzt ferner je eine interessante Orient- und Antike-Abteilung.

Das ehemalige Wohnhaus Puschkins (1812; Gedenktafel), Puschkin-Straße 13, beherbergt das

***Puschkin-Wohnhausmuseum.**

Dort werden Andenken an den größten russischen Dichter und an andere Schriftsteller aufbewahrt (geöffnet 10-17 Uhr, außer freitags).

Puschkin, der wegen seines aufrührerischen Geistes und seiner Epigramme Petersburg verlassen und ins Exil gehen mußte, lebte von Juli 1823 bis August 1824 in Odessa. Er stand dort in Diensten des Grafen Woronzow und bekleidete den Rang eines Kollegiumssekretärs (10. Position in der zivilen Hierarchie). Der Gouverneur war ihm nicht wohlgesonnen, da er in seinem Untergebenen nur einen suspekten Aufruhrstifter sah.

Das Nachbargebäude (Nr. 15) ist das Hotel „Krasnaja", das älteste Hotel der Stadt.

Ecke Puschkin- und *Rosa-Luxemburg-Straße* befindet sich die ***Philharmonie*. Sie ist im Gebäude der ehemaligen *Handelsbörse* untergebracht, das 1899 von dem Architekten A. A. Bernadazzi errichtet wurde; die monumentale Eingangshalle ist in der Rosa-Luxemburg-Straße 15.

Setzt man den Weg durch die Puschkin-Straße fort, so gelangt man zum *Hauptbahnhof* (s. den Abschnitt Sehenswürdigkeiten außerhalb des Stadtkerns, S. 351).

Man geht nun in Richtung Seepromenade (Primorskij Bulwar) zurück und biegt (links) in die *Deribas-Straße* (*Ulitsa Deribasowskaja*), eine der belebtesten Straßen der Innenstadt, ein. Nr. 16 ist das Gebäude des ehemaligen, 1817 gegründeten *Richelieu-Lyzeums*. Es ruft die Erinnerung wach an Adam Mickiewicz und an den großen Chemiker Dmitrij Mendelejew, der hier von 1855 bis 1856 Lehrer war. Die Deribas-Straße führt (rechts) zum *Stadtgarten* (*Gorsad*) und zum

Platz der Sowjetarmee (*Ploschtschad Sowjetskoj Armii*); dies ist der ehemalige *Kathedralenplatz* (*Sobornaja Ploschtschad*), der sich nördlich und östlich der 1795 gegründeten *Verklärungskathedrale* (*Preobrashenskij Sobor*) erstreckte.

Die heutige *Straße der Sowjetarmee*, die senkrecht auf die Deribas-Straße trifft und im Süden zum *Ilitsch-Park für Kultur und Erholung* und zum *Zoologischen Garten* führt, hieß früher *Preobrashenskaja Ulitsa*.

Auf dem Platz der Sowjetarmee beachte man das *Denkmal des Grafen Worontsow* (1853), ein Werk des Bildhauers Brugger und des Architekten Boffo. Die Basreliefs stellen Episoden aus dem französischen Feldzug der Freiheitskriege (Schlacht bei Craonne, 1814) und dem Russisch-Türkischen Krieg (Eroberung von Warna, 1828) dar.

Die *Leo-Tolstoi-Straße* (*Ulitsa Lwa Tolstogo*) führt, an der Westseite des Platzes der Sowjetarmee vorbei, zum *Leo-Tolstoi-Platz* (*Ploschtschad Lwa Tolstogo*), wo das von den Bildhauern Knjazik und Solowjow im Jahre 1967 errichtete Denkmal des Dichters steht.

Die Tolstoi-Straße schneidet rechtwinklig die *Ostrowidow-Straße* (*Ulitsa Ostrowidowa*). Dort gelangt man (Nr. 63) zum

Neshdanowa-Konservatorium, das Musiker von Weltruf, wie den Geigenvirtuosen David Oistrach (Dawid Ojstrach) und den Pianisten Emil Gilels, ausgebildet hat.

Die späteren Schüler des Konservatoriums werden auf ihre Aufnahme dort an der Professor-Stolarskij-Musikschule vorbereitet, wo ihnen gleichzeitig ein herkömmlicher allgemeiner Unterricht zuteil wird. Den hohen Rang Odessas als Musikstadt dokumentieren auch seine berühmten Chansonniers, sein Operettentheater und seine Varietébühnen.

Nach dem Konservatorium biegt man rechts in die *Straße Peters des Großen* (*Ulitsa Petra Welikogo*) ein. Wenn man in Richtung Seepromenade zurückgeht, kommt man zur *Pasteur-Straße* (*Ulitsa Pastera*). An der Ecke der beiden Straßen liegt das Gebäude der 1865 gegründeten **Metschnikow-Universität* (Adresse: Ulitsa Petra Welikogo 2).

Gegenüber (Ulitsa Petra Welikogo 1/3) sieht man das *Technologische Institut für Nahrungsmittelindustrie und -kühlung.*

Man folgt der Pasteur-Straße bis an ihr nordwestliches Ende. Sie mündet auf eine Grünfläche, den *Chersoner Platz* (*Chersonskij Skwer*) und in den *Chersoner Abstieg* (*Chersonskij Spusk*), der in den nördlichen Stadtteil führt. Rechts, Pasteur-Straße 1, zieht ein prächtiges Gebäude mit zentralem Portikus und zwei halbkreisförmigen Flügeln den Blick auf sich, das

***Erste Hospital** (*Perwaja Bolnitsa*) von Odessa. Es wurde 1804 bis 1805 von Thomas de Thomon errichtet.

Schlägt man die *Medizin-Gasse* (*Meditsinskij Pereulok*) in Richtung Meer ein, so kommt man zur *Korolenko-Straße*, die parallel zur Pasteur-Straße verläuft. In Nr. 5a ist das

***Museum der Schönen Künste** (*Chudoshestwennyj Muzej*; geöffnet 10–17 Uhr, dienstags geschlossen) untergebracht. Das Haus ist die ehemalige *Villa des Grafen Potockij*, die zu Beginn des 19. Jahrhunderts im klassizistischen Stil erbaut wurde.

Das Museum ist russischen und ukrainischen Künstlern vom 18. Jahrhundert bis zur Gegenwart gewidmet; es besitzt u. a. Werke der „Peredwishniki" („Wanderausstellungskünstler") Rjepin und Kramskoj, Arbeiten der Landschaftsmaler Lewitan und Schischkin, Gemälde von Ajwazowskij, dem großen Maler von Seestücken, sowie Werke von Sjerow.

Folgt man der Korolenko-Straße weiter nach Südosten, stößt man wieder auf die Straße der Sowjetarmee, die nach links, in Richtung Meer, zum *Komsomol-Boulevard* (*Komsomolskij Bulwar*) und zum *Denkmal des Marschalls Malinowskij* (1965; Wutschetitsch) und nach rechts zur (links von ihr abzweigenden) *Gogol-Straße* führt.

Durch die *Gogol-Straße* (*Ulitsa Gogolja*) und vorbei am Beginn des *Jeanne-Labourbe-Abstiegs* gelangt man zum *Platz der Potjomkin-Aufständischen* (*Ploschtschad Potjomkintsew*, vormals *Katharinenplatz*), am Ende der *Karl-Marx-Straße* (vormals *Katharinenstraße*).

In der Mitte dieses Platzes, wo sich einst ein Denkmal Katharinas II. befand, sieht man heute ein

Monument der Aufständischen des Panzerkreuzers Potjomkin (Bildhauer Bogdanow, Architekten Lapin und Wolkow). Das Denkmal trägt eine Inschrift von Lenin, die an die historische Rolle des Panzerkreuzers erinnert. Es wurde 1965 in Gegenwart von 18 Personen enthüllt, die an den Ereignissen von 1905 teilgenommen hatten.

Vom vorgenannten Denkmal aus sieht man das auf Seite 346 bereits beschriebene *Denkmal des Herzogs von Richelieu* in der Mitte des halbkreisförmigen Platzes; man kann jetzt zur Potjomkin-Treppe zurückgehen und auf dieser zum Meer hinabsteigen, um sich das neue *Empfangsgebäude des Seehafens* (*Morskoj Wokzal*) anzusehen, das 1968 von den Architekten Golowin, Alter und Kremljakow auf der großen Mole errichtet wurde.

Die *Suworow-Straße* (*Ulitsa Suworowa*) verläuft unterhalb der Küstenstraße am Hafen entlang.

Sie führt im Osten zum *Wakulentschuk-Platz* (*Ploschtschad Wakulentschuka*), auf dem das *Denkmal des Matrosen G. N. Wakulentschuk* (s. Geschichte des Panzerkreuzers Potjomkin, S. 345) steht. Das 1958 aufgestellte Monument ist ein Werk des Bildhauers Kowaljew und des Architekten Gnjezdilow.

Man befindet sich hier am Eingang des *Quarantäne-Hohlwegs*, der dem Ostteil des Hafens seinen Namen gab. Wendet man sich nach links, nach Osten, so kommt man zur *Engels-Straße* und an den Eingang zum

****Schewtschenko-Kultur- und Erholungspark,** der einzigartig schön am Meer gelegen ist.

Hier steht seit 1966 eine **Statue des Dichters Taras Schewtschenko* (1814 bis 1861), deren Schöpfer die Bildhauer Bjelostotskij und Suprín sowie der Architekt Topuz sind. Der Park weist außerdem Arkaden aus dem 18. Jahrhundert und Mauerreste der alte Quarantänestation auf. Es gibt hier ferner eine *Freilichtbühne* und das *Stadion ,,Tschernomorjets"* (*Stadion ,,Matrose der Schwarzmeerflotte"*; 50000 Plätze).

Etwas weiter, gegenüber dem Anfang des *Dzershinskij Bulwar*, kann man den ***Obelisken des Unbekannten Matrosen* (1960—1969; Bildhauer Naruzjetskij, Architekten Tomilin und Topuz) sehen, dessen Spitze am Ende der *Ruhmesallee* in eine prachtvolle Landschaft ragt. Hier, in unmittelbarer Nähe des Meeres, lodert Tag und Nacht die Ewige Flamme.

SEHENSWÜRDIGKEITEN AUSSERHALB DES STADTKERNS

1. Das Viertel des Hauptbahnhofs. Der am Ende der Puschkin-Straße gelegene Hauptbahnhof wurde 1952 von L. Tschuprin errichtet. Ihm gegenüber stehen die *St.-Andreas-Kirche* und die *St.-Panteleimon-Kirche* sowie, daran anschließend, das *Seminargebäude.*

Der *Platz der Oktoberrevolution* (*Ploschtschad imeni Oktjabrskoj Rewoljutsii*) – an der Ostseite des Bahnhofs – ist das historische *Schnepfenfeld* (*Kulikowo Polje*). Hier fanden erbitterte Kämpfe zwischen Weißen und Roten statt; auf dem Platz selbst liegen 117 Soldaten der Roten Armee begraben. Über ihrer Grabstätte erhebt sich das *Denkmal der Kämpfer für die Sowjetmacht* (*Pamjatnik Bortsam za Wlast Sowjetow*); in der Nähe steht eine *Lenin-Statue* (1967).

2. Dendrarium, Botanischer Garten und Arkadija (Anfahrt: Autobus Nr. 129; Trolleybus Nr. 5, 7 und 9, Straßenbahn Nr. 5). Vom Platz der Oktoberrevolution gelangt man durch die *Pirogow-Straße* (*Pirogowskaja Ulitsa*) und die *Schewtschenko-Allee* zum *Lenin-Dendrarium* und zum *Botanischen Garten*, die beide an den Park und Strand von Arkadija angrenzen.

Vom Botanischen Garten führt der *Proletarier-Boulevard* (*Bulwar Proletarskij*) – man sieht dort das *Denkmal des Augenarztes Filatow* (1967), ein Werk des Bildhauers Kowaljew — zurück zur *Belinskij-Straße* (*Ulitsa Bjelinskogo*) und zum *Schewtschenko-Park* (s. linke Spalte; Autobus Nr. 129, Straßenbahn Nr. 5).

3. Mauer der Füsilierten und Grab von Jeanne Labourbe (Anfahrt vom Hauptbahnhof entweder mit dem Autobus Nr. 50, 60, 119, 122, 145, 162 bis zum Schwarzmeer-Weg; dorthin kann man auch von der Straße der Sowjetarmee, vom Ilitsch-Park oder vom Zoo her mit der Straßenbahn Nr. 3 gelangen). Westlich des Hauptbahnhofs kommt man zur *Grünanlage des 9. Januar* (*Skwer Dewjatogo Janwarja*); man schlägt die Wodoprowodnaja-Straße ein, die zum *Schwarzmeer-Weg* (*Tschernomorskaja Doroga*) führt, und gelangt zum *Pesthügel* (*Tschumnaja Gora*) und zum *Jüdischen Friedhof* mit der *Mauer der Füsilierten.*

Hier wurden in der Nacht des 1. März 1918 die Bolschewiken des „Ausländer-Kollegiums", einer Geheimorganisation, die unter den Soldaten und Matrosen der ausländischen Interventionstruppen kommunistische Propaganda betrieb, standrechtlich erschossen.

Unweit davon liegt das *Grab* der Französin *Jeanne Labourbe*, der Tochter eines 1875 nach Rußland gekommenen Kommunarden; sie ließ sich 1878 in Odessa nieder und trat hier in die Kommunistische Partei ein. 1918 war sie Mitglied des „Ausländer-Kollegiums". Am 2. März 1918 wurde sie von den Interventen hingerichtet.

4. Museum zum Ruhm der Partisanen (*Muzej Partizanskoj Slawy*) im Dorf *Njerubajskoje*, nahe dem Liman von Chadshi Bej (Straßenbahn Nr. 20, Trolleybus Nr. 112 von der Pasteur-Straße). Hier besichtigt man (nur mit Intourist-Exkursionsführern möglich) die Katakomben, ehemalige Kalksteinbrüche, die den Stein für die meisten Palais und Wohnhäuser Odessas lieferten und den Partisanen während der deutschrumänischen Besatzungszeit Unterschlupf boten.

5. Gürtel des Ruhms (*Pojas Slawy*). Er besteht aus zehn Monumenten der Belagerung von Odessa. Von Südosten nach Norden sind dies: Prilimanskoje, Dalnik (zwei Monumente). Datschnoje, Gniljakowo, Awgustowka, Posjolok Kotowskogo, Aleksandrowka, Nowo-Dofinowka und Grigorjewka.

6. Bolschoj Fontan (*Große Fontäne*, südöstlich des Stadtzentrums). Das *Uspenskij-Kloster* (*Uspenskij Monastyr*) südlich des *Strandes von Bolschoj Fontan* ist die Sommerresidenz des Patriarchen von Moskau.

*Jalta und die Südküste der ***Krim

*JALTA

Anfahrt: Seeweg (380 km) von Odessa. Landweg: von Moskau nach Jalta (1464 km) oder von Odessa nach Jalta (1734 km; über Kiew und Charkow) auf der Landstraße; 22 Stunden Eisenbahnfahrt Moskau–Jalta. Luftweg: Moskau–Simferopol 1 Stunde 50 Minuten.

Sämtliche Schiffe, die das Schwarze Meer befahren, laufen Jalta an.

Man kann die Reise per Schiff in Passau antreten, bis Izmail fahren, und die Fahrt von dort mit dem Passagierdampfer „Ossetija", der zwischen Izmail und Jalta verkehrt, fortsetzen.

Die Stadt in Stichworten

Jalta (kyrillisch: ЯЛТА) ist eines der bedeutendsten Seebäder an der Schwarzmeerküste, mit klimato- und thalassotherapeutischen Einrichtungen. Jalta liegt an der Südsüdost-Küste der Krim, an den Südausläufern des *Jajla-Gebirges*, das die Nordwinde abhält und dadurch mit zum milden Klima der Stadt beiträgt. Die höchsten Gipfel sind im Südwesten der *Aj-Petri* (1233 m) und im Nordosten der *Roman-Kosch-Berg* (1545 m).

Die Stadt, die etwa 85 000 Einwohner zählt und deren Name vom griechischen *Jalos*, das bedeutet „Küstenstrich", abgeleitet ist, liegt auf Hügeln zwischen dem Meer und den beiden kleinen Gebirgsflüssen *Guwa* oder *Derekojka* (tatarisch; russisch: *Bystraja Reka = Schneller Fluß*), der vom Norden kommt, und *Utschan-Su* (tatarisch, *Fliegendes Wasser;* russisch: *Wodopadnaja Reka = Kaskaden-Fluß*), der vom gleichnamigen Wasserfall im Osten kommt.

Groß-Jalta (ca. 190 000 Einw.) erstreckt sich im Nordosten bis zum *Aju-Dag* (tatarisch, Bärenberg) und im Südwesten bis zum Kap *Foros*. Es umfaßt eine Reihe von Stränden und Luftkurorten, von denen die wichtigsten nachstehend beschrieben werden.

Geschichte

Von Iphigenie bis zu Katharina der Großen. Das Gebiet um Jalta war schon seit der Steinzeit von Menschen besiedelt. In der Antike bewohnte das Volk der Taurier die Berge der Krim, daher die Bezeichnung *Taurische Halbinsel.* Sie stellten eine Gefahr für die Griechen dar, die sich an verschiedenen Stellen der Küste, vor allem bei Chersonesos, westlich des heutigen Sewastopol, niedergelassen hatten. Nach der griechischen Legende soll sich auf dem Kap Feolent oder Parthenion das Heiligtum der Artemis von Tauris befunden haben, deren blutiger Kult Menschenopfer forderte. Alteingesessene Priester opferten der Göttin Fremdlinge, die der Sturm an die Küste geworfen hatte. Die Köpfe wurden als Trophäen aufbewahrt, die Körper ins Meer geworfen. Hierher brachte die Göttin Iphigenie, die wie durch ein Wunder dem Messer des Kalchas entgangen war. Gegen ihren Willen wurde sie Priesterin der Artemis, ehe sie mit ihrem Bruder Orest und dessen Freund Pylades nach Griechenland zurückkehrte. Soweit der Inhalt von „Iphigenie auf Tauris" von Euripides.

Nach den Griechen ließen sich Römer und Byzantiner an der Küste nieder; sie hinterließen dort Überreste von Festungen und Kirchen. Im 12. Jahrhundert wird Jalta als Dshalita oder Galita u. a. durch den arabischen Geographen Ibn Idrisi erwähnt. Anfang des 13. Jahrhunderts gründeten Genueser hier Handelskontore und Burgen. Jalta wurde eine genuesische Stadt und von einem Konsul regiert. 1475 fiel die Stadt in die Hände der Türken und Tataren, die sich auf der Halbinsel niederließen und dort ein mächtiges Reich gründeten, das schon bald Vasall des ottomanischen Reiches wurde; es war das Chanat Krim mit seiner Hauptstadt Bachtschisaraj (tatarisch, Gartenschloß) in der Ebene nördlich der Bergkette. Etwas später, Ende des 15. Jahrhunderts, wurde Jalta von einem Erdbeben völlig zerstört.

Während die Krim im 16. Jahrhundert für Moskau noch eine Bedrohung darstellte, geriet die Halbinsel im 18. Jahrhundert unter russischen Einfluß: Russische Truppen besetzten die Krim mehrere Male, Katharina II. verleibte die Halbinsel 1783 dem russischen Reich ein. Griechen und Armenier ließen sich an der Küste nieder. Potjomkin verwendete sich für die Kolonisierung der Krim. An der Stelle, wo sich einst Neapolis, die Hauptstadt des skythischen Reiches der Antike, befand, gründet er – als Nachfolgerin Bachtschisarajs – ein neues politisches und administratives Zentrum, die Stadt Simferopol, und errichtete den großen Marinestützpunkt Sewastopol. Der Favorit der Zarin erhielt den Titel Fürst von Taurien (Knjaz Tawritscheskij), daher auch der Name seiner Petersburger Residenz (s. S. 222).

Die russische Riviera. In der Folgezeit schritt die Entwicklung der Südküste nur langsam voran. Namhafte Persönlichkeiten und Familien Neu-Rußlands wurden von der Schönheit der Landschaft und den Annehmlichkeiten des Klimas angezogen: Die Potockijs, die Reveliottis und die Rajewskijs, die hier 1820 ihren Freund Puschkin in Empfang nahmen, ließen Villen errichten; Worontsow, der Gouverneur der Provinz Neu-Rußland, besaß ab 1830 in Alupka ein Palais. Jalta hatte 1837 nur 224 Einwohner (30 Familien). Schon im darauffolgenden Jahr wurde es jedoch Bezirkshauptstadt.

1861 kam die Zarin Maria Alexandrowna, Gattin Alexanders II., erstmals aus gesundheitlichen Gründen nach Liwadija, das damit zur Zarenresidenz aufstieg. Von diesem Zeitpunkt an machte die Entwicklung in dieser Gegend rasche Fortschritte. Der an den Hof geholte Architekt Monighetti errichtete den Großen Palast, den Kleinen Palast, wo Alexander III. am 20. Oktober 1894 starb, und die Kirche der Kreuzeserhöhung, für die ihm eine der schönsten byzantinischen Kirchen des 11. Jahrhunderts zum Vorbild diente: St. Lukas in Phokis, in der Nähe von Levadia in Griechenland. Die Villa Jeriklik – weiter oben in den Bergen – wurde für die Zarin erbaut. Im Jahre 1911 wurde dann der Weiße Palast (s. S. 357, Liwadija) errichtet. Alle diese Bauten und ihre Nebengebäude sind von Weinbergen und herrlichen Mittelmeergärten umgeben. Die Tatarensiedlung Jalta wurde seither um eine neue Stadt erweitert, wo Villen und Kurhäuser aus dem Boden schossen. Die vornehme Gesellschaft Rußlands und international bekannte Persönlichkeiten aus der Welt der Literatur und der Kunst begegneten sich im Jalta des ausgehenden 19. und beginnenden 20. Jahrhunderts.

Eine proletarische Cote d'Azur. Von 1917 bis 1920 erlebte die Krim den Bürgerkrieg mit all seinen Wechselfällen: der Machtergreifung durch die Kommunisten und danach durch die ukrainischen Nationalisten, der Besetzung durch die Deutschen, 1918 der französisch-britischen Intervention, 1919 den wirren Kämpfen zwischen Roten und Weißen und schließ-

lich der Zurückeroberung der Halbinsel durch die Rote Armee. 1920 unterschrieb Lenin als Vorsitzender des Rats der Volkskommissare der Russischen Sozialistischen Föderativen Sowjetrepublik das berühmte Dekret, durch das private Landgüter verstaatlicht, Schlösser und Villen in Sanatorien und Erholungsheime für Arbeiter verwandelt wurden. 1925 wurden die berühmten Pionierlager von Artek gegründet.

Die Konferenz von Jalta. Der Zweite Weltkrieg unterbrach das rasche Wachstum dieses Kur- und Erholungsgebiets; die Krim wurde besetzt und verwüstet. Im Februar 1945 führte die Konferenz von Jalta im Weißen Palast in Liwadija Churchill, Roosevelt und Stalin zusammen. Sie legten die Richtlinien fest, nach denen – nach dem gemeinsam errungenen Sieg – der Friede geschlossen werden sollte und teilten die Welt in Einflußbereiche auf. Präsident Roosevelt, nach dem zur Erinnerung an dieses Ereignis eine Straße in Jalta benannt wurde, zeigte sich betroffen vom Anblick der Ruinen auf der Krim.

In Jalta und Umgebung hielten sich auf: Puschkin, der vor allem Gurzuf liebte; Nikolaj Nekrasow und Wladimir Majakowskij, die das Hotel „Rossija“ in Jalta bevorzugten. Auch die Schriftsteller Ljew Tolstoj, Gorkij und Bunin besuchten häufig den Badeort und seine Umgebung. Anton Tschechow, der von einer unheilbaren Tuberkulose befallen war, suchte hier Linderung. Die Komponisten Cäsar Cui, Musorgskij und Rimskij-Korsakow, der Sänger Schaljapin und der Maler Ajwazowskij waren ebenfalls in Jalta zu Gast.

Das heutige Jalta

Nach Jalta kommen Jahr für Jahr über zwei Millionen Touristen und Kurgäste. Die über 120 Kur- und Erholungszentren können gleichzeitig 50 000 Personen aufnehmen. Es werden Klimatherapie, Heliotherapie, Thalassotherapie und Traubenkuren verordnet. Die Klimatherapie, Heliotherapie und Thalassotherapie sind Gegenstand der Forschung am Setschenow-Institut, wo auch Forschungen auf dem Gebiet der Pulmonarchirurgie und der Elektrotherapie getrieben werden. Jalta besitzt außerdem ein Weinbaukunde-Institut, das in der Nähe der Weinberge und Weinkeller von Magaratsch (s. S .359) liegt.

In den Kureinrichtungen von Jalta werden Erkrankungen der Atemwege – mit Ausnahme der Tuberkulose – des Nervensystems, der Nieren sowie kardiovaskuläre Störungen behandelt.

Sehenwürdigkeiten

Die Altstadt, die von einem Hügel, auf dem der Glockenturm der *St.-Johannes-Chrysostomos-Kirche* steht, überragt wird, nimmt das ganze Gebiet zwischen dem Meer, der den Hafen begrenzenden Mole und dem *Bystraja-Fluß* ein.

In der Roosevelt-Straße (Ulitsa Ruzwelta) liegen das *Empfangsgebäude des Seehafens* (*Morskoj Wokzal*) und der *Internationale Klub der Seeleute*. Etwas weiter vom Meer entfernt das Hotel „Jushnaja“ („Süden“). Rechts der Brücke über den Bystraja-Fluß befindet sich das Hotel „Krym“ („Krim“).

Zwischen Bystraja-Fluß und Wodopadnaja-Fluß erstreckt sich die Neustadt, deren helle Bauten im Grünen (üppige Mittelmeer- und subtropische Vegetation) verstreut liegen. Auf einer Anhöhe sieht man die fünf Kuppeln und den pyramidenförmigen Glockenturm der ehemaligen *St.-Alexander-Newski-Kirche* (Gottesdienste). Der Lenin-Kai (Nabereshnaja Lenina), wo sich die Landungsbrücke und die Anlegestelle für die

Schiffe der Küstenschiffahrt befinden, reicht von der Bystraja- bis zur Wodopadnaja-Brücke.

Unmittelbar nach der Bystraja-Brücke passiert man eine *Lenin-Statue*, die in der Mitte des gleichnamigen Platzes vor einem Verwaltungsgebäude mit Portikus und klassizistischen Ziergiebeln steht. An der Ecke des Kais und des Platzes findet man das *Postamt* und die Filiale der *Staatsbank* (*Gosbank*), daneben das Souvenirgeschäft „Kaschtan" (Verkauf nur gegen frei konvertierbare Währung). Dann folgen auf dem Kai die Restaurants „Sotschi" und „Wostok". Dahinter liegt in einem terrassenförmig angelegten Garten, das Hotel „Tawrida" („Tauris").

Dies ist das ehemalige Hotel „Rossija" („Rußland"), in dem der Dichter Nikolaj Nekrasow im Herbst 1876 zuletzt an seinem (unvollendeten) epischen Gedicht „Komu na Rusi shit choroscho?" („Wer lebt gut in Rußland?") arbeitete. Ein anderer Dichter bewohnte ein halbes Jahrhundert später das gleiche Zimmer: Wladimir Majakowskij, der hier an seinem Poem „Choroscho" („Schön und gut") schrieb.

Vom Kai fährt eine Seilbahn in den nördlichen Stadtteil zum *Darsan-Hügel* und zum *Hügel des Ruhms*, wo eine Gedenkstätte für die im Bürgerkrieg und im Zweiten Weltkrieg gefallenen Soldaten und Partisanen errichtet wurde.

Etwas unterhalb (südöstlich) des Darsan-Hügels kommt man (Zagorodnaja Ulitsa 3) zur 1914 erbauten ehemaligen

***Armenischen Kirche** (z. Zeit Filiale des *Historischen Museums*). In dem Bauwerk wurden die charakteristischen Merkmale der armenischen Architektur des Mittelalters nachgebildet.

Unweit westlich davon, Ulitsa Pawlenka 10, liegt das Gebäude des

Literaturmuseums. Es zeigt u. a. Exponate über Leben und dichterisches Schaffen Puschkins, Nekrasows, Kotsjubinskijs, Gorkijs, Majakowskijs sowie der ukrainischen Dichterin Lesja Ukrainka auf der Krim.

Westlich davon erblickt man in einem hinter den Gebäuden des Kais liegenden *Park* eine *Freilichtbühne* und das *Städtische Tschechow-Theater*. An der Ecke der dorthin führenden Straße und des Kais befindet sich die *Weinprobierhalle des Weinkombinats Massandra* (s. S. 359).

Das Hotel „Ukraina" und das Kino „Spartak" befinden sich hügelaufwärts, ein wenig oberhalb des Tschechow-Theaters. — Noch höher und weiter westlich, im alten *Autka-Viertel*, einem westlichen Vorort von Jalta, liegt das

****Tschechow-Museum** (Ulitsa Kirowa 112, ehedem Autskaja Ulitsa). Es ist in einem kleinen Haus untergebracht, das Anton Tschechow 1898 erbauen ließ, als sich herausstellte, daß das Klima der Krim für ihn wesentlich gesünder war als das Moskauer Klima, und als es für ihn feststand, daß er den Rest seines Lebens außerhalb der Hauptstadt würde verbringen müssen. Tschechow bewohnte dieses Haus ab 1899 und pflegte mit Hingabe den Garten.

Die Schwester des Schriftstellers, Marija Pawlowna Tschechowa, die das Museum bis zu ihrem Tod 1957 leitete, hat die Exponate liebevoll zusammengestellt und sie und das

Haus in ihrem ursprünglichen Zustand erhalten. So ist es leicht, sich Tschechow in seinem Arbeitszimmer beim Verfassen der Erzählung „Die Dame mit dem Hündchen" („Dama s sobatschkoj") oder der Dramen „Drei Schwestern" („Tri sestry") und „Der Kirschgarten" („Wischnjowyj sad") vorzustellen.

1904 mußte sich Tschechow zur Pflege in den Schwarzwald begeben. Er starb im gleichen Jahr in Badenweiler. Seine sterblichen Überreste wurden nach Moskau überführt, wo er auf dem Friedhof des Neuen Jungfrauen-Klosters (s. S. 154) beigesetzt wurde.

Auf der unweit des Tschechow-Museums gelegenen „Märchenwiese" („Poljana Skazok") begegnet man auf Schritt und Tritt holzgeschnitzten Gestalten aus russischen Märchen.

Die *Puschkin-Straße* (*Ulitsa Puschkina*) führt, am linken Ufer des *Wodopadnaja-Flusses* entlang, zum Kai hinab; in Nr. 25, einer säkularisierten katholischen Kirche, ist das

***Historische Museum** untergebracht. Man kann dort einen Einblick in Natur, Vergangenheit und Gegenwart der Krim-Südküste gewinnen.

Die Brücke, die den Wodopadnaja-Fluß am Ende des Kais

Jalta: Park am Meer

überspannt, führt zum Hotel „Oreanda". Hier beginnt der

***Park am Meer** (*Primorskij Park*), der heute *Gagarin-Park* heißt. Dort steht ein *Monument*, das aus einem Obelisken und einem aufgeschlagenen marmornen Buch besteht. In die Seiten des Buches ist in Goldbuchstaben der Wortlaut des von Lenin 1921 unterzeichneten Dekrets (s. den Abschnitt Geschichte, S. 355) eingraviert. Daneben sieht man eine *Gorki-* und eine *Tschechow-Statue*. — Jenseits des Parks erblickt man das Sanatorium „Rossija".

Setzt man den Weg in der gleichen Richtung fort, so gelangt man nach *Liwadija* und zum *Goldstrand* (s. unten u. S. 358).

DIE SÜDKÜSTE DER ***KRIM

Der Küstenstreifen südwestlich von Jalta

Man lernt diesen Teil der Südküste auf einer 48 Kilometer langen Fahrt auf der in den Fels gehauenen Küstenstraße nach Sewastopol kennen.

Drei km südwestl. von Jalta liegt die ehemalige Zarenresidenz

Liwadija.

Der griechische Name „liwadion" bedeutet soviel wie „feuchte Wiese" und ist vermutlich zurückzuführen auf die Quellen, die es hier gibt, vor allem die *Meganero-Quelle* (neugriechisch; deutsch: großes Wasser). Archäologische Funde – darunter die Ruinen einer dem heiligen Johannes geweihten Kapelle – lassen das Vorhandensein einer frühen Siedlung an dieser Stelle vermuten.

Der ** *Weiße Palast*, der 1910 bis 1911 von dem Architekten Krasnow für Nikolaus II. im Stil der italienischen Renaissance inmitten eines herrlichen, zum Meer absinkenden **Waldparks* erbaut wurde, ist heute für Besichtigungen geöffnet. Hier kann man den Saal, in dem vom 4. bis 11. Februar 1945 die Konferenz von Jalta (s. S. 355) stattfand, die damaligen Wohnräume Roosevelts sowie eine Sammlung von Werken bekannter Maler (Lewitan, Ajwazowskij) sehen.

Weiter südwestlich liegen die Ruinen von *Schloß Oreanda*, das 1843 bis 1852 von Stakenschneider erbaut und 1882 durch eine Feuersbrunst zerstört wurde. Einen Teil der Steine des Schlosses verwendete der Architekt Awdejew zum Bau der Kirche *Mariä Fürbitte*, die im georgischen Stil gehalten ist. Etwas oberhalb der Ruinen bieten eine offene Rotunde und der *Kreuzberg* (*Krestowaja Gora;* 804 m) einen schönen Blick auf die Umgebung und das Meer. – Unterhalb von Oreanda liegt der *Goldstrand* (*Zolotoj Pljash*).

Am Kap Aj-Todor, wo die Küste nach Westen einbiegt, liegt malerisch auf einem senkrecht aus dem Meer aufragenden Felsen ein burgartiges Bauwerk mit Turm, Zinnen und Schießscharten, das ***Schwalbennest* (*Lastotschkino Gnjezdo*). Nicht weit von dort stößt man auf die Überreste der alten römischen Festung *Harax* (1.–3. Jh. n. Chr.).

Etwa einen Kilometer westlich davon steht das **Palais Djulber* (tatarisch; deutsch: herrlich), das für den Großfürsten Pjotr Nikolajewitsch im maurischen Stil erbaut wurde und in einem sehr schönen Garten liegt (heute Sanatorium). Oberhalb davon sieht man auf den Hügeln zu Füßen des Aj-Petri die Kurorte *Koreïs* und *Gaspra* liegen. In Gaspra wurde die von Ljew Tolstoj von 1901 bis 1902 bewohnte Villa zum Kurhaus „Krasnaja Poljana".

Kurz bevor man Mischor erreicht, sieht man rechts das Sanatorium „Ukraina" mit einer zum Strand hinabführenden monumentalen Treppe.

Mischor, 12 Kilometer südwestlich von Jalta gelegen, ist der wärmste Ort an der Krim-Südküste und ein Zentrum der Klima-Therapie. Am **Strand* – einem der schönsten Strände der Halbinsel – sieht man eine *Statue von Undine, den Fluten entsteigend*; sie erinnert an die Legende von der schönen Arzy, die von dem Räuber Ali-Baba entführt und an den türkischen Sultan verkauft wurde, der sie in seinem Harem einsperrte. Mit ihrem dort geborenen Kind sprang sie, von Heimweh geplagt, in den Bosporus, erreichte schwimmend Mischor und stieg dort als Undine aus dem Meer. Im **Park* von Mischor gibt es prachtvolle Edelhölzer.

In der Villa „Njura" schrieb Gorki (Gorkij) von 1901 bis 1902 sein Drama „Nachtasyl" („Na dnje").

****Alupka,** 16 Kilometer südwestlich von Jalta, liegt am Fuß des ***Aj-Petri* und ist ein bezaubernder Badeort. 1830 begann man hier mit dem Bau eines ***Palais* für den Grafen Woronzow (1846 vollendet). Nach Plänen des englischen Architekten Eduard Blore errichtete William Hund die Nordfassade im Stil englischer Spätgotik, die Südfassade im mit Elementen der indischen Architektur des 16. bis 18. Jahrhunderts durchsetztem maurischen Stil. Diese letztere dem Meer zugewandte Fassade wird eingenommen von einem Liwan, einer Art muselmanischer Loggia, von der aus man über die „Löwentreppe" zum Meer hinabsteigen kann.

Das Innere des Palais, das in ein **Museum* umgewandelt wurde (geöffnet täglich, außer montags und freitags, 10–17.30 Uhr), birgt Gemälde, Skulpturen, Porzellan, Kristall-Gegenstände und erlesenes Mobiliar.

Der am Meer gelegene ***Park* des Worontsow-Palais (ca. 60 ha; über 200 seltene Pflanzenarten) mit seinen Marmorfontänen, seinen Blumenbeeten und seinem Felsgeröll zählt zu den schönsten Parkanlagen der Küste.

Etwa fünf Kilometer westlich von Alupka liegt, überragt vom *Katzen-Berg* (*Gora Koschka*), der Sandstrand von *Simëis*. Die Felsen „Diwo" („Wunder") und „Monach" („Mönch") verleihen der Landschaft ihr charakteristisches wild-romantisches Aussehen. In der Nähe der Felsen befindet sich in einer Villa im maurischen Stil das Sanatorium „Tscherwonnyj Majak" („Roter Leuchtturm").

Leo Tolstoi (Ljew Tolstoj) hielt sich 1885 in Simëis auf. Heute ist das *Astrophysikalische Observatorium* der Stadt berühmt.

48 Kilometer südwestlich von Jalta liegt das sogenannte

***„Tor von Bajdar"** („*Bajdarskije Worota*", 494 m ü. d. M.), ein von Steinen gebildeter Bogen. Auf dem darüber liegenden Paß, auf dem die Straße Jalta–Sewastopol das *Jajla-Gebirge* überwindet, wurde 1848 eine Terrasse angelegt. Vom Tor und dem Restaurant „Schalasch" („Hütte") aus genießt man einen herrlichen Blick auf eine 1892 auf einer steilen Terrasse errichtete Kirche, die Hänge des Jajla-Gebirges und das Meer.

Die westliche Umgebung von Jalta

Jenseits des Tschechow-Museums (s. S. 356) führt eine Fahrstraße zur acht Kilometer entfernten und 373 Meter über dem Meeresspiegel gelegenen Kaskade

***Utschan-Su** (tatarisch, „Fliegendes Wasser") an den Hängen des Jajla-Gebirges. Das Wasser stürzt aus einer Höhe von 98 Metern herab. Im Sommer ist die Wassermenge gering. In der Nähe der Kaskade liegt in einem sehr schönen Wald das „Ljesnoj Restoran" („Waldrestaurant").

Der Küstenstreifen nordöstlich von Jalta

Diese Fahrt führt von Jalte aus etwa 40 Kilometer weit über die in den Fels gehauene Küstenstraße nach *Aluschta.*

Vier Kilometer östlich von Jalta liegt

Massandra. Seine Weinberge und Weinkeller sind über hundert Jahre alt; sie bildeten den Anfang eines großen *Weinkombinats*, aus dem vor allem weißer und rosa Muskateller, Portweine und der hervorragende Krimsekt kommen. Es gibt dort **Weinprobierhallen.* Die Keller des Weinkombinats bergen auch eine der seltensten Weinsammlungen der Welt: 45000 Flaschen berühmter Weine vom 18. Jahrhundert bis zur Gegenwart.

Im westlichen Teil des sehr schönen **Parks* von Massandra ist ein großes Touristenzentrum entstanden das ein Hotel („Jalta") mit etwa 2500 Betten sowie verschiedene andere touristische Einrichtungen bietet.

Östlich von Massandra liegt das *Weinbaukunde-Institut* von *Magaratsch.*

Nikita mit seinem berühmten, 1812 angelegten ***Botanischen Garten* (*Nikitskij Botanitscheskij Sad*) liegt acht Kilometer östlich von Jalta. In dem Akklimatisationsgarten sind auf einer Fläche von 280 ha nahezu 12 000 verschiedene Arten von Obstbäumen und Zierpflanzen zu sehen; 1500 verschiedene Baumarten sind im Dendrarium vertreten; im Rosengarten gibt es etwa 2000 Rosenarten. Man kann in diesem Garten die Flora des gesamten Erdballs studieren.

****Gurzuf,** einer der schönsten Kurorte an der Südküste der Krim, liegt 18 Kilometer nordöstlich von Jalta. Die Lage des Ortes zwischen dem charakteristischen, aus zwei Zwillingsfelsen bestehenden kahlen Felsmassiv „*Adlerhorst*" („*Adalary*") im Westen und dem *Aju-Dag* (*Bären-Berg*) im Osten ist einzigartig schön. Aber auch das Städtchen mit seinen engen Gassen ist äußerst malerisch.

In Gurzuf findet man die Überreste einer *byzantinischen Festung*, die im 6. Jahrhundert für Kaiser Justinian erbaut wurde, und einen sehr schönen *Park*, den der Herzog von Richelieu anlegen ließ. Die ehemalige *Residenz des Herzogs* wurde später Wohnsitz der Familie Rajewskij.

Puschkin verbrachte dort 1820 drei Wochen im Kreise der befreundeten Familie und begann das romantische Poem „Der Gefangene im Kaukasus" („Kawkazskij pljennik") zu schreiben. Den Namen des Dichters tragen heute noch eine Klippe und eine Grotte, die im Osten, in der Nähe von *Suuch-Su* (s. rechte Spalte) liegen, an der Stelle, von der aus der Dichter – der Überlieferung zufolge – das Meer zu bewundern pflegte, dessen Anblick ihn zu schönen Versen inspirierte. Fünf Jahre später kam Puschkins Freund Mickiewicz nach Gurzuf. Er widmete diesem Ort eines seiner „Krimschen Sonette".

Im Jahre 1900 schenkte Anton Tschechow seiner Gemahlin, der Schauspielerin Olga Knipper, ein Haus auf einem kleinen Isthmus, der die Klippen mit der Küste verbindet. Es ist dort noch heute zu sehen.

In dem Badeort befinden sich große Kur- und Erholungshäuser sowie das *Internationale Jugendlager „Sputnik"*.

Etwa 19 Kilometer nordöstlich von Jalta kommt man nach

Suuch-Su (tatarisch; deutsch: kaltes Wasser), einem eleganten kleinen Badeort. – Zwischen Suuch-Su und dem Aju-Dag erstreckt sich, etwa 20 Kilometer von Jalta entfernt, der Strand von

Artek. Das im Jahre 1925 gegründete größte Pionierlager der Sowjetunion, bestehend aus zwei ständigen Lagern und drei Sommerlagern, wurde nach dem Zweiten Weltkrieg wieder aufgebaut und erweitert.

Der 577 Meter hohe *Aju-Dag* (*Bären-Berg*) erinnert an die Legende von drei auf dem Gipfel des Babugana-Berges hausenden Bären, die von einem ihrer Streifzüge durch die Dörfer ein kleines Mädchen als Beute mitbrachten und es aufzogen. Das Mädchen wuchs heran, verliebte sich in einen jungen Schiffbrüchigen und bestieg mit ihm in Abwesenheit der Bären ein Floß, um zu fliehen. Die zurückgekehrten Bären stürzten ans Ufer, begannen das Wasser des Meeres auszutrinken und brachten dadurch das Floß und seine beiden Insassen in Gefahr. Eine gute Fee kam den beiden Flüchtlingen zu Hilfe und befahl den Bären, in die Berge zurückzukehren. Als der eine von ihnen ihr nicht gehorchen wollte, verwandelte sie ihn in einen riesigen Steinbären; dies ist der Aju-Dag.

Die Hänge des Berges, die archäologische Funde bergen, bedekken Wälder.

Die kaukasische Riviera von **Sotschi bis *Suchumi

**SOTSCHI

Anfahrt: *Seeweg*: Sotschi ist per Schiff von Odessa, Jalta und Suchumi aus zu erreichen; die Entfernung zwischen Sotschi und Suchumi beträgt 140 Kilometer. Von Sotschi und Suchumi aus – beide Orte werden auch von den Schiffen der Kreuzfahrten auf dem Schwarzen Meer angelaufen – gibt es Schiffsverbindungen (Gleitboot) zu den anderen Badeorten der kaukasischen Küste. – *Luftweg*: Der Flughafen Sotschi-Adler (35 km südöstlich) unterhält Flugverbindungen zu den großen Städten der UdSSR; Flugzeit Sotschi—Moskau zwei Stunden. — *Eisenbahn:* Sotschi—Moskau 34 Stunden. — *Mit dem Auto:* Sotschi ist 1774 Kilometer von Moskau, 2150 Kilometer von Odessa (über Kiew und Charkow) und 1921 Kilometer von Jalta (über Charkow) entfernt.

Sotschi (in kyrillischer Schrift: сочи), an der kaukasischen Riviera gelegen, ist das größte und bekannteste Seebad des Kaukasus; das zur Stadt gehörende Kurortgebiet zieht sich kilometerlang an der Ostküste des Schwarzen Meeres hin. Die schneebedeckten Gipfel des Kaukasus schützen die südwestlich davon gelegene Stadt vor Nordwinden. Das Klima ist, obwohl Sotschi im Gebiet der feuchten Subtropen liegt, zu jeder Jahreszeit angenehm. Eine ständig wehende frische Meeresbrise führt dazu, daß die Temperaturen auch im Hochsommer nie drückend sind (Durchschnittstemperatur im Sommer 22° C, im Winter 6° C).

Sotschi ist das bedeutendste Seebad der Sowjetunion und ein international bekanntes Thermalbad, dank der berühmten *Matsesta-Heilquellen* sogar ein zweifaches Thermalbad: *Alt-Matsesta* (*Staraja Matsesta*) liegt den Fluß *Matsesta* (tscherkessisch; deutsch: *Feuerfluß*) aufwärts, *Neu-Matsesta* (*Nowaja Matsesta*) liegt näher beim Strand, acht Kilometer südöstlich des Stadtzentrums.

Die 30 an Schwefelwasserstoff (Gehalt bis 70%) reichen Mineralquellen sprudeln mit einer Temperatur von 20 bis 40 Grad Celsius. Ihr Wasser findet Verwendung zur Behandlung von kardiovaskulären Störungen, Stoffwechselerkrankungen, Arterien- und Knochenleiden, Drüsenleiden, Erkrankungen des Nervensystems, Hautkrankheiten und Frauenleiden. Zu den Heilquellen kommen noch die thalassotherapeutischen Badeeinrichtungen. Die sechs Bäder sind komfortabel ausgerüstet. Über 70 Kurhäuser nehmen Tausende von Kurgästen und Erholungsuchende auf.

Im September findet in Sotschi das *Internationale Chanson-Festival* statt.

Sehenswürdigkeiten

Die Stadt als Ganzes ist eine der gelungensten Verwirklichungen des sowjetischen Bäderwesens. Die meisten Kur- und Erholungshäuser, die die Küstenstraße säumen oder sich auf den im Hintergrund liegenden Hügeln ausbreiten, sind entweder im modernen Stil gehalten, so z. B. das Sanatorium „Côte d'Azur" („Lazurnyj Bereg") und die Pension „Swetlana" im Nordteil der Stadt, das moderne „Inturist Shemtschushina" und das Hotel „Inturist-Kamelija" am Strand, oder sie sind in einem Stil errichtet, der vom russischen

Klassizismus inspiriert ist: das Kurhaus „Metallurg“ der Metallarbeiter und das von *Golubjow* in Matsesta erbaute *Thermal-Badegebäude.* Bei beiden Gebäuden erinnern der Zentralbau mit Portikus und die halbkreisförmigen Flügel an die Muttergottes-von-Kasan-Kathedrale in Leningrad (s. S. 210) und das Scheremetjew-Hospiz in Moskau An den russischen Klassizismus erinnern auch das *Empfangsgebäude des Seehafens* mit seinem Giebeldach und seinem spitzen Turm, das *Ethnographische Museum*, das *Stadttheater* und das *Nikolaj-Ostrowskij Haus.*

Die zwölf Kilometer lange Hauptstraße, der *Kurortnyj Prospekt*, durchzieht in seiner ganzen Länge den gesamten Ort vom Sanatorium „Kawkazskaja Riwjera“ im Nordwesten bis zum Tal von Matsesta im Südosten, wo sich das *Internationale Jugendlager „Sputnik“* befindet. Die schöne, von mittelmeerischen und subtropischen Bäumen (Zypressen, Palmen, Kampfer- und Lorbeerbäume) gesäumte Allee führt an vielen Kurhäusern und Hotels vorbei. Über Terrassen und Treppen, die mit Pavillons und Kolonnaden geschmückt sind, gelangt man zu den unterhalb der Allee an der steilen Küste liegenden Badestränden und zu dem Fußweg hinab, der sie miteinander verbindet. In der Nähe des *Leuchtturms* sieht man die Ruinen einer *Festung*, die die Russen 1838 errichteten.

Sotschi besitzt ein *Monument zur Erinnerung an den Russisch-Türkischen Krieg* von 1828/29 sowie ein *Grab der Helden des Zweiten Weltkriegs.*

Der *Riviera-Park* ist eine prachtvolle Anlage mit immergrünen Bäumen und Sträuchern. Jeweils im Frühling und Herbst finden dort Blumenschauen statt.

Das Ende des 19. Jahrhunderts gegründete

****Dendrarium** (am Kurortnyj Prospekt; geöffnet täglich von 9 bis 19 Uhr) ist einer der interessantesten botanischen Gärten der Sowjetunion. Es bedeckt eine Fläche von 70 Hektar. Man findet hier mehr als 2500 Baum-Strauch- und Kakteenarten aus allen subtropischen Gebieten der Erde. Unweit südlich davon

Sotschi: Dendrarium

kann man im Garten des *Forschungsinstituts für subtropische und südländische Obstkulturen* den

***Baum der Freundschaft** sehen. Es ist ein Mandarinenbaum, der 1934 von dem Direktor der Station, Zorin, gepflanzt wurde.

Heute wachsen an dem Baum kurioserweise neben Mandarinen auch andere Zitrusfrüchte, denn die Delegationen aus verschiedenen Ländern, die seither die Versuchsstation besuchten – darunter befanden sich berühmte Persönlichkeiten –, pfropften auf den Stamm Zweige von verschiedenen anderen Zitrusbaumarten auf. Die Zahl der Pfropfreise – das erste wurde 1940 von dem sowjetischen Polarforscher Schmidt mitgebracht – ist inzwischen auf 136 angewachsen.

Das *Ethnographische Museum* (Ulitsa Ordshonikidze 29; geöffnet täglich, außer montags, von 9 bis 17.30 Uhr) bietet einen Einblick in die Lebensweise der Bewohner von Sotschi und seiner Umgebung, die Geschichte des Ortes und der Region sowie in die Realisationen des sowjetischen Bäderwesens in diesem Gebiet. – Das

Ostrowskij-Museum (Pereulok Kortschagina 4; geöffnet täglich, außer mittwochs, von 10 bis 18 Uhr) ist in dem Haus untergebracht, das der sowjetische Schriftsteller Nikolaj Ostrowskij (1904–1936), der Autor von „Wie der Stahl gehärtet wurde" („Kak zakaljalas stal") und „Die Sturmgeborenen" („Roshdjonnyje burjej") von 1928 bis zu seinem Tod bewohnte.

Acht Kilometer südöstlich des Stadtkerns liegt der zum Stadtgebiet von Sotschi gehörende Bade- und Kurort

Matsesta, der aus *Staraja Matsesta* (*Alt-Matsesta*) und *Nowaja* *Matsesta* (*Neu-Matsesta*) besteht. In der Nähe von Staraja Matsesta befinden sich Karsthöhlen mit schwefelwasserstoffhaltigen Quellen.

Einen Kilometer weiter südöstlich steht an der Flanke eines Berges, in der *Agura-Schlucht* (*Agurskoje Uschtschelje*) das Restaurant „Kaukasische Siedlung" („Kawkazskij Aul"), bestehend aus einer Gruppe von Lehmhütten von der Art der kaukasischen „sakli" (alte Behausungen der kaukasischen Bergbewohner), die in einer Waldlichtung verstreut liegen. Ihre Namen erinnern entweder an den kaukasischen Wald (z. B. „Tschinara" = Platane) oder sie rufen literarische Erinnerungen wach (z. B. „Bjela" = Name der weiblichen Titelgestalt eines Teils des Lermontowschen Romans „Ein Held unserer Zeit" — „Geroj nashego wremjeni"). In dem Restaurant gibt es eine Bar, in der man in Devisen bezahlen kann. Es besteht die Möglichkeit, Mahlzeiten im Freien einzunehmen. Die Küche ist kaukasisch; zu den Speisen werden Weine aus Georgien gereicht. Es werden kaukasische Musik und Volkstänze geboten; in der Dämmerung wird in der Lichtung ein großes Holzfeuer gemacht.

In einer malerischen Lichtung an der Flanke des Sotschi überragenden *Gychta-Berges* liegt das Restaurant „Alte Mühle" („Staraja Mjelnitsa"), in dem schmackhafte Spezialitäten der ländlichen russischen Küche serviert werden und eine Kapelle spielt.

DIE UMGEBUNG VON **SOTSCHI

Die Exkursionen werden per Autobus, Hubschrauber oder Gleitboot durchgeführt. Besonders zu erwähnen sind die Exkursion zum *Ritsa-See* (s. S. 365), die Intourist von Sotschi und von anderen Küstenorten aus mit dem Bus durchführt, sowie die Exkursionen nach *Krasnaja Poljana* und zum

****Berg Ajbga** (2450 m), einem der sehenswertesten Plätze des Kaukasus. Er ist von Sotschi aus mit dem Hubschrauber in 30 Minuten Flugzeit zu erreichen. Auf dem Gipfel (herrlicher Rundblick) werden in einem „duchan", einer kaukasischen Schenke, die traditionellen Fleischspießchen (schaschlyk) und kaukasische Weine serviert.

Die nordwestliche Umgebung von Sotschi

Eine interessante Exkursion mit Intourist führt nach

Noworossijsk (auf dem Seeweg 220 km; Sotschi–Tuapse 80 km, Tuapse–Noworossijsk 140 km).

Diese Exkursion bietet Gelegenheit, den Handelshafen Noworossijsk und das Schlachtfeld von *Malaja Zemlja*, Schauplatz erbitterter Kämpfe während des Zweiten Weltkriegs, zu besichtigen.

Ebenfalls in nordwestlicher Richtung, aber 15 km von Sotschi entfernt, liegt das Gebiet um *Dagomys*, das mit seinen beiden von sowjetischen und jugoslawischen Architekten erbauten imposanten Hotels (1600 und 500 Betten), seinem modernen Motel (250 Betten) und seinem gut ausgestatteten Campingplatz zu einem wichtigen Zentrum des internationalen Tourismus geworden ist. Es besitzt alle modernen touristischen Einrichtungen. 3 km nordwestlich vom Touristenkomplex liegt die Tee-Sowchose **„Dagomys". Hier kann man parfümierten Tee und Kubankuchen kosten sowie eine Samowarsammlung besichtigen.

Die nordöstliche Umgebung von **Sotschi

Am Ufer des *Sotschi-Flusses* sieht man die Ruinen der Festung *Mamaj-Kale* aus dem 16. Jahrhundert.

20 Kilometer von der Stadt entfernt, in der Nähe des Zusammenflusses der Flüsse *Agwa* und *Sotschi*, befinden sich die Ruinen einer *Kirche* aus dem 9. bis 10. Jahrhundert und Überreste eines prähistorischen Heilbades.

Am Mittellauf des Sotschi liegen eine *Karsthöhle* sowie Ruinen von *Festungen* und einer *Kirche* aus dem 13. Jahrhundert.

Die südöstliche Umgebung von **Sotschi

Zum Berg

****Bolschoj Achun** (20 km) verläßt man Sotschi auf der Küstenstraße. Nach acht Kilometern geht es über den Fluß *Matsesta* und dann bergan zum Gipfel des 633 Meter hohen Bolschoj Achun, einem der malerischsten Punkte des Kaukasus.

Auf dem Gipfels steht ein 30,6 Meter hoher *Turm* (1936), von dem aus man einen sehr schönen Rundblick auf die Kette des Kaukasus auf der einen Seite und auf die Küste zwischen *Tuapse* (im Nordwesten) und dem *Kap von Pitsunda* (im Südosten) auf der anderen Seite hat.

Im Erdgeschoß des Turmes befindet sich das Restaurant „Achun" (kaukasische und russische Küche).

Ein hübscher Weg schlängelt sich zu den beiden **Agura-Wasserfällen*. Nördlich des Bolschoj Achun liegen die 377 Meter hohen *Adlerfelsen* (*Orlinyje Skaly;* schöne Aussicht).

Tagesausflug von **Sotschi (oder **Pitsunda) zum **Ritsa-See

Durch das malerische Tal des *Bzyb*, eines reißenden Gebirgsflusses, der nordwestlich von Pitsunda ins Meer fließt, kommt man zum Ritsa-See, einer der ganz großen Sehenswürdigkeiten des Kaukasus.

Anfahrt: Man kann den See per Auto oder Bus von einem der Küstenorte aus erreichen (der Ausflug wird von Intourist durchgeführt). Für gewöhnlich ist die Straße von November bis April verschneit.

Auf einer Abzweigung verläßt man die Straße Sotschi–Suchumi, fährt in das Tal des Bzyb und folgt dem Fluß bis zu seiner Vereinigung mit der *Jupschara*. Von dort aus (ca. 100 km von Sotschi entfernt) kann man den kleinen *Blauen See* (*Goluboje Ozjero*) bewundern, dessen Tiefe (75 m) das Dreifache seines Durchmessers erreicht. Die Wassertemperatur beträgt bei jedem Wetter 10° C.
Nachdem die Straße den Bzyb-Fluß verlassen hat, folgt sie der sehr schmalen ***Jupschra-Schlucht*, die nirgends mehr als 25 Meter breit ist. Die mit Moos und Flechten überzogenen Felsen sind 300 bis 400 Meter hoch.
125 Kilometer südöstlich von Sotschi erreicht die Straße den ****Ritsa-See** (*Ozjero Ritsa*), der 950 Meter über dem Meeresspiegel in einem Bergkessel liegt. Von den ihn umgebenden Bergen erreichen der *Atsetuk* eine Höhe von 2400 und der *Ageptsa* eine Höhe von 3200 Metern. Der See ist an einigen Stellen 116 Meter tief.
Die in den Berg geschlagene Straße bildet auf einer Seite eine Art *Belvedere*, von dem aus man den See bewundern kann. Die mit Wäldern überzogenen Hänge tauchen gleichsam in das blaugrüne Wasser ein. Jenseits eines Talkessels, den dichtbewachsene, dunkle Kegel umgeben, ragen nackte Felswände auf und Gipfel, die ewiger Schnee bedeckt. Die Laubbäume, u.a. Platanen und Linden, heben sich von der dunklen Masse der Nadelbäume (Zedern, Pinien, Zypressen) ab und bilden mit diesen ein mächtiges Waldgebiet. – Der See ist möglicherweise durch den Einsturz eines Berggipfels entstanden, der den Lauf eines Gebirgsflusses blockiert, einen Wasserstau verursacht und Wälder verschlungen hat, von denen einzelne Partien manchmal an der Oberfläche erscheinen.
Am Ritsa-See gibt es ein Hotel sowie Möglichkeiten zu Bootsfahrten und zum Forellenfang.

In einem Nachbartal wurden Mineralquellen entdeckt; der Bau eines Mineralbades und Luftkurortes ist vorgesehen. Außerdem ist im Tal des Flusses Bzyb die Errichtung von Talsperren und Kraftwerken geplant.

Badeorte an der kaukasischen Küste

Man verläßt Sotschi im Südosten auf der Küstenstraße. Nach acht Kilometern überquert man den *Matsesta-Fluß*, nach 21 Kilometern kommt man, immer auf der Küstenstraße bleibend, nach *Chosta* (Park am Meer).

35 Kilometer südöstlich von Sotschi liegt an der Mündung des Flusses *Mzymta* der Badeort

Adler. Die Sowchose (staatlicher landwirtschaftlicher Betrieb) „Jushnyje Kultury" („Südliche Kulturen") produziert Blumen und Zierpflanzen. Sie besitzt einen sehr schönen 18 ha großen Park, der auf dem Schwemmland des *Mzymta-Flusses* angelegt wurde. Der Park enthält ein besuchenswertes **Dendrarium* mit einer umfangreichen Sammlung von Grünpflanzen. Es gibt Kostproben von Fischgerichten und Weinen.

Eine Straße, die dem rechten Mzymta-Ufer folgt, führt in einen **Eiben- und Buchsbaumwald*. Hier findet man Buchsbäume, die mit langen Moosstreifen überzogen sind, riesige, bis zu tausend Jahre alte Eiben und über hundert Jahre alte Buchen. Der Eindruck von etwas sehr Altem, den man von diesem Wald erhält, wird noch verstärkt durch die Ruine einer genuesischen *Festung* (11.–12. Jh.).

In einem Seitental, etwa zehn Kilometer von Adler und etwa 45 Kilometer von Sotschi entfernt, befindet sich der *Forellenpark*. In einem Restaurant auf einer steil abfallenden Terrasse kann man Forellen essen.

Von Adler kann man auf einer prächtigen in den Felsen geschlagenen Straße landeinwärts nach Nordosten fahren. Die Straße folgt den eindrucksvollen ***Achtschu-Schluchten*, überquert den Mzymta-Fluß und führt nach dem 600 Meter hoch in einem herrlichen Tal gelegenen Marktflecken ***Krasnaja Poljana* („Schöne Lichtung"; etwa 50 km von Adler und 87 km von Sotschi entfernt).

In diesem Höhenluftkurort gibt es einen ausgedehnten *Park* mit seltenen Hölzern sowie in der Umgebung Thermalquellen (Ausbau vorgesehen). Es besteht die Möglichkeit, auf Bären- oder Wildschweinjagd zu gehen.

Fährt man von Adler auf der Küstenstraße weiter nach Südosten, so überquert man alsbald den Fluß *Psou*, der die Grenze zwischen der Russischen und der Georgischen Sozialistischen Sowjetrepublik bildet; man gelangt in die Abchasische Autonome Sozialistische Sowjetrepublik, die ein Teil der Georgischen Sowjetrepublik ist. Der Name Abchasien ist georgisch und bedeutet „Land der Seele",

Etwa 65 Kilometer südöstlich von Sotschi liegt

***Gagra,** ein schöner Kur- und Badeort inmitten einer reichen subtropischen Vegetation, mit einem sehr schönen *Park* und einer *Kirche* aus dem 5. bis 6. Jahrhundert.

In der Umgebung liegen *Höhlen* mit Stalaktiten und Stalagmiten sowie malerische **Schluchten* der Flüsse *Showe-Kwara*, *Gagripsch* und *Tsicherwa*.

Nach einigen weiteren Kilometern auf der Küstenstraße erreicht man *Bzyb:* Links führt eine Straße ins ***Bzyb-Tal* und zum ***Ritsa-See* (s. S. 365).

Etwa 81 Kilometer südöstlich von Sotschi führt rechts eine kurze Nebenstraße nach

****Pitsunda.** Der Ferienort liegt auf einem Kap, den ein herrlicher ***Relikten-Kiefernwald* bedeckt. Pitsunda besitzt den wohl schönsten Strand der kaukasischen Küste (feiner Kiesel); 1960 bis 1967 wurde hier ein modernes Touristenzentrum errichtet, dem man eine große Zukunft voraussagt.

Am Rande des Kiefernwaldes und der sieben Kilometer langen Strandpromenade wurde ein Komplex von sieben 13stöckigen Hoteltürmen mit Restaurants, Cafés, Kinos und Tanzflächen errichtet.

Der alte Ortskern von Pitsunda hat aber auch eine sehr alte und ruhmreiche Vergangenheit; mit hoher Wahrscheinlichkeit ist er der Nachfolger des antiken *Pityus*, einer Kolonie von Milet, die ihren griechischen Namen („Reich an Pinien") dem obengenannten prachtvollen Pinienwald verdankt.

Unweit vom Strand steht die ***St.-Sophienkirche* aus dem 10. und 11. Jahrhundert; sie wurde restauriert und beherbergt heute ein Museum. Die Kirche hat eine hervorragende Akustik, an den Wänden sieht man Fragmente von Fresken. (Samstags und sonntags werden hier Orgelkonzerte veranstaltet.)

120 Kilometer südöstlich von Sotschi liegt das Seebad

Gudauta mit großem Strand.

Von dort landeinwärts, in *Lychnyj*, sieht man die Ruinen des *Palastes der Fürsten von Abchasien* sowie eine **Kirche* aus dem 11. Jahrhundert mit Fresken aus dem 14. Jahrhundert.

Der nächste Ort an der Küstenstraße ist

Nowyj Afon (*Neu-Athos*) 139 Kilometer von Sotschi entfernt. Der Ort entstand um ein Kloster, das 1875 von Mönchen gegründet wurde, die vom Heiligen Berg Athos zurückkehrten. Eine aus dem 12. Jahrhundert stammende Kirche diente als Klosterkirche, bis im Jahr 1900 eine neue Kirche auf einer höher liegenden Terrasse errichtet wurde.

Auf dem **Berg der Muttergottes von Iberien* (*Iwerskaja Gora*), von dem aus man einen herrlichen Blick auf die terrassenförmigen Anlagen und das Meer hat, sind Überreste eines *Forts* und verschiedener mittelalterlicher Bauten sowie die *Kapelle der Muttergottes von Iberien* zu sehen.

Weitere Sehenswürdigkeiten in Nowyj Afon sind ein *Wasserfall*, die *Grotte* und *Kirche des heiligen Simon Kananit* (10.–11. Jh.) und nicht zuletzt die 1961 von sowjetischen Speläologen entdeckte riesige **Stalaktiten- und Stalagmiten-Karsthöhle, eine der größten der Welt (täglich geöffnet). Eine bedeutende *Sowchose für subtropische Kulturen* (*Sowchos Subtropitscheskich Kultur*) gibt es in *Psirtscha*.

162 Kilometer südöstlich von Sotschi erreicht man Suchumi.

**SUCHUMI

Die Hauptstadt der Abchasischen Autonomen Sozialistischen Sowjetrepublik (in kyrill. Schrift: Сухуми) ist 2086 Straßenkilometer von Jalta, 2076 Straßenkilometer von Moskau (über Charkow) entfernt (Suchumi – Moskau 2 Std. 20 Min. Flugzeit). – Übers Meer beträgt die Entfernung von Sotschi 140 Kilometer.

Suchumi ist eines der modernsten Seebäder der Sowjetunion sowie ein hervorragender Luftkurort mit Kurhäusern und auf drei Seiten von Bergen gegen kalte Winde geschützten Bucht, die sich nach Süden öffnet, gibt es einen vorbildlich angelegten Strand. Das Meer ist hier wärmer als an allen bisher genannten Stränden der Schwarzmeerküste. Man kann von April bis November baden.

Die Hauptstadt Abchasiens ist eine Gartenstadt mit Parks und breiten Alleen, die von Oleanderbäumen, Zedern, Eukalyptusbäumen, Kampferbäumen und Palmen gesäumt sind.

Suchumi, das an der Stelle der im 6. Jahrhundert v. Chr. entstandenen griechischen Stadt- und Handelskolonie *Dioscurias* und des späteren *Sebastopolis* der Römer liegt, war vom 16. bis zum 19. Jahrhundert in der Hand der Türken. 1829 wurde es an Rußland abgetreten.

Heute ist Suchumi (ca. 140 000 Einw.) der kulturelle Mittelpunkt Georgiens und Abchasiens. In der Stadt befinden sich u. a. die 1927 gegründete *Station für medizinische Biologie der* Akademie der Wissenschaften der Sowjetunion (s. S. 368), ein *Subtropen-Institut* und zahlreiche andere wissenschaftliche Einrichtungen. Die obengenannte Station ist bekannt für ihren Tabakanbau und ihre tabak- und teeverarbeitende Industrie.

Sehenswürdigkeiten in Suchumi und seiner Umgebung

Im *Hafen* sieht man Überreste der ehemaligen Festung *Suchum-Kale*, die von den Türken während ihrer fast dreihundertjährigen Herrschaft erbaut wurde.

Am Meer entlang führt der *Primorskij Bulwar*, von dem aus man auf Treppen zum Strand hinabgehen kann.

Die von Gärten gesäumte prächtige

Rustaweli-Straße führt zu einem *Park*, in dem die *Büste Schota Rustawelis*, des großen georgischen Dichters des 12. Jahrhunderts (Epos „Der Recke im Tigerfell"), zu sehen ist.

Im Park befindet sich auch ein *Kino* mit 700 Sitzplätzen.

Der Baustil der wichtigsten Gebäude, wie der des Bahnhofs und des abchasischen *Samson-Tschanba-Theaters*, ist inspiriert von der nationalen georgischen Architektur.

In der *Lenin-Straße* (Nr. 20) steht das *Staatliche Nationalmuseum von Abchasien*, auch *Ethnographisches Museum* genannt. Dort kann man sämtliche Aspekte des Landes in Vergangenheit und Gegenwart studieren.

In Ulitsa Tschawtschawadze 20 befindet sich der 1840 gegründete

****Botanische Garten** mit 2000 verschiedenen Pflanzenarten, von denen über 1000 die subtropische Vegetation vertreten. Man bestaunt hier Sammlungen von Pflanzen ungewöhnlichen Ausmaßes und Alters. Hier gedeihen u. a. seltene Wasserpflanzen, vor allem die berühmte „Victoria Regia", deren Blätter bis zu zwei Meter Durchmesser erreichen, sowie eine Kakteensammlung, darunter die vier Meter hohe „Königin der Nacht", und die indische Lotosblume.

Im südöstlichen Teil der Stadt liegen die Ruinen der Burg *Bagrat* (10.–11. Jh.). In einem Park auf dem *Berg Trapetsija* (*Gora Trapetsija*) befindet sich die *Station für medizinische Biologie* der Akademie der Wissenschaften der UdSSR, die 1927 gegründet wurde. Hier werden an den Exemplaren einer ***Affenzucht* (Besichtigung) neue therapeutische Erkenntnisse erprobt. Auf dem Berg *Suchumi* kann man den schönen *Waldpark* besuchen. Es gibt dort eine Aussichtsplattform mit Restaurant am Ende einer Treppe; Autofahrer können die Fahrstraße benutzen.

Fünf Kilometer nördlich von Suchumi (etwa 4 km von der Küste entfernt) liegt in einer herrlichen Gegend am Auslauf einer engen Schlucht durch die die *Gumista* (= silberner Fluß) fließt, ein Campingplatz (geöffnet 15. 5.–1. 10.).

Unweit der Stadt liegen Höhlen mit Stalaktiten, die *Georgische Brücke* (11.–12. Jh.), auch „Beslet-Brücke" genannt, sowie Ruinen von Schwimmbecken antiker Bäder.

Nördlich von Suchumi, in *Chroma*, gibt es eine Höhle mit Stalaktiten und eine Karsthöhle.

Etwa sechs Kilometer südöstlich der Stadt, am *Kelassuri-Fluß*, beginnen die Ruinen der **Großen Abchasischen Mauer*, einer 150 Kilometer langen Befestigungslinie, die vom 6. bis 8. Jahrhundert errichtet wurde.

Etwa elf Kilometer südöstlich von Suchumi liegt bei *Kwemo-Gulripschy* die Modell-Kolchose „Tal der Rosen".

Fährt man in der gleichen Richtung weiter, so gelangt man kurz vor der Brücke, die den Fluß *Kodori* überspannt, zu der Ortschaft *Dranda* mit einer sehenswerten ***Kirche* aus dem 6. und 7. Jahrhundert. Der während der Türkenzeit verwüstete Bau wurde restauriert, seine Fresken jedoch gingen verloren.

SPEZIELLE PRAKTISCHE HINWEISE

In diesem Kapitel werden Hinweise zu den sechs Städten gegeben, die in den Beschreibungen dieses Reiseführers den zentralen Platz einnehmen.
Die Hinweise konzentrieren sich schwerpunktmäßig auf die vier Bereiche, die vor allem für den einzeln reisenden Besucher der abgehandelten Landesteile der Sowjetunion von vorrangiger Bedeutung sind: Verkehrseinrichtungen, Unterkunftsmöglichkeiten, Unterhaltungs- und Sporteinrichtungen sowie Einkaufsmöglichkeiten. Am Schluß stehen einige Adressen, die für den ortsunkundigen Touristen wichtig werden können. Unter der Rubrik „Unterhaltung" sind auch besuchenswerte Restaurants, Cafés sowie einige Nachtklubs aufgeführt, von denen es in der Sowjetunion nur wenige gibt. Außerdem bringen wir unter der Rubrik „Gottesdienste" die Aufzählung einiger, wie die Russen sagen, noch „arbeitender" Kirchen, denn viele Gotteshäuser sind heute zweckentfremdet, die meisten davon zu Museen umfunktioniert.

Da es in der Sowjetunion eine offizielle Klassifizierung der Hotels nicht gibt, mußte auch in diesem Reiseführer auf entsprechende Angaben verzichtet werden. Die einzelnen Betreuungskategorien, wie sie Intourist bietet, sind dem Kapitel „Allgemeine Praktische Hinweise" (s. S. 32–34) zu entnehmen.

JALTA

VERKEHR

✈ *Flugplatz* in Simferopol (nördl. von Jalta, ca. 90 km Landstraße von dort entfernt).

Bahnhof in Simferopol.

Busbahnhof an der Stadt-Einfahrt aus Richtung Simferopol; Autobuslinien nach Simferopol, Bad Aluschta, Sewastopol, Kertsch, Bachtschisaraj und nach allen umliegenden Orten.

Empfangsgebäude des Seehafens (*Morskoj Wokzal*; s. S. 355); Linienschiffe nach Odessa, Sotschi u. a.; s. auch unter „Anreise" in den Allgemeinen Praktischen Hinweisen, S. 22.

UNTERKUNFT

„Oreanda", Ulitsa Lenina 35 (Tel. 32 82 76); „Jushnaja", Ulitsa Ruzwelta 8 (Tel. 32 61 63); „Krym", Ulitsa Moskowskaja 1/6 (Tel. 32 60 01); „Jalta" Ulitsa Drashinskogo 50 (Tel. 35 01 50 und 35 01 06).

⛺ Camping „Poljana Skazok" („Märchenwiese"), westlich der Stadteinfahrt aus Richtung Simferopol (Tel. 39 52 18).

UNTERHALTUNG

Theater und Konzertsäle

Tschechow-Stadttheater und ein *Freilichttheater*, beide in einem hinter den Gebäuden am Meer liegenden Park. – *Philharmonie*. – Auch einen *Zirkus* bietet Jalta.

Restaurants

(außer den Hotel-Restaurants) „Ukraina", Botkinskaja Ulitsa 13; „Gorka", am Abhang des Darsan-Hügels; „Schalasch", beim Tor von Bajdar (s. S. 359; 48 km südwestl. von Jalta); „Ljesnoj", bei der Utschan-Su-Kaskade (s. S. 359; 8 km westl. von Jalta). – *Nachtklub* (Varieté-Show) im Hotel „Jalta" (geöffnet bis 2 Uhr nachts, im Sommer bis 4 Uhr); „Dshalita" Moskowskaja Ulitsa 8 u. v. a.

EINKAUFSMÖGLICHKEITEN

„Kaschtan"-(„Kastanien"-) Läden, das ukrainische Gegenstück zu den russischen „Berjozka"-Läden (s. unter „Einkäufe und Mitbringsel" in den „Allgemeinen Praktischen Hinweisen", S. 42): In der Ulitsa Lenina, am Seehafen und in den Hotels „Oreanda" und „Jalta". – Andere Geschäfte, in denen man Waren verschiedenster Art kaufen kann, liegen vor allem in der Ulitsa Lenina und am Sowjetskaja Ploschtschad (Warenhaus „Dom Torgowli").

WICHTIGE ADRESSEN

Intourist, im Hotel „Jalta", Ulitsa Drashinskogo 50, Tel. 350143; Dienstleistungsbüro in jedem Hotel.

Gosbank (Staatsbank), Ulitsa Lenina; Wechselstube im Hotel „Jalta".

Postamt, Ulitsa Lenina 1 (geöffnet von 8 bis 20 Uhr).

Internationale Telefonzentrale, im Hotel „Jalta".

Tankstelle, an der Einfahrt aus Richtung Simferopol (kein Autobahnhof) und an der Ausfahrt in Richtung Sewastopol.

Taxi-Reservierungen und *Mietwagen* über das Dienstleistungsbüro im Hotel.

KIEW

Der Hinweis **Plan** bezieht sich auf den Plan der Innenstadt, Seite 334/335.

VERKEHR

✈ *Flughäfen: Borispol* (ukrain. Borispil; 35 km südöstl. d. Stadtzentrums); Flüge nach Moskau (Flugdauer 1 Std. 25 Min.), Leningrad, Odessa, Sotschi u. a. – *Shuljanyj* (an d. südl. Stadtperipherie); Flüge nach Odessa u. a.

Fluggesellschaft: Aeroflot, Ploschtschad Pobjedy 2, Tel. 2 74 51 52; Filiale Wulitsa Karla Marksa 4, Tel. 2 29 38 41. – *Telefonische Flugauskünfte:* Borispol, Tel. 2 16 72 43; Shuljanyj, Tel. 2 71 24 60. – *Flugticket-Bestellbüro* (Inlandflüge) Tel. 2 74 52 23.

Bahnhof (*Wokzal*) am Ende der Wulitsa Kominternu, nicht weit vom Bulwar Tarasa Schewtschenka. – *Fahrkartenvorbestellungen:* Wulitsa Puschkinska 14, Tel. 050; geöffnet täglich von 9 bis 20 Uhr. – *Telefonische Zugauskünfte:* Tel. 005.

Empfangsgebäude des Flußhafens: Poschtowa Ploschtschad; *Fahrkartenverkauf* nach den Zielhäfen Odessa, Jalta, Sotschi,

Suchumi und anderen Schwarzmeerhäfen mit Umsteigen auf Seeschiffe in Cherson. Die Linien werden von Schiffen befahren, die mit Luxuskabinen, Kabinen erster, zweiter und dritter Klasse, Restaurants, Büffet-Räumen, Unterhaltungs- und Ruheräumen ausgestattet sind. – *Telefonische Schiffsauskünfte:* 4 16 12 68 und 4 16 71 11.

Stadtverkehr

(s. auch unter „Stadtverkehr" in den „Allgemeinen Praktischen Hinweisen", S. 30).

Autobusse und Trolleybusse verkehren von 6 Uhr früh bis 1 Uhr nachts. Preis pro Fahrt in einer Richtung: Autobus 5 Kopeken, Trolleybus 4 Kopeken (plus jeweils 10 Kopeken für Gepäck).

Straßenbahnen: Sie verkehren ebenfalls von 6 Uhr früh bis 1 Uhr nachts; Fahrpreis 3 Kopeken (plus 10 Kopeken für Gepäck).

Taxis: Bestellung per Tel. 082 oder durch das Servicebüro des Hotels. Linien-Taxis (sog. „Marschrut"-Taxis) verkehren von 7 bis 21 Uhr.

Drahtseilbahn vom Flußhafen zum Sowjet-Platz (Radjanska Ploschtscha) von 6 Uhr früh bis 0.30 Uhr nachts.

Metro: Eine Linie verbindet das rechte (westliche) Dnjepr-Ufer und verläuft durch das Stadtzentrum. Die 16 Stationen der Linie sind (von West nach Ost): Swjatoschino, Niwki, Showtnewaja, Bilschowik, Politechnitschij Institut, Wokzalna Uniwersitet, Leninskaja, Kreschtschatik, Arsenalna, Dnipro, Gidropark, Liwobereshna, Darnitsja, Komsomolska und Pionerskaja. Die andere Linie (vorläufig 12 Stationen) führt vom Kreschtschatik nach Norden und Süden. Eine dritte Linie, die von Südosten nach Nordwesten führt, hat vorläufig nur 7 Stationen. – Zum Fahrpreis von 5 Kopeken kommen 5 Kopeken für Gepäck.

UNTERKUNFT

„Bratislawa", Wulitsa Malyschko 1 (Tel. 5 51 76 44); „Dnipro" (Plan E-F3), Ploschtscha Leninskogo Komsomolu 1 (Tel. 2 91 48 61); „Drushba", Bulwar Drushbi Narodiw 5 (Tel. 2 68 34 06); „Leningradskaja" (Plan D4), Bulwar Tarasa Schewtschenka 4 (Tel. 2 25 71 01); „Rus", Gospitalnaja 4 (Tel. 2 20 42 55); Lybed" (Plan A2; 1979 eröffnet, modernstes Hotel der Stadt), Ploschtscha Peremogi (Tel. 2 74 00 63); „Mir", Prospekt 40-Ritschtschja Showtnja (Prospekt des 40. Jahrestages der Oktoberrevolution) 70, nahe der Ausstellung der fortschrittlichen Erfahrungen in der Volkswirtschaft (Tel. 2 68 54 83); „Moskwa" (Plan E3), Wulitsa Showtnewoj Rewoljutsii (Straße der Oktoberrevolution) 4 (Tel. 2 29 28 04); „Ukrajina" (Plan D4), Bulwar Tarasa Schewtschenka 5 (Tel. 2 21 73 33).

Motel-Camping „Prolisok", in Swatoschino Brest-Litowskoje Schossé 1 (13 km vom Stadtzentrum an der Straße nach Lwow; Tel. 4 44 90 33); Motel-Camping „Kiew", Prospekt Schestidesjatiletija Oktjabrja 31 (Tel. 5 59 09 45).

UNTERHALTUNG UND SPORT

Theater

(s. auch unter „Theater und Kunstfestspiele“ in den „Allgemeinen Praktischen Hinweisen“, S. 38).

Opern- und Ballett-Theater Taras Schewtschenko (*Teatr Operi ta Balety imeni T. G. Schewtschenka*), Wolodimirska Wulitsa 50; *Ukrainisches Iwan-Franko-Schauspielhaus* (*Ukrainskij Dramatitscheskij Teatr imeni Iwana Franka*), Ploschtschad Iwana Franka 3; *Russisches Lesja - Ukrainka - Schauspielhaus* (*Rosijskij Dramatitscheskij Teatr imeni Lesi Ukrainki*), Wulitsa Lenina 5; *Operettentheater* (*Teatr Opereti*), Tscherwonoarmijska Wulitsa (Straße der Roten Armee) 51a; *Theater des Jungen Zuschauers* (*Teatr Junogo Gljadatscha*), Wulitsa Rozi Ljuksemburga (Rosa-Luxemburg-Straße) 15; *Kiewer Puppentheater*, Wul. Schota Rustaweli 13.

Konzertsaal: Kiewer Philharmonie, Wolodirmirskij Spusk 2.

Zirkus: Ploschtscha Peremogi 1.

Restaurants

(außer den Hotel-Restaurants)

„Almaz“, Bulwar Romen Rollana 1; „Dubki“, Wulitsa Stetsenko 1 (ukrainische Küche); „Kukuschka“ (nur im Sommer geöffnet), Petriwska Alleja 16 (im Zentralpark); „Kureni“, Parkowaja Alleja (ukrainische Küche); „Leiptsig“ („Leipzig“), Wulitsa Swerdlowa 39/24 (deutsche Spezialitäten); „Melodija“, Wulitsa Wolodimirska 36; „Metro“, Kreschtschatik 19; „Mlyn“ und „Myslywjets“ (beide ukrainische Küche), im Gidropark auf der Truchanow-Insel (s. S. 339), Metrostation „Gidropark“; „Stolitschnyj“, Kreschtschatik 5 (ukrainische Spezialitäten): „Teatralnyj“, Wulitsa Lenina 17; „Warjenitschnaja“, Kreschtschatik 44.

Bars: in den Hotels „Lybed“, „Rus“ und „Dnipro“.

Sporteinrichtungen

Dynamo-(*Dinamo-*) *Stadion*, Wulitsa Kirowa 3; *Zentralstadion* (s. S. 338), Tscherwonoarmijska Wulitsa 55; *Sportpalast* (s. S. 338), Wulitsa Kujbyschewa 1. – Die Sporteinrichtungen, Strände und Schwimmbäder auf der *Truchanow-Insel* (s. S. 338).

GOTTESDIENST

St.-Wladimir-Kathedrale (russ.-orthodox), Bulwar Tarasa Schewtschenka 20.

WARENHÄUSER UND GESCHÄFTE

„Kaschtan“-(„Kastanien“-) Läden, die das ukrainische Gegenstück zu den russischen „Berjozka“-Läden (s. unter „Einkäufe und Mitbringsel“ in den „Allgemeinen Praktischen Hinweisen“, S. 44) darstellen; Bulwar Tarasa Schewtschenka 2 und 6, Wulitsa Lenina 18 und in den Hotels. – Warenhaus „Tsentralnij“, Wulitsa Lenina 2; Warenhaus „Ukrajna“, Ploschtscha Peremogi (Siegesplatz); *Podarki* (*Geschenke*), Wulitsa Karla Marksa 9 und Bulwar Lesi Ukrainki 5; Verkaufssalons des

Kunstfonds der UdSSR, Wulitsa Lenina 12 und 27. – Zahlreiche Warenhäuser und Geschäfte am Kreschtschatik.

WICHTIGE ADRESSEN

Intourist (ukrainische Filiale), Wulitsa Lenina 26, Tel. 221 78 16, Dienstleistungsbüros in den Hotels, geöffnet von 9 bis 21 Uhr; „Sputnik", Büro f. internationalen Jugendtourismus, Wulitsa Tschkalowa 4, Tel. 2 12 25 86; „Intourbjuro", Büro f. Internationalen gewerkschaftlichen Tourismus, Bulwar Drushbi Norodiw 5, Tel. 2 68 75 50.

Banken:
Gosbank (*Staatsbank*), Wulitsa Showtnewoj Rewoljutsii 9. *Wechselstuben:* Hotels, Bahnhof und Flughäfen Borispol und Shuljanyj.

Postämter, Fernsprechstellen und Telegrafenämter

(s. auch unter „Post und Telefon" in den „Allgemeinen Praktischen Hinweisen", S. 19):

Hauptpostamt (*Tsentralnij Poschtamt*): Kreschtschatik 22, geöffnet von 8 bis 22 Uhr.

Zentrale Fernsprechstelle: Bulwar Tarasa Schewtschenka 18 (Tel. 071; Auskünfte 09; Tag und Nacht in Betrieb).

Zentrales Telegrafenamt (*Tsentralnij Telegraf*): Wolodimirska Wulitsa 10 (Tel. 2 20 31 06; Tag und Nacht in Betrieb).

Ein *Post- und Telegrafenbüro* für einfache postalische Verrichtungen gibt es auch in den Hotels (Öffnungszeiten 9–21 Uhr).

Kraftwagen-Reparaturwerkstätten und -Service-Stationen
Perspektiwna 4 (Tel. 2 68 95 36); Wulitsa Gerojew Oborony 4 (Tel. 2 61 78 16); Motel-Camping „Prolisok" in Swajatoschino, Brest-Litowskoje, Schosse 1 (Tel. 4 44 82 77).

Tankstellen
An der Stadteinfahrt (Odesskoje Schossé), hinter dem Gelände der Ausstellung fortschrittlicher Erfahrungen in der Volkswirtschaft; Karelskij Pereulok 7 in Darnitsa und Charkowskoje Schossé im Posjolok Krasnyj.

Mietwagen vermittelt das Dienstleistungsbüro im Hotel.

LENINGRAD

Der Hinweis **Plan** bezieht sich auf den Plan der Innenstadt, Seite 202/203, der Hinweis **Gesamtplan** bezieht sich auf den hinteren Vorsatzplan.

VERKEHR

✈ Flughafen Pulkowo, Tel. 2 91 89 13 (Expreßbus-Verbindung zum Empfangsgebäude). – *Empfangsgebäude des Flughafens* (*Aerowokzal*) Newskij Prospekt 7/9 (8–20 Uhr). Metrostation Newskij Prospekt oder Gostinyj Dwor; Interflug, Leningrader Filiale, Prospekt Majorowa 7, Tel. 3 12 31 29.

Fluggesellschaften: Aeroflot, Newskij Prospekt 7/9, Tel. 3 15 59 16; Air France, Newskij Prospekt 7/9; Auskunftsbüro von Aeroflot, Tel. 2 91 89 13.

Baltischer Bahnhof (*Baltijskij Wokzal*), Nabereshnaja Obwodnogo Kanala 120 (Gesamtplan C10): Züge in die nähere Umgebung westlich der Stadt (Petrodworjets u. a.) und in die Baltischen Länder. *Finnischer Bahnhof* (*Finljandskij Wokzal*), Ploschtschad Lenina 6 (Gesamtplan G4): Züge nach Nordeuropa. *Moskauer Bahnhof* (*Moskowskij Wokzal*), Ploschtschad Wosstanija 2 (Gesamtplan G7): Züge nach Moskau und Mittelrußland. *Warschauer Bahnhof* (*Warschawskij Wokzal*), Nabereshnaja Obwodnogo Kanala 118 (Gesamtplan D10): Züge nach Westeuropa. *Witebsker Bahnhof* (*Witebskij Wokzal*), Zagorodnyj Prospekt 52 (Gesamtplan E8): Züge nach Puschkin, Pawlosk, Witebsk und Weißrußland.

Busbahnhof Nr. 1, Sadowaja Ulitsa 37 (Gesamtplan E7); *Busbahnhof Nr. 2*, Nabereshnaja Obwodnogo Kanala 36 (Gesamtplan G9).

Auskünfte über Fahrpläne und Buslinien: Tel. 1 66 57-77 und im Dienstleistungsbüro des Hotels.

Baltische Reederei, Meshewoj Kanal 5, Tel. 2 51 32 38: Bremerhaven. Siehe auch den Abschnitt „Mit dem Schiff" im Kapitel „Anreise" der „Allgemeinen Praktischen Hinweise", S. 22 – *See-Passagierhafen* (*Morskoj Passashirskij Port*) auf der Basilius-Insel (Wasiljewskij Ostrow), Ploschtschad Morskoj Slawy; Tel. 3 55 19 02.

Stadtverkehr

(s. auch unter „Stadtverkehr" in den „Allgemeinen Praktischen Hinweisen" S. 30 ff.)

Zahlreiche Autobus- und Trolleybus-Linien.

Straßenbahnen: Zahlr. Linien.

Zwischen Mai und Oktober verkehren auf der Newa und in der Kronstädter Bucht Motorschiffe und Tragflügelboote. Drei Motorschiff-Linien bedienen regelmäßig die Inseln im Newa-Delta (s. Weg 9, S. 240).

Landestege: Ekskursionnyj Wokzal, Nabereshnaja Kutuzowa, gegenüber von Nr. 14; *Morskaja Pristan*, Nabereshnaja Makarowa, gegenüber von Nr. 28 (Ecke Malyj Prospekt); *Smolninskaja Pristan*, Smolnaja Nabereshnaja, an der Bolscheochtinskij-Brücke; *Retschnoj Wokzal* (*Empfangsgebäude des Flußhafens*), Prospekt Obuchowskoj Oborony 195 (im Südosten der Stadt).

Intourist bietet *organisierte Schiffsausflüge* und *Rundfahrten auf der Newa* an; Auskünfte: Dienstleistungsbüro im Hotel.

Taxis: Reservierungen entweder über das Servicebüro im Hotel oder über den Taxi-Ruf 20 00 22 (ganztägig). – Taxistandplätze: Ulitsa Gertsena, gegenüber dem Institut für Technologie; Ploschtschad Truda; vor den meisten Hotels, an mehreren Stellen des Newskij-Prospekts, u. a.

Metro: Es werden vier Linien befahren: Die Linie *Prospekt Posweschtschenija – Kuptschino* passiert die Stationen Ozerki, Udelnaja, Pionerskaja, Tschornaja Retschka, Petrogradskaja, Gorkowskaja, Newskij Prospekt (Umsteigestation zur Linie *Primorskaja – Rybatskoje*), Ploschtschad Mira, Technologitscheskij Institut (Umsteigestation zur Linie *Komsomolskaja – Prospekt Weteranow*), Frunzenskaja, Moskowskije Worota, Elektrosila, Park Pobjedy, Moskowskaja, Zwjozdnaja. – Die Linie *Komsomolskaja – Prospekt Weteranow* passiert die Stationen Grashdanskij Prospekt, Akademitscheskaja, Politechnitscheskaja, Ploschtschad Mushestwa, Lesnaja, Wyborgskaja, Ploschtschad Lenina (Finnischer Bahnhof), Tschernyschewskaja, Ploschtschad Wosstanija (Umsteigestation zur Linie *Primorskaja – Rybatskoje*), Wladimirskaja, Puschkinskaja, Technologitscheskij Institut (Umsteigestation zur Linie *Prospekt Prosweschtschenija – Kuptschino*), Baltijskaja, Narwskaja, Kirowskij Zawod, Awtowo, Leninskij Prospekt. – Die Linie Primorskaja – Rybatskoje passiert die Stationen Wasileostrowskaja Gostinyj Dwor (Umsteigestation zur Station Newskij Prospekt der Linie *Prospekt Prosweschtschenija – Kuptschino*), Majakowskaja (Umsteigestation zur Station Ploschtschad Wosstanija der Linie *Komsomolskaja–Prospekt Weteranow*), Ploschtschad Aleksandra Newskogo, Jelizarowskaja Lomonosowskaja, Proletarskaja, Obuchowo. Die Linie *Ploschtschad Mira – Prospekt Bolschewikow* passiert die Stationen Wladimirskaja (Umsteigestation zur Linie *Komsomolskaja – Prospekt Weteranow*), Ligowskij Prospekt, Ploschtschad Aleksandra Newskogo, Krasnogwardejskaja, Ladoshskaja.

Bis zu 70 Meter lange Rolltreppen führen zu den Stationshallen der Metro hinab. Eine besondere architektonische Sehenswürdigkeit ist die mit Glassäulen, Kronleuchtern und einem prachtvollen Marmorfußboden ausgestattete Station *Awtowo*.

UNTERKUNFT

„Astoria" (Plan B3; Gesamtplan D7), Ulitsa Gertsena 39 (bis etwa 1992 wegen Renovierung geschlossen; Metrostation Ploschtschad Mira, Newskij Prospekt oder Gostinyj Dwor, alle drei Stationen allerdings ziemlich weit vom Hotel entfernt). „Baltijskaja" (Plan E–F3; Gesamtplan F7), Newskij Prospekt 57 (Tel. 3 77 78 46; Metrostation Majakowskaja oder Ploschtschad Wosstanija). „Drushba", Ulitsa Tschapygina 4 (Tel. 2 34 18 44; Metrostation Petrogradskaja). „Jewropejskaja" (Plan D3; Gesamtplan E 6), Ulitsa Brodskogo 1/7 (Tel. 3 12 41 49; Metrostation Newskij Prospekt oder Gostinyi Dwor). „Karelija", Ulitsa Tuchatschewskogo 27/2 (Tel. 2 26 32 38). „Leningrad" (Gesamtplan F4), Pirogowskaja Nabereshnaja 5/2 (Tel. 5 42 91 23 und 5 42 94 11; Metrostation Ploschtschad Lenina – Finljandskij Wokzal); regelmäßiger Minibus-Verkehr zwischen dem Hotel und dem Newskij Prospekt (vor dem Gostinyj Dwor; Abfahrt alle 15 Minuten). „Oktjabrskaja" (Plan F3; Gesamtplan G7), Ligowskij Prospekt 10 (Tel. 2 77 53 62; Metrostation Ploschtschad Wosstanija). „Pribaltijskaja", Ulitsa Korablestroitjeljej 14 (Tel. 3 56 02 63; Metrostation Promorskaja). „Rossija" (außerhalb E10 des Gesamtplans), Moskowskij Prospekt 163 (Tel. 2 96 73 49; Metrostation Park Pobjedy). „Pulkowskaja", Ploschtschad Pobjedy 1 (Tel. 2 64 51 22; Metrostation Moskowskaja). „Sowjetskaja" (Gesamtplan C 9), Prospekt Lermontowa 43 (Tel. 2 59 25 52; Metrostation Baltijskaja). „Sputnik", Prospekt Moris Toreza 34 (Tel. 5 52 56 32; Metrostation Ploschtschad Mushestwa). „Wyborgskaja" (außerhalb D1 des Gesamtplans), Torshkowskaja Ulitsa 3 (Tel. 2 46 91 41). Motel-Camping „Olgino", Primorskoje Schossé

18 km vom Stadtzentrum in Richtung Wyborg–Helsinki (Tel. 2 38 30 09).

⛺ „Repino", 45 km nordwestlich von Leningrad am Finnischen Meerbusen (Tel. 2 31 66 37).

UNTERHALTUNG UND SPORT

Theater

(s. auch unter „Theater und Kunstfestspiele" in den „Allgemeinen Praktischen Hinweisen", S. 38).

Akademisches Kirow-Theater für Oper und Ballett (*Akademitscheskij Teatr Opery i Baleta imeni Kirowa*), Teatralnaja Ploschtschad 1 (Gesamtplan C7), Tel. 2 16 12 11.

Kleines Akademisches Opern- und Ballett-Theater (*Akademitscheskij Malyi Teatr Opery i Baleta*), Ploschtschad Iskusstw 2 (Gesamtplan E6), Tel. 3 14 37 58.

Akademisches Puschkin-Schauspielhaus (*Akademitscheskij Teatr Dramy imeni Puschkina*), Ploschtschad Ostrowskogo 1 (Gesamtplan F7), Tel. 3 11 12 12.

Akademisches Großes Gorki-Schauspielhaus (*Akademitscheskij Bolschoj Dramatitscheskij Teatr imeni Gorkogo*), Nabereshnaja Fontanki 65, Tel. 3 10 04 01.

Lustspielhaus (*Teatr Komedii*), Newskij Prospekt 56, über Gastronom 1, Tel. 3 14 26 38.

Komissarshewskaja - Schauspielhaus (*Dramatitscheskij Teatr Komissarshewskoj*), Ulitsa Rakowa 19, Tel. 2 12 53 95.

Theater der Musikalischen Komödie/Operette (*Teatr Muzykalnoj Komedii*), Ulitsa Rakowa 13 (neben der Philharmonie), Tel. 2 14 64 85.

Leningrader Estraden- [Varieté-] Theater (*Leningradskij Teatr Estrady*), Ulitsa Sheljabowa 27, Tel. 3 14 72 62.

Jewgenij Demmeni's Marionetten-Theater, Newskij Prospekt 52, Tel. 3 11 21 56.

Großes Puppentheater, Ulitsa Nekrasowa 10 (nördl. der Metrostation Majakowskaja), Tel. 2 73 66 72.

Freilichtbühne, auf der Jelagin-Insel.

Konzertsäle

(s. auch unter „Theater und Kunstfestspiele" in den „Allgemeinen Praktischen Hinweisen", S. 38).

Leningrader Staatliche Philharmonie (*Leningradskaja Gosudarstwennaja Filarmonija*): Großer Saal, Ulitsa Brodskogo 2 (Gesamtplan E6), Tel. 2 14 06 89; Kleiner Glinka-Saal, Newskij Prospekt 30, Tel. 3 12 45 85.

Leningrader Staatlicher Akademischer Glinka-Chor (*Leningradskaja Gosudarstwennaja Akademitscheskaja Kapella imeni M. Glinki*), Nabereshnaja Mojki 20. Tel. 3 14 10 34.

Staatliches Opernstudio des Rimskij - Korsakow-Konservatoriums (*Gosudarstwennaja Opernaja Studija Konserwatorii imeni Rimskogo Korsakowa*), Teatralnaja Ploschtschad 3, Tel. 3 12 25 19.

Konzerthalle (*Kontsertnyj Zal*), Ploschtschad Lenina 1.

Große Konzerthalle „Oktjabrskij", Ligowskij Prospekt 6.

Kulturzentren

Kirow-Kulturpalast, Bolschoj

Prospekt 83 (auf der Basilius-Insel).

Kulturpalast des Leningrader Stadtsowjets, Kirowskij Prospekt 42.

Gorki-Kulturpalast, Ploschtschad Statschek 4.

Zirkus

Gostsirk, Nabereshnaja Fontanki 3 (Ecke Ulitsa Belinskogo), Tel. 2 10 41 98.

Restaurants

(*außer den Hotel-Restaurants, von denen besonders das Restaurant im Hotel „Astoria" für seine vorzügliche Küche bekannt ist*)

„Metropol", Sadowaja Ulitsa 22; „Baky", Sadowaja Ulitsa 12 (aserbaidshanische Küche); „Kawkazskij", Newskij Prospekt 25 (kaukasische Spezialitäten); „Sadko", Ulitsa Brodskogo 1/7 (Musik); „Moskwa", Newskij Prospekt 49; „Newa", Newskij Prospekt 46; „Primorskij", Bolschoj Prospekt 22 (auf der Petrograder Seite); „Trojka" Zagorodnyj Prospekt 27; Genossenschafts-Restaurant „Na Fontanke", Nabereshnaja Fontanki 70 (beide altrussische Küche und europäische Küche); zahlreiche Restaurants auf den Kirow-Inseln (s. S. 241).

Cafés

„Literaturnoje", Newskij Prospekt 18; „Sewer", Newskij Prospekt 46; „Blinnaja", Newskij Prospekt 74 (Bliny- [Plinsen-] Spezialitäten); „Drushba", Newskij Prospekt 15; „Lakomka", Sadowaja Ulitsa 22; „Minutka" Newskij Prospekt 20; „Bjelyje Notschi", Prospekt Majorowa 41; zahlreiche Cafés auf den Kirow-Inseln (s. S. 241).

Nachtklubs

Auf dem Dach des Hotels „Leningrad", im Hotel „Pribaltijskaja" und im Hotel „Sowjetskaja" (s. unter „Unterkunft", S. 375).

Sporteinrichtungen

Kirow-Stadion, auf der Kreuz-Insel (s. S. 242); *Lenin-Stadion*, auf der Peter-Insel (s. S. 232); *Winterstadion* (*Zimnij Stadion*), Inshenernaja Ulitsa 11. – Eine neue Sport- und Konzerthalle wurde 1980 am Prospekt Gagarina 8 errichtet. – Sommer- und Wintereislaufbahnen, Hallenbäder, Ruderklub (im Kirow-Kultur- und Erholungspark auf der Jelagin-Insel), Freibäder und Strandbäder: Auskünfte im Dienstleistungsbüro des Hotels; Radrennbahn, Prospekt Engelsa 81.

GOTTESDIENSTE

Katholisch:

Unsere-Liebe-Frau-von-Lourdes-Kirche, Kowenskij Pereulok 7, nördlich vom Platz des Aufstandes (Ploschtschad Wosstanija).

Russisch-orthodox:

St.-Nikolaj-Marine-Kathedrale (*Nikolskij Morskoj Sobor*), Ulitsa Glinki, südlich des Theater-Platzes (Teatralnaja Ploschtschad (Gesamtplan C–D8); *Dreifaltigkeits-Kathedrale* (*Troitskij Sobor*) *des Alexander-Newski-Klosters* (Gesamtplan I8); *Kirche der Verklärung*, am Ende der Ulitsa Pestelja, jenseits der Kreuzung dieser Straße mit dem Litejnyj Prospekt (Gesamtplan G6); *Fürst-Wladimir-Kathedrale* (*Knjaz Wladimir Sobor*), Ecke Bolschoj Prospekt/Prospekt Dobroljubowa; *Muttergottes-von-Wladimir-Kirche* (Wladimirskaja

Tserkow), Ecke Wladimirskij Prospekt/Zagorodnyj Prospekt; *Friedhofskirche von Wolkowo.*

Protestantisch:

Baptisten-Kirche, Bolschaja Oziernaja 29.

Jüdisch:

Synagoge, Prospekt Lermontowa 2, Ecke Ulitsa Dekabristow.

Islamisch:

Moschee, Prospekt Maksima Gorkogo 7 (geöffnet 12–13.30 Uhr, außer freitags).

WARENHÄUSER UND GESCHÄFTE

Einkäufe gegen Devisen in dem *Berjozka-Laden* (s. auch unter „Einkäufe und Mitbringsel" in den „Allgemeinen Praktischen Hinweisen", S. 42) Newskij Prospekt 7/9 und Ulitsa Gertsena 26. Jedes Hotel, in dem ausländische Touristen untergebracht werden, besitzt auch einen Berjozka-Laden, im Hotel „Sowjetskaja" ist er ein Selbstbedienungsladen.

Weitere Geschäfte:

Dom Leningradskoj Torgowli, Ulitsa Sheljabowa 21 (Kinderartikel); *Gostinyj Dwor* (großes Warenhaus), Newskij Prospekt 35; *„Passage"-Kaufhaus,* Newskij Prospekt 48 (Damen-Artikel). – Nahezu alle Geschäfte, die für den Touristen für den Kauf von kleinen Geschenken und Souvenirs interessant sind, liegen am Newski-Prospekt; speziell zu nennen sind hier die Läden in Nr. 34 (Schallplatten), Nr. 69 (Musikinstrumente), Nr. 26 und 54 (Souvenirs, kleine Geschenke), Nr. 8 und 45 (Antiquitäten), Nr. 78 (Briefmarkengeschäft „Globus") und Nr. 55 (Teppiche). In Nr. 28 ist das *Haus des Buches* (*Dom Knigi;* auch fremdsprachige Bücher). Am Newski-Prospekt Nr. 13, gegenüber dem Durchgang zum Schloßplatz, ist eine Buchhandlung mit einem Angebot an deutschsprachiger Literatur. Newski-Prospekt 16: Alben, Kunst.

Gastronom Nr. 1, Newski Prospekt 56, ist die größte Lebensmittelhandlung von Leningrad. – Die Juwelierläden in Nr. 24 und Nr. 7 der Herzen-Straße (Ulitsa Gertsena), einer Querstraße des Newski-Prospekts, bieten eine sehr große Auswahl.

WICHTIGE ADRESSEN UND RUFNUMMERN

Intourist, Isaakjewskaja Ploschtschad 11, Tel. 3 15 51 29; Metrostation Newskij Prospekt oder Gostinyj Dwor; Dienstleistungsbüros in den Hotels, geöffnet von 9 bis 21 Uhr.

Generalkonsulat der Bundesrepublik Deutschland, Ulitsa Petra Lawrowa 39, Tel. 2 73 59 37 und 2 73 57 31.

Banken:

Gosbank (*Staatsbank*), Nabereshnaja Fontanki 72; *Wechselstuben* u. a. in den Hotels „Pribaltijskaja", „Pulkowskaja", „Astoria", „Jewropejskaja" und „Leningrad" (s. unter „Unterkunft", S. 375) sowie am Hafen und auf dem Flugplatz. Leningrader Filiale von *Wneschtorgbank* (*Außenhandelsbank*) der UdSSR, Ulitsa Gertsena 29 und Ulitsa Brodskogo 2 (Wechselstube).

Post, Fernsprechamt, Telegrafenamt

(s. auch „Post und Telefon" in den „Allgemeinen Praktischen Hinweisen"):

Hauptpostamt (*Glawnyj Potschtamt*): Ulitsa Sojuza Swjazi 9 (diese Straße zweigt an der Ecke, an der das Museum für Musikinstrumente liegt, vom St.-Isaaks-Platz ab); Tag und Nacht geöffnet. *Postlagernde Sendungen* müssen „Poste restante Leningrad C 400 (Newskij Prospekt 6") adressiert sein.

Zentrale Fernsprechstelle (*Tsentralnyj Meshdugorodnyj Telefonnyj Peregowornyj Punkt*): Ulitsa Gertsena 3/5.

Zentrales Telegrafenamt (*Tsentralnyj Telegraf*): Ulitsa Sojuza Swjazi 14. – Alle einfachen postalischen Verrichtungen können in dem *Postbüro* getätigt werden, das es in jedem Hotel gibt (geöffnet von 9 bis 21 Uhr).

Autoreparaturen:

Im Motel-Camping „Olgino", Primorskoje Schossé, 18 km vom Stadtzentrum in Richtung Helsinki, Tel 2 38 35 52; Ulitsa Salowa 70, Tel. 1 66 26 90 (geöffnet von 7 bis 21 Uhr). Pannendienst – Tel. 2444446.

Tankstellen:

Park Lenina 6; Primorskij Prospekt 56; Teatralnaja Ploschtschad 8; Ulitsa Jurija Gagarina; Wasiljewskij Ostrow, Nalitschnyj Pereulok 76; Moskowskoje Schossé 13. – Benzingutscheine sowie Gutscheine für Autowartung und -reparaturen gibt es im Dienstleistungsbüro im Hotel. – *Mietwagen* vermittelt ebenfalls das Dienstleistungsbüro.

MOSKAU

Der Hinweis **Plan** bezieht sich auf den Plan der Innenstadt Seite 66/67, der Hinweis **Gesamtplan** auf den Plan S. 102/103, der die gesamte Stadt umfaßt.

VERKEHR

✈ Flughafen *Scheremetjewo 2* (32 km nordwestl., über die Leningrader Chaussee) für den internationalen Verkehr; Flughäfen *Domodjedowo* (45 km südl.), *Scheremetjewo* (Inlandhalle), *Bykowo* (20 km nordöstl.) und *Wnukowo* (30 km südwestl.) für Inlandflüge (s. auch Anreise", S. 20 und „Reisen in der Sowjetunion", S. 23).

Empfangsgebäude des Flughafens (*Aerowokzal*) Leningradskij Prospekt 37, Metrostation Aeroport.

Fluggesellschaften: Aeroflot, Leningradskij Prospekt 37, Tel. 1 55 09 22; Reservierungen Frunzenskaja Nabereshnaja 4, Tel. 2 45 00 02 (Gesamtplan C6). – *Lufthansa*, Kuznjetskij Most 3, Tel. 9 23 04 88 und 9 23 05 76. – *Austrian Airlines*, Krasnopresenskaja Nabereshnaja 12, Sowintsentr, Zimmer 1805, Tel. 2 53 16 70; im gleichen Gebäude auch *Swissair*, Zimmer 2005, Tel. 2 53 89 88. – *Air France*, Dobryninskaja Ulitsa 7 (Gesamtplan C6), Tel. 2 37 23 25 und 2 37 33 44, Metrostation Oktjabrskaja.

🚂 *Bjelorussischer Bahnhof* (*Bjelorusskij Wokzal;* Gesamtplan B4), Ploschtschad Bjelorusskogo Wokzala; Metrostation Bjelorusskaja: Züge nach Smolensk, Minsk, in die Baltischen Länder und nach Westeuropa. *Jaroslawler Bahnhof* (*Jaroslawskij Wokzal;* Gesamtplan E4): Züge in nordöstliche und östliche Gebiete (Sibirien, Ferner Osten) und *Kasaner Bahnhof* (*Kazanskij Wokzal*; Gesamtplan E4): Züge nach Barnaul (Altai-Gebiet) und Mittelasien; beide Komsomolskaja Ploschtschad; Metrostation Komsomolskaja. *Kiewer Bahnhof* (*Kiewskij Wokzal*; Gesamtplan B5), Ploschtschad Kiewskogo Wokzala; Metrostation Kiewskaja: Züge nach Kiew, Odessa, Belgrad, Budapest, Prag und Sofia. *Kursker Bahnhof* (*Kurskij Wokzal*; Gesamtplan E4), Ploschtschad Kurskogo Wokzala; Metrostation Kurskaja: Sackbahnhof für verschiedene Linien vom Süden und Osten, u. a. für die Linien von und nach Jasnaja Poljana und Wladimir. *Leningrader Bahnhof* (*Leningradskij Wokzal*; Gesamtplan D4), Komsomolskaja Ploschtschad; Metrostation Komsomolskaja: Züge nach Leningrad, Murmansk und Helsinki. *Paweletser Bahnhof* (*Paweletskij Wokzal*; Gesamtplan D6), Leninskaja Ploschtschad; Metrostation Paweletskaja: Züge nach dem Kaspischen Meer. *Rigaer Bahnhof* (*Rishskij Wokzal*; Gesamtplan D3), Ploschtschad Rishskogo Wokzala; Metrostation Rishskaja: Züge nach Riga. *Sawjolower Bahnhof* (*Sawjolowskij Wokzal*; Gesamtplan C3), Ploschtschad Butyrskoj Zastawy; Metrostation Nowoslobodskaja: Züge nach Rybinsk und Uglitsch.

Stadtverkehr

Zahlreiche Autobus- und Trolleybuslinien, die von 6 Uhr früh bis 0.30 Uhr nachts in Betrieb sind (s. auch unter „Stadtverkehr“ in den Allgemeinen Praktischen Hinweisen, S. 31).

Straßenbahnen: Sie verkehren von 5.30 Uhr früh bis 0.30 Uhr nachts und nur an der Stadtperipherie (s. auch unter „Stadtverkehr“ in den „Allgemeinen Praktischen Hinweisen“, S. 31).

Motorschiff-Verkehr auf der Moskwa von Mai bis Oktober: Zwei Linien; *Südlicher Flußhafen* (Gesamtplan D7) und *Nördlicher Flußhafen* (Gesamtplan A1); dazwischen zahlreiche *Landestege*, von denen die beiden Stege beim Hotel „Rossija“ (Gesamtplan D5) und beim Hotel „Ukraina“ (Gesamtplan B5) für Touristen besonders bequem gelegen sind. – Intourist bietet zweistündige organisierte Flußfahrten an; Auskünfte erhält man beim Dienstleistungsbüro im Hotel.

Taxis: Reservierungen über das Dienstleistungsbüro im Hotel oder per Tel. 2 25 00 00, 4 30 01 10 und 2 27 00 40.

Metro: Die Metrostationen sind auf dem Gesamtplan (S. 102/103) durch einen blauen Punkt, die Streckenführungen durch blaue Verbindungslinien gekennzeichnet. Während der Stoßzeiten fahren die Züge in Abständen von 90 Sekunden in jeder Richtung. Sie erreichen eine Höchstgeschwindigkeit von 90 Stundenkilometern.

Die Linie Retschnoj Wokzal – Krasnogwardejskaja führt über den Terminal von Aeroflot (Metrostation Aeroport), den Bjelorussischen Bahnhof, den Majakowskiplatz, den Swerdlowplatz mit dem Großen Theater und dem Hotel „Metropol“, den

Revolutionsplatz (Lenin-Museum, Historisches Museum, Roter Platz, Lenin-Mausoleum, Kreml und Alexander-Garten), die Tretjakow-Galerie (Station Nowokuznjetskaja aussteigen) und das Freilichtmuseum von Kolomenskoje. – Die Linie *Arbatskaja – Molodjoshnaja* führt über den Kiewer Bahnhof, das Hotel „Ukraina", das Panorama-Museum von Borodino, das Kutusow-Museum und die Mariä-Schutz-Kirche von Fili. – Die Linie *Preobrashenskaja – Jugo-Zapadnaja* führt über den Sokolniki-Park, den Jaroslawler, den Kasaner und den Leningrader Bahnhof, den Lermontowplatz, den Dzershinskij-Platz, den Marx-Prospekt (Roter Platz, Kreml), die Lenin-Bibliothek, das Puschkin-Museum für Bildende Künste (Station Kropotkinskaja aussteigen), das Marx-und-Engels-Museum, das Puschkin-Haus, das Tolstoi-Museum, das Lenin-Stadion, die Leninberge, die Lomonossow-Universität und den Wernadskij-Prospekt. – Die Linie *Medwedkowo– Tjoplyj Stan* führt über WDNCH, Rigaer Bahnhof, Prospekt Mira, Ploschtschad Nogina, Tretjakowskaja (zur Tretjakow-Galerie), Nowokuznjetskaja, Oktjabrskaja, Leninskij Prospekt und das neue Wohnviertel Nowyje Tscherjomuschki. – Die Linie *Borowitskaja – Prashskaja* führt über die Poljanka, Dobryninskaja, Serpuchowskaja, Tulskaja, Nogatinskaja, Nagornaja, Nachimowskij Prospekt, Sewastopolskij Prospekt und das neue Wohnviertel Tschertanowo. – Die Linie *Taganskaja – Shdanowskaja* führt über den Wolgograder Prospekt, Kuzminki und Kuskowo (Station Rjazanskij Prospekt aussteigen). – Die Linie *Kiewskaja – Schtschelkowskaja* führt über den Arbat-Platz, den Kalinin-Prospekt, die Lenin-Bibliothek, den Marx-Prospekt, die Bauman-Straße, den Kursker Bahnhof und den Izmajlowo-Park (Station Kiewskaja/Kiewer Bahnhof: Züge nach Kiew, Odessa, Lwow, Belgrad; Metrostation Kurskaja/Kursker Bahnhof: Züge nach Charkow, Sotschi, Simferopol). An der Station Taganskaja kann man zur neuen Linie *Marksistskaja – Nowogirejewo* umsteigen. die über Ploschtschad Ilitscha, Awiamotornaja, Schossé Entuziastow und Perowo führt.

Die *Ringlinie* (*Koltsewaja Linija*) umfährt die Altstadt und führt über alle Bahnhöfe mit Ausnahme des Rigaer und des Sawjolower Bahnhofs.

UNTERKUNFT

„Aeroflot" (Gesamtplan A–B3), Leningradskij Prospekt 37 (Tel. 1 55 56 24; Metrostation Aeroport oder Dinamo). „Akademii Nauk" Leninskij Prospekt 1, (Tel. 2 38 09 02; Metrostation Oktjabrskaja). „Belgrad I" Smolenskaja Ploschtschad 5 (Tel. 2 48 78 25); „Belgrad II", Smolenskaja Ploschtschad 8 (Tel. 2 48 16 76; beide Gesamtplan B3). „Berlin" (Plan D1; Gesamtplan D4), Ulitsa Shdanowa 3 (Tel. 2 21 04 77; Metrostation Dzershinskaja, Ploschtschad Rewoljutsii oder Ploschtschad Swerdlowa). „Inturist" (Plan D2; Gesamtplan C4), Ulitsa Gorkogo 3/4 (Tel. 2 03 40 08; Metrostation Prospekt Marksa)., ‚Kosmos", Prospekt Mira 150 (Tel. 2 17 07 85; Metrostation WDNCH). „Leningradskaja" (Gesamtplan D4), Kalantschjowskaja Ulitsa 21/40 (Tel. 2 98 65 23; Metrostation Komsomolskaja). „Metropol" (Plan D2; Gesamtplan C–D4), Ploschtschad Swerdlowa 2/4 (wegen Renovierung bis ca. 1989 geschlossen; Metrostation Prospekt Marksa, Ploschtschad Rewoljutsii oder Ploschtschad Swerdlowa). „Minsk" (Plan C1; Gesamtplan C4), Ulitsa Gorkogo 22 (Tel. 2991213; Metrostation Majakowskaja). „Mir" (Plan A2; Gesamtplan B5), Bolschoj Dewjatinskij Pereulok, im COMECON-Gebäude (Tel. 2520140; Metrostation Kiewskaja). „Moskwa" (Plan D2; Gesamtplan C4–5), Prospekt Marksa 7 (Tel. 2922008; Metrostation Prospekt Marksa oder Ploschtschad Swerdlowa). „Natsional" (Plan D2; Gesamtplan C4), Prospekt Marksa 14 (Tel. 2036539; Metrostation Prospekt Marksa). „Ukraina" (Plan A2; Gesamtplan B5), Kutuzowskij Prospekt 9/10 (Tel. 2433021; Metrostation Kiewskaja). „Peking" (Plan B1; Gesamtplan C4), Bolschaja Sadowaja 5 (Tel. 2093400; Metrostation Majakowskaja). „Rossija" (Plan E2–3; Gesamtplan D5), Ulitsa Razina 6 (Tel. 2985530; Metrostation Ploschtschad Nogina). „Saljut", Leninskij Prospekt 158 (Tel. 4386365; Metrostation Jugo-Zapadnaja). „Tsentralnaja" (Plan C1; Gesamtplan C4), Ulitsa Gorkogo 10 (Tel. 2298957; Metrostation Prospekt Marksa). „Warschawa" (Plan C4; Gesamtplan C6), Oktjabrskaja Ploschtschad 1/2 (Tel. 2381350; Metrostation Oktjabrskaja).

⚠ Motel-Camping „Moshajskij", Moshajskoje Schossé 165, 16 km vom Stadtkern; „Solnetschnyj", in Butowo, 25 km südlich von Moskau.

UNTERHALTUNG UND SPORT

Theater

(s. auch unter „Theater und Kunstfestspiele" in den „Allgemeinen Praktischen Hinweisen", S. 38)

Großes Theater (Bolschoj Teatr), Ploschtschad Swerdlowa 2 (Gesamtplan C4), Tel. 2929986 und 2920050, Metrostation Ploschtschad Swerdlowa oder Ploschtschad Rewoljutsii; Oper und Ballett.

Kleines Theater (Malyj Teatr), Pl. Swerdlowa 1/6 (Gesamtplan C–D4), Tel. 2 94 40 83; Metrostation wie oben.

Großer Saal des Kongreßpalastes (Dworjets Sjezdow) im Kreml, Ploschtschad 50-letija Oktjabrja; Metrostation Ploschtschad Rewoljutsii, Prospekt Marksa, Ploschtschad Swerdlowa. Hier finden, wenn der Saal nicht für politische Veranstaltungen oder Kongresse gebraucht wird, Darbietungen des Großen Theaters (meist auch im Deutschen „Bolschoj"-Theater genannt) statt.

Moskauer Akademisches Künstlertheater Gorki (Moskowskij Chudoshestwennyj Akademitscheskij Teatr imeni Gorkogo; MCHAT), Projezd Chudoshestwennogo Teatra 3 (Gesamtplan C4), Tel. 2 29 21 26; Metrostation Ploschtschad Swerdlowa.

Filiale des Moskauer Künstlertheaters (MCHAT-II), z. Zt. im Gebäude des „Teatr Drushby Narodow", Twerskoj Bulwar 22 (Tel. 2 03 62 22); Metrostation „Puschkinskaja".

Zentraltheater der Sowjetarmee (*Tsentralnyj Teatr Sowjetskoj Armii*), Ploschtschad Kommuny (Gesamtplan C3); Metrostation Prospekt Mira oder Nowoslobodskaja.

Lyrisches Theater der Volkskünstler Stanislawski und Nemirowitsch-Dantschenko (*Muzykalnyj Teatr Narodnych Artistow imeni Stanislawskogo i Nemirowitscha-Dantschenko*), Ulitsa Puschkina 17 (Gesamtplan C4); Metrostation Ploschtschad Swerdlowa oder Majakowskaja.

Wachtangow-Theater (*Teatr imeni Wachtangowa*), Arbatskaja Ulitsa 26 (Gesamtplan C5); Metrostation Arbatskaja oder Smolenskaja.

Dramatisches Theater des Moskauer Stadtsowjets (*Dramatitscheskij Teatr imeni Mossowjeta*), Bolschaja Sadowaja Ulitsa 16 (Gesamtplan C4); Metrostation Majakowskaja.

Operettentheater (*Teatr Operetty*), Ulitsa Puschkina 6 (Gesamtplan C4); Metrostation Ploschtschad Swerdlowa.

Majakowski-Theater (*Majakowskij Teatr*), Ulitsa Gertsena (Herzenstr.) 19/Ecke Sobinowskij Pereulok (Gesamtplan C5); Metrostation Arbatskaja.

Dramatisches Gogol-Theater (*Dramatitscheskij Teatr imeni Gogolja*), Ulitsa Kazakowa 8a; Metrostation Kurskaja.

Theater „Der Zeitgenosse“ (*Teatr „Sowremjennik“*), Tschistoprudnyj Bulwar 19; Metrostation Kirowskaja.

Jermolowa-Theater (*Teatr imeni Jermolowoj*), Ulitsa Gorkogo 5; Metrostation Ploschtschad Revoljutsii, Ploschtschad Swerdlowa oder Prospekt Marksa.

Zigeunertheater „Romjen“ (*Tsyganskij Teatr „Romjen“*), Leningradskij Prospekt 32; Metrostation Bjelorusskaja oder Dinamo.

Theater der Satire (*Teatr Satiry*), Bolschaja Sadowaja Ulitsa 18; Metrostation Majakowskaja.

Zentrales Puppentheater (*Tsentralnyj Teatr Kukol*), Sadowo-Samotjotschnaja Ulitsa 3 (Gesamtplan C4), Tel. 2993310; Metrostation Majakowskaja. Aufführungen für Kinder und (sehr oft Satiren) für Erwachsene.

Varieté-Theater (Estradenbühne), auf der Insel in der Moskwa, Bersenjewskaja Nabereshnaja 2/20, Ecke Ulitsa Serafimowitscha.

Die *Freilichttheater* auf dem Gelände der Ausstellung der Volkswirtschaftlichen Errungenschaften der SU, Metrostation WDNCH, und im Gorki-Park (größtes Theater in Moskau mit 10000 Plätzen), Metrostation Park Kultury imeni Gorkogo.

Konzertsäle

(s. auch unter „Theater und Kunstfestspiele“ in den „Allgemeinen Praktischen Hinweisen“, S. 38)

Staatlicher Zentraler Konzertsaal (*Gosudarstwennyj Tsentralnyj Kontsertnyj Zal*, kurz genannt „Tsentralnyj“), im Hotel „Rossija“, Ulitsa Razina 6, Tel. 2985550; Metrostation Ploschtschad Nogina.

Tschaikowski-Konzertsaal (*Kontsertnyj Zal imeni Tschajkowskogo*), Ploschtschad Majakowskogo 20, Ecke Ulitsa Gorkogo (Gesamtplan C4), Tel. 2 99 34 87; Metrostation Majakowskaja.

Großer und Kleiner Saal des Konservatoriums (z. Zt. wegen Renovierung geschlossen), Ulitsa Gertsena 13, Tel. 2 99 60 10; Metrostation Arbatskaja.

Säulensaal des Hauses der Gewerkschaften (*Kolonnyj Zal Doma Sojuzow*), Ulitsa Puschkina 1 (Gesamtplan C4–5), Tel. 2 92 09 56; Metrostation Ploschtschad Swerdlowa oder Ploschtschad Rewoljutsii.

Konzertsaal im Palais von Ostankino (Gesamtplan C1); Metrostation WDNCH.

Zirkusse

Moskauer Staatszirkus, Tswetnoj Bulwar 13 (Gesamtplan C4); Metrostation Prospekt Mira. Im Sommer Vorstellungen auf dem Gelände der Volkswirtschaftsausstellung und im Gorki-Park.

Zirkus am Wernadskij-Prospekt, Prospekt Wernadskogo; Metrostation Uniwersitet. Größter Zirkus Moskaus (3000 Plätze).

Restaurants

Russische Küche (außer den Hotel-Restaurants):

„Arbat", (mit Varieté), Prospekt Kalinina 29; „Ljesnoj", im Kulturpark von Izmajlowo; „Wolga", „Leningradskoje Schossé 89; Fernsehturm-Restaurant in Ostankino (Gesamtplan C1; sich drehendes Panorama-Restaurant in 328 m Höhe); „Slawjanskij Bazar", Ulitsa Dwadtsatpjatogo Oktjabrja 17 u. v. a.

Spezialitäten-Restaurants:

„Aragwi" (georgische Spezialitäten), Ulitsa Gorkogo 6; „Baku" (aserbaidschanische Spezialitäten), Ulitsa Gorkogo 24; „Uzbekistan" (usbekische Spezialitäten), Njeglinnaja Ulitsa 29; „Praga" (tschechische Spezialitäten), Arbatskaja Ulitsa 2; „Sofija" (bulgarische Spezialitäten), Ulitsa Gorkogo 32. – Spezialitäten-Restaurants auch in den Hotels „Berlin" (deutsche Küche), „Budapest" (ungarische Küche), „Ukraina" (ukrainische Küche), „Pekin" (chinesische Küche) und „Warschawa" (polnische Küche).

Auf dem Gelände der Volkswirtschaftsausstellung findet man zahlreiche kleine Restaurants mit russischer Küche und den Küchen der föderativen Sowjetrepubliken.

Cafés

„Adriatika", Ulitsa Rylejewa 19/3 „Waldaj", Prospekt Kalinina 19; „Moskowskoje", Ulitsa Gorkogo 6; „Moldawanka", Leninskij Prospekt 78; „Stoleschnitsa", Stoleschnikow Pereulok 6; im Sokolniki-Park; auf der WDNCH. Außerdem gibt es Cafés in den meisten Hotels.

Nachtklubs

Im Hotel „Metropol" (z. Zt. geschl.), Ploschtschad Swerdlowa 2/4 (Plan D2); Metrostation Prospekt Marksa, Ploschtschad Rewoljutsii oder Ploschtschad Swerdlowa. Im Hotel „Kosmos", Prospekt Mira 150; Metrostation WDNCH. Im Hotel „Meshdunarodnaja" Krasnopresenskaja Nabereshnaja 12; Metrostation Krasnopresenskaja.

Sporteinrichtungen

Freiluftschwimmbad „Moskau" (Bassejn „Moskwa"), Kropotkinskaja Nabereshnaja 37; Metrostation Kropotkinskaja. Ganzjährig täglich von 7 bis 23 Uhr geöffnet.

Winter- (Hallen-) Schwimmbad „Dynamo“ („Dinamo“), Leningradskij Prospekt 36 (Gesamtplan A3); Metrostation Dinamo.

Dynamo- (Dinamo-) Stadion, Leningradskij Prospekt 36 (Gesamtplan B3); Metrostation Dinamo. Zweitgrößtes Stadion in Moskau mit 60000 Plätzen.

Stadion der Jungen Pioniere, Leningradskij Prospekt 31 (Gesamtplan B3); Metrostation Dinamo, Sportkomplet TsSKA, Leningradskij Prospekt 39, Metrostation Aeroport.

Sportanlagen von Lushniki; Metrostation Sportiwnaja. Mit etwa 2000 ha Flächenausdehnung größter Sportkomplex Moskaus. Seine wichtigsten Sportstätten sind das 130 ha große *Lenin-Stadion* (Gesamtplan B7), der *Sportpalast (Dworjets Sporta)* und das *Große Freilicht-Schwimmbecken.*

Rennbahn (Ippodrom), Ulitsa Begowaja (Gesamtplan B4); Metrostation Bjelorusskaja.

Ski-Sprungschanze, an der Moskwa-Schleife, am Fuß der Leninberge; Metrostation „Uniwersitet“.

Überdachter *Sportkomplex „Olimpijskij“* mit Hallenschwimmbad am Prospekt Mira. Metrostation Prospekt Mira.

Ruderkanal und überdachte Olympische *Radrennbahn* in Krylatskoje, Metrostation Melodjoshnaja, weiter mit dem Bus.

Reitsportanlage der Gewerkschaften im Waldpark Bittsa, Metrostationen Kachowskaja oder Kalushskaja.

Sportpalast „Sokolniki“ auf dem Gelände des gleichnamigen Kulturparks, Metrostation Sokolniki.

Schwerathletik-Palast „Izmajlowo“ und *Staatliches Zentralinstitut für Körperkultur* in unmittelbarer Nähe des größten Waldparks der Stadt, Metrostation Izmajlowskij Park.

GOTTESDIENSTE

Katholisch:

St.-Ludwigs-Kirche (Tserkow Swjatogo Ljudowika), Ulitsa Marchlewskogo 7, Eingang Malaja Lubjanka 12 (Gesamtplan D4); Metrostation Dzershinskaja.

Russisch-orthodox (Auswahl):

Epiphania - Patriarchats - Kathedrale (Bogojawlenskij Patriarschij Sobor), Spartakowskaja Ulitsa 15; Metrostation Baumanskaja. *St.-Johannes-der-Krieger-Kirche (Tserkow Iwana Woina)*, Ulitsa Dimitrowa 46 (Gesamtplan C6); Metrostation Oktjabrskaja. *Aller-Bedrängten-Kirche (Tserkow Wsjech Skorbjaschtschich)*, Ulitsa Bolschaja Ordynka 20 (Gesamtplan D5); Metrostation Nowokuznjetskaja. *St.-Nikolaus-der-Weber-Kirche (Tserkow Swjatitelja Nikolaja w Chamownikach)*, Ecke Komsomolskij Prospekt und Tjoplyj Pereulok (Gesamtplan C6); Metrostation Park Kultury imeni Gorkogo.

Altgläubig:

Mariä-Schutz-Kathedrale (Pokrowskij Sobor) der Altgläubigen, Ulitsa Wojtowitscha; Metrostation Proletarskaja.

Armenisch:

Armenische Kirche auf dem armenischen Friedhof, Dekabrskaja Ulitsa 27; Metrostation Ulitsa Fysjatscha Dewjatsot Pjatogo Goda.

Protestantisch:

Baptisten-Kirche, Malyj Wuzowskij Pereulok; Metrostation Kurskaja.

Jüdisch:

Synagoge, Ulitsa Archipowa 8 (ehemals Bolschoj Spasoglinischtschewskij Pereulok); Metrostation Dzershinskaja.

Islamisch:

Moschee, Wypolzow Pereulok, nahe dem Platz der Kommune (Ploschtschad Kommuny); Metrostation Prospekt Mira.

WARENHÄUSER UND GESCHÄFTE

Berjozka-Läden (s. auch unter „Einkäufe und Mitbringsel" in den „Allgemeinen Praktischen Hinweisen", S. 42):

Diese Läden gibt es in fast allen großen Ausländerhotels (die Hotels „Kosmos", „Rossija" und „Ukraina" sind für ihre große Auswahl bekannt) und auf den Flughäfen (besonders reichhaltiges Warenangebot: der internationale Flughafen Scheremetjewo). – Weitere Berjozka-Läden: Lushnjetskij Projezd, beim Neuen Jungfrauen-Kloster (Warenhaus); Kutuzowskij Prospekt 9 (kleine Geschenke, Uhren, Schmuck); Kropotkinskaja Ulitsa 31 (Bücher, Schallplatten).

Weitere Warenhäuser und Geschäfte:

GUM, Krasnaja Ploschtschad 3 (größtes Warenhaus der UdSSR); *TSUM*, Ulitsa Petrowka 2, neben dem Großen Theater; *Djetskij Mir* (größtes Kinder-Warenhaus der UdSSR), Prospekt Marksa 2; *Ruslan*, Smolenskaja Ploschtschad 3 (Herren-Artikel); *Swetlana*, Kuznjetskij Most 9 (Damen-Artikel); *Gastronom 1*, Ulitsa Gorkogo, am Sowjet-Platz (Sowjetskaja Ploschtschad; riesige Lebensmittelhandlung, die schon aufgrund ihrer sehenswerten Innenausstattung, die an die Makart-Zeit erinnert, einen Besuch lohnt); *Gastronom*, Ploschtschad Wosstanija. – *Einkaufszentrum* am Gagarin-Platz (Ploschtschad Gagarina), Metrostation Leninskij Prospekt: etwa hundert Läden und Restaurants, darunter das „Haus der tausend kleinen Dinge", das „Haus der Stoffe", das „Haus der Schuhe", das „Haus des Porzellans". Am Komsomolskaja Ploschtschad (gleichnamige Metrostation) steht das neueste Warenhaus der Stadt, „Moskowskij".

Buchhandlungen:

Freundschaft (*Drushba*), Ulitsa Gorkogo 15 (große Auswahl deutschsprachiger Bücher); *Progress*, Zubowskij Bulwar 17 (ausländische Bücher sowie sowjetische Bücher in verschiedenen Fremdsprachen (deutsch, englisch, französisch u. a.); *Haus des Buches* (*Dom Knigi*), Prospekt Kalinina 24; *Ukrainische Buchhandlung*, Arbat Ulitsa 9.

Schallplatten:

Gramplastinka, Ulitsa Kirowa 17, Prospekt Kalinina 40 und Leninskij Prospekt 11; große Auswahl im *GUM*, Krasnaja Ploschtschad 3, und im *TSUM*, Ulitsa Petrowka 2.

WICHTIGE ADRESSEN

Intourist, Prospekt Marksa 16 (Gesamtplan C5), Tel. 2036962; Metrostation Prospekt Marksa; Dienstleistungsbüros in den Hotels; geöffnet von 9 bis 21 Uhr.

Konsularvertretungen s. „Allgemeine Praktische Hinw.“, S. 18.

Banken:

Gosbank (*Staatsbank*), Njeglinnaja Ulitsa 12; Metrostation Ploschtschad Swerdlowa. *Wechselstuben* in allen großen Hotels und auf den Flughäfen.

Postämter, Fernsprechstellen und Telegrafenämter

(s. auch „Post und Telefon“ in den „Allgemeinen Praktischen Hinweisen“, S. 19):

Hauptpostamt (*Glawnyj Potschtamt*): Ulitsa Kirowa 26a (Gesamtplan D4); geöffnet von 8 bis 22 Uhr. Außerdem gibt es (für einfache postalische Dienstleistungen) in jedem großen Hotel ein *Post-Büro*. – *Postlagernde Sendungen* müssen mit dem Vermerk „poste restante“ (oder „postlagernd“) versehen und „Moskau K-600, Ulitsa Gorkogo 3“ adressiert sein.

Ausländerpostamt (Päckchen- und Paketaufgabe): Warschawskoje Schossé 37a, Tel. 1144645; geöffnet von 9 bis 20 Uhr, außer sonntags.

Zentrale Fernsprechstelle (*Tsentralnyj Meshdugorodnyj Telefonnyj Peregowornyj Punkt*): Ulitsa Gorkogo 7, Eingang Ulitsa Ogarjowa 1.

Zentrales Telegrafenamt (*Tsentralnyi Telegraf*): Ulitsa Gorkogo 7 (Gesamtplan C4).

Tankstellen:

Ploschtschad Swerdlowa, beim Hotel „Metropol“; Leningradskij Prospekt, nahe der Metrostation Aeroport; Taganskaja Ploschtschad; Leningradskoje Schossé 21; Frunzenskaja Nabereshnaja; Ploschtschad Rewoljutsii; Ulitsa Krasina (am Sadowaja-Ring, hinter dem Hotel „Peking“); Leninskij Prospekt Ecke Ulitsa Obrutschewa; bei km 17 der Minsker Chaussee; mehrere Tankstellen an der Ringautobahn, bei den Ausfahrtsstraßen. – Alle Tankstellen sind Tag und Nacht geöffnet.

Kraftwagen-Service-Station Nr. 7, Wtoroj Sjelskochozjajstwennyj Projezd 6 (am Prospekt Mira), Tel. 1811374.

Wegen *Benzingutscheinen*, *Autowartung* und *Autoreparaturen* wende man sich an das Dienstleistungsbüro seines Hotels.

Kraftwagen betreffende Auskünfte (auch Notdienst) erhält man von 8 bis 21 Uhr unter der Telefonnummer 1198108 oder 1198000 (Abschleppdienst rund um die Uhr). – *Mietwagen* vermittelt das Dienstleistungsbüro im Hotel.

ODESSA
VERKEHR

✈ Regelmäßige Flugverbindungen mit Moskau (Flugdauer 1 Std. 55 Min.). – *Flughafen-Auskunft:* Tel. 21 35 49. – *Aeroflot-Stadtbüro:* Ulitsa Karla Marksa 17, Tel. 22 23 00.

🚂 *Hauptbahnhof* am äußersten Ende der Puschkinskaja Ulitsa (s. S. 351); *Fahrplan-Auskünfte:* Tel. 27 42 42.

🚢 *Empfangsgebäude des Seehafens* (*Morskoj Wokzal;* s. S. 350): Linienschiffe nach Sotschi und Jalta. *Auskünfte:* Tel. 223211 und 293803.

Stadtverkehr

Verschiedene Autobus- und Trolleybuslinien.
Straßenbahn: Zahlreiche Linien.
Taxis: Reservierungen über das Dienstleistungsbüro im Hotel.

UNTERKUNFT

„Arkadia", Prospekt Schewtschenka (Tel. 63 75 27); „Krasnaja", Puschkinskaja Ulitsa 15 (Tel. 22 72 20); „Odessa", Primorskij Bulwar 11 (Tel. 22 50 19); „Passash", Ulitsa Sowjetskoj Armii 24 (Tel. 22 48 49); „Spartak", Deribasowskaja Ulitsa 27 (Tel. 21 25 63); „Tschornoje Morje", Ulitsa Lenina 55 (Tel. 24 20 28); „Turist", Prospekt Schewtschenka 24a (Tel. 61 06 15).

„Delfin", 18 km nordöstlich der Stadt in Luzanowka, Doroga Kotowskogo 297, Tel. 55 50 52.

UNTERHALTUNG UND SPORT

Theater und Konzertsäle

(s. auch unter „Theater und Kunstfestspiele" in den „Allgemeinen Praktischen Hinweisen", S. 38)

Opernhaus, Ulitsa Lastotschkina 8; *Ukrainisches Schauspielhaus*, Ulitsa Pastjora (Pasteur-Straße) 15; *Russisches Schauspielhaus*, Ulitsa Libknechta 48; *Freilichttheater*, im Schewtschenko-Kultur- und Erholungspark (s. S. 351). – *Philharmonie*, Ulitsa Rozy Ljuksemburga 15.

Restaurants

(außer den Hotel-Restaurants)
„Bratislawa", Ulitsa Karla Marksa 19; „Kawkaz", Ulitsa Chalturina 12; „Kiew", Ploschtschad Martynowskogo 1; „Ukraina", Ulitsa Lastotschkina 24.

Sportanlage

Stadion „Tschernomorjets" (Stadion „Matrose der Schwarzmeerflotte"), im Schewtschenko-Kultur- und Erholungspark (s. S. 351).

EINKAUFSMÖGLICHKEITEN

„*Kaschtan*" (entspricht den Moskauer Berjozka-Läden), Ulitsa Karla Marksa 6; Tsentralnyj Uniwermag, Puschkinskaja Ulitsa 72.

WICHTIGE ADRESSEN

Intourist, Ulitsa Rozy Luksemburga 14, Tel. 22 31 43; Dienstleistungsbüro in jedem Hotel.

Gosbank (*Staatsbank*), Deribasowskaja Ulitsa; *Wechselstuben* in den Hotels.

Hauptpostamt, Ul. Sadowaja 10.

Kraftwagen-Reparaturwerkstätten und -Service-Stationen:

Doroga Kotowskogo 297 (Tel. 55 20 73); Ulitsa Tschappjewskoj Diwizii 3 (Tel. 69 89 74). – *Mietwagen* vermittelt das Dienstleistungsbüro im Hotel.

SOTSCHI

VERKEHR

✈ *Aeroflot-Stadtbüro:* Ulitsa Bulwarnaja 1, Tel. 92 29 36.

Flughafen in Adler (s. S. 365), etwa 35 km südöstlich von Sotschi; Direktverbindungen mit allen großen Städten der UdSSR.

Moskau (1969 km, 28 Std.). – *Bahnhof* Ulitsa Gorkogo 60, Tel. 92 30 44 und 99 12 58.

Empfangsgebäude des Seehafens (*Morskoj Wokzal*), Ulitsa Wojkowa 1, Tel. 96 62 03; Linienschiffe nach Odessa und

Jalta; Organisation von Exkursionen und von Spazierfahrten auf See.

UNTERKUNFT

„Inturist“, Kurortnyj Prospekt 91 (Tel. 99 02 92); „Kamelija“, Kurortnyj Prospekt 89 (Tel. 99 03 98); „Kawkaz“, Kurortnyj Prospekt 72 (Tel. 92 35 63); „Chosta“, Jaltinskaja Ulitsa 14 (Tel. 95 02 46); „Leningrad“, Morskoj Pereulok 2 (Tel. 92 52 67); „Magnolija“, Kurortnyj Prospekt 50 (Tel. 99 55 54); „Primorskaja“, Ulitsa Sokolowa 1 (Tel. 92 30 38); „Shemtschushina“, Tschernomorskaja Ulitsa 5 (Tel. 92 43 55). – Hotelkomplex Sotschi-Dagomys (Tel. 99 38 40; s. auch unter ⛺).

⛺ Motel „Meridian“ mit Campingplatz, Touristenkomplex „Dagomys“ (s. S. 364), ca 13 km nordwestlich von Sotschi an der Straße nach Noworossijsk; „Tschernomorjets“, Zufahrt ca. 30 km südlich von Sotschi, hinter der Ortschaft Wesjoloje (Tel. 99 37 55).

UNTERHALTUNG

Theater

(s. auch unter „Theater und Kunstfestspiele“ in den „Allgemeinen Prakt. Hinw.“, S. 38)

Stadttheater, Teatralnaja Ploschtschad 2. – *Kabaretts:* im Restaurant „Lazurnyj“ (Zigeunermusik, Tänze, Lieder); im Restaurant „Kawkazskij Aul“. – *Nachtbars:* „Feuervogel“ („Shar-Ptitsa“) und „Abendsterne“ („Wetschernyje Zwjozdy“) im Hotel „Inturist-Kamelija“.

Restaurants

(außer den Hotel-Restaurants) „Kaskad“, Kurortnyj Prospekt 31; „Lazurnyj“, Kurortnyj Prospekt 103 (abends; Zigeunerkapelle); Fischgerichte im Restaurant „Dubrawa“ (beim Touristenkomplex „Dagomys“); „Morskoj“, im Empfangsgebäude des Seehafens; „Kawkazskij Aul“, 9 km südöstlich von Sotschi in der Agura-Schlucht (s. S. 363; kaukasische Küche; georgische Weine; kaukasische Musik und kaukasische Tänze); „Staraja Mjelnitsa“ („Alte Mühle“), auf dem Bychta-Berg (s. S. 363; ländliche russische Küche; russisches Orchester); „Achun“, auf dem Berg Bolschoj Achun, 20 km südöstlich von Sotschi (s. S. 364); „Kubanskij Chutor“ („Kubanische Farm“), an der Einfahrt in die Stadt aus Richtung Noworossijsk (exotisches Restaurant, als Kosakenhaus eingerichtet; russische Küche; Volkslied- und Volkstanzensemble).

EINKAUFS-MÖGLICHKEITEN

Berjozka-Läden (9–18 Uhr; Käufe gegen Devisen; siehe auch unter „Einkäufe und Mitbringsel“ in den „Allgemeinen Praktischen Hinweisen“, S. 42) Primorskaja Ulitsa 16a, in den Hotels „Shemtschushina“, „Kamelija“ und „Magnolija“ sowie am Flughafen in Adler.

WICHTIGE ADRESSEN

Inturist, Kurortnyj Prospekt 91, Tel. 99 0590 und 99 03 70 (hier auch Versicherungsgesellschaft *Ingosstrach*); Dienstleistungsbüro in jedem Hotel.

Gosbank (*Staatsbank*); *Wechselstuben* in den Hotels.

Taxi-Reservierungen und *Mietwagen* über das Dienstleistungsbüro im Hotel. – *Autoreparaturwerkstatt* Tuapsinskaja Ulitsa 103, Tel. 91 52 34.

REGISTER

Sind hinter dem Namen eines Ortes oder einer Sehenswürdigkeit mehrere Seitenzahlen genannt, so weist die fettgedruckte Zahl auf die Seite hin, auf der die ausführliche Beschreibung des Ortes bzw. der Sehenswürdigkeit beginnt.

Polyglott führt – wohin Sie auch reisen. Für mehr als 250 Feriengebiete und Reiseziele in aller Welt gibt es Polyglott-Reiseführer: Länderführer, Gebietsführer, Städteführer, Inselführer. Dazu kommen Reiseführer für spezielle Zielgruppen, z. B. für Familien. Sie können also den für Sie passenden Reiseführer auswählen, mit genau der gewünschten Informationsmenge.

Wenn Ihre Reise über die Grenzen des deutschen Sprachraums hinausgeht – nutzen Sie die 35 Polyglott-Sprachführer von „Afrikaans" bis „Ungarisch" (inklusive „Bairisch für Nichtbayern"). Ergänzend für die wichtigsten Reiseländer gibt es die Polyglott Menü-Sprachführer, Auto-Sprachführer und Reisewörterbücher.

Wollen Sie Ihre Sprachkenntnisse weiter vertiefen, empfiehlt Polyglott das umfangreiche Fremdsprachenprogramm des Langenscheidt-Verlages für Urlaub und Reise. Es gibt Reisesprachkurse, Schnellkurse (beide mit Buch und Cassette), Wörterbücher für unterwegs, Sprachführer für mehr als 20 Sprachen und viele weitere Angebote.

Ihr Buchhändler berät Sie gerne – fragen Sie nach „Polyglott" und „Langenscheidt".

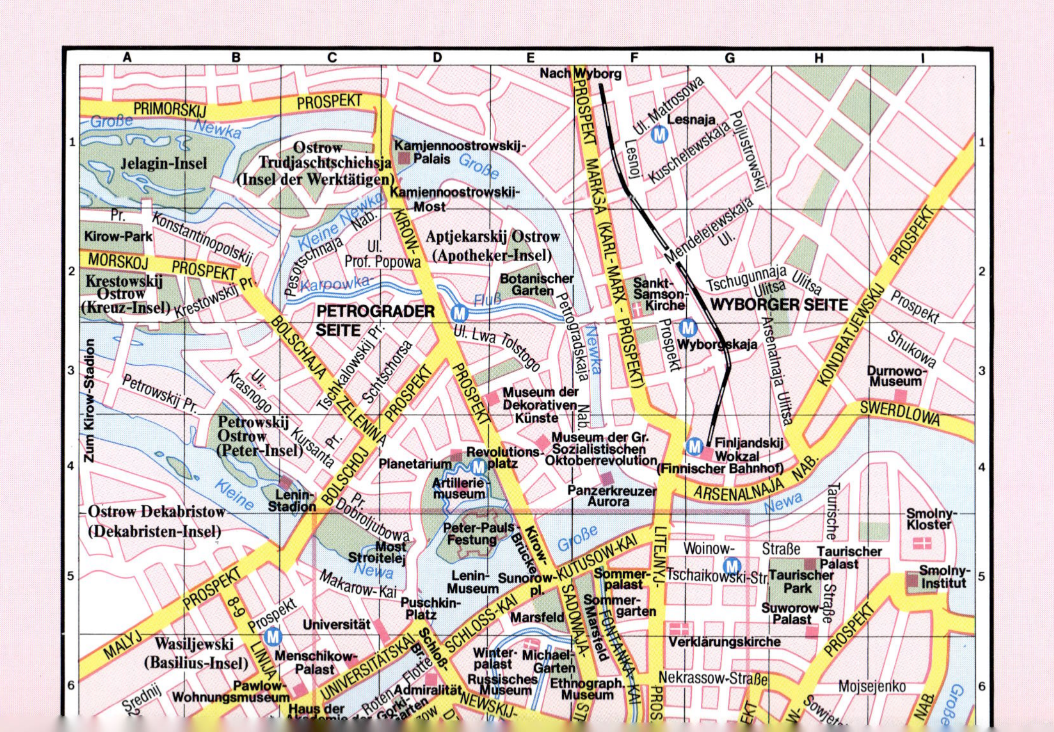
A
B
C
D
E
F
G
H
I
1
2
3
4
5
6
Nach Wyborg
PRIMORSKIJ PROSPEKT
Große Newka
Jelagin-Insel
Ostrow Trudjaschtschichsja (Insel der Werktätigen)
Kamjennoostrowskij-Palais
Große
Kamjennoostrowskij-Most
Kirow-Park
Pr. Konstantinopolskij
Kleine Newka
Nab.
Pesotschnaja
Ul. Prof. Popowa
KIROW-
Aptjekarskij Ostrow (Apotheker-Insel)
MORSKOJ PROSPEKT
Krestowskij Ostrow (Kreuz-Insel)
Krestowskij Pr.
Karpowka
Fluß
PETROGRADER SEITE
BOLSCHAJA ZELENINA
Botanischer Garten
Petrogradskaja Nab.
Newka
Ul. Lwa Tolstogo
PROSPEKT MARKSA (KARL-MARX - PROSPEKT)
Ul. Matrosowa
Lesnaja
Lesnoj
Kuschelewskaja
Poljustrowskij
Mendelejewskaja Ul.
Tschugunnaja Ulitsa
Ulitsa
Sankt-Samson-Kirche
WYBORGER SEITE
Prospekt
Wyborgskaja
Arsenalnaja Ulitsa
KONDRATJEWSKIJ PROSPEKT
Shukowa
Durnowo-Museum
SWERDLOWA
Zum Kirow-Stadion
Petrowskij Pr.
Ul. Krasnogo
Tschkalowskij Pr.
Schtschorsa
PROSPEKT
Petrowskij Ostrow (Peter-Insel)
Pr. Kursanta
Museum der Dekorativen Künste
Museum der Gr. Sozialistischen Oktoberrevolution
Finljandskij Wokzal (Finnischer Bahnhof)
ARSENALNAJA NAB.
Planetarium
Revolutions-platz
Artillerie-museum
BOLSCHOJ
Kleine
Lenin-Stadion
Pr. Dobroljubowa
Panzerkreuzer Aurora
Newa
Taurische Straße
Smolny-Kloster
Ostrow Dekabristow (Dekabristen-Insel)
Peter-Pauls-Festung
Most Stroitelej
Newa
Kirow-Brücke
Große
KUTUSOW-KAI
LITEJNYJ-
Woinow-
Taurischer Palast
Smolny-Institut
Makarow-Kai
Lenin-Museum
Sunorow-pl.
Sommer-palast
Tschaikowski-Str.
Taurischer Park
Straße
8-9
Prospekt
Puschkin-Platz
SCHLOSS-KAI
Marsfeld
SADOWAJA-
Marsfeld
FONTANKA-KAI
Sommer-garten
Suworow-Palast
PROSPEKT
MALYJ PROSPEKT
Universität
Verklärungskirche
Wasiljewski (Basilius-Insel)
LINIJA
Menschikow-Palast
UNIVERSITÄTSKAI
Schloß-Br.
Winter-palast
Michael-Garten
Russisches Museum
Nekrassow-Straße
Srednij
Pawlow-Wohnungsmuseum
Haus der
Admiralität
Ethnograph. Museum
Mojsejenko
NEWSKIJ-
NAB.
Große

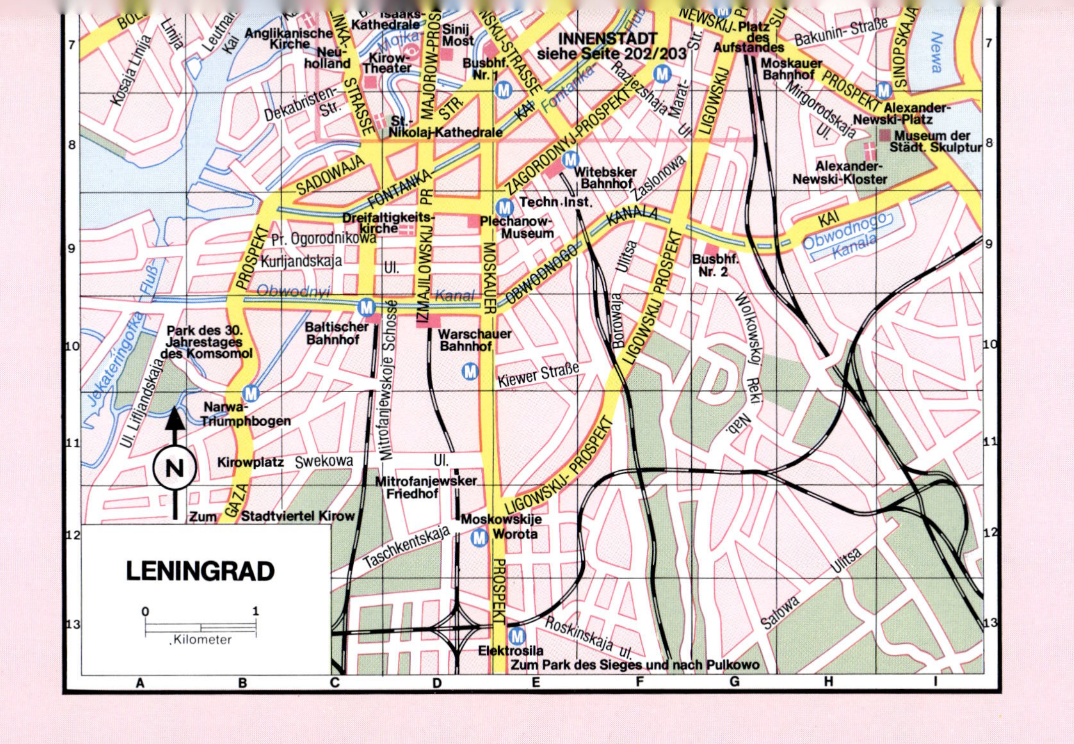

LENINGRAD
0
1
Kilometer
INNENSTADT
siehe Seite 202/203
Newa
Anglikanische Kirche
Neu-holland
Isaaks-Kathedrale
Kirow-Theater
Sinij Most
Busbhf. Nr. 1
Dekabristen-Str.
St.-Nikolaj-Kathedrale
SADOWAJA
FONTANKA
MAJOROW-PROSP.
STR.
KAI
Fontanka
Razjezshaja
Marat-Str.
ZAGORODNYJ-PROSPEKT
Witebsker Bahnhof
Techn. Inst.
Zaslonowa
Dreifaltigkeits-kirche
Plechanow-Museum
Pr. Ogorodnikowa
Kurljandskaja
Ul.
IZMAJLOWSKIJ PR
MOSKAUER PROSPEKT
OBWODNOGO KANALA
Obwodnyj Kanal
PROSPEKT
Baltischer Bahnhof
Warschauer Bahnhof
Kiewer Straße
Borowaja Ulitsa
LIGOWSKIJ PROSPEKT
LIGOWSKIJ
Busbhf. Nr. 2
Wolkowskoj Reki Nab.
NEWSKIJ-
Platz des Aufstandes
Bakunin-Straße
Moskauer Bahnhof
PROSPEKT
SINOPSKAJA
Alexander-Newski-Platz
Mirgorodskaja Ul.
Museum der Städt. Skulptur
Alexander-Newski-Kloster
KAI
Obwodnogo Kanala
Park des 30. Jahrestages des Komsomol
Jekateringofka
Fluß
Ul. Lifljandskaja
Narwa-Triumphbogen
Kirowplatz
Swekowa
Mitrofanjewskoje Schossé
Mitrofanjewsker Friedhof
GAZA
Zum Stadtviertel Kirow
Moskowskije Worota
Taschkentskaja
Elektrosila
Roskinskaja ul.
Zum Park des Sieges und nach Pulkowo
Salowa
Ulitsa
Kosaja Linija
Linija
Leutnant
A
B
C
D
E
F
G
H
I
7
8
9
10
11
12
13